U0858094

国家清史编纂委员会·文献丛刊

义和团运动文献资料汇编

日译文卷（日本参谋本部文件）

路遥 主编

山东大学出版社

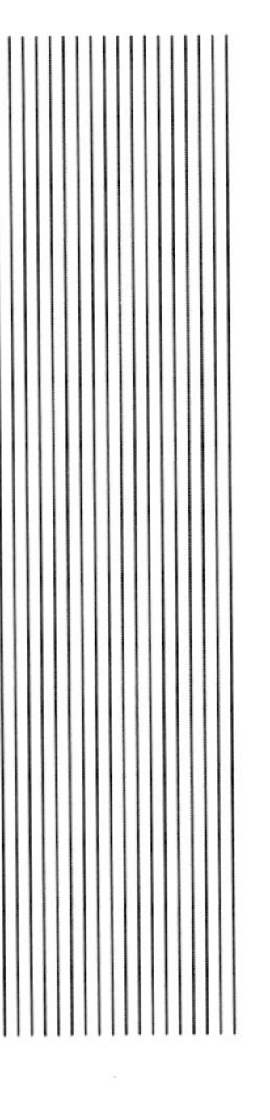

总 序

戴 逸

二〇〇二年八月，国家批准建议纂修清史之报告，十一月成立由十四部委组成之领导小组，十二月十二日成立国家清史编纂委员会，清史编纂工程于焉肇始。

清史之编纂酝酿已久，清亡以后，北洋政府曾聘专家编写《清史稿》，历时十四年成书。识者议其评判不公，记载多误，难成信史，久欲重撰新史，以世事多乱不果。中华人民共和国成立后，中央领导亦多次推动修清史之事，皆因故中辍。新世纪之始，国家安定，经济发展，建设成绩辉煌，而清史研究亦有重大进步，学界又倡修史之议，国家采纳众见，决定启动此新世纪标志性文化工程。

清代为我国最后之封建王朝，统治中国二百六十八年之久，距今未远。清代众多之历史和社会问题与今日息息相关。欲知今日中国国情，必当追溯清代之历史，故而编纂一部详细、可信、公允之清代历史实属切要之举。

编史要务，首在采集史料，广搜确证，以为依据。必藉此史料，乃能窥见历史陈迹。故史料为历史研究之基础，研究者必须积累大量史料，勤于梳理，善于分析，去粗取精，去伪存真，由此及彼，由表及里，进行科学之抽象，上升为理性之认识，才能洞察过去，认识历史规律。史料之于历史研究，犹如水之于鱼，空气之于鸟，水涸则鱼逝，气盈则鸟飞。历史科学之辉煌殿堂必须岿然耸立于丰富、确凿、可靠之史料基础上，不能构建于虚无飘渺之中。吾侪于编史之始，即整理、出版《文献丛刊》、《档案丛刊》，二者广收各种史料，均为清史编纂工程之重要组成部分，一以供修撰清史之用，提高著作质量；二为抢救、保护、开发清代之文化资源，继承和弘扬历史文化遗产。

清代之史料，具有自身之特点，可以概括为多、乱、散、新四字。

一曰多。我国素称诗书礼义之邦，存世典籍汗牛充栋，尤以清代为盛。盖清代统治较久，文化发达，学士才人，比肩相望，传世之经籍史乘、诸子百家、文字声韵、目录金石、书画艺术、诗文小说，远轶前朝，积贮文献之多，如恒河沙数,不可胜计。昔梁元帝聚书十四万卷于江陵,西魏军攻掠,悉燔于火,人谓丧失天下典籍之半数,是五世纪时中国书籍总数尚不甚多。宋代印刷术推广,载籍日众,至清代而浩如烟海,难窥其涯涘矣。《清史稿·艺文志》著录清代书籍九千六百三十三种,人议其疏漏太多。武作成作《清史稿艺文志补编》,增补书一万零四百三十八种,超过原志著录之数。彭国栋亦重修《清史稿艺文志》,著录书一万八千零五十九种。近年王绍曾更求详备,致力十余年,遍览群籍,手抄目验,成《清史稿艺文志拾遗》,增补书至五万四千八百八十种,超过原志五倍半,此尚非清代存留书之全豹。王绍曾先生言:"余等未见书目尚多,即已见之目,因工作粗疏,未尽钩稽而失之眉睫者,所在多有。"清代书籍总数若干,至今尚未能确知。

清代不仅书籍浩繁,尚有大量政府档案留存于世。中国历朝历代档案已丧失殆尽(除近代考古发掘所得甲骨、简牍外),而清朝中枢机关(内阁、军机处)档案,秘藏内廷,尚称完整。加上地方存留之档案,多达二千万件。档案为历史事件发生过程中形成之文件,出之于当事人亲身经历和直接记录,具有较高之真实性、可靠性。大量档案之留存极大地改善了研究条件,俾历史学家得以运用第一手资料追踪往事,了解历史真相。

二曰乱。清代以前之典籍,经历代学者整理、研究,对其数量、类别、版本、流传、收藏、真伪及价值已有大致了解。清代编纂《四库全书》,大规模清理、甄别存世之古籍。因政治原因,查禁、篡改、销毁所谓"悖逆"、"违碍"书籍,造成文化之浩劫。但此时经师大儒,联袂入馆,勤力校理,尽瘁编务。政府亦投入巨资以修明文治,故所获成果甚丰。对收录之三千多种书籍和未收之六千多种存目书撰写详明精切之提要,撮其内容要旨,述其体例篇章,论其学术是非,叙其版本源流,编成二百卷《四库全书总目》,洵为读书之典要、后学之津梁。乾隆以后,至于清末,文字之狱渐戢,印刷之术益精,故而人竞著述,家娴诗文,各握灵蛇之珠,众怀昆冈之璧,千舸齐发,万木争荣,学风大盛,典籍之积累远迈从前。惟晚清以来,外强侵凌,干戈四起,国家多难,人民离散,未能投入力量对大量新出之典籍再作整理,而政府档案,深藏中秘,更无由一见。故不仅不知存世清代文献档案之总数,即书籍分类如何变通、版本庋藏应否标明,加以部居舛误,界划难清,亥豕鲁鱼,订正未遑。大量稿本、抄本、孤本、珍本,土埋尘封,行将澌灭。殿刻本、局刊本、精校本与坊间劣本混淆杂陈。我国自有典籍以来,其繁杂混乱未有甚于清代典籍者矣!

三曰散。清代文献、档案,非常分散,分别庋藏于中央与地方各个图书馆、档案馆、博物馆、教学研究机构与私人手中。即以清代中央一级之档案言,除北京第一历史档案馆所藏一千万件以外,尚有一大部分档案在战争时期流离播迁，现存于台湾故宫博物院。此外，尚有藏于沈阳辽宁省档案馆之圣训、玉牒、满文老档、黑图档等，藏于大连市档案馆之内务府档案，藏于江苏泰州市博物馆之题本、奏折、录副奏折。至于清代各地方政府之档案文书，损毁极大，但尚有劫后残余，璞玉浑金，含章蕴秀，数量颇丰，价值亦高。如河北获鹿县档案、吉林省边务档案、黑龙江将军衙门档案、河南巡抚藩司衙门档案、湖南安化县永历帝与吴三桂档案、四川巴县与南部县档案、浙江安徽江西等省之鱼鳞册、徽州契约文书、内蒙古各盟旗蒙文档案、广东粤海关档案、云南省彝文傣文档案、西藏噶厦政府藏文档案等等分别藏于全国各省市自治区，甚至清代两广总督衙门档案（亦称《叶名琛档案》），英法联军时遭抢掠西运，今藏于英国伦敦。

清代流传下之稿本、抄本，数量丰富，因其从未刻印，弥足珍贵，如曾国藩、李鸿章、翁同龢、盛宣怀、张謇、赵凤昌之家藏资料。至于清代之诗文集、尺牍、家谱、日记、笔记、方志、碑刻等品类繁多，数量浩瀚，北京、上海、南京、广州、天津、武汉及各大学图书馆中，均有不少贮存。丰城之剑气腾霄，合浦之珠光射日，寻访必有所获。最近，余有江南之行，在苏州、常熟两地图书馆、博物馆中，得见所存稿本、抄本之目录，即有数百种之多。

某些书籍，在中国大陆已甚稀少，在海外反能见到，如太平天国之文书。当年在太平军区域内，为通行之书籍，太平天国失败后，悉遭清政府查禁焚毁，现在已难见到，而在海外，由于各国外交官、传教士、商人竞相搜求，携赴海外，故今日在世界各地图书馆中保存之太平天国文书较多。二十世纪，向达、萧一山、王重民、王庆成诸先生曾在世界各地寻觅太平天国文献，收获甚丰。

四曰新。清代为传统社会向近代社会之过渡阶段，处于中西文化冲突与交融之中，产生一大批内容新颖、形式多样之文化典籍。清朝初年，西方耶稣会传教士来华，携来自然科学、艺术和西方宗教知识。乾隆时编《四库全书》，曾收录欧几里得《几何原本》，利玛窦《乾坤体仪》，熊三拔《泰西水法》、《简平仪说》等书。迄至晚清，中国力图自强，学习西方，翻译各类西方著作，如上海墨海书馆、江南制造局译书馆所译声光化电之书，后严复所译《天演论》、《原富》、《法意》等名著，林纾所译《茶花女遗事》、《黑奴吁天录》等文艺小说。中学西学，摩荡激励，旧学新学，斗妍争胜，知识剧增，推陈出新，晚清典籍多别开生面、石破天惊之论，数千年来所未见，饱学宿儒所不知。突破中国传统之知识框架，书籍之内容、形式，超经史子集之范围，越子曰诗云之牢笼，发生前所未有之革命性变化，出现众多新类目、新体例、新内容。

清朝实现国家之大统一，组成中国之多民族大家庭，出现以满文、蒙古文、藏文、维吾尔文、傣文、彝文书写之文书，构成为清代文献之组成部分，使得清代文献、档案更加丰富,更加充实,更加绚丽多彩。

清代之文献、档案为我国珍贵之历史文化遗产,其数量之庞大、品类之多样、涵盖之宽广、内容之丰富在全世界之文献、档案宝库中实属罕见。正因其具有多、乱、散、新之特点,故必须投入巨大之人力、财力进行搜集、整理、出版。吾侪因编纂清史之需,贾其余力,整理出版其中一小部分;且欲安装网络,设数据库,运用现代科技手段,进行贮存、检索,以利研究工作。惟清代典籍浩瀚,吾侪汲深绠短,蚁衔蚊负,力薄难任,望洋兴叹,未能做更大规模之工作。观历代文献档案,频遭浩劫,水火兵虫,纷至沓来,古代典籍,百不存五,可为浩叹。切望后来之政府学人重视保护文献档案之工程,投入力量,持续努力,再接再厉,使卷帙长存,瑰宝永驻,中华民族数千年之文献档案得以流传永远,沾溉将来,是所愿也。

《义和团运动文献资料汇编》序言

路　遥

我国史学界系统编辑《中国近代史资料丛刊》，始于一九四九年新中国成立之后。所谓“中国近代史”，其概念最初系指一八四〇年鸦片战争至一九一九年五四运动前这一属于旧民主主义革命阶段的历史。后来史学界将其下限延至一九四九年中华人民共和国成立之前，即将新民主主义革命阶段的历史也纳入“近代史”范畴之内。“中国近代史”被作为一个重点学科来研究，是从新中国成立之后才正式兴起。它以民族解放斗争结合社会阶级斗争作为主流，义和团运动即其中重大事件之一。

一九五〇年为义和团运动五十周年，著名历史学家翦伯赞主持编辑了《义和团》资料四册，是《中国近代史资料丛刊》最早出版的一种。翦老在该资料集“序言”中说：“清算帝国主义血账，是纪念义和团的最好方法，也是我们编辑这部书的动机。”这就是当时编辑这部资料集之指导思想，对义和团研究起了重要推动作用。六十年代，中国大陆经历了一场“文化大革命”，史学研究领域（也包括义和团研究）陷入了非正常状态。迨至七十年代“四人帮”被粉碎，学术界开始拨乱反正，义和团研究又步入正轨。从八十年代开始，由于中外学术交流沟通，义和团研究才开始面向世界。一九八〇年十月，山东大学等五个单位联合发起在济南举办了“义和团运动学术讨论会”，共一百二十多人出席，其中有美、日、加、澳等国十位学者参加，这是义和团研究第一次具有国际性的学术研讨会。在这次大会上成立了“中国义和团研究会”，常务机构设在山东大学。隔了十年，至一九九〇年，山东大学又联合中国史学会、中国义和团研究会等六个单位，再次在济南举办了“义和团运动与近代中国社会国际学术讨论会”，共一百三十多人出席，其中有日、美、法、德、匈、波等国二十五位学者。再隔十年，二〇〇〇年十一月，又一次由山东大学联合中国史学会、中国义和团研究会等八个单位，仍在济南举办了“义和团运动一百周年国际学术讨论会”，代表近一百五十人出席，其中来自日、美、英、法、德、澳、韩、以色列等国及中国香港、台湾地区等二十八位学者。通过前后三次义和团国际学术研讨会的召开与讨论,对义和团研究有重大的推动。在这二十年内,无论中、日或美、欧,都相继有一些代表性的论著和资料出现,其成绩毋庸置疑。尽管如此,但由于义和团运动具有浓厚神秘性及其现象之复杂性,又由于文献资料之严重阙失,致使义和团研究中有不少重要问题难以突破,甚至停滞不前。其主要难题,有以下几点:

一、以往研究习惯于阶级斗争(包括民族斗争)的考察,着重于性质的论述,并满足于研究方法上的线性分析。从八十年代开始,研究者已不满足于纯以阶级斗争理论为指导,要求扩大视野,进一步从剖析社会结构着手。一九八六年在天津由南开大学等单位举办的"义和团学术讨论会"(国内),就已有这方面的一些研究成果出现,但那时还是着重于对社会经济基础的探索。从社会结构或经济基础层面去探讨这场运动的成因,是研究发展的必然趋势。因为人类历史是具有社会的历史,有社会存在是人类的特征,而人类社会又是以众多群体及其组织为主干,并以民族、国家、政治、经济、宗教、文化、地理等各种要素为其有机构成。所以从社会结构入手乃是深入研究义和团的有效方法,它实是采取历史学同社会人类学相结合,而被称为历史社会学或历史人类学的研究方法。

二、利用"矛盾论"——近代中国社会的基本矛盾和主要矛盾的理论,以考察这场运动中所体现出来之义和团、清政府与外来势力之间的复杂关系,当是可以继续遵循的研究方法。但其不足之处,在于更多研究者仍习惯于从矛盾各方之对抗、斗争,而不从或少从各方之相互制约的发展过程中去作具体而深入分析,把一场极其复杂的历史运动直线化、单一化了,因而也就很难有什么规律性的探索。即以近代中国社会的两个基本矛盾而言,民族矛盾当然是最主要的,而它怎样同社会矛盾相交织而促进了义和团运动的发生、发展;义和团运动同时期,国内曾爆发过几次规模较大的下层群众反抗斗争,它对义和团运动究竟产生什么样的影响等等,至今还未见有分量的论著出现。

三、义和团运动的产生从其历史条件看,主要是因德国侵占胶州湾出现民族危机而激发,同时也是反洋教、反教会斗争之延续与发展;而义和团之反教会斗争,又是同长期之民教矛盾密切关联。民教矛盾从西方宗教一方说,起主导作用的是教会及其传教士。义和团爆发于山东、直隶地区,在这些地区传教的天主教组织,有方济各会、圣言会、遣使会、直隶东南耶稣会与江南耶稣会等。这些修会在义和团运动地区原设有众多堂口,均受总铎区或主教代牧区领导。不同修会所采取的传教方针有什么异同?它吸收教民的手段有哪些特征?各修会同其所在国家的政治关系如何?这些方面的研究几乎是个空白。

尤其当民教矛盾尖锐爆发后，传教士同主教之间、主教同驻华公使、领事之间都有许多公文往来，教会内部更有大量通讯报道。台湾“中央研究院”近代史研究所曾于二十世纪六十年代整理过《教案教务档》，从中已不难看到大量民教矛盾都因民事、刑事纠纷而涉及司法权以及其他的相关资源问题。在各教会内部对此更有不少档案记录，却至今未有任何披露，这是导致“教案”研究难于推进的主要原因。

四、从思想意识方面看，围绕义和团运动暴露了中西方之间在思想文化与宗教信仰之间的重大差异。但不少研究者多习惯于从中西文化差异、冲突去论述义和团与教会之间的矛盾，而很少从基督教会将上帝信仰移植异境时应怎样同乡土文化、民间习俗相调适以化解矛盾这个视角入手，对此西方教会根本不予考虑。义和团运动的主体是中国下层民众的运动，应该考虑到这场运动的中国下层民众意识与民间信仰。所谓“民众意识”，是指特定时期在下层民众中间流行的日常各种意识；所谓“民间信仰”，是指其与日常生活紧密联系而刻印于民众心理结构中的信仰与仪式。就教会一方说，无论其在民间传播或使教民皈依，都莫不以精神征服为指引，其遭到乡土文化抵制与民间信仰对抗乃势所必然。一九六二年至一九六五年梵蒂冈曾召开了第二届大公会议，制定、发表了许多文献，对以往传教也有过若干反思与检讨。以之联系义和团运动时期，应如何评价教会的对华传教方针及其所形成的民教矛盾，却是亟待研究的问题。

以上仅就我们思虑所及，提出几个问题，并非全面。现所汇编的这套中外文献资料，也可以说是应对于上述研究困境而编辑的。

编辑这套资料也是我多年所愿望，记得一九九〇年十月在济南举行“义和团运动与近代中国社会国际学术讨论会”之际，中华书局总编辑李侃同志曾约我商谈，建议由我主持编辑一套大型的《义和团运动资料汇编》。其途径可从两方面着手：一是集中已出版的零散资料，二是搜索在各地的文献。基于当时条件，我心有余而力不足，难于负起此重担，但我对此事一直萦回脑际。二〇〇二年国家成立清史编纂委员会，二〇〇四年编委会抛出基础工程项目，本课题《义和团运动文献资料汇编》承国家清史编纂委员会戴逸主任大力支持而获得批准，终于实现了我的夙愿。现在这套资料同以往相比较，它涉及面广，有些从海外搜求来，因受经济条件限制，还不能达到我们预期的要求，但它会给研究者以有益的借鉴和启示。拿义和团运动同中国近代历史上许多重大事件相比，它的神秘性与复杂性远超过其他。义和团运动发生在十九世纪末，在中国社会危机之外又多出了民族危机，世界历史上西方资本主义对亚非地区的征服也已开始转向帝国主义扩张阶段；在中国是两个危机交织在一起，而义和团运动又是中国具有乡土文化、信仰的下层群众所自发的一场反抗斗争运动,其所映现出神秘而诡异的特征乃不可避免。仅从现象上看,义和团运动恰似一面多棱镜,从不同侧面观察,各有其不同特征,但这不等于它没有正面的形象和本质的构成,研究者可以从《汇编》中作各自探析。我们除大量摘录当时中文报刊外,还选译了日、英、法、德等不同语种的文献资料。本《汇编》共分五卷八册,其中:中文资料一卷二册,英、日译文各一卷二册,法、德译文各一卷一册,约计五百四十七万字。其来源主要如下:

一、外国的官方文档,如日本外务省和参谋本部文件,涉及日本对华政策以及出兵参与联军共同侵华过程的相当详细记录。

二、西方的天主教内部文献,主要有德国圣言会和法国耶稣会对华传教活动与民教矛盾频发的记载。

三、侵略方的国内舆论,选德、法两国国内有关报刊的评述。

四、选自基督教传教士和西方学者的最早或较早撰述义和团的论著。

以上大部分记述来自与义和团不同的立场,有许多诬蔑义和团为“匪”、“拳匪”、“团匪”等词句,均非我们所认可,为要保持资料之原始性,一概不予改动,它涉及义和团运动诸多方面问题,仍有重要参考价值。限于我们水平,所选译内容与编辑方法当有许多不足之处,尚望研究者、专家批评指正!

二〇一〇年五月

翻译说明

一、原书为日本参谋本部编纂的《明治三十三年清国事变战史》，该书的发行者为日本川流堂，日本陆军省小林又七工厂石版部明治 37 年 10 月 28 日印刷，由日本博文馆发卖。该书把日本出兵参与八国联军侵华战争说成是“清国事变战史”，赤裸裸地暴露了其侵略者立场，但为了保持史料的原始性，均未予改动。

二、全书共计八卷，前六卷为文字部分，文中附有作战地图和统计表；因篇幅所限，第八篇《俄军在满洲之作战》、第九篇《日本及各国对于事变之态度》，中译本略去；附图及个别插图中译本略去。后二卷皆各国军队服装、枪械等，基本没有文字，故中译本略去。

三、对于人名、地名、军队、军舰名等日文名词，尽量保持原貌；涉及西文之日文人名，尽量采用已有的中文姓名或约定俗成的译名，其地名、军舰名等译名，多取音译。必要时，采用译者注加以说明。

四、原文中对欧美军官“校”这一级均以“大佐”、“中佐”、“少佐”等称之，一律改译为“上校”、“中校”、“少校”等；“尉”这一级，原文称欧美（除俄、奥外）军官为“大尉”者，统改译为“上尉”。

五、原文中有一行双排的文式，为正文之说明，中译本采用圆括号。如：北京（距离天津一百二十公里）。

六、原文均为日本纪年，即明治纪年，中译本均保持原貌，仅于第一次出现时注明公元纪年与中国清朝纪年。

七、原文中之时间与兵力、里程、部队番号等，均以汉字表示。

八、原文作战地图之格式与文字未作技术处理，以保持其完整性。

明治三十三年清国事变战史

日本参谋本部　编纂

1904

凡　例

本书共分九篇四十章，第一篇至第三篇示以本事变全部之关系，第四篇至第六篇进入作战时期，第七篇叙述驻屯时期到议和协定期间之事由，第八篇为俄军在满洲作战，第九篇描述各国态度和出兵概况等。

一、以片假名书写之人名右侧附以单竖线，地名右侧附以双竖线，舰船、会社、建筑物等的特种名称加“”。

二、文中如有特殊事项需插入正文者，以()附之。

三、各国名称如记录各国军队，一律略为一个字，如日（日本国）、英（大不列颠国）、美（美利坚合众国）、德（德国）、法（法兰西国）、俄（俄罗斯国）、奥（奥地利匈牙利国）、意（意大利国）、西（西班牙国）、葡（葡萄牙国）、比（比利时国）、荷（荷兰国）、挪（挪威国）等，但记述国家时附以国字，记述军队时附以军字。

四、人名一律于各篇初见时，详细标以职位、官衔、爵位、姓氏等，其他除需要之情况外均省略之。

五、外国人之姓名亦同前项，其译文根据各该国语言之发音。

六、地名一律以固定之名称，略去州、府、县等字，使用村、市之词。

七、月、日于各章最初注明，于各章中除特别需要之情况外，略之；上午、下午亦同前，而白日 12 时为正午，夜间 12 时亦注明夜 12 时。

八、年、月、日总体用本国之历，特殊需要时加注。

九、里程亦根据本国之标准，近距离的陆路为米，海上为浬，铁路为哩，但在远距离需要时用千米。

十、外国之度量衡与货币一律依原文，其屡用者依据左例：米（米突）、厘米（珊知米突）、毫米（密理米突）、千米（吉罗米突）；吋（英寸）、哩（英里）、浬（海里）；立（公升）、立升（立升）；瓦（瓦）、毫瓦（毫瓦）、千瓦（千瓦）。

由于各国间有诸多关系，本书在编纂上极其错杂。努力以一章一个事件，并收入一篇之中，以期使通读之时便于领会其始末，故叙事稍显重复，时间亦往往前后交错，以图便利读者，望读者见谅。

编纂委员长

陆军少将　福岛安正

编纂委员

陆军步兵中佐　由比光卫

陆军步兵少佐　誉田甚八

陆军步兵大尉　菅野尚一

陆军步兵大尉　泽木贞雄

陆军步兵大尉　伊藤羊治

陆军一等副监督　进藤秀松

陆军一等军医　村上弥穗若

陆军步兵中尉　石川　行

校阅员

陆军编修　横井忠直

目　录

卷　一

卷　二

卷　三

卷　四

卷　五

卷 六

明治三十三年清国事变战史

卷　一

第一篇 事变之发端与经过概要

第一章 发端

一 事变的起因

新旧两派之消长

19世纪后半叶以来，西力东渐之势渐渐增强，一向以中华老大自居的中华帝国陷入多事之秋，因其所谓的夷狄却丧师割地，不知受到多少屈辱。于是，国内人心渐动，出现守旧、进步两派。进步派主张变法自强，试图挽回国运，守旧派固守排外攘夷之念，以图一泻积愤，形成相互之间相持不下的状态。明治27、28年战争[①]的结局促使其弱点愈发暴露于中外，国家命运日益陷于危机之境地，新旧两种主张的倾轧也更加剧烈。

两年后的明治30年5月（光绪二十三年四月，西历1897年5月），恭亲王突然去世。该亲王乃皇室之懿亲，其权势能够缓和新旧两派之争，其死后两派关系日益恶化。不久，光绪皇帝通过其师傅翁同龢认识了康有为，采纳其改革方案，并逐步实施。于是，引起与其改革宗旨和利益相违的守旧派的恐慌，最终以有名的守旧派军机大臣、兵部尚书刚毅，管理吏部事务徐桐，端郡王载漪，军机大臣、管理兵部事务荣禄等为首，联合满汉同党全力起而反对，西太后发布诏书再次训政，幽禁皇帝，逮捕康党，破坏了改革计划，政府的实权全部归于守旧派之手。而且，康有为等逃亡海外后，奋笔疾书，不断讨伐西太后以下的守旧派，东西舆论界在论争中同情康有为等。因之守旧派的排外气焰更为炽烈，且因光绪帝的存在于己不利，遂私下策划废立。对于此阴谋，内外舆论皆极力反对，代替废立的是立储，即立端郡王之子溥儁为大阿哥（皇太子），将来光绪让位后继之。但是，对于这样的立储，内外不少大臣持有疑议。最终，守旧派认为新党的后台是洋人，其只有完全排斥洋人才能增强自身势力的想法日益增强。

---

① 即中日甲午战争。——译者注

端郡王之重用

在此之前,太后有意重用端郡王,政变(康党之败)后选练八旗子弟组成的虎神营一万人由其率领,现在又因其子被立为储,端郡王的实力骤然增强。该王乃咸丰帝弟弟惇亲王的儿子,性格古怪,刚愎自用。其兄贝勒载濂、弟辅国公载澜同为著名的守旧顽冥之辈,日清战役和胶州湾事变之时,曾经请命朝廷率兵临战,歼灭洋兵。荣禄虽非攘夷主义者,但要贴近太后来巩固自己的权位,结果也主张废立之说。因此,他与端郡王等利害一致,朝廷命其为军机大臣兼统领武卫五军,其五军分别由四川提督宋庆、直隶提督聂士成、右侍郎袁世凯、新疆提督张俊和甘肃提督董福祥统领。

董福祥入京

董福祥原本是甘肃以强悍著名的土匪,后投降官军,因平定回匪有功得以累进,升至甘肃提督,其冥顽暴戾,视外国人如蛇蝎。光绪二十四年入京时,几乎还没有康有为之变,因其部下加害外国人,根据各国公使的要求在距离北京五十清里以内禁止驻军,董深为忌恨,立志要与外国人一战。而且,他的这些言行颇被同仇敌忾的端郡王、刚毅、徐桐等所倚重,最终按荣禄之意,尽其防御之能力。

排外思想剧增

如此,当时的政府从新旧两种主张的此消彼长,最终达到了守旧派的全盛时期,造成的结果是排外思想更为严重,私下出现闭关毁约即锁港攘夷的主张。地方大员中也有毫无忌惮宣称灭洋之说者,民众厌恶教士、教民的专横和仇视外国传教士之念达及顶点,加之时值北方连年旱灾,处在民穷思乱之时。实际上,义和团便是乘此机会兴起。正是人心、时势相合,最终竟然酿成古今之奇局、中外之大变。

义和团原本之性质

义和团原本出自白莲教。“白莲教”之名始于元代的韩林儿,至明末徐鸿儒形成现在的叛逆之迹,朝廷以教匪竭力剿讨。及至清朝乾隆末年,白莲教乘苗匪未平之际,自湖南和四川兴起,蔓延至河南、陕西、甘肃各省。朝廷历经八年剿抚始平定。当时还沿用“白莲教”之名,后在嘉庆十八年,河南滑县的李文成、直隶大兴的林清等在河南、京师两地内外呼应,企图颠覆清朝。事败被镇压后,白莲教中产生天理、八卦两派,“义和团”之名亦从此时作为八卦派的一部分出现,称为“八卦教义和门”。当时上谕略称:“山东、河南一带匪徒设立八卦教义和拳之名目,实系不过是白莲教之余孽,奉旨严加惩办。”尔后避开禁令中使用的“义和拳”之名,改称“梅花拳”、“大刀会”、“红灯会”等。其党还散居各地,山东省尤多。如此,义和团原本之性质,乃是利用宗教迷信欺骗愚民,藉端实现其政治野心的秘密结社,元明以来至清朝一直视为叛逆,剿讨不怠。但是,犹如前述,近年排外攘夷的思想在朝野之间大为猖獗,当时的山东巡抚李秉衡和毓贤甚至还怂恿团匪再次沿用“义和团”之名称,以仇教灭洋为名行之,号称以神秘之道术则枪炮不能伤之,公然纠集党徒,不仅地方不逞之民翕然从之,具有重要地位的王公大臣亦有人认为团匪是忠愤之义民,与之心气相通。

义和团势力之渐逞

李秉衡于光绪二十一年（明治 28 年）担任山东巡抚，当时冠县地方已有梅花匪拳的踪迹，但李未加禁止，后于二十三年（明治 30 年）又发生曹州教案，继之出现成为德国占领胶州湾口实的兖州教案和光绪二十五年由于派遣德国军队引发的沂州教案，对此李都未用力剿办，反而暗中加以奖励。如此情形，促使到同年夏秋期间拳匪逐渐扩张势力，最终在平原县匪徒密集，和官兵对峙。李反而处罚地方官员，释放捕获的拳匪。于是，清国政府在各国公使的逼迫下下令开缺李秉衡，以张汝梅继任。张是较为温和主义之人，由此观之此时北京政府的意图还没有达到倾向于强硬的排外主义。但是未几清廷以毓贤代替张，毓贤和李秉衡一样以排斥洋人闻名，当初表面上剿讨拳匪，暗中反而和匪首李来中来往，暗中庇护。此形迹再次被各国公使攻击，清廷被迫再次开缺毓贤。毓贤为掩饰自己的错误，上书刚毅，申述拳匪为义民，其神技大有可用。为了使得政府相信，同年（光绪二十五年）底他奉命进京，又说服具有重要地位的大臣。当时政府正讨论大阿哥的册立，端郡王、刚毅、徐桐等顽固派势力正盛，几乎要实行闭关绝市主义，听到毓贤之说大悦，暗中确定利用拳匪之策，任命毓贤为山西巡抚。至此，拳匪窥到重要大臣的意旨，公然横行，肆无忌惮，最终形成燎原之势。毓贤赴任后勾结匪首李来中，煽动乱党，且李往来于京师后，将在山西省的男女洋教士数十人押至省城，亲自进行杀戮，全省教民遭匪徒屠掠者不计其数。

义和团进入直隶省暴举之企图

此时，山东的匪祸日益严重，甚至延至直隶省南部，焚毁教堂杀人的事情在各州县层出不穷。于是光绪二十五年（明治 32 年冬）荣禄举荐袁世凯为山东巡抚，统率武卫右军赴任。袁世凯从二十五年冬至二十六年春，先后七次剿讨，极力扫荡乱民。不过直隶按察使廷雍和布政使廷杰有不同意见，其相信拳匪是义民之说并予以庇护，禁止部下剿讨。因此被袁世凯驱逐的山东乱匪流入直隶省，进而麇集于北京、天津两地。直隶总督裕禄从开始就不相信其为义民，而知道北京的王公大臣中反而有庇护拳匪的倾向，政府的意旨也在剿抚两说之间徘徊，没有采取断然措施。因而，团匪日益猖獗，其在京畿一带设坛练拳，声势浩大。明治 33 年 5 月（光绪二十六年四月）初旬，涞水县高楼村一武举人和耶稣①教徒发生冲突，举人败诉，结果义和团对耶稣教徒的跋扈专横极为愤恨，将出现歼灭教徒之暴举，裕禄急派副将杨福同以马队七十五骑镇压。在杨到达之前，12、13 和 15 日义和团终于烧毁教堂，杀害教徒六十余人，杨 22 日反而陷入埋伏，和部下一起遭到残杀。于是，匪徒乘势于同月 27 日（清历四月二十九日）从涿州出发至琉璃河镇、长辛店、芦沟桥等，焚烧铁路，京津之间的联络不久亦将断绝。

如上所述，匪徒的势力逐渐强盛，专横暴戾，最终在北京的各国公使为自卫从各自在近海的军舰招募护卫兵。

---

① 耶稣教，原文如此，下不另注。——译者注

二　清政府最终决意宣战

各国士兵入京及荣禄之面奏

在清国附近停泊的欧美各国的军舰接到其公使的要求，迅速在大沽口集结，并立刻让水兵登陆。从5月30日到6月3日有四百四十二名士兵进京，接着有二千余名亦将进京。清廷对此不情愿，对外强硬派的气势亦因此而日益激扬。此时在病假中的军机大臣荣禄先后七次奏请朝廷，要求一面派兵弹压匪徒，一面剿匪。而政府中的刚毅，徐桐，军机大臣、刑部尚书赵舒翘，军机大臣、礼部尚书启秀等内心预想开战，都主张招抚说，太后亦属此意，向荣禄下达上谕，"不得遽然派兵激成变端"。荣禄于是9日入朝面争，太后不得已命令赵舒翘和刚毅二人奔赴涿州解散匪徒，二人先后赴任。

京津间及在北京团匪之暴举

此时，乱民进而焚烧黄村车站，京津之间的交通完全断绝。聂士成率武卫前军与匪徒在落垡开战，战死四百八十余人，而两天后的上谕却斥责聂士成，其退至芦台。10日，太后召见董福祥，命其率甘军(武卫后军)移驻京中，声称奉密旨剿灭洋人。11日，朝廷任命端郡王为总理衙门大臣，洋人为之震惊。该日，甘军士兵在永定门外将我公使馆书记生杉山彬杀死。由此，拳匪在北京公然横行，焚烧城内外的教堂、洋楼，火势连日不断，正阳门外繁华市街的三千余户付之一炬，火势甚至延及正阳门的谯楼；到处找教民和与洋人熟识者屠杀之，甚至波及一般民众，寻仇焚杀。北京城满街伏尸流血之状惨不忍睹。混乱业已形成，外国人的性命朝不保夕。

关于剿抚利害之会议

15日，刚毅从涿州回京，复奏朝廷：团匪不可解散，聂士成随便杀戮匪首激起民怒，应利用义民的忠勇义愤。赵舒翘也附和之。朝廷于是召集王公以下的六部官卿开会商议剿抚的利害关系。在刚毅尚未回京前，进入首都的很多拳匪都广交王公大臣。在会上，无论是端郡王兄弟载濂、载澜和徐桐，还是庄亲王载勋、礼部管理事务崇绮等，皆相信"义民忠勇激愤，其三尺幼童亦能执干戈保卫社稷，此为挽回国运之一大转机"。利用拳匪抵御外国军队、与其一决雌雄的主张盛行一时。故刚毅的复命益使其气焰更加强烈，廷议全为招抚之说。尽管有内阁学士联元、太常寺卿袁昶、户部尚书立山、吏部左侍郎许景澄等总理衙门各大臣冒死力谏，要剿伐团匪，不可开战，但骑虎之势复能如何？甚至皇帝曾执许景澄之手言道："朕自身尚不能保全，百万生灵将奈何？"事已如此，荣禄担心各国军队(指第七章的西摩联军)进京将激发祸变，派遣许景澄及礼部侍郎那桐，一面教谕团匪避免挑起仇衅，一面阻止外国军队入京，但二人半路被匪徒所劫，仅以身还。

官兵在天津及大沽战斗之开始

在此之前，匪徒的势力甚至蔓延到天津，在城内外设立了数十百处坛口，声称有三万之多，不仅烧教堂、杀教民，就连见到南方人也以通洋为名，杀掠之事也不胜枚举。14日，天津镇也奉太后密谕,"应严整战备,阻止外国军队登陆",在大沽炮台着手战备。结果,17日大沽炮台反倒被各国舰队占领。该日,清军从天津水师营炮台炮击该租界。

清廷遂决定开战之说

6月19日,裕禄电奏大沽炮台陷落,清廷立即召开御前会议,结果最终决定开战。荣禄主张首先要保护各国使臣离开北京,启秀也提议限定在二十四小时之内。于是,荣禄、立山、许景澄、联元等将其决定通报给各使馆,各国公使请求延缓四十八小时,但没有答复。20日,德国公使只身前往总理衙门的途中,被甘军士兵杀害。事态遂决裂,由此愈益准备开战,清廷任命庄亲王为步兵统领兼办理守城事宜,董福祥率甘军同团民一起进攻东交民巷各国使馆,端郡王率虎神营同团民进攻西什库天主教堂,武卫中军及神机营亦相继进攻使馆(参见第二十三、二十四章)。

开战上谕

6月21日(清历五月二十五日)清廷遂宣布开战上谕。22日,任命庄亲王、刚毅为统率义和团大臣,左翼总兵英年和右翼总兵载澜为会办,以参领文瑞、长麟为翼长,期望各团众为朝廷效力;还命令户部赏给粳米二万石。

开战上谕如下:

我朝二百数十年,深仁厚泽,凡远人来中国者,列祖列宗罔不待以怀柔。迨道光、咸丰年间,俯准彼等互市,并乞在我国传教;朝廷以其劝人为善,勉允所请,初亦就我范围,遵我约束。讵三十年来,恃我国仁厚,一意拊循,彼乃益肆枭张,欺凌我国家,侵占我土地,蹂躏我民人,勒索我财物,朝廷稍加迁就,彼等负其凶横,日甚一日,无所不至,小则欺压平民,大则侮慢神圣。我国赤子仇怨郁结,人人欲得而甘心,此义勇焚毁教堂屠杀教民所由来也。朝廷仍不肯开衅,如前保护者,恐伤吾人民耳。故一再降旨申禁,保卫使馆,加恤教民。故前日有拳民教民皆吾赤子之谕,原为民教解夙释嫌。朝廷柔服远人,至矣尽矣!彼时彼等不知感激,反肆要挟,昨日公然有杜士兰(法国领事)照会,令我退出大沽口炮台,归彼看管,否则以力袭取。危词恫喝,意在肆其披猖,震动畿辅。平日交邻之道,我未尝失礼于彼,彼自称教化之国,乃无礼横行,专恃兵坚器利,自取决裂如此乎。朕临御将三十年,待百姓如子孙,百姓亦戴朕如天帝。况慈圣中兴宇宙,恩德所被,浃髓沦肌,祖宗凭依,神祇感格。人人忠愤,旷代所无。朕今涕泣以告先庙,慷慨以誓师徒,与其苟且图存,贻羞万古,孰若大张挞伐,一决雌雄。连日召见大小臣工,询谋佥同。近畿及山东等省义兵,同日不期而集者不下数十万人,下至五尺童子,亦能执干戈以卫社稷。彼仗诈谋,我恃天理,彼凭悍力,我恃人心,无论我国忠信甲胄,礼义干橹,人人敢死,即土地广有二十余省,人民多至四百余兆,何难翦彼凶焰,张我国威。其有同仇敌忾,陷阵冲锋,抑或尚义捐赀,助益饷项,朝廷不惜破格懋赏,奖励忠勋。苟其自外生成,临阵退缩,甘心从逆,竟作汉奸,朕即刻严诛,决无宽贷。而普天臣庶,其各怀忠义之心,共泄神人之愤。朕实有厚望焉!钦此。

三 我国与各国决意共同出兵

在北京各国公使馆劝告清政府

自5月中旬涞水县高楼村焚烧教堂和杀害耶稣教民等事件发生以来,义和团的行动已经到了不可容忍的境地,20日在北京的各国(日、英、美、法、俄、意、德、奥、西、比、荷)公使召开会议,要求清政府迅速采取镇压招抚措施。继而于26日又召开会议,诘问清政府行动缓慢,制定各方面的预防策略,努力将祸乱消灭于未然。当时,我国公使男爵西德二郎、驻公使馆武官柴五郎不仅无此事变将会更加严重之意见,而我政府也认为其早晚会被镇压,没有重视而只是观望其经过。

各国领事对直隶总督之要求

在天津,因担心团匪的余毒也有可能波及,24日各国领事(日、英、美、法、德、俄、奥、意、比、荷、葡、挪威)请求直隶总督裕禄应采取严厉措施保护外国租界,其报告由天津领事郑永昌呈外务省。

决议招徕护卫队、西国公使及郑领事申诉之意见

此时,团匪日益猖獗,由于自27日夜晚北京、保定间的数个车站和铁路线等遭到破坏,事态非常危急,28日的各国公使会议上通过招募护卫队之议。在将该决定通告清政府的同时,各国从各自在近海停泊的军舰上招徕护卫队。我国西德二郎公使亦电报在塘沽的爱宕舰,催促其派遣水兵,并将此宗旨电报外务大臣子爵青木周藏;并且认为为保持与各国的均衡,派遣更大军舰是上策。另外,本日郑永昌领事也电报外务省,要求迅速派遣巡洋舰(此两封电报都于29日到达外务省)。

5月29日~6月11日北京及天津情况

于是,我政府在29日要求笠置舰长必要时迅速驶向大沽,任务是保护我国公使馆或领事馆。

以下为我政府收到的有关北清[①]情况的重要情报概要。

一、在天津,29日,我国水兵首先到达,各国水兵(英、美、法、俄、意、德、奥)陆续进津,到6月3日,有四百四十二名士兵向北京进发,二百三十六名驻守天津保护租界。

二、其后,团匪也蔓延到天津、北京间,出现杀害传教士和教徒或焚毁黄村和落垡车站等极端暴行。6月4日,天津至北京间的铁路因此被阻断。

三、5日笠置舰派遣的陆战队(七十四人)进入天津,6日在天津的各国领事与各国陆战队长共同召开会议,确定租界防御部署。是日,郑领事再次请求增派军舰。

四、在北京,由于清政府对团匪的态度优柔寡断,中外人心浮动,各国公使6日开会决议,为陈述事态真相,谒见皇帝和太后。总理衙门闻之大惊,恳请收回谒见之议,保证在四

① 北清,即直隶、山西、山东等省与北京。下同。——译者注

十八小时内恢复安定，并由直隶提督聂士成的武卫军负责保障京津间的交通。各国公使在 9 日前等待其结果。

五、10 日，英国东洋舰队司令官西摩中将指挥的各国陆战队约二千人，从天津经铁路向北京进发。是日，北京至天津的电信不通，故两地间的交通联络完全断绝，北京陷入孤立。

六、该日，各国公使向清政府宣布，如果政府不能尽保护外国人之责，各国将临机采取保护其民众的措施；清政府回答将尽保护之责。

七、11 日，俄国的狙击步兵一个联队、骑兵一个中队、炮兵一个中队和工兵一个中队从旅顺口出发，当夜开始在大沽登陆。

八、该日，顽固派端郡王等人入职总理衙门，温和派庆亲王等人被罢免。如此，形势俄然一变，拳匪的威势日益扩大。

佐世保海兵团之出发

如前所述，北清的情况日益危急，保护公使馆、领事馆及臣民日益迫切，12 日佐世保海兵团派将校以下三百二十九人搭乘丰桥军舰向大沽进发。另外，在此前后，须磨巡洋舰、镇边和镇中炮舰、阳炎水雷驱逐舰亦被派遣到该地。其他各国的水兵和陆军陆续登岸，向天津进发或增援北京。各国对清最初是外交谈判，目前形势，谈判已经不足以促成问题的解决，不得已诉诸干戈。

13 日北京及天津附近情况

其后，风行于天津以北白河一带各地的团匪逐渐逼近天津，终于在 13 日进入天津城内，或杀害传教士和教徒，或烧毁教堂，其暴力行径日炽，随后将大举袭击租界。西摩中将率领的北京救援军在廊坊附近被团匪阻击，而北京的情况则全然不知，如此北清危机迫在眉睫。但清政府不仅毫无镇压的手段，反倒暗中庇护，形势已趋表面化。另外，据报道俄国已经派遣陆军，还有继续增加的迹象；德国也从胶州湾派遣陆军等。为了保护公使馆、领事馆和臣民，愈发感到不能像最初那样仅依靠海军陆战队，派遣陆军乃当务之急。

参谋本部准备派遣陆军

在此之前，参谋本部认识到北清的情况早晚不能只依靠我海军的力量，必须立即派陆军。6 月 12 日以后开始集中讨论关于派遣陆军的种种事宜，其结果是决定首先由步兵两个大队、骑兵一个中队、炮兵一个大队、工兵一个中队以及辎重队等在广岛和丸龟编成混编支队，并提出了编成临时派遣队要领方案。

阁议决定派兵

于是，15 日上午 10 时的内阁会议决议派遣陆军，决定首先派遣前述诸队中的步兵一个大队、骑兵一个小队、工兵一个小队，以及伴随的辎重队，其余的兵力根据情况而定。参谋总长侯爵大山严于该日在该要领书中首次添加派遣部队人马一览表，具状上奏，经允裁将其转给陆军大臣子爵桂太郎，16 日任命参谋本部第二部部长陆军少将福岛安正为司令官。

另外,北清的战乱好不容易报至欧美各国,各国政府皆决定派陆军前往(其出兵的详细情况参见第三十九章)。

第二章　事变经过之概要

各国海军进入北京

如前章所述,义和团暴动日益猖獗,在北京的各国公使从清国近海的各国舰队招徕护卫军应对,各国海军四百四十二名6月3日进入北京公使馆,尔后在清军和团匪的包围攻击下,充当防御主力。

西摩联军

继而,在大沽口的各国舰队司令官为尽可能将更多的陆战队派到北京,要求直隶总督提供铁路以便输送。最终在6月10日各国陆战队约二千人在英国海军中将西摩的指挥下,从天津乘火车出发。在行进中,援军一边修理铁路,一边还要击退团匪。12日,援军到达廊坊。此时,前后铁路均遭破坏,不仅无法继续前进,运输线断绝又使粮食和弹药渐次告乏。因此,18日各国将校商议决定从陆路撤退,途中屡屡排除清军的抵抗,顶着困难,到达天津以北的西沽武库。22日,该军被清军和团匪包围。26日,依靠由天津来的救援力量,得以艰难返回天津。

占领大沽

在此期间,6月17日各国舰队为打通水陆交通,决定进占大沽炮台。在此之前,各国舰队司令官要求清军守将交出炮台,同时约六百人的陆战队在塘沽登陆,和先前在此地登陆的日本陆战队三百人会合。当夜12时50分,炮台开始炮击,在塘沽的德、法、英国的炮舰各一艘和俄国军舰三艘炮轰炮台,另外在塘沽的各国陆战队从后方攻击炮台,日军为先头部队,17日早晨攻陷炮台。

在天津之战斗

自5月31日各国陆战队236人进入天津以来,随着后续的各国陆战队到达和俄国陆军的入津,到6月13日在天津的各国兵力达到了二千五百人。同日下午,团匪也陆续进入天津;自15日夜间在各处教堂放火,并逼近租界。于是,各国陆战队开始战斗,以守卫租界。到17日下午,清军也从水师营炮台开炮,尔后清军和团匪日夜进攻租界,20日对租界进行围攻,租界与大沽的联系全部断绝。

21日,英、美、俄、意联军约二千五百人分成两个纵队从塘沽出发,击退途中的清军和团匪,23日到达天津,与大沽的交通再次打通。

尔后,各国联军在天津与清军和团匪的战斗日夜不绝。福岛少将指挥的临时派遣队自6月29日逐渐进入天津，其他的俄、英、法、美增援部队渐次到达，7月11日其总数约达一万四千人。随后，根据福岛少将的计划，日、英、法、美军队7月13日进攻天津城，14日完全攻陷天津城，占领了清军的据点，至此始将天津的清军和团匪清除。此间，北京危在旦夕，需要迅速救援。日、俄、英、美、法的增援部队陆续在大沽登陆，疾驰天津，但还无法击退途中的清军进入北京。日本的山口中将、英国的盖斯里中将、法国的福里少将、美国的沙飞少将、俄国的利涅维奇中将等相继到达天津，各国军队努力准备向北京进发。

攻击北仓

清军退出天津后，在北仓、杨村间集结，直隶总督裕禄在杨村督战，占领北仓南部的阵地，兵力约达二万人，还有在天津西南方向盘踞的团匪与清军共同威胁着各国军队的侧翼。

各国军队首先击破正面的敌人，占领杨村；继而向北京前进。8月3日，各国军队指挥官在天津开会，山口中将主张迅速前进；5日清晨，开始进攻占据北仓阵地的敌军，并占领之；6日，击退杨村附近的敌军，并最终占领该村。

向北京前进

7日，日本派出一个支队击破在南蔡村的敌军，并占领该村，裕禄战败自尽。该日，在各国军队指挥官会议上日军主张立即长驱直入北京，随之从8日按照日、俄、美、英军的顺序沿白河右岸前进，在河西务、马头、张家湾等处驱逐抵抗的敌人，12日到达通州。直隶军队帮办李秉衡11日在通州南部战败自杀。

攻击北京

13日，各国军队接近北京城进行侦查，因该日夜晚俄军开始战斗，各国军队改变了预定计划，决定14日进攻北京城。经过一日交战后，英军最先从没有敌人守备的广渠门到达公使馆区域，美、俄、日、法军也相继由东便门进入，而向敌人守备最为坚固方向前进的日军主力傍晚击破朝阳、东直两门进入北京城。

清廷西迁

清朝皇室15日早晨狼狈出城，逃往八达岭，经过宣化府，于9月10日到达山西省太原府，暂时驻辇后，随即迁到陕西省西安府。朝廷百官或者逃遁，或者自尽，北京的混乱局面不可名状。加之城内的战斗从15日起持续了三昼夜，直到17日才开始安定。此间，日军镇守北京北部，且占领紫禁城的东、西、北三门，美军占领紫禁城南门，其他各国军队平定北京南部。

公使馆解围

在此之前的6月12日和20日，在北京的我公使馆书记生和德国公使遭到虐杀，从20日起各国公使馆受到清军和团匪的进攻，尔后约两个月间，四百四十余名海军士兵与义勇队、教民共同进行殊死防御，尝尽百般辛酸，经受了众多艰难困苦，直到8月14日各国军队进京才得以解脱重围。

占领北京后情况

北京城陷落后,清军一部分撤往保定方向,一部分随皇室逃亡,其他则抛弃武器,脱去军装,变为庶民,故在北京附近还残留着小股团匪和清军。各国军队占领北京后划分占领区域,日军为内城北部,俄军在东南部,英美军队在西南部,努力恢复居民的营业和秩序,并让疲劳的士兵休养,不再远行扫荡,仅为自卫讨伐北京周围的败兵和团匪。

此间,俄、英、德、意的增援部队陆续在塘沽附近登陆,9 月下旬总计达到约六万人,这些新来的士兵大部分集中在北京和天津,以其新锐之力又扩张占领区域。

占领山海关方面

俄、法、德、奥军队 9 月 20 日占领北塘炮台,俄军又进而占领芦台,10 月 2 日各国舰队和陆军在未遇任何抵抗的情况下占领山海关,尔后开通山海关与塘沽间的联络,保持冬季期间的陆海交通线。

瓦德西元帅之到来

9 月 27 日,德国元帅瓦德西作为联军总指挥官来到天津,10 月 17 日进入北京。当时,在元帅指挥下的有日、英、俄、德、奥、意诸国军队,法、美国军队在其指挥之外;另外,俄军大部分士兵从北京撤出,集中在天津附近,还有一部分返回旅顺;美军也有一部分撤退至马尼拉,日军一半凯旋回国。

讨伐

元帅抵清后,向直隶省各地派出讨伐队,努力扫荡败兵和团匪,一来让新来的士兵开展战斗活动,另外也是为了惩治清国,显示联军的威力,将直隶省完全控制在联军的武力下。而大规模的远征是 10 月 12 日由北京和天津派遣的德、法、英、意国军队向保定府进发。远征之时,清军避免战斗,撤往南方;各国军队在未受到抵抗的情况下占领该府。尔后仅德、法军队留守此地,向西南方派遣的讨伐队最终到达山西省境内。

开始延迟议和谈判

当时清朝皇室正在逃往西安府的途中,其令庆亲王返回北京,还从南方召回李鸿章,共同作为议和全权委员和各国开始谈判。然而,各国认为清国政府难以存在,且对承认议和委员相互持有异议而无法决定,因各国相互交涉耗费时日,议和延迟。

满洲作战

在此之前,直隶省的骚乱从 7 月波及到满洲,因俄国经营的铁路被破坏,工事中断,俄国兴兵恢复之。满洲战火四起,最终从各方进入的俄军取得胜利。10 月 6 日,在铁岭的南、北两军取得联络,占领了满洲诸要地。

冬营及铁路之开通

如此，各国军队开始冬营。依靠日、德、英的铁路队，努力修筑此间的交通线。12月18日，北京、杨村间的铁路贯通，至此塘沽、北京间全线通车。此外，山海关至塘沽间的铁路，因汉沽桥梁修理困难，直到5月12日始全线通车。此外，法军修筑保定府、北京间的铁路，1月28日贯通。

议和谈判

议和谈判自10月26日在北京开始，经过各国公使数次会晤，讨论各国的提议事项，到12月22日始形成决议，将联名公书交给清国全权委员。该委员于12月30日宣布清国皇帝接受此公书。然而，至34年(1901年)1月上旬有关满洲的俄中密约之事传至北京外交团的耳中，尔后成为各国间的问题，最终由日、英倡议，劝告俄、清两国改定此约，但仍大大妨碍了议和的进行。此外，关于处分元凶之事，清廷犹豫不决，2月15日元帅扬言远征西安府，清廷最终答应进行处置。甚至保定府附近的德、法军队于4月开始在山西省境内作战，以进一步促使议和谈判进行。尔后，关于赔偿等问题，各国又屡经交涉，9月7日清国全权委员与11国的全权委员签订议定书。

各国军队之移交

6月初，元帅踏上凯旋之途，尔后各国军队也大都凯旋。根据议和条约，留下约七千士兵为北京公使馆的卫兵，并占领天津、塘沽、山海关及其他铁路线上的据点。于是，该事变告一段落。

关于事变之统计

从该事变开始到终结，历时约一年。其骚乱区域，在直隶省有约七千一百八十方里(除去南由沧州至赵州以南一线，北由山海关沿长城至张家口以北一线)；在满洲有四万零六百方里(除了黑龙江省西南方一部分)。

各国派遣的战斗兵力，总数为二十五万人(其中九万在直隶省活动，其他各国军队为进入满洲的俄军部队)；清国对此所用的兵力约为十三万人。各国军队的战死者约七百四十名，负伤者约二千八百名，此外俄军在满洲战死约二百名，负伤约四百五十名。

清国死伤人数(包括军人之外者)，仅直隶省就不下一万人(满洲也远超过此数)。且其中公私财产的损失也十分巨大，向各国的赔偿金额达到六万三千三百一十五万元(四亿五千万银两)。

第二篇
战场之地理

第三章　直隶省之地形、交通与气候

一　直隶省一般地形与物资

位置、面积和人口

直隶省是该事变中各国军队的作战地，位于东经约113′30°至119′50°，北纬约35′至44′间；东南临渤海湾，东以山海关附近长城与满洲盛京省为界，北接蒙古，西邻山西省，南接河南、山东两省；面积十四万八千三百五十七平方公里，人口约三千七百万人，即一平方公里约二百五十人，是一个人口稠密的地区，在十八个省中仅次于江苏和安徽。

一般地区、地质与地形

直隶省北部即长城附近山脉以北之地，全是与内蒙古连接的高原，海拔约一二千米，人烟稀少，交通不便，不利于作战行动。与此相反，其南部有一半是广漠的平原，有很多河流穿过，道路四通八达，是土地广阔、人口稠密之地。此事变作战地即是此平原。

地质一般为细沙和粘土混合，北京附近富含碱分，山海关附近在满洲的地质影响下多为结晶石磐石的砂石，西北面诸山多由岩石构成，碎片沿河而下，但大都高低相差不多，下游几乎看不到石块。因此，直隶省的沿海都有浅滩，没有港湾。高低相差不多，例如天津海拔二米，北京附近海拔仅三十七点五米，到北面长城附近的居庸关海拔只有二百米，可见一般高低相差很小。

如此，平坦广漠的平原横穿南面山东省西部和河南省东部，覆盖安徽省北部和江苏省全部，到达扬子江领域。其广袤和土质之膏腴为世界所罕见。开凿从扬子江流域通往天津附近的运河，亦是依靠此地形平夷广大之利，不然古代何以能有此等功效。

在平坦之地上，贯通直隶省内的很多河流都很蜿蜒曲折，流速缓慢，多适合船只航行。其主要河流有白河、永定河、子牙河、滹沱河、卫河（运河之一部分）、北塘河（上游为南运河）和滦河，其中除了最后两河之外皆在天津汇流，由此天津成为交通便捷之地，也是商业繁荣的一个原因。

以上诸河每年雨季泛滥，附近村庄被淹，于是在两岸多修筑堤防。不过每次发大水都改变河道，并改变泛滥之地，湖水位置也有变化。因此，在用兵上必须不断侦察其位置。这次事变的现状就与往年的侦察状况有很大不同，特别是天津附近南北约二十五里间低湿，如有大雨，骤然泛滥，形成一个大沼泽地，与大河沟、三角淀及其北面的湖沼共同形成一大湖沼，因此附近村庄的房屋都建在台地上，或者用土垫高房基地。

道路总体平坦，除了市街附近的人工道路外，到处都是天然道路，通往堤岸上的路较好，通往耕地的不一定能通过马车，不过是自然形成的道路状。路面一般是自然土，下雨时泥泞没脚，不仅难以通行，车辙深陷所成的凹道存积雨水，进而不能通往左右的耕地。即人马、车辆重复往返处是道路，往返断绝处很快成为废道。因此，道路状况大体并不良好，通过的车辆如果不特别牢固，就会不堪久用。我辎重车辆破损多，其原因多少也是由于此道路的状况。

直隶省平原的农田多为旱田，田埂无径，形成一望无际的广原，不过由于其大部分种植高粱，8、9月间生长得极为茂盛，高能淹没骑兵，举目观看全然如同一森林；步兵单独虽可艰难通过高粱间，但对于其他兵种则完全是通行的障碍物；还大大妨碍对远处的瞭望，限制火器的效力。到了10月，收割高粱，方法是从根部以上二十厘米处割断，故收获后恰似种植了小橛子，非常妨碍行动，而此时期以后则为一望千里的平坦开阔地。

居民

直隶省在行政上分为十一个府、六个直隶州、三个直隶厅、十七个州、一百二十三个县及一厅，其管辖关系如下表：

府州县分属表

府	州	直隶州	直隶厅	县
顺天	通、昌平、涿、霸、蓟			大兴、宛平、良乡、固安、永清、东安、三河、香河、武清、宝坻、宁河、顺义、密云、怀柔、房山、文安、大城、保定、平谷
保定	和、安			清苑、博野、高阳、蠡、唐、望都、束鹿、安肃、容城、定兴、新城、雄、满城、完
承德	平泉		围场厅（但属于府）	滦平、赤峰、建昌、朝阳、丰宁
永平	滦			卢龙、乐亭、昌黎、迁安、抚宁、临榆
河间	景			河间、献、故城、交河、阜城、东光、宁津、吴桥、任丘、肃宁
天津	沧			天津、盐山、庆云、静海、青、南皮
正定	晋			正定、藁城、栾城、获鹿、元氏、赞皇、井陉、新乐、行唐、灵寿、阜平、吴极、平山
顺德				邢台、沙河、内邱、巨鹿、南和、平乡、广宗、任、唐山

续表

广平	磁			永年、成安、肥乡、广平、邯郸、曲周、鸡泽、威、清河
大名	开			元城、大名、清丰、东明、南乐、长垣
宣化	蔚、延庆、保安			宣化、怀来、怀安、西宁、龙门、赤城、万全
		遵化		玉田、丰润
		易		涞水、广昌
		赵		柏乡、宁晋、隆平、高邑、临城
		冀		枣强、新河、南宫、衡水、武邑
		深		武强、安平、饶阳
		定		深泽、曲阳
			多伦诺尔	
			独石口	
			张家口	

直隶省有一个总督(正二品以上)管理,总督之下有布政使(从二品)和按察使(正三品);布政使掌管钱谷出纳,按察使掌管法律之事。各府有知府(从四品),承隶属于总督的道员之命统辖管辖内之事。但顺天府的府尹(正三品)独立掌管辖内的民事。厅设同知(正五品),州设知州(从五品),隶属知府,掌管辖内民事。但直隶州知州(正五品)直接隶属于布政使和按察使,各县设知县(正六品)掌管民事。

直隶省内的主要城镇如下,但其人口没有精确的统计,仅概略如下:

城　镇	人　口
北京	大约 90 万
天津	95 万
保定府	15 万
通州	10 万
正定府	7.5 万
张家口(另一名为"卡鲁干")	5 万

北京是清国的首都,是该事变的焦点所在,在此地的各国公使馆曾被清国官兵和团匪围攻。北京位于大沽白河口之西北约三十八里,山海关西面约七十里,在海拔三十七米有余的平地上以城墙围绕成一个大城市,除西北约三里处有万寿山高地外,附近均很平坦,没有可以瞰制的地点,其城墙是唯一牢固的防御物(北京及其附近之地形参见第十九章)。

北京有经东面的通州由白河水路到天津的交通之便;此外通州、北京间也有运河,每年输送南方来的米;西面的永定河经常通航。这样,如果北清和芦汉铁路不通过这里,其众多人口所需的衣食物品只能依赖通州这一唯一的水路门户。北京的繁荣只不过因为是国都,为百官居住之所,工商业不过是随之提供所需而已。在天然的交通和土地富饶程度上，北京并非重要之地。

北京为通往北方蒙古诸条道路之要冲。东面经山海关通往满洲，西面越过险阻的连山之间，穿过山谷到达山西省。原来，北京始为国都是燕国，其后元、明在此建都。元代在此处建都是因为考虑到便于控制中国南方，明代在此建都是为了便于控制北方蒙古，清代与元代一样是为了控制南方而在此建都。该建设之时没有铁路和轮船之便，是为了背靠满洲和蒙古，面临南方，便于控制。目前，铁路开通，弥补了昔日交通上的不便，海口没有良港，但轮船仍通过天津形成了海陆相接的交通之便。特别是在与世界各国对峙的今天，昔日的形势已大为改变。

天津位于距离白河口约十二里的诸河辐辏之处，各方具有通舟楫之便。特别是吃水十二三尺的船只，可从海上直航，这里是北方唯一良好的开埠口岸。自然人口辐辏，人烟稠密，商贾繁盛，物资丰富，实为北京之门户。然而，近来因洪水使白河河底砂土堆积，事变当时仅吃水六尺以下的中小轮船得以在大沽与天津间航行。而且其东面有大河，西面有三角淀及其他湖水，相距三四里，形成一个大狭隘地段，白河贯穿中央，为从大沽到北京的必经之地，战略上亦是进入北京的门户。除了冬春河海结冰时，直隶总督作为北洋通商大臣长期在此驻守，办理省务。

保定府位于北京西南方约三十三里，在天津西方约三十五里处，是直隶总督的驻地。不仅由北京、天津到山西省的各种物资和行旅多经由此地，也是由北京到南方陆路和铁路经过之处，因此商贾繁荣，是北京附近平原面向西南方的一个门户。天津、保定两府之间依靠运河、三角淀、白洋淀和其他湖淀通过小船运送物资。

山海关在北京附近平原的东境，同时还是直隶省和盛京省的分界点，属于临榆县(有一万户)，角山的山脉屹立北面附近，山脚到海滨间稍微呈倾斜状，处处只能看到凹凸地，其宽不超过二里，乃通到满洲的隘口，自古以来就是著名的战略之地。加之冬季渤海湾沿岸结冰，只有附近沿岸可以停靠船舶，成为冬季和北方海上唯一的联络点，在战略上更加重要。

以上不过是列举战略上重要的二三城市，其他居民地的概况将在说明道路项时叙述。

产业、物资概况

直隶平原原来缺乏树林，但如前所述因多种植高粱，其秸秆为一年中唯一的燃料。因此，各村庄都堆积着高粱秸秆，易于征发，但由于燃烧迅速，众多军队需要的薪柴，必须在其他地方储备。

直隶省没有稻米产地(兴城附近有屯田地，在山海关西面也有旱田稻地，不过其面积小，收获无多)，故北京等地的官吏和上流社会的食米全都仰仗南方。

原来清国的主要产米地区为江苏、安徽、江西、浙江、湖北和湖南省，每年从这些地方通过运河运送到北京的米为四百五十万石，储存三年之后拨给八旗。北京城内外和通州的米仓储藏达一千数百万担。长发贼[①]叛乱之际，南米北运之途断绝，尔后虽然恢复和平，但由于六省经费日出多端，近来北运的贡米一年不足九十万石，没有贮藏三年的余力，

① 太平军。——译者注

各处米仓多因此而废弃,故每次有事便成为北方民众担忧之所在。

招商局的轮船开通了上海、天津间的海运,于是从前由运河运输的贡米此后搭载轮船北运。但是,中法战争时由于担心海运堵塞,朝廷急命各省疏浚运河,尔后每年10万石的贡米必须由运河北运,以防运河淤塞。

通州、北京有官用的大米仓,连年积存贡米,有的积压达数年之久(清国人一般喜欢两三年以上的老米,为了保证食用必须积存在仓库);北仓南端有贮存贫民赈恤用米的米仓(长五十米、宽八米的仓库十六座)。这些仓库都不宏大,所贮之米因前述之原因也不多,其部分仓库也归于废弃。

供应下等社会食用的主要是地方产出的高粱、玉米、小米以及豆、麦等,这些杂粮随处可以看到,易于征发。

副食品一般食用猪、羊、山羊之肉,输入北京的数量俗称"千猪万羊",即达到一日猪千头、羊万只。猪主要从盛京输入,羊主要从口外输入,牛肉的需用量最少,这是因为牛是帮助人劳动的贵重动物,中流社会以上者以食用其肉为耻。禽类以鸡、家鸭为贵,其禽蛋亦美味。各地都有这样的习惯。因此,肉类可以供应日军的大部分供给,只是鱼类极少,沿海地方可以食用海鱼,鲜鱼极少。蔬菜类种植最多的是白菜,芜菁、胡萝卜、芋薯、番薯次之,其他各种瓜类也不少,如同肉类一样,可以得到较为充分的供给。

嗜好品多为高粱酒、黄酒及茶,这些每户都有若干。此外大街道还有店铺,不难征用,好水果也不少。

马粮中用小米和稗子的秸秆代替秣和藁,这些在当地可以充分征集。原来北清多马、驴和骡子,因此这些粮秣野草也不少。但是考虑到短期内难以为很多马匹征集给养和质量良好者少,故需要追加马秣。

运输工具在城镇多为轿车(二轮,有轿盖),用马或驴、骡拉,还有若干人力车。在农村多用农用的载货马车(二轮车,通称"大篷车"),用一头到三四头牛或驴、骡拉着,最大载重量达四五千斤,一辆大车可以装载步兵一个大队一日的食粮。此外还有官吏用的轿舆,数量少且不方便,不足以供一般使用。另外还使用一轮小车,即推车,但因推车需要熟练,也不能满足一般需用。其他的还有地车(低矮车,有两个铁质轮,用人力拉)、推水小车(通常推车上放两个水桶),冬季也使用冰橇,但应用不广泛,这是因为直隶平原降雪不多,只能在河面结冰以后使用。

中国的马、驴、骡子很多,特别是长城以北之地是有名的产马地,北方使用的马匹都产于此地。还有不少牛,主要是用于耕耘。在天津、保定府以北常年用骆驼运输货物,特别是经过蒙古运往俄国境内的茶多用骆驼运送。

以上所述的各种物资,平时易于征发,战时人们大都将其携带逃走,征集变得极为困难。因此,作战军队如不携带各种给养行进,就无法解决。不过留在各户和仓库的部分物资,可以供小部队之需。

饮用水

这次作战的各地,除山海关附近外,饮用水都不好,给用兵带来很大困难。特别是在大沽附近,白河之水是唯一的水源,咸味甚重;到其上游二里许处在落潮时取水还可以,但必须将其澄清才能饮用。且井水皆带有咸味，难以饮用，是以各国军队皆用蒸馏水。在天津附近，白河之水没有咸味，过滤后可供饮用。到天津以北，除了河水外各地都有井水，虽不良好，但煮开后可供饮用。不过对于数量众多的军队，特别是马匹来说也是不足的，不得不专门依赖白河之水。北京西北昆明湖之水，清澈无害宜于饮用。其他各地的井水不仅水质不良，而且水井数量甚少；唯独山海关附近之水可以直接饮用（关于水质和其他卫生的详细状况参见附录第三）①。

二　道　路

道路概况说明

直隶省的道路不是人工的，都是自然形成的，故道路虽宽，但路面凹凸倾斜，过河没有桥，路旁没有沟；有时道路兼为河床。因此，虽是大道，工兵如不先行，野炮就不能保证通过。从北京向保定府前进的各国军队，在琉璃河南边约一公里处，野炮陷入无法通过的村中洼道，最后艰难地从侧面的耕地通过。此外，该纵队尽管在大道上行进，在道路的选择上也很困难。如各国军队向北京进发时，在河西务以北就迷了路，实际上就是道路不好造成的。

因此，大道也时常劣于小路，短道也有优于大道的。由于从一开始就没有道路制度，全然放任自流，虽然无法确定区别、等级，现将摘记联结主要地点的道路如下：

甲、由沿海各要地通往北京的各条道路

1. 由大沽经天津、通州到北京的道路

2. 由杨村经武清县、采育里、马驹桥到北京的道路

3. 由天津沿永定河经固安县、良乡县、芦沟桥到北京的道路

4. 由大沽经北塘、芦台、宝坻县、香河县到通州的道路

5. 由甜水沟经乐亭县、开平、玉田县、邦均到通州的道路

6. 由山海关经昌黎县、滦州、丰润县到阎家铺的道路

7. 由山海关经抚宁县和永平府到丰润县的道路

以上各条道路，是各国军队在从直隶省沿海登陆后向北京前进所取的主要道路。

乙、由北京通往各地的各条道路（沿海地方除外）

8. 由北京经涿州、保定府到山西省和河南省的道路

9. 由北京经居庸关到张家口的道路

10. 由北京经密云县、古北口到承德府的道路

丙、联络各主要地点的大道

11. 天津与保定府之间的道路

12. 由塘沽经芦台、开平、滦州到山海关的道路

以下逐次叙述上述道路的概况（大沽、北京间参见第二附图）②。

---

① 略。——译者注

② 略。——译者注

由大沽经天津、通州至北京之道路

一、由大沽经天津、通州到北京的道路,全程为四十二里十三丁半,是由海岸进入北京的最捷之路,成为该事变的主要作战道路。该道路比较方便的是因沿着白河,即粮食及其他军需品可以经常用船运输和运回患者。且在缺水的北清,此河流是唯一的饮用水。

该道路由大沽经白河右岸的新城、葛沽和咸水沽到天津,又从北仓转移到白河左岸,在杨村再次回到右岸,尔后经河西务、马头和张家湾到通州。从这里离开白河沿岸直达北京。

该道路大部分为堆积修筑的道路,很多处都在白河堤防上,路宽大约在五米乃至七米,是清国中比较注意修缮的道路。该道路几乎全都沿白河,兼有船运之便。沿途村庄富裕,杂粮、食盐皆集中于此(大沽、天津间的道路状况详见第十三章)。该道路经过的主要村庄、城镇是新城、葛沽、咸水沽、北塘口、天津、北仓、杨村、南蔡村、河西务、安平、马头、张家湾、通州和定福庄。

与此相反,白河左岸由大沽经军粮城到天津的道路,路况不良,必须修缮才能通过野炮;而且不仅曲折蜿蜒,沿途村庄也少,放眼全为广漠草地。

由天津经白河左岸到北仓的道路,在堤防上通过,路况良好,杨村是跨白河两岸的小市镇。从这里又分出数条道路(东面大官屯到西面东安县有道路交汇),且是铁路渡过白河之点,是战略要地。不过,天津、杨村间东西有湖水控制,降雨发水时泛滥,堤防道路以外几乎全部被淹。杨村以此窄路北端而成,有八百余户,稍微富裕,各种物资亦不少,有河督府,往来通州、天津间的船舶必在这里停泊,且由天津来的小轮船可以溯流到该地上游。该事变中,我小轮船就是越过此地,到达南蔡村附近。但是,白河流速稍急,溯水而上需要花费时间,如是使用轻快的拖船,自然到达天津以北往返的轮船不断。

南蔡村为四百余户的小市镇,有客店,稍富。砖厂附近多有树林,很多地方都适于露营。河西务位于天津与通州中央,有数千户人家,市街繁荣,足可为对付南面的阵地,在该事变中被清军选定为阵地。该市街在事变之初被各国军队烧毁,其市街的价值几乎完全丧失。

杨村以北的道路或穿过堤岸,或穿过耕地,其宽幅不定。河西务以北的道路通过田地的特别多,经常误入歧途,行军困难,必须有向导。在事变中,各国军队在这里经常迷路。

马头为有六百户的富裕小村,河西务以北的道路远离白河,到这里再次与白河会合,且位于河西务和张家湾中央,从距离上看是比较有名的需要宿营之地。而且,还有从此地向西北直通北京的捷径。该事变中,法军曾经在此捷径上设置兵站线。

由马头向北约二里有何各屯,与由香河县通往北京的道路会合(何各屯的东面有李二寺、烧酒庵,乃本事变我军通过之处)。由此道路的东侧沿小沟约一里到张家湾。张家湾是有六百户的小城镇,道路通过中央,为凹陷路面,道路狭窄,仅能通过一列炮车。是从此地向西直达北京的捷径,距离约五里半。

通州是水陆道路的交会点,是进入北京的关口。城墙规模较大,周长五千五百米。壁高八米,厚六米。百货辐辏,市街极为热闹的白河沿岸作为登陆场,多个仓库相连,通州城中央有两个大米仓,贮藏了每年从南方运送来的十余万石贡米。

由通州到北京的主路是石材道路,明朝以来怠于修理,路面凹凸不平,石材或不齐或脱落，步行特别是骑兵和车辆行进困难，故平时行人多从其两侧的凹地往来，此凹地自然形成道路状。由通州到北京有运粮河，宽约三十米，设五个闸节制流水，贡米船进入北京时，该闸每次都要倒载才可以使用。原来水量不多，该河除了运粮外不供他用。通州西面约 1 里的八里桥，架在越过该运河的街道处，用大理石建造，是著名的桥梁。但由于没有修缮，几乎如同石材道路。由八里桥有一路沿运河南岸通往北京东便门，是路宽三四米的凹道，这是条捷径。

上述的大沽、天津、通州、北京的道路中，在战略上应该注意的是天津及杨村间的隘道。如果在此间各地占领防御阵地，前往北京的各国军队受到侧面湖水、沼泽的限制，无法迂回，必然需要攻破阵地。这是因为天津是位于隘路南端的一个门户；杨村则为北端的一个出口。所以，该隘路即天津至杨村是北京防御和攻击者的一大要地。此外，南蔡村附近东有白河，西有凤河，其间有约不足一里的间隔，适于防御；两河的两侧出入自由，可以迂回，不比前述的大隘路。况且在其他地方，左右开阔，两侧没有依托的地方，无法包围和迂回，无法成为阵地。

由杨村经马驹桥至北京之道路

二、由杨村经武清县、采育里和马驹桥到北京的道路，可以用为军队向北京前进的主要道路。

道路除雨季外可以通过车辆，沿途主要有泗村店（七百户）、武清县（有方形城墙，城墙周长两公里，高七米，厚约十二米，有四个门，该城镇城内约七百户，不富裕）、采育里（在长方形街道上有市场，三千户，富裕）、马驹桥等大村庄和城镇。附近地形为平坦的耕地，有村庄也有树木。此外，武清县以西树林稍多，到采育里西北，道路分为两个方向，一是北往南苑东面，其他绕行南苑西南。通过马驹桥的是东面的道路。

南苑是北京南面的一大平地，以土墙围之，四周约六里半，内有兵营、离宫。其他为宽阔的大练兵场。由采育里进入南苑的东南门，可以到北京南面的各城门；由采育里经南苑南端可到黄村；沿南苑西墙到北京的道路，亦适于各军通过。

由天津沿永定河至芦沟桥之道路

三、由天津沿永定河右岸经固安县、良乡县、芦沟桥到北京的道路，比第一条道路稍为绕远，但多在堤防上通过，具有雨季也容易前进之利，只是沿途村庄不富裕，军队宿营困难，但饮用水有依靠河水之便。

该道路经天津北面的西沽通往火药局的堤防到达清宫，到王儿店和王庆坨镇（一千户，贫穷村）后沿永定河南堤到小刘坨，高约十二米，是全堤的最高点。随后经固安县（一千四百户，稍富裕）出良乡（一千户），这里是北京、保定府道路交汇的道路，宽约三米，各军都能通过。

该道路也与第一、第二条道路相同，是向北京前进可以采用的道路。但永定河水浅流速稍大，没有舟船通过之便利，不利于与后方联系，且由于远离第一、第二条道路，只有大军才能够分开兵力在该道路行进。

由大沽经芦台、香河县至通州之道路

四、由大沽经北塘、芦台、宝坻县、香河县到通州的道路,也可以视为普通的连续性道路。在大沽附近或者北塘附近登陆的军队数路纵队向北京方向前进时,由于选择其作为进军的一条道路,故特别在此记述。

该道路可以通行车辆,但由大沽至林亭口之间,道路低洼,雨季浸水严重,沿路村庄会被淹没。大沽、北塘间没有固定道路,北塘、芦台间是少有的堆积修筑而成的好路。沿途村庄大致富裕,特别是每隔四至六里就有一个稍大的市街,便于军队的宿营和征集物资,即塘沽(一百余户)、北塘(五千户)、汉沽(五百户)、芦台(二千六百户)、宁河县(六百五十户)。还有由香河县经张家湾到北京的直道。

该道路具有作战道路的便利,是因为可以利用北塘、林亭镇间北塘河以及其上游的蓟运河的水运,及塘沽、芦台间的铁路之便。由芦台经盘儿庄、大官屯附近到河西务的道路由于通过低洼之地,雨季军队无法前进,其他时期可以用于作战道路,但随着远离河西务,沿途村庄稀少且贫寒,无望获得给养上的物资。

由甜水沟经乐亭县、开平、玉田县至通州之道路

五、由甜水沟经乐亭县、开平、玉田县、邦均到通州的道路,是从滦河口登陆的军队向北京前进可以采用的一条捷径。

甜水沟(二千户)是滦河右岸河口的村庄,距离海岸约三公里,海滨平浅,不便登陆。滦河使用小船可远溯上游。而且由于河道时常变化,乐亭县内古迹多而道路不定,从乐亭县通往西北的道路分为三条,在玉田县、丰润县间与北京、山海关间的道路汇合。

沿途村庄城镇主要有,乐亭县(三千余户,方城)、贲[①]城(七百户)、古冶(六百户)、开平(三千户,方城)、阎家馆(一百户)、沙流河镇(七百户)、亮甲店(四百户)、玉田县(三千户,方城)、彩亭桥(七百户)、别山(六百户)、邦均(一千户)、段家岭(四百户)、三河县(户数不详)、燕郊镇(一千户)。道路没有修理,大部分不是很好,车辆可以勉强通过。特别是邦均东面蓟运河(又称"琳河")的浮桥夏秋阴雨时无法通行,此外在开平西北一里渡过涧河,在通州必须渡过白河。因此,该道路不方便登陆,道路不良,且必须渡河,故除非不得已,否则不能作为作战道路使用。

该道路中的开平是有名的煤矿,是一个战略要地,因此是和山海关经昌黎县、滦州通往汉沽的道路的交汇处。此地还是适于战略防御之地,西面占据唐山,北面占据马家沟源头,可以构筑阵地。

由山海关至北京两条道路

六、由山海关经昌黎县、滦州到古冶的道路。

七、由山海关经抚宁县、永平府到丰润县的道路(称为"官道")。在山海关附近登陆的军队向北京前进时,这两条道路可以作为作战道路。

---

① 倴。——译者注

此外,这两条道路各有一路到达红瓦店,石河除发水外可以徒涉。第六条道路到洋河河床间大致平坦,途中由东盐务通往秦皇岛的岔道难免有雨期浸泡之患。此外,从归堤寨沿海滨通过沙丘东面到金山嘴北面的赤土山有约二里的平地,没有固定道路,都是细沙,炮兵行动困难。从牛头崖左转经辛庄到洋河口间有约二里的道路,野炮可以通过。通过洋河的主要道路,从北面的丘陵逐渐南下到达道路附近,多是平地上隆起的小山,没有障碍;越过滦河后,道路以南也是一片平地。其北面是山丘起伏之地,到古冶和开平与第五条道路汇合。

第七条道路宽三至五米,土质多沙。抚宁县以西要越过很多起伏地,在永平府(六七千户)以西必须越过青龙河和滦河,丰润县以西之地是一片平地,道路宽阔,到了雨期被雨水浸泡,处处交通断绝,因此雨期多取由永平府经迁安县、遵化州的道路,不过该道路要通过山地,崎岖难行,车辆无法通过。

以下记述从北京通往各主要地方的道路概况。

北京与保定府之道路

八、由北京经保定府到山西省太原府的道路,是直隶省通往山西省的主要大道,沿途村庄连接,每隔七八里就有一个大村庄,其中拱极城(另名"芦沟桥",八百户)、良乡县(一千户五千人,方城)、琉璃河镇(八百户)、涿州(二千户,长方形城)、定兴县(一千五百户,方城)、固城县(一千户,南北两端有牌楼)、安肃县(二千一百户,方城)等是主要的城镇。因此,不仅便于军队宿营和给养,此间的道路状况也良好。但村庄内道路不宽,造成狭隘,有的地方野炮无法通过。保定府南面有定州、新乐县、正定府,其间的道路大部分低于附近耕地零点五至零点二米,故有的地方下雨后积水没膝,但路外的耕地平坦,各兵种皆可通过。此外,定州附近西面的山脉最为接近道路,是以定州、新乐县间的地形形成著名的隐蔽波状,多呈小的起伏。该路在正定府附近,和西至太原府的道路及南至河南省开封府的道路分开。正定府以西经获鹿县、井陉县进入山地,越过长城,进入山西省,此山间有小村庄,但贫寒,不足以供给军队的宿营和给养,且道路也很险恶,岩石多,道路崎岖,野炮难以通过。另外还有由保定府经西面山地通往山西省的诸条山间道路,但都无法通过炮车,是该事变中德军对山西清军的作战之所。井陉县附近有煤矿,其煤脉旺,但由于没有开通搬运道路,采掘还不充分。

由正定府到河南省的道路,都是通过平坦之地的良好道路。

北京与张家口之道路

九、由北京经居庸关到张家口的道路,是从直隶省通往蒙古的唯一通道。从居庸关越过八达岭到岔道(三百户)间的道路,是穿过山间的狭隘石路,岩石露出地面,步行困难,但坡度不大,不妨碍诸兵通过。由岔道经榆林堡(一百五六十户)到怀来县(八九百户)间的道路大致良好,因是缓坡,起伏间有砾石。因路旁是耕地,诸军队可以通过。从怀来县到浪山堡间为平坦的砂道,浪山堡、土木堡间道路的北侧峭壁最多,有的地方步兵也不能攀援。土木堡(三百户)到太平沟间的道路为沙砾混杂的洼路,由此到砂城子(一千户)之间是平坦的砂路,继而经新堡安城(四百户)到西八里间为容易通过的砾石及粘土混杂的道路,其次到鸡鸣堡(七八百户)间的道路靠近北面的山脉,呈缓坡斜状;继而到响水堡间大部分为山间路,有的是凿开岩石而过,路面甚为凹凸不平,仅能通过清国式马车,有的地方斜坡很陡,如不加修理野炮无法通过。加之道路狭窄,步兵要分为两列行进,且由于一部分穿过洋河,发水时交通暂时断绝。由此到半坡街约一里余的道路要穿过小山脉,需要修理才能通过炮车。其次经宣化府(四五千户)到张家口(约三千户)的道路,除八里庄、程家庄间的山路外,一般都是良好的砂路。

该道路沿途多有好水,到村里有井水,还间有清澈的河川,不会感到饮水不便。沿途村庄多贫寒且分散,故宿营能力不足。该道路翻越八达岭(岔道南面长城附近的山岳)处狭隘,是著名的战略要地。

北京与承德之道路

十、由北京经密云县、古北口到承德府的道路,其中密云县以北为山路,但道路多穿过山谷,坡度不大,不妨碍诸兵种和车辆通过。密云县是由古北口(越过长城之地)沿白河上游挟制道路之地,有二千户,有方形城墙围绕。密云县、北京间的道路平坦,宽十五至三十米,沿途有榛堠屯(二百户)、牛栏山堡(五百户),由密云县经东南方的平谷县到段家岭的道路,可以通过诸兵种。

以下记述联络各主要地方的一二条大路,作为本节的结束。

天津与保定府之道路

十一、天津、保定府间的道路,主要是由天津沿运河和三角淀的北岸,经扬芬港(三百户)、胜芳(三千户)、苏家桥(三千五百户)、雄县(一千五百户)、新安县的诸市镇到保定府的道路,该道路平坦、堤防各半,间有车辆不能通过之处。苏家桥以东的道路外面是低洼湿地,不适于军队运动,到了雨季平路被淹没,不仅行进受阻,还往往不能前进。相反,堤防道很少被淹。沿途每五六里就有一个大村庄,且由于分散着小村庄,在宿营和给养上不会有大的不便。该道路最为有利的是,可以利用流经三角淀、白洋淀的运河水运,最终到达保定府南段。联军远征保定府时,就利用此运河运输军需品。

塘沽与山海关之道路

十二、由塘沽经芦台、开平、滦州到山海关的道路中,芦台以南属于第四条道路;滦州以东属于第六条道路已如前述。芦台以东和铁路线大致平行,经稻地、开平到滦州,该道路平坦车辆可通过,只是土质为粘土,下雨时通行困难,和一般道路无异。芦台到稻地附近,是傍依涧河支流(河宽八至十米,有闸门,通芦台河)道路,涧河到唐山,都通小船(可载兵卒十五至十八名,宽一米至一点五米的小船)。总之,该道路与铁路并用,在铁路使用困难时,可供军队行进之用。

除此之外,还有由天津经静海县、沧州到德州的道路,由涿州经雄县、河间府、献县到德州的道路,以及由涿州经易州、紫荆关到广昌县的道路,因与该事变无关略之。

三 铁 路

直隶省境内的铁路有北清铁路和芦汉铁路。“北清铁路”是对由北京、天津间(芦津铁路)和天津、山海关间(榆津铁路)组成的铁路的总称,称为“关内铁路”。关外即由山海关经中后所、锦州府、沟帮子到营口的主线和由沟帮子到新民屯的支线，被称为“关外铁路”。“芦汉铁路”是由芦沟桥经保定府、正定府、彰德府、开封府和信阳州通到汉口的铁路的总称，当时从北京运行到保定府；此外北部到正定府，南部汉口、信阳州间的线路工事完成，数年后可望全线通车。

除此之外，在该事变中北京、通州间铺设了铁路，是由北京外城中部从东西南三面延长铁路线（详细参见第二十九章）。另外，从正定府经平定州到太原府的柳太铁路尚在计划中，线路工事还没有开始。

铁路建设与各国之关系

夫，清国之铁路始于我庆应 2 年（同治五年），明治 9 年（光绪二年）以上海、吴淞间铺设的铁路为嚆矢，但朝廷上下大都顽冥，不仅不能利用此利器，反将其视为蠹毒，高价全部收买后毁坏。然世界之趋势不可逆转，铺设铁路再次兴起。但铁路的发达，极少有清国自行铺设和经营的，多数落入外国人之手，否则不免成为借款抵押。这不外是清国落后文明时期，欧美各国向该大国寻求通商贸易遗利的余波。

北清铁路之建设

北清的关内铁路，是中国第二次出现的铁路，是靠李鸿章的尽心尽力和英国工程师金达的经营而建成的，全长二百五十三点七三哩，即从北京至天津八十哩、天津、塘沽、山海关线（称为“榆津铁路”）一百七十三点七三哩。榆津铁路是明治 11 年（光绪四年）清国矿业公司以从开平煤矿运输煤炭到北塘为目的开工的，尽管几乎要全部竣工，却突然被清政府叫停。该公司也以翌年疏通运河，作为替代计划，并再次向清政府陈述，地势适宜，没有铁路煤炭开采无利，最终允许铺设马车铁路。此间，英国工程师秘密制造机车，明治 14 年（光绪七年）初开始运输。清国政府认为违约，同年 4 月再次下令停止运转。然而，该公司努力贯彻其志向，最终于 11 月得到政府公开运行火车的允许。

明治 19 年（光绪十二年）当时的直隶总督李鸿章招募股份，计划在天津、塘沽间和天津、通州间也铺设铁路，但后来天津、通州间的铁路废止，改为修建经塘沽、唐山通往古冶的商路（该铁路之名称）。明治 23 年增设了从古冶延长到山海关的官路，到明治 28 年天津、山海关的全部线路统一经营，改称“榆津铁路”。在该铁路线上，有古冶一个和唐山两个矿井；在开平设立了铁路材料制造厂，在山海关设立了铁路桥梁材料制造厂。

芦津铁路（从北京南门外马家铺经黄村到天津八十哩，途中从丰台至芦沟桥约三点七二哩）始于明治 21 年李鸿章的奏请提议，当时是以从天津至通州的支线来联络北京的。因军机大臣等有不同意见，未得到允准。但日清战役[①]后开始感到其必要，终于获得朝廷裁准。当时经过测量的预定路线是从天津沿永定河到芦沟桥，但沿途乃穷乡僻壤，杨村、张家湾、通州等地的居民请求变更线路，到明治 29 年夏季答应居民的请求，决定从天津延长至杨村，由此沿旧时线路绕南苑南端通往丰台。工程预算达二百四十万两银，机车依靠美国，架桥材料依靠英国，客车、货车依靠唐山工厂供给，计划明治 30 年 5 月完成工程。而后收入甚多，同年

① 即甲午战争。——译者注

9月计划进一步改筑成复线,翌年(明治31年)完成。后又因为从马家铺到北京市区距离甚远不便,遂由德国人铺设从该地到永定门的电气铁路,明治32年8月一点八哩长的工程完成。

关外铁路(有从山海关经锦州府到营口线、作为支线的到天桥厂海口的小铁路和从沟帮子到新民屯的线路,最初计划是从山海关到奉天府的干线和经营口到旅顺口的支线)也是李鸿章经营的。李鸿章在直隶总督期间就已着手的至锦州府附近的土方也大半告竣。但因准备西太后的万寿节和日清战役而造成资金缺乏,遂中止工程。明治31年(光绪二十一年)5月约定从香港上海银行(英国汇丰银行)借款二百万英镑,由此引起英俄冲突。在清俄国代理公使哈巴罗夫到总理衙门,出示"喀西尼"条约[①],逼迫王公大臣,阻止向英资借款。清国政府以英国为后盾,没有轻易屈服威吓,最终以只有该铁路外国可以介入或归外国人所有两个条件,俄国公使撤回抗议(明治31年7月13日)。尔后,英国表面上让汇丰银行放弃既得权利,最后签订合同(明治31年10月12日):以北京至山海关既成线路和锦州府北面新民屯的煤矿为抵押,借款二百三十万英镑。这实际上是北清铁路和英国关系的滥觞。

明治32年4月末达成的英俄协商,以扬子江流域为英国的势力范围,山海关以外为俄国的势力范围,在这两个区域内,共同约定其他国家的人不得开办一切铁路事业或给予鼓励。虽然关外铁路也依靠英国汇丰银行的资金铺设,但由清国政府管理,规定不能抵押或让与外国。但是,此协商后没过几日(明治32年5月),在清俄国公使突然提出请求,要建成从满洲铁路分出一条支线,为由关外铁路直到北京的线路。于是,在清英国公使向清国政府提出抗议,劝告拒绝其要求,并向俄国政府提出严厉质问,俄国外务大臣向英国公使提出证言:俄国绝非要求从满洲至北京的铁路铺设权,只是希望俄国人需要如此铁路时,清国政府在友谊上允许其有铺设权。

清国政府亦以英国为后盾,通知俄国公开拒绝其要求。俄国提出希望他日清国政府铺设从北京至满洲铁路时,需要他国帮助的情况下,首先与俄国协议,以此条件撤回其要求,于是此事告一段落。

芦汉铁路之建设

芦汉铁路原系张之洞的提议,明治29年10月得以裁定,盛宣怀任总办。其线路计划从芦沟桥经保定府、正定府、顺德府、延津县到开封府,再向西南过南阳府和襄阳府到汉口。中途改变为开封府以南的线路偏东过信阳州到汉口。由此缩短约八十五公里,线路全长仍达到约一千一百二十公里(七百哩),铺设费大约需要五千万两白银,除户部支出一千万两外,还有官股三百万两,尚有三千七百万两的空缺。这些不足最初欲全部从清国人中募集,但无人应募。明治30年春,以由户部支出金额内已经领取的四百万两开始该工程。张之洞采取以铺设的线路作为抵押,借外资融资逐次铺设的政策。各国都想投资这一重要的线路,第一个出现的是美国公司,但因条件过严没有谈成;其次是英国和德国的公司,也以同样结果告终。明治30年春,突然以简单条件出现的是比利时的公司。此公司是该国布鲁塞尔政府有实力的国民工业总社,此次投资另有后台,即华俄道胜银行(俄华银行),几乎全都由该银行负责投资,俄国政府即是该银行的股东。明治30年3月27日张之洞在武昌与比利时公司签订合同,同年7月21日在上海签订第二个合同,明治31

① 作者有误,此时俄国驻华公使为喀西尼(А. П. Кассини)。——译者注

年 1 月 3 日应交付第一批贷款，但托言左右而避之。最终以德国占领胶州湾后形势变化为借口，声称如不改变条件，合同就无法履行。清国政府虽对其无理感到气愤，却也无可奈何，遂答应其请求，明治 31 年 6 月 26 日重签合同。

该合同公布后，在华英国公使不能漠然视之，百般阻止，力图挽回，甚至要求投资山海关、牛庄间的铁路，掌握其监督担保权，从中阻断东清、芦汉两铁路的联系。于是，俄国公使以恐吓手段逼迫清政府，但清政府依仗强大后盾拒绝，英俄关系愈发紧张，针锋相对。(明治 31 年 4 月)最终英国取得胜利，平安度过。

明治 31 年 9 月 8 日，清国总理衙门送给英国公使公文，声明允许英国承办温州、杭州、宁波以及广东九龙、芜湖、信阳的铁路，并承诺天津、镇江及山西、河南、扬子江线路另外协商。使英国大体和俄国平衡告终。

明治 31 年 3 月，在法、比、荷、瑞士四国募集芦汉铁路的第一次公债，结果良好，尤其是法国投资很多，这是因为该国与芦汉铁路有关。

芦沟桥、保定府间的工程刚完成九十三哩，明治 32 年 9 月由英国工程监督移交给比利时公司。同年 10 月 1 日开始试运行，尔后开业运行，另一方面决定从汉口开工。明治 31 年春已经在其西北三点二公里处修建车站，33 年 2 月大体完成到信阳的工程，而且到事变时(33 年夏)，保定、正定两府间的工程大致告终。

各铁路车站及距离

清国现在的铁路路轨距离为四呎八吋五，其总长如下表。

铁路材料及运行概况

事变当初，关内铁路有“赤塔”式三轴联结五十四吨至九十八吨(含煤水车)的机车七十辆，客车八十七辆，货车一百一十八辆，敞篷货车一千零四十三辆。

各车的载重量因车辆制式各异而不定，为了让大家了解其大概，现记述普通的载重量如下：

客车。多为四轴“转向”式，头等车有四十至五十人的座位，二等车约有超过七十人的座位，可以乘坐武装兵约六十人。

货车。一轴的载重量约五吨。

敞篷货车。四轴“转向”式车的载重量为十六吨至二十吨，作为客车使用时，可以乘坐约六十人，马约十七匹，配备在线路和直角处装载，并可附带二至三名监视兵。本国征发的马匹性情容易惊躁，间隔需要增大，增加监视士兵，故只能搭载十二头左右。炮兵车辆如是普通野炮，加上前车可以装载约四辆(如是俄国重野炮，可装载三辆至三辆半)。二轴货车的载重量大约为四轴车的三分之一，马匹最多能装载五匹，因货车入口狭小，炮兵车辆必须分解才能装载。

列车的轴数向来没有一定，最大牵引九十轴也非难事。当时满载军队的车辆，有列车牵引八十四轴。因此，北清铁路一列车的载重量，约为我国铁路一列车的两倍。

运行速度根据线路的倾斜度和转弯半径大小决定，据称最快的速度能够到达一小时五十哩，而且八十轴以上的大型列车还可以保持平常的速度。该事变前，普通运行的速度大约为十五哩。

煤炭主要使用唐山附近煤矿采掘的产品，该矿煤炭的采掘量甚大，据称事变前每日平均采煤一千五百吨(前年为三千吨,本年因出水过多而减少产量),其煤炭的质量也不错。

给水依靠河水和井水。大车站使用蒸汽给水器给机车上水,小车站设置的给水器依靠人力上水。冬季河水结冰水量减少时,用水以列车装载运送到各地。

总之,列车的载重量大致为我国铁路列车的两倍,每小时平均速度为十五哩。但是车站间距远,机车用水补给不便。因此,夏季的发车数一昼夜为八辆列车,冬季要相应减少。该事变前芦汉铁路(丰台、保定府间)一天往返四次,芦津铁路(北京、天津间)一天往返六次;榆津铁路从天津发车,到山海关三次、古冶一次、唐山一次,山海关发到天津的两次,唐山发到天津的两次,古冶发到唐山的一次。

中国各铁路车站及距离(哩以下到百位)

芦津铁路(北京至天津间)			
车站名称	各车站间距离	距离累计	摘要
北京(马家铺)	0.00	0.00	马家铺至永定门间为电气铁路,丰台至芦沟桥间有3.73哩的支线
丰台	4.80	4.80	
黄村	10.41	15.21	
安定	10.83	26.04	
廊坊	13.24	39.28	
落垡	9.31	48.59	
杨村	13.21	61.80	
天津	17.88	79.68	
榆津铁路(天津至山海关间)			
车站名称	各车站间距离	距离累计	摘要
天津	0.00	0.00	
军粮城	14.40	14.40	
新河	8.70	23.10	
塘沽	3.90	27.00	
北塘	6.10	33.10	
汉沽	13.50	46.60	
芦台	4.80	51.40	
唐坊	14.00	65.40	
胥各庄	7.80	73.20	
唐山	6.90	80.10	
开平	4.80	84.90	
洼里	4.20	89.10	
古冶	5.19	94.29	
雷庄	9.20	103.49	
滦州	9.30	112.79	
石门	5.23	118.02	
安山	7.32	125.34	
昌黎	9.49	134.83	
留守营	10.03	144.86	
北戴河	7.25	152.11	
汤河	9.47	161.58	
山海关	12.15	173.73	
关外铁路(山海关至锦州间)			

续表

车站名称	各车站间距离	距离累计	摘要
山海关	0.00	0.00	
前所	11.92	11.92	
前卫	11.00	22.92	
中后所	17.20	40.12	
沙后所	16.57	56.69	
宁远州	12.61	69.30	
连山	13.18	82.48	
高桥	12.20	94.68	
锦州府	18.22	112.90	

芦汉铁路(芦沟桥至正定府间)

车站名称	各车站间距离	距离累计	摘要
芦沟桥	0.00	0.00	该铁路的距离为公里换算为哩,并非精确距离
长辛店	3.11	3.11	
良乡县	6.84	9.95	
琉璃河	11.80	21.75	
涿州	8.70	30.45	
高碑店	12.35	42.80	
定兴县	4.97	47.77	
固城	10.50	58.27	
安肃县	8.08	66.35	
漕河	8.08	74.43	
保定府	6.84	81.27	因此间还未完成,故只能表示车站预定位置和距离。
千家庄	8.08	89.35	
方顺	6.21	95.56	
望都县	16.78	112.34	
清风店	8.70	121.04	
定州	8.08	129.12	
寨西店	7.46	136.58	
新乐县	6.21	142.79	
同常店	7.46	150.25	
新安	8.70	158.95	
正定府	5.59	164.56	

四 电信与邮政

电报建设

电报在清国的应用,始于铁路后的明治15年。但是发展迟缓,最初受到冥顽之徒的嫌恶,经常遭到破坏。

清国的电报业务全部属于政府管理,盛宣怀曾总辖电报业务,电线架设大都雇用大北公司的技师,线路测定和工事监督也由其担任,作为电报技术员的清国人也由丹麦的技师教育,电报局的官方语言是英语。

通信概况

由于中文用于电报颇为困难,从《康熙字典》中抄出八千个必要文字编纂成一本电报字典(称电报新编),以四个基数文字的排列为一个正字符号,电报发送方法采用其基数文字,故发信、收信人必须都持有这个电报字典才能通信。

总之,在清国极少使用电报。除省城、开埠口岸等地外,没有电线联络(在北清的联络线是天津经济宁到上海、天津经太原到西安、天津经山海关到营口,天津经通州分为两条线路:一条经北京、宣化、张家口进入蒙古,另一条经古北口到承德,此外北京、保定府间还有一条联络线)。另外电报局也很少,民间还未广为利用。而且清国的电报技术员多为疏懒之辈,电文往往被这些人篡改,或者极为迟缓,致其效用全无。

邮政概况

清国的邮政事业也不完备,其状况比电报事业还差。自古以来官府的书信使用驿传之法送达,由驿马疾速往返各地。此外还有为公众送信的传递者,没有驿马,不如官方书信迅速送达,随小船、马匹和车辆等地之便递送。这就是所谓的古代邮政。

从明治17年清国总税务司赫德深入讲求新的速达方法,遂在各开埠口岸创设邮政局,局员为税关属员,雇用清国人开展其事务。邮政递送委托外国邮船或清国船舶,有铁路的地方使用铁路,还特地制作邮政邮票,邮票印有各地风景,以便于知晓邮件或者小包裹的发送地。如此,邮政制度虽稍有整顿,但还未普及于全国。

该事变前直隶省在北京和天津设置邮政总局,以下各地设立邮政局:

北京、通州、保定府、河间县、献县、丰台、长辛店、正定府(以上属于北京总局)

天津府、山海关、北戴河、唐山、塘沽、大沽、静海县、沧州、东光县、德州(以下属于山东省)、齐河县(以上属于天津总局)

除此之外,在满洲,在营口设置邮政总局,在牛庄厅、海城县、辽阳州、奉天府、锦州府的各地设置邮政局,其他各省的主要市镇设置七十二处邮政局,从事这些邮政局所在地之间的递送业务。

五　河流山川、沼泽与海岸

白河

直隶内的河流中最适于航路的是白河，该河流由于是本事变依靠的作战路，显出很大效力。

白河由河口到天津甚为蜿蜒曲折，其路程约为直径距离的两倍，全长二十三里。但是，由于水深流速缓慢，吃水五六尺以下的中小轮船可轻易上溯至天津，往年也有往返上海的轮船抵达此地。近年因为洪水水深大减，吃水深的船舶不能航行到天津。该事变结束后开始着手修理，不日将恢复为比往年更好的河道。

由天津到通州全长四十六里有余，该事变当时的水深大略如下：

天津、杨村间　　　　十至四尺

杨村、河西务间　　　六至三尺

河西务、通州间　　　五至二点五尺

该河水深的最深处(凹线)是作为平均而言，此凹线的位置也不是固定不变的。特别是河水时常增减，水深也不免随之增减，首先显示的是平常时的水深。水量冬春季少，夏秋季多，每年的6、7、8月水量增加。

白河上的船只可以分为大、中、小三种。其中大型船主要是盐船和贡米船，甲的载重量为四百至五百担，乙为二百至二百五十担；中型船可载一百至一百五十担，小型船可载三十至八十担。但一般原则上是吃水一尺八寸，而且各船要附船夫和纤夫，大体如下：

大型船　　　　十至十六人

中型船　　　　六至九人

小型船　　　　三至五人

溯水上航时需要拉纤而行，其中大型船要六至十人，中型船三至五人，小型船一至三人；但下航便只靠摇橹，极为容易。

天津、通州间往返需要的天数，根据该事变的实施大致如下所示：

小型船　　　　九天(上航六天、下航三天)

中型船　　　　十天(上航六天半、下航三天半)

大型船　　　　十五天(上航十天、下航五天)

此天数是依据从早晨四点到晚上八九点之间连续航行的时间计算的，如果根据清国平常的习惯，应需要更多天数。

白河中天津到河西务上航不困难，其再上航到通州水路非常曲折，流速也急，纤夫要经常渡过歧流在左右岸移转前进，不然就会搁浅停滞，特别是在夜间此段尤难航行。

从天津算起停泊地如下：西沽、丁字沽、北仓、蒲口、杨村、南蔡村、河西务、马头、张家湾、通州。

从通州上游到牛栏山堡小船可通行，此外往返于天津、通州的船舶可以上溯至顺义县附近。

永定河

依据原来的侦查,永定河是可以行船到芦沟桥的地方,但根据此事变中的探查,平常没有水,不能行船。

白沟河

从白河红桥经子牙河进入三角淀,经苏家桥、保定县、雄县、白沟店到琉璃河镇的白沟河的水路,可以通行小船。

保定运河

此外,经三角淀和白洋淀到保定府南端的运河,可通小船。

大运河

大运河从天津经杨柳青、静海县、沧州,横穿山东省,通到江苏省,据称每年从南方来的船由此水路运送的贡米约十万石。

北塘河

北塘河从丰台到下游海河,与白河相同,可通过大型船舶,其上游的一方是还乡河到丰润县,另外一方是洵河到三河县,可通小船。

滦河

滦河是仅次于白河的便于船运的河流,但性质与白河不同。由于河底砂砾流速急,船运方便与否取决于水量多少,因此其船的形状与白河上的相同,都为小型尖状轻快船只,恰如我国河船。从河口到永平府,这样的小船容易通行。但青龙河到永平府以南无法行船,据说原来的滦河小船可以通到迁安县附近。

上述之外,直隶省内还有许多小河连接南北,但几乎都不能船运,水浅多可徒涉。但是发水之际水量大为增加,徒涉困难,可以通船。

天津附近湖沼

直隶省内大的湖沼多集中在天津附近,大河淘在天津的东北部,七海里[①]还在其东面。白河之水引入两湖,以调控水量。这两湖的水到北塘附近注入北塘河,雨季这两湖的水增多,向周围扩展,据称西面可到达天津东部的铁路堤。

三角淀在天津西面,通过运河还可以连通西面的白洋淀和杂淀,是到保定府水路的一部分。

三角淀北面有一个大湖,子牙河、运河中间还有一个湖沼(原来侦查没有发现此湖沼,此事变中对进攻北仓造成很大影响),杨村以南桃花口以北的白河、凤河中间也有一个湖

① 应为七里海。——译者注

沼，据称是延长的浑家水(原来侦查没有发现此湖沼，通过此湖与白河的小河延缓了向杨村的前进)。

以上的各个湖沼皆可载船，可以作为沿岸地方的交通；而且到了雨季，四处泛滥，附近各地被淹，整个天津附近成为一个大湖沼地。

海岸

直隶省的海岸犹如在一般地形的说明中所述，浅滩远至海中，其形状呈直线状，几乎没有入海湾之处，无法视为港湾；特别是北塘口和滦河口之间，浅滩最为广阔，船舶难以接近，唯有秦皇岛和金山嘴是突出于海中的岩石半岛，其西侧稍弯入海。

大沽

白河口(大沽)并不具备港口性质，只是由于海底泥沙便于锚碇与进入天津，船舶有在该地海面下锚的。一般运送船停泊在距河口八浬之海上。中型轮船在涨潮时可以上溯至塘沽附近的白河水道。但该河口水浅，河道位置时常变动，且一般是黄泥色的水，难以识别航路，必须有水道引航向导才能航行，加之该河口通常在 12 月初结冰，翌年 3 月初旬前海陆交通断绝(本事变中 33 年 12 月 4 日结冰，34 年 3 月 8 日得以开航)。

北塘

北塘河口和白河口大致相同，与之不同的只是其锚地少且远。

山海关附近、秦皇岛及洋河口

山海关附近一带海岸，原来被称为直隶省内结冰之患最少之所，是本事变中冬季海陆交通所取之地。不过，34 年 2 月 1 日到 8 日期间，沿岸约四百米区间结冰，且流冰聚集，运送船只无法接近。但是和其他地方相比，该地方冬季主要是连续吹北风，冰块碍难向海岸集中而流往远处，沿海不见结冰之所在。然而变为南风时，冰块忽然向海岸聚集，断绝海陆交通。

此附近可用于登陆点的有山海关、秦皇岛和洋河口三处，其登陆点的状况如下：

一、山海关附近的登陆点，可从定远炮台下去，大致到石河河口之间。此地成为本事变中各国军队的登陆地点，运送船只从沿岸约一浬之处(深约三浔半)下锚停泊，此锚地可遮蔽风浪。

定远炮台以东虽也可以作为登陆点，其锚地与前者相比不仅远，在炮台东北四五百米的岸边还有明暗岩石，不便于驳船操作运行；且从冬季 12 月初旬开始，可见沿岸宽五十至一百米的冻冰和软冰，对登陆不利。

石河的河口水浅，无论小轮船或者汽艇均不得出入，故该河对于登陆没有什么帮助。

从定远炮台西南角到山海关车站距离约五公里，本事变期间在此间开始修筑军用道路，且铺设轻便铁路，并还在海滨架设栈桥。

二、秦皇岛的登陆点主要以其半岛到西面汤河河口附近为最佳，从此地到西南远且浅，不便登陆。

此登陆点多少能够遮挡东北的风浪,而且冬季间结冰最少。明治31年已被指定为贸易港,冬季期间开平矿务局的轮船往返于芝罘间。本事变间,开始着手英国人设计的建筑港口工程,从半岛西南端修筑防波堤(现在工程正在进行中),稍北架设长栈桥,吃水十一二呎的船舶可在此停泊,小规模登陆甚为便利。因此,各国考虑到该港口的将来,竞相占领附近的土地。

秦皇岛的锚地也可停泊中等以上的运送船只,其多数时节可避风浪,距离栈桥大概1浬左右。

从秦皇岛到汤河车站依据本事变期间英国人的计划,架设宽轨铁路,专供工程用列车运转,为了修筑防波堤。

汤河小船也无法上溯至河口,故与登陆没有关系。汤河左岸的沙山由细沙形成,山的位置甚少移动,但难以保证山丘上的高低或偶有狂风时会有些许变化。

三、从洋河口到金山嘴附近约三里之间大致适宜登陆,将其划分为二处,即洋河口和何通寨、金山嘴间。

洋河河口水深约二点五米(约满潮前三个小时测量之),潮距大概六七尺,河内可停泊许多小船,洋河口东岸沙滩地平浅,因此洋河、北戴河间登陆不便。

何通寨、金山嘴间的岸边约倾斜五分之一左右,小船可接近海岸,用跳板即可上岸,金山嘴西南和东北部近处可以停泊运输船。

锚地不能遮蔽风浪,但驳船只要稍微选择地点,不难避开。这是由于此沿岸多少形成海湾或者曲折形状,一方有风浪时,波及不到其他的港湾部。

如上所述,从洋河口到金山嘴一带地方都不适于登陆,但考虑到锚地的远近,金山嘴附近最为适当。

以上三个登陆点的结冰大致相同,秦皇岛稍轻,锚地的远近也是秦皇岛稍可。但是,秦皇岛登陆点规模狭小,平时适于商船停泊、邮件登陆等,但不适于短时间内很多士兵登陆,特别是陆地正面没有掩护登陆的适宜阵地。另外,附近没有城镇和大村庄,不便于登陆军队的宿营和给养。相反,洋河口有适于防御陆地正面的连峰山,山海关拥有物资富裕的临榆县。

大沽、山海关间各地之距离

各主要地点距离大沽及山海关的距离,如以下海里表所示。

大沽、山海关等地间海上里程表

	日本				露国	韩国				台湾		清国											
	长崎	佐世保	竹敷	门司	浦港	元山	釜山	仁川	大同江	基隆	澎湖	香港	厦门	上海	胶州	荣城	威海卫	芝罘	大连湾	旅顺口	牛庄	山海关	大沽
大沽	七三九	(七二八)	(七四八)	七九一	一二六六	(一〇〇四)	(六五二)	(四四五)	(三三一)	(九九八)	(一一四〇)	(一四三三)	(一五一一)	七四七	(四一七)	(二六〇)	(二二六)	二〇五	(一九六)	一七七	二五四	(一二三)	大沽
山海关	六八一	(六八一)	(七〇一)	七三六	(一二一九)	(九五七)	(五八五)	(三八五)	(二七一)	(九五一)	(一〇九八)	(一三八六)	(一一三八)	六四九	(三七〇)	(二一三)	(一八五)	(一六八)	(一三六)	(一〇七)	一一八	山海关	
牛庄	七七九	(七二三)	(七四三)	七八二	(一二六一)	(九九九)	(六六一)	(三一三)	(三一三)	(九九三)	(一一四〇)	(一四二八)	(一一八〇)	六八七	(三七〇)	(二五五)	(二一四)	二三四	(一七八)	一四〇	牛庄		
旅顺口	六〇三	五八二	(六〇五)	六四二	(一一二三)	(八六一)	(五六四)	三〇五	(一九二)	八五六	九九五	一二八三	一〇三五	五五二	(二七〇)	(一一七)	(八九)	七七	三四	旅顺口			
大连湾	五八七	(五八三)	(六〇三)	六四〇	(一一二一)	(八五九)	(五六二)	(二七九)	(一六九)	(八五三)	(一〇〇〇)	(一二八八)	(一〇四〇)	五四七	(二六八)	(一一五)	(九〇)	(八八)	大连湾				
芝罘	五四九	(五四一)	(五六一)	六〇八	(一〇七九)	(八一七)	(五二〇)	(二六八)	(一八二)	(八一〇)	(九五八)	(一二四六)	(九九八)	五二七	(二二八)	(七三)	四二	芝罘					
威海卫	五二五	五〇四	(五二四)	五五四	(一〇四二)	(七八〇)	(四八三)	(二三二)	(一六二)	七七四	九二一	一二〇九	九六一	四六一	一九五	(三六)	威海卫						
荣城	(四七九)	(四六八)	(四八八)	(五三五)	(一〇〇六)	(七四四)	(四四七)	(二〇〇)	(一五〇)	(七三八)	(八八五)	(一一七三)	(九二五)	(四二五)	(一五七)	荣城							
胶州	五六三			五七六				(二三〇)	(二九三)					二六〇	胶州								
上海	四四七	四六六		五六五				四八五				八二六	五八五	上海									
厦门	八四六	八六五		九四〇						二四六	一〇三	三〇二	厦门										
香港	一〇九二	一一一一		一二一六						四九一	三三〇	香港											
澎湖	七九六	八一五		九〇一						一九五	澎湖												
基隆	六二八	六四七		七三二						基隆													
大同江	五五八	五三七	五四五	五四六	九七一	七五九	四六二	(一九六)	大同江														
仁川	四五八	四三七	四四五	四九六	九二一	七〇九	四一二	仁川															
釜山	一六七	一四五	五一	一二四	五一九	三〇七	釜山																
元山	四六〇	四三九	三五五	三八八	三二二	元山																	
浦港	六七七	六四〇	五五六	五七〇	浦港																		
门司	一五四	一三七	一一五	门司																			
竹敷	一二二	一〇四	竹敷																				
佐世保	四六	佐世保																					
长崎	长崎																						

第一

	门司	宇品	三津	多度津	神户
神户	二四〇	一七八	一四九	六六	神户
多度津	一五九	一〇二	六八	多度津	
三津	九四	四四	三津		
宇品	一二九	宇品			
门司	门司				

总之,直隶省海岸没有港湾,不过是在特别必要时船舶停泊在此。如秦皇岛修筑的港口完成,不仅是直隶省,实际上是北清的唯一港湾。

六 气 象

气温

直隶省的气象变化显著的是气温,即属于大陆气候,夏季高温炎热,冬季寒冷酷烈;而且在这两季之间有温和气候的春秋两季,天数极其短暂。冬季从11月到3月,河水及沿海皆结冻,凛冽的寒风从蒙古旷野而下扫过,然降雪却极少。夏季从6月到8月,白天极其炎热。北京年平均温度为华氏五十三四度,夏日平均八十余度,极热时超过九十度。冬天平均为二十七度,严寒时很少低于零度以下。降雨7、8月份最多,故通常7、8两月各河发水,天津附近低湿之地悉数被淹,使得作战非常困难。不过,本事变之时降水比较少,道路也可以行进。

昼夜温差

直隶省昼夜温差极大,这是大陆性气候所使然。特别是在树林少的平坦广阔地方。从12月末开始此温差逐渐扩大,到了春季(4、5月)昼夜温差最大,到了夏季昼夜温差减少,秋季的温差亦是最大之时。故春秋两季白天感到甚为温热,而夜间则感到寒冷。军队要准备夏天和冬天两样服装。

风

直隶省是多风之地,夏、秋南风弱,冬、春北风强。特别是在耕地没有农作物的季节,轻细的土质几乎要和蒙古沙漠连接成一个大广漠地。远处尘沙飞扬,天地晦暝,阳光昏暗,经常妨害军队的行动,不过这样的暴风或者飓风每年不过两三次,多在4月,其他多是强风或疾风,而且多在冬季。

雨量

雨量极少。北京一年的降雨量仅六百五十毫升,和我东京的一千四百六十七毫升相比,不足二分之一,足以知道为什么湿度小了。而且,7、8两月为雨季,为每年降雨最多的时期,但这两个月的降雨天数不过大约二十五天,其次是6月和9月稍有降雨,其他月份几乎全是晴天。

温度

雨量少,同时湿度也低,冬季为百分之五十,夏季为百分之七十,我国夏、冬季节平均湿度超过百分之八十,与此相比实在是少。因此,在多湿地区制造的木制器具在北清因湿度减少,会很快破损。我辎重车辆和炮车的车轮就是如此。

云量、雷雨、雾

另外云量少，全年看不到白云、彩云，阴天时满天灰暗色，晴天为蓝色稍带灰色。相反雷雨天平均一年达二十五天，是东京的三倍。北京的浓雾比我东京少，只是冬春两季雾稍微多点。

气象一览

总之，北京的气象和东京的气象相比，大致如下：

类别	寒期	暑期
气压	高 5～8 毫巴	低 2～3 毫巴
气温	低于 7～9 度	高于 4～6 度
风力	4 月时西北风强烈	风力弱
降雨天数	少于 60 余天	少 30～40 天
云天	少于 5 天	
晴天	多于 5 天	稍少
雾天	稍多	少于 5 天
雨雪量	甚少	除 7 月外显著少

北方的寒暑都比我国强烈，对军队卫生造成很大影响，因此需要特别制作的被服，只是雨雪量及其天数少，有雾天少，都使得军队容易移动。

第三篇
该事变有关清国兵备和义和团

第四章　直隶省兵备概况和义和团

一　兵种及编制

直隶省的兵备大致分为旗营、防营和游击军三种。

旗营

“旗营”即所谓禁军八旗之总称(在外省的称为“驻防八旗”)。北京城内外有久居的昔日威震四百余州的劲旅后裔。但升平之世日久,弊端百出,士风日益流于偷安惰弱,批评他们整体上只不过是单纯因门第而食俸禄的一种游民。其中,仅有神机营和虎神营两军仍存有军队面目。神机营是咸丰年间受到英法联军严重打击后,从旗营的壮丁选编而成。虎神营是对日清战役期间征募的武胜营进行淘汰改正后改名的。而且前者由庆亲王总管,后者由端郡王总统。他们于本事变期间在北京极为猖獗跋扈,负责进攻西什库北堂。两军总计二万余人,半数习洋操用洋枪,但还使用刀、矛、抬枪、藤牌等清国传统的兵器,虎神营还特别使用抬枪。

防营

防营主要是地方警备和炮台的守兵,有时担任野战任务,但属于第二线兵种。而且有练军和淮军两种。练军是往年李鸿章任直隶总督时将原来的一部分绿营加以改编而成,并进行洋式训练。淮军原来是安徽省的壮兵,在长发贼[①]和捻匪之乱时赢得英勇之名,淮勇随李鸿章北上,尔后其编制几多变更。到光绪二十五年(明治32年)总督裕禄将两军大加改正,淮军为步兵队十六个营、马兵队两个营和炮兵队两个营,练军为步兵队十二个营、马兵队二十一个营。两军步骑队的营制分驻在省内的要地和炮台等地,在直隶提督的指挥下分别由统领李安堂、罗荣光、吕本元、董履高、何永盛等人统率之。

---

① 即太平天国。——译者注

游击即野战军

游击即野战军，日清战役前已不可轻侮，该战役的结果使李鸿章多年培养成的北洋各军之精锐一败涂地，给清国朝野人心带来很大震动，认识到急需改革兵制。一方面收拾毅字军、武毅军、盛字军、铭字军等残兵败将，迅速整顿军备；另一方面依据侍郎胡燏棻的建议，新编洋式军队，称为“新建陆军”，由袁世凯统率。几年以后荣禄从直隶总督就任军机大臣，其一有扩张自己势力的野心，其二认为有必要统一指挥军队，确定新武卫军编制，于是将其分为中、左、右、前、后五军，荣禄自任中军指挥并武卫全军总指挥官，其他四个总统分别统率之，即四川提督宋庆的毅字军改为武卫左军，驻屯山海关；侍郎袁世凯的新建陆军改为武卫右军，驻屯小站；直隶提督聂士成的武毅军改为武卫前军，驻扎芦台；另外将甘肃提督董福祥在陕西建的甘军改为武卫后军，移驻蓟州。此五军就是所谓北洋防卫的中坚，袁世凯的军队最具精练之名，宋军、聂军以历经战争著称，董军彪悍，最厌恶外国人。现将各军的编制和配置列举如下甲乙两表。

各军编制

一个营由营官指挥（相当于大队长），通常分为左、右、中、前、后五哨（哨官指挥，相当于我中队长），每哨分成若干，由哨长或者什长（小队长）指挥。营为清军的基本单位，称为战术单位。

统率数营的称为统领，统领隶属总督或巡抚，但武卫军不同，它设置统率数营的分统，隶属各军总统，各军总统隶属总指挥官。

清国武官的官位等级如下表，而且勇军和练军的官级因沿袭绿营建制，不适合其营制，且清国军队没有职位和官级相一致的制度，为补充同一职位使用各种官级之人，有时也用文官。

直隶省清国军编制表(甲)

驻在地	统领(带)官	营号	管带官	将校、下士兵			小计	计
				步兵	骑兵	炮兵		
北京	明惠	神机营威霆制胜步队中营	明惠	1500			11250	步18139、骑3500、炮1001、计22640
		同　中营左营	维松	500				
		同　右营	景亨	500				
	定昌	同　前营	定昌	1000				
	广忠	同　后营	广忠	500				
	秀吉	同　左翼左营	秀吉	1000				
		同　右营	祥麟	1000				
		同　前营	海昌	1000				
		同　后营	特克慎	500				
		同　右翼左营	祥普	1000				
	色普征额	同　右营	色普征额	1000				
		同　前营	国胜	1000				
		同　后营	成玺	500				
		同　亲军小队		250				
	色楞额	同　左翼中营	色楞额		250		2500	
		同　左营	英恂		250			
		同　右营	和升额		250			
		同　前营	克凌额		250			
	侯克勤	同　后营	侯克勤		250			
	希朗阿	同　右翼中营	希朗阿		250			
		同　左营	仅瑞		250			
		同　右营	卓凌河		250			
		同　前营	庆恒		250			
		同　后营	富存		250			
		同　开化炮队	富兴			250	250	
		虎神营振武营		766			6889	
		同　振耀营		766				
		同　振旅营		766				

续表

			同　振靖营		766				
			同　振威营		765				
			同　振扬营		765				
			同　振勇营		765				
			同　振胜营		765				
			同　振兴中营		765				
			同　神威炮队				751	651	
			同　马队四营			1000		1000	
山海关	山海关内	总兵吕本元	淮军左翼前营		500			2500	步 2500
	北戴河		同　左营		500				
	北塘口		同　前左营		500				
	北塘口		同　后左营		500				
	山海关南		同　后营		500				
北塘	圣头沽	总兵李安堂	同　右营		500			2318	步 5000、骑 1000、炮 1048、计 7048
			同　前右营		500				
	北塘		同　后右营		500				
			同　马队副中营			250			
	天津海口		同　炮队中营				548		
大沽	大沽	总兵罗荣光	淮军右翼前营		500			3000	
			同　前左营		500				
			同　左营		500				
	石头缝		同　后左营		500				
			同　后营		500				
	螺甸头		同　右营		500				
天津			同　前右营		500			4250	
			同　后右营		500				
			同　炮队中营				500		
			同　马队副中营			250			
		总兵何永盛	练军左翼步队中营		500				
			同　副中营		500				

续表

		同　左营		500				
		同　右营		500				
		同　马队中营			250			
		同　副中营			250			
宣化府		同　马队后营			250		1000	步1500、骑2750、计4250
		同　左营			250			
		同　右营			250			
		同　后右营			250			
永平府		练军左翼马队前营			250		250	
北部　古北口		同　前左队			250		2000	
		同　后左队			250			
		同　前右营			250			
古北口、热口		同　步队前营		500				
		同　后营		500				
热河一带		练军马队副营			250			
保定府		练军右翼步队中营		500			1000	
		同　马队中营			250			
		同　副中营			250			
沧州		同　步队副中营		500			500	步2000、骑2000、计4000
南部　正定府（深州）		同　左营		500			1750	
		同　右营		500				
		练军右翼马队后左营			250			
		同　后右营			250			
		同　右营			250			
大名府（顺德）		练军右翼步队前营		500			2000	
		同　后营		500				
		同　马队前营			250			
		同　左营			250			
		同　前左营			250			
		同　前右营			250			
交河、阜城		同　后营			250		250	
合计				32139	9250	2049	43438	

直隶省中国军队编制表（乙）

駐在地	軍名稱	總指揮官	分軍	總統	分統（營長）	營號	將校下士卒 步兵	將校下士卒 騎兵	將校下士卒 砲兵	將校下士卒 工兵	小計	計
北京南苑	北洋武	軍機大臣大	武衛中軍	軍機大臣大學士榮祿	仝軍翼長紙統親軍提督張俊	親軍衛隊	五一八				九、六五八	步 一〇、二七〇 騎 一、八二八 砲 六九〇 工 一五二 計 一二、九四〇
						同馬小隊		一二六				
						同官馬隊		一二六				
						中路步隊中營	五四八					
						同左營	五四八					
						同右營	五四八					
						同前營	五四八					
						同後營	五四八					
						同馬隊左旂		一二六				
						同馬隊右旂		一二六				
						前路步隊中營	五四八					
						同左營	五四八					
						同右營	五四八					
						同後營	五四八					
						同砲隊前營			二〇八			
						後路步隊中營	五四八					
						同左營	五四八					
						同右營	五四八					
						同前營	五四八					
						同後營	五四八					
						左路馬隊中旂		一二六				
						同左旂		一二六				
						同右旂		一二六				
						右路馬隊中旂		一二六				
						同左旂		一二六				
						同右旂		一二六				
					副都統陸昌	洋操步隊中營	四一六				三、二八二	
						同左營	四一六					
						同右營	四一六					
						同前營	四一六					
						同後營	四一六					
						同砲隊一營			四八二			
						同馬隊左旂		二八四				
						同右旂		二八四				
						同工程隊				一五二		
盧臺及開平一帶			武衛前軍	直隷提督聶士成	提督馮義和	中軍中營	五〇〇				二、五〇〇	步 一一、四六四 騎 一、五七〇 砲 一、二五〇 工 七八六 計 一五、〇七〇
						同前營	二五〇		二五〇			
						同後營	五〇〇					
						同左營	五〇〇					
						同右營	五〇〇					
					副將周鼎臣	前軍中營	五〇〇				二、五〇〇	
						同前營	二五〇		二五〇			
						同後營	五〇〇					
						同左營	五〇〇					
						同右營	五〇〇					
					參將金聖祿	後軍中營	五〇〇				二、五〇〇	
						同前營	二五〇		二五〇			
						同後營	五〇〇					
						同左營	五〇〇					
						同右營	五〇〇					
					參將楊慕時	左軍中營	五〇〇				二、五〇〇	
						同前營	二五〇		二五〇			
						同後營	五〇〇					
						同左營	五〇〇					
						同右營	五〇〇					
					副將姚良才	右軍中營	五〇〇				二、五〇〇	
						同前營	二五〇		二五〇			
						同後營	五〇〇					
						同左營	五〇〇					
						同右營	五〇〇					
					參將邢長春	先鋒馬隊中營		二八一			一、四〇五	
						同前營		二八一				
						同後營		二八一				
						同左營		二八一				
						同右營		二八一				
						親兵馬小隊		一六五			三七九	
						親兵步小隊	二一四					
						軍工隊前營				三九三	七八六	
						同後營				三九三		

续表

武衛軍　榮祿

駐地	軍	統領	分統	營名	步	騎	砲	工	小計
蓟州遵化州	武衛後軍	尚書衛甘肅提督董福祥	副將戴培源	中軍步隊中營	五〇五				一、八八三
				同前營	五〇五				
				同後營	五〇五				
				同馬隊左營		一八四			
				同同右營		一八四			
			副將馬恩遠	左軍步隊中營	五〇五				七五七
				同馬隊左旂		一二六			
				同同右旂		一二六			
豐潤玉田及三屯營一帶			總兵[illegible]天印	右軍步隊中營	五〇五				七五七
				同馬隊左營		一二六			
				同同右營		一二六			
			總兵盧貽綸	前軍步隊中營	五〇五				一、九二七
				同左營	五〇五				
				同右營	五〇五				
				同砲隊前營			二〇六		
				同同後營			二〇六		
			總兵董後儀	後軍砲隊中營			四一六		一、四六二
				同同副中營			四一五		
				同馬隊前營		一二六			
				同步隊後營	五〇五				
	武衛後軍計				步 四、五四五	騎 九九八	砲 一、二四三		計 六、七八六
山海關一帶	武衛左軍	尚書衛四川提督宋慶	提督衛宋得勝	前軍步隊中營	五〇五				三、七二三
				同左營	五〇五				
				同右營	五〇五				
				同前營	五〇五				
				同後營	五〇五				
				同砲隊副前營			二九三		
				同同副後營			二九三		
				同馬隊副左營		二五五			
				同同副右營		二五五			
				親軍小隊一哨	一〇二				
山海關外中後所一帶			浙江提督馬玉崑	後軍步隊中營	五〇五				六、〇八〇
				同前營	五〇五				
				同後營	五〇五				
				同左營	五〇五				
				同右營	五〇五				
				同副前營	五〇五				
				同副後營	五〇五				
				同副左營	五〇五				
				同副右營	五〇五				
				同副中營	五〇五				
				同砲隊正營			二〇六		
				同同副營			二〇六		
				護軍馬砲隊前營			二〇六		
				同同後營			二〇六		
				同同正營			二〇六		
	武衛左軍計				步 七、六七七	騎 五一〇	砲 一、六一六		計 九、八〇六
小站	武衛右軍	侍郎袁世凱	總兵姜桂題	左翼步隊第一營	一、五五四				三、一〇八
				同第二營	一、五五四				
			總兵龔元官	右翼步隊第一營	一、五五四				四、六六二
				同第二營	一、五五四				
				同第三營	一、五五四				
				馬隊第一營		八〇九			二、九八一
				砲隊第一營			一、六五一		
				工程隊第一營				五二一	
	武衛右軍計				步 七、七七〇	騎 八〇九	砲 一、六五一	工 五二一	計 一〇、七五一
合計					四一、七二六	五、七一五	六、四五〇	一、四五九	五五、三五〇

清国武官官位等级表

营名 品位	禁军八旗	驻防八旗	绿营、勇军、练军	相当于本国武官
正一品				
从一品	都统	将军、都统	提督	中将
正二品	副都统	副都统	总兵	少将
从二品			副将	大佐
正三品	参领	总官、城守尉	参将	中佐
从三品		参领、协领	游击	少佐
正四品	副参领、佐领	防守尉、佐领	都司	大尉
从四品				
正五品		防御	守备	中尉
从五品				
正六品	骁骑校	骁骑校	千总	少尉
从六品				
正七品			把总	特务曹长
备考	一、禁军八旗各营的官级各有不同，虽然各旗人在籍，而将在骁骑营者各营的官级略之，以此营之名为准。故为了避免繁杂，特揭示骁骑营的官级。都统在护军、前锋、步军各营者称为“统领”，在火器、健毅营者称为“总统”，并在都统、统领等官级上冠以其营名称，参领以下亦然。例如骁骑参领在护军营称“护军参领”，骁骑校称“护军校”。除了骁骑营外，从五品为署理参领，正九品为蓝翎长，佐领限于骁骑营，副参领称为实缺，相当于少佐。 二、驻防八旗都统在热河和畿辅驻防者称“将军”，称“都统”的总营是在热河、黑龙驻防的各营，防守尉用于畿辅和盛京驻防的官级，其他官级各省驻防均一致。				

二　清兵之训练、召集、给养及兵器种类

陆军之最高指挥权

清国陆军的最高指挥权当然应掌握在皇帝手中，但没有设置高等官衙辅弼皇帝规划全军统一的攻防作战计划、出师准备和军队编组等，只有军机处迫于攻防军事行动的需要议定作战计划，经皇帝裁决后发布。由于平时没有审视彼此之情况，并为此进行准备，很少合乎战争理论，军队经常缺乏一致连贯的运用。加之中央政府的势力颇见薄弱，故以其意见不能自由调动全军。另外，如本事变出现的状况，很多省的总督巡抚和中央政府的意见不同，不顾政府上谕宣布开战，反而全力保护外国人等，故军队行动日益滞留。

军官、下士兵之训练、招募、给养概况

清国军官的恶习由来已久,几乎达到极限,没有坚定的操守,和兵卒一样多为不学无能之辈,少有知道战略战术为何物者,偶尔所言战术的书籍不过是意义深远的七书和荒唐无稽的《三国志》。彼等信奉练兵场的密集教练和射击术是军队训练的要诀,不知道军队特别是在军官的教育上有着更为重要的要求。

军官不问才能学问如何,以超乎寻常的技勇为其资格,视扩张权威为本职,以贪图俸禄和吸食鸦片为毕生之快乐,全然没有国家的观念。加之,军官还有以下弊习,即减少几分部下定员,私吞兵饷;而且在督抚训阅时,临时纠集周围的无赖之徒填补其空缺。

军官的及第考试长期为马步箭、地面刀和弓石等勇技,这就是军官即使无智无学也可以得到的原因。日清战役后清政府以上谕改变制度,让习武学生进入各省的武备学堂,分别教授步、骑、炮、工兵等科,和从后方直接成为军官者一起进行枪炮射击考试,其优等者任为军官。这一制度优于昔日的考试方法,但还不能称为完全的军官教育,如武卫军接受德国及其他外国军官的训练,但本事变前尚未看到有显著的进步。

在如此军官训练下的兵卒全无风纪军纪,乃无赖之徒之集合,虽有各种教练、密集运动和射击等教育,但战术上的攻守战和行军等实地教育还很少。故在防御中兵卒足以显示火器的威力,但没有攻击价值。

招募兵卒时对志愿者进行考试,检查读书如何、体格强弱后,要通过刀矛、比刀和跳跃等技能的考试合格,然后由亲戚或朋友担保进入兵营。而且,哨长、什长等是从兵卒中具有出众技能者中选拔。此外,官府发给士兵服装,以金钱付给军饷,兵卒自己负责伙食,每营或每哨的伙食也不一定,附属之行李等也都不完备。原来清国人的特长是性情柔顺,体格强壮能耐艰难,甘于粗食。此外平素虽怯懦,一旦决意要死,其神色非常自若。故改变原来的征募法,招募户籍正、知廉耻的民众,在严正的军纪下予以完整的教育、丰厚的俸给和丰衣足食能够成为良好的军队。但在本事变前尚未达到如此境地。

诸军联合作战之不熟练和兵站等之不完备

军队教育大都限于各营,尚未进行数营或各兵种联合的教育,军官不能适当指挥大部队。故武卫军不是进攻军队,只具备防御的能力。

清军没有辎重纵队和兵站之组成等编制,只是在一地集结粮秣弹药,或使用在其地方征集的粮秣。因此,战胜也不能进行追击,战败后除饿死或散乱外,不能收容军队有条不紊地撤退。这就是在日清战役和本事变中,我军攻克一个地方后常常能够缴获很多粮食、兵器和弹药原因之所在。

兵器之种类

武卫军、练军等配备的步枪、火炮和弹药等如下表:

武卫军、练军等的步枪、火炮及弹药配备表

武器种类	兵营	武卫左军		武卫右军		武卫前军		武卫后军	武卫中军	天津练军		神机营、虎神营	本库		武库		计		备考
		炮数	弹药														炮数	弹药	
野战用火炮	克虏伯 8.7厘米野炮	1						清国洋法操练的精兵，随着其编成，自然拥有火器，不过改为新编制时，洋式新枪只有十分之三，只知在明治31年4月神机营及江南省支给“阿姆斯特朗”炮12门和“哈奇斯克”枪5000挺，其他详细情况不了解	根据清国配兵表，其编成完备，但至去年(32年)4月只新招募五营，此后一年间完成大半，不用说携带的都是新式武器，不过至前述4月没有任何武器，只能演习棍棒的使用方法			武器的人数、种类不知，但有改为洋式的敕令，由于在北洋军器局有补充之制，现武器在几乎全部改良。特别是32年6月的敕令，虎神营仿照武卫军之制，希求精实，因有命令要比他省之兵更为强壮，现在稍微可以成为军队			61		62		淮军携带的兵器不清楚，但步枪“林”或“毛瑟”连发枪、炮是克式后装炮
	克虏伯 7.5厘米山炮	13		32		16				12	940				13		86	940	
	克虏伯 7.5厘米野炮	19	5000														19	5000	
	克鲁兹 57微米野炮	16	1350	22	3820	32	180										70	5350	
	克鲁兹 57微米山炮	2	2			20											24		
	诺尔敦哈卢 42微米山炮														8	6095	8	6095	
	诺尔敦哈卢 6厘米速射野炮														2	300	2	300	
	清国制 6厘米钢制山炮	1	200														1	200	
	清国制 8厘米钢制野炮	11								8	1000				6	99895	25	100895	
	计	63	6550	56	3820	68	180			20	1940				90	106290	297	118730	
步骑兵携带兵器	毛瑟连发步兵枪	1400	42000	1252		200	142200						486	2300			3342	564500	
	毛瑟骑兵枪					1000							8				1008		
	曼里哈露连发步兵枪	2036	600000	6791	1300000	10000	367000						18000		15105	43543715	51932	45810715	
	曼里哈露连发骑兵枪			953		1400									3037		5390		
	维奇斯塔连发步兵枪					494	620000			50			188	3074000	14	3681920	746	7375920	
	维奇斯塔连发骑兵枪																		
	哈奇克斯连发步兵枪	2140		669		500				220			3715		6435		13679		
	哈奇克斯连发骑兵枪			60											70		130		
	林连发步兵枪	1000	700000	22			220000			1260	400000				822	12149540	3104	13469540	
	毛瑟单发步兵枪	4000	800000	1624	120000	10000	1900000						10505	176800	8112	15571960	34241	18568760	
	毛瑟单发骑兵枪					40							1313		295		1648		
	计	10576	2520000	11371	1420000	23634	3249200			1534	40000		34215	3253100	33890	74947135	115220	85789435	

八旗兵现状和训练概况

此外,北京还有十万八旗禁军(神机营、虎神营是从这些八旗中选拔的),他们都是世袭的,家里人口增加后,依靠一个士兵的俸给无法糊口,赤贫之余,褴褛百结,其状况实属意外,只能从事低贱之业和苦役救济饥寒。八旗禁军携带的兵器为弓、矛枪、刀和口装的铳炮等,其训练方法全部根据清国旧时之方法。而且,每年春秋两季召集训练各四十五天,每月六次,每三年进行一次大阅兵,但其规定不知是否真能实行。本事变中,该军队也加入防御北京和进攻公使馆的战斗,致力于攻防战。

三　参与战斗清兵及其行动

已如前述,武卫五军中的右军在光绪二十五年冬季随着袁世凯就任山东巡抚,其大部分也都移驻该省,用尽各种方法力图歼灭拳匪。对于本事变,其行动和其他各军完全不同,没有参与。另外,淮军和练军除在天津、大沽附近外,也大都没有参与本事变的战斗。

参与本次战斗者如下,但其兵力根据尔后调查的结果,比定员要少,如要确定步队一营变为三四百人时,需要略加斟酌。

天津附近之战斗

一、参与天津附近战斗者(参见本章一编制表)

(一)直隶提督聂士成率领的武卫前军二十五个营(其中含马队四营、炮队五营),兵力约为八千五百人,炮三十门。此兵力从 5 月下旬到 6 月上旬自芦台逐渐来到天津附近,其一部留在芦台附近。

(二)浙江提督马玉昆率领的武卫左军十五个营(其中包括炮队二营、马队百名),兵力约为五千六百人,炮十二门。此兵力 6 月下旬从山海关附近来到天津,其一部留在山海关附近。

(三)总兵何永盛率领的练军四个营(步兵队),兵力约为一千六百人。此是以前驻扎在天津的兵力,此外有马队两个营 5 月下旬派到涞水县,没有回来。

(四)天津镇总兵罗荣光率领的淮军十个营(其中包括马队、炮队各一个营),兵力约为三千人。此兵力中有六个营为在大沽的军队,在当地战斗中出现很多死伤或散乱,其他撤退到天津,与在天津的淮军会合,如前所述减少到三千人。

(五)此外,直隶总督自 5 月下旬到 6 月上旬在天津附近招募的勇丁如下:

1. 安卫军(上衣记有安卫军字样,携带老式枪,专门负责镇抚地方)
2. 保卫军(为保卫乡闾而设,没有一定的服装,武器也是老式的,各式各样)
3. 芦勇(盐运使所招募,上衣记有“芦勇”字样)
4. 民团(性质和保卫军大致相同)
5. 雁排枪队(从宜兴埠附近以狩猎鸭雁为业者中召集,因往年长发贼之乱时奏奇功,现再次被召集)

总数约为二千人。

合计为二万零七百人,炮四十二门。

天津附近的军官，除前记军队的指挥官外，直隶总督裕禄统率天津附近的总军，四川提督宋庆以北洋军务帮办之名于7月11日来到天津。另外，天津附近各战斗的行动，参见第七章至第十章。

北仓附近之战斗

二、参与北仓附近战斗者

天津城陷落后，前记各军撤往北仓附近，当时各军进一步减少，大致如下：

（一）武卫前军约十三个营（聂士成战死后，在北仓战斗中由马玉昆指挥），兵力约五千二百人、炮十门。

（二）武卫左军十五个营，兵力约四千五百人、炮十门。

（三）练军和其他安卫军、保卫军及芦勇等五个营，兵力约二千人。

（四）淮军五个营（罗荣光率领）和统领吕本元率领的五个营（步队二营、马队三营），兵力约三千四百人。吕本元6月上旬从山海关附近进入天津，在杨柳青附近，除骑兵一部外，没有参与天津战斗，从北仓始参与战斗。

合计一万五千一百人，炮二十门。

裕禄和宋庆在天津陷落后撤退到杨村，故在北仓直接指挥战斗的是马玉昆，其他武卫中、后军及总统帮办武卫军务李秉衡率领的军队也奔赴援助，因进攻北仓提前，没有等到其抵达，其详细情况见第十四、十五章。

此外，有说老湘军七个营经保定府前进，参与此战斗。

杨村和南蔡村附近之战斗

三、参与杨村和南蔡村附近战斗者

北仓战斗后，各军撤退到杨村，占领白河两岸的阵地，另外宋庆也在南蔡村。

8月6日杨村战斗后，武卫前军、练军和淮军的残部与武卫左军一起占领南蔡村，7日该地战斗后，各自向北京或保定府方向撤退，跟随武卫左军的不过是武卫前军的一部。此外，宋庆和吕本元与若干士兵一起逃往保定府。其他的详细情况见第十六、十七章。

到达河西务之增援军队

四、到达河西务的增援军队

马玉昆撤退到河西务与李秉衡率领的下述诸军会合（李秉衡7月27日在北京任帮办武卫军务，指挥以下叙述的陈泽霖、张春发、夏辛酉和万本华的士兵，8月8日到达河西务）。

（一）江西按察使陈泽霖的武卫先锋右军十个营（新招募的兵，6月28日从江苏省清江浦出发北上）。

（二）湖北提督张春发的武卫先锋左军十个营（新招募的兵，6月28日从江苏省清江浦出发北上）。

（三）山东登州镇总兵夏辛酉的东字军六个营（不详）。

（四）总兵万本华的若干营。

此兵力约一万五千人。

马玉昆谴责李秉衡来援迟缓,且请今后以其军负担战斗,盖左军数日间连续战斗,几乎失去了战斗力。李秉衡乃听从其请,9日遇到联军攻击,一次小的战斗后,其大部分溃乱(详细见第十七章)。

马头、张家湾、通州等地之战斗

五、参与马头、张家湾、通州等地战斗者

李秉衡以余部向通州方向撤退,在马头和张家湾等地稍微抵抗,最终在通州南面的小街道自杀。其残部大都四处逃窜,一部分和张春发、夏辛酉等军向北京方向撤退,马玉昆和陈泽霖一起转道河西务到南苑。后马玉昆进北京,8月12日奏请皇帝西幸避难,步队五百人在皇城南海,其他在海淀(圆明园南面)附近集合,15日扈从西迁(详细情况见第十七、十八章)。

在以上各地战斗中的死伤者,从水路运送到通州,或经陆路运送到北京或保定府。

北京之战斗

六、参与在北京战斗者

进攻在北京的公使馆(甘肃提督董福祥专门负责)、西什库天主教堂(亦名北堂,端郡王专门负责)、内城、紫禁城各门,以及万寿山、南苑等地的守备军,为在北京的全部兵力,其兵力如下:

(一)神机营和虎神营,约二万二千人。

(二)武卫中军,约一万人(其中一部分尚未编成)。

(三)武卫后军,约六千人。

(四)武卫左军、其他残兵,约为二千人。

合计约四万人(炮数未详)。

此军队中武卫中军和其他在南苑、万寿山的约一万二千人没有参与任何战斗,其他各军在8月15日至17日的战斗中大部分逃散,一部分随荣禄和董福祥一起向保定府方向撤退,另一部分扈从帝室逃难(详细情况见第十八、第十九、第二十三和第二十四章)。

北塘、山西省境内和满洲之战斗

此外,在北塘、山西省境内和满洲参与战斗者的概况如下(其详细情况见第二十六、第三十一、第三十六章):

(一)在北塘对联军作战者约二千六百人。

(二)在山西境内对联军作战者约二万人。

该兵力除在北京附近的武卫军残余、保定府附近的淮军和练军的一部分、山西省驻军外,还有从河南和湖北等地来此集合的约一万人。

(三)在满洲对俄军作战者约四万三千人。

合计约六万五千六百人。

故在全部战役期间,参与战斗的清军约十三万人,其死伤数量不详,盖不少于一万人。

除此之外，本事变之际还有不少应饬令从各省北上的勤王各军，但在北京陷落以前，曾与进入直隶省的联军交战者，除前记以外不再有其他军队。

四　义和团之编队、巫术、拳法、服装等

系统和头领

义和团缘自八卦教中的离卦教，更以八卦分团，最早的是坎字团，为乾隆年间河南商丘县人部生文所创，在教者自称南方离宫头殿真人部老爷门下，服装颜色尚红。乾字团系近年所创立，服装尚黄色。据说其先祖为忧世先师，担忧洋教害华人，见江西龙虎山张真人求教剿灭西教、救助华人之术，真人于是授以某山的地仙援助之金丹秘法，服此丹能够出入水火，并传以拳法能攻坚破敌，仙师归后集中同门习授之。这些教徒都以在山东兴起的大刀会、梅花拳等之名，在兖州、曹州和沂州一带作乱，焚烧教堂、杀害教徒等。光绪二十五年(明治 32 年)冬，袁世凯任山东巡抚，积极剿捕，匆忙流入直隶，到达河间府的景州、献县一带。乾字团率先发难，从景州蔓延到深、冀两州，在涞水、涿州爆发，遂越过永定河，破坏沿线铁路，切断电线，进而入京师，结识王公大臣，形成大祸。坎字团在沧州、静海县间蔓延，匪首曹福田率其进入天津，首先进攻租界。白沟河的张德成也在独流镇设坛，称为“天下第一坛”，后直隶总督裕禄将其迎至天津。其他的震字、坤字诸团偶尔出现在北京附近，不甚著名。另外有朱红灯者，自称明朝后裔，最初在山东平原县兴起祸乱，余波蔓延至直隶的清河、威县、故城、武邑、枣强诸县和冀州等地，被袁世凯捕杀。其后新兴起红灯照一派，以妙龄女子为主，尚红色。由老妇女组成的称“黑灯照”，由孀妇组成的称“青灯照”，皆尚黑色。以上皆系与义和团同宗异派。据传，其祖曰九莲道人，担忧团道之行尚未深入，特传红灯照救助之，其头目称“大师姐”，据称董二姑(董福祥之妹)、刘三姑(刘永福之妹)均在其中，其中最为著名的是黄莲圣母，甚至裕禄、端郡王和刚毅等都极为崇信。其实是天津侯家后的妓女，以前以绳技(走绳索)行走江湖，精通各种杂技，故不过能表演奇异之术，愚民惑众而已。天津陷落后，联军将其捕获，关押在都统衙门，后将其释放。据说举凡帮助拳匪火烧洋房的，大都是该派所为。

除以上各派头目之外，其总匪首为陕西的李来中，或称总匪首为王觉一。据传在泗州李来中常常以长发贼首魁洪秀全自居，与部下曹福田、张德成图谋不轨，曾依靠山东义和门第五代嫡传弟子王湛波见到巡抚毓贤，互通信息，大力煽动其朋党，制造扶清灭洋的字样，投其嗜好。一面往来于京师，游说王公大臣，据传依靠董福祥的帮助受到太后召见。据说在北仓一战对阵联军，见大势不支而逃遁，不知其所终。

传授法和咒语

义和团传授之法不一，但主要是降神，以神附其身体，精通武艺、不畏枪炮之说煽惑愚民。降神之法集中无知之童子，设坛请神，所谓大师兄者焚符诵咒，请求神降。童子紧咬着牙齿，张开嘴唇呼吸，直到口吐白沫，大声高呼神降。于是给其刀棒之类的东西，跳跃舞弄，成对敌状，无人敢对其锋，宛如他人，谓之人道或上法。简单的方法是首先在地上画一个圈，让受教者立于圈中，向东南三稽，闭目等待，教师于是附耳诵咒语，久之童子翻身仆

地,于是神降,自能说出所请之神名,如授以刀棒,自能纵横乱舞,无人敢当。

据说神降后如能积练习之功,能避枪炮,或升天。另外咒语有十九字,彼等只能认识三五字,如能认识七八字,可力敌万人,认识十六七字,能拖倒洋楼(西洋房屋),任意纵火,如能认识十九字,则能乘云登天,顷刻万里。

拳匪新到一村设坛时,首先两三人伪装成神灵附体之状,持刀到民家,看到童子便伪说神语,称与神有缘。家人敬神,不敢拒绝,于是入坛,童子接受传授后称自得神通,夸耀于众,愚民受其诱惑,随声附和者日见增多,拳匪所到处宣扬其术概如此类。

降神咒语有很多种,现略举一二:

天灵灵,地灵灵,奉请祖师来显灵。一请唐僧猪八戒,二请沙僧孙悟空,三请二郎来显圣,四请马超黄汉升,五请济颠我佛祖,六请洞宾柳树精,七请飞镖黄三太,八请前朝冷于冰,九请华佗来治病,十请托塔天王、金吒、木吒、哪吒三太子,率领天上十万兵。

请志心归命礼,奉请龙王三太子、马朝师、马继朝师、天光老师、地光老师、日光老师、月光老师、长棍老师、短棍老师,欲请神仙某某等(以下如前宣称猪八戒、孙悟空等名)。

其所奉之神或为"玉皇大帝"、"二郎神"、"关圣帝君",或为"姜太公"、"诸葛武侯"、"赵顺平侯"、"黎山老母"、"西楚霸王"等,不一而足。

此外,匪中还有暗号,相遇时问答,如一人说错,即被指为黑团,即伪团,杀无赦。另外还有十毛之眼,辨洋人、教民、洋务、学洋文、通洋语、买洋货、侍洋人,及与洋人往来者等,皆焚其家,杀其人。虽为良民,有仇怨者被指为二毛或奸细,命在坛前焚表,纸灰不能升腾者即为神罚,杀之。其实纸有厚薄,对欲杀者给予厚纸,很难腾升。又说奉教者额上出现十字形,愚民听其言虽未奉洋教,惊慌之余有额上出现青筋者,如此便遭屠杀,不可胜计。

编队、团规与服装等

称总匪首为"仙师"或"大师",大头目称"老师傅",以下称"大师兄"(团长)、"二师兄"、"香道"等,团众称"团勇"(初设坛练拳时,使用坛主、坛长、香头、香生等名目)。每团法定二十四名或四十八名,但也未必,也有数十或百余名者。但是,其所谓团徒者不过是由随声附和的地方无赖之徒或无知之乡民等所形成的乌合之众。因此其总数从来都无法确定,据其当时宣称,北京、天津各有约三万人,其他北方各省合计不下十万人。他们甚至和官军联络进攻使馆,政府派庄亲王、刚毅为统率义和团大臣统制全团,每团还派出一名总官,管理团长以下之人。京师内外者全部在庄亲王府登记团员姓名,以便于管理,且制定如下禁令和团规,下达给各团。

一、禁令

(一)各团应遵照各镇、州、县各督官之命令。

(二)和官兵协同作战时,团勇都要共同奋进或掩护。

(三)各团杀教民,但其房屋为教民所有时,必须禀报官府,不准马上烧毁,此外物品应一一登记账簿,由本团长保管。

(四)各团在战地需要器械时,可以禀报本督官,请求发给。

(五)如有假冒义和团之名目者,可以马上查办;此外本团人员过少时,可以照会其他团会同办理。

(六)各团如擒获洋人及教匪,可禀告总办处,请求处分。

(七)擒获的教匪关系到官吏时,应送至总办处。

二、团规

一戒,不敬天地之事。	一、不许喧哗。
二戒,不重神明之事。	二、各班应有序次。
三戒,不孝父母之事。	三、注意器械之事。
四戒,兄弟不友之事。	四、静心养性之事。
五戒,提倡妻议之事。	五、清洁身体之事。
六戒,不信朋友之事。	六、重谦让之事。
七戒,乡党不和之事。	七、思学艺之事。
八戒,三光不洁之事。	八、尊敬神佛之事。
九戒,奸邪之类。	九、不可远游之事。
十戒,杀生。	十、不泄露天机之事。

三、义和团的檄文

大清受命二百余年,代代相承,德被邻邦,恩念黎庶。我等食毛践土,不论臣民,皆都义愤,外夷辱我中华,挟制我君亲,强夺我疆土,且教堂林立,害我妇孺,其惨不忍睹。因此,仇教益深,灭洋愈急。幸赖仙师降坛普传兵略,共庆天诛,暂以二万余人入都,殄灭厥逆,兼顾皇城。对于团规,甚严秋毫不犯,冀农工商贾各安其业,勿用惶惶,倘有愿发善念者,不管香资多少,敝团亦欣喜接受。

团匪的旗帜上大书"天兵天将"、"保清灭洋"、"某县某村义和神团或天赐神兵十八团"、"灭洋保清"、"替天行道"等字样。服装属于乾字者为黄色,属于坎字者为红色,以及帕首及腰带区分,也有说其黄装为法术上等者,红装为下等者。此外,其携带的武器不过是刀、枪、剑或古代滑腔枪。

明治三十三年清国事变战史

卷　二

第四篇
自编成临时派遣队至第五师团抵津期间之事情

第五章　第一次和第二次临时派遣队编成及出发

一　第一次临时派遣队之编成

编成要领书之要旨

如第一章结尾所述，临时派遣队派遣两次，大山参谋总长从该要领书中抄出有关第一次派遣队的内容，做成一要领书。第五师团长男爵山口素臣以此为准则编成要领书，其要旨如下：

一、派遣队的兵力

由如下诸部队组成：

步兵一个大队、骑兵一个小队、工兵一个小队、辎重队、帐篷运输员。

派遣队的人马总数为：军官以下一千二百八十二名，马二百六十八匹。

二、编组之要领

派遣队根据下面的要旨编成：

各队的人员来自便于派遣的屯驻在卫戍地的部队。

军官、同等官以下的人员来自于平时在该部队或者在官衙的人员当中。

辎重运输兵所需的人员由召集返回休整的人充任。

马卒及队外随从使用临时佣役之人。

军官、同等官及准士官、下士、兵卒的骑马使用骑马队平时保管的马。

行李及辎重队所用的驮马从地方征发。

三、派遣人员的利用区分

派遣队的人员及所需要的马匹根据如下的区分来补充：

(一)步兵一个大队由步兵第十一联队派遣。

(二)骑兵、工兵队由第五师团下的该兵科的各队派遣。

(三)辎重队及帐篷运输员根据第二所示之编组要领，由第五师团长在广岛编成。

(四)各队的行李附属的辎重兵科人员及该马匹根据第二所示之编组要领,由第五师团补充之。

四、兵器、被服、粮食及器具材料

(一)兵器

步兵、骑兵、工兵及辎重兵都携带村田连发枪。

携带弹药全都是战时定数。

其他兵器全都根据战时规定携带,但步兵的野战至急工具不携带。

(二)被服

各自穿着夏天衣服,携带战时武装所确定的如下各种物品,另携带各种物品。第一服装用绒衣套及夏衣套一身、所需要的裤裙下摆等、长毛绒腰围。

(三)粮食

各自携带及大行李[①]依据战时定数。

除前项外,粮食纵队携带一天半的主食,并携带全部人马一个月的预备粮食。

(四)器具材料

战列队的器具材料全部依据战时定数,其酒保以明治 27 年 9 月达陆第一一七号的规定为准携带,此外确定各部队应携带的器具材料的数量,在此省去其表。

携带房子形式的帐篷七十顶。

除前项外,各部队携带如下各种材料:地图、滤水器、水桶、明矾、燃料(约二十天的)。

除战时定数外,需附以搬运被服、预备粮食并酒保品、帐篷、燃料的特别工具。

编组派遣队之命令

由此,桂陆军大臣 15 日晚上向山口第五师团长发出电报命令,其要旨如下:

其师团编成步兵一个大队,骑兵一个小队,工兵一个小队,弹药、粮食各一个纵队和帐篷运输员,派遣到清国。但辎重运输兵的人员为一百七十六人,其不足者召集返回休整的人补充之。

此外,关于派遣队编组之主要内容由陆军总务长官中村雄次郎电报给第五师团长。另一方面,当时因参谋长会议正在上京举行,第五师团参谋长石桥健藏在参谋本部,在总务部长田村怡与造列席的时候,从编组主任步兵中佐冈市之助处得到有关第一次及第二次临时派遣队编组之说明,携带该要领书回师团。

第五师团派遣队之编组

当时,第五师团长向山口卫戍地出差中接到前述报告,急忙返回广岛,16 日上午将各部团队长招致师团司令部,传达临时派遣队编组之宗旨,且决定派遣部队和队长。此外,决定着手进行运输兵之补缺召集及购买马匹计划,其他待石桥参谋长回师团决定。同日晚上由于参谋长回师团,又将各部团队长招至司令部,确定根据编组要领书进行编组之方针,并发布此命令。

---

① 大行李,即日本军队中负责粮秣、弹药等运输之后勤部队。——译者注

是日，陆军大臣向第五师团长发出命令，其要旨如下：

一、由于北清地方义和团匪徒暴动，为保护帝国公使馆、领事馆及臣民，从其师团派遣如下之部队。关于其编组，应根据临时派遣队编组要领书。

步兵一个大队、骑兵一个小队、工兵一个小队、辎重队、帐篷运输员。

二、派遣队之编组如果完成的话，由临时派遣队司令官陆军少将福岛安正指挥，该司令官在任务上直属于陆军大臣。

三、卫生部士官、下士之不足由广岛卫戍医院补充，军吏部士官、下士之不足由第五师团监督部补充，职工长及工卒之不足可以由佣役者补充。

四、以第五师团的保管物件提供全部供给，关于补足其他细件，师团长适宜报告其办法。

五、临时派遣队需要的人马物件的补充追加，由该师团长负责。

如是，最初由于师团长及参谋长不在，尽管由于其他编组要领不详细明了，实际着手延迟，由于各干部以下勤勉，获得意外之好结果。18 日各部队先后完成编组。

此外，第一次派遣队所需的粮秣调运由第五师团监督部担任之，至 17 日下午，悉数准备完毕。

二　第一次临时派遣队出发至到达大沽之概况

陆军大臣命令及训令

6 月 17 日，福岛临时派遣队司令官接到桂陆军大臣的如下命令：

一、此次北清地方的匪徒暴动，由于清朝政府不能镇压之，以保护我帝国公使馆、领事馆及臣民为目的，首先派遣如下陆军，贵官率领此兵在宇品乘船结束后，继而向清国出发。

步兵一个大队、骑兵一个小队、工兵一个小队、辎重队、帐篷运输员。

二、上述派遣队依第五师团长命令，在广岛临时编组，贵官在其编组结束后，应从该师团长处接收。

三、贵官根据另纸配船表，搭载派遣队，为此可以指挥补给厂宇品支厂长及参谋本部派出员山田大尉（另纸配船表的要旨为威海丸搭载步兵一个大队，佐仓丸搭载骑兵小队、工兵小队、辎重队及帐篷运输员）。

四、给养可以采取依靠当地筹办的方针。

五、仓库应设置适宜，充实以携带的预备粮秣，当地筹备品仅限于充实补缺携带预备粮秣。

六、贵官在有关派遣队任务上隶属本大臣，关于人马物件的补充、追加及运回，应和第五师团长交涉。

同时，接到的本训令专门是关于外交上的，经过内阁会上奏得到了敕裁。

此外，大山参谋总长命令驻清国公使馆武官炮兵中佐柴五郎，在派遣队司令官任务的执行上给予可能的便利，并命令在天津炮兵中佐青木宣纯及步兵大尉太田八十马，自今以后应归福岛少将指挥。

司令官从东京到达广岛

此时,一艘运输船——威海丸自 18 日下午开始进行搭载军队的准备,且步兵大队之编组也应该于同日完成。另一方面,察知北清之情况不同往日及从大沽登陆不易,司令官决定率领搭载威海丸的步兵大队,首先于 19 日晚从宇品港出发。接到前述命令后,马上给第五师团长电报,要求其自 19 日上午步兵大队开始乘船。当时司令官还在东京,由于还未接收由第五师团长派出的派遣队,于是拜托第五师团长安排。

以上出发准备略为整顿,司令官 17 日晚 10 点乘新桥发出的列车向广岛前进,19 日早晨 5 点 55 分到达广岛车站,在此车站接到桂陆军大臣及参谋本部次长寺内正毅发的电报,其要旨如下:

一、参谋本部次长的电报说:"从 17 日凌晨 2 点,各国舰队的陆战队进攻大沽炮台后占领之。此外,各国陆战队及俄国士兵四千人在天津,其六百人在塘沽,各国出现日益增兵的情况,决定继续派遣第二次派遣队,贵官应以第一次各队首先出发。"

二、来自陆军大臣的电报说:"编组第二次派遣队,此编组结束后逐渐向清国追加,由贵官指挥。"

在此之前,司令官从东京出发时,司令官之下设置参谋一名、书记一名,并设置与此相称的马匹及马卒若干。该司令部和第二次派遣队之编组同时完成。按照前述电报,由于 18 日晚第二次各队也决定相继派遣,19 日早晨抵达广岛后,将司令部设置在大手町吉川旅馆,司令部员陆续到达。至同日下午出发前,除候补监督大须贺又雄以下书记、会计等若干及坐骑外,皆都到达。

司令官命令

下午 2 点,派遣队司令官发布如下要旨的命令:

一、临时派遣队以保护在清的我帝国公使、领事及臣民为目的,从宇品乘船,首先向大沽出发。

二、步兵一个大队、骑兵一个小队、工兵一个小队、辎重队及帐篷运输员组成的临时派遣队从本日归予直辖。步兵大队本日正在乘船中,预定下午 6 点出发。

三、伊藤辎重兵大尉指挥剩余的各队,21 日乘佐仓丸向大沽出发,第五师团长应给与贵官关于乘船准备的帮助。此外,关于乘船及出发的时间,应和宇品支厂长大久保德明协议。

除此之外,出发之际的处置概要如下:

一、大久保宇品支厂长和伊藤辎重兵大尉协商关于剩余部队乘船之事。

二、关于剩余部队的乘船准备,第五师团长给予相当的帮助,在该各队从广岛出发前在各队进行其管理的协商。

三、为管理军夫及运输员等,向陆军大臣及参谋总长申请若干宪兵和第二次运输一起派遣(6 月 20 日参谋总长上奏,宪兵下士三名及上等兵六名作为定数外附属之事,得到允裁,陆军大臣将此传达给第五师团长,继而此宪兵和第二次派遣队一起于 7 月下旬登陆),并电报处置的主要事宜。

此外,向下士以下下达必要的训示。

司令官从宇品出发

其后到达的诸电报得知,大沽各炮台确实为各国陆战队所占领。步兵大队还按照预定在结束乘坐威海丸后,由司令官率领现在的司令部员(剩余人员决定乘坐大连丸追赶),下午 6 点前乘船,汽笛马上鸣报出港,轮船开始向南方徐徐前进。此外,无任所全权公使加藤增雄并台湾补给厂宇品支厂大沽办事所所长步兵中尉加藤务和所员及军夫若干一起同船。

晚上 8 点,司令官令军官在食堂集合,进行训示,主要是叙述义和团的来历与现状,以及此次不得已出兵的理由,促请各军官注意今后的行动。

20 日上午 7 点,抵达门司港,接到寺内参谋本部次长数通电报,其要义是关于英、美、俄等陆续派兵的情况和附于护卫舰正在诠议中,在命令之前不能会合出发。附以护卫舰之议,大概是由于有清国军舰出芝罘港的报告,正午接到寺内参谋本部次长的电报,其内容是说常备舰队司令长官昨天早晨率领三军舰从佐世保出发,另外镇边、镇中两艘昨夜从该所出发。由于这两艘速度缓慢,如果贵官马上出发,就要自己护卫。因此马上传达命令,下午 1 点 30 分出发,而后没有得到关于前述两舰的消息,就毫无障碍地抵达目的地。

21 日,剩余的各队从上午 7 点开始乘坐佐仓丸,下午 5 点出发。

航海及到达大沽之情况

21 日至 23 日海上颇为平稳,此间司令部在进行登陆及其后预定向天津前进的计划(参见后文四)、报告规定、卫兵及巡察规定(参见后文四)、卫生训示、派遣队的行军直径表及帐营规定等登陆及登陆后的各种准备。

23 日上午 11 点抵达大沽海面,我常备舰队已经碇泊。此外各国军队舰碇泊者也有三十艘以上,黑烟遮天,颇为壮观。下午 2 点司令官冒着激浪到常磐舰访问常备舰队司令长官东乡平八郎,协商派遣队登陆事宜。该司令长官表示尽可能地给予派遣队帮助,且从明天开始每天派出小轮船三艘和舢板五艘,援助派遣队登陆。此外,同时在该舰得到的情报要旨如下:

一、21 日晚,俄兵二千人、英军一千五百人及德兵五百人组成的联军为救援天津从塘沽出发,而后未得到情报(后来知道英、美、俄、意联军约二千五百人)。

二、眼下铁路开通从塘沽至约二十公里处,由此向北不通。此外关于天津的情况,没有获得其他消息,但好像有三天的剧烈战斗。

三、关于本月 10 日从天津出发的英国舰队司令长官西摩率领的北京救援队,其后没有得到报告,北京的情况亦如此。

四、芝罘、上海间的电线目前没有故障,每天下午 4 点英、法、德、美、日等各国轮番向派遣至芝罘一艘通信船进行通信,因此派遣队的各通信集中到本舰同时管理。

五、俄国的娜茨琳舰搭载八百士兵从旅顺口来开始登陆,眼下在大沽的俄兵数量不详,另外俄国陆军少将现在还在大沽。

六、塘沽车站颇无纪律,由于各国军队运输上的颇多不便,本日在俄舰召开的各国舰队前任官会议讨论结果是,为了进行整理,选定美国的莫努拉斯舰长瓦兹少校为委员长,各国舰队各出一名尉官作为委员,辅佐委员长。

七、在芝罘的清国巡洋舰逃走后,目前不知其具体位置,大概向南洋逃去,据说这是因为美舰的注意。大沽河内的清国水雷艇四艘分别归英、法、德、俄所有,此外在大沽海上的清国巡洋舰挂上了俄国的国旗。

八、其他还有当时占领大沽炮台的情况。

司令官回船后,集中军官等谈论上述情况,且谈到日本水兵攻略大沽炮台时如何勇敢,使各国士兵惊叹。结束时的结论是,今后从事陆战的日本兵会更加勤勉,士气高昂。

三　第二次临时派遣队之编组及出发

增发第二次派遣队

6 月 15 日决定首先编组第一次临时派遣队派遣清国后,北清的情况更加严重,特别是由于清朝政府在白河河口敷设水雷,阻断海陆交通。于是,在大沽各国舰队前任官会议的结果,以其陆战队从 17 日凌晨 2 点进攻大沽炮台,攻略之。此外,该日以后天津租界成为团匪的来袭之地,战斗在各处发生,其他各国不仅有日益派兵的情况,甚至当日得到了俄国外交大臣莫拉比约夫给驻俄清国公使发出通牒等全然不易控制的事态。18 日下午 5 点决议派遣全部临时派遣队,大山参谋总长将其编组要领书交给桂陆军大臣,该要领书所记事项在本章第一部分中。与第一次临时派遣队叙述的不同点如下,但继而叙述的兵力中也包含有第一次派遣的兵数。

编组要领书之要旨

一、派遣队的兵力

由下列各队构成:

临时派遣队司令官、步兵两个大队、骑兵一个中队、炮兵一个大队(两个中队)、工兵一个中队、辎重队、帐篷运输员、野战兵器厂、卫生预备员。

派遣队的人马总数为:军官以下三千三百一十四名,马九百七十二匹。

二、编组之要领

炮兵用驮马除从炮兵及辎重队出所需要数的半数外,全都和本章第一部分相同。

三、派遣人员的使用区分

派遣队的人员及所要马匹根据如下区分补充:

(一)临时派遣队司令部需要的军官及相等者由陆军大臣特别任命,其下士、兵卒及马匹由第五师团派遣。

(二)步兵大队从步兵第十一及第十二两个联队各派遣一个大队。

(三)野战兵器厂、卫生预备员及翻译官的人员由陆军大臣任命之。

(四)其他从第五师团下的该兵科各队派遣,但从步兵第十二联队派遣的大队的行李用驮马以辎重兵第十一大队所保管的充任之。

四、兵器、被服、粮食及器具材料中除本章第一部分外,追加如下之项:

(一)炮兵携带战时定数的弹药,弹药纵队还附炮一门,约七十发,野战兵器厂统一备一百发,每一门炮备一百四十发。

(二)规定派遣队司令部、辎重队、帐篷运输员、野战兵器厂及卫生预备员的器具材料并卫生预备员所携带的患者用被服的数量,使用第五师团所准备的。

(三)携带房屋形的帐篷二百顶。

有关编组之电报命令

由此,桂陆军大臣 18 日晚向第五、第十一两师团长发出电令,其要旨依次如下:

一、向第五师团长的命令:再次确定派遣临时派遣队编组要领书所显示的兵力,贵官根据该要领书着手编组,但应允第二次派遣所编组的骑兵、工兵、辎重兵队及帐篷运输员和第一次会合,编组该要领书所显示的各队。

二、向第十一师团长的命令:以其师团步兵第十二联队及辎重兵第十一大队的现有人员编组战时编制的步兵一个大队,由福岛少将指挥,派遣到清国。贵官应马上着手编组,但辎重运输的人员六十一名召集返回休整兵补充。

上述的结果,派遣队司令官 19 日早晨在广岛车站接到桂陆军大臣的电报,要求第二次派遣队编组后逐渐追加送至清国,由贵官指挥。

给第十一师团长命令

当时赴京参加参谋长会议的第十一师团参谋长山口圭藏,携带该编组要领书和给第十一师团长乃木希典的笔记命令,晚上在返回途中接到其命令的要旨如下:

一、由于北清地方义和团匪徒暴动,为保护帝国公使馆、领事馆及臣民,其师团步兵第十二联队派遣步兵一个大队到清国,其编组根据临时派遣队编组要领书。

二、派遣大队到达清国后由临时派遣队司令官福岛安正指挥,该司令官在任务上直属陆军大臣。

以下与在本章第一部分给第五师团长的命令的第四、第五项相同,在此省略之。

编组第五、第十一两师团派遣队

前述电报命令到达第五师团是 18 日晚 10 点 55 分。于是,参谋长以下幕僚悉数到团,马上制定有关编组之计划,召集各部团队议定运输兵卒之补充、购买马匹之手续及有关派遣部队编组所应采取的方针等,而后山口师团长在师团司令部召集各部团队长下达有关命令。由此,各部团队不分昼夜进行编组。20 日至 22 日间,各部队编成。

此外,前述电报到达第十一师团是 19 日夜零时 30 分。于是,召集师团长以下幕僚、聚集在师团司令部的步兵第二十二旅团长小岛政利、步兵第十二联队长齐藤德明及辎重兵第十一大队长小笠原健吉,马上着手其编组。另一方面,购买马匹及运输兵卒之补缺召集等。在该师团编成的只有步兵大队,颇为简单。21 日,该队编成。

有关出发命令和出发

当时在芝罘的清国军舰四艘可能有妨碍我运输船之虞,因此搭载第二次派遣队的运输船首先在门司集合后，决定由杉浦少佐率领向北清前进，且在航行途中以军舰护卫。陆军大臣19日发布有关电报命令，其要旨如下：

一、给第五师团长的电报：第二次派遣队编组结束后，和补给厂宇品支厂长协商乘船，由高濑炮兵少佐率领到门司，交由杉浦步兵少佐指挥。

二、给第十一师团长的电报：临时派遣队步兵大队编组结束后，和补给厂宇品支厂长协商乘船到门司。

三、给杉浦步兵少佐的电报：率领在门司集合的运输船向北清前进，在大沽或者其附近加入临时派遣队司令官福岛少将的令下。

但是，由于天津附近的形势日益濒于危险和在宇品的诸船延迟出发，改变运输船在门司集合的计划，从多度津出发的步兵大队由从韩国南岸出发的龙田舰护卫，还有从宇品出发的变为在大沽的我军舰到山东护卫之，即各自分别出发，其配备船及出发的时间大体如下：

一、大连丸搭载临时派遣队司令部剩余人员及步兵第十二联队第三大队，21日晚从多度津，22日从门司出发，向大沽前进(大连丸20日将司令部剩余人员在宇品乘船向多度津出发)。

二、土佐丸搭载炮兵大队及工兵中队，还有朝颜丸搭载骑兵中队、弹药纵队(粮食纵队7月6日乘三河丸到达大沽)、帐篷运输员、卫生预备员及野战兵器厂，22日从宇品出发，经门司向大沽前进。

上述第二次派遣队从25日晚逐次到达大沽，归入福岛司令官的令下。

四　登陆及登陆后向天津前进预定计划和卫兵、巡察规定

登陆及登陆后向天津前进之预定计划书

到达登陆地后，首先应探求的事项：

一、天津、塘沽间铁路的情况及各国以何种方法使用此铁路。

二、军粮城、北塘、塘沽、新城、小站、大站的清国兵备及其军队的动静，及北清和天津一般情况、在天津征集物品的难易。

三、白河沿岸的民情及新城附近的炮台情况。

四、天津及塘沽附近各国军队的位置。

由于上面的情况，采取如下行动向天津前进：

一、利用铁路。

二、取道白河右岸的道路。

三、取道经军粮城到天津的道路。

利用铁路时——情况允许的话，利用铁路最为便利。但关于在运输的时间内征集全部车辆的数量，如果不能在到达登陆地确认的话，就不能预先制定出一个计划。

取道白河右岸的道路时，需要考虑如下两点：

一、能够利用白河水运时。

二、不能利用白河水运时。

第一种情况：军队在西大沽登陆，在咸水沽附近停泊一夜后进入天津，咸水沽宿泊的夜里使用大行李的粮食或者各兵携带一天的粮米。

由海军借给的小轮船中以一只或者两只小轮船运送预备粮食及其他军用品到天津，但各船附带护卫兵。

第二种情况：登陆点及咸水沽附近宿泊一晚的计划和第一种情况相同。

运输此情况下的粮食及其他军用品，采取如下方法：

一、抓住他国使用铁路运输的空隙，使用火车运输。

二、以在天津、大沽间能够征集的搬运工具进行陆路运输，但不附带护卫兵。

在此情况下，咸水沽设置一临时兵站司令部。

第一、第二种情况下的仓库位置在西大沽和天津。

西大沽仓库的目的是为了临时收纳登陆品，天津仓库为补给军队粮食，此仓库的补给依靠西大沽仓库及地方购买品。

将野战兵器厂放在天津，在军队进一步前进前，会合弹药纵队的弹药集中一地保管，但根据需要，为临时收纳追加的弹药，在西大沽设置一弹药库。

卫生预备员的大部集中天津，进行开设医院的准备，在大沽留下卫生预备员的一部分，担任护送患者及其他一般卫生。

取道经军粮城到达天津的道路时—在此情况下，为能否利用白河的水路，制定两个计划如下：

一、可以利用白河的水运时，和取道白河右岸道路时的第一种情况相同，但军队在军粮城宿泊一夜进入天津有所不同。

二、不能利用白河的水运时，和取道白河右岸的道路时的第二种情况相同，但在军粮城设置临时兵站司令部。

此情况下的仓库位置是塘沽和天津，其目的和取道白河右岸的道路时相同。此外野战兵器厂及卫生预备员亦然，但不同的是塘沽代替西大沽。

陆路兵站设置的准备

根据何种方法前进天津，只要情况允许能在白河两岸的道路之一进行设置陆路兵站的准备，但根据在天津征集物品的难易自定其缓急。

此外，在天津征集物品困难的情况下，可依靠芝罘。芝罘物资丰富，特别是蔬菜类多，根据情况利用太田川丸那样的轮船送至该地，担任物品的征集。为此，预先和芝罘领事协商，需要向该地派遣一二派遣员。

军队前进至天津的方法

在我军队可以前进至天津的情况下，可以利用铁路时军队登陆要连续，形成梯队运输。但是在铁路运输允许的情况下，等待全队登陆向天津前进，其处置稍嫌缓慢，可以的话实行梯队行军法。但是根据大体如下的方法，司令部能否马上进入天津，完全取决于登陆后的情况。

第一梯队：步兵第十一联队的一个大队(缺一个中队)。

第二梯队:步兵第十一联队的一个中队、骑兵一个小队、工兵一个小队、辎重队、帐篷运输员(以上是第一次派遣队)。

第三梯队:步兵第十二联队的一个大队本部及两个中队、炮兵一个大队(两个中队)(第三梯队以下是第二次派遣队),步兵担任炮兵的护卫,两大队长中资格老者担任其指挥。

第四梯队:步兵第十二联队的两个中队、骑兵一个中队(缺一个小队)、工兵一个中队(缺一个小队)、辎重队、帐篷运输员、野战兵器厂、卫生预备员。步、骑、工兵担任护卫。

但根据时机,步兵若干留在西大沽或者塘沽,担任该地的警备。

其他步兵所出的卫兵如下,但根据哪个大队所出时的情况:(一)护卫司令部金柜;(二)护卫加藤公使。

登陆及登陆后的前进计划如下表:

天津、西大沽或塘沽附近的宿营地的选定——各队登陆后由于不能马上前进,需要在附近宿营。为此,需要预先选定宿营地。

天津的宿营地需要考虑各国军队的关系和卫生来选定。

和本国的通信——除依靠海军外,需要和芝罘取得联络,如果此线不能用的话,和仁川取得联络。

按照上述的计划,虽能够使用铁路和迅速出兵天津。但需悉数实施此计划,此外登陆也有预想外的困难,比预定延迟五天(参见第六章)。[①]

卫兵及巡察规定

有关其他宿营地卫兵及巡察的规定如下:

一、宿营地卫兵担任宿营地的直接警戒,且为维持风纪和军纪而设,在野外要务令外以卫兵为基准,兼任风纪卫兵。

二、宿营地应派出的卫兵人数及其位置在宿营略图(略去)中显示,另外宿营在民家的部队卫兵需要确定适宜的兵数。

三、不论在何种情况下,卫兵所派出的巡察应由下士或者上等兵所指挥的五名以上兵卒组成,但随着情况归于平稳,可以减少其人数。

四、卫兵的步哨为复哨,其一人为动哨,动哨的巡行区域为两哨所间,但根据需要,内部设置的步哨不在此限。

五、各队白天值班军官夜里12点后巡回一两次各卫兵所,附带的兵卒为五名以上,卫兵或者从其所属中队抽取。此外,中队的白天值班下士夜里12点后一两次巡回其中队的宿营地内,要注意兵卒的卫生。

六、哨所距离远时,根据必要增设中间哨所,此中间哨使用足以和复哨轮换的人员。

七、骑兵、炮兵、工兵尽可能临近步兵宿营,可是除内部需要的卫兵外,外面的卫兵以步兵充任。此外,根据情况,辎重队、兵器厂、卫生预备员及使用的帐篷也要附以护卫兵。

八、卫兵司令以下的行动应根据野外要务令的风纪卫兵及外卫兵的规则,但根据情况

---

① 登陆及登陆后向天津前进预定计划表略。——译者注

也有以军官充任其司令的。

九、卫兵需特别遵守的是对欧美人尤其是其妇人的动作，彼等由于语言不通，可能发生意外冲突。因此务必稳当处理，不要有粗暴的态度。

十、步哨对外国人不能自行处理，要毫不犹疑地报告司令，该司令不管昼夜马上请求军官处置。为此，各队可为外国人配懂外语的军官，应有数名懂外语军官在队中经常进行轮换。

十一、以上所述不过是其大要，详细情况由各部队长适当规定。

以上规定外，现在志气大盛，但随着时日的流逝，其志气容易衰减乃人之常情。因此卫兵的警戒及军纪风纪的维持方法需要随着时间的流逝而严格。

各队所确定的运输兵卒、随从、马卒、军夫的管理法应报告给司令官。

在大沽炮台期间，军队大概据此规定。进入天津后由于天天激烈战斗和宿营关系，没有悉数实施。其他的报告规定或宿营规定等在此略去。

第六章　大沽登陆及向天津前进

一　登陆地情况

大沽锚地及登陆地

大沽锚地在渤海湾内白河河口外八海里处，缺乏遮蔽物，完全暴露在海上，加之潮汐涨落差异厉害，由白河河口越过大片沙滩通往锚地的一个航路，利用昼夜两次满潮的时机，仅仅吃水十英尺许的舰船以及其以下的汽艇可以出入。在其他时期，舢板也不能出入。此外，此航路成曲折迂回蛇形状，且由于降雨及流沙，容易变换水道或深浅不一，前述的舰船在不习惯此航路期间，必须有领航员。

加之锚地附近一带四季都有风，以我国原来的渔船等将人马材料登陆颇为危险，且其登陆不能按预定实行。这是因为有大沽浮船会社的设立，如果不使用该会社所使用的达摩船状的大舢板或者吃水七八英尺的轮船，就不能迅速登陆。

由于情况如上所述，临时派遣队最初携带的普通日制舢板极少能够使用，为登陆所配备的太田川丸、加茂川丸及武库川丸等中等轮船好不容易可以实施登陆。

大沽南北两炮台扼守白河河口的两岸，遏制海上。该炮台及塘沽以东一带之地 6 月 17 日被在大沽各国舰队的陆战队所占领。临时派遣队到达时，塘沽以东的炮台等其他重要的建筑物等全部为各国的水兵所占领，另外在河边及海上现存的大小轮船、货物船、舢板及清国船等悉数被各国军队扣押，连一只汽艇都没有剩下。因此与各国军队的登陆格外方便相反，我军登陆感到格外的困难。由此，屡屡依靠我常备舰队，企图借某国的艇船，各国军队以登陆需要为名，悉数拒绝，不得已以借我常备舰队船只，或用从本国运军队的轮船，谋取进行登陆。

选定登陆地

大沽附近一带是碱卤的平沙地,成为所谓的一往千里,一望无际。此间适合登陆之地是归我常备舰队占领的大沽北炮台、西大沽附近及北清铁路的起点塘沽车站附近,于是临时派遣队选定北炮台附近为其登陆地,这有塘沽附近接近车站之便,但已经悉数为各国军队所占领。使用一栈桥、一房屋或者河岸的一地都需要一一交涉,难以迅速办理。与此相反,北炮台附近的登陆地,其人马材料悉数收容在我占领的炮台内,全队前进后不需要多数守备兵,能够得到安全保护追加品或剩余品的便利。此外,塘沽车站的距离亦过大,与我派遣队的兵力相比是适合的位置。其他西大沽在现在的情况上,以在此登陆的微弱兵力能够从白河右岸向天津前进。

登陆地附近之清民避难

当时,在大沽附近一带的清国人害怕外国兵的暴乱,悉数到偏远之地避难。物资、搬运工具或者役夫的征集等暂时感到极为不便,随着归于镇静,人民逐渐归来,多少能够办成其事。

塘沽及大沽附近一带之地全部是碱水,除白河污水外一滴水都难得到,让人感到给军队的给养带来极大不便。为此采取的临时处置逐次叙述。

二　登陆实施

登陆命令及实施

6月23日晚9点,福岛司令官下达有关登陆的命令,随后给各军官有关将来行动的严厉训示,其命令的要旨如下:

一、临时派遣队从明天依次开始登陆。

二、步兵第十一联队第二大队(缺一个中队和马匹约半数)由江口步兵少佐指挥,24日登陆。剩余的25日登陆。关于登陆的详细情况应和大沽办事处长加藤步兵中尉协商。

三、在佐仓丸、大连丸、土佐丸及朝颜丸的诸队到达大沽后,和加藤大沽办事处长协商,确定开始登陆的时间及程序。

四、各队登陆时,应携带五天的粮秣、燃料、炊具、滤水器和明矾。

此外,加藤大沽办事处长和各运输船的诸队运输指挥官协商,尽快让部队上陆。除和常备舰队的可以自行协商外,因有报告及邮件搭载的情况,应通过临时派遣队司令官预先报告运输船向宇品回航的时间,并亦向舰队通报等。

24日上午8点,步兵第十一联队第二大队从威海丸开始登陆,第五中队(日根野大尉)首先由舰队派出的小型轮船和舢板三只,冒着大浪向登陆地进发。其后由于早晨以来的风浪日益高涨,将太田川丸及加茂川丸附在本船两侧转乘的计划也泡汤,暂时全部中止其作业。等到风浪稍微平静后,勉强将人马和货物转乘到加茂川丸,正午的满潮和夜间相比是低潮,故无法确认能够到达大沽,最终在附近灯塔船投锚,等待夜间的涨潮。到了下午风浪大体平静,司令官及幕僚和人马材料一起转乘太田川丸,到加茂川丸一侧,同时等待入潮。晚上10点42分随着涨潮，从灯塔船方面出发，缓缓向大沽前进。然而被处在航路的清国船所阻挡，由于无法确认浮标及其灯塔，在距离河口约四海里之地搁浅，时为夜里12点。翌日早晨发现先行的加茂川丸亦在其前方约二海里处搁浅。

是日，接到吉松常备舰队参谋长下达给泷川高砂舰长训令的通报，其要点是塘沽车站委员长是美舰莫诺卡西舰长沃兹少校，我军派出海军大尉松村纯一为委员。此外关于陆军登陆，特别尽力给予便利。

25日凌晨2点司令官接到太田川丸搁浅的报告，马上催促副官大尉野尚一乘坐连接转乘船船尾的小船，送至威海丸及舰队，迅速送去小型轮船和舢板，援助人马登陆。上午6点碇泊在西大沽附近的爱宕舰长送来牵引小型轮船的清国船，另外10点海军军官还以两只小型轮船牵引舢板，援助人马登陆。最初东乡舰队司令长官接到此报告，马上派出小型轮船和舢板，但因水深不能航行且屡屡搁浅而延迟，最终等到涨潮后始到达。于是，司令部员和士兵一起转移到舢板，上午11点在大沽北炮台登陆。

雇聘领水员

是日，由于竹内爱宕舰长打算对于派遣队登陆尽可能给予便宜，从本日通报命令派出大泷中尉，附有牵引船并清国式帆船。在此之前，东乡舰队司令长官察知白河航行困难，送来雇佣领航员，其书函的要旨如下：

一、为登陆需要不分昼夜在白河口和各河流航行，不过该河口每次降雨深浅不一，且航路最为困难，如果不使用领航员的话，不容易航行。

二、眼下各国军舰竞相雇佣领航员，但由于当地同业者仅有八名，察觉到如果他国雇佣的话，将使登陆更加困难，故以舰队司令长官的名义和两名签订合约。

三、工资为一天二百美分，如果签约一个月以内的话，如此工资是很高的。此时如果纠缠于高低，就会被其他人所替代。

平时当地的领航员一天的工资约为一百美分，随着眼下的形势，价格如此提高。虽支付如此高的工资，但考虑到目前的登陆，实为不得已的，予以承认。前述先头轮船载一人指挥，尽管如此，还是有两只船都不幸被搁浅，甚为遗憾。不过，太田川丸依靠25日的夕潮浮起，马上试图牵引加茂川丸，但没有达到目的，所幸的是26日从早晨而来的东风，满潮比平日高，使其得以上浮。

以上虽不过是登陆情况之一斑，但足以知晓其如何困难及其意外延迟的原因并非偶然。

中型轮船及第二次派遣队到达大沽

25日以来，属于临时派遣队第二次运输的土佐丸、朝颜丸及大连丸运输船并球摩川丸、武库川丸中型轮船及小型轮船先后抵达大沽，且中型轮船船长由于逐日熟练地在大沽水道航行，登陆行动较为容易。此后，除30日的强风再次将中型轮船悉数搁浅外，再没有出现更大的过失。其登陆缓缓进行，但以小型轮船牵引的舢板因风浪而有数次搁浅，此类事情不暇枚举。

登陆方法

27日规定登陆的方法,大沽办事处长以下执行登陆业务,和已经设立的登陆委员一起促进登陆的进展,其要旨如下:

一、登陆在夜间两次涨潮时,以两艘中型轮船出入为基础,设置如下委员:

司令部副官一人、大沽办事处员一人、部队附设中少尉一人和步兵曹长一人、部队附设下士若干。

二、人马货物的登陆由办事处员管理,另外登陆后的处置,接受司令部副官的管理。

三、登陆委员确定各队的集合场所、货物堆积场、马匹及军夫集合场,且指挥登陆需要的诸卫兵。

四、运输指挥官报告轮船搭载的载重量,但转载何种兵种并何种货物,都必须遵从司令部的登陆计划,由办事处长命令运输船执行。

登陆预定计划书之变更

至是日,步兵一个大队、第一次运输骑兵小队的大部及工兵小队登陆结束,加上塘沽、天津间的联络再次开通,另外在天津得到粮米等。前方的情况一变,就没有集结兵力前进的必要了。因此首先决定人马先登陆(参见后文四)。向参谋总长及陆军大臣电报为:登陆虽然天天继续,但由于马船不足,困难很大,天津有很多粮米,除去当地必要的粮秣,人马材料首先登陆。因此不能按照预定将运输船返回,由于取水不方便,一艘运输船返回芝罘,旨在购买水船和水。且向加藤大沽办事处长下达命令,其要旨如下:

一、前方的情况迅速改变,就有迅速出兵的必要。

二、既定计划中的预备粮米的登陆靠后,各船的人马材料登陆提前,但各队需要的五天预备粮米需要经常存在当地。

三、明天步兵第十二联队第三大队的两个中队登陆。

派遣队登陆结束

为力图让人马材料先登陆,战斗部队的登陆于7月4日结束,逐渐向天津进发(参见后文四)。其他各部队除剩下辎重外,也都于6日结束登陆。当初的预定计划中,约定7月2日结束登陆,此前屡次受到气候和航路的妨碍而耽搁。6日,大沽运输通信支部长仁田原重行和其部员一起乘三河丸到达大沽。参谋由比少佐与其协商将来的运输通信事务,且时至今日临时派遣队司令部实施的运输通信事务交给该官。

登陆具有上述的困难,但依靠各队长的周旋、运输船监督军官的尽力、司令部员和办事处人员的勤奋及常备舰队的援助,终于达到目的。

三　登陆后宿营及给养概况

大沽北炮台之宿营及给养

在当初的计划中,预定登陆后军队悉数野营。幸好我常备舰队所占领的大沽北炮台有遮蔽部，能够收容约二千人，另外马匹能够沿着炮台的内庭及其外部羁留，加之29日后登陆的各队逐次向天津进发，大沽的军队宿营没有困难，能够将其收容到遮蔽部。但是，如果驻扎时日长久的话，由于地质、饮用水及居室的关系，不免会出现很多患者，其后大沽守备炮兵队出现很多脚气及痢疾患者就是一个证明。犹如前述，由于清国人害怕外国军队而避难，无法从大沽附近征集物资及薪炭等。除了利用从本国携带之外别无他法，只好请求本国给予追加。由于如此之情况，军官以下以最简单的粗粮果腹，特别是饮用水的缺乏，笔墨难书，蒙受困难。因此在下面概述关于饮用水的调办，以供他日参考。

关于饮用水处置

饮用水筹备虽然困难，但想象到达大沽前多少能够得到些。但是，实际上在陆地多方搜索的结果，知道很难获得饮用水，采取如下手段：

一、请求宇品支厂长迅速送来水船(25日发电，7月6日水船到达)。

二、依靠芝罘领事购买水船，且派遣监督部的军吏到芝罘，在和该领事协商购买水船和物资(25日拜托领事，而后由于登陆延迟，接受需要的船未能送到芝罘，到30日始实施之)。

三、收集各运输船储藏的饮用水，还征集水槽，用于搬运和储藏(自25日每天都使用)。

四、马船改造成水船(26日命令之)。

现状虽然如上，幸运的是临时派遣队的人员过多，其船登陆徐徐前进，6月29日以来各队逐次向天津进发，饮用水的供给容易一点。各运输队的饮用水送至登陆地，好不容易得以补充各队的需要。但淘米和洗脸等的杂水使用澄清的白河污水，当时在天津附近死尸充满白河，因有发生传染病之虞，没有使用该河水。在其下游大沽附近，其他用水和马用水可以仰仗此河，为此每天在涨潮时，小轮船到约两个小时行程的上游，汲水澄清使用。当时白河的水处于干旱期，大雨后的溪流混浊，而且下游盐分大，如此在上游汲水减少几分盐分。当时运输船中用于饮用水搬运的传马船由于其舷低，因波浪侵入潮水，又混杂若干盐分。

由于上述的情况，军官以下一天的饮用水约四合，设立给水委员，和预先交给各队的传票交换后给水，且在蓄水场配备卫兵，严格禁止饮用水的滥用。此时恰好处于炎暑之际，且登陆地附近没有任何树木，并为登陆日夜忙碌，如此少量的水无法满足，实际上是一大难事。

四　向天津前进决定、部署及运输方法

派遣队全部或者逐次前进之决定

已如第五章二结尾所述那样，除从舰队司令长官得到的情报外，登陆后的一般情况颇不明了，恰如黑夜探物。根据其中仅能确察的情况，各国军队全然热衷于天津解围和救援北京等，轻进的结果是各部队在各处皆陷入断绝交通的颇为危险境况。如此，我派遣队等待全队的登陆，集结全部力量整体前进，决心采取坚不可摧的行动，将此电报给参谋总长

和陆军大臣，一意促进登陆的进行。6月26日上午福岛司令官根据常备舰队司令长官的引导，搭乘业云水雷驱逐舰，赴塘沽车站附近的登陆场侦察(此时发生大的震动，黑烟漫天，这是由于德军爆破新城火药库)。

关于登陆场，在当时的情况下也能找到合适的位置，福岛司令官在回到塘沽车站后，会合各国舰长等得到如下情报：

一、根据美国舰长的直言，22日联军进入天津，25日又派出救援队，救出英国舰队司令长官西摩中将率领的联军支队，从北京出发的各国公使和西摩中将一起(各国公使之事其后确知是虚报，但是当时实际上如此虚报传播，即25日来自吉松常备舰队参谋长的报告，各国公使由清军护卫出北京。此外26日桥口大尉接到的青木中佐的报告中，明确各国公使一行20日从北京撤退，其后的情况不明。但各国对于公使的安全，非常忧虑，各种臆说迭出，或者一人的推测，随着于两三人说，最终变成实话)。

二、根据德国舰长的直言，天津东机器局现在还没陷落，天津城眼下正被联军炮击。

三、根据一般谈话所知，天津、塘沽间的铁路目前开通到军粮城西面4里处，各国从此铁路末端的南方下，经白河将粮秣搬运到天津，且在天津的各国军民缺乏粮食，特别需要尽快搬运。

同日桥口大尉从天津带着青木中佐的使命来到大沽，根据其口头报告和青木中佐的笔记报告，审视塘沽、天津间的联络情况及天津的情况，且多数粮米有望在天津获得。但由于副食品逐渐缺乏，各国军队与侨民，特别是日本人希望我军尽早入津，确知现在外国军队还多未入津，能够得到充任兵舍的房屋。另外，英国小汽艇溯白河，开通和天津的交通。接到27日返回的报告，于是到派遣队登陆时，将在爱宕舰内的大尉太田八十马派遣到天津，送去酒、副食品等。

由于情况如上所变，没有必要集结兵力前进，决定登陆的部队逐次进入天津，已如本章二所述。27日，向参谋总长及陆军大臣电报有关登陆的处置，同时由于形势变化没有必要集结兵力前进，两三天后始有向天津前进的电报，且如前项所述，多少变更登陆预定的计划。

前进准备及第一次运输之实施

28日，由于准备天津的宿舍，桥口大尉返津。此外是日步兵第十二联队的两个中队、骑兵小队的剩余及帐篷运输员的大部登陆，由于不再担忧大沽炮台之守备，派遣副官中尉石川行到塘沽车站，和委员长瓦兹少校协商，决定29日上午用铁路第一次运步兵一个大队向天津进发，同日晚下达此命令，其要旨如下：

一、临时派遣队逐次向天津前进。

二、步兵第十一联队第二大队28日上午8点到达塘沽车站，等待乘车的命令。

三、步兵第十二联队第三大队(缺两个中队)代替步兵第十一联队第二大队守备该炮台。但步兵第十二联队所出的十名兵卒组成的护卫兵两组，凌晨4点前到司令部(水路运输的护卫兵)。

四、骑兵、工兵小队的驮马上午8点前由大须贺监督候补指挥，将监督部准备的五天的粮食运送到塘沽车站。

五、大沽办事处长自凌晨4点用小轮船向塘沽车站栈桥运送薪炭。

六、骑兵小队派出传骑六名于上午7点前离开司令部。

此时，辎重队还未登陆，由于搬运工具不完备，如前述命令的第四及第五项那样，各队用驮马从陆路，还用由小轮船两艘牵引的六艘货物船（附有军夫八十名）从水路，搬运薪炭。

但是，晚上8点有来自塘沽车站委员松村海军大尉的通报，其要旨如下：

一、现在只有俄国兵约六百五十名、马五十匹在当地登陆，明天向天津进发。

二、由于俄兵先我到达车站，主张先我获得乘车的权利。

三、松村委员认为和委员长有前约，即如下契约。

日军上午7点30分前在当地集合，8点半之前结束乘车，但应将其列车让给俄军。

由此，前述命令的第二及第四项的上午8点改为凌晨4点出发。

29日凌晨4点，福岛司令官跟随菅野副官和第二大队一起从大沽炮台出发，5点到达车站。此时昨晚到达的俄兵在车站附近各处散营者布满于途，大队在车站侧面查哨，派出九十名搬运货物，军夫八十名援助之，30分出发，货物悉数聚集在车站，6点30分货物及马匹开始搭载。尽管完全没有集聚马匹的踏板，大部兵卒也从没有站台设备之地乘车，但军官以下以至兵卒都志气颇为激扬，热心从事，结果7点40分全部乘车结束，8点出发，其下车亦同样迅速结束，比平日列车返回约早两个小时（以下参见第七章五）。

是日，福岛司令官向天津出发，命令参谋由比少佐以下的司令部员驻在大沽，进行登陆业务及向天津的运输等其他后方的临时处置（由比参谋、石川副官7月7日到达天津）。

天津情况及司令官训令

6月30日，小轮船宇品丸经白河派遣到天津。7月1日上午5点，此船返回大沽，汇集情报及训令，其要旨如下：

一、情报

关于北京的情况，没有得到确切的情报。根据传闻，德国公使在从总理衙门返回的途中被杀，除日、英、法公使馆外皆被烧，各国公使馆员及水兵在英国公使馆内。

天津城及其他水师营炮台还未陷落。

属于清国政府及人民的房屋眼下悉数处于烧毁中。

我军队入津乃各国人所热望，昨天步兵一个大队抵津大大鼓舞了人心。

可以得到三千人四十天的米粮。

自来水管被破坏，饮用水不足。

薪材由于可以利用燃尽的木材，眼下不需要配送。

我军希望到郊外，能够征发蔬菜、鸡、猪等。

宋庆、聂士成及袁世凯的军队有一起行动的风闻。

二、训令

利用白河正在开通中，尽一切手段向天津运送弹药、副食品及马粮等。

白河开通中前记物品可以用铁路运输。

由于近期进攻天津城，其他步兵两个中队马上前进，其他也准备早一天前进。

除铁路修理的工兵一个小队外,将其他工兵送至天津。

本官多急务,不能离开当地,司令部员进行军队前进的准备整顿,逐渐来天津。

大须贺监督候补驻在大沽,进行粮秣、弹药等的运输。

向天津前进之临时手段

眼下结束登陆的诸队为步兵一个大队、骑兵一个小队、炮兵一个中队,但除骑兵外,大部分大行李还未登陆。但是,前记诸情报及训令的结果,参谋由比少佐作出如下判断,决定向天津进发:

一、眼下送至天津的部队需要行动机关。

二、有暂时行动,提出一日的行程。

三、剩余诸队登陆结束后,近日暂时使其前进,整顿其行动机关需要数日之事。

四、因此留下不急用的大行李,前进将没有障碍。

第二次至第四次运输

但是,考虑到今后登陆的诸队,多需具有自卫战斗力的炮兵等,且其登陆地的炮台,有必要留下守备兵。因此不管采取何种非常手段,不能以全部步兵大队向天津前进。为此,首先决定步兵第十二联队第三大队本部及两个中队、骑兵一个小队并炮兵一个中队第二次前进,7 月 1 日下达有关命令,其要旨如下:

一、以目前登陆结束的诸队增援在天津的联军。

二、步兵第十二联队第三大队长杉浦幸治指挥如下诸队,明日从塘沽车站乘车,向天津进发。但在军粮城西面 4 里处下车后,徒步行军。步兵第十二联队第三大队本部及两个中队(缺大行李的大部)、骑兵一个小队(缺司令官专署传骑六名及司令部传骑三名)、炮兵一个中队(缺大行李的大部)。

三、上述诸队携带如下行李。步兵大队携带大行李内的炊具及小行李内的弹药和卫生材料,但司令部及骑兵小队配备不足的驮马。省去骑兵小队的大行李内的粮秣驮马及预备驮马。炮兵一个中队携带炊具,但由辎重队增加运输兵卒三名。

四、军官行李及公用行李由水路运送。步兵第十二联队第三大队派出军官指挥的十五名护卫兵。

五、各队到达车站的时间及有关水路运输的出发时间见追加命令。

到了晚上,塘沽车站委员长瓦兹少校通知说,从明天上午 6 点乘车,将出发的时间命令交予第三大队长(上午向委员长交涉铁路运输,但由于不在,留下书函)。

2 日上午 5 点,诸队从大沽炮台出发,6 点开始乘车,7 点 30 分出发,下午 6 点进入天津。

3 日,有剩余的各队向天津前进的计划,其理由主要如下:

一、一次列车能够装载的马超过约一百五十匹,由于货车有载马限制,对其他人员,一列车约能乘坐一个大队,需要将其考虑在内。

二、以和前面运输同一理由,首先迅速增加我在天津军队的战斗力。

三、每次运输都混有步兵队,护卫炮兵及大行李等。

根据上述理由，确定每次运输方法如下：

第三次各队：

步兵一个中队；

工兵一个中队（缺一个小队）及骑马、驮马合计二十匹；

派遣队司令部的乘马九匹；

炮兵大队本部及一个中队（缺大行李）乘马、驮马合计一百一十匹；

合计马匹一百三十九匹。

第四次各队：

步兵一个中队（缺一个小队）；

步兵第十二联队第三大队的大行李、乘马、驮马合计六十六匹；

炮兵的剩余大行李、乘马、驮马合计五十九匹；

骑兵中队的大行李、乘马、驮马合计十五匹；

合计马匹一百四十匹。

此外，骑兵中队除行军外，由于没有迅速前进至天津的方法，决定在军粮城宿泊一夜再前进。

4 日，和塘沽车站委员长协商的结果，5、6 日两天前述各队向天津进发。为第三次运输诸队下的命令，其要旨如下：

一、眼下登陆结束的下述各队进而向天津前进。步兵第十二联队第十一中队、炮兵大队本部及一个中队（缺大行李）、司令部的全部乘马、剩余的工兵中队。

二、野战炮兵第五联队第二大队长高濑清二郎指挥前述诸队，明天上午 6 点 30 分前抵达塘沽车站，乘车向天津进发。但在军粮城的西面四里处，下车后徒步行军。此外为运输炮兵剩余的行李驮马，可以留下特务曹长一名和该驮马一起。公用及军官行李中能够驮载的由司令部通过水路运送。

三、骑兵中队明日上午 5 点出发，经军粮城向天津前进。但大行李由此后的火车运输，途中宿泊一夜需要的粮秣使用携带的口粮，附翻译官一名。

第三次运输诸队 5 日上午 5 点从大沽出发，6 点开始搭载，7 点 50 分出发，下午 4 点 50 分到达天津。

是日向第四次运输诸队下达出发命令，在目前天津的情况下，辎重队、卫生预备员、野战兵器厂及帐篷运输员暂时留在大沽。由于天津天天炮击，多数人马聚集在租界不啻非常危险，而且多数粮秣追加也困难。因此命令此等处置，其要旨如下：

一、下述诸队及行李明天向天津前进。步兵第十二联队第十二中队（缺一个小队）、步兵第十二联队第三大队的大行李、野战炮兵第五联队第二大队剩余的大行李、骑兵中队的大行李。

二、步兵第十二联队第十二中队长护卫前述的行李，上午 6 点 30 分前到达塘沽车站，和松村海军大尉协商，乘车出发。但在军粮城西面四里处下车后，徒步行军。

三、该中队长在军粮城西面四里处下车后，将大队大行李驮马驮运的粮食交给该地的守备队长寺仓少尉，集聚在该地的步兵弹药由该驮马装载，搬运到天津。

四、寺仓少尉以后在粮食、弹药等缺乏之际，应提前三天请求当地的监督部，将在大沽野战兵器厂或粮食为其补充,如果物资征发等需要金钱,亦请求当地的监督部。

五、自今以后下述诸队由坂部炮兵大尉指挥。步兵第十二联队第十二中队的一个小队、辎重队、卫生预备员、帐篷运输员、宪兵。

坂部大尉以前述诸队担任该炮台之守备,管理登陆并担任炮台内陆军关系,以及粮食、弹药等的护卫并监视,但关于炮台守卫,应和海军陆战队长协商。

六、野战兵器厂及监督部的粮食、弹药等在运往天津的情况下,和运输通信支部或塘沽车站委员松村海军大尉协商,需要的话应配备护卫兵。

七、前记诸部队的粮秣自此以后由辎重队支给。

前记部队 6 日上午 5 点前后从大沽北炮台出发,6 点 30 分开始乘车,当日运送的多是征发的马,途中前进及乘车颇为困难,但依靠干部的人心和兵卒的勤奋,约 1 点 30 分结束搭载一百四十匹马,8 点出发,下午 6 点到达天津。

于是,第一次及第二次临时派遣队除步兵一个小队、辎重队、卫生预备员、野战兵器厂及帐篷运输员留在大沽,步兵一个小队留在军粮城外,悉数在天津集合。此外,仁田原运输通信支部长 6 日抵达大沽,由于派遣队司令部员而后没有留下大沽的必要,7 日只留下监督部,其他向天津前进,且上述要领电报给陆军大臣。

五　临时派遣队增加兵力

与本国之往返

6 月 30 日,福岛司令官接到陆军大臣的电报:“第五师团的第一动员命令,其动员第一天为 6 月 27 日。”

7 月 2 日,福岛司令官从天津乘邮船出发。3 日,在大沽发电提出如下意见:“法国步兵一个大队山炮四门昨天到达,此外英军约五千已经从印度出发,三周后到达。相信目前我国也将增加兵力到混成旅团为急务,此外派遣铁路大队,修筑塘沽、天津、北京间的铁路是各国的利益。”

报告有关登陆及饮用水准备意见

此外,还向陆军大臣及参谋总长提出如下要旨的意见:

一、如果按照希望派出混成旅团,不准备很多能够同时装载四五十头的马船,其登陆将需要约一个月。

二、当地风传现在马船少,不够使用,而且实际能够使用的也少,经常使用太田川丸及加茂川丸等,但有关人员、货物、材料的登陆,需要慎重考虑。

三、为登陆后迅速进行整顿,需要很多军夫。时至今日由于军夫少,各队的兵卒昼夜全力倾注于搬运。

四、关于水,需要装二十吨水的水船三艘,此外在从运输船获得用水的期间,需要备有能经常送至芝罘的汲水轮船一两艘,但需要备有一天能出二十吨以上的蒸馏机或蒸馏船。

五、如此,饮马用水需要到约两个小时的行程上游,汲取污水澄清使用。现在的马船可以牵引小轮船。

六、以眼下的两艘小轮船兼任米粮、弹药的搬运，好不容易和天津联通，由于马力弱不充足，今后在增加军队的同时，增强马力，且需要送来吃水约六尺以内的小轮船四艘。

七、以上是从登陆当地之时知道的，在第二次编组诸队登陆结束前没有时间察觉有别的要求。

增加部队之派遣及到达

在前述电报到达前，大山参谋总长以北清形势日益危急，为救护我公使馆、领事馆及侨民，增援的派遣队，决定从第五师团增发步兵第十一联队第一、第三大队、野战炮兵第六中队及兵站司令部两个，4 日上奏，经过允裁，交给陆军大臣。

于是，陆军大臣同日向第五师团长命令上述之宗旨，且电报临时派遣队司令官，要求前记诸部队归属其指挥，及此部队预定 6 日从宇品出发。此电报 6 日到达大沽该司令部，同时田村少将的电报到达，除同一意思外，要求送来能够一天运输二百匹马的中小轮船。

山口第五师团长 4 日晚上 10 点命令步兵第十一联队本部及第一、第三大队、野战炮兵第五联队第六中队并兵站司令部两个由步兵第十一联队长粟屋干指挥，到清国交给福岛临时派遣队司令官指挥。由此，5 日步兵第十一联队本部及第一大队，其他部队 6 日从宇品港出发，向大沽前进。

此诸队从 9 日至 11 日在大沽登陆，同日从铁路向天津出发，在军粮城西面宿泊一夜后 12 日进入天津。

六　铁路掩护及修理

铁路掩护队之派遣

在此之前，福岛司令官 26 日在塘沽车站决定，因军粮城西面四里处的铁路下车地有被团匪和清军袭击的危险，应各国舰队请求需我军进行掩护，派出步兵第十一联队第二大队武久步兵大尉指挥的两个小队，同日晚给该大尉训令，其要旨如下：

一、塘沽往天津的铁路通至军粮城西面四里处，该地眼下成为各国军队人马、粮秣的下车地。

二、予本日应各国舰队的请求，为掩护铁路，约定从我军派出若干士兵。贵官率领其中队的两个小队到该地，应对团匪及清军，为各国军队担任铁路掩护之任，且给予各国军队应有的帮助。

三、贵官明日上午 8 点前到达塘沽车站，和该车站委员松村海军大尉协商乘车。

四、携带如下粮食、弹药。五天的粮食。除自身携带弹药外，还需携带小行李一个中队的弹药。

27 日上午 6 点，武久大尉率领的两个小队从大沽北炮台出发，途中受到在各地的英、意、俄国军队的欢迎，到达车站。10 点乘车，马上出发，下午 1 点到达任地。

同日夜，该大尉发出的报告要旨如下：

一、从军粮城西面四里处至天津约九里间的铁路全部被破坏。

二、在该地的各国军队几乎以全力进行修理铁路，因此从明天派出中队士兵四十名援助。

三、由于情况如上,眼下急务是派出工兵着手修理铁路。

四、在当地,除英军八十名外,还有德、俄、意士兵若干。

工兵小队之派遣及铁路修理

由于情况如上,29 日福岛司令官让工兵少尉营佳太郎侦察铁路修理的情况。同日该少尉返回大沽后,根据给由比参谋的报告,认为由于其进展颇为缓慢,很难轻易到达目的。因此该少尉率领的一个小队派遣到该地,早日修理好,以决定和各国军队的联络交通。同日晚发布有关命令,其要旨如下:

一、工兵小队明日上午 6 点前到达塘沽车站,乘车到达军粮城西面四里处,和各国军队协力修理铁路。

二、各队的大小行李驮马明日上午 6 点前将粮食、弹药及帐篷运送至塘沽车站,交给工兵小队。

此外,经水路向塘沽车站运输若干薪炭和其他粮食,采取将其交给工兵小队的方式。

30 日工兵小队按照预定出发,上午 11 点到达铁路终点,下午 1 点开始修理铁路。在此之前,福岛司令官 29 日到达铁路终点,恰好与俄国海军中校卡林(作为驻公使馆武官在日本多年)跟随西摩中将北京救援队从天津出发,在返回大沽途中相遇。中校详说当时的情况,且说:"天津的总攻击迫在旦夕。"福岛司令官认为东机器局已经归联军所有,铁路守备不需要多少兵力,反之需要很多兵力向天津前进,决定寺仓步兵少尉指挥的一个小队留下守备,其他和其大队一起行动,因此 29 日以来铁路的守备军队为步兵一个小队。

工兵小队招致天津及再次派遣

7 月 2 日营小队被招到天津,铁路修理作业自 6 月 30 日下午至 7 月 2 日上午,完成一千五百米,而后直至 7 日暂时中止工事。是日(7 日),从天津派遣工兵少尉佐佐木嘉久二郎指挥的工兵一个小队,再着手其修理。同时,寺仓步兵少尉指挥的该地守备部队,与该大队第五中队派出的野上步兵少尉指挥的一个小队轮换。

修理结束

而后佐佐木小队从 8 日开始,每天上午 5 点 30 分至 10 点,下午 3 点至 7 点 30 分继续作业,20 日下午 7 点和从天津方面来修筑的俄国铁路中队联络,发现天津、塘沽间的铁路联络,其全长五千二百米,和以前营小队的一共修理六千七百米。

此两小队 20、21 日两天返回天津。

英俄有关铁路及白河水路之提议

在此之前,4 日,俄军参谋中校西摩罗夫接到关东总督阿谢克列耶夫的命令,和福岛司令官协商,说:"确保大沽、天津间的交通,眼下是各国军队的急务。俄国已经招来铁路一个中队及电信队,从明天开始由北面修理铁路,和眼下从南面修理中的贵国工兵合作,争取在四五天内完成其工事。此外,迅速架设电线,以便于通信,而且如果交通只寻求铁路的话，现在的状况还不充分，有必要开始经白河的水运。但是眼下俄军为掩护铁路派出步兵三个中队，贵军如果有同感的话，为保护水路，希望派出若干部队。”对此，司令官回答：“我亦表示完全同意，现在的兵力很难应付，如果以后得到援兵，更能应付。”

10 日，英军军官托瓦托等来，和司令官协商，“塘沽、天津间的铁路平时归英军掌握，清国政府为英国担保债权，应由英国守备之。但现在兵力不允许，故英、美、日各出二百名守备，贵意如何？”

对这两件事，在没有实施前，在大沽的各国舰队前任军官西摩中将的旗舰上开会讨论有关此铁路后，采取多数表决，最终由俄军管辖。陆上的交通机关由于不容海军置喙，各国军队中很少议论。

七　向天津运输战时用品措施及其情况

白河水路开通及侦查

在此之前，德国陆战队为开通白河水运，扫荡沿岸之敌。6 月 26 日，驱逐在新城附近的若干清兵，炸毁其火药库。继而，英国小轮船溯白河，开通和天津的交通。27 日，接到返回的报告称，当时各国士兵在天津附近人数超过七千，我派遣队也将向天津前进之际，更有法、俄等发送军队。日逐一日，给铁路使用带来麻烦，最终不能只用铁路实现我之希望，寻找其他的运输交通方法成为目前的急务。

因此，福岛司令官 28 日照会东乡常备舰队司令长官，派遣一只船到天津，侦察水路的实况及沿岸的人情等，确认利用水运的险易。这是考虑到没有水路的导游，马上开动运输船会有危险。

29 日，从东乡常备舰队司令长官得到答复，其要旨如下：

一、26 日晚，从天津出发的英国小轮船 27 日到达塘沽，根据其报告，以前在塘沽、天津间沉船等为航路设置障碍的情报是误报。

二、另外，28 日下午，美国陆战队的一部乘小轮船从天津返回塘沽，根据其报告，航路上没有障碍物，且河岸亦平稳、安全。

三、为不日向在天津的陆战队运送粮食、弹药等，小轮船出航，并随之侦察水路情况及沿岸的实际情况。

状况如上，且由于向天津追加弹药及副食品十分迫切，终于利用 30 日凌晨 3 点 20 分涨潮，以小轮船宇品丸牵引三艘货物船装载薪炭、副食品，以及铃木步兵少尉指挥的下士兵二十名，向天津发送。此运输船途中由于和印度兵有误解，几次被认为是友军(此守备士兵从铁路终点利用运河，为由白河将粮食弹药运送至天津守备其合流点)。其他没有异常情况，同日夜零时 15 分到达天津，成为我军在白河航行的嚆矢。当时由于对运输船的发送稍微感到不安，从步兵第十二联队第三大队选拔军官以下人员，且不装载弹药等重要品，只是装载薪炭和副食品。

战时用品之铁路运输

在此之前，29 日步兵一个大队进至天津和 30 日工兵小队进至军粮城西面四里之地时,可以利用铁路货车装载薪炭、副食品并弹药,将其送至铁路终点。这是为了从此地再将其运输至天津。但是,当时登陆地辎重队的登陆还未结束,由于感到搬运工具不足,此等搬运以已经登陆的各队的大小行李驮马,从登陆点又利用小轮船牵引货物船从水路,一起将其运送至塘沽车站。由于采取如此经铁路运送诸物品的方法,在铁路终点需要有担任者负责接受及保护这些物品,并交给从天津来的受领者。因此,29 日给在铁路终点的铁路掩护队附加接收、保护及交付逐次到达的诸物品的任务。

请求增发轮船

30 日在向陆军大臣及参谋总长发出的电报中,请求加入如下之事:

一、为利用白河水运将粮秣、弹药送至天津,需要紧急送来吃水六尺以内的轮船三四艘,这也是由于各国军队的日益增加,铁路的使用日益频繁,开通水路运输颇为必要。

二、紧急送来监督部用的人夫一百五十名及辎重车二十辆。

三、在当前情况下,在北清地方能够征集物资,粮秣不断追加,关于此事,在此之前屡屡提出其情况。

水路运输

7 月 1 日,宇品丸从天津返回,一如本章四所述,因情报训令不齐,采取专门经水路运送弹药及副食品等到天津的方针。这是由于从铁路终端到天津约六里,要想从天津派遣大行李驮马等搬运弹药及粮秣,往返需要两天而不便,对于当时派遣队的人马,每天由小轮船牵引的货物船从大沽送来的话,就不会感到战时用品不足。

由比参谋 2 日晚到达,根据在天津的福岛司令官的命令,3 日以工兵军官指挥的十五名下士兵将棉花火药经水路运送到天津。这是要在不日预定实施的进攻天津城中使用。此天晚上,从天津返回的宇品丸在塘沽上游二里处搁浅,船长和两名士兵一起返回,马上派遣牵引船进行救援,翌日得以返回,但由于其螺丝钉受损而无法使用。

设置大沽临时医院及红十字社医院船之请求

近日来由于在天津陆续出现伤者,由比参谋 4 日以卫生预备员在大沽北炮台内开设临时医院,暂时充任患者的收容所。但是,此地一点好水都没有,也没有可以作为医院的好房子,最终无望设置永久性医院,向陆军大臣及参谋总长电报,请求将红十字社的医院船送至大沽,收容伤者(在此之前,6 月 27 日佐野红十字社长向陆海军两大臣请求派遣博爱丸到大沽,28 日两大臣允许,7 月 9 日到达大沽)。

外国人方便乘坐

由于天津日益危急,侨民避难者逐渐增加,也有外国人为到日本避难,请求搭乘运输船。今日形势下有必要给予此等便利,6 日和运输通信支部交涉,采取尽快给予便易的手段。

中型轮船在大沽、天津间往返

7 日,中型轮船龙润丸试验性地上溯到白河,航行到天津。是日该船吃水约五尺余,由于是初航，好不容易在下午5点到达天津。由此在天津、塘沽间白河开通了使用中型轮船的便利，在运输上获得了明显的便利。此外，时至今日，这些轮船也用于登陆，但登陆由于6日几乎结束，而后小轮船及中型轮船天天向天津运输粮食、弹药。后方联络稍微确实，直到天津城攻略。

追加粮食、弹药等

此外，如本章四结尾所述，7月7日，派遣队司令部员只留下监督部，其他悉数从大沽向天津前进。其后坂部炮兵大尉(野战兵器厂长)及大须贺监督部长留在大沽，专门担任追加粮食及弹药之任。为此，7日司令官给上述两官的训令要旨如下：

一、天津的粮食及弹药储藏还不丰富，一旦交通线路上发生障碍，有陷入非常危险之虞。

二、监督部及野战兵器厂利用水路及铁路，此时尽量多运送粮食及弹药，但经铁路运输首先必须在军粮城西面四里之地集结。

三、对于上述粮食及弹药的搬运，应和仁田原大沽运输通信支部长协商。

除此之外，本日又命令坂部炮兵大尉(如本章四所述，留在大沽的各队暂时归该大尉指挥)让下述各队前进。

一、卫生预备员在大沽临时医院留下十五名患者所必需的人员，其他悉数经水路向天津前进。

二、辎重队的三分之一驻在大沽，剩余的向军粮城西面四里处前进，担任该地及天津间的运输。

三、宪兵前进至天津。

继而，辎重队又向天津前进，13、14两天在攻略天津中，对伤者及其他饮用水的搬运等有很大帮助。

后方工作之依赖

当时，天津之情况日益危急，其业务亦繁忙，不仅没有余暇指挥、监督留在大沽的派遣队和运输通信支队的关系，以便运送粮食及弹药，故10日在大沽派遣队留守诸队之指挥、该地之守备、弹药并粮秣之保管及发送等后方勤务，暂时依靠仁田原运输通信支部长。

与本国通信

此间，和本国的电报往来每天依靠日、英、法、德、美舰队互相派出的通信船从芝罘经上海发出或接收，前述各国的电报由于在芝罘、上海间辐辏，其送达非常迟缓，多需要十数天时间，让人发出失机之叹。此外，书信应利用返航的运输船，但由于派遣队登陆意外需要时日，书信的送达也不能按照预定到达。

总之，派遣队司令官由于兼管后方勤务及运输通信业务，而派遣队的兵力小非常繁忙，其实际情况参见本篇各章。

第七章　临时派遣队到达前后大沽及天津附近情况

一　派遣队到达前天津附近一般情况

各国军舰在大沽口集中

此事变发生时,在大沽附近的军舰除我爱宕舰外只有清国舰船八艘。事态逐渐严重的情报四处传播,清国近海的各国军舰都紧急向大沽航行,5月27日二十二艘军舰集中在大沽口,呈现出未曾有过的壮观,其国别如下:英舰七艘、美舰一艘、俄舰六艘、法舰二艘、意舰二艘、德舰二艘、奥舰一艘、日舰一艘,计二十二艘。

陆战队进入天津

此外,义和团匪徒的势力日益猖獗,其势波及天津。5月28日,我天津领事郑永昌请求爱宕警备舰派遣水兵,在北京的西公使也于同日向爱宕舰提出同一要求。29日该舰的陆战队军官以下二十五名首先进入天津,继而31日英、法、俄、美、意的水兵及俄国的哥萨克骑兵到达天津。该地驻有美军士兵七十三名、英军士兵七十五名、法军士兵二十五名及俄军士兵六十三名,合计二百三十六名;另外,军官以下我军士兵二十五名、美军士兵五十六名、英军士兵八十二名、法军士兵七十八名、意军士兵四十一名及俄军士兵七十四名,合计三百五十六名向北京前进;6月3日,德军士兵五十一名、奥军士兵三十五名亦在登陆后马上进入北京。

京津铁路之破坏

6月4日,匪徒在梁园门(天津租界东南端)张贴有关烧毁天津租界的檄文,租界内人心惶惶;是日匪徒又破坏京津铁路的黄村车站及其附近的线路,由此北京完全陷入孤立、危险的形势当中。因此,5日在大沽口的各国舰队尽可能让陆战队登陆,将其从塘沽送至天津,进而送到北京。但是,直隶总督不肯提供铁路运输,妨碍其施行,到10日方才应允。各国军队约二千人由英国东洋舰队司令长官西摩中将指挥,逐次向北京发车(参见后文四)。

租界警备

在此之前,北京附近的团匪日益波及天津及其附近,形势更为不稳,很难预测何时破裂。6日,在天津各国陆战队指挥官出席领事会议,确定如下租界防御配备部署,且其要点是实施防御工事。英德租界:英、美、德军士兵及天津义勇兵。法租界:日、法、俄军士兵。

暴动破坏

继而,团匪风靡于北京附近及白河一带,另外在杨村以南,官兵亦附和之,逐渐不能分别其曲直。13日,俄国陆军约二千人进入天津,同日下午团匪陆续进入天津城,15日晚上10点,彼等在马家口、闸口、溜米厂、三叉口(这些地方在天津城东面白河沿岸)等地各教堂放火，进而逼近租界。于是，各国陆战队进行战斗准备，最终以射击遏制了其侵入。

6月17日至23日战况

16日，清兵严守大沽炮台，且在河口布置水雷。17日未明，炮台开火，各国炮舰及陆战队攻击并占领(参见后文二)。

在天津，从17日黎明团匪约一千五百人向租界袭来，各国士兵将其击退。此外，同日下午3点40分，清兵从水师营炮台(在白河和南运河交汇点的三叉口)向租界进行约三个小时的猛烈炮击，继而下午5点清兵再次进攻车站附近。俄军士兵击退之，当时由于武备学堂(在天津租界日本领事馆对岸)还储藏若干兵器，英、德、意、奥军士兵暂时占领之，烧毁学堂内的兵器库及其要所，杀害学堂内的学生及其他所有清国人。导致如此激烈地破裂，完全是14日西太后所下的攘夷密谕所致(参见后文三)。

18日上午6点30分，清兵再次从水师营炮台和天津城墙进行炮击，继而从车站及其西南盐坨的两个方向向租界逼来。英、俄士兵及我军进行防御，此夜敌兵在租界附近的村落各处放火，19日清兵再次进攻和炮击租界，且在车站的东北部亦备有新炮两门，帮助此炮击。

20日上午，敌兵甚至出现在南方梁园门外及其东面白河的左岸，包围攻击租界，塘沽、天津间的联络完全断绝。是日俄军和我水兵一起驱逐敌人，占领车站附近。如此形势一直持续到23日下午。此外，天津车站22日因为敌人的炮击而烧毁，俄兵还顽强守护该地。

在此之前，21日，各国的海陆军士兵(俄军步兵一个联队、炮四门，英国海陆军士兵七百人，美国海军一百二十五人，意大利海军二十人)组成两个纵队，从塘沽出发，前进至白河左岸，击退团匪。23日，驱逐武备学堂附近的敌人，进入天津，再次开通天津、塘沽间的交通。该军队的到达稍微加强了天津侨民的人心。

北京救援车之回津

是日，接到西摩中将所率领的各国军队因铁路破坏而撤退到西沽武库的情报(参见后文四)，为将其救出，25日各国军队约二千人向北方前进到白河左岸，同日下午英军在租界游戏场的西南土墙上装备十二磅海军炮，射击水师营炮台，将其望楼化为灰齑。是日各国军队将西机器局烧为灰烬。另外西摩中将率领的各国军队在西沽附近被救援军救出，26日返回天津。此外，天津、塘沽间的铁路略作修理后，火车能从塘沽开通到军粮城的西面四里之地。

占领东机器局

从27日拂晓，各国军队进攻东机器局，六个小时的战斗后最终占领之。在此地的武卫军的一部散乱四方，其数百名被毙，各国军队死伤四十五名。各国军队此举的主要原因是确保天津、大沽间的联络，且烧毁在该地的兵器。此外，为开通白河的水运，尽力扫荡敌人的德军士兵26日在新城附近击退若干清兵，炸毁其火药库，自27日白河航路亦开通。

天津之防御

在天津租界内，德军士兵27、28两天烧毁复仇的清民房屋，火焰涨天。

眼下各国日益增兵以解救北京之急,此外租界的各国军队和西摩中将一起北进,会合约有七千人的兵力,但未能击退天津城附近的敌人,负责单纯的专守防御,天天受到敌人枪炮的荼毒,只能等待援军尤其是日军的到来。25 日接到情报:白石海军大尉及选拔的下士兵七名到达天津,福岛少将率领的陆军已经在大沽登陆,不日将向天津前进,天津的人心顿时一振,希望能早日抵津。29 日早晨,山下海军中佐率领的陆战队抵津,下午福岛少将和步兵一个大队一起抵津。

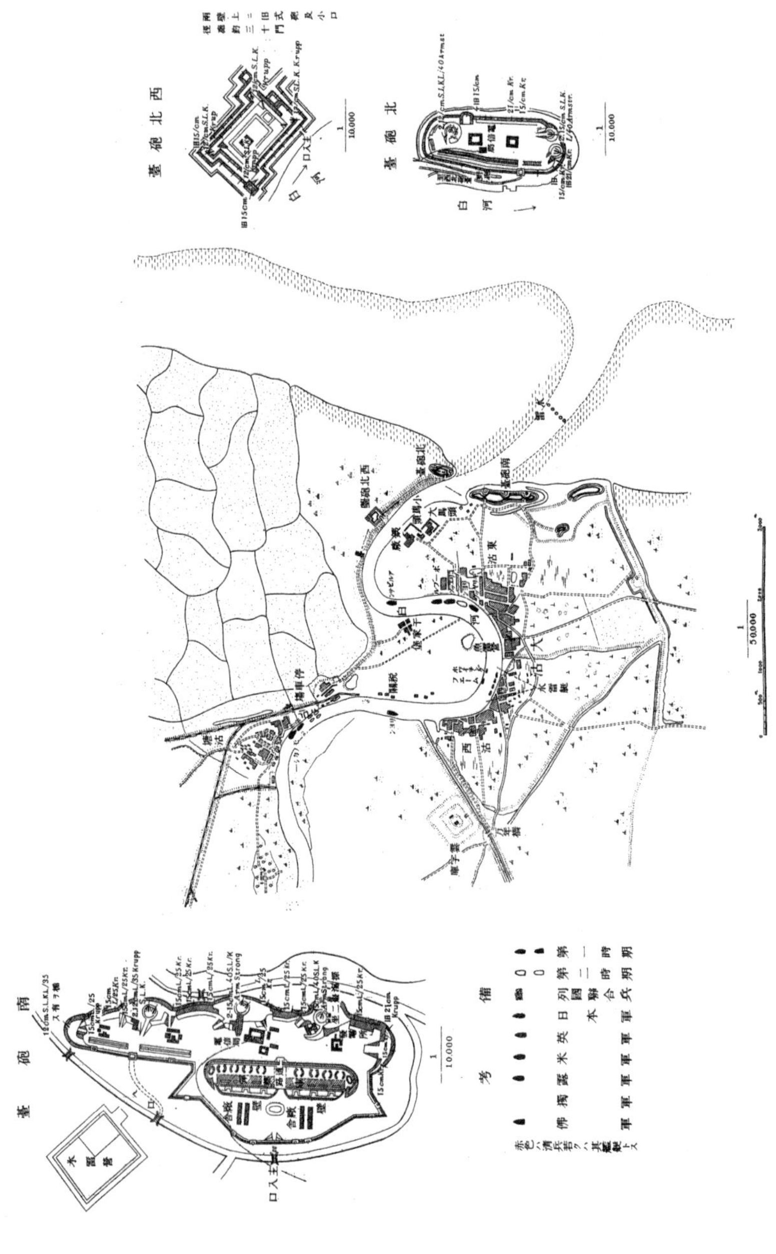

插图 1 大沽炮台攻击图(6 月 17 日)

二　占领大沽炮台(参见插图 1)

各国舰队司令官决定守备塘沽

6 月 15 日,在大沽各国舰队司令官会议上,形成如下决议:

二千名清兵之接近,有占领塘沽车站及破坏铁路的目的。由于清兵在白河口布置水雷,阻断北京、天津、大沽间的交通,命令碇泊在白河口内的炮舰,保护车站及铁路材料。如果清兵占领的话,以兵力将其击退。

是日下午丰桥军舰到达大沽,翌日上午阳炎水雷驱逐舰又到达。于是,为掩护塘沽车站,丰桥陆战队约三百名及野炮两门 16 日上午 9 点在塘沽登陆。

占领大沽炮台之决议

16 日,清兵严密守备大沽炮台,且在河口布置水雷。各国舰队司令官再次在俄国旗舰上会合,认为清兵布设水雷,表示清国政府帮助义和团,为维持登陆队和交通,决定占领大沽炮台。下午 7 点 30 分,俄国军官为使节,要求大沽炮台的清军将领和天津直隶总督在 17 日凌晨 2 点前将炮台交出。大沽炮台的清军将领回答说:"如果得到总督的命令,可以交出。如果得到回答,马上给予通知。"

能够进攻大沽炮台之兵力及炮舰

同日,德国的陆战队一百二十人、俄军一百八十五人、英军二百五十人及奥地利、意大利各约二十人(奥地利的陆战队合并于德军)在塘沽登陆,和丰桥陆战队会合。于是,其兵力达到约九百人,由德国的海军上校鲍尔指挥。

在塘沽附近的我爱宕军舰及美国的莫诺卡西舰(一千三百七十吨)由于吃水深,无法行动。因此保护塘沽的(莫诺卡西充当塘沽妇女孩子的避难所)的法国利约炮舰、德国伊鲁西斯炮舰在税关附近,英国的豪瓦茨库及富姆水雷驱逐舰发现清国的水雷舰四只,第一发炮击同时虏获之,护送到塘沽。在大沽下游有俄国的炮舰哥利雅库、库里埃茨和鲍布鲁,其稍北有英国的小巡洋舰阿鲁茨林(参见插图 1 第一时期)。

参与进攻大沽炮台的炮舰的要素及武装如下:

舰名	长(米)	宽(米)	排水吨数	马力	速力	下水(年)	吃水(米)	武装
阿鲁兹林(英)	56.33	9.93	1050	1400	130	1895	3.44	速射 10 厘米 6 门、47 毫米 4 门、37 毫米"马克西姆"3 门
伊鲁西斯(德)	52.00	9.10	895	1200	135	1898	3.26	8.8 厘米 4 门、37 厘米"马克西姆"8 门、野战炮 4 门
利约(法)	46.20	5.75	503	602	1180	1884	3.20	13.8 厘米 2 门、10 厘米 2 门、37 毫米"马克西姆"2 门

续表

鲍布鲁(俄)	57.00	10.72	950	1150	120	1884	2.93	9寸1门、6寸1门、9磅6门、速射2寸半1门、37毫米4门
库里埃茨(俄)	60.96	11.28	963	1000	120	1897	2.60	速射12厘米1门、7厘米半5门、47毫米4门、2寸半1门、37毫米2门、机关炮2门
哥利雅库(俄)	62.79	10.66	1213	1500	135	1886	3.25	8寸2门、6寸1门、9毫米4门、速射2寸半1门、47毫米"克斯"2门、37毫米4门

大沽炮台之经纬及装备炮

大沽炮台全部由四个炮台组成,在白河南面的正面约一公里,主要面对海,称为"南炮台"。其南面还有一个新炮台,夹此河。在北面称为"北炮台",西北约一公里也有一个(以下称为"西北炮台")。此两炮台之间用土墙掩护交通,这些防御设施主要对海正面及河口,陆地正面防御力薄弱,即堡垒的胸壁前只有壕沟围绕。

大沽诸炮台的装备大体如下:

炮名	西北炮台	北炮台	南炮台	新炮台	计
速射炮 24 厘米			2		2门
21 厘米			2		2门
15.2 厘米	1	3			4门
15 厘米		1	2		3门
12 厘米	2	2	4		8门
6寸炮	7	6	4	4	21门
16厘米炮			4		4门
5寸炮			2		2门
8厘米炮	5	5	13	9	32门
广条口装炮		3	8		11门
各种口径青铜炮	3		7	2	12门
各种口径铸铁炮	7	51	7	4	69门
铸铁制臼炮	1	3	1	2	7门
计	26	74	56	21	177门

此炮台内，对河可以使用的是六十三门，对海正面可以使用的是一百一十八门（此合计的备用炮数，一炮可以向两个方向射击）。但是，根据后来的检查，清军实际对炮舰使用的只有如下三十三门而已：大口径速射炮四门、中口径速射炮十五门、中口径炮一门、小加农十一门、施条口装炮二门，计三十三门。

炮台的守备兵混合步、炮兵，大约有三千人（大沽的淮军右翼前营五百人、同前左营五百人、同前左营五百人、石头缝［西北炮台］的淮军右翼后左营五百人、同前后营五百人、螺甸头的淮军右翼右营五百人，合计三千人），拥有新式炮，还有电灯及若干装甲掩护部。尽管如此，其防御特别是对陆地正面的防御工事不完善，清兵不熟悉兵器的使用，且由于不注意，火药放置在露天，很容易自身发生爆炸等危害等，这是在此次战斗中所发现的。

战斗经过

16 日下午，各国炮舰长在俄舰鲍布鲁上会合，炮舰司令官应各国的请求，决定凌晨 3 点开始攻击，其攻击以炮舰的射击使炮台停火。炮台停火，陆战队马上突击西北炮台。

但是，17 日零点 50 分，突然从炮台用电灯照各国炮舰，继而开始激烈炮火，企图在陆战队攻击前将炮舰击沉。于是，利约及伊鲁西斯马上起锚下河，伊鲁西斯在阿鲁兹林的后方，利约在库里埃茨的后方。阿鲁兹林及伊鲁西斯向西北炮台，其他四只向南炮台开火（参见插图 1 第二时期）。

在塘沽的各国陆战队得知开始战斗，从塘沽出发，按照俄、英、德、日的顺序向西北炮台前进，其人数总计约八百五十人。是夜幸好月明，从塘沽能够看到炮台的影子，接近到六七百米处，各国士兵散开，隐蔽在黑暗中，等待从炮舰发出的进攻信号。

如是，各国炮舰受到来自炮台的射击，其损害不小，察知与敌人的大口径炮对射不利，马上向西北炮台前进，用速射炮和步枪从近距离射击堡垒内的人员。此时一般炮弹散乱地射往远处，但是等到月出（按照阴历，6 月 13 日是满月）能够辨别物色，其命中准确。到 3 点半时，清兵的射击已经逐渐减弱，炮台内处处发生火药爆炸。这是由于清兵将海正面的火药搬运到后方，放置在露天所造成的。4 点 15 分左右，清兵的射击完全衰弱。

于是，发信号给陆战队，该队向西北炮台前进，进行激烈射击。由于地面湿滑，其前进非常迟缓，特别是接近到四五百米时，前头的各国士兵都犹豫不前。于是，我陆战队不失时机，通过各国的散兵线，居于前头蓦然突入炮台。此时，指挥官海军中佐服部雄吉之战死。如此，我军先登陆，英国及其他各国士兵继之进入炮台内，时为凌晨 5 点。伊鲁西斯舰与其齐头并进，日本水兵用该炮台的炮射击北炮台，各国士兵突进，最终没有受到抵抗，上午 6 点占领之。

其后，在西北炮台用能够使用的全部火炮射击南炮台，还用北炮台的炮射击，以十字炮火使其沉默。继而，炮弹命中火药库爆炸，扫平南炮台。陆战队的一部（主要是俄、德及法军）从北岸渡到南岸，6 点 50 分占领该炮台，清兵没有等待攻击就向西南方撤退。

死伤

此次战斗中各国士兵死伤如下：

水陆区分及国别	军官		下士以下		总计
	死	伤	死	伤	
炮舰　英军		2		7	9
俄军	1	3	16	66	86
法军			1	3	4
德军	1	1	6	12	20
小计	2	6	23	88	119
日军	1		3	5	9
陆战队　英军			1	6	7
俄军			1	2	3
小计	1		5	13	19
总计	3	6	28	101	138

如上所述,炮舰受到的死伤到达一百一十九名,和陆战队相比很大,特别是俄舰死十七名、负伤六十九名,损失相当于战斗人员的百分之二十八。哥利雅库四次受到敌人炮弹攻击,是炮舰中损害最大的,即敌人炮弹在弹药库内爆炸,蒸汽管破裂;库里埃茨舷侧遭受五枚炮弹并燃烧;伊鲁西斯遭受八枚炮弹,利约遭受一枚炮弹,这些舰损害大是由于接近其炮台。如果白天实施此攻击,且敌人炮弹更为精确的话,恐怕受到的损害更大。彼等在进入距离西北炮台七百米以内的阿鲁兹林仅受到一枚炮弹的攻击,是奇怪的现象,这是由于进入了炮台上火炮的死角。莫诺卡西受到一弹,幸好没有损害,爱宕无恙。

在此战斗中,清兵虽然能发炮射击,但其仓库或弹药缺乏掩护,带来致命的命运。自己的弹药处处发生爆炸,最终无法抵抗,敌人死尸七八百横卧在炮台内。

炮舰发射弹数

现将各国炮舰的发射弹数列表如下:

(单位:枚)

舰名	火炮	门数	发射弹数
阿鲁兹林(英)	10厘米(速射)	6门	596
	47毫米	4门	
	37毫米	3门	不明
伊鲁西斯(德)	8.8厘米(速射)	4门	658
	37毫米"马克西姆"	8门	1190
	机关炮	4门	3174
利约(法)	13.8厘米	2门	81
	10厘米	2门	71
	37毫米保卡克斯	2门	1200

续表

鲍布鲁(俄)	9 寸	1 门	4
	6 寸	1 门	62
	9 斤	6 门	202
	2.5 寸(速射)	1 门	30
	37 毫米保卡克斯	4 门	500
库里埃茨(俄)	8 寸	2 门	100
	6 寸	1 门	68
	9 斤	4 门	150
	2.5 寸(速射)	1 门	45
	47 毫米保卡克斯	2 门	340
	37 毫米(同上)	4 门	600
哥利雅库(俄)	12 厘米(速射)	1 门	66
	7.5 厘米(同上)	5 门	857
	47 毫米(同上)	4 门	660
	2.5 寸(同上)	1 门	235
	37 毫米(同上)	2 门	没有
	机关炮	2 门	15000
合计		77 门	25889

此外,还用下列炮同时射击诸炮台:中等口径速射炮五门、小口径速射炮二十七门、大口径炮两门、中等口径炮四门、小口径炮五门、机关炮五门,计四十八门。

炮台占领后处置

炮台占领后,西北炮台由英军守备,我军守备塘沽车站,继而将各炮台分配给各国,西北炮台属英国,北炮台属我,南炮台属俄、法两国,其南面的新炮台属德国。

17 日由于有清军反袭炮台的警报,从 18 日上午对陆地正面形成诸炮台防御,以前担任塘沽守备的我陆战队进入北炮台。缴获的清国水雷艇四只分配给英、德、法、俄,抵达大沽口的清国海青水雷驱逐舰被缴获,交给法国。

此外,以前在大沽口的清国海容巡洋舰 17 日正午左右出航,被各国舰队停止,俄国自行悬挂其国旗。

三　派遣队抵达天津时各国军队防御配备及兵力,并清兵、团匪行动

各国军队防御配备及兵力

各国军队防御天津租界实际上基于6月6日各国领事会议的决定,而且车站是将来交通上的必需,决定从开始就固守。于是,各国军队6月23日又进入天津,将后述的防御配备法改正如下:

一、从车站及该地至白河左岸武备学堂间　　俄军

二、法国租界北端　　俄、法两军

由于此租界内有三井洋行及正金银行支店,我水兵亦守护之。

三、从英国租界西北端到西南面游戏场、西南面土墙　　英军

四、美军为保护法租界的该国民,担任法、英军的中间。

五、从英军担任的左翼土墙,经西南门及梁园门到博文学堂间　　日、德、奥、英、意军

六、博文学堂　　德军

到29日,从事天津防御的各国军队的兵力如下(包括西摩支队的部队):

日本海军陆战队三百人、俄军三千七百人、英军二千零六十五人、德军六百人、美军二百六十五人、法军二百一十八人、意军八十人、奥军六十五人,计七千二百九十三人。

是日有情报,天津附近的清兵会合团匪约一万五千人,从三面包围、攻击租界。此外,由于袁世凯率领的军队也从山东省北进,同日召开各国军队指挥官会议,除依然警戒以前的守备区域外,没有别的决议。

6月14日密函

最初团匪一蜂起,清国政府的一部执行镇抚的方针,将在芦台的聂士成所率领的武卫前军的士兵送到杨村,还向天津派出官兵,巡逻警戒,极力阻止团匪的行动。但是,端郡王一派非常庇护团匪,并煽动之。其他官民由于没有辨别是非的判断力而在云雾中彷徨。6月12日端郡王一派掌握政权,团匪的威势极为强盛,最终西太后误认为团匪能够依靠,14日下达如下密谕:迅速命令天津镇守备大沽,聂提督作为后援,整顿战备,阻止各国士兵的登陆。

清军及团匪兵力

因上述密谕,大沽炮台守备士兵为整顿战备,已如前述。17日上午各国炮舰及陆战队先发制人,不然就会失去机会。此外,在天津同日下午清兵从水师营炮台开始炮击,当时在天津附近的官兵及团匪大体如下(以下根据直隶总督裕禄的上奏):

一、罗荣光率领的淮军(步队八营、炮队一营、马队一营,合计四千七百五十人)。其中在大沽的若干营散乱,其他大部计约三千人在天津附近集合。

二、聂士成率领的武卫前军约二十五营(其中包括马队四营、炮队五六营)。此兵力大约一万人,当时由于有所缺员,实际不过约八千人。

三、何永盛率领的练军步队四个营(约一千六百人)。

四、义和团约三万人。

清军将领进攻租界策略及其中止

直隶总督和聂士成商议，破坏军粮城附近的铁路，阻止各国军队前进，乘此从三面进攻天津租界，乘势逼近大沽，这是因为18日至22日攻击激烈所致。但是，大沽炮台落入各国军队之手，各国军队陆续进入天津，且接到西摩中将率领的各国军队返回天津的报告，感到兵力不足，延迟攻击租界，25日上奏西太后请求增援军队来津。而后采取专守防御的政策，武卫前军守备天津车站，练军守备天津城，义和团援助这两方面的士兵。

6月29日，马玉昆率领武卫左军十五营(其中包含炮队二营、骑兵一百名)到达天津，大大稳定了天津附近官民的人心。在直隶总督的上奏中有“得到此大批劲旅的援军，津郡的民心均稍微安定”之语。于是，直隶总督和马玉昆、聂士成及罗荣光协商，首先攻略租界，然后各军会合再前进，通过收复大沽炮台确保门户。从7月3日，马玉昆的军队从车站方面，聂士成的军队从天津城南门附近一带之地，其他从紫竹林方面，力图三面合击攻略租界。这是因为7月上旬对车站及其他各方面、西机器局并赛马场附近敌人不断策动。聂士成7月4日以来首先在正西门土墙上装备八点七厘米炮两门，射击租界；此外其军队进至赛马场，马玉昆以其军连日攻击车站，7月5、6日和武卫前军的一部分一起攻击东机器局，且淮军的营官蒋顺发及周行彪率领的军队并义和团首领张德成率领的团民数千人攻击白河右岸的紫竹林。

在此之前，6月30日清廷给直隶总督的上谕为，召集天津消防会员在七十二局的一万余人，发给武器，给予钱米，和义和团一起联合担任驻防。

7月11日，武卫左军的总统四川提督宋庆来天津，和裕禄、马玉昆等讨论军议后上奏称，由于天津租界守备坚固，且白河河内的船舶及军粮城以西的铁路交通断绝，如果不能杜绝此交通的话，就不能置各国军队于死地。而且天津现在的兵力虽足以防御各处，但还不足以阻断敌人的交通线路。山东巡抚袁世凯奏报，派遣登州镇总兵夏辛酉率领的六营，援助天津，不日到达，给行动带来很大便利。总之要想攻略大沽，进剿各国军队，必须集中充足的兵力，见机行事。由于此奏折，11日以后马玉昆等所决定的攻势计划为之一变，还需要等待兵力的集中。

由于以上计划屡屡变动和各方面的攻击呼应不一致，租界改变了累卵之危，反而得到了将敌人从天津城一带驱逐出去的时机。

四　西摩中将救援北京公使馆行动

各国海军前任指挥官向直隶总督之要求

到6月3日，各国的水兵四百四十二名逐次进入北京已如前述。4日，到达大沽的情报是，匪徒烧毁黄村车站，且破坏附近的线路及桥梁，阻断京津间的交通。5日，在大沽的日、英、美、德、俄、法、奥、意军各前任指挥官召开会议，通过决议，由在天津的首席法国领事霞飞要求直隶总督迅速修理铁路，恢复交通。如果不答应的话，陆战队就会登陆，组织联军,以兵力入京。预先从各国军舰获得登陆的兵力确定如下:日本三十人、英国五百三十六人、俄国二百人、德国七十五人、奥地利七十人、法国三十人,计九百四十一人。

其后,北京屡屡打来电报,催促陆战队增援。直隶总督仅以铁路修缮应容易着手回复,进而6月6日各国领事及该指挥官会议最终决定将铁路工人附属在陆战队,修缮破坏的各处,进而入京。同时将这一决定通知直隶总督,且要求7日上午10点发特别列车。总督回答,由于没有从总理衙门得到有关各国军队增发的任何通知,不能承诺要求。

各国陆战队从天津出发及落垡附近战斗

但是,各国的后发陆战队陆续到达天津,且北京日益要求陆战队续发,而直隶总督以线路破坏为借口,不轻易发车。9日各国领事会议再次向直隶总督要求为各国军队派出特别列车。至翌日早晨,总督通牒答应增发各国军队,当日(10日)上午9点30分准备列车。因此,各国军队约两千人马上整装到车站,和清国工人一百名及修理材料一起分乘三辆列车出发,11点到达杨村,当时各国军队中准备地图的只有日军,而后修理铁路,当夜在杨村、落垡间停止。11日早晨出发,上午10点到达落垡,此处留下英兵的一个守备队,再次前进。下午5点30分到达落垡与廊坊间时,接到西北面有匪群的情报,继而6点到达落垡西面约4里之地。由于在此遇到匪徒的来袭,先头列车的英、意、美军队首先展开战斗,马上将其驱逐。我军在第二列车的前头,其展开时已经不见敌人的踪影。

后续出发部队到达及战斗

该夜在落垡、廊坊间停车,是日为追赶该救援队,10日以来逐次从天津出发的各国军队悉数由西摩指挥,其数达到二千余人,即如下:日本五十一人、英国九百一十五人、德国四百五十人、俄国三百一十五人、法国一百五十八人、美国一百人、意国四十人、奥国二十五人,计军官以下二千零五十五人。

12日正午左右,各国军队的先头到达廊坊,13日在该地停车中,诸部队悉数集中在此地。14日上午9点30分,廊坊停车中匪徒三百人袭击西摩中将所乘的第一列车和我军所乘的第二列车的中间,各国士兵对此应战,约二十分钟后,匪徒丢下死者七十人逃走。

下午4点40分,落垡来急报,其守备兵从下午3点左右被约一千名匪徒包围,陷入苦战中。于是,西摩中将和搭载英、俄、法及我军士兵约四百五十名的第二列车一起向落垡急行,援助英兵,战斗约二十分钟击退敌人,匪徒死亡约三百人,各国军队又将英军一部留驻落垡,其他返回廊坊。

杨村铁路桥之破坏及向杨村后退

15日上午6点30分,各国军队为报告状况和补充粮食弹药,特别让一辆列车返回天津。但是,下午4点30分返回途中接到报告,说:“在到达杨村前的二里之处,桥梁被破坏得非常厉害,列车无法通过。”与之同时,接到北京公使馆形势日益紧迫的报告,于是该夜各国军队指挥官会议决定,取消前进北京的目的,因用有限的粮食弹药修理线路,不能到达北京,应首先修理后方线路,开通和天津的联络。16日早晨为装载材料,将一辆列车送到后方,其他两辆列车停在落垡、廊坊间,担任铁路线的监视。

17日（各国陆战队进攻大沽之日）西摩中将到达杨村，接到侦查情报得知，杨村以南线路的破坏波及到天津的全线，短时间内恢复无望，且破坏杨村车站及沿路线路的是聂士成的军队，14日此军队向天津出发。

杨村会议

西摩中将将此状况通知给廊坊各国军队，并将其集中在杨村，以确定以后的方针。18日黎明，留在廊坊附近的两辆列车返回杨村，给机车加水。下午2点30分，董福祥的军队约三千人来袭，于是日、俄、英、德士兵马上应战，激战约一小时二十分钟后将其击退，各国军队死亡八人，负伤四十七名，敌人死亡因入夜不详。联军看到缴获的敌旗中记有“奉旨”的标记，始知清国政府的官兵援助义和团。7点30分各国军队从廊坊出发到达杨村，各指挥官同西摩中将会见后决议，由于官兵已经参与战斗，各国军队难以向北京前进，且向天津方面退却亦困难。各国军队如果永远停止在此附近，会受到四面敌人的攻击。决定在危险不大的地方集中，迅速沿着白河陆路返回天津。

向天津后退及各所之战斗

于是，伤兵及粮食弹药由船装载，19日下午2点沿着白河左岸踏上返津之途，8点到达北新庄露营。

20日上午6点出发，8点到达汉沽时，在蒲口附近受到敌人的炮击，各国军队夹河和敌对战，10点20分击退敌人，占领蒲口。休息时，于下蒲口方向又受到敌人的炮击，与此应战，12点30分敌人炮火停息后前进，占领下蒲口。下午2点30分，敌兵再次集中在其下游李家嘴附近，各国军队攻击之，激战到下午5点。根据森海军中佐的建议，西摩中将以日本及英、美士兵突击李家嘴，驱逐敌人，在该地附近露营的各国军队的死伤亦不少。

21日，各国军队成为两个纵队，日、德、俄、奥军及英国的炮四门沿着河的右岸，英、美、法、意军沿着左岸行进。上午8点30分，在北仓及王庄附近战斗三个小时后，追击敌人，进入王庄。下午2点30分出发，在穆庄再次受到敌人的抵抗，6点击败敌人，两岸的诸军在左岸会合，在柳滩露营。

从西沽被救出

22日凌晨1点从柳滩出发，驱逐其南面的敌人，4点30分又攻击西沽武库的敌人，苦战后，5点30分占领之。继而对从6点来袭的聂士成步炮兵约二千人及从下午2点再次来袭的敌人全力防御，决定以后以此地为根据地，等待天津的联络。已经出现十分之一以上的死伤，不能自己搬运返回天津。此外由于行军已经十余日，粮食及弹药已告缺乏，依靠此武库的储藏品，幸而得以支持。此夜为侦察敌人情况，英国海军上尉指挥的一百名士兵仅离开铁路线路一里之地就为敌人所识，队长以下四名死亡。由此知道陷入聂军的四面包围之中。23日（派遣队到达大沽之日）凌晨4点30分，敌兵从左岸开始炮击，10点得以将其击退。25日（福岛司令官在大沽登陆之日），西摩的军队被从天津北进的救援队救出，26日返回天津。

死伤

西摩中将率领的各国军队从出发到返回期间,出现如下死伤:

国别	死	伤	计
日军	2	3	5
英军	27	97	124
法军	1	10	11
俄军	10	27	37
德军	12	62	74
意军	5	3	8
美军	4	25	29
奥军	1	1	2
计	62	228	290

五　派遣队抵达天津及溜米厂附近战斗

福岛司令官及步兵一个大队入津

已如第六章四所述,福岛司令官和步兵第十一联队第二大队一起,于6月29日上午8点从塘沽车站出发,9点30分到达军粮城西面四里之地,在完全没有站台设备之地下车,休憩后下午1点向天津前进。在此之前,为掩护铁路向该地派遣的两个小队中的一个小队(步兵第十一联队第二大队第六中队)回归大队,一起向天津前进。

是日司令官和传令骑兵一起在步兵第十一联队第二大队前行时,天气炎热,特别是由于士兵穿着绒衣,更感奇热。此外携带的粮食腐烂,无法食用。沿路没有树荫,特别是由于各国军队所过之地,民房悉数被烧,人民被杀,恰如荒野,一滴水也无法获得,士兵极度困惫,陆续在途中出现落伍者。但是,随着渐渐接近天津,望见天津市街租界附近及远近村庄的罹患兵火,屡屡听到大炮之声,在志气大昂的军官的督励下,军队5点左右到达大直沽的东端,整顿队伍。当时大直沽附近一带兵燹还没有消失,死尸横途。由于这边连接俄军的营地,俄军将领特别派出向导引导我军,迂回到大直沽北端,6点到达俄国桥,且派出辎重车运输我病兵等,极为恳笃。

当时,俄国船桥因船舶通过处于开桥中,于是司令官迂回到西面法国桥,此外大队等待船桥关闭,一起进入租界。天津侨民及领事馆员看到我军入津,欣喜异常,沿途欢迎。西摩中将特别派参谋途中欢迎司令官,祝贺其安全到达。

30日下午,福岛司令官访问英国东洋舰队司令长官西摩中将、俄军指挥官斯塔塞尔少将及英军指挥官多伦多少将,是日下午在西摩中将的大本营召开各国军队指挥官会议,此时俄军指挥官提出攻击天津城附近的清兵及团匪之策,询问我之意见,其详细情况在第十章一。

下午 6 点接到情报，说："清国以团匪为先头，大举进攻租界，迫在眉睫。"于是，司令官马上巡视各国军队的防线，且会见英、法两军的指挥官，约定如有警报，马上将我两个中队送至英、法军防线。7 月 1 日凌晨 1 点左右，枪声逐渐炽盛，特别是 3 点法军防线方面听到激烈的枪声，此时法兵颇少，防线薄弱，步兵第十一联队第七中队马上紧急集合，向法军的防线前进；此外 3 点 40 分，步兵第十一联队第八中队亦向英军的防线前进。4 点 40 分两个中队返回报告说："不危急，两国军队只是和敌人对射，但敌人到前方的村庄以集中物资为目的。另外，这些敌人没有携带武器。"

溜米厂附近侦察战

同日上午 10 点，俄军指挥官斯塔塞尔到来，说："从本日中午，以其步兵一个中队及哥萨克骑兵若干，侦察离白河左岸远处的水师营炮台的背后，希望贵国军队及英军同时沿着其右岸派出侦察队。"

因此，和英军指挥官协商，我步兵一个中队沿着白河右岸到街道上，约定英、美军队若干向西机器局方面前进。

上午 11 点，司令官召来第七中队长汤地大尉下达命令，其要旨如下（以下参见插图 2）：

一、清国官兵及匪徒的状况目前不明。各国军队为确认敌人的状况，俄军从白河左岸之地前进，英、美军从西机器局方面之地前进。

二、日军侦察大沽街道上的敌人。

三、贵官率领部下的中队（附传骑三名），前进至大沽街道白河弯曲点（防线前方约千米）附近，侦察敌人情况。沿路的村落及现存的弹药悉数烧毁。

同时，司令官命令第二大队长江口少佐，在有信洋行开设临时绷带所，且经英军指挥官的允许，派遣青木中佐，协商行动开始的时间。

中午，第七中队在游戏场（英军指挥官宿舍）前集合，以国枝少尉率领的一个分队为尖兵，剩余的在距离尖兵 100 米处，向大沽街道前进，从法军防线出来。

中午 12 点 30 分，尖兵到达白河弯曲点河岸（法军的步哨线前约三百米），受到占领溜米厂附近的约三四十名敌兵的射击，马上开始战斗。中队长到达尖兵的位置，侦察敌人的情况，敌人从尖兵的前方约三百米的溜米厂东端占领白河左岸的盐坨，合其兵力约一百名。

下午 1 点，尖兵增加一个分队，从主干道上阻挡敌人，此外大城少尉率领的一个小队攻击敌人的右翼，但是此时英军尚距离我左侧后约三百米的距离，由于射击敌人的右翼，大城小队受阻不能前进。

1 点 20 分，川井特务曹长配备两个分队，烧毁马家口附近的村落。下午 2 点过后，英军逐渐开始退却，其射击受到妨碍。于是，中队长如前决定那样，以大城小队向敌人的右翼前进，国枝少尉的两个分队在该地，射击前面两岸的敌人。此命令到达前，大城小队独自前进，敌人向西面约四百米的集体房屋撤退，而且小队看到其附近的房屋尚有二三败兵潜匿，放火烧之。

2 点 25 分，尖兵前方白河左岸的敌人逐渐增加，增加穴户中尉的一个小队。

3点20分,敌人的兵力增加有二百五六十名,还发现白河左岸有敌人的一门炮。

在此之前,第七中队往法军防线,暂时因英军指挥官多伦多的请求,作为白河右岸侦察队后援,从我军派出该大队的第五中队(日根野大尉)。第五中队急行,下午1点30分到达游戏场,英军指挥官以其部下剩余的英军并清国联队的一个小队支援友军,现在对英军是必要的。于是,第五中队进至北洋医学堂西端,成为第七中队的增援队。

司令官2点跟随幕僚到游戏场,继而上北洋医学堂的屋顶,视察战况。

作为英军指挥官的援兵,送来印度兵一个中队。但是由于已经不用,谢其厚意让其返回。5点,敌人的兵力又增加,知道守备此附近的敌人并不多。此外,由于达到烧毁房屋的目的,命令第七中队撤退,第五中队收容其撤退。

第七中队5点25分从左翼开始撤退,集合在法军防线的敌人不敢出击,只以枪火追击我军。

5点40分,两个中队集合,返回宿营地。法军守备队悉数在舍前整列,鸣枪送我军。

在此战斗中,第七中队死亡士兵一名,伤兵五名,敌人丢弃的死者不下二十名。

是日,俄军下午1点50分渡过法国桥,前进到白河左岸。其后的情况不详,只是偶尔听到对岸有枪声。此外,英、美军约一个中队前进到我左侧,放火烧毁二三房屋后撤退。

此侦察战是包围天津后的第一次攻击行动,也是我陆军第一次向各国显示真实状况。

派遣队逐日入津

福岛司令官到达天津后,愈加观察到我军急需抵津,6月30日给在大沽的由比参谋下达训令,登陆的部队及陆续登陆的部队尽快前进,而后部队到达天津(参见第六章四)状况如下(参见插图3)。

7月2日　步兵第十二联队第三大队(缺两个中队)、骑兵一个小队、野战炮兵第四中队、工兵一个小队(从军粮城招来)

7月5日　步兵第十二联队的第十一中队、野战炮兵大队本部及第五中队、工兵中队(缺一个小队)

7月6日　骑兵中队(缺一个小队)、步兵第十二联队第十二中队(缺一个小队)、该联队第三大队、骑兵中队及炮兵大队的行李驮马

7月7日　司令部员的余部(缺监督部的一部)

骑兵中队向天津前进,途中在军粮城附近,突然受到在该地宿营的俄军的炮击,但是须臾彼认识到是友军,中止炮击。中队幸好没有受损害,得以到达其目的地军粮城。俄军特别派遣军官,表示歉意,且供给面包及饮用水,优待我军。当时在北塘依然有清兵,且大沽、芦台附近由于还有清兵出没,俄军看到我骑兵中队前进,误认为是清兵来袭。

担任租界守备

7月3日,德国水兵的一部被召回至其舰队,同时以前英军担任的防线与其兵员相比过大,英军来协商由我军守备一部,我军表示同意,下午4点代替英、德军,以步兵第十一联队第七中队守备从英军防线的末端至梁园门间(参见插图3)。

第七中队轮换后终夜受到敌人的射击,其详细情况参见第八章五。

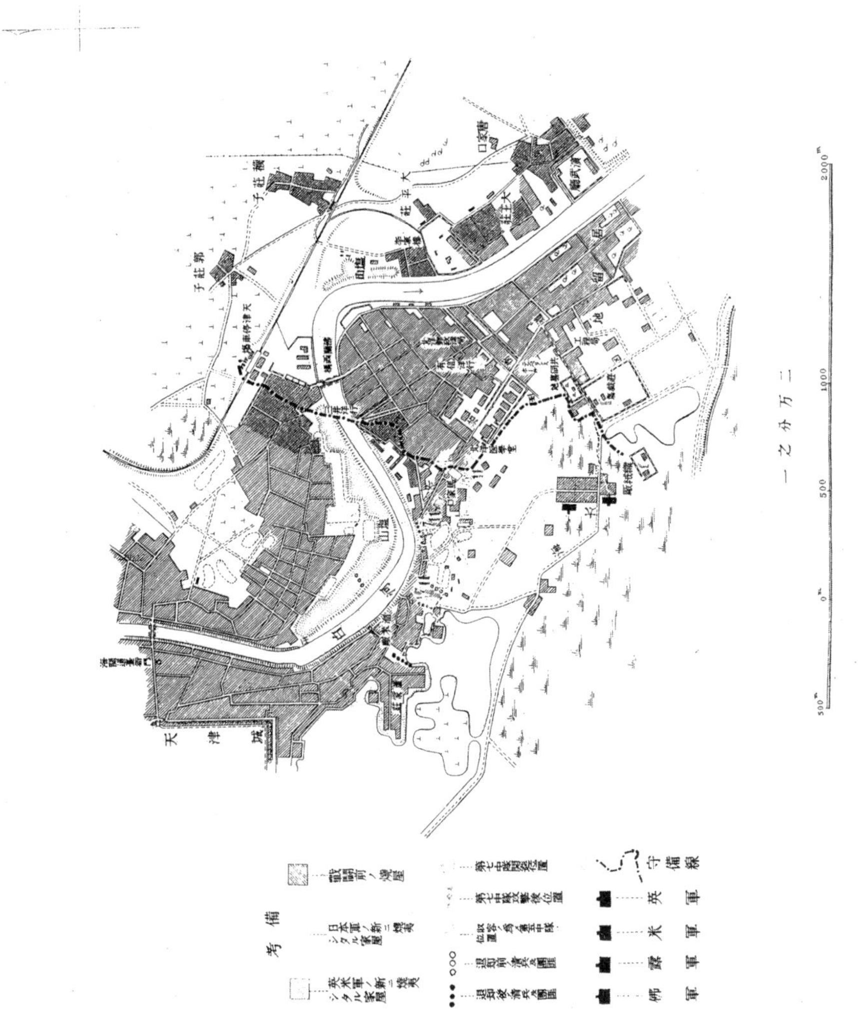

插图 2　溜米厂附近侦察战(7 月 1 日下午 2:30)

插图3　我宿营及各国军队守备战(7月3日以后)

第八章　天津车站等地战斗及俄军进攻计划

一　车站附近一般地形(参见插图 4 甲)

一般地形

天津车站在白河左岸,恰靠近该河的弯曲部,其西面及西北面大都是市街,隔着白河与天津城相连,而且从车站至北面山海关或淀河的铁路线路的东面一带是呈缓波状的墓地。此间散布沈庄子、瓦庄子及郭庄子等小村庄和土坟。此外从山海门南下,连接武备学堂附近土墙是墓地东面之界,由此再向东面是一带荒地,连绵到东机器局。

地形上看车站防御之困难

由于地形如此,敌人以天津城为根据地,且占据从盐坨(在西南面大的堆积物)至北面的市街及铁道线路,车站得以实行十字交叉火力。此外,淀河之线成为从北面来的敌人的攻击准备阵地,加之水师营炮台处于最有效射程援助此攻击的位置,而且分布在车站北面的小村庄及土坟和波状地足以禁止其行动。此外连接其西面的村庄当时其一部分已经烧毁,但很多砖墙立于各处,敌人由此得以潜行,沿着其南面白河的盐坨成为面对车站的敌人的据点,而且背射车站,挟制我唯一的交通通道——法国桥。

陷入专门防御之原因

就处于如此位置的车站防御之难而论,该地守备的得失不仅直接关系到租界防御的安危,对各国军队联络线上的影响也非常大。因此,不管有何困难,都必须坚守,而且从危难中解救该车站之议屡屡在各国军队中间出现,但没有决定行动,拖延至 12 日。各国军队多同意我军的意见,其多数的论点是,只扫荡车站附近的敌人,不足以实现租界的安宁,不如攻占敌人的据点天津城,摧毁水师营炮台,才获得租界的安宁,同时或许还能救车站之急。但是,还要有实行此行动的时机,而各国军队的利弊各异,且由于兵力与敌人相比薄弱,不得已在酷热难捱状况下持续防御到 7 月 12 日。

此外,由于此地的防御只有步兵,应增加炮兵,当时各国军队皆派出若干炮兵,可充分援助其防御。

二　我军守备车站之由来

俄军防御车站情况

已如前述,天津车站从防御天津之初就由俄军担任守备。敌军接近,从水师营炮台瞰射,且从西南盐坨不断斜射,俄军深受敌人炮击之苦。

6 月 22 日,车站被敌人的炮火烧毁,但俄军还以步兵三个中队及炮二门守备,29 日马玉昆的军队(十五营)到达,愈益感到困难。而且,其敌军的主力驻屯在锦衣卫桥附近,步兵从河东市街的南端(通往海关道台衙门的白河桥梁的东面)沿铁路配备在山海门西面约八百米的铁路及道路交叉点附近。其一部占领沈庄子及瓦庄子,其炮兵还分置在河东市街的东端各处,此配备到天津城陷落前一直没有变化,屡屡出兵攻击车站,特别是直隶总督和马玉昆、聂士成及罗荣光协商,决定从三面攻击租界后,即7月3日以后的攻击颇为激烈。

我军拒绝守备

7月1日,俄军指挥官少将斯塔塞尔访问我司令官,恳请我军担任天津车站的防御。不过该车站接近法军的防线,由于恰好位于其前进哨的位置,我司令官断定法军担任防御最为恰当。俄军希望撤退守备兵的时间即7月4日上午8点前,至法军的增兵到达时,即法军到达前的时间内不妨由我军担任,是日下午,法国海军步兵一个大队(四百五十名)到达。

决定由日、英、法军守备

2日,西摩中将在大本营召开各国军队指挥官会议,从天津城总攻击之策转换到天津车站守备的问题,俄军指挥官称车站是与俄军有利害关系的地方,主张绝对不能撤兵。我司令官主张如果法军已经到达,应由法军守卫恰当。讨论历经数个小时,根据西摩中将的提议,最终决定由日、英、法三国的士兵守备。约定4日上午8点和俄军轮换,其兵力为英、法各百名,我步兵两个小队。

继而,3日上午9点,俄军指挥官的副官前来,提出如下请求:“昨天以来,三叉口及其北马玉昆率领的众多敌兵增加,处处在构筑炮台,希望贵军炮兵离开车站附近,在天津城东北面炮击距离车站约一千五百米建筑中的敌人炮台,且可能的话,希望以贵军之士兵本日扫荡车站附近的中国房屋。”

我炮兵并步兵队之派遣及战斗

对于此请求,福岛司令官昨天在各国军队指挥官会议上决定,考虑到4日的总攻击(参见第十章一),一概拒绝。但是,从英国舰队司令长官接到通报,情况变化,明日的总攻击中止,又决定以好意派出炮兵一个中队到车站,但是扫荡清国房屋之事断然拒绝。

自是日上午7点,敌人重新在车站北面土墙附近集结,和水师营炮台合作,猛烈炮击租界。敌人的炮弹多落在我宿营地,步兵第十二联队中队长小南良知之死亡,步兵第十一联队第二大队的驮马亦很多死亡。

福岛司令官答应俄军的请求,马上命令炮兵第四中队长坂纪守,首先在车站附近侦察炮兵阵地,而由于敌人的炮击还炽烈,上午10点又招来炮兵中队长下达命令,其要旨如下(以下参见插图4甲)。

一、敌人的步炮兵在车站的北面激烈射击中。

二、野战炮兵第四中队在车站附近选定阵地,开始射击,援助俄兵。

根据此命令,炮兵中队10点30分抵达车站,附属司令部步兵大尉太田八十马由于熟悉地理，命令其为向导。此时，敌步兵烧毁瓦庄子及其附近的坟墓，并占领沈庄子附近的铁道线路，其炮兵在山海门西北面，和水师营炮台合作进行射击。

当时，要求炮兵中队长占领车站的俄国步兵在布置阵地时为其掩护射击，但其一直潜伏在堑壕内，炮兵中队不能选定阵地，故请求我步兵来援。于是，司令官上午 11 点 40 分向步兵第十二联队第三大队长杉浦少佐下达命令，其要旨如下：

一、敌人在车站西面及北面，和俄兵交战中。我炮兵中队眼下在车站附近集合。

二、贵官率领部下两个中队(附传骑三名)，到车站附近援助炮兵。

中午，俄军骑兵上校沃罗诺夫送我司令官一信，其意是催促我炮兵迅速开火。其文说："由于军官斯塔塞卢的命令，予向贵官请求，我军的炮兵及兵营现在受到清国炮兵的激烈射击。"

杉浦少佐率领第九(大尉竹内贯一郎)、第十中队(中尉伊藤丰若代理)，下午 1 点 30 分抵达车站。但俄军看到我步兵到达，马上二三成群撤离其占领的站台，杉浦少佐预备以第九中队的一个小队(中尉林田一郎)代之占领，还将该中队的两个分队配备在炮兵阵地的右翼，剩余的布置在车站入口。

下午 1 点 50 分，炮兵中队摆开阵势，首先向敌人的左翼炮兵以三公里的标尺试射，最终无法观测，敌人的炮兵也没有还击，其射击目标变为沈庄子附近的敌人步兵。

此炮战中敌人的步兵一部利用土坟及壕等，接近我炮兵前二百米，因射击出现死伤，且作为向导和其中队在一起的太田大尉亦死亡。

我炮兵开始射击后，杉浦少佐以敌人步兵从沈庄子西面射击，马上增加一小队到站台，继而由于车站西面村庄有敌人步兵侵入，首先从第十中队派出下士率领的战斗侦察兵。此时附近还有残留敌人，由于俄军撤退，第十中队派出一个小队到车站西南村端，掩护左侧。

敌人用步、炮兵向我激烈射击，步兵第十二联队的两个中队在第一线配备四个小队阻挡敌人，敌人的正面绵延一千四五百米激烈向我步、炮兵集中射击。此外，我炮兵扑灭敌人步兵的射击，转变目标，射击铁路线上的敌人步兵后，又向敌人的右翼即房屋上扬起硝烟的炮兵射击，水师营炮台的炮兵发射十数发后，到下午 2 点 30 分全部沉寂。

炮兵归营及步兵留置

下午 3 点，炮兵中队向司令官报告战况，于是，司令官命令炮兵中队长撤离阵地，经适宜的道路返回宿营地。另外担架还送来步兵第十一联队第二大队的伤者。炮兵中队撤离阵地时，亦受到敌人步兵的激烈射击，好不容易撤退，于下午 4 点返回租界。

同时，司令官命令杉浦少佐，继续在车站顽强守备，这是因为车站的位置不仅是租界防御的关键地，如果眼下撤离守备，志气上也不允许。尔后到 4 日凌晨 4 点，受到敌人执着的攻击，每次战斗将其击退。

在此战斗中，军官一名及马卒一名战死，特务曹长以下二十二名负伤，伤者由俄人收容到俄法医院，优厚待遇。福岛司令官马上到医院，感谢厚意，并慰问俄、法军的伤员。

于是，俄军在约定之前一天，撤离车站守备。

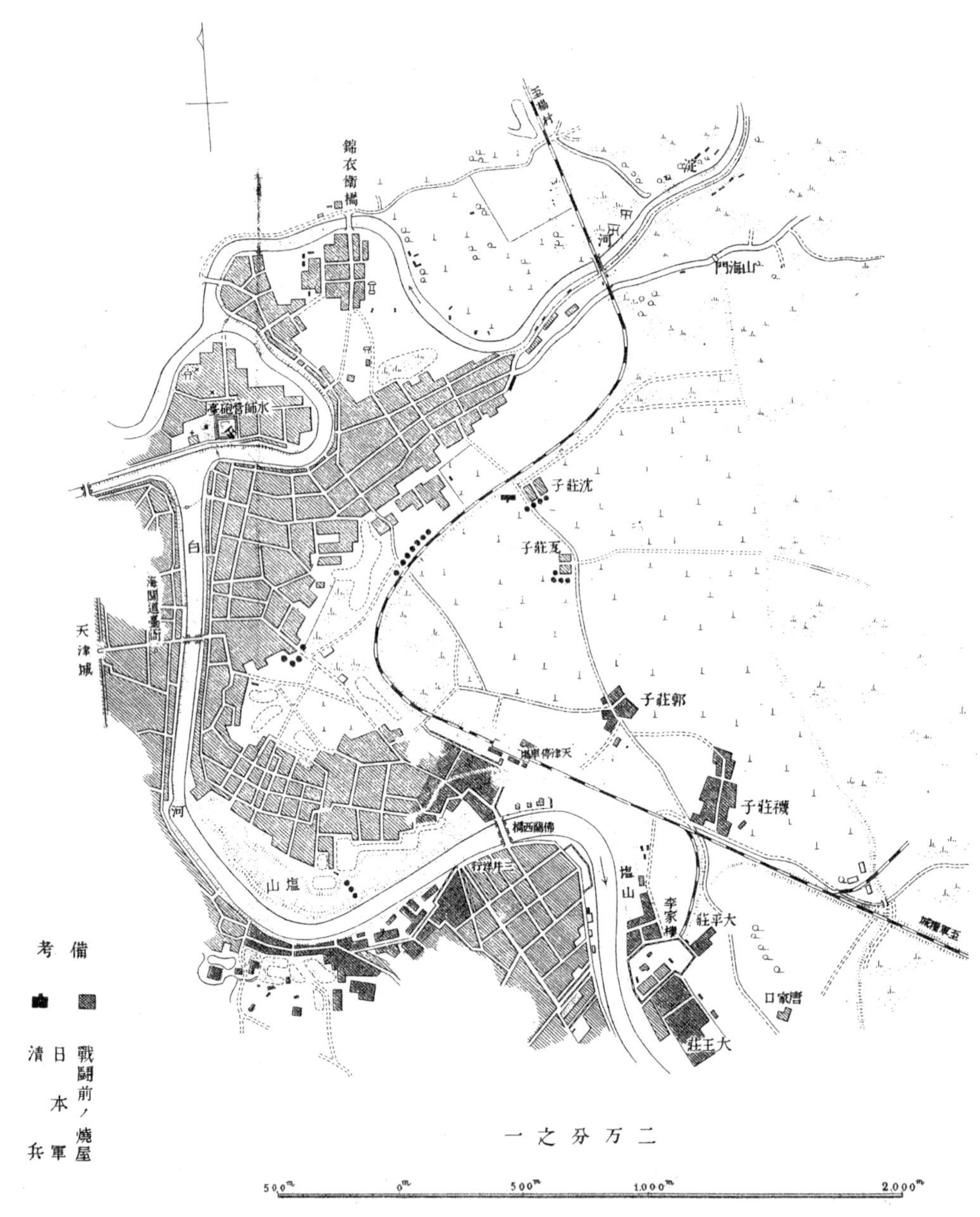

插图 4 甲　天津车站附近之战斗(7 月 3 日午后 2:30)

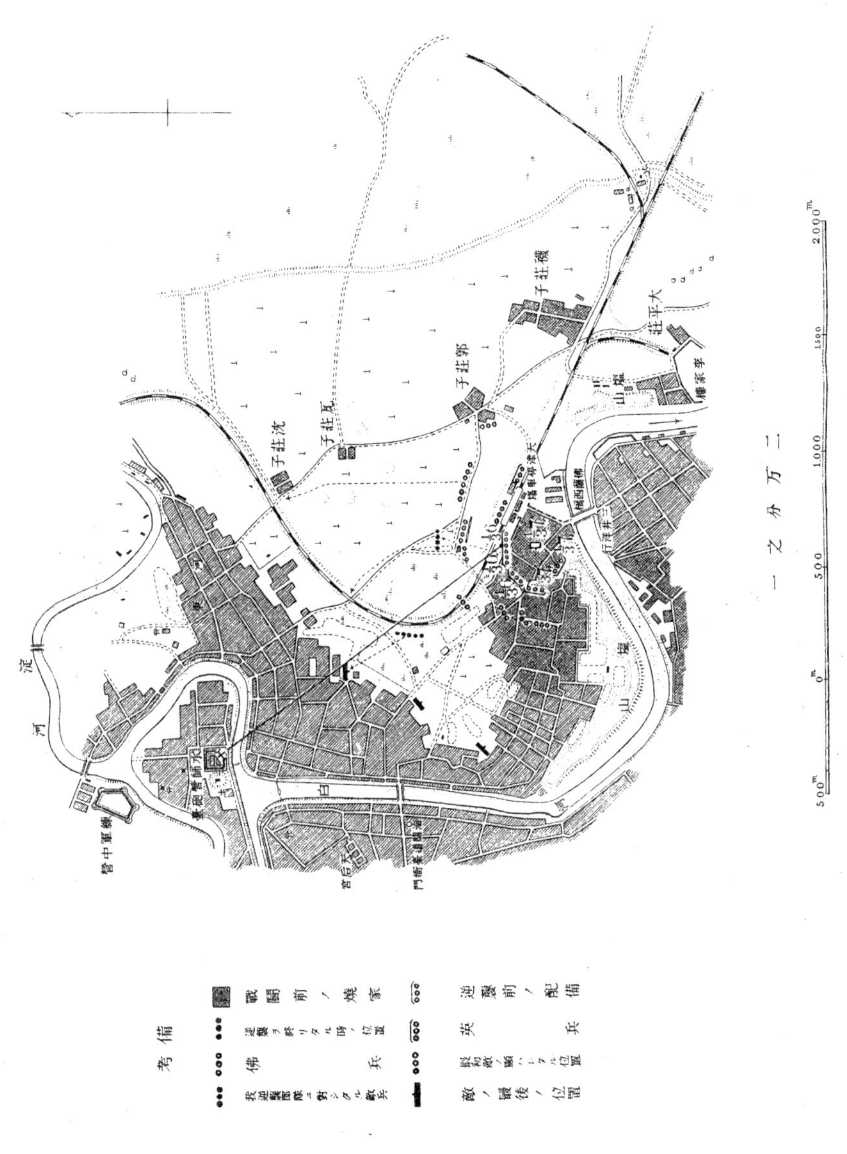

插图 4 乙　天津车站附近之战斗(7 月 11 日)

三　在车站之连日战斗

7 月 4 日战斗

7 月 4 日,我步兵第十一联队第六中队(缺一个小队,大尉武久三保三郎)及英、法士兵各一百名按照预定,于上午 7 点 30 分在法国领事馆院内集合,8 点到车站,轮换后单独由我军守备之。于是,我军守备车站到左翼白河间,英、法军守备其右翼,此小联合守备队由日、英、法守备队长中高级有经验者掌握其指挥权。这是根据上午11点法国参谋少校瓦达尔来我司令部提出的意见形成的结果。但是,言语不同的三国军队最终不能在同一命令下行动。是日下午2点,敌人的一部出天津城向西机器局前进,同时白河左岸的敌人从北面及西北面扬起旗帜,进攻车站,抵达约三百米处,还有一部包围我军,抵达车站东面。其炮兵四门配备在沈庄子附近的铁路线上,猛烈炮击车站。于是,我军马上占领站台,英、法军亦在各自的防地进行激烈的射击战,一直到日落。

在此之前,司令官从步兵第十一联队第二大队派出一个中队援助,这是由于万一受到夜袭之虞。晚上8点,第五中队(大尉日根野周造)到达车站,代替第六中队配备战斗前哨进行警戒。此夜敌人驻守在我正面,不敢撤退,试图进行顽强攻击,前进至我正前方的敌兵有五百人,全线的敌人不下二千人,其服装都不确定,其中也有携带武器者。

是日上午6点,司令官命令工兵小队长菅少尉,以在天津车站附近修筑防御工事,以进行侦察。于是,工兵队下午7点出发,到达车站,由于敌人猛烈的射击,无法着手工事,不得已返回租界。

5日天未明,敌军撤退到铁路线,其炮兵在原位置,早晨在此进行炮击,司令官布置上午9点30分留下步兵一个中队,其他返回宿营地。于是,第六中队和第五中队轮换返回。前些日子的战斗中,负伤下士以下八名。敌人的死伤者也不少,此敌人为马玉昆率领的军队大部并混有义和团。

6日战斗

6日上午6点,步兵第十一联队第五中队和步兵第十二联队第十中队轮换返回。

上午8点,第十中队长代理伊藤中尉报告说:“敌人的炮兵眼下在车站西北面铁路线附近修筑防御工事,而且其一部依然在车站西面村庄,敌人频频向我炮击,根据送来三名俘虏的说法,昨夜敌人十营官兵进入天津,但指挥官的名字不详。”

下午6点,敌人又猛烈射击,车站西面的敌人逼近我军。在此之前,在白河右岸,由于看到敌军逐渐向租界前进,第十中队的一部从左岸射击之。

下午6点50分,俄国公使馆武官辅佐大尉纳卡罗道夫来告之:“在此之前,敌军沿着白河两岸逼近法国的防线,沿着其左岸从盐坨之间前进的官兵约二千人,在右岸的道路上前进者亦不少,竖起四个军旗,法国的防线单薄,法国的守备兵撤退,幸好由于援军来,及俄国炮兵的乱射,得以将其击退。”其后根据从我海军陆战队得到的通报,该队此时在三井洋行附近极力进行防御战。

晚上7点30分,敌人的步兵约一百名从车站西南面村庄袭击第十中队的下士哨,中队长以大浦小队的一部击退之,击毙敌人数名。

司令官根据这些情报,考虑到今夜或许受到大的夜袭,命令步兵第十二联队第三大队长杉浦少佐,派步兵一个中队到车站南面日本桥(参见本章四)对岸,进行应急准备。于是,第十一中队(大尉胜野总三郎)晚上9点15分抵达日本桥,和第十中队联络。司令官还命令该大队长自己视察车站方面的情况,且让步兵第十一联队第二大队做紧急集合的准备。

杉浦大队长到达车站,视察敌人情况,发现多数敌军接近车站西面,马上决定将在日本桥的第十一中队招致车站，且报告给司令官。司令官根据大队长的报告，晚上 11 点 30 分又命令将该大队的剩余部队送至车站，此两个中队快速经日本桥到车站。

到达车站前，7 日凌晨零时 15 分敌人从我前哨线的中央秘密接近右面，突然进行猛烈的急射，大队长以第十及第十一两个中队应战，短时间射击后，以第十中队的两个小队及第十一中队的一个小队进行突击，用上刺刀的步枪驱逐之。至车站西面约三百米的敌人撤退到车站西面六百米的村庄，在此突击前后，在英、法军的正面也有颇为激烈的枪声。

突击结束时，其他两个中队到来，大队长让第十及第十一中队在车站围墙的西端附近构筑面向西面的坚固的防御工事，继而命令增援的两个中队回营。

凌晨 3 点 30 分，敌兵开始激烈炮击，同时在西面的村庄的敌兵也开始射击，继而攻击前进。我守备兵占据半个堡垒，将其击退。此时，少尉永井捷三及下士一名负伤，合计在此战斗中有下士以下死亡 3 名和军官以下负伤者十五名。

英军扫荡敌兵提议及我之意见

6 日下午 6 点 20 分，英国中将西摩及少将多伦多和其幕僚一起来营，说："由于敌人屡屡来袭击车站守备队，决定明天早晨从其左侧攻击之，尊意如何？"司令官回答道："我亦表示同意，听说英军在武备学堂和东机器局中间备有重炮（十二厘米）两门，果真如此的话，依靠此火炮的威力或许能使敌人撤出阵地。但是，如果为使最厉害的铁道线路及其两侧的敌炮哑火，需要用火炮进行毁灭性的攻击，才能到达最好的目的。"诸将同意，约定马上准备火炮。但是我亦考虑彼之意见，约定明日炮击后敌人状况没有变化时，明后天早晨从左侧背攻击，坚决驱逐之。

7 日情况

7 日白河左岸配备的英军的四寸炮向车站方面的敌人炮兵阵地开始射击，但由于俄军不同意而中止。

继而，在白河右岸，因需要扫荡在赛马场附近之敌人，中止车站附近的攻击。

从 7 日始，车站的我守备兵增加两个中队。是日下午 4 点，步兵第十一联队的第七及第八中队作为车站的守备进行换防。

8 日至 10 日情况

8 日凌晨零时 30 分，约四百名敌兵来攻击车站的前哨线，我守备队通过射击将其击退。

是日下午步兵第十二联队的第九及第十一中队担任车站的守备。

9 日夜（赛马场附近战斗之日），敌人阵线中出现人马车辆行动的情况，非常喧闹。至 10 日早晨，发现异常，非常肃静。

10 日凌晨 5 点步兵第十一联队的第六（中尉河内山缔代理）及第七中队（大尉汤池藤吉郎）守备车站。

第六中队从站台到其西面堡垒线附近设置监视兵，主力部队在其后约一百米处持枪休憩。第七中队连接其左翼，改造村庄的废墟，向掩堡派出监视兵，其他在其后方无名寺院休憩。下午1点第七中队的两个小队(中尉穴户彰少尉大城长)及第六中队的一个小队(少尉桥本省三)为侦察敌况,越过防线前进,烧毁房屋,到达防线前约四百米之地,获得如下情况。

一、敌人在车站西面我防线的前方约七百米的村头有防御工事,在第一线有不少于约一百名敌军,在盐坨附近没有发现敌人。

二、沈庄子西面河东的东南端附近敌人的炮兵今早没有射击,眼下要射击的是水师营。

11日激战

11日凌晨2点左右,听到从车站西南面传来的鼓笛之声。继而3点敌兵约五百人突然袭击第六中队的正面,第六中队马上在阵地应战,敌人猛烈前进,抵达散兵线北面约一百五十米的砖墙,进行猛烈射击,有突击之形迹。此时,少尉寺仓孙一中弹死亡,其他下士兵有若干死伤(参见插图4)。

在左翼的少尉桥本省三在其守备方面留下一个分队,以小队的其余部分增援右翼。同时由于敌兵约七八十名攻击第七中队的前方,第七中队长在第一线布置两个小队,马上进行应战,但是敌人其后没有增加的情况,得知第六中队方面的情况危急,右翼小队的一个分队由中尉穴户彰指挥,首先增援第六中队,其次其增援队的三个分队归少尉大城长指挥,援助第六中队,此四个分队增加到第六中队中央小队的左翼。

凌晨4点,由于第六中队和第七中队的增援部队一同进行猛烈射击,敌线稍微动摇,出现撤退的情况。由此转而反击,夺取敌人的砖墙据点,敌人向北面撤退。中队从此砖墙再次前进,越过小洼地。这是由于在砖墙附近,土地低,射击敌人困难。

凌晨4点50分,第六中队的全部及第七中队的一部追击敌人,抵达防线前方约二百五十米之地时,敌兵约一百五十名出现在我左侧铁路线上,向我侧射,还从水师营炮台向车站猛烈地射击。此时,特务曹长山下又雄以下出现死伤,中队不得已决定撤退到原阵地。首先向砖墙,全线同时撤退,在此地和铁路线的敌人相对,获得间隙收容伤者,又向站台方向撤退。此时,第六中队长代理中尉河内山谛战死,反击部队撤退到砖墙,恰好大部队增援的先头部队山中及生岛的两个小队,抵达我堡垒线原第六中队中央小队的位置及其左翼之地,射击铁路线的敌人,掩护我军撤退。由此,转向反攻的部队好不容易得以返回防线内。但是,撤退中蒙受很大损伤,大城少尉、穴户中尉及桥本少尉先后负伤,第六中队失去全部干部,仓增军曹集合其中队。

在此之前,凌晨3点30分由于车站方面的枪声炽盛,司令官命令步兵第十一联队第二大队长少佐江口昌条,率领大队剩余的两个中队援助之。大队马上紧急集合,第五(大尉日根野周造)及第八中队(大尉小岛监三郎)的各一个小队先出发,大队继之。第五中队经法国桥,第八中队经日本桥,向车站前进。上午6点先发的两个小队抵达堡垒线,剩余的也陆续到达车站西面,在第六中队的宿营地附近集合。但是,敌人逐次撤退,占领海关道衙门前桥东面的村庄,上午7点射击完全停止。

上午10点,第五及第八中队替代守备车站,第六及第七中队返回宿营地,其伤者悉数被有信洋行医院收容。当时因一时出现许多伤者,救急及搬运非常困难,于是从附近的房屋收集板、棒、竹等，制作急用担架，由增援队的下士兵进行搬运。防线的日、法军医也不分彼我，进行手术，法军及我军相互给伤者扎绷带、给水等，彼我毫无隔阂救护伤者。当时驻大队的二等军医牧田太率领很少的卫生员，毫无顾虑地奔赴危险的战场，收集、救急许多死伤者。

此战斗实际上是车站守备以来的大会战，我死伤者如下：

军官中，步兵中尉河内山谛、步兵少尉寺仓孙一、步兵特务曹长山下又雄战死。步兵中尉穴户彰、步兵少尉桥本省三、步兵少尉大城长负伤。

下士以下战死十八名，负伤五十三名。

此敌人是马玉昆亲自率领的武卫左军中的步炮六营。在此战斗中，右路统领记名总兵李大川、营官守备孙祥云及游击苏豁然等先后战死，弁勇伤亡也甚多，丢弃在战场的死尸不下五十名。据说，死伤者的总数为四百五十名，由宋庆率领的后援兵所收容。

同时，在英、法军的防线也遭敌人一部来袭，历经苦战。上午 6 点左右，法国的增援军到达站台的西端，和我军合作，此外，法国的守备队死伤约六十名，英国的守备队约二十名。

12 日凌晨 2 点，步兵第十二联队的第九及第十二中队作为车站的守备，和第二大队轮换，其行动参见第十章天津城攻击的记事。

如此，车站由于连日受到敌人的攻击，天津守备尤其感到苦恼。英、法军及我军之尽力守备之，结果给租界的防御带来一大裨益。我守备之地和英、法军相比，由于连接敌人的攻击面，其防御亦比彼等困难。但是，克服困难，经常成为防御的主要动力，其始终如一，取得不朽名誉。

四　架设白河日本桥

日本桥架设之理由

车站防御的情况已如前述，但和车站的联络仅依靠唯一的法国桥维系。此桥梁的通行者因不断受到潜伏在盐坨的敌人狙击，非常危险。因此敌人如果严重威胁此联络线，激烈攻击车站时，车站守备队就会陷入完全孤立。此外，下游虽有俄国桥，但距离远不能充分利用。于是，日益感到必须在法国桥的下游架设其他的军桥，保持和车站的联络。前日兵力不足不能遽然补充，7 月 2 日我工兵小队到来，特别是 7 月 4 日以来，我步兵也担任车站防备，司令官日益感到架桥的重要，决定以工兵小队架桥。

日、法军协同架桥

是日(4 日)上午 11 点，法国参谋沃达尔来车站与守备队长商谈指挥权之际，亦提出架桥的意见，于是，约定和法军合作，从即日下午 3 点开始着手架桥。

上午 11 点司令官让工兵少尉井上谦吉在法租界附近选定架桥点，少尉马上出发，在英租界北面选定法国桥的下游约二百米为架桥点。

法军撤退

下午3点,工兵小队收拾白河的清国船,首先着手构筑桥基。法军下士率领的士兵亦来,合作时敌人向我车站守备队发射的炮弹常常落在架桥点附近,法军下士来传达法军指挥官的暂时撤退命令。我工兵还从事作业,由于敌人的射击日益猛烈,司令官命令暂时中止其作业,入夜架桥,返回宿营地。

作业的顺序使用人员材料及完成

5日凌晨3点30分架桥队出发,搬运在宿营地附近搜集的桥板,到达架桥点。向左岸村庄及上游五百米之地派出监视哨,从4点开始作业,从两岸同时开始架桥,作业的顺序及使用人员材料如下:

作业的种类			人员	时间		材料器具品目员数			材料
第一次	准备	构筑桥基 收集船 收集网具 收集桥板	6 16 5 30	一个半小时	自凌晨4点至5点半	小行李	园锹 十字锹 鸡嘴钳 斧	15 10 6 4	船钉及铁钉400枚 横板100枚,长2.50,宽0.60,厚0.07 椽板50枚,长7.50,宽0.50,厚0.10 大网14枚,长30米,宽25毫米
第二次	架设	准备桥桩船 张网 桥桩船设备 放置桥板 模合固定网	8 4 24 4 2	两个小时	自5点半至7点半		大锤 包布(和收容品) 链袋(同上) 横锯 铁锥	1 1 1 10 8	征发船9只 锚 4个
第三次	补备	搬运桥板 投锚 修缮道路 为步兵	20 4 30 10	30分钟	自7点半至8点		玄翁锥 叠锯 灯 阴间灯	4 2 2 2	

作业中屡屡受到敌人的枪炮弹,但没有中止作业,上午6点完成,步兵得以通过。

上午7点40分,法国的军官率领四十名兵卒来请求辅助作业,由于已经接近完成,且以人员多反而感到狭隘,动作停滞而谢绝。上午8点桥梁完成,同时开通从桥梁的北端通过废墟至车站东端的道路,其后留下一个分队作为桥梁哨,其他返回宿营地。

此桥梁为和上游的法国桥及下游的俄国桥区别,命名为“日本桥”。

4 日夜，敌军来袭车站，到 5 日拂晓还有炮击该车站。上午 9 点法国公使馆武官少校沃达尔来，说："现在车站守备队非常苦于敌人的炮击，因此不妨将法国的炮兵配备在车站的东南面。"沃达尔少校在接到不方便安排答复后，又请求我炮兵为其配备阵地，但是我炮兵 3 日在战斗中消耗很多弹药，谢绝之。沃达尔少校又说："我炮兵经法国桥出车站危险，合作完成昨天着手的桥梁。"而且，听到此桥梁今天早晨已经由我工兵完成之语，频频赞扬我军队的行动而返回。

而后和车站的交通主要经由此桥梁。

五　7 月 3 日以后白河右岸我军防线小战斗及游戏场附近炮战

已如第七章五所述，步兵第十一联队第七中队自 7 月 3 日下午 4 点在从英国防线末端形成至梁园门的新防线。此夜敌人接近溜米厂东南的村庄，终夜向我防线射击。

7 月 4 日战斗

7 月 4 日上午 9 点，敌人在天津城郭的东面修筑防御工事，英国炮兵射击之，我步兵亦一起射击，彼中止工事撤退。

同日下午 1 点 40 分，敌军约五百名的一个纵队从西机器局通往八里台的道路前进，第七中队与英军合力击退之。

下午 2 点 20 分，英国的传令使来，报告现在敌人的大纵队从天津城向西机器局前进，其后尾无法看见，大概此敌人和我第七中队见到的一样。

已如第七章三所述，敌人进行的是从三面攻击租界的准备行动。

步兵第十一联队第八中队从 4 日下午 4 点在此防线，此夜无事。

5 日上午 5 点 30 分，敌人的马队及步队约一百名从西机器局向赛马场方向前进，第八中队和英军合力射击击退此敌。下午 4 点派侦察兵到赛马场方面，在西机器局方面看到马队及步队徘徊。

租界管理法

7 月 6 日上午 10 点，在英国东洋舰队司令长官西摩的大本营，日、英、美、法、德、意六国军队指挥官会合开会，为首先确保租界内的安宁秩序，议定租界管理法。其理由是敌人连日以租界内的要点，特别是各国军队的宿营地为目标进行炮击，但租界内有间谍，因此有必要设法管理之。换言之，设置宿营司令官，其项目如下：

一、设置管理司令军官一名，担当管理一切之事。此军官不问国籍，管理各个租界。

二、设置管理副司令军官一名。人选同前。

三、在租界内的清国人，出防线者携带领事或军队司令官发给的凭证，此外进入防线内的清国人由守备兵捕获，引渡给其守备兵所属国家的军队指挥官或领事。

但是，由于此事项全然有关领事的业务，议决由联军的高级老资格者立案，一应照会老资格的领事后确定之。

炮击天津城之提议

继而,法国沃达尔少校提议攻击淀河北岸清军阵地之策,后当会议将结束时,福岛司令官提出意见,希望炮击天津城及其与白河之间的清国街,打击彼之志气。除法军外,英、美、德、意军的指挥官表示同意,法军最终也赞成。法炮兵今天早晨在其租界列队开炮,但没有很大作用,反而引来敌人的炮弹,出现两三名死伤。山炮的威力对新式敌炮处于劣势,没有效力,反而有增加我损害之虞。

6日炮战

是日,敌人从上午11点左右开始炮击租界。

正午司令官下达有关炮击的命令,其要旨如下(参见插图5):

一、敌人在天津城及西机器局附近集合。

二、各国军队(除去俄国)从本日下午2点开始炮击。

三、炮兵大队长率领部下两个中队,下午1点30分前在紧急大集合场(游戏场的东南空地)集合。

四、步兵第十一联队第二大队派出一个中队,同时到紧急大集合场。

五、剩余的诸队在宿营地,进行集合准备。

发出此命令后,隆茂洋行的仓库因敌人炮弹而着火。

继而,司令官到紧急大集合场,命令炮兵大队设置阵地。于是,炮兵大队长在织绒厂的北面选定阵地,从下午2点专门炮击天津城及其东面的市街,顺便炮击西机器局。此外,其步兵在游戏场的北端掩护炮兵。

从进入阵地前后,敌人炽烈地炮火轰击我阵地附近,兵卒一名战死,马二匹死亡。

英军在土墙上及其附近配备十二磅炮三门及旧式炮六门,还在我右翼配备机关炮一门,射击水师营炮台及天津城南门附近的敌人炮兵。于是,敌人又在天津正西门附近增加炮十二门,帮助其炮战,当时敌人在和我炮击对战外,水师营炮台等以其余之炮炮击车站及租界。

英军十二磅炮最具威力,多少损害了水师营炮台,并压倒天津城正西门附近的敌人炮兵,且在天津城西门的城楼打穿数个洞,如此炮战约一个小时后,敌人中止炮火。

下午3点50分,我炮兵大队以第五中队在一千八百米的射程距离向天津城东南进行集体射击,但是发射一次后,由于英军炮兵进入前方而中止。

下午4点20分,由于司令官的命令,炮兵将撤出阵地,敌人的步兵从溜米厂附近射击,即派出第八中队的一个分队应对,暂时后退。

下午4点50分,第八中队亦返回宿营地。

下午5点,法军沃达尔少校特别来访,说:"法国炮兵从下午2点向总督衙门发射麦粒尼托弹六十发,确实有数发命中。"

总之,是日的炮击多少给予敌人打击,不仅令敌人丧胆,天津城内外发生火灾,其人民奔走东西,无须观察即知彼等非常吃惊。

下午6点,英军参谋长前来,报告看到众多敌兵从天津城向西机器局前进,但由于火灾发出的浓烟，其实际人数无法核实。总之，敌人利用遮掩物，迅速行动。

下午6点20分，英国中将西摩及少将多伦多率领其幕僚来，眼下有敌兵袭来之兆。为保护在租界南侧日本军防线内的英国火炮，请求增加兵力。福岛司令官马上答应，当夜增加守备兵一个小队，继而晚上10点30分山下海军中佐也来通报同上的意思。步兵第十一联队第八中队的两个小队被派到游戏场警戒，但是此夜没有异常情况。

7日炮战及骑兵侦察战

7日上午10点，福岛司令官访问英国西摩中将，中将对昨天的从本日正午炮击天津市街提议，表示同意。上午10点30分命令炮兵大队，如昨天那样占领阵地，和英军炮兵合作，炮击天津城。此外，步兵第十一联队第二大队派出一个小队到前天的位置掩护之。

其他骑兵中队在炮击开始的同时，出梁园门经东楼及八里台搜索敌人的情况。

炮兵大队从上午11点30分在阵地向天津城开始炮击，同时英军炮兵及法军炮兵亦开始射击，法军的炮弹使总督衙门附近发生火灾。

骑兵中队上午11点50分出梁园门，12点30分到达西楼，和占领赛马场的敌人发生冲突，进行徒步战。而且，全力搜索的结果，侦知在此地的敌人兵力不少于有炮二门的步兵两个中队。

12点20分，敌人炮兵两三门出现在西机器局，炮兵第五中队马上抵抗此炮兵，使其暂时沉默，但是由于天津城西南角附近出现敌人的炮一二门，又炮击之。

在此之前，司令官在英国工部局楼上侦察战况，接到骑兵中队的报告，命令炮兵大队长下午2点转移到西南门，将其中一个中队配备在西南门附近，收容骑兵中队。其他撤离阵地，与之同时，命令骑兵中队经梁园门撤退。

下午2点15分炮兵大队撤离阵地，第四中队回营，第五中队到西南门西面的土墙下，首先将一个小队布置在土墙，但除敌人的侦察兵外，没有看到什么。我骑兵中队已经撤退，留下一个小队回营，到3点由于骑兵全部返回，命令其小队也返回。

是日，察知敌人将其线延伸至赛马场附近，意图包围租界和威胁白河的水运。

下午11点，敌人攻击英、法防线，彼我射击非常激烈。

8日炮战

8日上午9点，英军指挥官的急使来告知，敌人的炮兵出现在西机器局及天津城南面，向英军炮兵进行猛烈的射击，已经出现若干死伤者，恳请我炮兵来援。于是，第五中队到前日的阵地援助之。

炮兵第五中队10点在阵地开始射击，和英军炮兵一起抵挡敌人，11点左右使其炮哑火。继而，由于敌人的密集部队出现在西机器局的东面，射击目标转向此处，短暂射击后敌军散乱。

从11点中止其射击，等待敌人的再次出现，敌人的炮兵出现在八里台附近，开始射击。此外在天津城南面，由于敌炮兵并水师营炮台合作向我军及英军炮兵集体射击，第四中队出现在西南门东面土墙上。由于敌人的炮火微弱而中止，下午2点10分第五中队亦撤离阵地回营。

11日炮战

从11日上午11点,我炮兵第五中队和英军炮兵合作,炮击天津城及其附近。是日的炮弹每一门限制在二十五发以内,其炮战亦如前日剧烈,在此省略其曲折。

炮战数日,在白河右岸的敌人炮兵大都被压倒,且天津城南门附近发生火灾,或者烧毁水师营炮台的望楼等,予敌人很大损害,大大挫伤了敌人的志气,阻止了敌人三面合击行动的企图,也得以牵制几分对租界的炮击。但是水师营炮台隐蔽在市街内,不仅无法观望其位置,由于炮击距离过远,且坚固的永久炮台,各国军队炮兵无法充分发挥作用。为此,水师营炮台在攻略天津城之日前逞其威力。实际上水师营炮台是敌人对租界攻防战的基干,侨民及各国军队因此受到不少苦。但是在此位置,对备有精良火炮的永久炮台,以野战炮或与之类似的炮兵破坏成为不可能的企图。而且,英军的十二磅炮对此还多少有些效力,像我山炮等火炮,从距离和威力上而论,不仅对水师营炮台,对其他也很难显示出充分的效力。

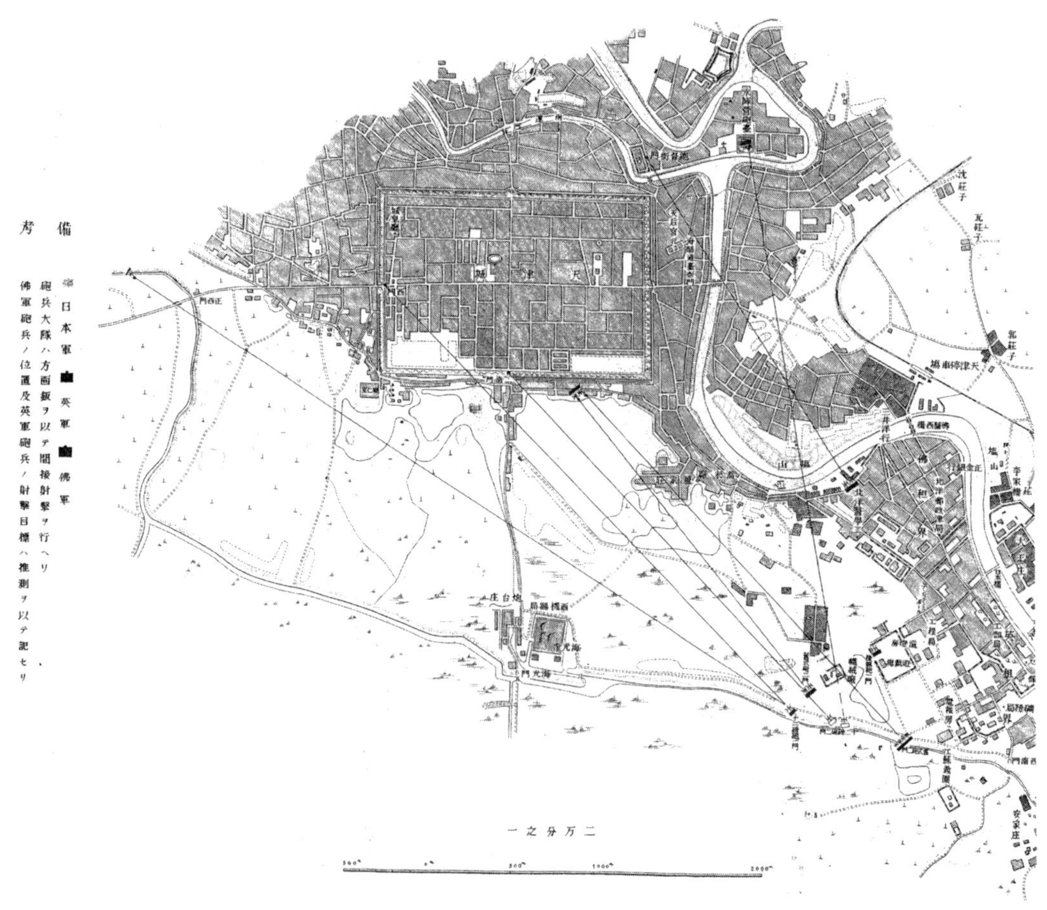

插图5　游戏场附近的炮战(7月6日下午2时)

六　白河左岸俄军进攻计划及其计划中止

俄军等进攻计划及我之意见

7月3日，英军指挥官的参谋前来，就俄军指挥官所提议的白河左岸攻击案，寻求我的意见。其主要是俄、法军一千二百人及炮十二门从东机器局远远迂回到北面，在河东及其北面从侧面攻击敌人阵地，由于其他各国军队从车站附近攻击敌人的正面，我司令官认为以微弱的兵力从正面攻击坚固的阵地并非上策，予以拒绝，英军指挥官亦表同意。

4日上午11点，英军参谋又来听取我军对该军指挥官多伦多提议的意见。这是将昨天俄军指挥官的提议中日、英、美军从正面攻击，改为此三国军队也和俄军的左翼联系，一起攻击敌人的侧面。

我司令官对此计划大体上同意，但眼下敌人的兵力为马玉昆的约一万人，加上直隶练军及淮勇、练勇等六七营和义和团。为期望确实的成功，在租界防御留下必要的兵力，至少需要彼之半数的兵力即七千人。因此，等待我后援部队的到来，一举给予大的打击，不让他重新发起才是上策。且其攻击方向首先击破天津城的南门，占领在城东北的城墙凸出部分，要制造牵制敌人的运动部署等条件，该参谋一一笔记后返回。

5日上午英军参谋又来，告知在通往天津芦台的运河（淀河）上清国船往返频繁运送军队的情况。

下午1点，俄国公使馆武官候补大尉纳卡罗道夫来，根据俄军指挥官的命令告之："看到在从天津通往芦台的运河的北面有十七个圆形帐篷和二十五个方形帐篷，俄军本日下午以步兵两个中队及炮兵一个中队对此进行攻击侦察。"晚上8点该官又来说明侦察的结果，其要义是敌人在淀河北岸有十门火炮，其他兵力不详，侦察中俄军死伤各一名。

俄军再度进攻计划及能够参与之各国兵力

6日会议之际，法国公使馆武官沃达尔少校根据俄国军官报告昨天的侦察结果，提出对清军新阵地（淀河的北岸）攻击案，对淀河北岸的敌人阵地，俄军在其东面越过此河，逼近敌人的左侧，剩余的联军从正面攻击。而且，其攻击在7日凌晨4点实施之。

对于此提议，各国皆有异议，但对如果应对各国能出多少兵力进行调查，得到如下之数：日军四百人，英军二百五十人、"马克西姆"炮四门、二点五寸炮四门，法军三百五十人、山炮六门，美军一百人，计一千一百人、炮十四门。

此攻击案最终没有实施概因日、英、美、法军出兵少，察知最终很难实行。

阿列克谢耶夫进攻计划及我之抗议

而后，关于白河左岸的攻击提议暂时中止，9日下午5点俄军中校萨穆罗夫奉该国关东总督阿列克谢耶夫之意，再次提出其攻击案，寻求我之意见。其要义说："为攻击位于淀河北岸的敌人，俄军大部在大毕庄附近渡过此河，一部沿着此河的南岸从左翼进攻清军，希望贵国及各国军队从东机器局方面向王串场方向前进，进行正面攻击；而且为实施此攻击案，贵军能够出多少兵力？"

如此提议,因联军从正面攻击约有十数门炮的敌人,损害会很大,纵令到达敌人的阵地前,由于前进中遭遇徒步淀河的障碍,不能击退敌人。很明显正面攻击不利,我司令官希望各国军队也和俄军一样迂回进攻敌人的左翼,且为从正面牵制敌人,在东机器局的北面配备优势炮兵,此外为掩护此炮兵,主张用一个大队以下的步兵。另外实施时,我能够派出的兵力只有步兵一个大队及炮兵一个中队,萨穆罗夫中校自己回答同意此意见而返回。

由 9 日赛马场战斗的结果得知,淀河北岸的清兵是马玉昆的部下。

10 日上午 11 点,福岛司令官为祝贺昨天的胜利,特意派参谋官访问俄国阿列克谢耶夫总督的幕营,该总督就该攻击案再次询问我之意见,说明和前相同的理由。总督最终接受我之所说,暂时决定各国军队和俄军在该地越过淀河,逼近敌人的侧背。

俄总督接纳我侧面攻击案,其实施的方法中特别重要的是淀河渡河法,由于没有确切的把握,将我工兵士官送至彼之幕营,和俄军的工兵军官协商,研究确切的架桥方法。为此,俄军的工兵军官和我士官一起在白河进行架桥的预行准备,其后希望借我工兵队,决定派出一个小队辅助架桥作业。

各国对此进攻案兵力

为此攻击案,各国派出的兵数如下:日军大队长指挥的步兵三个中队、山炮一个中队,俄军一千六百人、炮十六门、骑兵若干,英军五百人、山炮四门、“马克西姆”炮四门,德军二百五十人,法军山炮一个中队,美军一百人。

约定上述的各国军队 10 日晚上 9 点 45 分在俄国桥集合,但英军请求翌日凌晨 1 点在俄军幕营地集合。

我军最终没有出兵

10 日下午 5 点,福岛司令官终于向杉浦少佐下达训令,其要旨如下:

一、清兵在王串场附近的淀河左岸。

二、同意俄国提议的各国军队于明日拂晓在淀河下游渡河,从侧背攻击清兵。此外,各国军队的炮兵在东机器局北面排列开来,援助此攻击。

三、步兵第十二联队第三大队长杉浦幸治率领其大队的三个中队及炮兵一个中队,于本日晚上 9 点 45 分前到达租界东面俄国桥,依靠哥萨克兵的向导到达俄国的营地。附传骑六名。

四、井上工兵少尉率领其小队,跟着俄军援助在渡河点实施架桥。但其出发和步兵第十二联队第三大队相同。

俄国少将斯塔塞卢请求我军应遵守夜行军的规定,以避免因吸烟点火,或者高声谈话等事情被敌人发觉。

进攻中止

各队在指定的时间集合,俄军由于难以搬运架桥材料,最终未能按照预定行动,让其副官通知作战延迟,于是各国军队空手回营。

阿列克谢耶夫再次提出进攻案

11日上午9点，阿列克谢耶夫总督率领其参谋长、副官等来访，由于架桥材料搬运上的故障，感谢实施昨夜的计划，且说“本夜决定实行，为此请求贵军给予有力援助”。此外，除昨天讨论的议案外，为给俄军的攻击以有效援助，各国军队从左岸行动外，就有何妙计，寻求我之意见。我军回答说，今天早晨由于车站附近的激战，出现很多死伤，一般将卒也都很疲劳，需要休憩一天，故承其好意，今天援助贵军的行动，最多出步兵一个中队。此外，如果白河右岸的牵制行动可以的话，还可以派出炮兵两个中队。总督陈述，明天俄军驱逐淀河北面的敌人，与此同时或者至迟于翌日实施攻击天津城，不让敌人再次复起为紧要。而且此攻击案如果确定的话，约定本日下午5点前通报，而后返回。

终究未能实行

其后，从俄军没有得到有关其攻击的任何通知，最终于13、14日攻略天津城，俄军的攻击案只能实施与此。

第九章 天津赛马场及西机器局附近战斗

一 战斗前一般情况及日、英两军指挥官商定之进攻部署

此战斗原因

已如第八章五所述，敌人于7月4日开始绕到距离天津城很远的土墙的外方，将其战线延伸至租界西南面。其后的6日，看到敌人在此方面行动，其他在从天津城南门通往八里台的道路及其以西，民众的交通连日频繁，或利用夜暗，或者改变服装进入，逐渐将其战线延伸至西南面。继而，从7日上午11点30分，我炮兵如前日那样(参见第八章五)，同意西摩中将的提议，和英、法两军的炮兵一起炮击天津城，中午12点20分敌人的炮兵两三门出现在西机器局的东端，开始向我炮兵射击。此外，中午为搜集敌人情报，向八里台方向前进的我骑兵中队侦察得知，不少于步兵两个中队、炮二门的敌军占领赛马场附近。

如上，敌人的行动非常活跃，近日来敌兵陆续到达天津附近，结果敌人首先占领西机器局，逐渐将其兵力集中在赛马场附近，和车站方面相互作用，从各方面攻击租界。如果敌人实行此政策的话，眼下各国军队唯一的交通联络线——白河的水利亦将亦会断绝。因此实际上目前最为紧要的是，打击赛马场附近的敌人，夺取堵在我防线前的敌人据点——西机器局，进而将敌人压迫至天津城，遏制其向西南方前进的企图，且保证白河的交通安全。

英军进攻提议及进攻部署

8日上午10点，西摩中将及在天津的英军指挥官多伦多少将率领其参谋拜访福岛司

令官,提出的方案是,从本日下午1点如前日那样炮击天津城,且以明天早晨为期,日、英、美军联合击退赛马场及西机器局附近的敌人,我军亦已经判断此作战为急务,马上表示同意,最终议定攻击部署,其要旨如下:

一、兵力

日军步兵四个中队和两个小队及山炮十二门,英军步兵九百名、山炮四门及机关炮四门,美军步兵一百名。

二、各队于9日凌晨3点前在梁园门内集合,同时以如下的行军顺序开始前进:前锋日军,主力部队英军。

三、美军另成一纵队,沿从租界南侧西向的土墙外侧,跟随日、英军的行动向西机器局前进,但此行动于日、英军占领八里台后开始。山下海军中佐率领的陆战队(一百四十九名)跟着美军前进。

四、日、英两军如前所记成为一纵队,向东楼前进,在该地转向西面,但其后日军在左翼,英军在右翼,分为两个纵队前进。

从是日上午,敌人的炮兵如前日那样出现在西机器局,和水师营炮台合作,炮击租界。继而,赛马场附近的敌人亦参与此炮击,从三面合击租界及英军的重炮兵阵地已如第八章五所述。

由于如上情况,击退赛马场附近及西机器局的敌人日益迫在眉睫。

二　战斗地区一般地形

地形及选定前进道路

赛马场及西机器局附近一带之地是平坦开阔的湿地,沟渠纵横,沼泽湿地散布,北连天津城,南接黑牛城及林庄之线。因此首先击退赛马场的敌人,继而是西机器局。敌军当时的配备及地形上依靠自然之所,没有其他手段。

为攻击赛马场附近的敌人所应采取的道路有二,一是从西南门直到赛马场,另一是从梁园门经东楼及小王庄到赛马场。而且甲道颇为捷径,虽有利于直接逼近敌人的退路,但地形开阔,面对敌人的炮火,不仅不利于我军隐蔽,还有受到来自水师营炮台的背后射击和西机器局附近侧射的危险。与此相反,乙道和甲道相比,全都是迂回道路,但没有甲道那样的危险,其优势是可利用东楼、西楼及小王庄等村庄,及其此间的田地有繁茂的各种耕作物,特别是高粱,还利用覆盖在小王庄及东楼北端的东去小河两岸的杨树掩护我军,得以接近赛马场。尽管如此,如果想从小王庄抵达佟楼庄及赛马场一线,还有通过八百至一千米的开阔地,并且在敌人的正面前进、围绕赛马场的水濠(宽约三米、深南部二点五米,随着向北逐渐变浅)等妨碍我军行动的不利之处,但和甲道相比,由于有很多有利之处,最终取乙道攻击敌人。

小王庄附近与赛马场附近相比,土地稍微隆起,在小王庄的南端可作为炮兵攻击的良好阵地。

八里台及西机器局附近地形

八里台是道路及沟渠的集合点，此附近的沟渠宽二至四米，深不下一点五米，而且自然会形成攻取佟楼庄及赛马场的军队追击敌人到八里台之势，其位置亦因进攻者的火力不适合追击敌人。如果想防止敌人向南面逃逸，且掩护我左侧，需要一部队远经黑牛城及纪庄前进到八里台方向。当时根据间谍的情报，知道黑牛城有一群团匪。

八里台是对赛马场附近战斗的一段开阔地，占据此地可以进行有效的追击射击和整顿军队。如果再前进攻击西机器局，沿着从租界南侧西走的土墙，让一部队前进，除与之合作跃进到一大开阔地外，没有其他更好的手段。在此情况下，敌人如果占据海光门附近的土墙进行顽强抵抗，攻略该地绝非容易，因为沿着土墙的水濠大大阻碍了我军的前进。

由于地形如此，计划于拂晓至少应击退赛马场附近的敌人，进而攻略西机器局。只是由于前锋误认前进道路和修理道路需要时间等，前进多少延迟，其他大体得以按照预定计划实施之。

三　前进命令要旨之一般部署

能够用于战斗兵力

当时派遣队由于因守备车站及其他而分割兵力，能够用于9日战斗的兵力实际如下：

一、步兵第十一联队第二大队的一个中队。此一个中队（缺一个小队）守备租界防线中日军负担区，其他一个小队作为铁路修理的掩护，在军粮城附近。

二、步兵第十二联队第三大队的两个中队和一个小队。此两个中队担任天津车站的守备，其一个小队担任大沽北炮台的守备。

三、工兵中队的一个小队。此小队为修理铁路在军粮城附近。

命令要旨

下午4点，福岛司令官下达有关9日的命令，其要旨及一般部署大体如下：

一、步兵两个中队及配备炮二门的第一队占领赛马场附近。

二、临时派遣队以明天早晨为期，和英军的步兵九百名、炮四门并机关炮四门及美军一百名联合首先击退赛马场附近的敌人，继而攻略西机器局。

三、余以当地现有的派遣队为联军的前锋。

四、骑兵中队（前锋骑兵）从黑牛城搜索远处的唐店子方向，极力遏制敌人向南面撤退。

五、前锋（步兵第十一联队的一个中队、传骑二名及工兵中队）凌晨3点以其先锋从梁园门出发，经东楼向佟楼庄前进。

六、前锋主力部队的各队在大沽道上逐次进入行军序列（步兵第十一联队第二大队本部并两个中队[缺一个小队]、步兵第十二联队第三大队本部并两个中队[缺一个小队]、炮兵大队、步兵第十一联队第二大队的一个小队），凌晨3点5分从梁园门出发，随前锋继续前进。

敌人炮击及俄军之增援兵

上述命令将要下达时,水师营炮台突然再次开始炮击租界,为召集命令接收者而派出的传令骑兵一名在途中被炮弹打死,且司令部亦蒙受数弹,幸好没有损伤。

下午6点,多伦多少将来访问福岛司令官,说:"告知俄军希望明天派出步兵四百名",因此协商将其作为预备队,凌晨4点在梁园门内集合。

四　赛马场附近战斗经过

出发及前锋战斗

9日凌晨3点,步兵第十一联队的第八中队作为前锋,其先锋从梁园门出发。此外前锋骑兵先于先锋少时从该门出发,向指定的方向前进。继而,司令官在前锋本部的先头前进,其他按照英、俄的顺序跟着我军前进。此时,水师营炮台开始向租界射击,后听说租界内有敌人的内奸。

3点20分,步兵先锋从东楼的北面沿着荣园的南侧,向西楼方向前进。马上以第六中队为先锋前进,抵达从东楼通往赛马场的道路分支点,由于敌人破坏桥梁,且设置障碍,由工兵修理之。此间第六中队在东楼西端停止掩护之,约15分钟后再次前进。

在此之前,英军在东楼迂回向西面,其后计划成为两个纵队前进,由于没有适当的道路和桥梁被破坏,一路在和敌人冲突中前进。4点第六中队刚一抵达小王庄,由于第八中队已经抵达此处,正和在赛马场附近的敌人射击,轮换后,第六中队向小王庄东面开进,同时前锋本部的各队向西楼的东面开进。

4点30分,司令官到达小王庄,此时敌人占领了佟楼庄东面林苑至赛马场北部(沟渠环绕的两间房屋的南侧)一线,正和我第八中队交战。由于断定其兵力必然过大,马上命令炮兵大队长占领小王庄南端附近的阵地,向佟楼庄及赛马场附近的敌人开始射击,该大队约10分钟后进入所命令的阵地。

进攻部署及前进

英军指挥官派遣副官上尉曼嘉,请求我军指示在何位置布炮兵阵地,因英军在西楼位置前进时,以通往赛马场的道路为境,在其右方前进,要求其炮兵及机关炮在我炮兵的左侧排列开来。英军于是派其炮兵到我炮兵的左侧进行炮击。

5点,福岛司令官在小王庄召来已经开进的各队,下达攻击命令,其要旨如下(参见图上上午5点10分左右的位置):

一、英军以干道为左翼前进。

二、步兵第二大队第八中队以干道为右翼,向佟楼庄前进。

三、步兵第三大队本部并两个中队从炮兵阵地的左侧前进,包围敌人的右翼后前进。

四、步兵第二大队的余部作为预备向攻击队的左翼后前进。

五、炮兵大队支援此前进。

六、工兵队在英军通过后,从干道逐渐接近战线。

此时，敌人的炮兵在赛马场的东北部排列开来，向我炮兵阵地射击。

从 5 点 10 分左右，诸队关于前进运动情况大致如下：

一、从小王庄通往赛马场的道路的北侧，英国的步兵约一个中队形成第一线，其他的英军及俄军在小王庄西面。

二、与之并列，在同上的道路左侧，有步兵第十一联队第八中队。

三、穿过炮兵阵地的南侧，在赛马场中央的是步兵第十二联队第十、第十二两个中队。

四、步兵第十二联队第三大队的左翼后面有步兵第十一联队第七中队。

五、炮兵大队和英军炮兵一起掩护诸队的前进。

六、司令官带领司令部员在步兵第十二联队第三大队的后面前进。

纪庄附近骑兵中队战斗及步兵增援

在此之前，骑兵中队从梁园门出发，驱逐途中的敌人侦察兵或匪徒，4 点 30 分探知其前锋抵达黑牛城北面，多数团匪混有若干官兵的敌人占领纪庄。以徒步战相对前进，其后乘其火力逐渐减弱，以三个小队袭击之。敌军主力占据纪庄东面新河之线进行顽强抵抗，且携带刀、枪、剑的团匪在其桥上迎击。我军察知靠此力很难将其击退，决定再次向黑牛城撤退，固守该地。司令官接到上述报告，马上让江口少佐率领第六中队奔赴援助之，时为 5 点 10 分。

占领赛马场

如此，由于向赛马场方面各队一进一停，进攻行动从 5 点 40 分至 6 点（参见图上该时刻的位置），占领佟楼庄及赛马场东侧的土堤，以射击追击敌人，继而前进。此前进时，我军感到最为困难的是各处沟渠纵横，且赛马场内是沼泽地，行动不便。特别是步兵第十二联队第十二中队，越过深及没肩的沟渠猛进。于是，敌人的大部向西面，此外其一部向北面及南面撤退，而且向西面撤退者在八里台的村庄及其南面新河的右岸备有速射炮四门，进行第二次顽强抵抗。此外，我炮兵前进至距离其阵地约五百米的西面排列开来，继而再次前进，在赛马场西北面土堤上设阵地，专门猛烈射击八里台附近的敌人。此时，司令官抵达赛马场北端，目击如下所述的骑兵袭击。

此时，英军指挥官眺望我军的状况，派出援兵步兵约二十名，因无必要，谢绝其厚意，使其返回。

骑兵的袭击及占领八里台

6 点，江口少佐率领的第六中队抵达黑牛城时，敌人的一部从赛马场附近向南面撤退中，纪庄方面的敌人亦大为增加，其数不下五百名。骑兵中队对纪庄方面派驻其第一及第二小队，中队长率领其他两个小队，从约一千米的距离袭击从赛马场方面撤退的敌人。此时，尽管受到纪庄附近敌人的猛烈射击（此时目少尉负伤），袭击奏效，敌人溃败，跟踪追击到赛马场南面，在此和到来的步兵第十一联队第七中队会合。

从 6 点到 6 点 10 分（参见图上该时刻的位置），步兵第十一联队第八中队前进到吴家窑，愈益逼近八里台附近的敌人。另外，步兵第十二联队第十二中队专门向占领八里台南面桥梁附近的敌人挺进,且其第十中队在赛马场的西南河汊的三叉点附近抵挡从纪庄向西北面撤退中的敌人。敌人抵不住我步兵及炮兵的射击,出现很多死伤,丢弃炮四门,向西面逃散。于是,我军占领八里台,时为6点30分。在此之前,步兵第十一联队第八中队刚一抵达吴家窑,敌人的炮兵就出现在海光门的西面土墙上,向我开始射击。因此,炮兵第五中队进入吴家窑的东侧抵挡,继而第四中队也前进到吴家窑的西侧,两中队合力使敌人的炮兵沉寂。此外,在左翼后方预备的步兵第十一联队第七中队经赛马场南侧,向八里台方向前进,负责追击敌人。

占领纪庄及骑兵之袭击

在此之前,江口少佐率领的步兵第十一联队第六中队从黑牛城直接向纪庄运动。此时,敌人全力固守纪庄东面新河之线,第六中队逐次挺进后,抵达新河的左岸,隔着宽仅为五米内外的新河和敌人对战。但是,由于敌人的顽强抵抗,毫无退却之色(此时中队长武久三保三郎战死),第六中队全线上刺刀向桥梁挺进,敌人挥舞刀、枪、剑等,在桥上反击。短时接战后,丢下无数死伤,大部向西南唐店子(林庄的西南)方向撤退,其一部又占据纪庄进行最后的抵抗。于是,第六中队包围村庄放火烧之,火焰涨天,时为6点40分。

此外,骑兵中队的第一及第二小队袭击从纪庄撤退的敌人,在此再次展开战斗(此时太田骑兵少尉负伤)。骑兵中队长眺望此情况,率领其第三及第四小队来援,刚一前进到纪庄,敌人就向唐店子方向溃逃。

八里台集合

司令官6点30分抵达八里台,马上传达命令,让诸队在八里台集合。

如此,第六中队留下一个小队(桥本少尉)歼灭残余士兵,剩余的转向八里台方向前进,继而骑兵中队也接到集合命令,7点20分向八里台前进。

在此战斗之初,英军并列在我右翼,协同作战,逐渐远离至后方。

五　西机器局附近战斗经过

进攻准备及前进

我进攻诸队从6点30分至7点30分先后到达八里台,在此之前,命令炮兵大队,再次在八里台东面排开,向西机器局进行进攻准备。继而,英军指挥官来和我司令官会见,此时晓雾还未完全消散,无法观察美军能否按照预期沿着租界南面的土墙前进,只能看到海光门东面一千至一千五米的土墙一侧兵卒偶尔行动。此外,海光门及其西面约五百米的土墙方面有军队群集向西前进。由于还不能确认是否友军,司令部的传骑二名(一等卒清水三七、一等卒长谷川龟一)向海光门疾驰确认之。该骑兵勇往直前,到达在距离敌人约四百米的距离,突然受到敌人的射击,得以知道其敌兵。此时,以诸军通过为目的,由工兵中队修理八里台北端的桥梁。

于是,我炮兵猛烈射击海光门附近的敌人,须臾使其溃散。此外,我军刚一向海光门前进,英军指挥官也来告知让其士兵继续前进。我军开进右侧时,日、英、俄军大体集合如下：

一、日军。在八里台三叉路南面道路的东侧，但炮兵在吴家窑的西侧阵地，此外步兵第十一联队第六中队及骑兵中队向八里台前进中。

二、英军。在八里台和吴家窑的中间道路的南侧。

三、俄军。在吴家窑的南侧，但俄军始终在预备队的位置行进。

7 点 15 分，我炮兵大队前进至八里台的北面约五百米之地，进行攻击准备，且命令步兵第十二联队第三大队长率领其两个中队前进掩护炮兵。继而，英军在我右翼展开逐次前进，和步兵第十二联队第三大队并排。

我炮兵刚一到阵地，拥有十二门炮的敌人步兵约五十名出现在海光门西南面的徐胡圈及其南面的土堆，开始射击且进行顽强抵抗。于是，我炮兵向其射击，步兵第十二联队第十中队向此敌前进，敌人的火力逐渐衰弱。

7 点 40 分骑兵中队在八里台附近对南面及西面警戒，步兵第十二联队第二大队长率领其三个中队及工兵中队沿着干道向海光门前进。大队以第七中队为先头，工兵中队续行，其他两个中队在其后方，前进的同时，全线将转为跃进行动(参见图上 7 点 40、50 分的位置)。此时美国海军军官来，报告西机器局已经归我所有。是日我海军陆战队和美军一起沿着租界南面的土墙前进，七点三十四十分左右先于美军突入西机器局，占领该地后，在高烟囱或竿头悬挂旭旗。另外，到 8 点步兵第十二联队第十中队占领徐胡圈，继而追击敌人，向其西北土墙前进。

占领西机器局及战斗

诸队向西机器局前进，大体按照步兵第十一联队第二大队、工兵中队、炮兵大队及步兵第十二联队第十二中队的顺序前进，占领如下位置：

一、步兵第十一联队第二大队占领从西机器局北端到其西面村庄的北端。

二、炮兵大队的一个中队在西机器局的西侧，其他一个中队在海光门的西北约四百米的土墙北侧占领阵地。

三、步兵第十二联队第十中队占领海光门西北约一千米的土墙，其他和工兵中队一起沿着海光门外土墙进行预备。

此时，美军抵达海光门东面约四百米的桥梁附近，英军在海光门的东南草地集合，其炮四门在海光门上排列开来，俄兵亦跟随此行动，在英军的后方(参见图上 8 点 30 分的位置)。

撤离西机器局之决议

敌人占据天津城墙及城外的市街，进行猛烈射击。此外，其炮十二门在正西门附近不时射击海光门。于是，我步兵及炮兵以前述配备再次开火，8 点 30 分福岛司令官命令各队，除以射击交战外，要敢于前进。于是，本日战斗的目的是否到此，而且西机器局不知是否被其占领的议论再起。西机器局乃战术上的要点，而且由于是我防线前的阻碍，占领之当然有利。如果不如此的话，我兵力有经常被分割和孤立抵抗敌人的危险。且机器局不仅已经归于灰烬，其位置亦对各方面的攻击来说不再坚固，特别是对炮兵之火的维持最为困难。因此,福岛司令官反对之,结果其他军队指挥官等也最终随之。于是,司令官命令烧毁附近的村庄,并在破坏海光门外的桥梁后收兵,9 点 30 分回营。命令要旨如下:

一、工兵中队烧毁西机器局附近的村庄,并破坏海光门外的桥梁。

二、炮兵大队撤离阵地,经八里台回营,作为其护卫,步兵第十一联队第八中队随之。

三、步兵第十一联队第七中队为后卫,后和工兵中队一起经八里台及赛马场附近,收容伤者及死者回营,为此,配备给步兵第十一联队第二大队军医。

四、骑兵中队担任上述伤者及死者收容队的掩护。

五、其他各队沿通往租界南侧土墙的外侧回营。

返营

如此,村庄的烧毁及桥梁的破坏,并联军的回营等丝毫没有受到敌人的妨碍而得以实施。只是在联军从租界西南侧进入市街时,受到来自水师营炮台的激烈炮击,人马受到损伤,而且各队从上午 11 点到下午 1 点之间悉数会营。

是日,西摩中将和英军司令部一起在战场观战,战斗结束后返回宿营,其后送来书函,祝贺我战捷,且该官表达对日本的感情,结尾附记“祝贺将军于本日的战胜,不以公文而以私信是因为我英国的军队也在贵官的指挥下”。

六　敌军兵力及战斗后一般敌情

赛马场附近敌人兵力及配备

根据俘虏所言,在赛马场附近的敌人为聂士成统辖下的王、周、胡等率领的五营士兵,各营的兵员减少至不过三四百名。因此,其人数为一千五百至二千名,炮四门(五十七毫米克式速射炮),携带的枪为“毛瑟”五连发枪。

敌人的第一线在佟楼庄至赛马场一线,八里台实际上处在其预备队的位置,而且我军向敌人的第一线实施射击时,恰好是早饭之际,到处杯盘狼藉,由此可以知道我军的意外袭击,使其非常狼狈地撤退。当时聂士成在八里台,督励败兵进行防御战,被我炮弹击中死亡,统领周玉和、姚良才和营官二名亦战死。于是,其大部向西面,其他向北面或南面逃散,而且丢弃在赛马场及八里台附近的敌人死尸不下一百名,死者总数为三百五十名。

纪庄敌人兵力及死伤

此外,在纪庄附近,敌人有若干官兵和团匪不下五百名的兵力,彼等携带的兵器多为清国通常的刀、枪、剑或前膛枪,全都不足取,但进行顽强抵抗,余勇让我军可赞。彼等由于我步兵的射击,失去约二百五十名,由于骑兵袭击,失去约一百名,其余向西南面溃散,再次有了休养余力的机会。

另外,在西机器局附近出现的敌兵以收容撤退兵和防御该地为目的,暂时占领其阵地,但都由于我炮兵的卓越射击,不能长久保持其位置而撤退,各国军队对西机器局的攻击行动意外容易。另外,明治 27～28 年牙山之役以来,屡屡和我军交战具有武名并深得清国信赖的直隶提督聂士成在是日之战中战死,大大挫伤了其志气,其后得以向赛马场方面迅速行动。

天津附近之敌人兵力

关于天津附近的情况，根据俘虏所言，眼下天津附近的清国官兵是马玉昆的武卫左军十五营、聂士成的武卫前军二十五营，聂士成驻扎在天津城西关的亲卫营内，周、胡、杨、辛、王等诸统领分别统领，有炮约三十门。此外，马玉昆驻扎在东机器局西北面八清里许的铁路线附近，其士兵在淀河北岸宿营，而且各营的实际人员现在减少，不过三四百名。

由于聂士成以前在杨村附近和义和团交过战，被彼等嫌恶，最终其军装迫于形势改为旧式中国风气。由此，是日死者及俘虏士兵的服装不一致，有的士兵穿着胸部附有无记号的圈子的衣服。

七　我军死伤、弹药消耗及缴获概况

死伤

在是日的战斗中，出现很多死伤者的是在赛马场附近及纪庄。但在纪庄强行攻击及猛烈进攻在赛马场附近开阔地的部队势必无暇考虑死伤者，其数如下：

一、步兵第十一联队第二大队军官战死　大尉武久三保三郎

步兵第十一联队第二大队下士以下战死一名，负伤七名

二、步兵第十二联队第三大队下士以下战死一名，负伤十四名

三、骑兵中队军官负伤 少尉太田格广、少尉目半介

骑兵中队下士以下战死一名，负伤二名

四、炮兵大队准士官负伤　特务曹长长尾春次

炮兵大队下士以下负伤六名

合计　军官死者一名，负伤三名，下士以下死者三名，伤者二十九名。

此外，马死两匹，伤十四。

除此之外，英军有下士以下八名死伤者。

弹药消耗

弹药亦在前记附近之地耗费最多，将其区分于各队如下：

一、步兵第十一联队第二大队，二万零九百三十七发(一人平均约三十五发)。

二、步兵第十二联队第三大队，九千四百三十七发(一人平均约二十八发)。

三、骑兵中队，步枪一千九百零七发(一人平均约十九发)，手枪二百三十四发。

计　三万二千二百八十一发(手枪二百三十四发)。

四、炮兵大队，榴弹四十八发，榴霰弹六百一十八发(一门平均五十五发)。

缴获品

炮四门(四十七毫米克式速射炮)，毛瑟枪六挺，其他刀、枪、铳及剑、弹药、军旗若干，

炮四门在八里台附近获得,其中三门作为本日的战胜纪念,赠给英、美、俄军的指挥官。对此,三国军队指挥官送来如下书函,感谢好意:

感谢贵军赠予昨天缴获的大炮一门,敝官将大炮在我军展示。我军会将贵军昨天成功作为纪念,并作为日、英两国间友情的证据,永久珍藏之。

1900 年 7 月 10 日于天津

英国东洋舰队司令长官西摩

接受贵军赠予的缴获的敌炮一门,我们将以此作为勇敢军队的成功和好战友的表率,对阁下深表谢意。

1900 年 7 月 10 日于天津

关东总督兼关东陆军及太平洋舰队司令长官海军中将阿列克谢耶夫

敝官作为此次远征中我美国军队参与行动的我政府及军官和士兵代表,谨向阁下表示谢意。

敝官确信阁下惠予的缴获炮实际上是无上的纪念物,如果允许进呈一言的话,阁下指挥下的军队不仅官兵强健,而且对军纪、训练、勇气和周围的繁杂情况能够灵活处置,表示真诚敬服。相信在今日之世界没有看到比此更好的军队。切望在阁下的命令及指导下的行动获得名誉,很高兴在敝官名下的军官和士兵不管何时都能遵从阁下的命令行动。

1900 年 7 月 10 日

美军指挥官美国海兵团少校沃拉

第十章　进攻天津城及攻略后处置

一　各国军队指挥官会议并战斗前一般情况

俄军提议扫荡天津城敌兵及我之意见

天津城攻击之议在各国军队指挥官中间的出现,是在福岛司令官到达天津的 6 月 30 日。是日,福岛司令官访问在天津的各国军队指挥官,英国东洋舰队司令长官根据俄军司令官的意见,提出击退天津城附近的清兵及团匪之策,询问我之意见。其要义是俄军(四千余名)从白河左岸,其他各国军队(英军一千六百名、法军六百名、德军七百名及而后德军四百名)从其右岸,进攻清兵及团匪的巢穴天津城东的清国街,继而各军合作攻取三叉口敌人的水师营炮台,击退其附近的清兵。因此,福岛司令官认为与其将军队进至错综复杂的天津城东的清国街,不如以各国军队联合兵力一举攻陷天津城。如此的话,在前述炮台的侧背,获得能够俯瞰的位置,敌人难以保住炮台及其附近之地,也就没有攻击租界的立脚点。同时,天津城陷落大大挫伤清政府及一般官民的志气,对战略上的影响也不小。司令官历数此等利害,英国司令长官也非常同意。

总攻击部署及各国兵力

继而，7 月 2 日早晨 8 点，英国司令长官在大本营召开军事会议，其议题是各国军队对在天津城及其东北方敌人的总攻击案，决定其计划如下：

一、德、俄两军凌晨 2 点开始行动，从白河左岸向三叉口附近前进，从侧背攻击水师营炮台。

二、其余的各国军队在白河右岸行动，首先攻陷西机器局，后攻略天津城，援助俄、德两军的行动。

三、总攻击的时间暂定为 4 日。

关于第二项，为制定更为详细的部署，是日下午 2 点在我司令部开会的英、美、法各指挥官及参谋等形成决议如下：

一、用于攻击的是日、英、美、法的各国军队，其数如下：英军九百人、炮四门、机关炮二门，美军海军一百人，日军步兵两个中队（缺一个小队）、骑兵一个小队、炮六门、工兵一个小队，法军四百二十名、炮六门。

二、英、美军合为两个纵队，其陆军及美军组成的纵队由少将多伦多率领，沿土墙的外侧前进，由英国海军组成的其他纵队从土墙的内侧向西机器局前进。

三、日、法两军 7 月 4 日凌晨 2 点 20 分在游戏场西南侧集合，但日、法的炮兵在两军步兵的中间集合。

四、而后的行动以法军为右翼，按照日、英的顺序，逐次联系下面。

中止进攻

但是，3 日从俄军接到如下通报：

一、俄军在总攻击时，不能按照 2 日议定的那样作战，其理由是，昨天以来马玉昆率领的众多士兵到达三叉口及其以北之地，处处增设炮台，突然增加了其抵抗力，到水师营侧背，并破坏了铁桥。

二、犹如前项那样，不能直接攻击敌人的阵地。但迂回到远离东机器局方面的北面，不能只是牵制敌人的侧背。由于黎明前发起行动，需要夜行军，如果白河右岸的各国军队决定了总攻击的时间，希望尽可能在下午 6 点前通报。

由于敌情及俄军的行动如上变更，2 日暂且决定的总攻击之议最终成为画饼。

进攻延迟理由

而后俄军再三主张在白河左岸淀河附近进攻，最终中止其实施（参见第八章）。由于天津车站的多日防御，日、英、美军在赛马场并西机器局附近实行战斗等，天津城攻击的实施日期延迟。

进攻前一般形势

如此，天津城攻击的时日延迟。以前西摩中将率领的救援军撤退到天津，北京政府非常蔑视各国军队的无能，同时颇为相信团匪的威力，愈益采取顽冥无谋的处置。举芦台及其他各地的兵力集中于天津附近,和团匪合作逼近租界,占领从白河右岸天津城一带之地到左岸车站及其东北面淀河附近一线,天天炮击租界,并进攻车站。于是,各国军队也不能永久固执地专守防御。此外7月11日向车站前进的敌人的一次大攻击大大警醒了各国军队的士气,日益感到进攻天津城之急(参见第八章三)。是日从北京来的密使到达(6月29日从北京出发,从西公使送给天津郑领事的报告参见第十一章),听到公使馆危在旦夕,大家都担心公使以下的生命,可惜情况还未到达救援时机,至少通过攻略天津城,挫伤清国政府及一般官民的志气,希图缓解其危急。幸好由于我步兵第十一联队的第一及第三两个大队12日下午预定到达天津,同日自早晨以来探究天津城进攻计划,法军指挥官也以参谋少校沃达尔为使,告知希望有必要总攻击。于是,马上在我司令部召开各国军队指挥官会议,决定13日实行。

指挥官会议及进攻部署

此进攻的大方针是德、俄两军在白河左岸从东北向天津城前进,和在白河右岸从南面来的日、英、法各国军队协同作战。并且从南面来的英、美、法军的指挥官(英军的多伦多少将、美军的迈多上校、法军的白腊克上校)率领各自的参谋或副官,12日下午2点在我司令部会合,商定天津城攻击部署,其要旨如下:

一、为从南门攻击天津城,首先需要占领西机器局,其军队的划分及部署如下:

第一纵队　法军(步兵八百名)凌晨4点在英军炮台的地点越过租界南面的土墙,以第二及第三纵队的行动为准,沿其外侧向西机器局前进,其山炮兵一个中队和我炮兵一起前进(此外奥兵56名和法军一起行动)。

第二纵队　日军(步兵约十一个中队、骑兵一个中队、工兵一个中队及山炮两个中队)凌晨3点30分从西南门出发,在土墙外面五百米之地向西机器局前进。

第三纵队　英、美军(英兵七百名、山炮四门及机关炮四门、美兵九百名及炮四门)凌晨3点30分从梁园门出发,和第二纵队的外方还间隔约五百米之地,向同一目标前进。

二、诸纵队规定从东南面及南面实施包围西机器局的行动。

三、土墙上的英军炮兵为援助此攻击,从凌晨4点开始炮击天津城。

四、我工兵中队于凌晨3点30分前在西南门外的沟渠架桥,且以架桥材料为筏,搬运到海光门外,不失时机在该地架桥。

五、工兵中队携带诸多棉花火药前进,破坏天津城南门,打开进攻道路。

确定如上计划后,由于从租界南面土墙上的我守备队接到敌人又占领赛马场的报告,步兵第十二联队的两个中队及骑兵一个中队到从东楼经赛马场通往八里台的道路,担任最外翼的警戒。

二　天津城南门附近一般地形

各方面攻击利害

天津城乃天然要地加入人工坚固之要害,从哪一方面进攻都不免多少有些困难,现比较各方面的利害,概括如下:

一、北面及东面。此方面城墙连接流动的河及运河，且房屋亦紧密，不便于军队活动，加之位于天险的水师营炮台，容易控制四周。

二、西面。此方面与其他方面比较容易进行攻击，但由于达到此处的交通道路不太完整和兵力少，有大迂回的不利。此外，和东面及北面相比，大厦、高楼栉比，西关一带的市街会有我军进行长时间的市街战的不利，特别是西面，已故聂士成指挥下的主力（武卫前军约二十五营）确实屯集在西关亲卫营附近。因此对照彼我利害时，乃决定容易实行之地。

三、南面。地形开阔，沼泽地多，我前进行动困难，但有如下好处：

（一）其迂回行动不甚大，因此能确保后方联络。

（二）可以获得各国军队全部炮兵特别是英军重炮的援助。

这是因为最初同意我之意见，即从南门攻击的计划，在各国军队指挥官会议上得到承认。以下概述南门附近的一般地形。

南门附近地形

从租界南侧，和天津城墙平行西走的土墙高约五米，可以为沿其南侧前进的军队遮挡敌人的炮弹。但是沿此土墙南侧的水沟，大大妨碍军队的行动。因此要沿此土墙安全行进，需要二列正面纵队。此土墙的北面至天津城墙之间，有西机器局及其附近的村庄，从该地通往南门的干道上分布的房屋，从南门几乎和土墙平行，除通往租界的道路一侧外，没有东西遮挡敌人的炮弹。此外，此土墙以南之地一般是平坦开阔的荒芜地，除连接土墙之地能遮挡敌人的视线外，没有任何隐蔽物，一直到八里台及佟楼庄一线。

从天津城南门通往海光门的干道东面，从该南门到通往租界的道路如能稍微排除困难，散兵就得以前进。沿其干道的东侧，因航路水浅，给军队的行动带来很大障碍。此外，沿干道的西侧，航路宽约十米，几乎能徒步涉过，此航路西面一带之地对散兵的行动没有障碍，但城墙直下的濠池阻碍前进士兵的行动。

缺乏适于炮兵阵地的地方，但在机器局的北面及西面、该局西面村庄的西面并海光门的左右，能够勉强安排各约一个中队的阵地。

天津城尽管受英军重炮等（隶属海军的四寸炮一门、十二磅炮三门及六磅炮五门）的屡屡炮击却没有倒塌，高约八米的直立墙，无望从外部攀登。此墙上及墙壁的中段有枪眼，发挥防御的威力。此外，紧挨墙下一带的市街有大的掩护物，占领此市街的南侧时，可以和城墙上相互呼应，进行多层射击。

敌人之防御配备

敌人占据如此地利，且占领城墙上及其中段的枪眼，以及从正西门经广仁堂（天津城西南角外）连接东面的墙下一带的市街，而且其炮兵只在正西门附近配备两三门。此外，水师营炮台因天津城墙及其东面的高楼大厦妨碍，其威力不能到达远处的南门外，而且在天津城附近的一般防御配备大体如下：

一、已故罗荣光（9 日左右服毒自杀）率领的淮军及义和团的一部面对紫竹林方面，在溜米厂附近（此战斗中，其一部援助防御南门）。

二、其他淮军、何永盛率领的练军和义和团的大部及义勇兵(参见第三章三)在天津城南的墙上并墙下村庄一带之地。

三、已故聂士成(在9日的战斗中战死)率领的士兵在从广仁堂至正西门附近之地。

四、对天津车站,马玉昆率领的士兵配备和第八章二所述相同。

白天进攻最终待至晚上之理由

天津城南的地形及敌人的配备大体如此,对此虽企图拂晓进行攻击,但由于直接固守墙下市街敌人的阻挡,且受到来自墙上及墙的中段的敌人火力,很难达到目的。由于此时正好是月夜,首先依靠炮兵的威力,积极猛攻占据墙上并墙下市街的敌人,待到效果显著,步兵在干道两侧展开,依靠其掩护,附有工兵的步兵部队从干道突进打开血路,除此没有其他更好手段。但是,和实际的进攻行动并不一致,日、法两军从干道及其左右突进,英、美两军继日、法两军在其两翼展开。加之以英军的重炮及各国军队的山、野炮(重炮等九门、各国的山炮二十六门),炮击约三个小时,打击了敌人的威力。尽管如此,稍稍了解战斗惯用手段的清兵及团匪在炮击期间潜伏,炮击中止时再次出现在阵地等,进行巧妙的防御战。因此,我军向墙前附近前进,各国军队的炮兵延长射击,到炮击城内的时候,阵地再次出现极为炽盛火力,其反抗非常顽强。实施攻击时,沼泽、河水给我行动带来意外障碍。13日一天我军都固守在城墙前的建筑物或市街、村庄,不得已待到日暮。但是,福岛司令官认为最初不管有何困难,要有必须攻取天津城的决心。因此,下午4点向部下表达其决心:“另有命令,固守阵地,不能后退一步。”于是利用黑夜进行突进作业。

三　前进命令要旨及一般部署

我军能够使用之兵力

12日下午,日、英、美、法军指挥官会面,商定攻击计划已如前述。实际用于13日战斗的我军数量如下:

一、步兵第十一联队派出的两个中队和两个小队。其中一个中队担任大沽北炮台的守备(当时北塘依然驻屯着拥有如下兵力的清兵,圣头沽有淮军左翼右营五百名、淮军左翼前右营五百名,北塘有淮军左翼后右营五百名、淮军左翼马队副中营二百五十名,天津海口有淮军左翼炮队中营五百四十八名,合计步兵一千五百名、骑兵二百五十名、炮兵五百四十八名),一个中队留在天津租界,作为车站守备队的后援,两个小队担任租界我负担区域的防御,其他一个小队在军粮城附近掩护修理铁路。

二、步兵第十二联队的两个中队。这两个中队担任天津车站的守备。

三、工兵中队的一个小队。此小队在军粮城附近,从事铁路修理。

四、其他炮兵及骑兵另有派遣兵。

13日部署

晚上9点,福岛司令官下达13日的命令,其要旨及一般部署大体如下:

一、关于敌人情况,目前没有大的异动,但西机器局及赛马场附近再次被敌人一部所占领。

二、日(第二纵队)、英、美(第三纵队)、法(第一纵队)的各国军队以明天进攻天津城为目的,首先向西机器局前进。

三、步兵第十一联队第一大队、炮兵一个中队、工兵一个小队及传骑二名由服部少佐指挥,成为第二纵队的前锋,凌晨 3 点 30 分从西南门出发,到西面的土墙合并,从其南面之地向海光门前进。

四、第二纵队的本部凌晨 4 点按照行军序列(骑兵一个分队、步兵第十一联队的剩余、炮兵大队本部并一个中队、法军炮兵一个中队)从西南门出发,跟着前锋前进。

五、步兵第十二联队第三大队(缺两个中队)及骑兵中队为左侧卫,凌晨 3 点 30 分向梁园门出发,经赛马场向海光门前进,警戒各国军队的左侧。

六、步兵第十一联队的一个中队留在宿营地,作为车站我守备队的后援,并担任宿营地的警戒。

七、各队携带小行李、背袋及两天的携带口粮前进,此外在可能的情况下,用各队的大行李搬运饮用水。

在此之前,决定进攻天津城后,马上命令工兵中队,进行如下准备和处置:

一、利用今日夜晚在西南门外架桥。

二、为在海关门外架桥,搜集材料,以此为门桥,准备在沿土墙的濠沟上运输(菅工兵少尉以一个小队从法军的后面将其送至海光门)。

三、为破坏天津城南门,准备携带大量棉花火药前进。

四　13 日战斗经过

前进及占领西机器局

13 日凌晨 3 点 30 分,前锋的先锋踏月从西南门出发,继而主力各队也出发。福岛司令官在其先锋前进,4 点 30 分东天正明,视力能够识别远近的物体。在西面土墙附近占据阵地的英军四寸至六磅炮九门突然向天津城进行炮击,此时法军经英军炮台之侧,正在向土墙外侧西进。

我陆战队

山下海军中佐率领的我陆战队及担任门桥运输的工兵小队跟随行进。此外,英、美军在左翼后方,在向海光门迂回(参见附图 6 上午 4 点 30 分的位置)[①]。

继而,我前卫抵达海光门,以其前锋占领土墙。由于敌人的小部队占据西机器局及其西面的村庄,前卫将另外的一个中队增加到前头部队,剩余的两个中队突进,占领西机器局及其西面的村庄,其三个中队布置在第一线,另外一个中队在其后方桥梁附近作为预备。

5 点,我主力的先头部队刚一抵达海光门南面,和经赛马场前进的步兵第十二联队第三大队会合,根据其大队长的报告,在赛马场附近只有七八名敌兵。此时,敌人从天津城墙上

---

① 略。——译者注

及墙下向我前卫猛烈射击,其枪弹如雨落在远处的土墙的南面,给眼下集合中的各国军队造成不少损伤。于是,炮兵大队在海光门东南土墙的南面排列开来,以间断射击炮击天津城。

各国军队开始前进

早晨5点20分,命令前卫司令官,前卫隐蔽占领村头,在后来命令下达之前继续前进。同时,主力各队开进到海光门外桥梁的东侧。此外,英、美军远在我右侧背后,法军及我陆战队在海光门的东面约五百米处,占据土墙和天津城南的敌人交战。

在此之前,担任海关门外桥梁修理的工兵中队受到步兵第十二联队第三大队的帮助,5点30分完成,由此,各队通过桥梁(此时国枝少尉战死)。步兵第十一联队的余部在海光门的东面集合,步兵第十二联队第三大队在其西面土墙下集合。于是,开进到海光门东南面的英、美军也逐次前进,转移到海光门外桥梁的东南面。同时,敌人的火药库爆炸,黑烟蔽日,大概这是由俄军引爆的,火药库在淀河右岸。

敌人纵队出现在天津城西南

早晨6点,敌人的大纵队出现在天津城的西南约四公里处,但无法确认其进退。因此,福岛司令官和英军指挥官协商,首先派英军步兵到土墙的突角部附近(海光门西面约两公里处),我炮兵一个中队又从海光门前进到通往八里台的道路上,射击敌人。继而法军炮兵亦到来,在我炮兵中队的右翼排列开来,合作炮击此敌人。敌人逐渐向西面撤退,同时骑兵中队长传来有关于同一敌人的报告,命令骑兵中队在八里台附近警戒左侧,且搜索远处的敌情。此时,英、美军占领海光门西面土墙。

各国军队炮兵布置及敌人战线动摇

继而,命令炮兵大队长,让炮兵一个中队前进到西机器局西面;另一个中队前进到海光门西北约四百米之地(村庄的西侧),炮击正面的敌人。此外,英军炮兵在海光门的土墙上,美军炮兵在海光门的西北约四百米处土墙的内侧排列开来,和我炮兵协力炮击前面的敌人。

6点15分,敌人的火药库再次爆炸,稍后敌人的两三门炮从正西门附近炮击海光门附近,该门西北土墙方面的美军炮兵迎战,而敌人的数发炮弹刚一到达海光门,英军炮兵就暂时撤离其阵地。

继而,前面的炮火逐渐减弱,法国的炮兵前进,在西机器局西面的我炮兵中队的左翼排列开来,6点45分大队长服部少佐、副官中村中尉一起在美军炮兵阵地的附近被炮弹击中战死。

7点20分,在干道上市街南端的敌人冒着我强大炮火开始撤退,炮兵大队长也有同一报告,而且法军指挥官也让参谋上尉拉鲁多迈尔在时机到来时,日军如果进攻,法军也应一起行动。加之敌人的大部树立军旗,看到从天津西门向西面撤退。

于是,福岛司令官毅然决定前进,确定前进的部署。以步兵第十一联队为第一线,步兵第十二联队第三大队的两个中队为预备。

日、法军前进及英、美军之展开

7点30分，步兵第十一联队让其第二大队在干道及其东面，其第三大队的两个中队在干道西面，开始前进。而且，步兵第十一联队第一大队成为每两个中队的两部，沿干道夹河，跟随第二、第三两个大队。此外，步兵第十一联队第十一中队和此右翼部队一起前进。此时，步兵第十二联队第三大队的两个中队在西机器局的西面桥梁附近集合成为第一线的预备。此外，我工兵中队紧随第二大队，法军步兵在步兵第十二联队第三大队的前方，跟随第一线的行动。但是，在干道东面前进的部队随着向北面前进，逐渐遇到泥泞地，妨碍其行动，逐渐移到干道上，突进到纵队的主干道。在干道西面前进的部队在没有遮蔽物的芦苇中前进。

日、法步兵刚一开始前进，敌人再次增强火力，从墙上墙下射击前进部队，特别是受到广仁堂并芦家庄及其北面敌人的猛烈斜射。但是，我忠勇将士及法军不顾弹雨，越过死尸猛进。

8点，福岛司令官跟随第一线的后方，到达西机器局的北面干道上的独立房屋，马上命令我炮兵大队长，将其一个中队前进到西机器局的北面荒地，炮击占据天津城墙的敌人。

同时，英军步兵一部留在海光门西北土墙上，应对天津城西北的清兵。其他的英军及美国海军向天津城西南角方向前进，掩护步兵第十一联队的左翼后方。剩余的美军还在西机器局的东北面展开，进入我右翼，和敌人对战。于是，各国军队的战斗线对敌形成凸半圆形，而且其中央的凸部实际上是我军战线。

司令部前进及炮兵弹药补充

8点40分，和司令部一起在西机器局北面干道上独立房屋的青木炮兵中佐，因敌人的小枪弹而左肩负伤，同时司令部一名书记也负伤。9点福岛司令官又前进到前方二百米的三间屋，我海军陆战队亦到达此地。此时我炮兵大队长报告说，已消耗过半数的携带弹药。是日，炮兵大队大部分几乎在第一及第二队列出发，由于炮战持续如此长时间，感到空耗弹药。但是，由于炮兵是否在阵地大大关系到其他士兵的志气，命令炮兵大队固守阵地，缓慢射击，且采取从天津租界搬运弹药补充的手段(下午1点补充之)。

后方交通断绝及城墙前之激战

正当此时，天津城南干道上军队，受到来自天津城墙上和南门左右墙的中段所设置的枪眼及其他墙下一带的纵射、斜射，弹如雨下，几乎和后方交通断绝。前进在干道上及东面的诸队压制敌人，到达城南市街，在其先头的步兵第十一联队第二大队逼近城南外约二百米的南关外，工兵队在其后方，另外该联队的第一、第三、第十一中队抵达从南门通往租界的道路一侧。敌人的射击极为炽盛，跟随前述诸队的法军亦占据城南市街的南端房屋(奥军和法军一起)，又计划前进。其他在后方预备，步兵第十二联队第三大队的两个中队观察到对敌处于永久开阔地的不利，呈梯次向城南市街前进，占据步兵第十一联队第二大队的后方房屋得以庇护。

11点,福岛司令官向三桥工兵中队长下达命令,要求迅速破坏城门,打开突击队的前进道路。当时敌人占据连接城门的房屋,进行顽强不屈的抵抗,且占领东面约四百米处的某制造所的敌人和墙上的敌人合作进行猛烈射击,不仅不能再前进到达城门,为侦察城门情况屡屡派出的侦察兵也悉数被敌人枪弹所伤,没有能达到目的者。

由于情况如此,江口少佐率领的步兵第十一联队第五、第七、第八中队、该联队的第一、第三、第十一中队并杉浦少佐率领的步兵第十二联队的两个中队伏在占领的房屋内或堤防后应战,既得已固守,还能了解城门及该门前的情况。此时,步兵第十一联队的木村大尉及第十二联队的伊藤、奥田两中尉等负伤。在此之前,在干道的西面,粟屋步兵第十一联队长直辖下的该联队的第二、第四、第九及第十二中队已如前述前进到开阔地,在城墙下的濠池会合后,受到敌人的猛烈射击,固守所在的建筑物,进而得以前进。以上各部队大都散开前进,但与密集在干道前进诸队相比,其损害反而多,步兵第十一联队的吉泽大尉战死,马屋原大尉及大室中尉负伤。

正午,司令官又督促工兵中队长前进,该中队长回答说,城门关闭,且其前面有敌兵,眼下正在准备炸药,等待时机。此时,由于敌人的火力猛,还不能侦察墙下的水濠及在此如何架设桥梁等,只能等待时机。确知,工兵中队长的一个意图就是断然破坏城门。

当时,我炮兵大队的一个中队布置在西机器局北面荒地,另一个中队布置在西机器局的墙内。英、美炮兵在海光门附近的原来位置,连续炮击。此外,向西机器局的东北面前进的美军从南门前进到通往租界的道路一侧,同样遭遇城南的濠池,在此停下和敌人交战。在我左翼的英军在我第一线的左翼后方停止行动,到正午其兵最终撤退到海光门附近的土墙,且西南门的西面土墙附近的英军重炮全部停止射击,此时法军指挥官冒着弹雨,将其山炮二门运至南门外村庄的南端(图上法军的位置),试图破坏城墙,但不仅没有达到目的,还出现很多死伤,立刻撤退。

现地彻夜坚守及伤者收容等处置

上述情况一直持续到下午4点20分。于是,福岛司令官确知在白天难以迅速突破城门,决定各部队在现在的位置彻夜坚守,下达有关命令的要旨如下:

一、今夜将增加法军及重炮。

二、各队勇敢防守阵地,在其他命令下达前一步不能撤退。

三、工兵中队利用黑夜继续前任务。

四、炮兵日落后到达海光门附近露营,其直接护卫依靠海军陆战队。

五、各队尽一切手段将伤者护送到海光门南侧。

六、骑兵中队在八里台附近,搜索远往西面的道路。

七、各队使用携带口粮。

与此同时,进行如下处置:

一、卫生预备员的一部招到海光门,对伤者进行紧急处置,且采取将其送至后方的手段。

二、命令辎重队及各队的大行李,应卫生预备员的请求,派出运送伤者所必需的人员。

三、将弹药从租界搬运到天津城南市街的南端,补充各队。

四、召集到达军粮城的弹药纵队。

与此同时,福岛司令官给英军指挥官书函,“由于我军今夜死守占领地,请求贵军掩护我左翼”。该官答应,且该官协商如何请求俄军援兵。对此,另外回答。是日,两军决心明日拂晓尽全力断然攻略天津城。

如此,随着临近日落,敌人的射击逐渐归于静谧。此时,浅野兵站司令部副官指挥运输兵从后方搬运水桶,这是留在租界的进藤军官等专门周旋的结果。约二十四个酒桶、酱油桶盛水,上午 11 点左右先后从租界出发到达海光门。但由于弹雨的妨碍,现在始得以前进。大家都得到此等开水,感恩获得新生。当时的战斗地是浑浊的碱水,不能解渴,因缺水而感到非常困难。继而到日落后,战线大都归于平静,只偶尔听到彼此的枪声。与此相反,弹药的搬运、伤者的送往后方、饮用水的送往前线等交通络绎不绝,极为频繁。此外,在战线还悄悄从事队伍的整顿,众心都期待拂晓决胜。

司令部日落时转移到海光门北侧,这是由于关于翌日早晨的攻击,需要专门和各国军队指挥官协商。

白河左岸各国军队行动

是日,在白河左岸,俄军步兵三个大队、野炮两个中队(计二千六百人)、德军海军两个中队及法军八厘米炮(第十二中队)六门,计三千人,由俄国斯塔塞卢少将指挥。半夜从俄军宿营地出发,拂晓开始进攻天津车站北面淀河附近的清军阵地。

6 点 15 分左右,法军炮兵发射的“麦粒妮塔”弹引爆其东北的火药库,俄军乘此机会进攻,正午左右占领铁道线路附近的敌人阵地。

而后,俄、德、法军在此地停止,不再前进。

俄军死伤为一百二十名,德军死伤七名。

五　关于翌日处置及 14 日战斗经过

日、英、美、法军指挥官会议

13 日下午 7 点,福岛司令官到达海光门,马上和英、美、法军指挥官会合,商议翌日拂晓进攻之策。此时法军指挥官提议由福岛司令官担任翌日拂晓的攻击指挥,其他指挥官亦表示同意,于是,福岛司令官提议如下:

一、明日拂晓由我工兵队破坏城门。

二、我军从破坏城门进入后,首先占领南门以东的城墙。

三、法军继我之后前进,占领南门以西的城墙。

四、英、美军穿行城内市街,占领北部的城墙。

各国指挥官没有异议,表示同意。

城门破坏部署

此决议后,司令官命令自早晨以来留在宿营地的步兵第十一联队第十中队前进,还命令白井兵站司令官,在司令官不在时管理宿营地。同时,由传骑将工兵中队长及步兵第十

二联队第三大队长招致司令部,步兵第十一联队长亦来,时为晚上8点。听完城门附近的一般情况后,确定如下攻击部署:

一、城门破坏后划分各国军队占领的城墙线。

二、城门的破坏由日军担任。

三、工兵中队明日拂晓破坏城门。

四、步兵队援助工兵破坏城门,达到目的后马上以现在的顺序突入城内,占领附近的墙上,向东面追击敌人。

城门破坏

此夜,敌人在墙上各处焚火,终夜进行搜索射击,须臾不敢怠慢警戒,且白天因各国军队炮兵而着火的南门城楼及城内房屋,火焰涨天,各国军队将士志气勃兴。

凌晨2点,命令炮兵大队长,要求"如看到我军士兵攀登城墙,其大队尽快前进至天津城"。

凌晨3点30分,在南门方向远远听到微弱的爆炸声,且黑烟高涨,瞬间后听到喊声,同时墙上炮火对射,由于看到军队逐渐前进,知道我军破坏城门成功,占领了城墙。继而,凌晨4点步兵第十一联队的传骑及担任破坏城门的步兵少尉井上谦吉相继来到司令部,报告工兵中队破坏第一城门、步兵队攀登城墙、从内部打开第二城门,以及法军继我之后进入城内等事。司令部员及在其附近的内外陆海军人不自觉地欢呼祝贺我军的捷足先登,赞叹我军的勇武。此外,英军指挥官等欣然来我司令部祝贺我成功,福岛司令官访问在海光门外土墙外侧露营的法军指挥官,传达此情报,此时法军参谋沃达尔少校负伤。

突进

在此之前,在南门附近的诸队于2点30分至3点之间集合,进行突击准备。凌晨3点井上工兵少尉率领今井工兵军曹以下六名,到达步兵第十一联队第二大队的防线。天还未明,预先为侦察派出的第八中队军曹藤井房一(该军曹13日下午3点左右不顾弹雨,冒着危险,侦察城门关闭的情况及南门前的水流得以徒步跋涉,且其桥梁的破坏等详细情况者)带着向导,决然冒死向南门前进时,突然占领城墙上一带的敌人和占领城门外房屋的敌人合作,集中射击,门扉紧锁,不顾生命的士兵慢慢将棉花火药装在城门,将要点火时,不幸的是导火线被敌人弹药所切断,电器无法使用,且一名兵卒也脚部负伤。千钧一发之际,天津城的命运和此次决死战士如何行动密切相关。于是,井上少尉率领今井军曹、士兵宫地重太郎、水越十助及井泽田藤一郎毅然逼近门下,直接装药点火,城门轰然飞散。步兵第十一联队第二大队马上和步兵第十二联队第三大队的两个中队一起呐喊突入城门内,但是由于第二道城门还紧锁,我兵麇集在第一门的内外,精神焦躁未能如愿。后者压迫前者,加之墙上的敌人有时射击,或投石等进行颇为顽强的防御。步兵第十一联队第八中队不失时机利用门侧的厂舍,或利用携带的梯子,或直接依靠墙壁一跃攀登到墙上,从内部打开城门。此先登者是第八中队长小岛镃三郎、第八中队的军曹藤井房一、一等兵增田千太郎及第七中队一等兵宇吹新兵卫等,而且从内部打开城门的实际上是一等兵增田千太郎。于是,其他人恰如大河决口,呐喊着突入城内,步兵第十一联队第八、第七中队及步兵第十二联队第十一中队登上南门东面的城墙上，步兵第十二联队第十中队同时登上西部的城墙上，驱逐残余兵力，挂起旭旗，精神十足的号手吹奏“君之代”，三呼天皇陛下万岁。此时，步兵第十一联队第五中队扫荡城内的残余兵力，步兵第十一联队第一、第三、第九、第十一、第十二中队及法军继而前进。而后，我军扫荡城墙上的敌人，敌人丢下很多尸体，四方逃散，须臾英、美军也陆续到达，前进中信田少尉负伤。

福岛司令官偶尔碰到从宿营地到达海光门的步兵第十一联队第十中队，与之一起4点出发，急向南门前进，亲自犒劳将士，时为5点。此时，从南门经东门、北门至西门的城墙上悉数为我军占领，楼上或杆头高高悬挂着旭旗，而且等到各国军队陆续到达，我军让与他们，各自在约定之线。继而，法军占领南门、西南门之间的城墙，但西门先为我海军陆战队占领，此陆战队13日以来和我陆兵协同作战，前夜成为我炮兵护卫，和英军一起守备西机器局的西北土墙。

此外，炮兵大队刚一接到南门破坏的报告，马上前进。其中一个中队配备在南门东部的城墙上，追击敌人，另一个中队在城墙下停止，向北门内前进。昨晚以来在八里台担任我左侧后警戒的骑兵中队接到天津陷落的报告，向海光门前进。

六　占领天津城后状况

英军捕获清国船及各国军队分割天津城

天津城的四面城墙已归我所有，但城的内外及城门下的穹窑内还有残余兵力，狙击我军等的枪声还没有完全消失，到8点内外大都归于静谧。在此之前，英军通过天津城内，从北门直接到达南运河的河岸，捕获在此停留的清国船八十余艘。福岛司令官巡视城墙，到北门上方，英军指挥官来告之曰：“在河岸捕获清国船八十余艘和小轮船一艘，希望相互派遣护卫兵监视之，以供日后之用。”日根野大尉带领两个小队到达该地监视之。后此船各半，分为日、英两军所有，供北京救援军之用。此外，福岛司令官告知英军，意将天津城划分四处，分成日、英、美、法军，英军指挥官没有异议表示同意，将其通报给美、法两军指挥官。于是，以天津城贯通东、西、南、北门的道路为分界，在城内划定各国军队占领的区域，即东北部为日军，西北部为英军，东南部为美军，西南部为法军，法军后来和英国的占领区域交换，原因是法军的占领区域和其行动相比反而不好分配。

8点10分，福岛司令官命令各队，在占领地留下必要的守备兵，其余在南门集合。9点20分福岛司令官在南门城墙上召集诸军官，祝贺胜利，并给予有关将来的训示，其要旨如下：

训示及命令

攻略天津城是此事变发生以来的一大问题，此行动的拖延正是租界蒙受连日不断的炮击，给各国侨民带来悲痛困厄的原因。因此，早日解除此困痛乃各国渴望之夙愿。诸君看到，天津城非常坚固，且用于其攻击的兵力薄弱，以致旷日持久至今日才能以实施。为此，北京政府非常轻侮各国军队的无能，同时颇为相信团匪的威力，常常制定浅智无谋的处置，实在是非常遗憾。此外，以前由于情况上的必要，实行一部分攻击，获得功效。尽管如此,由于兵力上的关系,最终不得已放弃。致使彼等无视各国军队之想法日益增长,亦是不争的事实。于是,清国政府举芦台及其他各地的兵力集中在天津附近,从四面包围各国租界,各国军队愈益陷入悲惨境地。

不过,此形势俄然一变成为今日之光景抑是谁之力,这是诸君和其部下一起不厌酷热,甘于粗粮,视死如归,废寝忘食奋力之结果。天津城攻略警醒了北京政府的顽冥,加之派遣队抵津后的行动,特别是攻略天津的勇敢行动深深为各国军队所承认。

为了保全来之不易的获得公认的名誉,予发誓和诸君一起日益宣扬以我军鲜血的代价得到的名誉。战斗后难免军纪有所废弛,而军纪的废弛是污染名誉之基,诸君宜注意之。日军不仅在战斗中勇敢,其军纪亦森严,向各国军队展示其所行,以全始终,此时希望更加着力统率部下。

继而,给杉浦步兵少佐有关天津城内日本占领区域守备的训令,其要旨如下:

一、如另页略图(省去略图),划定天津城内各国军队的占领区域。

二、杉浦步兵少佐以其中的三个中队(其中一个中队后来到达)及炮兵一个中队守备该占领区域和城门。

三、充分保护占领区域内的居民,且保管彼等的所用品不要个人使用。

四、兵卒入房舍,必须首先派出军官指挥下的下士兵,在房舍内所需要的地方打上封印,禁止私自使用任何东西。

五、除公务外,禁止房舍外单独行动。需要的话,应在下士或上等兵的监视下外出。

六、在城门及其他占领区域内的要点配备步哨,担任一般警戒,并保护居民。

七、其他详细情况由守备队长适当确定,以宣扬我之武威。

下达此训令后,各队返回各自的宿营地。司令官和司令部员一起中午返营。

军队暂时休养

派遣队虽需要继续追击,更需要搜索敌情,但因连日激战,将士非常疲惫,采取暂时休养士兵之策。此外,各国军队也大体和我同一意思,没有再前进企图,而是采取暂时休战的姿态。

七　占领水师营炮台及天津海关道衙门

12日以后车站方面情况

12日凌晨2点,步兵第十二联队第九(大尉竹内贯一郎)及第十二(大尉猪谷不美男)两个中队和步兵第十一联队的两个中队轮换,和英、法军一起在车站守备,第十二中队守备右翼,第九中队守备左翼。

此两个中队从13日凌晨1点受到敌人的数次袭击,但常以射击将其击退。3点左右,俄军从东面进攻淀河附近的敌人,受到到达铁路线路附近敌人的顽强抵抗而停止。

10点25分,两个中队各派出一个小队的侦察队,但敌人依然占据防御阵地,开始进行射击。此时,前进到铁路线的俄军开始撤退,侦察队亦返回,而后车站受到敌人的猛烈炮击。

占领水师营及天津海关道衙门

14日上午5点过后，第九中队派遣三个侦察兵搜索敌人的情况，侦知敌人大部已经离开阵地。第九及第十二两个中队各留一个小队在车站，按照第十二、第九中队的顺序，向天津城前进，途中击退微弱的敌人，到达天津城东门对面的白河桥梁后，步兵第十二中队的一个小队（中尉友近信夫）占领天津海关道衙门，另一个小队（少尉园藤作藏）沿白河左岸向水师营炮台前进，渡河后9点20分占领水师营炮台。

此外，第九中队渡过白河的桥梁后，和第十二中队的前进道路不同，在天津城东北市街内各处驱逐败兵，上午10点30分到达天津城北门。

俄军提出有关炮击水师营要求

是日中午12点30分，俄军指挥官还不知道水师营已归我手，其传令军官到我司令部请求说："我军昨天以来驱逐淀河北岸之敌，到达铁路线路附近。但是水师营炮台及其附近的兵营还有很多敌兵，故本日下午以线臼炮炮击之，希望贵军亦从城内炮击予以援助。"我通报说该炮台已经被我军占领，彼大为惊异。

租界欢呼

在水师营炮台的九厘米克式炮六门每天炮击租界，约一个月使各国军队及侨民大受其苦。另外，天津城实际上是官兵、团匪的根据地。但以我军为主力攻取此坚固城池，夺取其炮台，扫荡官兵、团匪。现在租界犹如恶梦初醒，归于安静，月余的抑郁一时散去，听到弦歌笑声四起，后又看到商贾之兴旺。

八　敌军兵力及战斗后一般状况

天津附近敌人的配备兵器、兵力及死伤

根据天津总督衙门发布的京报及其他俘虏所言，在天津附近的官兵已如第九章所述，为聂士成率领的武卫前军二十五营、马玉昆率领的十五营并淮军、练军，合计不下一万八千人。此兵力内马玉昆率领的士兵从天津城东北水师营，在河东及淀河附近专门抵挡俄军及车站的我守备军，其他约一万二千人守备天津城及其东西一带之地，如本章而所述。

此外，有义和团约一万人（一部和马玉昆一起，另一部和淮军一起，在面对紫竹林的溜米厂附近，留在天津城约一万人）、直隶总督招募的安卫军、芦勇、保卫军、民团及雁排枪队等约二千人。而且，14日占领天津城后，墙上的死者中有无数穿着义和团或芦勇、安卫等标记衣服者，据此察知，这些士兵也参与战斗。义和团穿着红黄衣或红黄带，其匪首为曹福田、张德成。

官兵携带克式炮及毛瑟连发枪，使用无烟火药，因此认识其射击的方向及位置最为困难。此外，义和团携带刀、枪、剑或抬枪、前装枪炮等，兵器的威力虽劣，其志气激昂，进行颇为猛烈的抵抗。

13日上午6点左右，从天津城西门向西方撤退的敌人大纵队带着天津道台、府尹及

知县并随从的官兵及义和团的一部分,向杨柳青撤退。此外,马玉昆察知天津不保,同日下午5点向穆庄派遣参将郭殿邦的九营,以收容撤退兵。裕禄、宋庆向杨村,马玉昆、何永盛向北仓,其余的步炮兵从14日天未明向北仓撤退。另外,我军突入天津城时,防御者为淮军、练军及义和团,其大半败走西面及北面,或丢弃武器变为庶人,而且天津城内外的敌人死尸至少有四百名,统领卞长盛亦战死。

天津附近一带特别是天津城的官兵及义和团一直顽强抵抗到陷落,给各国军队造成很大损害,使大家感叹遇到了意想不到困难的敌人,如此抵抗大概在明治27～28年的日清战役中也没有见过。

九　我军死伤及各国军队死伤之比较

我军死伤数

我军死伤出现最多的是在干道西面开阔地前进的诸队,而且其在干道前进的队形几乎都是密集纵队,徒步攻入城南市街者损害反而少。从最初进行约18个小时的激烈战斗,结果出现比较大的死伤,实堪痛惜。出现如此过多的流血,如果不能获得胜利,不仅不能发扬我武名,不能使各国信任我军之武力,也未知北京公使馆的防御或许能这么持久。由于北京公使馆的攻击在天津陷落后约两周出现中止态势,曝尸战场的将士得以洵悼,获得应得的名誉而满足,可以永远瞑目。死伤的人数大体概记如下:

派遣队司令部　军官没有战死,负伤为陆军炮兵中佐青木宣纯。

派遣队下士以下及翻译官　负伤二名,即陆军步兵大佐服部尚、陆军步兵大尉吉泽正治。

步兵第十一联队　军官战死陆军步兵中尉中村嘉三、陆军步兵少尉国枝熊雄、陆军步兵见习士官青木俊藏、陆军步兵特务曹长竹下一清,负伤陆军步兵大尉木村伊助、陆军步兵大尉马屋原宽、陆军步兵中尉大室胜、陆军步兵少尉信田直一、陆军步兵少尉山本鹤一、陆军步兵特务曹长西冈治辅。步兵第十一联队下士以下及翻译官,战死七十七名,负伤一百七十八名。

步兵第十二联队第三大队　军官没有战死,负伤陆军步兵中尉伊藤丰若、奥田升及三等军医百百恭之丞。步兵第十二联队第三大队下士以下,战死六名,负伤三十三名。

骑兵中队　军官没有死伤。骑兵中队下士以下战死一名,负伤一名。

炮兵大队　军官战死陆军炮兵少尉板仓正七郎,负伤陆军炮兵少尉今川元熊、陆军炮兵特务曹长久野勘。炮兵大队下士以下战死十五名,负伤四十八名。

工兵中队　军官没有死伤。工兵中队下士以下战死一名,负伤十一名。

合计,军官战死七名,负伤十二名;下士以下战死一百名,负伤二百七十三名。

伤者搬运之非常手段

死伤总计三百九十二名,此外马匹死伤四十八匹。当时派遣队除附属队伍的卫生员及卫生预备员外,由于没有管理伤者的机关,对伤者的救护处置非常困苦,且当日为搬运弹药、兵饷及饮用水,使用全部的大行李及纵队人员。加之由于需要收容伤者,13日福岛司令官的有关将伤者送至后方的命令刚一到达宿营地，村上军医及近藤军吏就和白井兵站司令官协商，临时进行召集，将纵队附属士官、军吏、兽医、宪兵、会计、炊事下士、诸当番兵、勤务兵、马卒、酒保员及租界在留的本国人等集中，很多轻伤者自为血性男子也加入，得到八十余名。而且除使用携带帐篷的木柱、草席、粳米及大麦外，还使用带绳并大行李驮马用的货物网绳等制造二十八个急用担架，每个附三名人员搬运伤者。由于此时正值黑夜、行程远及炎暑，受到很大妨碍。尽管如此，通宵努力的结果，14 日早晨只剩下四十名伤者，其他都收容完毕，而美国传教士及英军亦出力援助护送我伤兵。总之，属于天津派遣队的人员连勤务兵、马卒都十分辛劳。

各国军队死伤者之比较

在此攻城战中，各国军队的死伤为，美军军官以下一百二十七名，法军军官以下一百一十七名，英军军官以下九十四名，奥军五名。我派遣队合计步兵、工兵约五个中队（包括守备车站的两个中队，该队由于和天津城攻击关系少，不计算在内）用于他处，没有参与此战斗，实际战斗的士兵为步、骑、炮、工兵的官兵合计二千七百人，其死伤为三百九十二名。将此和各国军队的死伤比较时，并非只有我损失过大，其比例几乎相同，实际上可谓一大奇观，各自对其兵力的死伤比例实际如下。

日军二千七百人，死伤三百九十二人，约七人比一人。

美军九百人，死伤一百二十七人（包括战死上校一名，上尉一名，负伤上尉、中尉四名），约合七人比一人。

法军八百人，死伤一百一十七人，约七人比一人。

英军六百五十五人，死伤九十四人（包括战死军官二名、负伤军官三名），约七人比一人。

各国军队总计五千零五十五人，死伤七百三十人，约七人比一人。

出现同一死伤者原因

如果再说当日的行动，法军大都和我军一起行动，美军在我右翼的开阔地行动，英军在我左翼后方，此外，其一部占据后方的土墙。但是如前记，对其兵力的死伤比例没有甲乙，几乎相同。所以能够判断，只要坚守在遮蔽物之后，面对清军和团匪的乱射，在步枪的射程内，不管距离远近和前后左右的任何地点，都出现同样的死伤。

十　弹药消耗及掠获品

弹药耗费数

由于激烈战斗长达约十八个小时，弹药消耗亦颇多，步兵第十二联队第三大队的两个中队由于是预备队，弹药消耗比较少。另外，炮兵大队到 13 日上午 10 点左右，炮身很热，渣滓黏着炮膛，出现开关非常迟缓现象。各队的消耗弹药大体如下：

（一）步兵第十一联队（缺两个中队和两个小队）十四万零一百五十三发（一人平均约八十发）。

(二)步兵第十二联队的两个中队(省去车站守备的两个中队)八千六百五十一发(一人平均二十二发)。

(三)工兵中队六百九十发(一人平均八发)。

合计十四万九千五百一十六发(加入骑兵中队的二十二发)。

(四)炮兵大队榴弹四百七十发、榴霰弹一千一百八十一发(一门约一百三十七发)。

缴获品及其处分

天津城内有无数兵器、弹药及约百万两的马蹄银等,但天津城分割后,由于属于他国占领区域,我军置之不理。我占领区域虽是城内最为殷富之地,但如前记保管物品的官衙极少。

在水师营及天津海关道衙门没收很多武器弹药及物品,但武器多为旧式,新式武器只有“毛瑟”连发枪三百一十三挺、“马克西姆”连发枪四百九十一挺、还有可以使用九厘米克式的大炮四门、五十七毫米速射炮两门及机关炮两门,其他不能够使用的有旧式滑腔炮或主要部件被破坏的新式炮。此外,还有步兵第十一联队所没收的银锭七万一千九百四十六点六二两,步兵第十二联队第三大队没收的银锭十六万零六百六十九点二七两,以及许多弹药及家具类。而且,关于这些处置,7 月 16 日下达有关命令,悉数暂定处置法,交给第五师团。其命令的要旨如下,但银锭经监督部送回本国。

(一)我占领区域内的各官衙现存品根据下列方法处置。

(二)关于兵器及弹药等,以高濑炮兵第二大队长为委员长,需要的委员及使用士兵人数由该委员长适当确定,从该大队任用。

(三)除各官衙的兵器弹药等,现存品由下面的委员处置:委员长杉浦步兵少佐、委员桥口步兵大尉、委员进藤一等军吏。

需要使用的士兵为当地的守备兵,其不足人数向司令部请求。

(四)确定暂时保管法,填写品种及人员数表,提出将来的处置法。

(五)任何情况、任何物品,个人都不能使用,设置严格的保管法。

(六)第二、第三项的两委员长对于其保管及堆积等所需要的场所,应相互协商确定。

(七)报告制定成处置法的时间。

第十一章　天津陷落后至第五师团抵津时情况及一般观察

一　天津陷落后一般情况

天津城内我占领区情况

7 月 15 日,福岛司令官巡视天津城内水师营及海关道衙门,视察占领后的情况,给各守备队下达必要的注意事项。此外,杉浦少佐担任天津城陷落后城内我占领区的守备,其一清扫散在占领区内的清国人死尸,其次慰问清国人民,宣讲有关生业且对失火及消防的警戒方法及其他一般管理法,并尽力于占领后的整理。

是日，杉浦少佐兼任水师营及海关道衙门的守备，且将车站的守备兵减少一个中队，担任租界防御区的守备兵减少一个小队，改为全部由步兵第十一联队派出。

天津城内的我占领区施政逐日适宜，市民归来增多，商贾开业，不多时成为盛大的市场，多数需用品可便宜的从我占领区购得。当时，各国军队中往往有极为暴戾者，市民深受其苦，我占领区内的市民很少有蒙受此等毒害的。

各国军官来祝贺我军胜利

同日上午，俄军将领阿列克谢耶夫派来其参谋官，祝贺昨天以来我军的胜利，法军指挥官多白拉克上校以其副官及医官之名赠送我伤员葡萄酒一箱，感谢日军军医给予法军伤员的厚意，并祝贺日、法联军的成功。此外，俄军少校沃达尔到来祝贺昨天以来我之胜利，大力赞扬日军的勇悍。

西公使通信

在此之前，西公使派出的密使郑殿方 12 日到达天津车站的我防线，此密使 6 月 29 日携带该公使给郑领事的如下书信：

当地的形势非常紧迫，清国官兵等全力发射大炮破裂弹，包围、攻击各国公使馆，昼夜不止。各国护卫士兵、侨民及公使馆员等死守抵抗，但寡不敌众，非常疲劳，弹药缺乏，危在旦夕，眼看要遭屠杀惨祸。希望紧急援军的成功，且迅速将此情况通报给帝国政府。

于是，15 日福岛少将托此密使，将如下书函送给柴中佐。

6 月 17 日，大沽炮台落入联军之手，26 日西摩中将率领的救援军返回天津。29 日，本军官率领的临时派遣队进入天津。7 月 13 日，攻略天津城，第五师团全部于 20 日前到达天津，马上大举踏上救援北京的路途，请保重。

有关军纪、卫生训示及宿营地管理

16 日以前，从步兵第十一联队派出的大沽北炮台及军粮城西面的守备部队和步兵第四十一联队第一大队轮换，此部队是 15 日以后在大沽登陆的第五师团的前头兵。继而，该师团陆续登陆，在此需要准备在天津的宿营等。

17 日，再次下达有关军纪及卫生的训示，且有如下厉行宿营地管理及卫生的命令：

一、宿营司令部的任命

为严正宿营内的管理，且厉行卫生上的注意，在租界内宿营的诸队设置宿营司令官，步兵第十一联队长担任其司令官。

二、宿营内的管理

(一)各队设置如下巡察军官，巡回租界内各处，和宪兵联合负责宿营内的管理。此巡察军官每天接受宿营司令官出具姓名的必要训示。

步兵大队各三名，骑兵、工兵、辎重兵各一名，炮兵大队一名

(二)各巡察军官执勤一昼夜，进行白天一次、晚上两次的巡察，但和必要的护卫兵同行。

(三)此巡察军官巡回的时间由司令部副官每天确定之，得到宿营司令官的认可，每夜汇报时通知各队。

(四)巡察军官巡回宿营地附近及远处的租界内,严厉调查举动可疑者及独自的我下士以下士兵,需要的话将其交给宪兵或卫兵。

三、卫生的厉行

(一)为厉行租界宿营内的人马卫生,在宿营司令部之下设置卫生委员如下:

步兵第十一联队第二大队长及步兵第十一联队第一、第三大队所出的军医各一名,骑兵中队所出军医及兽医各一名,炮兵第六中队长及该大队的军医一名,工兵中队长,辎重兵队长、该兽医一名。其中指定的各队的军医及兽医之姓名交给宿营司令官,此外宿营司令官有卫生需要的工作,可以使用工兵队。

(二)卫生委员隶属宿营司令官,负责宿营内外的卫生,极力防止流行病的萌芽。

(三)宿营地内外的大扫除至少每周一次,特别是厕所的设置及炊事场附近的排水等需要特别注意。为排除污物等需要人夫时,向司令部请求。

(四)至于其他详细情况,宿营司令官适当指定。

此外,在城内其他地方的人以上面的规定为准,进行宿营地和卫生的管理。

为第五师团准备宿营

已如前述,第五师团逐次登陆,向天津前进的日期日益迫近,由此需要准备宿营。18日步兵第十一联队第三大队进入天津城外,和杉浦少佐协商,在不妨碍外国占领区域的情况下,考虑到后续师团的宿舍之需,占领很多房屋。继而,各国军队也为后续部队竞相着手准备宿营。19日,步兵第十一联队第二大队最终留在租界,其他向天津城东白河右岸前进,专门致力于占领广阔的房屋。于是,水师营及海关道衙门的守备亦由代替步兵第十二联队第三大队的步兵第十一联队派出的人负责。不失时机地准备第五师团的宿营,但仍然是感到不足,其详细情况参见第十三章。

铁路管理委任于俄军

各国海军前任指挥官会议的结果,从18日上午9点,天津、塘沽间的铁路管理委任给俄军。出任塘沽车站委员的松村海军大尉由于离开此地,认为从白河右岸进兵是上策,和仁田原大沽运输通信支部长协商着手此准备。

解散派遣队

19日,山口第五师团长和寺内参谋本部次长一起到达天津,派遣队司令部转移到日本领事馆,其原址让给师团司令部。21日解散派遣队的战斗序列,诸队纳入第五师团的战斗序列。于是,司令部员分别进入各部的编成,其关系对照见第十三章。

二 天津都统衙门之设立

俄军将领提议之行政机关

7月16日上午9点,就天津城及该城附近清国市街的军事行政,各国军队指挥官在俄军将领阿列克谢耶夫的大本营召开会议。

俄军将领提出行政机关的大体意见:“现在天津城及其附近落入各国军队之手,地方官吏悉数逃走,呈现出无政府无秩序的状态。为此需迅速设置军事行政厅,恢复其秩序,此乃各国军队的责任,希望诸君的赞同。”其行政机关的大要如下:

一、行政机关及薪俸的大要。军务知事一名,年薪二千镑;书记官若干,年薪一千七百镑;翻译官若干,月薪三百镑。

二、知事总理行政的诸务,担任其实施;书记官接受知事的命令,负责其担当的事务;翻译官从事和当地人之间的翻译。

三、八个国家各自出一名委员作为立法官,审议重要的事务,交由知事实行。

四、从各国军队的将士中派出必要的代用警察队,但选出的人员应适应各国军队的兵力。

我军关于军务知事选举之动议

此提议毫无异议地通过。此时,阿列克谢耶夫中将附言说:“此知事如果不是在天津多年,熟悉北清的情况,具有内外人的重望者,就无法胜任其职。诸君宜多此意,明日再开会时,切望提出一名。”但是,军务知事选举的结果有可能产生弊害之虞。在 17 日的会议上,一开会我军代表就发言说:“眼下情况紧急,有必要设置军务知事。只是在各国军队的占领区域内,妄自杀戮清国人或掠夺其货物等事,如果没有进行相当施政,不容易治理地方。故需要特别设置官厅。”并附言说,在必要的情况之际,各自等待本国政府的训令,而后再着手也不晚。

多数指挥官同意此说,俄军将领试图维持原案,但德国海军上校沃达姆提出动议说:“不管何人充任,此事都应以多数表决讨论。各国军队中一国如果异议,最终其选举无法成立。”俄军将领也最终屈服此说,提议从各国与清国有重大关系的日、英、俄三国中各选出有同等权利的人一名,名为“军务参与官”,成立三头政治。各国军队指挥官没有异议。是日下午,前记三国军队中各选出候补者,得到俄军将领的许可,俄军将领将其报告各国军队,寻求有关被选者之确认。

于是,福岛司令官以青木炮兵中佐为军务参与官候补者,通知给俄军将领,得到俄国军的承认。而后的施政情况,见第三十章。

三　派遣队抵津后给养及卫生概况

获得宿舍及给养

关于天津、大沽间的运输,已在第六章所述,军队的运输经铁路,弹药及粮食等专门利用白河的水运,顺便利用铁路。由于如此不完整的兵站线路,而且在运输机关不具备的情况下,要想将弹药、粮食及帐篷等全部运输,与现状相比感到更为困难。但是,临时派遣队幸好在天津,关于宿营及给养,得到意外的便利。

一、希望获得三千人需要的约四十天的米粮。

二、薪材能够挪用房屋烧剩的木材。

三、日军在郊外能征发少许的野菜、鸡、猪等。

四、不用帐篷,派遣队也得宿泊。

五、饮用水依靠天津水管的清凉之水。

因此,追加品限于弹药、副食品及大麦,不仅可以省去米粮的追加,卫生上也可以获得不少便利。此外,从本国携带的帐篷只能用于滞留在军粮城附近的掩护铁路的步兵小队及担任铁路修理的工兵小队,没有任何多余。换言之,不过是冒着雨露,忍着饥渴,也妨碍攻守战。

给养及卫生概况

由于情况如此,军官以下在炎热之下进入颇为狭隘的房舍,以坚硬带有臭气且颇难消化的清国米和罐装肉菜填腹,只能偶尔获得很少新鲜的蔬菜、鸡、猪等。此外,饮用水也在一定限制以内只供军队需要,加之不断受到炮击,另外日夜需要不断参与战斗,每天经水路到达的粮食及弹药的搬运,由于搬运工具不完备,又需要借助兵卒的力量等,实际上没有余暇。即使翻开任何战史,如此万般需要军官以下的劳力勤奋的例子也不多,这实际上是不得已而为之。因此,无法像当初预期那样周到督促注意卫生。危险的传染病等没有发生,只是出现轻微的痢疾患者,实际上可以称为幸运。

7 月 4 日,法租界有信洋行开设医院,收容伤病者。但枪炮弹经常掠过屋顶,彼等不能安心,各队所附的军医交替在此医院值勤,能够得以应急治疗。9 日,卫生预备员从大沽进入天津,同日的赛马场附近的战斗、11 日的车站战斗及 13 日、14 日两天的天津城攻击等陆续出现很多伤者。另一方面由于痢疾患者的增多,全部队附医官帮助卫生预备员,大为勤奋。尽管如此,伤病者的处置还是非常困难。不过,7 日以来中型轮船在天津、大沽间运行,且红十字社的博爱丸船 7 日到达大沽,大大方便了伤病者的后方运送。

此外,各战斗中的伤者的搬运机关及收集材料为一大困难。以前命令工兵队制作的临时担架,11 日的车站战斗,13 及 14 日的天津攻击战后都不够,因此 13 日晚不得已采取非常手段。

四　派遣队攻守战之概况

攻守战概况

6 月 29 日临时派遣队的先头部队进入天津以来,至天津城陷落约两周余的时间,攻守战斗不断,乃颇为复杂的时期,现将经过大要概括如下,以供读者之便:

一、7 月 1 日,同意俄军的提议,步兵第十一联队第五及第七中队进行溜米厂附近的侦察战。

二、3 日,应俄军的请求,步兵第十二联队第九及第十中队掩护炮兵第四中队,炮击河东附近的敌人,继而由于俄军撤退,代之守备车站。

同日,步兵第十一联队第七中队和英、奥、德军轮换,守卫租界西南面,从该日至翌日同敌人作战。

三、4 日,步兵第十一联队第五及第六中队守卫车站,终日终夜进行防御。

四、5 日,步兵第十一联队第五及第六中队在车站继续前日之战斗,此外,该联队第八中队在租界西南的防线终日进行防御战。

五、6 日，步兵第十二联队第三大队担任车站守备，击退敌人之进攻。

同日，炮兵大队（两个中队）从租界游戏场西面和英、法军炮兵一起炮击天津城，步兵第十一联队第八中队掩护之。

六、7 日，炮兵大队炮击天津城，骑兵中队侦察赛马场附近，和敌人遭遇。

七、从 8 日早晨敌兵来进攻车站，步兵第十二联队第九及第十一中队反攻，同日炮兵大队炮击天津城。

八、9 日，派遣队和英、美军一起攻打赛马场及西机器局。

九、11 日，步兵第十一联队第二大队在车站击退从拂晓就猛烈来攻的敌人。

同日，炮兵大队炮击天津城。

十、13 及 14 日两天，派遣队（步兵第十一联队第一、第三大队开始参与）和英、美、法军一起攻略天津城。

死伤数及弹药消耗

由于情况如上，死伤的数量也多，死者一百五十一名，伤者四百二十九名。

将其和派遣队的兵力比较，军官以下战斗人员约四千二百人，约七人出现一名死伤者。

明治三十三年清国事变战史

卷　三

第五篇(上)
自第五师团动员起至一半部队凯旋期间之事迹

第十二章　第五师团之动员、任务及出发

一　第五师团之动员

第五师团之动员

向清朝派出两次临时派遣部队之后,来自诸方面的情报表明,至6月24、25日,北清匪势益加猖獗,北京公使馆陷入重围,天津租界亦被围,不但受到清兵的炮击,而且天津、塘沽之间亦布满清兵,其联络一时陷入中断。17日各国舰队占领大沽炮台后,清朝官兵明目张胆地阻碍各国军队的前进,局势益加严重。然而,当时我政府切望清朝能够尽可能和平平息局势。这次北清暴动事关各国,不能单独采取措施,应继续慎重观察局势之经过,做好举兵处理局势之准备,并不需要派遣其他兵力。当时,俄国已经向北清派遣了两千余陆军,还向旅顺口增兵,并且于12日向黑龙军管区下了动员命令。此外英国从香港,德国从青岛增兵。此迫近眉睫之际,各国均采取应急措施,但其全部兵力仍未能压制清朝直隶省的兵力,不能向北京进军。由于我国位置与清朝接近,英国热切期望我国能够迅速派遣大量部队,挽救此紧急危难,但是我政府采取了上述之慎重态度,没有迅速做出回应,唯观察局势之经过。如今感到兵力确实不足,遂决定首先动员第五师团。

第五师团动员概况

26日,向第五师团下达动员令,即陆军大臣桂(太郎)向第五师团长山口下达命令(电报):“该师团派往清朝,与诸队会合(帐篷输送员除外),日后恢复其定规编制,进行动员。”

接着,陆军省给第五师团配备野战部队并补充留守部队的不足人员。

第五师团此前也组建了临时派遣队,尔后该师团认为该动员计划应作部分修改,于是于6月22日向参谋本部发电报汇报了组建部队数量等相关的情况。按照参谋本部的答复,开始着手修订计划,另外设立各种紧急委员、着手进行马匹征发的配备及职员配备的改订等,作为应急准备。在动员令下达之前没有充分时日应对动员计划的变更进行全部

装备,动员令电报到达广岛师团司令部时,其紧急改订措施已经实施。

当时在派遣部队组建之后,考虑到需要临时处理的事情很多,并且还要保持各部队的动员状况同步进行,第五师团司令部认为极有必要疏通各部意志,于是决定每日召集各部队长官开会,该会议的目的在于,由师团长或参谋长向各部队长传达指示,或者解决异议和质询,或者根据各部队长官的报告敦促动员的进展状况,这从总体上大大方便了动员的进展。

各部队的动员实施基本按计划进行。特别是各联队区司令部及各地官衙历经明治27、28年战争的考验,比较圆满地完成了动员的实施任务,而一般的应征人员均在忠心报国的赤诚感召下,迅速而畅快地尽了自己的义务,大大有助于一般动员的推进。

因为临时派遣部队的组建,广岛附近的马匹已被抢购一空,因此在实施动员时不得不舍近求远从其他地方征集。在马匹征集过程中,尽管发生许多麻烦,但仍按预定计划实施。

夏装本来每人准备一套,但是临时派遣队每人需携带两套,因此现在必须征用旧品或者挪用其他部队的装备,然而整个师团仍缺夏装约千套,不足部分由陆军省给予补给。

考虑到北清地区的情况,决定携带屋形的集体帐篷,另外,应师团长的请求向士兵发放携带帐篷和腹带,此外各部队准备了滤水器、明矾以及饮水运输工具、吊桶等。

如前所述,第五师团的动员实施概按预定计划按部就班进行,至7月5日,全部动员结束。

二　第五师团诸部队之组建

第五师团士兵主要由野战炮第十六联队第一大队、临时铁道部队以及临时独立徒步炮兵中队构成,其中前二者原本属于第五师团,动员令下达后继续存在,而后者则于稍后的8月初组建。

野战炮兵第十六联队第一大队之组建

7月9日,陆军大臣桂太郎向近卫师团长长谷川好道男爵及第一师团长川村景明男爵下达命令,要求以野战炮兵第二旅团第十六联队第一大队为主干,并从该旅团以及第一旅团抽调要员组建野炮一大队,兵器被服皆由第一师团配给。

该大队乃于位于国府台[①]的基干部队内组建,17、18两日从营地出发,翌日乘坐火车离开东京,20、21两日到达广岛,编入第五师团长麾下。

临时铁道部队之组建

7月7日,陆军大臣命令近卫师团长以铁道大队组建临时铁道部队。

该铁道部队于位于中野村的铁道大队内组建,21日从中野村出发,直接乘坐火车于23日到达广岛,编入第五师团长麾下。

---

① 日本古代地方官衙及其所在地。——译者注

临时独立徒步炮兵中队之组建

临时独立徒步炮兵中队是根据陆军大臣 8 月 2 日发布的命令于第一师团内组建，它拥有十二厘米榴弹炮四门，主要从野战炮兵第二旅团调集马夫、马匹，从东京湾要塞炮兵联队调集炮手和工作人员。该部队 7 日于东京集合，8 日乘坐火车出发，10 日到达宇品，11 日乘船出发。

三　第五师团之任务

出发命令及训令

如上所述，第五师团的动员于 7 月 5 日宣告全部完成，各部队在各自的卫戍地（广岛、山口及滨田）待命。当时北清变乱益加严重，以前派遣的临时派遣队仍需增援，在派遣了步兵第十一联队余部之后，兵力仍然不足，于是便决定派遣第五师团全部兵力。陆军大臣桂太郎于 7 月 7 日向第五师团长山口下达如下命令：

一、北清暴动益加猖獗，保护我帝国公使馆、领事馆及臣民安全成为迫在眉睫之事，阁下以此为目的与此前派出的师团余部共同前往清国。

二、将兵站部与野战电信部队编入师团战斗序列，兵站部的战斗序列见附表（参见附表战斗序列）。

三、第五师团的先期到达部队归临时派遣部队司令福岛少将指挥，阁下到达清国之后，可直接指挥各部队，解除其临时编制，恢复其师团的战斗序列，然后将步兵第十二联队第三大队置于阁下统率之下，临时派遣部队司令部职员附属于其师团司令部，但军吏及会计均附属于兵站监部。

四、临时野战炮兵大队及临时铁道大队归阁下指挥，派往清国的上述两部队于东京组建，并用火车运往当地。

五、驻扎山口的步兵部队由参谋本部指定有关旅团长负责，按照输送计划表及输送券办理手续在当地召集。

六、船舶运输相关事宜请同宇品运输通信支部长协商。

同时，陆军大臣还向第五师团长下达了关于外交的训令，其主要内容和给临时派遣部队司令官的命令相同。

给福岛少将之命令

陆军大臣同时又给福岛少将下达了如下命令，并通报了第五师团长：

一、第五师团的余部及临时野战炮兵部队和临时铁道部队继续派往清国。

二、阁下在第五师团长到达当地直接指挥先头部队之前，负责指挥临时派遣部队，尔后解除派遣部队的编制时，应允许与司令部人员一起归属第五师团司令部。但是军吏及会计均附属于兵站监部。

电报命令及来往电报

上述命令及训令从东京邮寄,9 日晚上 11 时送达驻扎于广岛的第五师团长手中。此前曾预定第五师团先头部队的运送从 9 日开始,8 日陆军大臣通过电报向师团长发出了如下命令(8 日凌晨 2 点 30 分到达广岛):"预定继续派遣的第五师团 9 日从步兵第四十一联队开始登船。关于登船事宜请同宇品支部长协商。滨田联队于 15 日之前于当地完成召集,山口部队 11 日从三田尻出发,经铁路运送至当地。另附邮寄运送计划笔记命令及训令。"

接着,9 日晚上 8 点 50 分,陆军总务长官回电如下:"贵师团的任务与第一次派遣部队基本相同,负责保护公使馆、领事馆和帝国臣民,并采取与各国协同的态度,集中陆军、海军力量完成任务。先头部队在阁下到达清国行使直接指挥权之前,暂由福岛少将指挥。"

陆军大臣训令

陆军大臣又于 10 日派陆军省副官步兵少佐大井菊次郎到广岛向师团长传达 9 日的训令(师团长于 11 日上午 8 点接到上述训令),并且对第五师团如何在联军中间开展行动做出了指示,还明确了第五师团长与福岛少将之间的关系。

同时,陆军大臣向临时派遣部队司令官福岛少将发出训令,指示该官今后的任务,并将此训令通报给第五师团长。

四 出发前之措施及出发

出发前之相关准备

7 月 8 日(凌晨 2 点 30 分),根据陆军大臣的电报命令(参见前章),第五师团长安排了如下行军计划:电令驻扎于山口的步兵第二十一旅团长塚本胜嘉率其旅团司令部及步兵第四十二联队于 11 日(由于线路不通,实际日期为 13 日)通过铁路运送至广岛集结。另又电令驻扎于滨田的步兵第二十一联队长竹中安太郎大佐率其联队于 10 日出发 14 日到达广岛。

是日(8 日上午 9 点),师团长下达了命令,步兵第四十一联队于 9 日从宇品乘船出发,其他各部队整装待发。又从宇品运输通信支部抽调将校以下所有人员进行乘船准备,而从辎重兵第五大队抽调了马匹搭载助手(下士一人,士兵十人)。

9 日(下午 2 点),第五师团第一次输送配船表(同时到达的还有三田尻、广岛间铁路运输计划表)到达(通过邮递方式)。师团长根据上述计划表(于下午 5 点)命令骑兵第五联队本部及一中队、野战炮兵本部及一中队于 10 日下午乘坐土佐丸出发。

当时,师团长之所以下达逐批出发的命令,是因为如上所述还未确知师团的任务,还在等待与之相关的命令及训令,才能下达一般命令。

9 日,师团长接到了陆军大臣关于任务的命令(参见前章)后,向派遣队司令官福岛发电报通知了师团先头部队及师团长的预定出发日期;10 日上午 8 点,向各部团队下达了出发的相关命令：

一、命令师团余部再次派往清国，以保护在清帝国公使馆、领事馆及臣民。除第五师团战斗序列外，步兵第十二联队第三大队、临时野战炮兵大队、临时铁道部队以及兵站部均归本人指挥，但在我到达清国之前，临时派遣部队及先头各部队皆由福岛少将指挥。

二、各部队按照配船表逐批乘船到达大沽登陆。关于登陆事宜由常备舰队司令长官东乡海军中将协助。

三、由师团监督部派遣的军吏在乘船之前于宇品领取携带帐篷及腹带。

四、如没有特别命令，各船的运送指挥官由同船的有经验的高级将校担任。

五、师团司令部于7月12日从宇品乘坐西京丸向大沽出发，我出发之后，运输的相关事宜皆听命留守师团长部署。

此命令中规定的师团司令部出发日期，因为山口部队的铁路输送延期而延至13日。

山口驻屯部队向广岛集结

7月10日上午8点30分，步兵第二十一旅团长塚本接到参谋本部次长寺内正毅的命令："贵旅团司令部及步兵第四十二联队作为先头部队于7月11日晚上10点20分从三田尻出发，并依照输送计划表及铁路输送券办理手续实施铁路输送。"（该命令7月7日下达）于是塚本向步兵第四十二联队下达了出发的相关命令，并且命副官步兵中尉河相小太郎先赴广岛进行各项准备。

晚上10点50分，旅团副官河相的电报到达旅团司令部，即"富海、福川间铁路不通，眼下开通无望"。

11日凌晨3点35分，接到旅团副官河相的电报"按照广岛运输课询问参谋本部的结果，应选择合适时机，以福川为起点向该地陆地行军"，塚本旅团长命令无论采取陆地行军还是铁路运送的方式，步兵第四十二联队按原计划出发。上午6点向参谋本部次长发电报："司令部及第四十二联队将于上午9点出发，是在三田尻停止等待还是向德山进军，请指示。"与此同时还将同样内容的电报发给了师团长。上午6点30分，参谋本部次长下达电令，主要内容如下："铁路输送推迟一日，按计划从福川站运送，为此驻扎山口的部队于明日（12日）晚上9点之前到达福川站，徒步行军。"

于是步兵第四十二联队于当日在宫市宿营，塚本旅团长则于下午5点32分乘坐从福川开出的普通火车，于9点33分先行到达广岛。

步兵第四十二联队于12日从宫市出发，徒步行军至福川，然后根据输送计划表，作为先头部队乘坐晚上11点22分的火车出发（见下表），13日凌晨4点25分最终在广岛集结完毕。

列车编号	输送指挥官	输送部队	福川出发时间	到达广岛时间
第一列车	第一大队长堀江少佐	第一大队 (第三、第四中队除外)	12日晚上11点22分	13日凌晨3点34分
第二列车	第三中队长中路大尉	第三、第四中队	13日凌晨1点8分	13日上午5点20分
第三列车	第二大队长杉冈少佐	第二大队 (第七、第八中队除外)	13日凌晨3点8分	13日上午7点25分
第四列车	第八中队长鸟居大尉	第七、第八中队	13日上午6点	13日上午10点34分
第五列车	第三大队长田边少佐	第三大队 (第九、第十中队除外)	13日上午8点8分	13日下午1点5分
第六列车	第九中队长成川大尉	第九、第十中队	13日上午11点4分	13日下午4点25分

除最后一辆列车因为宫岛的管弦祭而迟到33分钟外,其他各列车均按预定计划运行。运送过程中人马均无异常,上下车秩序井然,只是因为征发马匹喧噪,难以驾驭,在向第二列车搭载马匹时,一名士兵被踢伤胸部而负轻伤。沿途官民在运送途中多有优待,到柳井津与官兵会面者很多,稍显杂沓。

滨田驻屯部队向广岛集结

按照7月8日师团命令,步兵第二十一联队长竹中大佐按照下表开始实施行军计划。最初两三日行军里程稍远,但遇到炎热或雨天,道路险恶,因而出现若干伤病员。再加上沿途宿营地除部分外皆是寒村败舍,铺盖每人不足1张,给养物资也不充足,这些也是造成行军过程中伤病员增加的原因。

各部队广岛兵营之概况

步兵第四十二联队于7月13日到达广岛,建立营舍,下士以下每人铺盖一张,再加上装具、枪架的位置,空余之地甚少,稍显狭窄。然而皆停留四日以内,并于此间逐批乘船。

步兵第二十一联队于14日到达广岛,建立营舍,宿舍状况与步兵第四十二联队相同,只是其停留日期则在3日乃至11日以内,具体情况视大队而定。

除此之外,临时铁道部队、野战炮兵第十六联队第一大队、临时徒步炮兵中队于7月20日至8月11日到达广岛附近,在广岛宿营1日至8日。

广岛市民及地方官吏喜迎军队,并提供诸种便利。在各部队到达或出发之际,均出门迎送,准备茶水,捐赠物品,进行犒军。7月13日以后,除了特设部队在此宿营之外,来自山口、滨田、东京的各部队陆续到达,一时间数千人的军队宿营于此,但没有引起些许混乱。

广岛不仅在明治27、28年战争时曾经为大部队提供过宿舍,而且每年都为台湾守备部队出入提供宿营地,因此当地官民与军队接触的经验比较丰富。再加上事变当时,人心激昂,富有以图报效之精神,因此,营舍问题能够得以圆满解决。

各部队出发之概况

7 月 9 日到 8 月 11 日之间，各部队按照配船表逐批从宇品乘船出发。除有十二匹马坠落海中之外，登船计划得以顺利井然地实施。

广岛官民以及将校以下的亲戚朋友前来欢送部队出发，特别是 13 日山口第五师团长出发时，留守师团各部队沿途列队，官民及学校学生夹道欢送，为其壮行。

第十三章　大沽登陆、进军天津及北京救援作战之准备

一　登陆及其他措施

登陆概况

大沽的抛锚地及登陆地的境况如第六章第一节所述，不但登陆非常困难，而且平常各国军队登陆频繁，大小船舶出入狭隘的白河口，极其混杂，使登陆行动更加迟缓。

第五师团的登陆用中小汽船少，栈桥设备不足，登陆行动更加困难。特别是师团大部在西大沽（西沽）登陆，登陆过程中不得不架设栈桥，准备陆上集中场所。加之季节炎热，酷热难当，饮用水是用黄泥色的河水沉淀而成，并且登陆地附近全是赤土贫瘠之地，毫无树荫可依，因此登陆的人员均感非常困难。另外，登陆后的士兵或者直接服杂役，或者因为宿营地不够，登陆后直接出发，行军数里，因此中暑者不在少数。

登陆顺序

在如此困难的情况下，第五师团从 7 月 14 日到 8 月 16 日基本完成登陆。

最先到达的部队是从大沽北炮台登陆的，7 月 19 日以后基本都是从西大沽登陆的。到 8 月 2 日上午登陆的部队得以参加了北仓战斗，此后登陆的军队全都进行急行军，追赶北仓、北京之间的师团。

先头部队之登陆

步兵第四十一联队第一大队（缺少第三、第四中队）作为第五师团最先到达的先头部队，于 7 月 15 日在大沽炮台登陆之后，派一个小队守备塘沽，另一个小队守备塘沽车站东面粮食堆积场（各国共有），其他部队于 16 日到达塘沽宿营。

该大队队长佐伯惟孝少佐根据临时派遣部队司令官的命令，派 17 日登陆的第四中队（缺一小队）守卫大沽北炮台，派该中队一小队去军粮城西约六公里的地方，与步兵第四十一联队守卫士兵交接。

步兵第四十一联队的其他人员登陆后逐渐向塘沽集合，18 日第一、第二大队在宿舍内宿营，第三大队在帐篷内宿营。

骑兵第五联队本部及第三中队、野战炮兵第五联队本部以及第一中队登陆后（17

日),均在北炮台内掩蔽部分及帐篷内宿营,马匹在堡垒外露营。

登陆过程中,骑兵部队人员五十七名、马五十九匹搭载英国驳船(载重量比较大的平底船),并由该国汽船拖曳上陆,这是登陆过程中唯一一次借助外国军队力量的情况。

师团司令部之登陆

17日(上午7点30分)师团司令部及第九旅团司令部乘坐的西京丸到达大沽海面,暂时抛锚,舰队司令长官海军中将东乡平八郎、司令官出羽重远少将和幕僚一起拜访了山口师团长,于是师团长才知道14日天津城陷落的消息,北京危在旦夕(根据北京公使发来的谍报)以及天津、大沽之间铁路以及电信的情况。

是日师团司令部预定登陆日,终未果。参谋伊藤濑平少佐、副官平田时丸大尉于下午6点左右乘舰队小汽船驶向登陆地,因为知道此前停泊在此处海面上的博爱丸上有我军及法军伤员,因此伊藤参谋代替师团长前来慰问。

至18日(凌晨3点30分),师团长带领幕僚转乘中型汽船(利根川丸)于5点从大沽北炮台登陆,到达运输通信支部。此时从提前出发的伊藤参谋及其他各处获得的情报如下:

一、临时派遣部队的位置。步兵四大队、骑兵一中队、炮兵三中队、工兵一中队、大部分卫生预备员、弹药及粮食纵队的三分之二均在天津(纵队的剩余部队在大沽北炮台)。

二、已经登陆的各部队的位置。步兵第四十一联队二大队在塘沽。骑兵联队本部及第三中队、炮兵联队本部及第一中队在此炮台。

三、福岛少将的意见要点。师团今后至少要在天津囤集三个月的粮食,才能向北京方向进军。为此,要在大沽、白河右岸新城、葛沽附近选择宿营地,先将粮食弹药运送到天津。

登陆部队于塘沽及新城附近集结

根据上述情报,师团长决定将第一次运输的各部队逐渐向塘沽及新城附近集结,利用白河及铁路将粮秣运到天津之后,向天津进军。

按照上述决定,制定了第一步措施:

一、步兵第二十一旅团向白河右岸的葛沽及新城集结。

二、为预定从明日开始的步兵第四十二联队直接从西大沽登陆,做好各种准备。

三、步兵第四十二联队登陆后直接到葛沽宿营,为此应将两三日所需粮食用船运至该地,然后到西大沽仓库领取大件行李。

四、师团司令部本日到塘沽。

师团长就上述第二、第三项内容同运输通信支部长步兵中佐田原重行进行协商,同时为使军队在新河及千家铺(位于塘沽东南方约两公里处的小村落)宿营,命令骑兵第五联队长大佐森冈正元进行侦察。然而此地较远,再加上人烟稀少,不适合宿营。

接着师团长将该决定向陆军大臣发了电报后,离开大沽,中午到达塘沽(步兵第九旅团司令部始终与师团司令部共同行动)。

登陆白河右岸

师团司令部登陆后，决定除必要的一部分部队外，其他所有的部队从西大沽登陆，其理由如下：

当时物资运送到天津，一是靠白河，二是靠铁路，而军队却不能全靠此等便利向天津进军，因而不得不徒步行军。然而，白河左岸没有可供宿营之地，而且道路不好，而白河右岸有很多宽敞的市镇村落，不但便于宿营给养，而且道路也很好，还能征发车辆、马匹，补充运输力。更为重要的是，从来没有任何国家军队通过此地，这里归日军独占，所以同各国军队划分区域时占有优势。

另外，鉴于清兵也在白河右岸的现状，我军得以在右岸配置守备部队，以掩护白河，保障其运输安全。

鉴于此理由，将登陆地点变更为西大沽，但由于该地此前无登陆设施，使得最初执行登陆任务的部队行动颇为艰难，所幸工兵队的登陆地点也变更为此地，他们加紧在登陆地施工，准备前进道路，因此，将困难时期大大缩短。

21 日，师团司令部离开塘沽，向天津进发之际，命参谋誉田甚八大尉留守大沽，负责今后登陆部队的指导并传达命令报告。

登陆西大沽

首先到达西大沽的是步兵第四十二联队第一大队。他们于 19 日进入白河口，到达西大沽。但此时登陆地点的设施尚未完成，因此空在船内等候，直至 20 日方开始登陆。

当时各国军队争夺并占领塘沽附近的宿营地，毫无遣散的余地。英国瓦兰大舰舰长在塘沽车站告知海军大尉松村纯一（来自海军的车站委员）曰：“听说日军纵火焚烧葛沽。该地为物资征集必要之地，故希望此等事情不再发生。”石桥参谋长闻听此事，认为此为某些军队所为，故有此传说。此地不论如何为我军将来之要地，应迅速占领。为此决定，一方面要向瓦兰大舰舰长表明日军绝对不会做出此事，另一方面要命令先头登陆部队迅速占领之。于是，步兵第四十二联队第一大队登陆后立即（下午 5 点多）派出先头部队到葛沽及新城，接着各中队向西大沽出发，右半大队（缺少二分队）到达葛沽，左半大队（缺少一小队，一小队与二分队留在西大沽负责警戒监视）到达新城。

此前，堀江第一大队长接到先前到达的吉村健藏中尉的报告，说距西大沽以西约两公里的桥梁（称作“万年桥”）遭到破坏，遂派中尉宫地久寿马率步兵二分队前往架桥。宫地久寿马中尉架设了一座长约三十五米的临时浮桥，可供步兵两列、驮马一列通过。尔后该中尉驻扎该地，对该桥进行修理及维护。

驻留大沽的骑兵小队（该小队一部驻扎北炮台，由兵站监部调用，一部分到达西大沽，隶属步兵第二十一旅团长指挥）少尉吉田源次郎率领下士一名、士兵五名于 20 日出发，对此地至天津之间白河右岸的道路以及沿途宿营地进行侦察，这是我军首次通过白河右岸。

白河右岸建设兵站线路之准备

白河右岸地区将来有必要成为兵站线，因此师团长于 20 日中午在塘沽向步兵第二十

一旅团长塚本胜嘉少将下达了如下训令(要旨)(师团长于 19 日向天津进军,但参谋长以下人员依然在天津):

一、天津城的占领以及当时各部队的位置;

二、阁下应率旅团及骑兵小队一部宿营葛沽及新城附近,并对右岸道路及西南方向的大站、小站进行侦察;

三、要求对将来登陆白河右岸的军队宿营等相关事宜,进行大力协助并提供便利;

四、阁下及师团司令部的通信来往均经由大沽运输通信支部。

接着师团司令部决定向天津进发,并于同日晚上 10 点又向塚本旅团长下达了如下训令(要旨):

一、师团司令部于明日 21 日向天津进军;

二、师团决定今后将兵站线沿白河右岸设置,为此阁下在旅团出发之前,应在葛沽及白塘口各留一个中队,并令中队长兼任兵站司令官和守备队长之职;另外在兵站监督(相当于代理)方面,如有必要可以调用步兵第四十二联队第三大队一中队任其使用。

三、据说小站附近驻扎有部分清国官兵,然尽可能不要孳生事端;另外据说天津南部黑牛城西南有一些义和团残留分子;

四、白河右岸一带地方皆对日本人表示出了好意之状,阁下应对此加以利用,以取得兵站线的便利,因此应注意以下各项内容:

(一)征集清国人夫及车辆;

(二)获取搬运劳力,将大沽的粮秣运送到天津,征集地方物资(副食品等),并运送至天津;

(三)占领咸水沽附近的木材;

(四)占领船舶,将其同航行在白河上的大沽运输通信支部的船舶联系起来;

上述训令在旅团长到达之前由步兵第四十二联队长按照该要求执行。

根据上述训令,已经登陆的堀江第一大队长首先于 22 日派遣将校侦察员到咸水沽、大站及小站,接着派第一中队占领白塘口及咸水沽;23 日又派第四中队到白塘口。通过侦察得知,大站及小站没有敌兵,各地人民对我军也表示出了好意。(关于物资的调查请参见后文)

步兵第四十二联队第二大队于登陆翌日(23 日)到达葛沽,在行军过程中,有八人中暑,其中二人死亡。

步兵第四十二联队长渡边 22 日下午在西大沽登陆,将师团训令中必要的项目向各大队通报,是日到达葛沽,为 23 日的行动作了如下措施:

一、派第一大队长堀江以新城为中心,对铁帽桥(当时使用的地图标注为"盐桥")和杨惠庄(当时使用的地图标注为"杨回庄")之间的各种物资、人民的情态及左岸的交通等进行侦察,并在船舶、人马、车辆加附国旗或者标识,以预先确定为我军所用。

二、派驻守白塘口的大尉山田喜八在白塘口、咸水沽之间进行上述相同的侦察任务。

三、派第二大队长杉冈直次郎少佐在杨惠庄到十尖庄(当时使用的地图标注为"双桥")进行上述相同的侦察任务。

四、派驻守新城的中路清仪大尉在新城为步兵第二十一联队、工兵及卫生队准备宿营设备。

23 日下午 5 点 30 分渡边联队长接到了 21 日下午 5 点发往天津的师团训令（白河左岸诸部队的行军及剩余部队的通报以及迅速占领白河右岸地方，并从联队调拨一个中队隶属兵站监督指挥），遂部署从驻守白塘口的第四中队中抽调军官侦察员到达灰堆，调拨第十中队隶属兵站监督指挥，步兵第二十一联队到达之后，新城的第三中队复归其大队。

步兵第四十二联队第三大队在登陆后（24 日），第十中队归兵站监督指挥，负责西大沽的守备，其他部队到达葛沽（25 日），这样，步兵第四十二联队全部完成登陆集合。

工兵队之登陆及架设西大沽栈桥

工兵第五大队本部及第二中队的大部于 20 日在大沽北炮台登陆，翌日转移至西大沽（半部小队驻留北炮台）。（此前本来将登陆地点变更为西大沽，但运输通信支部长仁田原认为实行起来非常困难，故希望在北炮台登陆。由于其与誉田参谋熟识，结果规定新登陆地点的栈桥由工兵架设，登陆时的物资则由军队自己搬运，这样就能在西大沽登陆，因此进行了由西大沽转移至大沽北炮台的行动）

当时运输通信支部一部到达西大沽，从事登陆事宜，但由于没有栈桥，工兵大队长马场正雄中佐按照师团命令，派第二中队的一个小队（也调用了兵站所属的二十名军夫）到附近地区征集材料，另外，还利用土佐丸、武扬丸搭载的栈桥材料，于 22 日上午构筑栈桥三座，与此同时，派遣工兵一小队的一部去修理距西大沽以西约两公里的万年桥（石桥），并代替该地的宫地中尉，派工兵一个小分队监视该桥。

马场工兵大队长于 22 日又将驻守在北炮台的半小队招致西大沽，并且当天派遣工兵少尉田坂九八侦察去葛沽的道路。

26 日，工兵第三中队在西大沽登陆，并计划在该地架设大栈桥，但是由于水流太快，正值潮涨潮落落差大之时，无法架设，因此将原来的栈桥进行了修理，30 日留下一个小分队，并于 8 月 1 日到达天津与大部队会合。

步兵第二十一旅团司令部之登陆

步兵第二十一旅团司令部及兵站监部于 23 日（自下午 2 点 30 分开始）在西大沽登陆，旅团司令部直接到达新城，第二天早上到达葛沽。兵站监督秋山好古尔后将西大沽作为兵站驻地。

23 日渡边联队长的下述报告到达师团司令部：“白塘口守备队（山田大尉）派出的上等兵率领的侦察兵在蛮子营发生交火，之后得知对方为外国军队，但由于语言不通，事实真相并不明了，眼下正在调查之中。另外该士兵为俄国士兵。”

25 日塚本旅团长连同第一中队长山田大尉的报告一起，向师团长递交了个更加详细的报告。另外，俄军向师团司令部通报说在此次事件中有一名士兵当即死亡，两名负伤。因此，青木中佐受命就此失误前往俄军司令部进行交涉，平息此事。对此，师团长向塚本旅团长下达了训令（25 日）：“白河右岸一带地方基本平稳，接到此地有土匪的报告，但并没有势力。且为当地人将征发物资而徘徊于此地的各国军队称之为“土匪”。阁下应对当地人所说的事情进行缜密侦察，注意不能轻率动用武器，引发事端。”

步兵第二十一联队之登陆

步兵第二十一联队第一大队于24日开始登陆,各中队依次出发,向葛沽进军(26日到达,另外,第三中队守卫新城),联队本部及第二大队(缺第七、第八中队)于登陆的第二日即26日在新城驻扎一宿后(第七、第八中队28日到达)又向葛沽进军(27日),第三大队于30日登陆之后随即急行军追赶联队。

其他部队之登陆

其余各战斗部队登陆后逐次前进,在天津或以北地区同师团会合,另外第一野战医院也在登陆翌日(19日)经水路运输到达天津,帮助治疗伤员。

野战电信部队乘坐汕头丸自宇品出发(21日),到达朝鲜罗州大黑群岛中东岛时(24日凌晨1点)触礁,接着转乘金州丸于30日到达大沽,自31日至8月1日开始登陆。

(汕头丸于24日凌晨1点因大雾和潮流而在朝鲜罗州大黑群岛中东岛触礁,因船体搁浅在岩石之上,故轮船幸免于沉没之灾。兵员于当日中午在该岛登陆后,向其北岸一安全小岛急行,并在该地将船舱底部的马匹卸下。下午6点30分船员去水浦发送有关船长及运送指挥官触礁的电报,自25日至27日剩余马匹及材料登陆,25日韩国官吏全陵基[因其加入日本党,于明治29年被处以二十九年流刑,并被流放到该岛,擅长日语]来访,为我军获取便利而奔走。27日本国渔民来访,此前已在东岛高地设置危险信号旗,并带来了运输船装载的大炮及焰火。28日中午金州丸、下午1点军舰明石号前来救助,因为潮水很急,所以向金州丸转移比较困难,但得到明石号舰长以下的热心帮助,最终得以顺利完成。)

临时铁道部队与第二野战医院一起乘坐萨摩丸自宇品出发,27日凌晨2点30分到达朝鲜国济州岛东北部的杏源浦触礁,接着转乘西京丸于3日到达大沽,4日于塘沽登陆。

(萨摩丸触礁的原因基本与汕头丸相同,27日凌晨2点30分船底发出轰然响声,轮船触礁,船体倾斜24度,因此除卫兵等人外,其他人员悉数登陆。下午6点,铁道队长工兵大佐吉见精委托水雷驱逐舰西京丸向参谋本部及宇品运输通信支部发送遇难电报,当夜在陆上露营。30日上午军舰千代田号、中午时分西京丸前来救助,全体人员转乘西京丸。另外,萨摩丸于31号中午时分在千代田号的救助下,离开触礁位置。在该遇难过程中,朝鲜国济州岛牧使李痒珪派郡守金熙胄征集渔舟、购买薪炭,全力协助,并赠送鸡蛋、鸡。为此吉见队长特将此情况报告参谋总长请求采取鸣谢措施。另外,来自长崎的打工者拥有一艘带有潜水设备的船,给检查船底以及其他提供了方便。)

二　登陆时宿舍、给养及一般地形之概况

白河左岸

白河左岸大沽北炮台及塘沽附近皆为贫瘠之地,能够集合军队的地面仅有大沽北炮台内外的狭小之地,其他皆为盐碱湿润之地。另外在塘沽,北面的大部分地区已经为各国

军队所占据，只有南面一部分地区为我军所使用。新河及千家甫要么距离太远，要么人烟稀少，不适合作宿营地。因此，左岸没有大部队的容身之地，故在左岸登陆之后，部队采取的方法或在大沽北炮台内掩体及空地上宿营，或到达塘沽狭窄营舍，或在附近宿营，除步兵一个联队外，仅极少部分部队得以宿营，特别是如第六章所述，此地饮用水比较困难，必须到二三十里远的上游等待涨潮时汲取河水，加入明矾使之变清澈，以供饮用。但塘沽宿营部队在英军的好意之下，自 7 月 18 日起每日能够领到蒸馏水两吨，以供饮用。而其他副食品则没有征发之地，其以西之地基本与此类似。另外，美军将塘沽车站附近的冰窖让于我军，给塘沽部队提供了若干便利(此冰为白河之水凝结而成，可以直接饮用)。

塘沽配备了临时派遣队，并建立了兵站司令部，但开设时日较短，且土地情况如前所述，无法征集物资及人夫，只能分配自本邦运输来的粮食薪炭，作为行军战士的给养。

自塘沽至天津的道路中，塘沽至军粮城路段只能在铁路堤道上行军，其路宽不过一米半左右，且列车来回往返时，必须到堤道下以躲避危险。再加上各条小河上架设的铁桥，马匹无法通过，所以只能迂回到上游或下游。

军粮城以西至天津路段中，天津至北塘道路宽四米，各桥梁亦坚固，各部队顺利通过。

地质一般为粘土，降雨时道路不免泥泞不堪，再加上大沽至天津间几乎没有什么遮阳之处，因此暑热之日，上午 8 点以后行军颇为疲劳，并且无法获得饮用水。由于军粮城距离比较远，所以应宿营一夜，但眼下住房悉被烧毁，并无可供宿营房屋，因此不到万不得已不会经由此路。

俄军沿铁路线在各桥梁处配备哨兵，在军粮城也驻扎了若干军队。

当时大沽、天津间的铁路自军粮城以西二里半开始约有五千二百米还未完成修理，货物的搭载及运输都相当困难。20 日以后铁路全部开通，得以大大便利行军。另外塘沽现存的火车头有六辆，特别上等客车一辆，一等客车两三辆，二等客车六七辆，再加上其他货车，总共有七十多辆。7 月 16 日，经各国舰队司令官会议商讨，决定输送及守备交由俄军管理。

塘沽车站有海军大尉松村纯一及海军中尉内田虎三郎负责我军军队及军需品的输送任务。后来兵站监部登陆后(7 月 24 日)，由帐篷输送员及辎重兵中尉菊地有和代替担任输送业务。

白河右岸

白河右岸与左岸完全不同。西大沽以西的白河河岸树木葱郁，田地肥沃，因此百姓密集，蔬菜、瓜果(当时桃、西瓜居多)及家畜等甚多，而且不缺少搬运材料及木材。因此一个师团在右岸一带建立营舍之后还有剩余之地。特别是由于各国军队还未通过该地区，因此居民基本都在家中，他们对我军表示欢迎，且给予优待，因此为诸事提供了不少便利。

右岸中只有西大沽的土质与左岸无异，而且居民居住多为矮屋，但宿舍能力与塘沽相比更大，约能容纳二千人，而且由于当地人还留在这里，所以物资征集能够得到稍微的便利。然而其东部东沽归俄军占领。

当时将此地定为登陆地，但宿舍力尚感不足，因此登陆的军队要尽可能向前方前进。饮用水的取得与左岸一样困难，而且登陆地点附近人烟密集，苦于没有集中存放行李的适当空地,后来以至雇佣二三百名当地人才使得登陆及其他行动得以顺利进行。

兵站支部自7月22日在此地开设,但是当初并没有做好各种准备,部员焦虑不已,不能给部队提供任何便利。但渐渐就绪之后,宿舍、给养均依赖该支部。特别是23日兵站监部在此地登陆之后将该地作为驻地以来,整备诸设备,为登陆部队提供了便利。

新城是西大沽以西约二里半的一个小要塞地(围以两层方形围墙,方圆约二千八百米),有清兵兵营及武库,四周水田环绕,周盛传曾在此地筑城屯田,水田即为其遗迹。城内大户人家颇多,可供步兵一联队宿营。然而当时人民大半逃走,因此不能充分征集物资。

新城有保甲局(保护人民,防止窃贼而设),为我军提供了不少便利。另外在该地占领了清兵存放弹药及米麦的仓库,缴获武库内旧式大炮(口径十三厘米)五十门、加农炮(口径十五厘米)六门、大小枪炮子弹及火药若干,还缴获米仓内满满的黑米、煤约八石和大小绳索等。

葛沽在新城以西约一里(距西大沽约三里半),户数三千,街衢纵横交错,店铺鳞次栉比,杂粮诸货非常丰富,且与白河河岸相连接,便于登陆。人民大半在家,欢迎我军的到来,因此可获得极大方便。

白塘口同葛沽相同,土民并不顺从,一旦脱离我军监视即刻逃跑,所以人夫的雇佣及物资的征集都很困难。

咸水沽户数有五百余户,物资特别是木材非常丰富,但人民的情况同白塘口相同。

白河右岸各部队沿着行军的道路便于建立宿舍并获取物资,从而使我军的给养获得极大的便利。而当时攻下天津城的我军将士的武勇在白河下游地区广泛传播,所到之处的房屋及船舶都插上了日本旗,寻求保护。这当然是我军威武使然,但能够顺利得到宿舍及给养亦是基于此。

其他西大沽至天津间的道路,除村内及桥梁之外,多为十米宽,两侧有水濠,各军队可以毫不费力地通过。然而土质为粘土质,车辆通过时路面凹凸不平,雨天时更是困难。

白河右岸之物资

当时最先登陆的步兵第四十二联队第一大队侦察各地物资的概要如下:

村名 / 品目	新城	杨惠庄	葛沽	白塘口	咸水沽
谷类	白米堆满粮仓约400石	米麦各2石		小麦130石,杂粮200石	米10石,杂粮26石,高粱甚多
粮秣				70贯	
车马	马车10辆(估计人们返回家园后会更多)	马12匹	一匹马拉的马车30辆(连同车夫)		三匹马拉的马车45辆,一匹马拉的马车20辆
船		3只	小船50只		大船2只,小船10只
木材		直径30厘米×5尺的杉树木材5根	杉树木材200根	大小约100根	一尺长的松木4000根,杉树木材2000根

续表

人夫		20 人			50 人
马匹					250 匹
其他材料		铁锹 13 把			麻绳 5 丈
备注	一、除上述物资外，各地都有数量众多的牛、马、驴、骡，鸡、猪的数量也很多。 二、沿途村庄除上述物资之外还有其他物资。				

三　进军天津

师团司令部进军天津

登陆大沽之后，第五师团长的决心如上所述。当其后天津有若干粮秣积存时，首先命白河左岸部队前进，接着为开始作战，右岸诸部队向天津集结。

师团司令部认为为了将来的计划，必须尽早向天津前进，登陆地点的部署以及后方相关计划亦甚为重要，所以暂时驻扎塘沽，并等待乘坐荣城丸的部分管理部的到来。

18 日寺内参谋本部次长到达大沽，次日(19 日)接到向天津前进的报告。山口第五师团长决定首先带领参谋大尉中川幸助及副官中尉鏑木理八进入天津，19 日(登陆翌日)早晨 6 点搭乘寺内中将乘坐的中型汽船向天津前进。同时第九旅团司令部亦同船抵达天津。福岛少将为报告情况及进行协议，在向大沽航行的途中与师团长等邂逅，遂转乘该船回天津。

师团长到达天津后，计划按照 7 月 9 日陆军大臣的训令(参见第十二章相关内容)解散临时派遣部队的编制，但当时的天津在战斗之后极其混乱，师团司令部的诸机关仍未完备，难以进行一般指挥，故暂且没有解散派遣队，而是为了让师团司令部迅速向天津前进，首先派遣中川参谋赴塘沽。

20 日中川参谋回到塘沽师团司令部，向石桥参谋长报告说，当时天津只有可供师团人员十四天的米粮，只是副食品及马粮尚有多余，不妨碍诸部队在天津集合。另外还转达了师团长的意图，要求司令部于 21 日到达天津。

于是，师团司令部就 21 日该部乘船向天津进发事宜，同大沽运输通信支部协议，并督促尽可能向天津运送大量马粮，西大沽的栈桥尽可能要修建得大一些，并在白河沿岸征集船只。

21 日，师团司令部石桥参谋长以下人员一百三十八名搭乘两艘中型汽船从塘沽出发，驮马及行李由铁道运输，下午 3 点到达天津租界，在充当师团司令部宿舍的张翼府邸内(临时派遣司令部宿舍)宿营。

派遣队之解散

夜里 9 点在天津的师团司令部下达了关于解散派遣队的命令：

一、今后解散临时派遣部队的编制，恢复师团战斗序列。

二、除师团战斗序列之外，步兵第十二联队第三大队、临时野战炮兵大队、临时铁道队、野战电信队及兵站部均归我部指挥。

三、临时派遣部队司令部人员除负有特殊命令者外,其余皆属于第五师团司令部。

其中有特殊命令者如下:

兵站监督部副官步兵大尉菅野尚一、兵站监督部长监督副官大须贺又雄、兵站监督部附属一等军吏山中增橘、进藤秀松、三等军吏梅北兼三等共七名。

白河左岸诸部队之进军

骑兵第五联队本部、第三中队和野战炮兵第五联队本部于20日自大沽北炮台出发,沿铁路线道路前进,在军粮城宿营一晚之后,于21日上午10点到达天津,在军粮城宿营时受到了在此宿营的俄军的优待(在军粮城露营时,守备车站的俄军为我们运来柴薪,提供饮用水,救治伤员)。

此前曾发生俄国士兵向临时派遣部队方向误射事件,石桥参谋长通过海军大尉松村向驻扎在塘沽车站的俄军司令官上校基里可夫斯基通告了日军徒步行军事宜。

当时各国军队断断续续到达天津,忙于占领宿营地。我临时派遣部队在攻陷天津之后,考虑到第五师团的北进,赶在各国军队之前在天津城外东北方向占领适合宿营的房屋,但仍感狭隘。该部又下达命令,决定让步兵第四十一联队向天津进军。结果步兵第四十一联队第一大队于22日、其他部队23日至25日乘坐火车到达天津。

22日五百四十人分三批发车,马匹及行李皆由第一列车运输。

23日第二大队(缺第六中队),24日联队本部及第六、第十、第十二中队,25日第三大队(缺两个中队)向天津输送。联队本部出发时,在塘沽的俄国军乐队演奏了“君之代”。

在火车运送过程中,第三大队的一头骡马跳到货车外,其他搭载的骡马喧嚣至极,一般需要花费三个小时。

野战炮兵第五联队第一中队于24日凌晨4点搭乘火车到达天津。

白河右岸诸部队之进军

驻天津师团司令部按照8月1日左右向北京进发的作战计划(参见下文第六节),于7月25日凌晨5点向步兵第四十二联队长下达了登陆的各部队陆续向天津及其附近集合的训令。另外又于26日凌晨1点命令步兵第二十一旅团长30日之前在天津集合。

第二十一旅团长于26日下午2点30分到达天津,按照师团命令,于下午7点向两位步兵联队长下达了下述命令:

各队留置下述守备队负责兵站业务,其他人员于30日之前在天津集合。

西大沽守备队　从步兵第四十二联队抽调一个中队(其中一个小队派往新城)

葛沽守备队　从步兵第二十一联队抽调一个中队(其中一个小队派往咸水沽)

白塘口守备队　从步兵第四十二联队抽调一个中队

此前步兵第四十二联队长渡边于25日(上午11点)接到了在天津集合的训令(25日凌晨5点由天津发出),按照如下行军计划,带领其联队向天津进军。

部队＼日期	25日	26日	27日
第一大队	白塘口 咸水沽	天津租界	
联队本部及第二大队	葛沽	白塘口	天津
第三大队	葛沽	羊马头	天津
备注:从各大队中各抽调1个中队留守大沽、葛沽及白塘口,负责守备任务。葛沽守备中队后来由第二十一联队代替,回归联队。			

步兵第二十一联队长竹中于26日(中午)在新城从第一大队长的报告(上午10点30分从葛沽发出)中得知,旅团司令部正向天津急行军。到27日又接到了旅团要求前进的命令(参见前文),于是制定了如下行军计划,带领其联队向天津进发。

部队＼日期	27日	28日	29日	30日
联队本部及第一大队	葛沽(其中第三中队在新城,第四中队在咸水沽)	白塘口	天津东南方向的小刘庄	
第二大队	葛沽(第八中队正在登陆过程中)	葛沽	白塘口	小刘庄

第三大队仍未登陆,于是向大队长下达了训令,要求想方设法快速西进(27日上午8点从葛沽发出)。

第三大队长少佐佐本寿人于30日在新城接到上述训令,于31日命本部及第九、第十中队达到白塘口,第十一中队到达咸水沽(第十二中队负责守备葛沽,8月2日仅留有广濑少尉的一个小分队驻守)。8月1日到达天津城南的土城庄与联队会合。

工兵第五大队长马场于22日在西大沽接到了师团训令,要求其利用铁路运输到达天津集合。与誉田参谋商议后决定,为修理白河右岸道路及侦察现有电线,从右岸陆路行军,并将意见报告师团长。

23日,工兵大队长马场派第二中队的一个分队(27日由第三中队代替,30日到达天津回归中队)留守西大沽,隶属通信支部的指挥,其他部队当日到达新城,24日达到白塘口,25日到达天津东门外宿营地。行军过程中,酷暑难当,有二十二人掉队。

工兵大队长于26日派下士对梁园门至东楼之间的电信线路进行了侦察,并调查了天津城内电信材料。另外,为了实施,向师团长呈报了电线架设计划意见书(参见第四节电线架设的内容)。

师团长按照二十六日师团作战计划,训令驻扎在西大沽的誉田参谋,要下述各部队向天津前进：

一、卫生队半部及工兵第二中队一小队于29日从新城出发，在前新庄(距白塘口以东约半里)宿营一晚后到达天津。途中工兵队的给养由卫生队承担。

二、第二炮兵弹药纵队及第二粮食纵队归辎重兵大尉北川知孝指挥，29日从南开庄出发，在羊马头(位于咸水沽、白塘口中央)附近宿营一晚后到达天津。

除上述行动外，誉田参谋还临时决定以下内容：

一、预计步兵弹药纵队在30日之前到达天津，故第一炮兵弹药纵队的车辆及弹药于27日由中型汽船运往天津。

二、残留大沽北炮台的原附属于临时派遣队的弹药及粮食纵队的三分之一食粮，由铁路运送至天津。

另外，此后登陆的部队按照下述行军计划行军。

日期 部队	29日	30日	31日	8月1日
骑兵第一中队	葛沽	白塘口	天津	
野战炮兵第十六联队第一大队本部及第一中队	西大沽	葛沽	白塘口	天津
工兵第三中队(缺一小队)	西大沽	葛沽	白塘口	天津

留守大沽的誉田参谋于30日回到天津师团司令部，在临出发之际，誉田参谋委托兵站参谋仁田原对今后登陆部队作了下述部署：

一、今后登陆的下述战斗部队向天津前进：步兵第二十一联队第三大队、野战炮兵第五联队第一大队(缺一个中队)、野战炮兵第十六联队第一大队的两个中队。

二、临时铁道部队在塘沽登陆，通过铁路运往天津。

三、野战电信队按照另附的架设计划(参见第四节)，在西大沽及葛沽留置一个建筑部和两个通信所，其他皆从塘沽通过铁路运至天津，立即开始天津及大沽之间的通信。

四、师团辎重(第二野战医院、担架中队、辎重兵大队本部及粮食一个纵队、弹药大队本部及弹药2个半纵队)登陆后陆续前进，在白塘口至葛沽之间宿营。

四　邮递及电信之设置

白河右岸邮递哨

当时天津、大沽间的通信每日往返一次。除了通过运输通信支部的小型汽船(单程需八九个小时)或者火车运输(火车运输需花费四小时)之外，别无他法。铁路沿线电线为俄军专有，无法靠其通信。因此师团司令部自24日开始配置了如下邮递哨：

天津租界	骑兵一个分队
白塘口	骑兵一个分队
葛沽	骑兵一个分队
西大沽	骑兵一个分队

此后命令报告的传达大多依赖该邮递哨，每日来回三次，几乎不耽误传达。

该邮递哨的各个路段所花费的时间与道路的状况（雨天道路泥泞，故需花费大量时间）有关，按照其速度的快慢，需要花费四个小时乃至十个小时。

天津、西大沽间电信之架设

7 月 25 日，关于电线架设事宜陆军大臣的下述训令到达师团长："大沽、天津间的电线沿着铁路沿线，应该利用原来的电线杆架设。上述电信在临时铁道队到达之前由野战电信队负责架设。铁道队达到后，应该转给铁道队。从我军在大沽的登陆地到塘沽车站之间所需的电线杆应采取适当应急之措施。"然我兵站线路已经决定设于白河右岸，也准备对以前的电线进行修理后继续使用，而且铁路线已经归俄军占有，我军不能使用铁道沿线的电线，因此师团长向陆军大臣发了如下回电（25 日晚上 10 点 30 分由天津发出）：

白河左岸各国军队混杂，有诸多不便。除一部分铁路可以利用外，白河及其右岸的道路也可以作为兵站路。因此，大沽、天津间的电线也可以在右岸架设。

此前（21 日）师团长向野战电信队长下达了训令，要求"速在白河右岸道路沿线架设西大沽至天津租界之间的电线"。26 日按照工兵第五大队长马场关于电线架设计划的意见（与下文的处置内容基本相同），并以此为基础又下达了架设的训令。然野战电信部队搭乘的汕头丸在航海中触礁，延误了到达时间，31 日才到达西大沽，接到上述训令。于是，队长工兵中尉增田孝一郎于 8 月 1 日制定了如下措施：

一、第二建筑部在西大沽登陆，2 日沿白河右岸道路架设西大沽至羊马头间电线，在西大沽及葛沽开设通信所。

二、本部及第一建筑部在塘沽登陆，通过铁路运送到天津，架设灰堆与羊马头之间的电线，第一部于 2 日在白塘口开设通信所，但应该尽可能修理并使用国用线。

三、本部设在天津。

此前工兵第五大队长马场 26、27 两日驻在天津市内征集电信材料，自 28 日开始派工兵少尉营率领第一、第二中队共计七十二人、马七匹架设租界至白塘口之间的电线。是日，完成师团司令部（天津租界张翼的府邸）至土城庄东南的架设，29 日到灰堆的架设任务竣工。另外还在双港之间埋设电线杆，30 日到白塘口的架设完成，31 日回到天津。

另外，野战电信队第二建筑部按照上述部署，于 8 月 1 日上午在西大沽完成登陆，下午在兵站监部与电信通信所之间（二百二十米）架设电线，并检查了西大沽至新城之间原来的国用线。到达新城后宿营，2 日从新城以东约二千五百米的断线处开始架设，并在葛沽开设了第五通信所。是日到达十尖庄露营。3 日架设至距羊马头以东约五百米处电线（当时材料用尽），在白塘口宿营。

而本部及第一建筑部于 1 日在塘沽登陆，将材料装上火车，2 日上午 8 点在俄军军乐队的演奏声中发车，到达天津。3 日，从天津师团司令部开始继续修理国用线（由工兵第五大队架设),到达白塘口后又从白塘口架设了约七公里的军用电线(其中两千米是晚上架设的),晚上9点15分与第二建筑部架设的电线连接。但在搬运过程中由于通信器材破损,无法开通通信。当夜进行了修理,4日上午开始天津、西大沽之间的通讯开通。

为了将来,电信队长决定将白塘口、新城间改为国用电信,并撤销已架设的军用线。4日派第二建筑部负责该项作业,8日完成(关于此后电信队的作业情况,请参见第十七章第九节)。

五　寺内次长来清及与各国军队指挥官之交涉始末

寺内次长来清

参谋本部次长陆军中将寺内正毅于7月12日接到内阁总理大臣山县有朋侯爵的训令:"命你赴天津与各国联军的统领将官主持协商各国共同目的,并决定帝国还有无必要增发军队,决定各国联军希望采取的一般方针和作战,并向政府汇报所涉及的外交事务。"7月13日他从东京出发,带领步兵少佐原田辉太郎、炮兵少佐铸方德藏及步兵少佐宇都宫太郎从宇品乘坐军舰千岁丸于18日(上午11点)到达大沽,下午5点从北炮台登陆,19日乘坐中型汽船向天津进发(从塘沽开始,第五师团长山口和步兵第九旅团长真锅同船)。

此前(18日)寺内次长在登陆过程中,登上旗舰常磐号拜访了常备舰队司令长官海军中将东乡平八郎,听取了14日天津陷落的汇报,接着又访问了担任各国舰队统率的英国海军中将西摩尔的旗舰百夫长号,并向该中将询问了关于进军北京的联合会议的情况(各国舰队司令官召开的会议)。另外在大沽北炮台登陆后,又立即视察了运输通信业务。

19日,寺内次长进入天津,听取了福岛少将关于各国军队及团匪的情况报告,并收集情报,筹划兵力,制定未来计划(参见下文寺内次长复命书)。21日起草攻陷天津城后的作战计划(参见本章第六节),尔后在同各国军队指挥官进行交涉时,大体以上述计划为基础进行协议。

与各国军队指挥官之交涉

寺内次长于20日访问了俄国海军中将阿列克谢耶夫,告知对方自己这次前来视察当地状况,并听取各国军队上级军官的意见,制定将来协同一致的作战计划,并建议因为北进前方仍有余地,所以应该行军至杨村附近。阿列克谢耶夫回答说大概具有同感,但仍待日后协商。

22日下午5点,阿列克谢耶夫中将来访,寺内次长开门见山曰:"我第五师团战斗人员预定在本月末完成大沽登陆,且根据我的估算,到8月10日,联军部队兵力将达到四万六七千,因此作为向北京进军的准备,下月初旬应先占领杨村,中旬有望向北京进军,有何高见?"阿列克谢耶夫中将答曰:"我有同感,北进运动有必要快速推进,我此前接到可靠情报,营口附近仍有拳匪起义,甚至少年也皆手持武器投靠之。由于高粱长高,我骑兵若干几乎被他们包围。他们又在长江沿岸镇江收集兵器,筑造堡垒,整修战备。由此观之,天津城的败北丝毫没有挫败他们的势力。端亲王政府更逞暴威,煽动彼等。为防止祸害蔓延,我亦主张尽快北进。然现在正值霖雨季节,特别是要取道白河为交通线路,势必通过通州街道。这样，行军道路附近已经泛滥成灾，行军非常困难，因此在攻打杨村之后，行军应视降雨状况多少斟酌，如何？”

寺内次长答曰：“我之所以说下月中旬是根据我们兵力的情况推测的，由于霖雨，对此期限进行斟酌不是不可。”另外还告诉对方，到 8 月 10 日左右来华的各国兵力总计可达四万六千人左右，到北京之前遭遇的清兵约五万人（其中精兵不到三万人），而联军除去兵站守备兵之外还有三万人以上的兵力，所以应该北进。接着又让青木中佐介绍了清军的种类、配置和人数等情况。

阿列克谢耶夫中将曰：“我步兵两个联队不日即将到达，下月 10 日左右俄军兵力将达到一万一千人。其中留下两个中队或一个大队守备塘沽，一个大队守备铁道线路，然后为守备天津，还要留下步兵一个联队及炮若干。比起日军来，我们留在天津的兵力所剩无几了。”

寺内次长答曰：“我军可以考虑留下步兵一大队和炮兵一中队”，又问：“各国军队的北进计划如何？”阿列克谢耶夫中将曰：“我认为将英、美、德、意、奥等国在此地的少数兵力包括在内，可以考虑如下北进计划，即将各国军队分为三个纵队，第一纵队是日军，第二纵队为俄军，而英、法、美、德、奥、意等国军队合为第三纵队，从该纵队抽调兵站守卫所必需的兵员，剩余人员从日、俄军队后方前进，共同作战。”又曰：“如果阁下也同意兵站线取道白河的话，我们会用竹筏搬运重炮，因此想购买贵国吃水浅的帆船，不知可否？”寺内次长回答说，清国的帆船，反而比日本的装载力要大。但是如果贵国想要的话，应该比本国更容易得到。再加上预定我铁道队近日将到达，还要在天津、杨村之间利用之。阿列克谢耶夫中将答曰：的确如此。

寺内次长又告之曰，在三四日之内将踏上回国之途，如果对现在及将来有何意见请告知，并且将临时派遣队解散的情况、山口中将不懂外语因此与各国军队的交涉依然委托福岛少将担任的情况，以及青木中佐、由比少佐附属福岛少将的情况告诉对方。阿列克谢耶夫中将说他已经和山口中将成为朋友，而福岛少将又是故交，所以万事便利。

23 日阿列克谢耶夫中将接到第二天早上出发的通知，下午寺内次长（青木中佐、原田少佐随行）访问了阿列克谢耶夫中将，互相话别（阿列克谢耶夫重回旅顺口，希望尽可能在北进运动开始前回来）。阿列克谢耶夫中将听说寺内中将不会再来清国，要求将前几日协商的大体作战计划转告山口中将，并说要将前几日决定的战斗策略要旨电告俄国陆军大臣。并且还谈了李鸿章最近要来天津的事情，天津市行政费希望暂时由派出行政官员的三国政府分担的事情（事件平息之后，从天津市收入中偿还）。最后又说前几日决定的作战计划必须得到他国军队的同意，因此关于兵站守备的事项，还要烦请福岛少将同各国军队周旋，以免产生异议。

此前（21 日傍晚），寺内次长派遣原田少佐拜访俄国上校乌奥嘎茨库，征求该上校的意见，确定了对方同意上述寺内次长关于占领杨村的提议。乌奥嘎茨库上校的谈话要旨如下：

再也没有像这次事件那样野蛮的事情了，没有发布宣战布告，将公使幽禁，天津遭受了一个月的炮轰，经过 13 日的战斗才醒悟过来。我在今年 3 月已经发现此暴动的萌芽，并报告了本国政府，现在各国军队正进入天津，其目的当然是救护公使馆员及侨民，还未决定北进的方法。听到寺内中将建议本月下旬第五师团登陆后进军到杨村附近,感觉这是一个很好的提案,对此非常同意。杨村横跨铁道和白河,诸道辐辏,为重要的战略据点。然而眼下各国军队大多不希望向天津以北前进,原因在于酷热难当,霖雨之期迫近,满洲形势不稳,芦台敌情以及袁世凯的去留也不详,还风传天津西面拳匪群集(对于敌人兵力的观察与寺内次长相同),如果我军以二十个大队的兵力逼近北京城的话,一定可以奏效。然而唯一担心的是酷暑和阴雨之害。13 日自天津被击退的清军眼下正在进行防御,还在其后卫之地北仓驻扎。如若荏苒迁延,则联军就无法成功。俄军在天津附近驻扎的部队不过是步兵六个大队、骑兵三个中队、炮兵两个中队、工兵一个中队及若干铁道队、电信队等,而且今后暂时没有增兵的计划。按照满洲形势,其守备队是无法调动的。而正从黑龙江向满洲跋涉行军的军队难以预期到达,因此要同贵军协同作战,首先希望了解我们的现状。

27 日上午寺内次长(福岛少将、原田少佐随从)前去拜访英军指挥官陆军中将盖斯里(地方军衔,暂时授予中将资格),询问关于北进的意见。得知该中将还未有计划,经过深思熟虑,决定取消会见回营。

同当时代替盖斯里中将并始终陪同的参谋长巴罗少将交换了意见。该少将说从我军获得通知,从柴中佐的通信得知北京的近况万分危急,应尽快迅速进军北京,且关于北进的问题已经结束询问。寺内次长问要占领杨村的话,贵国能出多少兵力?答曰:"英美军合计三千五百人。"在这次会见中得知,英国有五千兵力驻留香港,因此来到当地的不过五千乃至六千人。兵力不足时,将通过电报来调遣。

同日(27 日)上午,寺内次长(随行官同前)还拜访了法军指挥官陆军少将福里,询问他关于北进的意见,对方说到达时日不长,所以还未建立任何计划,于是向对方说明了关于敌人兵力方面的情况,并且建议作为北进的准备,应该首先占领杨村,取得了对方的认同,然后回营(据福里少将讲,法国海军步兵三个大队在下月中旬到达,另外三个大队及一个骑兵中队将在下月末到达)。29 日寺内次长(福岛少将同行)再次拜访福里少将,谈及占领杨村一事时,该少将说应该抽调若干步兵、炮兵参与作战。另外还告知希望阿列克谢耶夫中将担任总指挥官,同时对于司令部的组织等交换了意见,然后说应该加以深思熟虑后就回营。

是日,俄军少将斯塔塞尔的副官前来拜访福岛少将,曰:"美军接到本国政府电令,要求直接进攻北京,若他军不肯,则独立前进,英军也考虑直接前进,贵军做何打算?"接着他又说:"俄军指挥官还没有北进计划,且接到阿列克谢耶夫中将的命令说,雨期过去后将增派两个联队,但在此之前不能有任何行动。"福岛少将回答说:"前几日我寺内中将与阿列克谢耶夫中将之间达成协议,准备首先占领杨村,再向北京进军。但在实施时再进行协议。"

29 日上午英军指挥官盖斯里派副官前来请求同福岛少将会谈。福岛少将遂到英军司令部会见盖斯里中将。中将曰:"英美两军愿随贵军行动,一起向北京进军。"少将答应后回营。是日下午寺内次长来英军指挥部同指挥官告别,由于已经有此决定,故此后无可协议之处。

其他之措施

寺内次长于23日派宇都宫少佐去大沽，以21日的作战计划为基础，同兵站监部协商白河运输计划。

24日依照驻扎大关的桥日根野大尉的谍报得知，北仓、杨村之间有敌兵三十余营，另据骑兵侦察兵的报告，天津西南方向的郭家村和良王庄之间有团匪二千人。寺内次长为确认唐家湾的敌情，要求山口师团长出动步兵队侦察。

28日早晨5点，寺内次长同骑兵第三中队一起出发，到达唐家湾附近侦察敌情。福岛少将、石桥参谋长等随同前往。此时敌情与前日搜索结果无异，受到唐家湾敌人的射击，无法向北前进。

寺内次长之复命

30日，寺内次长将随员原田少佐留在师团司令部，同他人一起离开天津，取道水路到达大沽，乘坐军舰千岁丸回国。8月2日到达宇品，4日到达东京向内阁总理大臣呈递复命书。其要旨如下：

正毅拜命，速至天津，与各国军队指挥官会合，就第五师团大部于此地附近集合后，击溃该地敌人，然后向北京进军的策略进行了协商。7月18日到大沽锚地，拜访了常备舰队司令官东乡，得知同月14日天津城陷落。接着去英军旗舰拜访了西摩尔中将，该中将表达了极大的好意，关于北进所需兵力，向我们叙述了舰队司令官会议的结果。接着到达天津，福岛少将介绍了联军及匪徒的情况，且根据实地调查及诸情报，得知眼下驻扎在北京、天津之间的敌人的兵力约有五万，其中经过训练者不足一半。另外还得知联军各部于本月10日左右集合在天津附近的兵力约四万七千人，其中除去兵站守备(北京、大沽之间)所需的约一万人，由于季候、风土而产生的减员约十分之一外，尚有三万人以上的兵力可以进军。如此判断联军的胜利，联军一人需对抗两个清兵。根据以往的经验，以三万以上的兵力前进的话，联军一人需对抗清兵一点五人，该比例较妥当。再加上清兵不会采取将主力集结一处进行决战的战法，而是必定兵分数段进行防御。因此在一个战场上相遇的兵力大多会正相反，预计我军在数量上也占优势。然联军相互之间战略不同，并非没有意思相反的行动。但在和衷亲睦、进军北京的问题上均表示在达到其方针前保持现状。此时如与他国脱离共同范围，单独北进为情势所不允许。因此既然目前形式并未发生巨大变化，我军没有必要动员增派其他师团。但这样占领北京后就不能迅速实现和平。按照当时的情势，度过冬季时，要加强同内地的交通联络，且为防备将来不测，必须做好准备，占领北京、山海关之间铁路以及沿线电线和秦皇岛附近的不冻港。而要实行上述计划，抽调联军一部就足够了。但如果有必要增派军队，派遣平时编制数量的大队就可以了。这就是除了我军既定部队之外，不需要另外动员、增派的原因。

情况如上所述，既定作战计划如同另纸所附(参见后文第六节)，有所变更。

联军的指挥权没有统一的首长，天津防御及攻击皆按照联合会议决议实行，并没有建立一个相当于该会议的组织。另外其决议也不要求多数通过。某军提议后，召集各军指挥官，如果参加会议者不能全部同意，则该提议作废。这样，联军的行动甚为复杂迟缓，不能采取敏捷的行动,似乎该会议上决议也难以成立。其实不然,联军中拥有士兵数量最多者也最有权利,如果此等意见一致,其他没有不同意者。因此现在的情势是,作战以一个良好的成绩进行。而这个惯例在今后恐怕难以改变,即军队行动的基准依然按照联合会议的决议来执行。

关于北进的作战计划,同俄将阿列克谢耶夫会见了三次,以另纸第一号所附的内容(天津攻陷后的作战计划方案)为基础进行了交涉,对方基本同意了我的提议。又同英将盖斯里会见了两次,第一次由于他到津时日不长,所以未能把握协议要领,第二次他说英美两军全部听从贵军意见行动,相互提携,相互依赖北进。即从中可以看出英、俄两军对我军的依赖性较大。然在细节上,英、俄两军多少有所差异,但对于作为进攻北京的准备需迅速占领杨村的策略,二者意见相同。关于北进,互相有所缓急,英军希望尽早北进,俄军则因关心雨期而多少有踌躇之色。而据我观察,到本月中旬联军兵力完全能够向北京进军,因此如果季节和准备允许的话,应采取急行军的策略,我军提出此提议,英、俄共同服从。即我军充当二者的连锁和枢纽,三者一致行动,联军的权衡就会向我们倾斜,因此我相信实行起来也不是难事。

总而言之,我军队除了既定兵力之外,由于目前局势没有大的变化,不需要增派兵力。指挥权难以被某一个指挥官独占,而是必须按照原来的惯例来调动军队。另外作战计划已经获得英、俄两位将军的同意,因此其实行指日可待。

以上为所有的交涉事项,以前制定的作为作战基础的书面资料留给了山口中将及福岛少将,且当面加以详细叙述,并对其行动提出了期待。我的任务如上所述,除此之外若加以扩张的话反而不利,再加上急于当面向阁下陈述天津附近彼我之形势,我相信这对将来是有利的,故上月 30 日自天津出发,本月 4 日回京。

六 攻占天津后之作战计划

彼我兵力之推算

山口师团长及寺内次长达到天津时(7 月 19 日),天津陷落仅过了 5 日,在天津的部队经过激战后,正忙于进行内部整理。在后方大沽,师团余部正在登陆,其大部在塘沽及新城附近集合。关于前方敌情,因天津战斗激烈,各国军队没有追击的余力而毫无所知。只是根据平时清国的兵力及收集的各种情报,推测我联军正在从天津向北京进军的途中,可能会遭遇五万敌人。

根据当时的调查,7 月 26 日和 8 月 10 日左右的各国军队兵力如下:

各国名称	指挥官(时为7月28日)	7月26日		8月10日	
		兵员	炮	兵员	炮
日本	山口中将	9800	24	22000	54
俄国	陆军少将斯捷谢利	6275	21	12374	36
英国	陆军少将盖斯里	2704	8	6000	19
法国	陆军少将福里	1455	12	3500	30
美国	陆军步兵上校克利埃基	1527		3127	6
德国	海军上校伊多拉库	300		300	
奥地利	海军大尉依托瓦库	73	1	73	1
意大利	海军中尉尤塞夫	42	1	42	1
合计		21761	65	47416	147

备注:7月30日美军陆军少将沙飞到达天津,31日俄军陆军中将利内伊奇到达天津,负责各自军队的指挥。

作战计划

根据上述彼我兵力情况,寺内次长决定的作战计划如下:

一、待我第五师团集合完毕,作为进攻北京的准备行动,首先占领杨村。

二、定于8月中旬为向北京进军的开始期,将杨村定为行动的发起点。

三、北京的占领最晚为8月下旬。

四、为占领北京,将各国军队改编为几个纵队,主力从白河右岸的主干道前进,其他纵队经由与之接近的平行道路前进,另外向西安道路方向,动用一个精锐骑兵部队。

五、判定若在8月上旬将到天津的各国部队集中起来,这些兵力可以充分达到上述作战目的。

理由如下:

一、敌人兵力　约五万人

其中稍微精锐者大概有二万至二万五千人左右。但仅仅包括8月上旬能够集结起来的军队。

二、我方兵力　约四万六千人(与上表所示不同,这是按照该表制作前调查数据所定)

其中:

日本　　二万二千人

英国　　一万人(是按照英军指挥官所说的数字)

俄国　　六千人(按照阿列克谢耶夫中将所说的数字,此外还应增派四个大队步兵)

美国　　五千人(此兵力能否全部到达甚有疑问)

法国　　三千人

德国　　二百五十人

以上共计四万六千二百五十人。

三、向北京进军所需的我方兵力 约三万人

从第二项的总兵力中,需要抽调一部分留在后方作为守备队,该守备队的详情如下:

天津、大沽间守备	二千七百五十人(俄军两个大队,日军三个中队)	
天津守备	三千人	三个大队
天津、通州间守备	三千人	三个大队
永定河方面	一千五百人	一个半大队
作为总预备的天津	二千人	两个大队

合计一万二千余人,即十二个大队

从四万六千人中减去一万二千人,剩余的三万四千人作为向北京进军的兵力。

然而其中可以预见约有一成的病员减耗,大概还剩三万人左右,与实际情况相差无几。

四、日本并不需要继续增派兵力

我们所拥有的兵力总共有二万二千人,其中仅战斗兵员就能达到一万五六千。从兵力均衡这一点来说,不但兵力位于各国军队之首,就是仅仅靠我国兵力来对抗清国军队,其比例为三比一,能够完全击溃对方。但是我们最希望能够增派炮兵。

五、部署概况

(一)由最具战斗力素质军队编成的主纵队从白河右岸的主干道前进,其他纵队从与之并行的各道路前进。其中要拿出一部分负责守备兵站等。

(二)为防止北京朝廷向西安方向逃窜,派骑兵(英美)约三千人从礼贤镇向良乡县方向行动。

(三)作为对上述骑兵的支援,在礼贤镇配置一个步兵大队,在东安县配置半个步兵大队。

六、兵站

以白河为兵站主线,其业务由各国各自执行。

七、在内地的安排

(一)将第五师团的补充兵力在该师团输送结束后首先送达目的地。

(二)补送二万二千人所需要的三个月粮秣。

(三)迅速编成攻城炮。

白河输送计划

伴随上述作战计划,制定了天津以北白河输送计划,其内容如下:

一、在天津、通州间设置数个集散场地,随着作战军队的前进,逐次在前方开设。

二、军队出发前在天津补充携带口粮、大行李并充实纵队,到达宿营地之后,使用大行李及能够利用的地方物资。大行李由纵队补充,地方物资丰富的情况下,当然以地方物资补充。

三、纵队的补充在附近的集散场地进行,但可以根据宿营地的具体情况,如果能够方便直接补充大行李的话就直接补充，军队滞留一地时，更应如此。

四、集散场地

北仓、杨村、南蔡村、河西务、马头、张家湾及通州。

五、使用船舶

即使用贡米船一百艘。

理由如下：

二万二千人一天所需粮米约一百五十石(积数一百三十二石)，六千匹马一天的马粮为三百石，两者合计四百五十石。然而贡米船平均可以装载三百担，换算成石数的话约为一百二十石，不过这还是保守估计。以各船搭载米麦一百石计算，那么二万二千人一天的口粮和六千匹马一天的马粮需要四艘半就可以装载，而且其中预计还有装载副食品的余地，这样按照五艘船运载来计算。

按照上面的标准来计算，天津、北京间的行程约需六天，军队按照平时行军速度前进，并且船舶运输毫无障碍的情况下，需要上述船只五艘的六倍即三十艘。军队以足够的大行李及纵队到达北京之后，要不间断地从通州每天供给所需粮秣。但是，预期中途还有交战，水上运输恐怕难以按照预期执行，因此应该留有十二分的余地，应具备每天补给三天所需粮秣的能力，即需要使用粮秣船九十艘。

如此情况下，到达北京之后每日就有两天所需粮秣的剩余，到达之后两个月内就可以蓄积约四个月的粮秣，这样计算的话，如果8月下旬到达的话，在9、10两月就可以蓄积白河封河之后四个月所需的粮秣。特别是在此之前铁路有可能实现全线通车，相信实际上所需要的船舶数量在若干时日之后能够得以大量节约。

除上述船舶之外，还需要十艘用来充实粮秣以外的军需品，然而可以根据情况，两者互相通融。

六、输送船队之编组

将上述运输船编成一个输送船队，派海军佐官一名担任队长，隶属于兵站监部。

输送船队分成十个小队，每小队船只十艘，派海军尉官或者准士官担任小队长，各小队再分为两个小分队，每小分队船只五艘，派海军下士担任小分队长，各船配备两名水兵担任监视兵。

输送船队人员表

官阶等级	海军长官	海军士官(准士官)	海军下士	水兵	合计
人员	1	10	20	200	231
备注	如果小队由小队长以下23名构成，分队以分队长以下11名构成，那么水兵可以减员50名。				

七、运输方法(参见运行略表)

各船满载向北仓前进，在该地将所需的粮秣运上岸，空船回天津再次装载后，追随本队。当部队安全行军至杨村集散场地时，在北仓没有登陆的分队则继续行军至此，派所需的分队登陆,空船回到天津(如果中间设置了多个集散场地,那么空船并非一定回天津)接受补充。在其他的分队安全达到南蔡村之后,立即行军至此。以下逐次按照如此行军,循环运输。另外,空船搭载伤病员及其他后发物品亦是如此。

占领北京后的后方勤务内容如下:

一、占领北京大概在8月下旬左右。

二、占领北京后的后方勤务,根据是否能够迅速恢复和平状态有两种情况。

三、在能够迅速恢复和平状态的情况下,为保护公使及侨民,驻清部队所需的军需品特别是粮食在白河结冰之前即11月下旬之前,应在驻扎地积存五个月的用量。

四、在不能迅速恢复和平状态的情况下,为同后方进行联络,需要利用北京、山海关铁路以及该铁路沿线的电线和秦皇岛附近的不冻港。

五、为实施前项内容,在联军占领北京之后,需派遣约一万兵力(应尽可能设置铁道队、电信队及工兵)修理或新设在大沽、山海关间铁路和沿线电线,以及其守备。

理由如下:

占领北京后,如果能够迅速恢复和平状态,除留下一部分部队驻守之外,大部分部队应在白河结冰之前离开。之所以要留下部分部队是因为清政府软弱无力,不能充分保障公使及侨民的安全,这一点应尽可能取得各国军队的确认,为保护公使及侨民,有必要在北京、天津设置若干军队。而且在这两地驻兵时,就必须也在大沽驻兵,占领其门户。这样在每个军需用品集散场地应该配备相应的兵力。

即使联军占领北京但清国当权者没有迅速恢复和平意愿的状态下,就无法知道是否有必要在北京驻军。此时应该利用北京、山海关之间铁路以及铁路沿线电线和秦皇岛附近的不冻港,一是为了确保驻清军队与内地之间的联络,一是为了应付将来发生不测事变。

北京、山海关铁路及电线中,大沽以东还未归于联军手中,根据占领北京之后的状况,应尽快派一万余兵力负责此事。

上述作战计划及运输计划于7月21日起草,7月26日全部完成,以此为基础,如上文所述,寺内次长同各国军队指挥官进行了交涉。在交涉中,我军的提议颇为公明正大,在理论上并无抗议之处。然而其背后由于各国利益并非一致,所以几乎不可能实施联合作战。但关于我军的计划即师团粮秣输送办法以及冬季后方联络等大都按照此计划实行。

占领杨村之作战计划

根据上述的作战计划,师团司令部又为占领杨村实行如下计划(26日起草):

师团在向北京前进之前,需要首先以一部驱逐北仓及其北面的敌人,占领杨村。为此制定如下计划,但根据只有师团实行或和各国军队合作,多少有些差异。

一、使用的兵力

步兵四至五个大队、骑兵一个中队、山炮两个中队、工兵一个中队、卫生队半部(到达时)、山炮弹药一个纵队、步兵弹药两个小队(驮马编制)及粮食一个纵队。

二、主力在白河右岸的道路前进,一部在白河左岸的道路前进(和各国军队合作时只在白河右岸)。

三、行军计划

第一天(8 月 1 日)王庄茶棚附近(称“王秦庄”);第二天(8 月 2 日)老米店附近;第三天(8 月 3 日)杨村附近。

四、给养计划

没有征发地方物资的希望,必须全部从天津追加。为此,主要利用白河的水运,但由于接到在北仓附近沉没清兵船舶,封锁航路的报告,北仓以北由粮食纵队进行陆路搬运,但北仓附近的航路封锁需要尽快开放(附录预定的粮食纵队的分配、补充及运输方法,在此省略)。

兵站司令部等派遣之请求

山口师团长顾虑向北京前进的兵站司令部已告不足,25 日向陆军大臣请求增加三个该司令部(电报)。

另外,24 日考虑到将来守备兵站线需要相当多的守备兵,向陆军大臣请求动员、派遣后备队,其后寺内次长告知中央部的意见,正在进行此动员。

七　天津集结之概况及诸准备

天津集结宿营

为在天津集结,各部队前进的状况已经在本章第三节加以叙述,这里仅叙述各部队集合时的宿营地状况。

临时派遣队攻陷天津城之后,各国军队立即竞相占领天津城内外。为给后续部队准备宿营地,日本军队已经于 18 日在白河右岸外国军队没有占领的地方占领了多间民房,作为后续部队的宿营地(参见第十一章第一节)。然而当时如果占领师团的全部宿营地,兵力不够充足,因此如前文第三章所述,派遣大沽附近白河左岸的各部队向天津集合。

22 日下午 5 点,按照师团命令,在 24 日之前将各部队宿营区域进行了如下调整:

<table>
<tr><td>步兵第四十一联队</td><td>红桥以南天津城北门之间</td></tr>
<tr><td colspan="2">负责警戒自天津城通往北京方向的各条道路以及通往杨柳青的道路</td></tr>
<tr><td>骑兵第五联队(缺 1 个中队)</td><td>北营门东张公祠堂</td></tr>
<tr><td>步兵第九旅团司令部</td><td rowspan="3">天津城东门外市街</td></tr>
<tr><td>步兵第十一联队(缺第二大队)</td></tr>
<tr><td>工兵第五大队(缺 1 个中队)</td></tr>
<tr><td>步兵第十二联队第三大队</td><td rowspan="2">天津城内东北部</td></tr>
<tr><td>野战炮兵第五联队第五中队</td></tr>
<tr><td colspan="2">师团司令部</td></tr>
</table>

续表

步兵第十一联队第二大队	天津租界
野战炮兵第五联队本部及第二大队(缺1个中队)	
第一野战医院、卫生预备员的一部	
第一粮食纵队大部、第一步炮弹药纵队一部	
野战兵器厂一部	

但步兵第十一联队第五中队(中队长日根野周造大尉)当时负责谍报收集工作,驻扎在北营门附近。24日师团司令部根据各部队集合的情况改订了宿营计划,同日骑兵第五联队派出将校(少尉伊东仙三郎、特务曹长市田半次郎)赴租界南侦察一个步兵联队及一个炮兵大队的宿营地。自26日直至30日,按照将各部队召集至天津附近的计划,对宿营地进行了变更,28日下达了关于步兵第二十一联队宿营的命令,确定了如下内容:

步兵第十一联队及骑兵第五联队如上述相同	
步兵第四十二联队	天津城内东北部
步兵第十二联队第三大队	
野战炮兵第五联队第五中队	
步兵第九旅团司令部及步兵第十一联队(缺少第二大队)	天津城东门外市街(宿营司令官为步兵第十一联队长大佐粟屋干)
工兵第五大队	
卫生队	
临时铁道队	租界北端三井洋行附近(法国桥南侧)
师团司令部	天津租界南面西楼、小王庄、马场、土城庄、小刘庄附近
步兵第十一联队第二大队	
步兵第二十一旅团司令部	
步兵第二十一联队第一大队	
野战炮兵第五联队本部及第二大队(缺少一个中队)及第一中队	
步、炮弹药各一个小队	
第一粮食纵队的三分之二	
第一野战医院	
卫生预备员的一部	
野战兵器厂的一部	
步兵第二十一联队(缺少第一大队)	
野战炮兵第十六联队第一大队	
第二炮兵弹药纵队	
第二粮食纵队	
其余师团辎重	自白塘口开始办理宿舍

天津宿营地之管理

师团长认为在进入天津之后有必要立即实施卫生大清扫，指示幕僚制定计划。23日收到了卫生大臣下达关于卫生的训令（提醒个人以及部队长在卫生上应加以注意："清国一般缺乏卫生，所到之处均存在着损害军队健康的可能，特别是北清已经进入雨季，有可能引发痢疾、疟疾、风湿症等多种疾病，因此必须严格遵守卫生法[参见另页所附内容]，以努力保持兵力。"），然后将该训令下达各部队。同日组建师团卫生委员（长官由军医部长担任，由管理部长、兽医部长以及各队长组成），议定各部队卫生法实施的方针。24日召开会议，议定厉行清洁法；严禁饮用生水、食用未熟水果以及使用白河冰；厕所改造及清扫方法的规定；马厩远离居住地及清扫方法的规定；驻扎时适合进行的运动；预防中暑及禁止夜间裸睡以及预防痢疾等事宜。而且各部队在卫生方面也设置相关规定，并厉行之。

师团长于22日将在天津的各部队长召集至师团司令部，下达了维持军纪、风纪以及报社记者管理方法等相关训令，26日巡视了驻天津各部队的宿营地，对基本情况进行了视察。

天津都统衙门于8月1日开始其行政，我军派出步兵第十二联队的一个中队供该衙门使用。另外自8月2日起英军鸣放午炮。

得到英军司令部的通知说，在英军中服役的本国军夫难以统率驾驭，因此训谕军夫长官，同时向陆军大臣报告其不能管理的情况，提出如果不对其进行制裁，将有损本声誉的意见（8月1日）。

囤集粮秣

师团长于7月23日训令驻大沽兵站参谋仁田原及参谋誉田，互相协商制定8月10日之前向天津师团运送六十天所需粮秣的计划。根据此训令，兵站监给陆军总务长官中村发电报，请求运送师团所需六十天的粮食。当时已经装载在运送船只上的粮食和已经上岸的粮食总共也不够师团六十天所需的数量。

兵站监部根据此训令，制定了如下计划：首先将大沽现存的粮秣运往天津，除此之外，还从本国运来船只，集中到天津，然后运送至白河上游，供作战之中使用。

此前（21日），师团长鉴于在将来前进时，由于暑气酷烈，食物可能会腐烂，决定以饼干代之，并且请求陆军大臣追加运送饼干。

22日，将留在军粮城的粮秣作为辎重的一部分运往天津，同时撤去一个小队的守备步兵。

人马物资之补充

7月23日，师团长就临时派遣队因为战斗减员而转职的将校一事向陆军大臣作了汇报，并请求留守师团长进行补充。25日，请求留守师团长补充该队减员下士以下四百九十名、马二十六匹、驮马三十九匹。31日，又请求留守师团长补充将校、马匹及骑兵队用马匹一百匹。

另外，为补充马匹，兽医部派遣部员至天津西面稍直口之间，购买清国的骡马二十一匹(平均价格为十元)。此后,又购入骡马十匹。

8月1日,由野战兵器厂补充工兵队棉花火药五十千瓦(用于破坏天津城门)[①]。

攻城炮之调集

犹如以前所述,寺内次长预期北进时需要重炮。另外,考虑到各国军队中几乎没有重炮(注意:俄军十五厘米炮二十四门、臼炮六门、英军十二磅炮三门),用十二厘米炮四门编成一队,27日请求大山参谋总长要求8月20日左右到达天津(电报,根据此请求,在内地编组临时步炮兵中队,派遣参见第十二章)。

第十四章　攻击北仓之准备

一　侦察战前之搜索及情报收集

触敌及搜敌

7月下旬,第五师团司令部到达天津时,没有得到有关敌情的信息,除知道败兵在杨村附近外毫无所知。23日,山口第五师团长派遣骑兵第五联队的一个中队(第三中队)向北仓前进,再次和敌人保持接触,结果发现在唐家湾附近有约敌人步兵三十名,天齐庙附近也有若干敌人。

24日,骑兵侦察兵向天津西面的杨柳青和关帝庙方向前进,搜索敌情。这些地方没有敌兵,反而接到在天津南面千家堡、邓家店(距离天津约二里半)、郭家村及高家村有团匪二千余人集合的传言,又向前述各地派出侦察兵,实际上我军看到的只是千家堡有团匪五十名,邓家店有若干团匪,郭家村有骑兵数名,高家村有骑兵十余名。

26日中午,干线的前哨部队即步兵第四十一联队第三中队派出的下士侦察兵在唐家湾南面,遭遇三四十敌人骑兵侦察兵,相互射击。

27日,派遣参谋中川大尉和骑兵第二中队一起向西沽西北面火药局方向搜索敌情,知道和唐家湾同一情况。结果,在火药局有敌兵数十人,进行射击。同日从白河左岸向南仓附近搜索(骑兵特务曹长岸安次郎一个小队),南仓方向不但河水泛滥,还有很多敌人,其东面淀河方向没有敌兵。

28日,寺内参谋本部次长、福岛少将、石桥参谋长等为侦察敌情,和骑兵第三中队同行(骑兵联队长森冈正元也同行),到达唐家湾方向,敌情和前日毫无差异。

谍报

在此之前,山口师团长委任福岛少将,在和各国军队协商之际可以临机处理,且要求其搜集情报,并与之配备青木中佐、原田少佐、由比少佐、桥口大尉和石川中尉。

---

① 千瓦,日本重量单位,即公斤。——译者注

24 日，根据在大关桥步兵第十一联队第五中队长日根野大尉使用的间谍（当地人装扮成卖药者，观察从北仓到南蔡村的敌人兵营）的报告，北仓、杨村间有马玉昆率领的三十余营（其中约二十余营为聂士成的残兵）、何永盛率领的练军二营、安卫军二营和吕本元率领的淮军骑兵五营。这些军队全部宿营在白河左岸，但马玉昆三十余营中的二营在北仓、汉沟间的道路上。此外，四川提督武卫左军总领宋庆所指挥的五营（马玉昆三十余营之中）在汉沟、杨村间，还有炮兵，但数字不详。此外，风闻山东巡抚袁世凯的武卫右军的兵力、山海关程统领的兵力和湖南、湖北的兵力正在出师中，董福祥的兵力守备北京城。

来自各国军队之通报

同日，根据英军司令部的通报（19 日从北京出发的情报），敌人由于在北仓下游白河沉船制造堵塞，左岸发生泛滥，沿此泛滥，步兵设置堑壕，建立很多诈旗（红白混合的旗），在其后方宿营。并且，据说敌人还企图在杨村、北仓间制造泛滥。此外，敌人一万五千人在北仓附近，五千人在杨村（天津城负伤者在杨村，若干炮储备在杨村两岸的寺院），由于天津城陷落，团匪失望。

25 日，根据从俄军指挥官少将斯捷谢利得到的情报，本日（俄历 7 月 12 日、日历 7 月 25 日）拂晓，步兵三个中队、哥萨克骑兵一百名组成的一队由恰鲁斯上校指挥，在铁路的第四、第五桥间（到达北仓之前）进攻清军，敌人放弃战斗线，向根据地撤退。该阵地在铁路线附近的平地挖沟。夜间留在其地的哥萨克骑兵受到来自北仓方向约五千名清兵的袭击，敌人暂时撤退，根据俘虏所说，北仓的河道有沉船。

27 日根据来师团司令部的俄军上校沃嘎克得到的情报，李秉衡在扬子江募集的三十营兵力正在北进，天津西南五十公里的独流镇有张姓指挥的一万五千名拳匪集中，另外还有吕本元代替聂士成为直隶提督，马队五营的指挥官如旧。

侦察战之决定

根据以上诸情报，师团司令部判断敌人的主力集中在北仓及杨村附近，其前哨从天津北面的穆庄经唐家湾，到其西面的火药局担任警戒。但由于无法确认其阵地在何处，师团长同意寺内次长的意见，决定以 30 日上午为期，以武力侦察白河右岸的敌情。以步兵一个联队为主力，一个支队进行侦察战。同时俄军也在白河左岸进行武力侦察。

二　唐家湾侦察战

侦察战之部署

29 日下午 5 点 50 分，师团长向步兵第四十二联队长大佐渡边章等下达命令，其要旨如下：

一、看到只有很少的兵力在天津北面，守备从穆庄经唐家湾到其西面火药局一线，这大概是敌人的前哨。另外，根据俄兵的侦察，约四五千敌兵守备在从白河左岸南仓附近到其东面一线。

二、师团以 30 日上午为期，确认白河右岸的敌情。

三、步兵第四十二联队长以其联队(为守备兵站而留置的两个中队除外)、骑兵第五联队的一个中队、野战炮兵第五联队的一个中队侦察敌人的配备和兵力,但应该特别注意不要进行真正的战斗。也有必要向白河左岸派出一部队。

四、步兵第四十二联队进行战备以备万一。

五、进行侦察的各队由于要轻装,其装具和行李都应留在宿营地。但是,步兵携带背负袋、一定数量的弹药、行动口粮、化食(一天的饼干)、水筒、杂袋,骑兵和炮兵的装具和马装全部以此为准进行精简。

根据此命令,渡边支队长为前锋(少佐崛江不可止率领的步兵第一大队[缺第一中队]、骑兵第三中队[缺两个分队和骑兵四名]和山炮兵第一中队),30日凌晨4点从北营门出发,经丁字沽向唐家湾前进。右侧前锋[大尉岛居利刚指挥的第八中队和骑兵一个分队]跟随前锋前进,从北营门的北面右转到白河左岸,经白庙向穆庄方向前进。左侧前锋[大尉成川正孝指挥的第九中队和骑兵四名]从西沽北端向通往火药局的道路前进。本队[以骑兵一个分队、第二大队[缺第八中队]和第三大队[缺第九、十中队]的顺序)在前锋的后方六百米续行。

前锋之战斗

前锋骑兵(大尉渡边为太郎指挥的第三中队[缺两个分队和四名骑兵])从西沽出发之际,一个分队(吉田少尉)在唐家湾和火药局的中间,其他一个分队(下士指挥)向火药局方向前进,搜索敌情。其他从干线前进,凌晨4点40分到达唐家湾南方白河的弯曲点时,发现前方白河左岸(实际为右岸,河川弯曲如此)有敌兵约三十名,还有少数敌人的骑兵频繁在其后方往返。

5点14分,渡边支队长将本队的指挥权委任给第二大队长杉冈直次郎奔赴前锋,当时由于丁字沽发生火灾,支队从该村东侧前进。

5点20分,步兵尖兵到达白河弯曲处,代替骑兵占据干线的堤防而散开,继而前锋士兵亦悉数增加,此时骑兵转向火药局方向前进。

5点50分,崛江前锋司令官决定如有可能击退唐家湾之敌,第二中队(前锋)火力炽盛,6点第三中队增援右翼,猛烈射击。但是,敌人亦与我对射,未能占领唐家湾。6点24分本队的先头部队第五中队亦在丁字沽西北端散开,向穆庄的敌人射击。在此之前,本队向丁字沽北端开进。

7点15分,看到敌人的地雷在穆庄南面方向爆炸,后又接到俄军侦察兵被地雷炸死的情报。

7点30分,渡边支队长以炮兵第一中队的一个小队(少尉三户诚一)布置在丁字沽西面第二桥梁(指西面桥梁)的南面耕地,射击郭辛庄的敌人。此时,炮兵由于前方堤防有我步兵,曳火弹有带来危害之虞,只使用着发弹。8点30分,第一中队的余部(四门)又布置在同一线上进行射击,同时妨碍炮兵射程的我步兵(第二、第三中队)撤退,预备第四中队占据第二桥梁附近的堤防,收容之。在此之前,杉冈第二大队长以第五中队在丁字沽北端的小树林,掩护第一大队的撤退。

该运动中,渡边支队长命令第一大队长,让第三和第四中队处在第一线,第二中队为预备，前进至炮兵的左翼前方。在此前进中受到敌人的射击最多，我亦没有停止射击，但还是不能确认敌情。

9点，渡边支队长又为侦查前方的敌情而下达命令，结果，第四中队前进至先前占领的堤防南侧，继而第三中队前进至第四中队一线，第二中队在干线桥梁附近成为预备队。以此配备猛烈射击唐家湾西面的敌人，敌人也以激烈射击应战。但是，其子弹高高飞走，落在预备队的位置，第七中队的士兵因此受伤一名。尽管如此交战，还是无法确知敌人的兵力。因为当时高粱的高度已经淹没人，遮住远望而掩蔽在白河河岸，芦苇或杨树导致无法透视唐家湾附近的敌人阵线。由于地形如此，两侧前锋特别是骑兵也无法确知敌情。

在此之前，支队长在右侧增加第十二中队的一个小队，其剩余归属第三大队，进而进行增援。

正面由于此配备，至9点40分对战之时视察情况，由于敌人顽强固守阵地，师团长察知到此地有防御，认识到难以进行以上侦查，命令渡边支队长撤退。由此，支队长命令第一线大队向北营门撤退，预备队第二大队在丁字沽西北端占领阵地，收容诸队后成为后卫。

第一线的第三中队首先沿堤防逐渐撤退，第四中队和第三中队隔离二百米撤退。此外，这两个中队派出极少兵力到战斗地，搜索、收容死伤者。10点38分开始撤退，10点50分在丁字沽西北端集结结束后，此撤退运动起初和敌人脱离稍微困难，由于敌人不追击我，尔后得以轻易撤退。

在此之前(10点)，炮兵第一中队从阵地撤退，布置在丁字沽西北端的耕地，收容第一线的撤退步兵。但是，由于敌人追击，进行射击。

步兵第四十二联队第一大队：战死士兵三人，负伤下士以下十九人，消耗弹药一万二千零七十八发；炮兵第一中队：负伤雇佣人一人，死亡马一匹，消耗弹药一发，榴弹一个，榴霰弹一百二十二个。

右侧前卫之战斗

右侧前卫(第八中队)5点10分通过张公祠堂附近的新浮桥，7点30分到达穆庄，立刻受到郭辛庄方向敌人的射击，第三小队散开对射。继而骑兵分队到我右翼，侦查泛滥之广袤地带，此骑兵发现在东北方约三公里的森林有敌炮七门，和俄军正在交战。

8点左右，先头第一小队到达穆庄西端开始战斗，时看到敌人占据白河的右岸，且以担架搬运负伤者。在此之前，第三小队到穆庄北端射击，但因高粱挡住视线而无法射击，将其招集到第一小队的位置。但是，由于被高粱遮拦，和第二小队一起布置在村内，成为预备队。

8点15分，第十二中队中尉宫崎有一郎率领的一个小队作为增援从右岸来此，接到鸟居右侧前卫司令之命，侦查穆庄北面。此时，从南仓南端受到七八挺机枪射击，看到还有30名敌兵在东北方行动，继而因主力部队激烈战斗，鸟居右侧前卫司令将第三小队置于原位置，和第一小队一起向左侧后面射击(此位置参见插图6)。

9点，第三大队长少佐田边光正根据支队长的命令，率领第十二中队的剩余(两个小队)到来。担任右侧指挥的该大队长向第一线增加第十二中队的一个小队，宫崎中尉的小队在后方集合，尔后缓缓射击。至10点15分接到撤退的命令，第八中队作为后卫，从白河左岸撤退至天津。

伤者：第八中队三人，第十二中队一人；消耗弹药：第八中队一千零八十五发，第十二中队三百二十一发。

左侧前卫之战斗

左侧前卫(第九中队)从西沽沿着通往火药局的堤防前进，途中发现二三敌兵。6点43分，到达火药局东面约一千米处，敌人的步兵约二十名、骑兵约二十骑出没在火药局西面的堤防，继而向我射击，因此以先锋一个分队进行射击。此外，第二小队向密集的敌人约二十名集中射击，将其击退。

根据骑兵侦察兵的报告，从7点25分至7点55分之间，敌人骑兵五六名从火药局向王庄前进。此外，兵力未详之敌从王庄向唐家湾方向前进，并且在火药局、王庄间有疏散的掩堡(正面六百米)，敌人占据着。

9点8分，根据渡边支队长的命令，左侧前卫正在撤退。

无死伤者，消耗弹二百三十八发。

在此之前，骑兵第三中队转向火药局方向前进后(6点30分)，知晓火药局东面约一千米的独立房屋有敌人，少尉伊东仙三郎小队进行徒步战斗，将其击退。尔后左侧前卫到来后，与此一起行动。此间，少尉森本重雄一个分队搜索唐家湾火药局间的敌情。10点30分，在火药局东面堤防上接到支队应撤退的命令，逐渐返回宿营地。

负伤骑马三匹，消耗弹一百三十四发。

是日，师团长和幕僚一起为跟随真锅、塚本两步兵旅团长，来到战斗地视察，此外森冈骑兵第五联队长、永田野战炮兵第五联队长也在场。英军指挥官中将盖斯里和驻日本公使馆英国武官中校恰齐鲁也在此行中，特别派遣由比少佐引导彼等。

侦察结果

根据此侦察战，所得如下：

前卫大队前面的情况：

一、唐家湾的敌人其兵力不详，但步兵不过三百人。

二、王庄西面道路附近有炮两三门，其后方发现有稍大的部队集合。火药局南面耕地中也有敌兵二三十名，这是敌人的右翼。

三、白河右岸的两个凸道便于遮蔽敌人侦察和敌弹，耕地全部是繁茂的高粱和麻，不便通观。火药局附近的凸道成为前进至子牙河和匣子河通火药局堤防旁之间的良好遮蔽物。

右侧方面的情况：

一、柳台以北道路的东侧有河水泛滥，不适合步兵徒步涉水，但骑兵可以湿马腹渡过。

二、发现穆庄西面森林中敌人的步兵约四五十名出没，该地房屋上还有一敌兵小队。

三、柳台东北方约三公里处有敌炮兵约七门，其东面还有炮兵(炮数不详)。

四、根据骑兵侦察兵的报告，俄军和敌人的七门炮对战。

左侧方面的情况：

一、发现丁字沽西面有敌人步、骑兵各十四五名。

二、发现火药局东侧堤防有敌人步、骑兵各约二十名。

三、发现火药局南面堤防弯曲部疑似敌人步兵者约二十名密集于此。

四、火药局至王庄之间有敌人疏散的掩堡，其幅度至少有六百米。

总之，敌人的第一线处在隐蔽下，其前面以高粱、麻等其他作物作掩护，处处只能看到炮数门和二三十名至四五十名骑兵或者步兵群，无法看到全部的兵力，第一线后方的兵力也不详。

从射击的声音、出烟的情况来观察，敌人使用的是连发小口径步枪和微烟火药。

乘此侦察战，工兵第五大队长马场从第一和第二两中队派遣军官，以渡西沽武库以北的白河并子牙河为目的进行侦察。

在本日的战斗中，我军死亡下士兵三名、负伤下士兵二十四名（其中负伤后死亡者三名）。是日，在战线的右翼后开设救护地，在丁字沽北端开设临时绷带所[①]，在西沽开设第一野战医院的一部，收容此等负伤者。

是日消耗的弹药为步枪弹一万三千八百五十六发，炮弹一百二十三发。

俄军之侦察

31 日，俄军少将斯捷谢利的副官到来，30 日俄军侦察的结果通报如下：

一、昨天沿着铁路线向北仓前进的军官侦察兵在北仓的南方遭遇地雷，俄军一名士兵受伤（其在插图上之二三说明）。

二、铁路和白河之间发生河水泛滥，此外，在第四和第五铁路桥之间，铁路线以东也有若干处被淹。

① 即战地救护所。——译者注

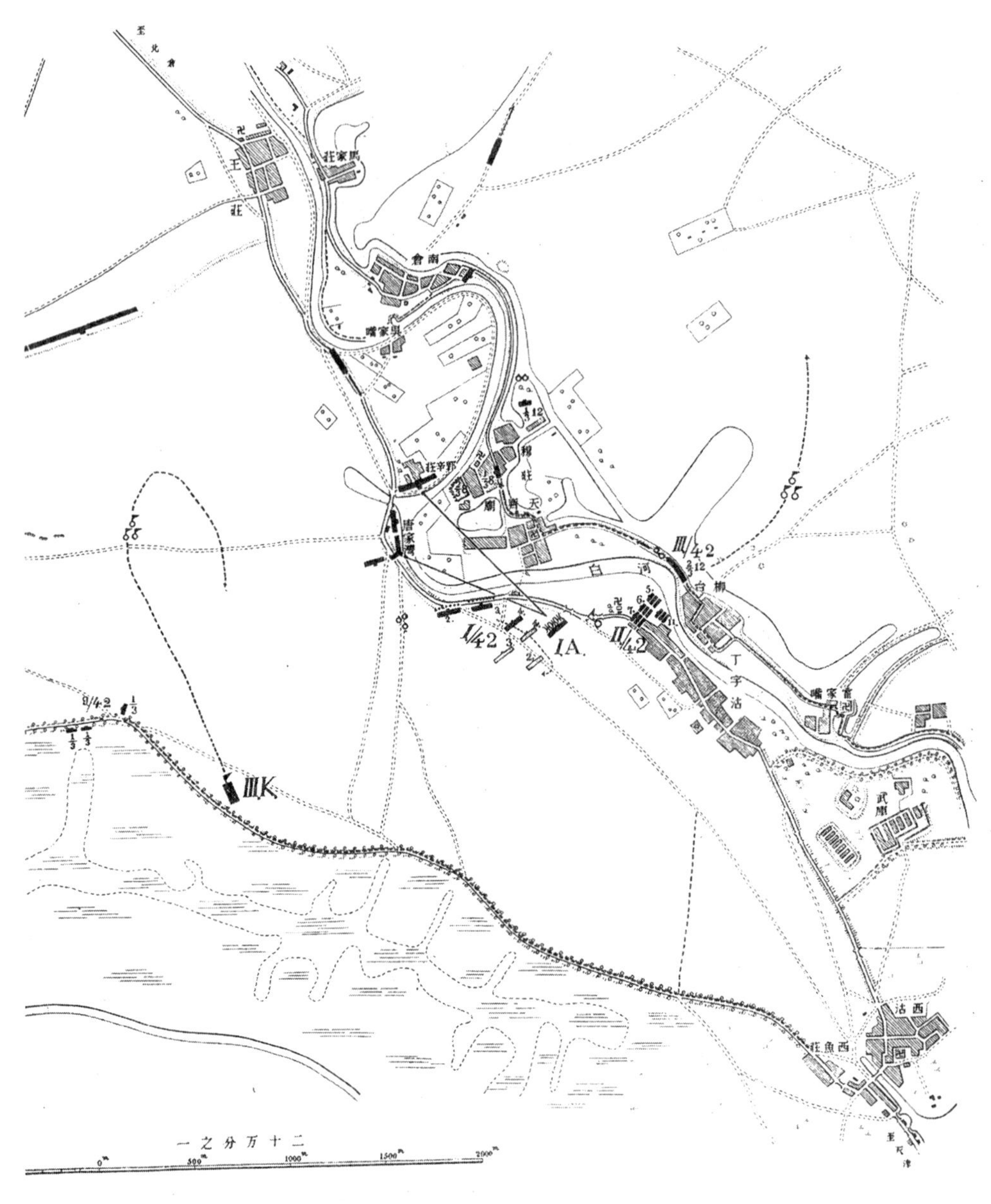

插图 6　唐家湾侦察战备略图(7 月 30 日)

三　侦察战后敌人阵地侦察和情报收集

侦察进攻北仓之敌情、地形

唐家湾侦察战的结果,知道敌人占领了从火药局到王庄附近的阵地。为进攻此敌人,有必要进行更加充分的侦察。尔后，参谋官和步、骑兵军官不断侦察敌人的阵地和地形。其结果加之各国军队通报的诸种情报集录如下。

30 日下午，俄军司令部通报白河左岸的敌情，即 28 日三组军官侦察员侦察的结果如插图 7 所示。

31 日骑兵第五联队派遣三名侦察员（少尉吉田源次郎、少尉池上八十二、特务曹长市田半次郎），侦查子牙河北岸和南岸的地形、渡河点和南运河、大稍直口附近渡河点。同时，参谋誉田大尉侦查为进攻敌人右翼的地形。根据此等诸侦查的结果得知，子牙河南方有因洪水而造成的湖水（当时使用的地图没有湖水），从大稍直口很难向敌人右翼前进，且子牙河无法徒步渡过，无法进攻敌人右翼。从子牙河北岸的地方可进行侧面行动，此北岸之地杂草茂盛，步兵间隔开，骑兵可以徒步通过。

同日，根据在大关桥日根野大尉昨天从间谍得知的情报，敌人从王庄到北仓西面的道路西侧的耕地处处埋有地雷（压发地雷）。北仓南端附近筑有小炮台，备有大口径炮两门，其附近还备有野炮四五门和山炮四五门。此外，白河右岸北仓西面建有一小炮台，有大口径炮一门，其附近两处所配备野炮八九门、山炮五六门。王庄北端到韩家树东面利用小堤防建立防线，西部炮台的西面至凤河之间设有一长长的空壕，其后方又挖掘八条小壕，用于埋伏多数兵力。而且从杨村、北仓间的敌人分开来看，宋庆的军队约十三营（其中二营骑兵）、练军五营（何统领率领）、淮军二三营、安卫军二营、武卫军四营（聂士成的剩余兵力）和老湘军七八营（老湘军从南面来，经保定府于两三日前到达。此外该军后续部队从保定府前进中，老湘军全部由夏统领率领），皆归马玉昆指挥。在 30 日的战斗（唐家湾侦察战）中，敌人死伤约三四十名。

我军军官侦察员进入敌人前哨侦察

31 日下午，师团长以步兵第十一联队少尉生岛骏和步兵第四十一联队中尉坂初枝，尽可能趁着黑夜进入敌人的前哨线内，侦察敌情和地形。

此两军官侦察大胆行动，侦察的报告概要如下：

生岛少尉侦查报告

31 日下午，受到来自火药局和其东面二间屋的射击，该两间屋的屋顶有敌人的瞭望兵，唐家湾西面小森林也发现敌兵数十名。

到晚上，沿子牙河接近刘家摆渡，由于在该地也遭遇敌兵约二百人，又向西转，到达刘家摆渡西南的堤防，发现该堤防有敌人的侦察兵巡查。但是，大清河眼下没水，大清河以北的全部地面在月光的照耀下有光辉，大都是沼泽。

小官和一名下士一起在火药局和韩家树中间越过敌人的步哨线，进入韩家树的东面。由于韩家树有五六十名敌兵，再次转向王庄，王庄没有多少敌人。王庄和韩家树之间有没有堑壕或者堤防等，夜间没有看清，只是听到、看到处处有士兵的谈话或吸烟。

军官侦察员逮捕当地人返回，在师团司令部询问所得到的情报后文详述。

坂中尉侦察报告

31 日下午 1 点，受到来自火药局东面两间屋的敌人射击，暂时潜伏在堤防，转而搜索唐家湾方面,发现唐家湾西面有三个堑壕,敌兵占领之。此外,唐家湾至火药局方面空壕连绵,火药局东面约有二十名敌兵,火药局东面两间屋有敌人的马队,堤防正在施工。下午7点左右向火药局前进,在火药局和两间屋之间没有敌兵,进而接近火药局,遭遇敌人的骑兵侦察员,躲避潜伏。火药局以杂树掩盖,听到其附近有敌兵谈话。

在韩家树和火药局之间前进,韩家树东面杂树林和韩家树有敌兵,进而前往王秦庄通往韩家树道路。接近该道路的北方,有平行路(凹道)。从此凹道又前进至韩家树方向,看到北面有敌兵。

韩家树东面的堤防是利用掩堡,还有从韩家树通往唐家湾的新路,其东南面也有若干小路。

总之,敌人白天占领从唐家湾至火药局东面两间屋之线,夜间其左翼处在后方。

韩家树的敌人经常使用探照灯进行照明。

情报之收集

8月1日,在师团司令部询问从北京来的密使(31日到达天津领事馆,在该所询问之件在第六项末文),得到如下情报:

一、7月24日发布的上谕,李秉衡统率在南方诸省招募的士兵和武卫前军(本是聂士成的部下),和袁世凯的军队及山东省登州镇的水兵合作,袭击大沽炮台,断绝天津、大沽间的联络。

二、北京的董福祥军队向天津进发,7月29日从该所出发的武卫中军(荣禄统领)的马队也向天津前进,7月29日已经到达河西务。

三、杨村以北未见官兵,在河西务以北特别是通州和北京附近,高粱相当于人高的两倍,由于7月23、24两天有大雨,杨村以北低地的道路暂时被淹没,现在干燥,不妨碍通行。

四、董福祥的军队因进攻北京公使馆约损失一千人。

在北京和通州附近的义和团,仍然极其猖獗,在各地与天主教徒交战。

同日在师团司令部,询问31日夜我军官侦察员捕获的当地人,获得如下情报:

一、卖煤油的口供

知道韩家树有何永盛的练军三四名步哨,其兵力不详。

发现刘家摆渡有天津盐道征募的芦勇七八名步哨,其兵力有五六十名。在北仓,听说宋庆、马玉昆、李秉衡及董福祥的兵力合计有五六十营。刘家摆渡附近的大清河水深大都不过及腰。

二、船夫的口供

听说在韩家树有吕本先率领的马队五营,大清河没水,另外凤河的水深只不过及腰,北仓有宋庆、马玉昆及何永盛等率领的四五十营兵力。

进攻方面之侦察

8月2日,师团长从步兵第二十一旅团派遣军官侦察员到敌人阵线,侦察该队的前线路中火药局方向的地形及敌情,其结果获得如下两个报告:

步兵第四十二联队步兵中尉尾寺藤三的报告要旨如下：3日凌晨1点半出发侦察火药局附近，在此有四个瓦房建筑物，周围的堤防薄弱。早晨6点40分左右发现敌人的步兵一百名以上、骑兵四十名、工兵约三十名从西面向火药局南面前进，尔后东西交通频繁，敌人的服装为麦藁帽子或头巾形，有红色的帽子、穿着青衣的人。听到刘家摆渡方向有马叫，但没有发现敌兵。看到火药局东面两间房子有敌兵十数名(其他由于和他的报告大同小异，在此省略)。

步兵第四十二联队少尉船越正次的报告大要如下：2日晚上11点出发，首先侦察火药局，受到来自该所的七八发子弹的射击。在此前，在韩家树及王庄方向前后，看到信号火飞扬。韩家树方向有敌兵，在刘家摆渡也有四五十名敌兵。

搜集以上诸情报，当时在师团司令部调制北仓附近的敌人配备及地形如插图8(和实际不同的地方参见第十五章及附图7)[①]。

谍报之搜集

2日有在大关桥的日根野大尉的报告，曰："昨晚老湘军(都是湖南、湖北)二十营从南方赶来，到达杨柳青，彼等专门掠夺食物，扬言保护皇帝和西太后从天津撤退。义和团的大首领张老师于清历7月2日在独流镇的西面王家口被民团射杀。该团首领曹老师先前在天津败军之际战死，眼下义和团全都失去大首领，只有张老师的副首领王老师还活着，振奋眼下义和团的志气。"

此外又说："前天派遣到韩家树附近的当地侦察员回来报告说，敌人昨天得以增加。其增加的兵力考虑到阵地的右翼，从韩家树至铁锅店(刘家摆渡的西南两里半，又名"锅家店")之间的步、骑兵约二营配备在堤防上。根据当地人的言论，铁锅店至清宫有清军联络、屯驻，眼下新来的士兵除老湘军之外，山东巡抚李秉衡的士兵和吉林的士兵也在增援进军之中。"

天津西南方面之搜索

根据上面的情报，有必要搜索天津西面杨柳青方面，师团长2日夜向该方向派出步兵第二十一旅团所抽调的三组军官侦察员。此等侦察员3日回来，根据报告，杨柳青未见敌兵，当地人的情况和平日无异，只是在其西南方发现篝火。

因此，又觉得有必要搜索杨柳青南面。3日向该方向派出骑兵军官侦察员三组，搜索的结果是如下报告：

一、在赵家楼东北约一千米处和敌骑兵二十名遭遇，还受到来自该村头步兵约一百名的射击(以上是铃木少尉的报告)。

二、在赵家楼有竖起两面红色三角旗的敌人步兵(如官兵)约五十名并骑兵若干，向我射击(使用微烟火药)，在东桑园附近的堤防也有敌人步兵散布，在返回途中的马家庄附近看到有敌人步兵三十余名向我前进(以上是横山中尉的报告)。

三、在关帝庙未发现敌人，其西南抄米店发现敌人骑兵约四十名，此外高家村有团匪。

---

① 略。——译者注

受到来自董家庄约一百二三十名敌人步兵的射击。在返回途中的梢直口,团匪挡住我军的道路,我军一名士兵、一匹马负伤,最终突破阻挡返回(以上是伍长窪海三的报告)。

由于上述搜索的结果,得以确认天津西南一带敌兵在增加。

8月1日,中川参谋侦察子牙河附近师团的露营地,发现在子牙河北岸的红桥西面及其南岸并小北门、北营门间、城墙的南面三处有露营地,最后同意其报告意见。

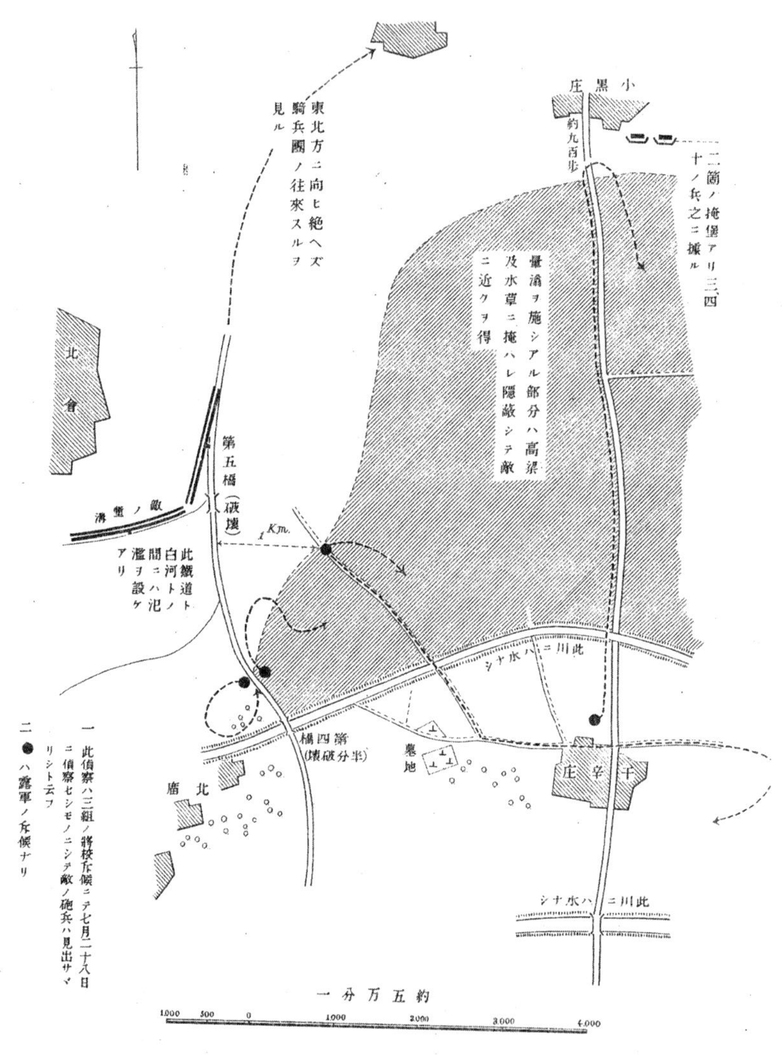

插图7 俄军白河左岸侦察图

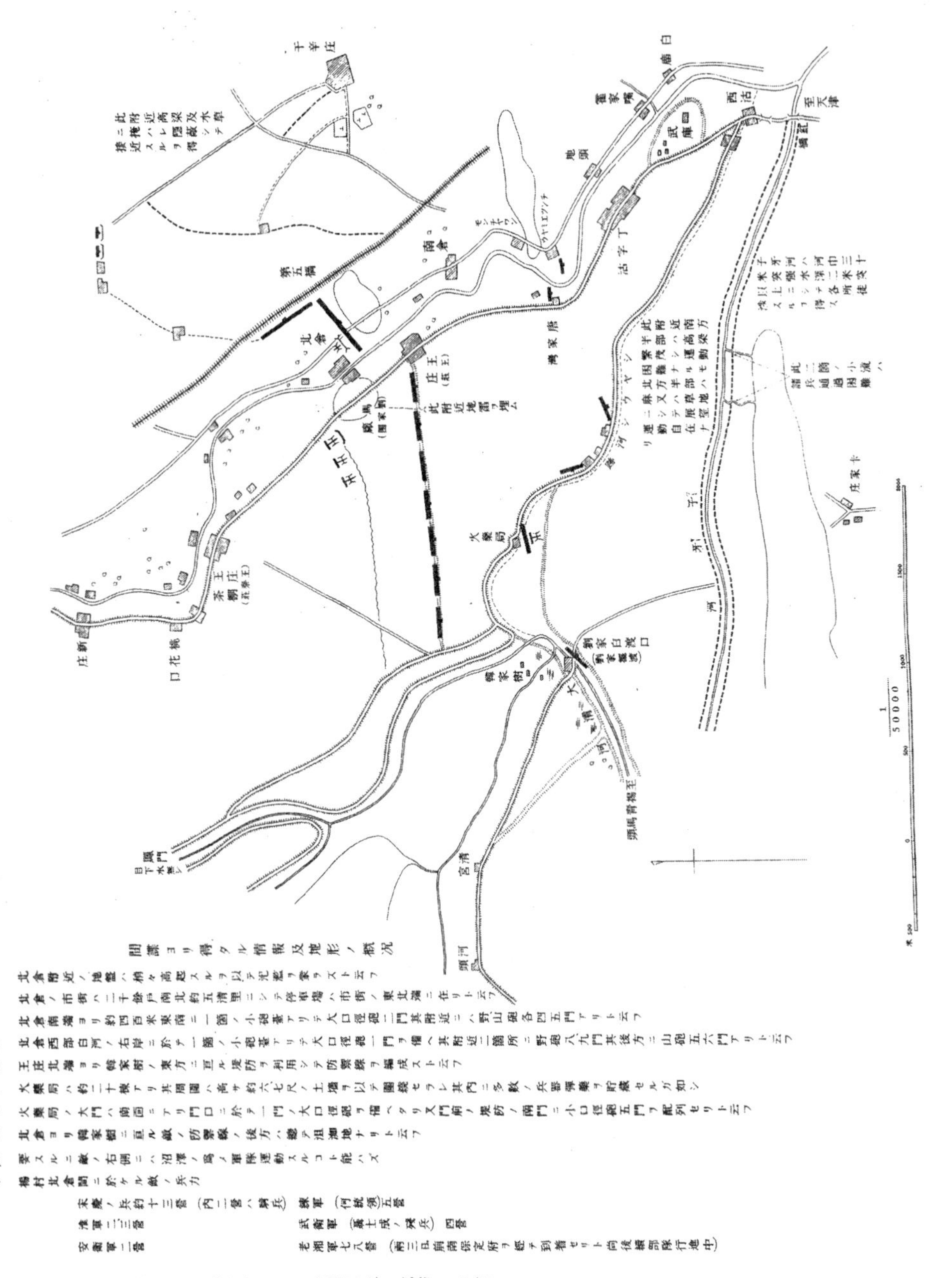

插图 8　北仓及其附近侦察略图

四　白河粮秣运输之准备

白河水运计划

7月29日,在第五师团司令部起草北仓进攻后至杨村间和在杨村附近的混成旅团的给养计划,其概要如下:

一、进攻当日的给养使用大行李的粮秣,但尽可能依靠地方物资。

二、杨村占领期间的给养是纵队给养,纵队的补充依靠白河运输船队的粮秣。

三、进攻当日,白河运输船队的粮秣在北仓附近登陆。

四、粮食一纵队第一天在王秦庄、刘家园间宿营,从第二天折半,每半纵队到杨村进行分配,各自于翌日到北仓补充。

如能迅速撤去北仓附近白河船路闭塞的障碍物,运输船队就能回溯到杨村附近,粮食纵队的行动就能大大减轻。

五、为向杨村前进所需的粮秣运输利用白河的水运,为此编组如下粮秣运输船队。

粮秣运输船队之组建

清国船六十艘分为五小队(一个小队约十二艘),各小队分为两个分队(一个分队五至六艘),一个分队装载半个师团需要的一天粮秣。

为指挥和护卫运输船队配备步兵一个中队和工兵一个中队。

步兵中队长指挥运输船队,各小队由士官或下士指挥,各分队由下士或上等兵指挥,各船配有士兵若干,此外平均乘坐九名清国船夫。

工兵中队从事河川的侦察和清除航路障碍。

各船附有番号,即第几小队第几分队第几号。

白河水运之准备

在此之前,天津陷落之际,在北门附近占领的五十艘船(日军和英军各半)中因为有未成和损废的,工兵第五大队配给少尉井上谦吉士兵二十五名(其中船木匠十名)和所需要的器具。从27日到31日,和派遣到天津北端西沽的清国船匠(约二三十名)一起进行修缮。

26日,接受步兵第十一联队第五中队征集保管的船舶,合计步兵第十二联队第三大队占领及其修理的共六十六艘,将其截留在法兰西桥的上游。为征集清国船夫,派遣三等军官藤田四郎,29日得到二百余名(步兵第九旅团派出准士官一名、下士以下三十名,护送此征集人夫,并监视征集的船,由于船夫中不少逃走者,征集补充之)。

29日至31日,辅助监督酒井根据粮秣运输船队的编组要领,在征集的六十六艘船上装载混成旅团十天的粮食。

与舰队进行水运交涉

在此之前,7月28日师团长照会东乡常备舰队司令官,说:“关于天津以北的白河运输,应得到贵舰队的帮助,秋山兵站监应该详细提出,请尽可能帮助。”秋山兵站监到达舰队,根据天津以北白河运输计划(参见第十三章六),请求舰队派出所需要的人员。

于是,舰队派遣海军中佐福井正义以下运输船队所需的人员(8月2日东乡舰队司令长官回复让福井中佐指挥特别陆战队[总人数为一百五十人],与兵站监协商,服从任务)。

8月1日,石桥参谋长请求秋山兵站监,为占领杨村计划编组其他小运输船队(参见前文),并由陆军监视,因不熟悉水路,前照会常备舰队司令长官,要求派遣运输船队的人员若干到天津。于是,福井海军中佐以下及水兵若干配备在此小运输船队。8月2日和兵站监部参谋中佐仁田原重行一起到达天津,准备运输。

五　进军路线之准备及改编

大关桥之修理

7月30日,师团司令部接到英军的请求,“由于天津城北大关桥重炮通过有危险,请日军修理”。31日工兵第二中队的1个小队(少尉杉山正)进行修缮。

子牙河等处架桥

同日,师团长命令马场工兵第五大队长,以师团的主力用于火药局方面为目的,派遣工兵军官,和骑兵侦察员一起侦查子牙河渡河点。

工兵中尉宫原国雄31日接到此侦察的命令,在子牙河东部选定三处架桥点,而且由于附近没有架桥材料,报告必须从红桥附近搬运(同日骑兵第五联队少尉池上八十二也进行同一侦察)。

在此之前(30日),马场工兵第五大队长让在西沽的井上工兵少尉(负责修理缴获的船舶)侦察子牙河架桥材料。发现天津北面北营门、西沽间人家散放着这些材料,一个中队并用白河水路和人力,而且搬运三个小时。8月1日第一中队长三桥嘉之太计划在西沽附近搜集架桥材料。

2日,为进攻火药局方面,师团长决定开设纵队路。命令马场工兵第五大队长,在子牙河架设两座桥,并在天津北面的城墙开设两个进出路。于是,马场大队长3日以工兵第一中队(缺一个小队)在子牙河架桥,第三中队(缺一个小队)在北营门附近开设进出路,并架设独木桥。此工事期间,步兵第四十一联队第四中队的一个小队(少尉林寿逸)在工兵第一中队长的指挥下,被派遣到小北门的西北方,对刘家摆渡方向进行工事掩护。

工兵第一中队(缺一个小队)早晨6点开始从北营门、西沽间白河沿岸收集材料,中午着手架桥,下午3点半完成两个军桥。此军桥宽二点五米,可以通过三列步兵。

工兵第三中队(缺一个小队)早晨6点10分在北营门西面两处架设独木桥,破坏城墙和修筑坡路,中午12点30分完成。独木桥宽二点四米,能够通过三列步兵。坡路宽三米,在独木桥前后各约二百米间砍伐高粱,开设道路。

子牙河架桥完成后,根据师团长的命令,步兵第四十一联队第一大队派出一个小队,担任军桥的守备。

师团长8月2日派遣中川参谋到北营门附近,提前告知各队副官露营地,侦查出入路等情况。

天津临时守备炮兵队之编制

8月3日,根据野战炮兵第五联队长炮兵大佐永田龟的提议,师团长编成如下临时守备炮兵队:

一、炮为从敌人缴获的五十七毫米速射野炮二门、六十毫米克式山炮四门(速射野炮弹药二百八十发、克式山炮弹药七百七十发)。

二、队长由野战兵器厂附属炮兵大尉坂部正恒充任,有小队长,曹长、军曹三名(野战炮兵第五联队派出);炮车长,伍长或者上等兵六名(野战炮兵第五联队出五名、第十六联队第一大队出一名);炮手一、二等兵二十四名(野战炮兵第五联队出),驾驭者四名(野战炮兵第十六联队第一大队出),炮兵辅助兵由步兵十八名并骑马四匹、驮马四匹(骑马由野炮大队、驮马由山炮联队出)充任。

根据上述要领,各部队派出人员,4日完成其编制,以临时守备炮兵队的名义,担任天津守备。

纵队编制之轮换

以前属于临时派遣队的第一步兵弹药纵队(约半部)、第一炮兵弹药纵队及第一粮食纵队全部为驮马编制,第五师团动员之际,为恢复定规的车辆编制,准备人马和车辆,在大沽登陆。第一炮兵弹药纵队7月29日改为车辆编制(28日和留在大沽炮台的兵力会合),其余的在进攻北仓前还有一部未到达,由于没有时间改为车辆编制,使用驮马编制。

8月1日左右,由于我军有向杨村行动的计划,有必要增加纵队中不足的步兵弹药纵队(当时不过有属于临时派遣队的半个纵队)。7月30日改第一炮兵弹药纵队为步兵弹药纵队,但是,8月4日看到第二步兵弹药纵队有可能到达,解散临时编制。

野炮没有弹药纵队(7月28日随参谋总长配备的人员到达)。8月4日,第一粮食纵队(驮马编成)装载野炮弹药一百二十驮(榴弹四十四、榴霰弹一百八十、霰弹十六箱),作为临时野炮弹药纵队。

六　与柴中佐之通信

来信

关于北京的情况,从山东巡抚袁世凯和英军司令部得到的消息虽有二三,但由于没有在此特别记述的价值,故略去。而且,6月29日我公使西德二郎致天津领事郑永昌的书信(参见第十一章一)及7月22日在北京的英国公使的密信(信中言,7月4日从北京出发,与西公使29日的报告几乎相同,但官兵的炮击并不猛烈,我方死者约四十名,伤者成倍,粮食还可以维持十天,终究不免被斩杀。北京政府是否存在还不详知)到达。其后不断听到消息,7月25日夜从北京来的公使馆的密使清国人携柴中佐的书信到达我军,才得以了解北京的情况,其书函的全文如下(书函是在一页薄稿纸上写的小字):

本月14日森海军中佐的书信18日平安到达,大大增强了内外人的信心。本月

25、26日左右将看到援军到达，引颈以待。预定何日、从何方到达该地，如方便立即通报。

当地的各公使馆所在地从上月13日全部被包围，20日起十数营的清国士兵每天昼夜不断进攻，到今天西面保存有俄、美公使馆；西北面保存有英公使馆（集中一般的老幼妇女，成为最后的防御地）；东北面保存有肃王府（和英公使馆隔御河，在其东面）；东面保存有法公使馆半部和德公使馆。

小官以日本士兵和意大利士兵的全部、若干英、法、奥士兵，担任肃王府的防御，现在仅能保住该府半部。

我士兵持有武器者，水兵十一名，义勇兵十四名，弹药每人仅二十五发，粮食尚能支持六天。

由于敌人17日就停止攻击，仅仅以一墙之隔进行对峙，无法预测敌人何时再次攻击，其势稍衰。

现在，我周围的敌人有武卫中军的四营许和武卫后军二营，但各营都人员减少，弹药也缺乏，大炮有三四门。南海子有武卫中、后军合计二十营。万寿山有武卫后军的三个营和神机、虎神若干营，北京各城门有武卫中、后军少数和神机、虎神营大部，前门、哈达门、顺治门悉数封锁，东面开通东便门和齐化门。

现在只希望援军尽快到来，贵军一周之内到来，当地大概可以支持。

7月22日夜 柴炮兵中佐

第五师团阁下

福岛少（梓）[将]①阁下

皇帝、皇太后现在还在北京，我军如果接近，他们就会逃往万寿山。同样内容的两封书信昨天由其他两名使者送出（此二人中一人到达，另一人被敌人逮捕时吞咽书信[参见后文]，最终到达天津）。

至今天的死伤

战死安藤大尉以下七名、重伤楢原书记官以下六名（原书有人名，此处略去），轻伤二十余名皆执勤。

外国人全部死伤至今日为六十名。

密使

递送此书函的密使名叫张德盛，是本年（清历2月7日）在北京南苑董福祥的部下李营官率领募集的步兵，以进攻公使馆。前往天津四五天前（天津城陷落前后）终止战斗。张脱离董军的兵籍，赴天津向接近宿营地的日本人杉某、林某说，可以依靠他向天津送书函。我答应后，他从齐化门（朝阳门）出发，在通州、蔡村宿泊，昨天（我24日）到达天津。张云为我密使的意思是将北京的情况传到这里，以迅速停止战争，救四民涂炭之苦。另外，他又说："如果还欲送书信到北京，他将再次入京。"于是，将书信托付给他，往北京出发

① 按原文印刷有误，"少将"误印为"少梓"。——译者注

(参见后文)。27日临出发时,辞谢师团司令部给予二百元的谢金,说:“自己非为钱而劳动者,只是想迅速结束战争,拯救良民,甘心冒危险。”而且还发誓说:“从今日起七天后从北京带来回信。”8月1日,果然至日本公使馆完成使命(在公使馆同样辞去谢金,催促再次将书信带到天津,因此公使馆又托付其书信,给予旅费若干后出发)。此外,向该密使询问北京的情况,由于没有其他参考资料,故略去。

回信

26日,福岛少将给柴中佐如下回信(此回信托付上述的张德盛带去,张27日前往):

大沽登陆非常困难,且由于船不足,造成意外迁延。其他到天津的铁路两三日前已经开通,但由于各国的关系不能随意使用。此外,白河水运因运船不足,不能任意将货船拉上。由此,粮秣弹药等的运输发生障碍,已经登陆的士兵不能马上进入天津。昨天25日晚接到公使和贵官的信,确知在该地的同胞现在濒于危险,忧愁无措,必须北进。决心排除此危险,现在正与各国军队协商,两三日内首先击破北仓和杨村的马玉昆军队约一万五千人,由此进行整备,再经过通州,向北京前进。确定预定到达北京的时间后,再派送密使,排除百般故障,慎重持续防御。

眼下第五师团的大部在天津,其余在行军和登陆中。英、美、法军等也听闻北京的危急而焦虑。但彼等的兵力还不足以救此危机,必须得跟随我军前进,各军都感动贵官的通信,积极准备北进,祈求自爱健全。

满洲也暴民蜂起,破坏约二百里铁路,包围配备在各地的俄国守备兵,据说扬子江一带的形势也不稳定。

作为作战的一般视察,上月19日寺内中将来到当地,现在还在滞留中。

7月26日夜　福岛少将

柴中佐

第二位密使到来

7月31日,北京公使馆派出的第二个密使抵达天津日本领事馆,但是其在被敌人逮捕之际,书信被吞下而无从所知。

此密使名叫赵文起。北京战斗期间在英国公使馆。7月21日由莱牧师(监督在英国公使馆避难的清国人)送至肃亲王府,在该所接受郑(永邦)的委托,携带书信,于28日早晨出发,出御河的水门时被清兵逮捕拘留。四天之后,由友人刘某担保而放行。尔后从东便门经通州、河西务和杨村,迂回至杨柳青方向,本日(31日)来到天津。

经询问,郑领事获得如下情报:

一、7月15、16日左右,北京总理衙门和公使馆往返交涉后,从翌日开始休战。

二、在公使馆附近,每天和各国士兵进行战斗的是董福祥的军队,而且彼等在休战后因帮助各国士兵购买食物,被董福祥严厉禁止,并斩首两名。

三、休战的原因是由于天津城的陷落,董福祥的士兵多南下到杨村方向,北京城内的兵力减少,等待从南方各地来京的兵力到达。

四、24、25日裕禄、宋庆上奏命令袁世凯、李秉衡和登州镇总兵首先占领大沽炮台,断绝大沽、天津间的交通，收复天津、击退外国兵，得到皇帝、西太后等的许可。

五、开战前，东西南的三个教堂都被义和团破坏，多数教民到北堂避难，法、意士兵各二十名进行保护，休战后有谣传23日左右义和团要袭击该教堂。

六、在英国公使馆，开战前从御河桥附近的粮店购买粮食（黑麦），且节约使用。现在甚至屠宰马食用，上述等情况预计还可以支撑二十余天。英国公使馆内新挖掘两三口井，合计以前的有五六口，饮用水可以自由。

七、北京城内自义和团进入以来，满街寂寥。其间，义和团和官兵一起杀害教民，进行掠夺，无赖汉成为强盗。

八、白莲教徒重新兴起，眼下城内有二千余教徒，其教旨专门杀害清朝皇帝和清朝官吏，篡夺其位。

九、只在杨村附近发现宋庆和荣禄的兵力多有驻屯，义和团随处可见。

七　关于攻击北仓之天津各国军队指挥官会议

会议延期

各国军队中屡屡出现救援北京刻不容缓的议论，以8月1日为期首先向杨村前进的议论是从寺内次长来清和俄国阿列克谢耶夫中将商谈为开端。于是，7月31日内议召开各国军队指挥官会议。30日上午，英军参谋长少将巴罗来到师团司令部，说希望通知决定明天会议的时间，且回答我之所问。告知北进时英军能够派出的兵数为印度兵两个半大队一千二百五十名（各大队五百人），“威尔逊·弗吉利”（本国兵）三百名，水兵一百五十名，骑兵二百名，威海卫清国联队二百名，野炮十二门，“马克西姆”炮四门，计步兵一千九百名，骑兵二百名，炮十六门。同时告知英军留下步兵一千名和炮十二门守备天津，并询问我军留在天津的守备兵数。对此，青木中佐告知最多步兵一个大队和炮兵一个中队，并希望各国军队的总数达到五万名。英军参谋长狡辩说，我守备兵比较少。

同日（30日）下午7点半，英军指挥官中将盖斯里到来，催促通知明天应召开会议，且劝告应尽快通知俄军指挥官少将斯捷谢利。但是，我军30日侦察唐家湾的结果，需要明天以各种手段侦察敌情和地形，不能召开预定明天早晨的各国军队指挥官会议。将此意见通报给英军指挥官和当日来访的俄军上校沃嘎克。

31日俄军指挥官中将利涅维奇到达天津，下午4点30分山口师团长访问该中将，告知关于明天召开进攻北仓和杨村的各国军队指挥官会议。该中将抗议说，阿列克谢耶夫中将和寺内次长之间商定的开始时间是根据俄历（十三天之差）。山口师团长告知是根据普通日历。为此有特别纪录。最终枉然其意而答应之，但是该中将以刚刚到达情况不明为故，希望拖后一天，决定8月2日开会。并说：“俄军向白河左岸派出步兵一个余中队，在北仓侧背行动、侦察，因此请不要误射。”

由于美军指挥官少将沙飞30日到达天津，师团长是日（31日）上午相互进行访问。

是日下午5点，师团长拜访英军指挥官，根据俄军指挥官的请求，告知各国军队指挥官会议延期。英军指挥官说：“俄军指挥官请求延期一天，如果是刚刚到达之故可以，可是俄军急于北进行动。”此外，俄军指挥官向英军指挥官说明，阿列克谢耶夫的计划北进时间是根据俄历。

在英军司令部召开各国军队指挥官会议

8月1日上午10点,在英军司令部召开军事内部会议,讨论关于在白河右岸作战的诸军(日、英、美)进攻北仓时所采取的方策,我军有福岛少将、青木中佐出席,决议如下:

一、用于进攻的兵力

英军:三千人、骑兵两个中队、炮十门

美军:一千六百人

日军:步兵十个大队、骑兵两个中队、炮二十四门(山炮三个中队、野炮一个中队)、工兵两个中队

二、以步兵七个大队、骑兵两个中队、山炮三个中队和工兵一个中队为第二纵队,与第一纵队保持适当距离前进。进攻韩家树附近的敌人后,在此留下一个大队,担任我左翼的警戒。剩余部队组成的混成旅团包围敌线的右翼,或者迂回从侧背进攻敌人。

三、我步兵一个联队、野炮一个中队和工兵一个中队在干道上牵制敌人,与此同时将其作为总预备队。

四、英、美军组成的一个纵队沿凸道的南侧前进,扫荡火药局附近的敌人,继而在我混成旅团和总预备队之间运动。

是日(1日)下午1点,俄军指挥官利涅维奇中将访问山口师团长,说:“由于等待俄军派出的参谋军官侦察员的结果,预定明天的各国军队指挥官会议还要延期一天。”师团长不得已同意。

8月3日会议

俄军指挥官利涅维奇到达后,关于在日、俄哪个大本营召开会议的问题,出现不少议论。由于燃眉之急是救援北京,我不争琐碎之权利。3日上午10点,在俄军司令部召开会议,其会议如下:

日军:山口中将、福岛少将、青木中佐和原田少佐;

俄军:利涅维奇中将、斯捷谢利少将、华西列夫斯基少将、沃嘎克上校和伊林斯克中校(斯捷谢利少将的参谋长);

英军:盖斯里中将、巴罗少将以及参谋官;

美军:沙飞少将以及参谋官;

法军:福里少将以及参谋官;

德军:沃尼盖卢海军上校;

奥军:伊多拉库海军大尉;

意军:尤塞夫海军中尉。

此会议上午10点开始,下午3点结束。

日、俄、英、法、美军指挥官除用本国语言外,全都依靠随行的军官主要以法语交换意见。

利涅维奇中将首先致开幕词:“诸位出席本日会议,予谨表谢意。根据此前确实的情

报，很多清军在北仓及其附近构筑坚固的防御工事，且其前面设置栅栏，颇有威势。这是联军久驻天津的结果。此外过去之事现在不再解释了，我相信现在有必要迅速商议前进的方法，制定作战的计划。但是，在此之前应先叙述敌军的情报。”此后，就俄军侦察的白河左岸的地形、敌人兵力、阵地，并眼下俄军占领的位置等进行，进行详细周密的说明。然后请求山口中将，就白河右岸进行同样的说明。

山口中将就我军官侦察员屡屡深入敌人的前哨线内侦察敌情之事、敌人的防御阵地、前进哨、步哨及地雷的位置、炮的大体数量、北仓附近敌人的船桥位置、其他全部地区地上物品等进行详细的说明。最后就敌人的兵力，叙述如下：“眼下，杨村、北仓之间敌人的兵力为宋庆的约十三营（其中二营为骑兵）、练军（何统领）五营、淮军二十三营、武卫前军（聂士成的余兵）四营、老湘军七八营，合计后续的老湘军和董福祥的军队及武卫中军的马队等，有五十二三营，即达到约二万五千人。”

法军指挥官福里说：“要想搜集侦察的结果，会议前各国军队的参谋官集合，合为一体制成一略图，非常便利。如果像现在这样，日军制成白河右岸的略图，俄军制作白河左岸的略图，地名等各方面需要耗费很多时间，希望以后采取前述的方法。”诸军官表示同意。

利涅维奇中将说：“诸位既然已经了解情况，对于是否有必要迅速前进进行讨论。”

法军指挥官说：“希望尽早前进，如果还要等待几天，必须考虑到彼我有何益处。即清兵如果获得几天的宽松，日益实施工事，坚固阵地，我也有增加眼下正在陆续登陆的联军兵力，完成各种准备的利益。我想有详细考察此利害得失的价值。”山口中将说：“予乃主张全然马上北进者，立刻进攻北仓，欲乘势前进至杨村。其理由，第一予来自政府的任务是迅速救护在北京的各国公使和侨民；第二如果拖延一天，害处不仅是敌人的阵地坚固，彼之兵力之增大，且会使暂时受到挫折的彼之势力恢复等。因此，我希望法军尽管有意见，仍应毅然迅速前进。请求各位给予赞同，此外予对于马上进攻还有种种理由，诸君如有希望，我高兴陈述。”此时，诸将领各自耳语。

利涅维奇中将说：“希望听听山口阁下的理由。”

山口中将说：“应叙述现时的情况。在北京，7 月 17 日以后停止交战，但是敌人还在日益坚固防御，难以推测何时再来袭击。特别担心的是缺乏弹药粮食，据说弹药前月 22 日每人仅发二十五发，粮食休战后第一天多少购得一些，自第二天听说董福祥严禁粮食买卖，对一天内外国人购得的食物数量进行限制。按照以前各通信，最多可以勉强维持到本月 10 日前后。眼下在北京的敌兵不过是武卫中、后军数营和毫无价值的八旗兵等，已经出现弹药缺乏的情况。其兵力也绝非强大，因此现在的情况很明显，在北京的各国军队所害怕的不是敌袭，而是陷入饥饿之虞。”

“随着天津城的陷落，也有观察认为北京政府开始产生恐怖。尔后再次陷入旧态当中，即清朝的主权者于去年 7 月 24 日发出如下上谕：由李秉衡统率南部诸省招募的老湘军（约二十营）和原属于聂士成的武卫前军，与袁世凯的军队和山东省登州镇的兵力协作，从三面合击大沽炮台和天津城，迅速收复，断绝联军的后防联络。

而且，老湘军的一部分数日前已经抵达北仓附近，董福祥的军队已于上月 29 日从南苑出发，向天津方向前进；而且还发现武卫中军的马队 7 月 29 日已经出现在河西务。因此北仓和杨村现在成为北清主力部队的集中地，不知道其兵力的确切人数。但大概有宋庆、马玉昆、董福祥、李秉衡、何永盛及吕本元等所率领的约五六十营、二万余兵力。此兵力也是防御北京的主力,如能击破之,就可以获得北京城门的控制权。因此,现在举联军全力进攻北仓和杨村是最为紧要的,一日不可缓。不然的话,从南部各省北进的敌人援军日渐增多,且不能确定向背,如果观望战局的清国诸将领决议进攻,敌人的实力日渐增加,洞若观火,对联军大为不利。因此,现在进攻北仓和杨村附近的敌人刻不容缓,乃急务也。"英军指挥官说:"予同意日本军官的意见",美军指挥官说:"予亦同意",利涅维奇中将询问其他各位军官的意见,表示响应,英军参谋长及福岛少将分别回答说"迅速前进","马上前进"。

俄国的斯捷谢利少将说:"予亦想快速北进,但是对于其方法必须慎重讨论。予当初来此地,略微知晓清国人的事情。联军北进时,由于准备不充分,万一出现小差错,彼等马上会高唱大胜利,其余响应会决定旁观者的向背,给我造成很大不利。因此,予认为必须深入讨论各点毫无疏漏之后,确定前进的日期。"华西列夫斯基俄军参谋长说:"马上前进。"

于是,利涅维奇中将说:"予之意见也是尽快前进,正如会议之初所说,联军驻在天津旷日持久,不仅会给北进之路造成障碍,也会减少救护各国公使及侨民的可能。但是,现在反复无益,如果天津城陷落会给北京政府造成大恐慌,使其原来的态度一变。联军击败北仓及杨村的敌人,并占领之的话,也能大大改变彼等的态度。总之,必须迅速前进到杨村。"于是,前进之说始确定。

利涅维奇中将说:"既然决定前进,应讨论进攻北仓的方法,山口阁下有何高见?"

山口中将说:"为进攻北仓,联军兵力应一分为二,应从白河两岸前进。而且关于攻击日军侦察的右岸阵地,以一部队从正面即唐家湾方向进行攻击,以主力从韩家树附近逼近敌人的右翼,但作为此进攻方法的准备运动,必须首先攻占火药局、刘家摆渡和韩家树。"

利涅维奇中将说:"大体表示同意,右岸的进攻以日军为核心实行;左岸的进攻以俄军为主实施乃当然之事。但根据今天早晨获得的情报,左岸清军日益扩大,河水泛滥,深及胸间。因此俄军也和其他联军一起从右岸进攻。"

山口中将说:"北仓的村庄横跨白河两岸,敌人亦大都在左岸布置防御工事,希望俄军从熟悉的左岸前进。"

利涅维奇中将允诺,询问英、美军是否和俄军一起行动。

此时,斯捷谢利少将不同意从左岸前进,请求利涅维奇中将注意,但该中将没有同意。

为使英军指挥官和美军指挥官答应,予等从开始就考虑他们应和日军一起从右岸进攻。

利涅维奇中将又询问法军是否和俄军一起前进,法军指挥官允诺,利涅维奇中将进而询问能从德、奥、意诸军派出多少兵力。对此,德国答应派出陆战队二百名,奥地利答应派出六十名,意大利答应派出四十名。利涅维奇中将询问将此三国的陆战队作为俄、法军的预备队进行行动如何,德、奥、意军军官回答没有疑义。

于是,利涅维奇中将说:"如此确定进攻的部署,各军所派出的兵力如何?"对此,各国军指挥官的陈述如下:

日军:步兵九千人、骑兵三百人、工兵四百五十人、炮三十六门

英军：步兵二千人、骑兵四百人、炮十三门（其中机关炮四门和海军十二磅炮三门）

美军：步兵一千九百人

法军：步兵八百人、炮十二门

俄军：步兵四千人、骑兵二百五十人、工兵三百人、炮二十二门

利涅维奇中将说："以上的兵力加上德、奥、意三国的兵力，总人数为一万九千七百人，炮八十三门。北仓的敌人兵力为二万至二万五千人，相对比较充裕。那么，各国军队留下多少兵力守备天津？"各国军队指挥官所答应的人数如下：

日军：步兵一千六百人、山炮六门

英军：步兵一千四百人

美军：步兵一千二百人

法军：步兵七百人

俄军：步兵一千六百人（其中警戒大沽、天津间白河左岸的交通道路）

利涅维奇中将请求日军担任白河右岸的守备，山口中将允诺。

关于实施进攻的时期进行讨论，山口中将说明日实行，利涅维奇中将认为诸军需要准备，提议后天实行，英、法、美军指挥官同意，定为5日。

山口中将说："右岸的联军4日晚上8点前到西沽西面，在从西沽至火药局的堤防南面集合，以夜里12点为期，我左翼部队的先锋首先攻占火药局、刘家摆渡和韩家树，从5日拂晓向敌人的右侧进行总攻击。"利涅维奇中将询问总攻开始时有无信号，中将回答说"以三发炮声为准"。

利涅维奇中将说："在左岸，以4日晚上7点为期渡过淀河，前进至北仓东面的千辛庄，5日黎明开始向敌人的左侧运动，但左岸军队的炮兵阵地选定为南仓的东南面。"

由此，时间符合利涅维奇中将的心意而解散。

在该会议上，提出北仓攻略后的行动问题，我主张尽快以攻略余势立刻夺取杨村，俄军指挥官认为杨村形成了坚固的防御阵地，此问题应根据攻占北仓后的情况决定。

日、英、美军参谋会议

是日，在白河右岸作战的各国军队（日、英、美军）就进攻前的部署，需要制定更为详细的规定，于下午6点在英军司令部集合各国军队的参谋官开会，我军由福岛少将和由比少佐出席，达成如下决议：

一、确定4日夜各国军队的位置如略图（和附图7相同）。

二、同天晚上9点到12点道路可以随意使用。但英、美军队晚上8点前应在露营地。

三、左翼前哨由日本担任，但配备到晚上7点。

四、英军翌日早晨将行李留在露营地。

五、英军重炮（三门）护卫的六百名水兵留在武库附近。

六、行军序列的概要为日、英、美军及日、英骑兵。

俄军通报

俄军向各国军队通报当日的决议及有关守备天津的俄军命令，其大要为当日会议的

决议。

作为参考,现将全文附录如下(原文为法语):

为进攻北仓,占领天津的各国军队指挥官间的协议

[秘]直隶省俄国远征军司令部 1900 年 8 月 3 日(俄历 7 月 21 日)于天津

8 月 3 日(俄历 7 月 21 日)在西伯利亚军团长直隶省俄国远征军司令官利涅维奇中将为议长召开的会议上,俄、日、英、法及美军指挥官即利涅维奇中将、山口中将、盖斯里少将、福里少将及沙飞少将,并德、奥及意海军支队长决议,为更易于向北京作战,马上向北仓前进,继而向杨村前进。

根据侦察的结果,清兵在北仓南面占领三面的强大阵地,右侧在运河,左侧在铁路线,正面和左侧前方的土地有洪水,清兵的兵力有二万五千人以上。

决议:

一、两个纵队前进

甲、东面:俄、法军及德、奥、意军支队由斯塔塞尔少将指挥,向刘安庄子及赵店子前进,由此向铁路桥(从天津数第六号)前进,迂回到清兵的左侧。

乙、日、英及美军组成的西部纵队沿天津西北面的运河前进,迂回到北仓阵地的右侧。

二、关于行动顺序、纵队开展及炮兵阵地选定的详细情况,应由各纵队的指挥官协议决定。

三、前进纵队外,编组如下有威胁的两个纵队:

甲、一纵队

俄军东西伯利亚狙击兵第二联队的两个中队、乌苏里铁路大队的一个工兵中队、海军一个支队、关东野战炮兵第一、第二中队及法国炮兵一个中队

以上由克鲁拉鲁大佐指挥。

乙、其他的纵队

日军步兵三个大队和炮兵两个中队、英军炮兵一个中队。

根据山口中将的部署,占领前述纵队西面的阵地。

四、纵队在拂晓开始进攻敌人,决定 8 月 4 日(俄历 7 月 22 日)至 8 月 5 日(俄历 7 月 23 日)夜开始向北仓阵地迂回行动。

五、各军为防御天津留下足够的兵力,俄军占领白河左岸,其他军队占领白河右岸特别是占领外国租界和清国街。

8 月 3 日(俄历 7 月 21 日)根据哥萨克兵的侦察,杨柳青由清军牢固占领,要注意并监视此方向。

为防御天津西南方向,法军应占领西机器局,日、英和美军根据其指挥官的协议,防御该机器局前面的土墙。

六、日、英和俄的全部骑兵战斗后要迅速追击敌人,乘此机会派遣到清军向杨村撤退的线上。

七、西伯利亚军团长直隶省俄国远征军司令官利涅维奇中将在铁路线和克鲁拉鲁上校纵队的炮兵阵地中间附近,其位置以白旗标志。

西伯利亚军团长直隶省俄军远征军司令官中将利涅维奇(署名)

直隶省远征军团每日命令

天津参谋部第二号 1900 年 8 月 4 日(俄历 7 月 22 日)

远征军之大部为进攻前进至北仓阵地,从天津出发,如下八国联军的一部留在天津:俄两个大队一千六百人、日两个大队一千六百人、英一千三百人、美六百人、法四百人。

英、美、法军的兵力在会议时和各指挥官的陈述有差,在此谨记。

为全线警戒,东西伯利亚狙击兵第十三联队长任命阿尼西科夫上校担任天津市街守备兵之指挥官,为一致有效防御天津,需要将其他各国远征军队长隶属其令下。

阿尼西科夫上校为天津市街之行政长官,有协调各国军队一致行动之义务。关于保护天津南面需特别注意,因为根据最近的情况,袁世凯军队六千人、炮二十四门正从西南方接近天津。

阿尼西科夫上校由于担任天津全部守备兵之指挥,向其他各国远征军队长领取其兵力的现状表,而且和彼等协商制定防御天津的一般计划。

另外,阿尼西科夫上校当天即 8 月 4 日(俄历 7 月 22 日)自己视察天津市街防线,制定市街防御的详细计划。

西伯利亚军团长直隶省俄国远征军司令官中将利涅维奇(署名)

注:当日命令所说的各国军队的关系根本没有实施,实际上各国军队不过是各自实施各自的计划。

第十五章　进攻北仓

一　地形概况

天津、杨村间

天津、杨村间大体平坦,和杨村以北相比,地势低,为泥沙混合的土质,降雨时步行困难。

白河横贯此两地,沿两岸的大道为主通道,从天津沿白河右岸到北仓,尔后沿左岸到达杨村。铁路从白河左岸天津东面,通过西北偏北方(距离白河五百至四千米),在杨村南面约二千米处横穿白河,通往西北面的落垡、廊坊和安定车站。

白河的东面约二里有大河甸(又名“滩河淀”),成为一个大湖。雨期时,此湖水泛滥,抵达铁路线的东面。因此,此附近的铁路全部成凸道。

白河西面有凤河,和白河平行,贯穿距离此处三千至六千米之地。但是,当时不过是留下的遗迹,桃花口(天津西北一里半)和齐头的双口以南全部干涸,变成耕地。

白河右岸

在白河和凤河之间(杨村、桃花口间),当时使用的地图所记载的有一个大湖,称为“浑家水”或者“混河水”(因洪水而成形)。在桃花口北面蒲口附近有数条小溪和白河相连,北仓战斗后,阻碍我军前进的就是此河流。

夏河和大清河(此两河在当时使用的地图中有记载,甲从西沽沿着通往火药局的堤防,乙从刘家摆渡通往杨柳青的北面)全都没有水,和附近的土地无异,能够看到其痕迹。与此相反,子牙河和南运河之间从西面注入湖水,东面抵达天津市街的西端和齐头,南北交通全部断绝。此湖水雨期时更加膨胀,淹没附近的土地。当时使用的地图没有此湖水的记载,北仓攻击前进行数次侦察,始明白其所在。

与北仓的战斗有一大关系的是从西沽通往火药局的堤防。该堤防是在子牙河和南运河之间的湖水溢涨时围绕天津市的土墙(往年英、法联军进兵至北清之际,蒙古科尔沁亲王僧格林沁防御天津所建筑的)相互作用,用于防止泛滥之水出入南北,使其流入白河。此堤防宽六至八米,高二至五米,堤上有成排的树,成为广袤平原中显著的目标。沿此前进的话,夜间也不会迷路,且可以遮蔽北方敌人的窥视和射击,可以用于胸壁(堤的两侧除很少的一部外,步兵很容易攀登),北仓战斗时为彼我可以利用之所。特别是在此战斗中,我军的死伤比较小,也是利用此堤防的结果。

子牙河和此堤防平行,流向其南面五百至一千米的地方,宽约三四十米,水深约二米,河底泥沙,在西沽南面注入白河。舟楫从白河可以通往杨柳青北面。该河不宽,但不能到处徒步渡河,成为当时进攻火药局方面的一大障碍,我军架设军桥,减少了几分障碍。

子牙河、南运河间的湖水和子牙河一起成为障碍,完全断绝南北交通,当时使用的地图有南北相通的道路,但当时被此湖水所淹没。

火药局、西沽间堤防以南的土地在雨期之时也不免被淹没,但是当时大体干燥,只有子牙河和其南面湖水的周围湿润,其他不妨碍通过。而且堤防和子牙河间高粱、麻和杂草繁茂,高没人身,处处都有低矮的杂草以为隐蔽,植物错综复杂。其西沽附近多为甘薯、高粱和麻之地,我军在北仓进攻前集合,即为此地。沿堤防的南面处处有水流,是夏河的遗迹,但是不大容易迂回。

堤防以北、北仓和桃花口之间并韩家树、刘家摆渡附近全部是高粱地,中间混杂着麻耕地,有很多小路。当时高粱几乎都有人身高,进入其中的军队除了能隐约看到其帽子外,不容易被发现。步兵散开,骑兵单独,好不容易才能通过,炮兵除小路外通过困难。另外,此一带除由在韩家树附近的杨柳所构成的小树林外,几乎没有树木,乃满目广漠的一大平原。

火药局在西沽的西北偏西约五千米处,东西约五百米,南北约三百米,高约二米的土墙内约有砖瓦制造的火药库二十栋。此土墙只在南面的中央有入口,内部以树林掩盖,此是附近开阔地中唯一的目标,火药局东面约一千米的堤防上有两排屋,亦是当时唯一的目标。

刘家摆渡和韩家树在火药局西面约二千五百米处,此两村南北相距约一千米,刘家摆渡是有七八户,韩家树有二三十户的小村庄。除此之外,此周围还没有其他居民地。

沿白河右岸的街道全部都是堤防，宽六至八米，高低不一，但都约两三米。西沽的北面有武库，周围土墙环绕，适于防御（西摩尔中将据守等待友军到来之处，而且天津陷落后俄军占领之）。以北有丁字沽、唐家湾、郭辛庄、吴家嘴、王庄、刘家园、寺东茶棚、桃花寺、董辛房、王秦庄、桃花口、曲店子、王家楼和马场等村庄，其以北新庄、下浦口和蒲口的各村的南端和蒲口、庞嘴间的中央有四条注入浑家水的白河水流，当时没有桥梁，通路全部隔绝。

沿路村庄除刘家园、桃花寺、王庄附近稍有树林外，几乎没有树木。

此堤道当时也成为彼我利用之所，在战术上具有很大作用。

白河左岸

北仓附近的白河左岸，与右岸相比土质不好，耕作物少。北仓和南仓的东面和东南面大都没有耕地，到处只有低小的耕作物，皆不妨碍观望。因此，此地带不妨碍诸兵种的通过，北仓附近铁路线东面更是不毛之地，杂草丛生。由于这里屡屡发生洪水，其东面约一里的赵店子、贺家庄、刘安庄子是黄泥矮屋的小村庄，没有树木，是此附近唯一的居民地。附近没有看到其他居民地，是一望千里的开阔地。但刘安庄子的南面有于辛庄，到此附近高粱繁茂，其土质和白河右岸相同。

铁路线由高一两米的堤道构成，铺设石块。在其两侧挖沟，但有挖取凸道上的土的痕迹。北仓正东面的铁路桥从天津数是第五个铁桥。

王庄东面的马家庄和第五铁路桥间有两堵东西长的土堤，当时清兵利用它作为碉堡之用，此土堤南面之地更低，当时清兵在此制造河水泛滥。天齐庙、柳台间的东面土地也低，当时也被河水泛滥。

白河左岸的道路亦是堤道，宽度广，大体可以并行两辆中国马车。在天津北端堤沿路有如下村庄，这些村庄的树比右岸的树多。

堤头、东于庄、西厂、霍家嘴、柳台、天齐庙、穆庄、南仓、马家庄及北仓。

北仓在白河左岸，是从大街道的右岸转移到左岸的地点，南北约一千米，东西约四百米，约有两千户的村庄。其东南端有米仓，据说昔时是储存每年从南方运输官米的地方。

北仓以北沿道路零散分布着村庄，在其东面铁路线附近没有一个村庄，是平坦广阔之地。

白河

白河将北仓的战地东西隔断，其两岸有大路与村庄相连，其宽三十至五十米，最深处约二丈以上，河底是泥沙，两岸自然陷落，多处成崖，阻断东西交通。当时北仓只有船桥，其他交通只能依靠渡船。

白河由于便于船运，可以利用它进行粮食及其他军需品等的运输，另外在其两岸的密集村庄及树林成为防御进攻的据点，还大大便利了其宿营、休憩。

白河之水是附近唯一的饮用水，当时还是清兵利用河水泛滥之所。

二 敌人兵力及配备

关于敌人的兵力和配备,除第十四章叙述之外没有记录,无法知道其详细情况。因此,只能根据当时我军得到的情报及尔后得到的二三资料,记述其大要。

整体形势

7月14日天津城陷落,直隶总督裕禄让各军退到北仓及杨村附近,继而由于各国军队从天津北进,选定北仓附近为阵地,从各地来援的士兵在杨村和北仓集合。

清军此时的计划是在北仓附近占领阵地,遏制各国军队的北进,同时等待各方增援军队的到来,转为攻势,特别是想阻断大沽、天津间的联络。即根据7月24日发出的上谕,欲让李秉衡率领在湖南及湖北地方招募的老湘军(第四章说的武卫先锋)约二十营增援,以袁世凯的军队(参见第四章)及山东省登州镇的兵力(指总兵夏辛酉率领的步兵十七营、马队二营、炮队二营)进攻各国军队的背后。

但是,李秉衡、夏辛酉的兵力还未到达,袁世凯最初将兵力集中在山东省,只是观望事变的经过。

兵力

8月初,在北仓附近集合的兵力大略如下:

武卫前军 十三营(原来有二十五营,天津战斗后减少至十三营);

武卫左军 十五营(其中二营为炮兵);

练军(属何永盛指挥)及安卫军等 五营;

淮军(已故罗荣光率领的五营、统领吕本元率领的步兵二营、马队三营) 十营。

合计四十三营。此兵力为一万五千一百人,炮二十门。

此外,有传说老湘军七营(三千五百人)经保定府前进,参加此战斗。因此,参与北仓战斗的清兵有一万五千至二万人。

其中武卫前军是天津战斗的败兵,聂士成战死后归属马玉昆指挥。7月24日的上谕,是要汇合归李秉衡指挥的新招募的老湘军编成一军。

当时,有传说武卫中、后军从北京出发,7月29日其先头到达河西务,实际上并没有动静。

除此之外,团匪不少于三四千人参加了此战斗,但由于几乎没有战斗力,没有计算。特别是其首领张德成7月27日从天津向西面撤退中在独流镇西面被当地人击杀,团匪的志气萎靡不振。

第一及第二线之配备

以上诸兵由马玉昆统帅,守备北仓(但是宋庆的三营在杨村),其防御配备大体分为两线。第一线于唐家湾侦查战后新设置,由此可以推知这是唐家湾侦查战之时,在该地和火药局附近还没有发现敌人的防御工事。

第一线分为两部分,其右翼团将刘家摆渡附近的湖水交给右翼,在横跨火药局的堤防上构筑掩堡和肩墙，其炮兵一个中队（五点七厘米克式炮五门）设置在中央韩家树东面三叉点附近。左翼在火药局东面约一千米的两所房子，此左翼由于薄弱，堤防上构筑可以对南北两方进行射击的掩堡，且利用火药局东侧的土堤建成堡垒。此阵地中的据点为火药局，而且该火药局附近的阵地所配备的兵力有武卫前军、练军、淮军等约七千人。

第一线左翼团的阵地横亘在唐家湾附近的堤防及其对岸穆庄，并在此构筑掩堡。左翼依靠穆庄南面的小河水泛滥，右翼依托该街道的堤防，其正面狭小，但两翼都坚固，可以进行顽强抵抗。此阵地和后方诸地点配备武卫左军约二千人，而且其阵地和第二线的交通根据白河两岸的遮掩森林、村庄，特别是白河左岸，可以维持安全。

第二线阵地以北仓南面王庄为中央，其左右由各延长三千多米的长碉堡组成。白河右岸的掩堡构筑在耕地中，右翼正面都没有什么可以依托，处处埋伏着地雷，补充阵地薄弱。在白河左岸，掩堡的前面有河水泛滥。其左翼占据铁道堤，构筑掩堡，以备包围攻击。铁路堤的东侧河水泛滥极浅，恐有可能受到侧面攻击，从正面后方约六七百米之间，完全向东面配备兵力。

在第二线的兵力有四五千，配备在两岸。而且，其炮兵配备在中央北仓附近，此外作为总预备，北仓舟桥附近配备二三千兵力（白河左岸的兵力主要属于武卫左军）。

在以上各阵地并预备队的位置，建帐篷或建造厂舍作为预先配备，如果有时间，巩固掩堡，努力清除前方的障碍。

如是，采取二线配备的理由由此可以确知。但是，攻击我军中央，陷入火药局和唐家湾的空地，期望从三面进行合击。而且，当攻击右翼或者左翼时，占据各河水泛滥的堤防或者铁路堤进行防御。白河左岸的阵地在前方设置河水泛滥，一直到铁道堤。但是，其退路在白河左岸，特别是有可能包围此方面。白河右岸有至杨村的小河流多条，这也是退路。

三　各国军队之关系

会议之结果和各国军队之进攻部署

8 月 3 日，在天津各国军队指挥官会议上，决定关于进攻北仓的大体部署。即日、英、美军从白河右岸，俄、法军及德、奥、意的海军支队从白河左岸，各自包围敌人的侧翼。如此，应进攻北仓的阵地。此外，俄军的一部应牵制敌人的正面，而且此等进攻部队 4 日夜发起行动，5 日黎明进攻敌人的阵地。

白河右岸的日、英、美军 4 日夜在西沽西北面露营，日军作为先头部队，夜里 12 点发起行动，攻占火药局、刘家摆渡和韩家树。以三声炮响为信号，进攻敌人的右侧，英、美军继之在火药局东面展开，一起进行攻击。其间，牵制部队（日军步兵三个大队、野炮两个中队、英军炮兵一个中队）计划向唐家湾方向进攻。

白河左岸的俄、法军由斯塔塞尔少将指挥，4 日下午 7 点越过淀河，前进至北仓东面的于辛庄，从 5 日黎明向敌人的左侧进攻。德、奥、意的海军支队为其预备队，继之前进。克鲁拉鲁上校（俄军铁道队长）所指挥的小部队计划（步兵两个中队、铁道兵一个中队、海军一支队和炮兵三个中队[其中一个中队为法军炮兵]）在南仓附近牵制正面的敌人。

参与进攻之各国部队及兵力

实际参与此进攻的各国部队及兵力如下:

白河右岸的兵力

<table>
<tr><th>国名</th><th colspan="2">部队</th><th>兵力概数</th><th>总计</th></tr>
<tr><td rowspan="9">日军</td><td rowspan="2">步兵第九旅团</td><td>步兵第十一联队(缺第二大队)</td><td>1360</td><td rowspan="9">8820人、炮36门</td></tr>
<tr><td>步兵第四十一联队(缺第一大队本部和2个中队及第四中队的1个小队)</td><td>2060</td></tr>
<tr><td rowspan="2">步兵第二十一旅团</td><td>步兵第二十一联队(缺第十二中队的1个小队)</td><td>2400</td></tr>
<tr><td>步兵第四十二联队(第一及第十中队各缺1个小队)</td><td>2260</td></tr>
<tr><td colspan="2">骑兵第五联队(缺递骑哨1个小队)</td><td>240</td></tr>
<tr><td colspan="2">野战炮兵第五联队(第一大队本部及第二、第三中队未到)</td><td>24门</td></tr>
<tr><td colspan="2">野战炮兵第十六联队第一大队(第三中队未到)</td><td>12门</td></tr>
<tr><td colspan="2">工兵第五大队(缺西大沽分遣第三中队第三小队)</td><td>500</td></tr>
<tr><td colspan="5">注:除上述分列显示外,还没有到达天津的第三步炮弹药纵队、辎重兵第五大队本部和第三、第四粮食纵队为马场和第一步炮弹药粮食纵队(属于临时派遣队)的车辆及补充人马。</td></tr>
<tr><td rowspan="12">英军</td><td colspan="2">罗亚尔联队(第二大队2个中队)</td><td>300</td><td rowspan="12">2500人、炮11门和机关炮4门</td></tr>
<tr><td colspan="2">锡克步兵第一联队(2个中队)</td><td>500</td></tr>
<tr><td colspan="2">孟加拉步兵第七联队(4个中队)</td><td>500</td></tr>
<tr><td colspan="2">旁遮普步兵第二十四联队(2个中队)</td><td>300</td></tr>
<tr><td colspan="2">香港步兵联队</td><td>100</td></tr>
<tr><td colspan="2">中国联队</td><td>100</td></tr>
<tr><td colspan="2">第一孟加拉枪骑兵联队</td><td>400</td></tr>
<tr><td colspan="2">海军轻步兵</td><td>300</td></tr>
<tr><td colspan="2">罗亚尔野战炮兵第十二中队</td><td>6门</td></tr>
<tr><td colspan="2">拥有十二磅炮的海军兵团</td><td>3门</td></tr>
<tr><td colspan="2">香港炮兵炮2门和马克西姆机关枪4门</td><td>6门</td></tr>
<tr><td colspan="2">罗亚尔工兵队</td><td>若干</td></tr>
<tr><td rowspan="4">美军</td><td colspan="2">步兵第九联队</td><td rowspan="2">1600</td><td rowspan="4">900人、炮6门</td></tr>
<tr><td colspan="2">步兵第十四联队</td></tr>
<tr><td colspan="2">炮兵第五联队</td><td>6门</td></tr>
<tr><td colspan="2">海军水兵</td><td>300</td></tr>
<tr><td colspan="5">注:骑兵第六联队在天津等待马匹的到来,此外炮兵推迟出发</td></tr>
</table>

计一万三千二百二十人,炮五十四门。

白河左岸的兵力

<table>
<tr><th>国名</th><th>部队</th><th>兵力概数</th><th>总计</th></tr>
<tr><td rowspan="4">俄军</td><td>狙击兵第九、第十二联队(各 2 个大队)4 个大队</td><td>3200</td><td rowspan="4">3750 人、炮 16 门</td></tr>
<tr><td>弗拉沃基斯库哥萨克第二、第六中队,赤塔哥萨克第四中队 3 个中队</td><td>250</td></tr>
<tr><td>东西伯利亚狙击炮兵大队第二、第三中队(各 8 门)</td><td>16 门</td></tr>
<tr><td>乌苏里铁路第一大队的 1 个中队</td><td>300</td></tr>
<tr><td colspan="4">注:天津有狙击兵第十联队,大沽有狙击兵第二联队第一大队、第三野战医院,大沽武库有第十四野战医院,大沽、塘沽、天津线路有狙击兵第二联队第二大队、关东工兵中队的一个小队、东西伯利亚工兵大队的一个中队</td></tr>
<tr><td rowspan="2">法军</td><td>海军步兵第十六联队的 2 个大队</td><td>800</td><td rowspan="2">800 人、炮 12 门</td></tr>
<tr><td>海军野战炮兵 2 个中队(山炮)</td><td>12 门</td></tr>
<tr><td>德军</td><td>汉萨舰的陆战队
哈鲁舰的陆战队</td><td>110
94</td><td>204 人</td></tr>
<tr><td>奥军</td><td>水兵</td><td>60</td><td>60 人</td></tr>
<tr><td>意军</td><td>水兵</td><td>40</td><td>40 人</td></tr>
</table>

计四千八百五十四人,炮二十八门。

合计两岸的兵力,全部人员为一万八千零七十四人,炮八十二门。

进攻前之集结

在白河右岸,英、美军队根据参谋官会议的决议,4 日晚上 8 点 30 分在西沽北面和西北面露营(英军下午 2 点 30 分、美军下午 4 点从天津出发,到达露营地)。日军为避免敌人注意,4 日夜前进至集合地的西沽西面耕地,翌日凌晨 1 点 20 分结束集合。在白河左岸,俄、法和德、奥军 4 日下午 5 点 30 分从白河左岸俄军的宿营地出发,在淀河北面露营。

四　我军进攻之部署

8 月 3 日下午 4 点 15 分,山口师团长召集各部团队长,说明各国军队指挥官会议的情况概要。4 日上午 9 点为领受命令,命令再次集合。

进攻敌人右翼之理由

进攻北仓附近白河右岸敌人阵地的方法在 8 月初已经决定,当时其理由如下:

目的是进攻火药局、二所房子、唐家湾的敌人,需利用夜间黑暗,占据沿夏河(眼下没有水)的堤防,进行侧面行动。首先在黑暗中占领火药局、韩家树,以此为发起点,有利于进攻敌人的右翼。与此相反,如从正面直接进攻唐家湾,像 7 月 30 日的侦察战那样,受到来自白河左岸敌人的射击,我位置低,没有炮兵阵地,有进攻行动困难之虞。加之不符合包围敌人歼灭之的主旨。

进攻敌人右翼的危险是,我进攻地带的后方有无法徒步涉过的河流和湖水。万一需要撤退的时候,就会没有退路。但是,此弊害通过在子牙河架设军桥,且正面布置有力的部队,充分考虑到来支持敌人的顾虑,期望必胜。在战斗的情况下,不足以考虑。

进攻方法之决定

根据上述的进攻方案,3 日下午在师团司令部决定关于翌日命令的详细情况,内容如下:

一、诸兵集合时,利用新架设的一个军桥,和主干道一起两纵队并行,缩短集合时间。

二、新设的军路特别是军桥配备工兵以为向导且点灯。

三、进攻的部署预先确定,避免夜间传达命令错误。

四、进攻需要以现在在天津的全部兵力进行,将已经参加战斗的步兵第十一联队第二大队和第十二联队第三大队留在天津作为守备,专门警戒西南面,掩护后方纵队等。

五、为了便于掩护,纵队悉数在天津外土墙集合。

六、此外,敌兵还在天津西南面出没,由于白塘口附近的联络线有危险,将大队长率领的两个中队派遣到该地。

七、根据 7 月 26 日的作战计划,北仓进攻奏效后为直接占领杨村,预先下达训令,要求塚本混成旅团负责追击敌人,占领该地。但是师团其他各队也根据时宜,决心直接前进至杨村。

八、各兵的携带品在炎热之际要尽可能地减少,将背囊留在宿营地,使用一般的背负囊,此等剩余物和管理监视患者由天津守备的两个大队分担。

4 日上午 9 点,在天津租界师团长向各部队长口头并笔录传达如下命令(命令中的旧地名参见第十四章插图 8)。

集结及进攻之相关命令

第五师团命令

(8 月 4 日上午 9 点于天津师团司令部)

一、白河右岸的敌兵在王庄茶棚(王秦庄)、马厂(刘家园)、唐家湾附近至西面火药局、韩家树和杨青码头附近进行防御。此外,在白河左岸的北仓和天齐庙附近至东北方面进行防御。

天津西南方郭家村、抄米店、北塘楼及小桑屯附近也有若干敌兵。

二、联军明天攻击此敌人。

俄、法、德、奥、意军应从白河左岸前进。

三、师团明天和英、美军一起进攻白河右岸的敌人。为此,今夜在西沽附近集合。

英、美军今夜 8 点 30 分前结束集合,以前哨警戒夏河以东。

四、步兵第十一联队的一个大队今晚 7 点前到西沽西面子牙河、夏河间作前哨,与右翼夏河堤防上的英军前哨联络,再到左翼子牙河间警戒,掩护诸队的集合。但是要想到达其前哨的位置,需要通过军桥。

五、各队如下出发,按照另纸略图取道各自指定的道路集合。

步兵第四十一联队:甲道路,4 日晚上 8 点 30 分从宿营地出发。

步兵第四十二联队和野战炮兵第五联队第五中队:乙道路,按照此顺序,晚上 9 点从宿营地出发。

步兵第二十一联队和野战炮兵第十六联队第一大队(缺一个中队):乙道路,晚上 8 点 30 分从租界西南端出发,但野炮队需要通过红桥。

步兵第十一联队的一个大队、工兵第五大队(缺一个中队)和卫生队:甲道路,晚上 9 点从总督衙门前铁桥出发

野战炮兵第五联队(缺第一大队本部和两个中队):甲道路,晚上 8 点从宿营地出发。

骑兵第五联队:甲道路,晚上 11 点从周公祠出发。

六、各队的大行李 5 日凌晨 4 点 30 分从各自宿营地出发,按照下面的区分在北营门西面耕地集合。属于左翼队的大行李为一团由清水辎重兵中尉指挥,在前方;其他另组成一团,由师团大行李长野村辎重兵大尉指挥,置于后方。

七、各纵队由弹药大队长栗原炮兵少佐指挥,5 日凌晨 5 点 30 分前在海光门内空地集合,但步炮弹药各一个小队和野战医院上午 4 点前在北营门西面耕地集合。

八、天津守备队步兵第十一联队第二大队派一个中队到海光门,在西南面掩护纵队,其余各队担任租界附近的警备,特别需要警戒西南面。步兵第十二联队第三大队在天津城西南耕地集合,应警戒西南面。

九、予自夜里 12 点在集合地。

此命令添加到标示甲、乙道路和集合地的略图。

继而,师团长口头传达如下进攻的命令:

军队划分:

右翼队

司令官　真锅少将

步兵第四十一联队(缺第一大队本部和两个中队)

骑兵第五联队的一个中队(缺两个小队和五骑)

野战炮兵第十六联队第一大队(缺一个中队)

工兵第五大队的一个中队

卫生队半部

左翼队

司令官　塚本少将

步兵第二十一旅团(缺三个小队)

骑兵第五联队(缺一个中队)

野战炮兵第五联队(缺第一大队本部和两个中队)

工兵第五大队的一个中队

卫生队半部

左侧支队

步兵第十一联队第三大队(附传骑五骑)

预备队

步兵第十一联队本部及第一大队、工兵第五大队本部及一中队(缺一个小队)

天津守备队

司令官　江口步兵少佐

步兵第十一联队第二大队

步兵第十二联队第三大队(缺一个中队)

骑兵1个小队

临时守备炮兵队

白塘口派遣队

步兵第四十一联队第一大队本部和两个中队

第五师团命令(8月4日上午9点于天津师团司令部)

一、师团如下进攻敌人。

二、右翼队在唐家湾西面展开,牵制敌人。

三、左翼队占领火药局、韩家树、刘家摆渡口(刘家摆渡),等待英、美两军的整顿,进攻王庄和马厂(刘家园)的敌人。但进攻开始之际,作为信号应连发山炮三发。

四、左侧支队跟随左翼队,该队占领火药局和韩家树一线,占领刘家摆渡口(刘家摆渡附近),在清宫和杨青马头方向掩护师团的左侧背。

五、预备队跟随左侧支队。

六、随后命令为进攻从集合地出发。

七、予在进攻之初处于预备队的位置。

向白塘口派遣队长步兵少佐佐伯惟孝特别下达命令(下午5点),此外秋山兵站监到达如下派遣队。电报要求以前的白塘口守备队转移至葛沽方向(下午1点15分),晚上8点15分又给白塘口派遣队长电报"白塘口附近可能有危险",训令以其他的方法通知天津守备队长江口少佐。

同时(4日上午9点),师团长向塚本步兵第二十一旅团长下达训令,要求"左翼队附属步、炮弹药和粮食各一个纵队和白河运输船队,如果进攻北仓奏效,从白河右岸追击敌人,应和联军一起占领杨村"。

预留品等之处置

同时,石桥参谋长就有关各士兵的携带品、剩余物品和患者的监视方法等,传达给各部团队长。

一、参与战斗行动的各队全部轻装上阵。

二、轻装对于步兵,只携带口粮、弹药、餐具和外套,其剩余物品和大行李以外的行李一起包装便于追送,集中在各联队本部,设置管理者。

其他兵科也以此为准。

隶属旅团司令部的在联队本部集合。

三、一、二等患者及病马集中在行李集中之地，其照顾和诊断根据差别如下区分和分担：紫竹林及其附近宿营的人归步兵第十一联队第二大队；在天津城内宿营的人归步兵第十二联队第三大队。

四、剩余患者和病马的食物及马粮与跟随负担部队的人一起要求将汇总成剩余者的人数迅速通报给担任部队。

五、所有剩余物品分为急用和次用而集合，通报其场所和其监视的方法等。

六、警备兵和各种卫兵并监视兵由步兵第二十一联队派出，再者由步兵第十一联队第二大队派出，步兵第四十一联队派出，步兵第十二联队第三大队在本日下午 4 点前轮换。

七、步兵第四十一联队派到天津外城西门的警备队，由步兵第十二联队第三大队轮换。

八、饮食为“饼干”，各部队从粮饷部领取。

从集合地发起行动的时间，根据担任白河左岸进攻的俄、法军的情况来定，因此是日在获得情报前不下达命令。

下午 5 点稍前，接到应前进到白河左岸的各国军队出发情报，师团长决定凌晨 1 点为其从集合地出发的时间。下午 5 点，将这一时间传令给两步兵旅团长。此外，命令真锅少将，“开始行动，履行其任务的同时，掩护左翼队向火药局的行动。”

五 对敌第一线之战斗经过

向集合地集结

第五师团各部队根据 8 月 4 日的师团命令(参见前文四)，各自从其宿营地出发，在西沽西面的耕地集合。

师团长首先派遣中川参谋到集合地，向各队指示其集合地。4 日晚上 10 点带着福岛少将和石桥参谋长以下幕僚从天津租界出发，5 日晚上 12 点 20 分抵达子牙河东面军用浮桥的北端。此时，除步兵第二十一联队外，各队全部集合结束。

步兵第二十一联队的第一、第二大队在预定的时间集合，第三大队因黑夜在途中滞留，于午夜 1 点 20 分才最终集合完毕。

至该夜 12 点，阴天有微月(根据阴历，是日上弦，午夜 12 点 20 分消失)，多少能够辨别道路，方便前进。其后至 2 点 20 分左右时时下雨，黑暗中难辨咫尺，由于在集合地的各部队位置不明，命令、报告的传达颇为困难。

各队的集合起先尚静肃，只是我军的马匹经常嘶叫，打破肃静。相反，英军的集合地人马都极为肃静，特别是其军服的茶褐色与我军的白色相比，极难识别。

东面军用浮桥由工兵第五大队派出第一中队担任监视，并且点灯，使从南面来的人容易辨别军用浮桥的位置。

师团司令部 1 点左右位于军用浮桥的前方，前哨对捕获的当地人进行询问(此时使用携带的手电灯，必要时可以照明，便于观看报告等)。其后，预备队步兵第十一联队到达集合地(师团司令部的东面军用浮桥前的位置和命令有异，4 日中午已经传达给部队改正)。

左翼部队之前进

左翼部队5日午夜1点35分军队开始行动，与此同时，步兵第十一联队第三大队撤出前哨，在集合地集合。

军队划分如下：

前锋

司令官　步兵第二十一联队长大佐竹中安太郎

步兵第二十一联队(缺一个大队)附有传骑二名

工兵第五大队的一个小队

主力部队(同行军序列)

步兵第二十一旅团司令部(附传骑五骑)

步兵第二十一联队第三大队(后为左侧卫)

步兵第四十二联队

工兵第五大队的一个中队(缺一个小队)

野战炮兵第五联队(缺第一大队主力及两个中队)

卫生队半部

注记：骑兵第五联队(缺一个中队)和英国骑兵一起在后方集合，跟随左翼部队。

塚本左翼部队司令官出发前集合各队长，下达如下训令：

一、目的是拂晓前结束占领火药局，因此没有远布侦察兵，缩短各梯队的距离，应乘黑暗以步枪驱逐敌人。

二、步兵第二十一联队第三大队为左侧卫，进攻韩家树的敌人，如攻占该所，应等待后命。

竹中前锋司令官以第一大队为前锋，和第三大队(左侧卫)并行，第二大队为前卫主力，在堤道上前进。

前锋长官步兵少佐新妻英马出发之际，正值进攻火药局的敌人，向各中队长命令，预定第三、第四、第一中队为第一线，第二中队为第二线。而且，第三中队为前锋支队，其他按第四、第一、第二中队的顺序，间隔约五十米依次前进(约四米配备一名士兵进行联络)。

在此之前，趁2日晚新妻第一大队长让第三中队少尉市冈达洲侦察火药局南面墙壁的形状、敌人的防备及其接近的道路和应采取的队形等。道路右侧(北面)之地平坦，杂草繁盛，但处处是开阔地，得知可以以一个小队从正面横队前进(火药局的情况被敌人阻碍，可以侦察)。同时第一中队少尉井上胜侦察火药局东面墙壁的形状等，得知土墙的顶上有约七八寸的积土，土墙的高总计三点五米，为普通的黑土，容易攀登，其形如下图①。

左侧卫(司令官步兵少佐佐本寿人)最初由于道路不明，跟着前卫前进，抵达火药局东面约一千米时，第九和第十中队在右面，第十一和第十二中队在左面并列，途中的纵队在堤防南面前进。

前卫主力部队取道前头部队约一百五十米的距离继续前进(其联络有兵卒十名)。主

① 图略。——译者注

力部队在和前锋之间，进入左侧卫，无间隔地跟随前进。

此时由于黑暗，除堤防上之外因高粱和杂草，行动不自由。后续部队好不容易和前方部队取得联络继续行进，并且前方部队在正面只派很少的侦察兵，其他在途中纵队集结前进。

左翼部队前锋之突击

前锋 2 点 5 分抵达火药局东面约一千米的两所房子附近，和敌人遭遇，敌人从掩堡猛烈射击，于是按照插图 9 展开前进，以机枪驱逐敌人（火药局进攻的行动参见插图 9）。

继而，各队继续向火药局方向前进。

2 点 50 分左右，火药局的敌人知道我部队接近，不顾黑夜激烈射击。

突袭火药局

此时，第一大队首先停止，按照大队长的预先命令展开，集结其队伍前进。3 点过后抵达火药局的墙壁，向其呐喊突击。此时，附属于前锋的工兵第二中队的一个小队（少尉杉山正）始终和此大队一起战斗。

左侧卫的第三大队听到火药局附近的激烈枪声，估计佐本大队长到达其韩家树，转而向其前进。3 点 5 分遭到敌人的激烈射击，于是，第九和第十中队首先开始射击，继而第十一和第十二中队也开始射击。

此时，和敌人相距不过五六十米的大队马上进行连续射击，继而第十一中队首先发出喊声，进行突击，夺取堤防上的敌人堡垒。其他中队继之呐喊突入，悉数占领此附近的堤防，时为 3 点 35 分。

此进攻由于是向有准备的敌人正面实行，尽管受到射击的时间不长，但出现很多伤亡。

第二大队（队长为步兵少佐西山敏）根据竹中前卫司令官的命令，3 点 15 分在第一大队（前锋部队）的左翼展开，向火药局东南面的堤防进行突击。

主力部队一个大队增补前锋

在此之前（3 点前），火药局附近枪声炽盛，塚本左翼队司令官以在主力部队前头的步兵第四十二联队第二大队（此时的行军顺序为第二、第三、第一大队）在前锋左翼展开，此大队跟随步兵第二十一联队第二大队前进，援助进攻火药局。

在火药局的敌人顽强抵抗，冒着我军的突击向韩家树东北面溃走。但是，未能逃走而留下者也不少（火药局的位置在当时的地图上记载是其南面堤防上，我军击退南方堤防的敌人，考虑占领火药局。因此实际上在火药局内，敌人此时还未受到打击，故其残留的亦不少）。

突袭韩家树东

第一大队（原前锋部队）中的第四中队绕到火药局之北，其他的则在火药局的东南集合，进而追击溃走的敌人。3 点 50 分，受到在火药局、韩家树中间三岔路附近的敌人炮兵的猛烈射击，其中三个中队和第二、第三大队的兵力一起马上进行突击，夺取炮二门。此炮是口径五点七厘米克式炮。此时第一中队离开大队，在三岔路北面射击从火药局附近向北面直接前进的敌人，败兵约四百人，继而在韩家树北面堤防上追击挥有二大旗的一部分败退敌人。5 点 20 分，在韩家树附近返回大队(参见插图 10)。

第四中队从火药局北面的地区逐渐前进，在三岔路附近返回大队。

一如前述，第二大队突入火药局东南面的堤防，首先整顿部队，而后前进。和其他两个大队一起进攻韩家树东面堤防的敌人，4 点 40 分全部占领之。

第三大队占领火药局南面堤防后马上集合，整顿队伍后又以第十二中队为先头，按照第九、第十和第十一中队的顺序出堤防的北侧，向韩家树前进。由于占据韩家树东面堤防的敌人向我射击，先头的三个中队和其他两个大队一起突击之，其第九、第十中队继续向韩家树前进，并最终占领之。

此时，作为预备队的第十一中队(步兵大尉柴丰彦)向出现在右面的敌兵约五六百人前进，因此和大队分离，和第十中队的第三小队一起，尔后和第四十二联队第三大队合作，追击敌人(此后关于第十一中队的行动，参见后文六)。此外，第十二中队沿堤防向刘家摆渡方向前进，和左侧支队一起占领该地，后返回左翼队的集合地。

步兵第四十二联队第二大队从集合地继续向前锋的后方前进，形成闭锁大队，演奏军歌前进，声援步兵第二十一联队的突击，4 点 40 分到达三岔路附近。在此之前，4 点 20 分根据塚本左翼队司令官的命令，其第八中队为进攻火药局北面的敌人，在前进中射击从韩家树向东北面败走的约二百名敌兵，追击前进至五百米，受到前方堡垒敌人的激烈射击。此时，与在该地的步兵第四十二联队第三大队会合，尔后受该大队长的指挥，进攻占据堡垒的敌人(此后第八中队的行动参见后文六)。

塚本左翼队司令官 3 点 10 分和竹中前锋司令官相遇，一起到战线后方。4 点 10 分，前锋向占据韩家树东面堤防的敌人呐喊并击退之，将日章旗竖立在堤防上。

扫荡火药局附近

在此之前(3 点 40 分)，步兵第四十二联队第三大队(队长少佐田边光正)在开进火药局东南约一千米地方途中，根据渡边联队长的命令，第十一中队的一个小队到堤防的北侧，和前方部队取得联络，担任我右侧警戒，由于天黑暂时失去踪迹。该大队刚一前进(3 点 45 分)，就派出一个小队直接警戒右侧。此小队由于受到火药局东面约一百米的树林中敌人的射击，第十一中队(先前派出的小队也返回)占据堤防，射击敌人。继而 4 点 20 分接到塚本左翼队司令官的命令，火药局尚有敌兵，派出一小队将其击退。第九中队的 1 个小队(少尉船越正次)担当此任。该小队抵达火药局，报告敌兵占据优势，请求增援。渡边联队长将第九中队的余部增加到火药局，此时田边大队长又接到联队长的命令，率领第十二中队向火药局前进(参见插图 10)。

4 点 40 分，第十二中队增援到右翼，和第九中队一起突入火药局，并占领之。火药局内的敌人约八百人，悉数向西北面撤退(在后面的田边大队的行动参见后文六)。

4 点 30 分，火药局和韩家树东面堤防大体归我所有，但是敌人的残兵败将还在火药局附近不断射击，我军扫荡之。

左翼部队集合

5 点 30 分，塚本左翼队司令官将各队集合在三岔路的西面进行整顿，等待联合进攻的开始。

根据师团长的命令，从 6 点 20 分开始两联队并行向王秦庄前进。第二十一联队第一大队和工兵一个小队在中央后部作为预备，以右翼步兵第二十一联队为基准前进。

在此途中驱逐几个敌人的侦察兵，除受到两三枚炮弹袭击外没有遭遇敌人，8 点 30 分占领王秦庄，并在此再次集合各队整顿。

死伤：步兵第二十一联队第一大队，战死兵卒三名，负伤军官一名、下士兵三十一名，失踪士兵五名；第二大队，负伤士兵二十名，失踪士兵一名；第三大队战死士兵十名，负伤军官四名、下士兵三十六名，失踪士兵一名；步兵第四十二联队第二大队战死士兵一名，负伤下士兵九名。

消耗弹药：步兵第二十一联队第一大队，八千六百六十九发；步兵第二十一联队第二大队，四千六百发；步兵第二十一联队第三大队，一万八千六百三十发；步兵第四十二联队第二大队，四千零三十八发。

注意：步兵第四十二联队第三大队的一部分在后文六说明。

左侧支队之行动

左侧支队步兵第十一联队第三大队根据师团命令，暂时撤销前哨，在师团集合地集合。继而以第十中队为前锋，在左翼队的后方，向堤防南端刘家摆渡前进。

4 点，抵达刘家摆渡的东面约一千米处，受到前方堤防的敌人射击。此时步兵第二十一联队也向此方面的敌人射击，由于在前进中，便与之协同打击敌人，4 点 30 分占领刘家摆渡（此时大队预备三个中队以中队纵队的侧面队形并行）。

敌人是团匪和官兵混合，其官兵为淮军步骑兵数百人，顽强抵抗后在附近留下死尸二十七具，向清宫和杨青马头方向撤退。

负伤士兵二名，消耗弹药一千四百一十四发，缴获大炮一门，手枪两支，队旗一面。

尔后左侧支队在该地掩护师团的左侧背，下午 4 点 17 分留下第十一中队护卫火药库附近卫生队收容死伤人员，其他 7 点 30 分抵达北仓。

右翼部队之进军

真锅右翼部队司令官命步兵第四十一联队第一中队（步兵大尉高野弘）前进至从丁字沽通往唐家湾的主干道，担任右翼警戒。其他于凌晨 1 点从集合地出发，按照如下顺序从西沽向通往火药局的堤防上西进：

步兵第四十一联队第二大队（其中第五和第八中队由大队长率领，先于其他部队前进）、步兵第四十一联队本部及第三大队、工兵第三中队、野战炮兵第十六联队第一大队（缺一个中队）、步兵第四十一联队第四中队、骑兵第二中队、卫生队半部。

3 点 40 分抵达火药局东南面约二千米处，真锅右翼部队司令官命先头的步兵第四十一联队第二大队首先向唐家湾的敌人前进，并牵制敌人。继而（4 点），各队开进到堤防的北侧(步兵第三大队建立纵队横队)。

向唐家湾进军

第二大队长少佐小仓信恭以第五及第八中队为第一线,第六和第七中队为预备,向唐家湾展开前进。4点25分第一线抵达距离敌人约五百米的地方开始射击,敌人亦进行还击。继而(4点30分),第七中队加入第一线的中央。

4点5分,步兵第四十一联队长中佐小原芳次郎命第三大队(缺第九、第十中队)在第二大队的左翼展开,第九及第十中队作为联队的预备队。于是第三大队长少佐井上思服率领第十一及第十二中队,以唐家湾森林的西南端为目标前进。4点15分,第十一中队连接第二大队的左翼散开开始射击,第十二中队处在其左翼后。

4点17分,小原联队长将第九中队增加到第二大队,小仓大队长将其加入到第八和第十一中队之间。此时,第一线逐渐前进,接近敌人。

4点25分,井上第三大队长将第十二中队的一个小队(少尉高见武敏)延伸加入第十一中队的左翼,隐蔽在高粱中。继续前进至4点30分,最终接近距离二百米处始进行连续射击。继而第十二中队的剩余两个小队加入左翼,此时第十二中队长大尉鄂木耕一负伤,由中尉小关喜藏代指挥。

敌人占据掩堡,其前面一带高粱繁茂,从我们的位置几乎无法看到敌人的阵线,我军也得以隐蔽接近敌人。

左侧的第一中队1点5分从集合地出发,隐蔽占领丁字沽(当时烧毁)的北端。3点听到火药局方向的枪声前进,4点30分到达唐家湾南面时,我左面炮声炽盛,敌人从该村头齐射。但是中队严禁开火,隐蔽待至拂晓。5点开始偶尔向敌人的左翼射击,敌人慌忙转变方向。此时,不过和敌人相距一百五十至二百五十米,相互进行激烈射击,陆续出现死伤者。

5点30分,右侧卫利用侦察兵和第三大队第十一中队联络。

野战大队之战斗

在此之前,真锅右翼部队司令官在凌晨4点稍微能够辨别物色时,就命野战炮兵第十六联队第一大队(第三中队未到)布置在堤防上(距离火药局约二千五百米),第一中队布置在左方,第二中队布置在右方,装有一千七百米的标尺,对占据唐家湾东面森林一端的敌人步兵射击,右翼中队射击右半部,左翼中队射击左半部,时为凌晨4点20分。

炮兵大队长少佐山川丈三郎同时依靠工兵第三中队,在堤防的后方构筑斜坡,暂时使其容易上下。该大队长由于右上臂受到敌人的手枪子弹的射击,5点左右将大队的指挥委任给第二中队长大尉津田时若,离开战线,第二中队尔后归由中尉吉田延市指挥。

工兵第三中队长大尉井上几太郎接到在炮兵阵地的后方构筑斜坡的命令,以其中的两个小队修筑宽约四米、倾斜二分之一的斜坡五个。5点14分完成作业,此作业期间有一名士兵负伤,尔后该中队在炮兵大队的左翼进行掩护。

此外,工兵第一中队第三小队也在此前在堤防上修筑斜坡,以便野炮通过,尔后跟随野炮队,开修前进道路。

占领唐家湾

5点左右，面对翼部队的一般敌人由于我军的步炮火，出现动乱，于是在左翼的第十一及第十二中队向敌人进行突击。右翼第二大队此时将第六中队增加到右翼，全线进行急速射击。继而从右侧开始跃进，向唐家湾森林的凸角前进。5点15分全线呐喊，突入敌人的阵地，右侧的第一中队也同时突入。

唐家湾的敌人其数约八百人，留下死尸六十余(尸体的衣服上记有北洋大臣的护卫)，溃走南仓及王庄方向。但是，白河左岸的敌人尚进行顽固抵抗，我们无法徒步涉过河流。

追击

此时，真锅右翼部队司令官让第四中队归小原联队长指挥，该队长收容第七中队作为预备队，又将第四和第十中队增加到第一线，继续追击敌人。

第十一、第十二两个中队和第九、第十中队的各一个小队在第一线继续追击敌人，第十一中队5点20分占据吴家嘴西北堤防，向撤退到南仓方向的敌人进行追射。第十二中队和第九、第十中队的各一个小队5点30分抵达南仓和齐头面，向在王庄南端敌人的败兵进行猛烈射击。

6点10分，第九中队(缺一个小队)在第十一中队的线上会合，位于堤防的西侧。15分，第四中队增加到第三大队，由井上大队长指挥。6点20分，第十中队(缺一个小队)加入第十二中队的后方。此时，该中队长大尉木内末男战死，少尉久保精唯代指挥中队。此时，第三大队和第四中队与王庄及南仓两方向的敌人展开对战，由于受到交叉炮火的攻击，蒙受不少损害。

第二大队跟随在第三大队的后方，沿主干道继续前进，6点30分左右第二及第三大队分到小箱弹药。

炮兵大队在堤防上射击约一个小时(至5点20分左右)，唐家湾因被我步兵占领，根据真锅右翼部队司令官的命令，在前方约一千米的唐家湾西面耕地变换阵地，以一千五百米的标尺射击占据王庄南面森林的敌人，时为早晨6点30分。此时，英军亦来野炮六门，布置在我左翼，继而考虑到进入前面的步兵部队，在三百米前面构筑阵地，以破坏王庄为目的，进行榴弹射击，到7点停止射击。此射击和左翼部队山炮射击结合，给王庄附近的敌人造成很大损害。

敌人在王庄及白河左岸南仓暂时抵抗后，向北仓方向撤退。

步兵第四十一联队死伤：第二大队死亡士兵四名，负伤军官二名、下士兵二十九名；第三大队死亡军官一名、下士兵六名，负伤军官二名(其中特务曹长一名)、下士兵三十八名、马二匹；第一中队死亡下士兵八名，负伤下士兵二十九名；第四中队负伤士兵二名。

消耗弹药：第二大队，二万一千五百一十四发；第三大队，一万六千八百发；第一中队，四千五百四十二发；第四中队，二百四十二发。

炮兵大队负伤军官一名、下士兵五名、马一匹，死亡马七匹，消耗榴弹九十三发，榴霰弹三百零二发。

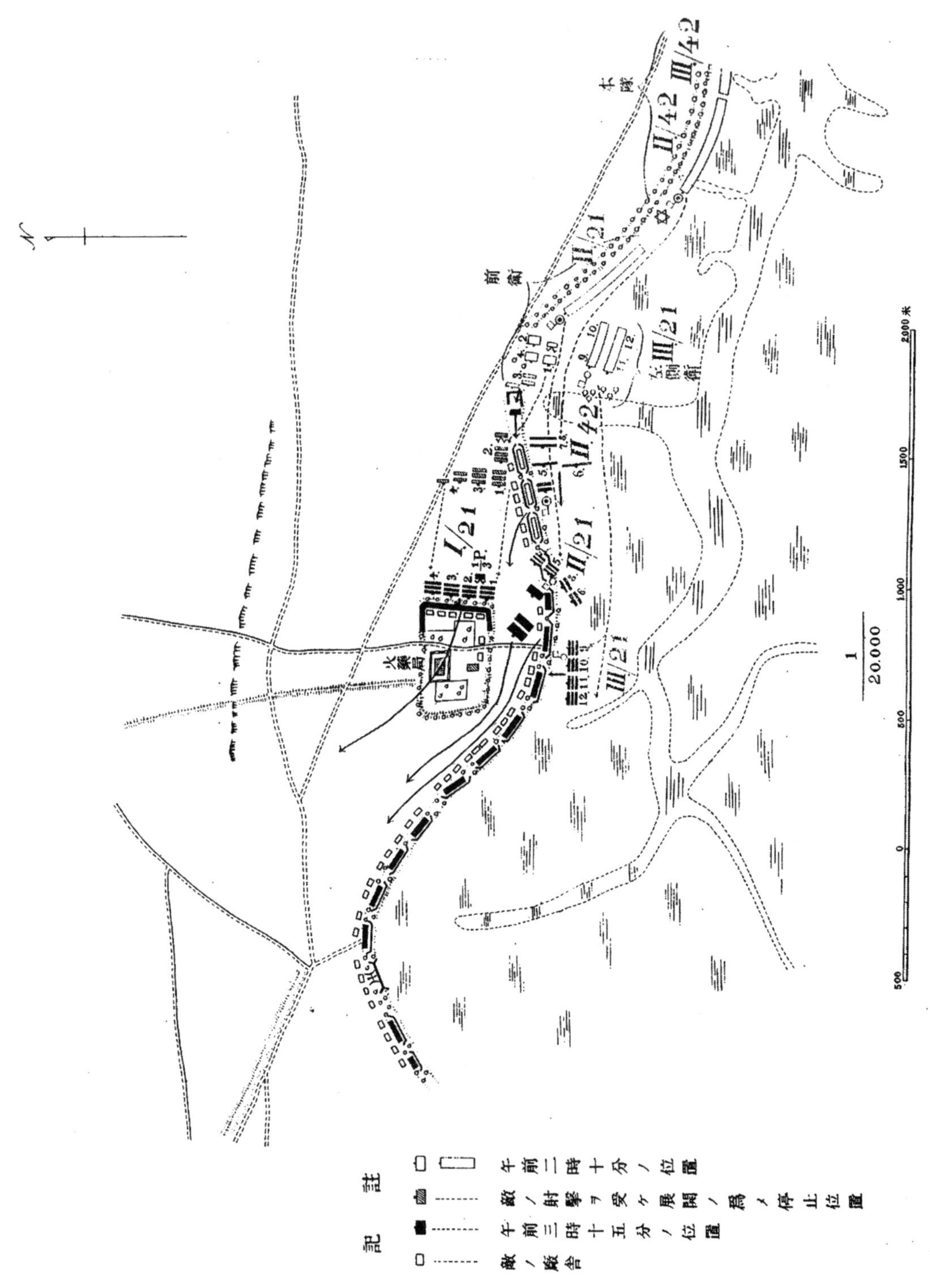

插图9 火药局攻击配备之略图(8月5日)

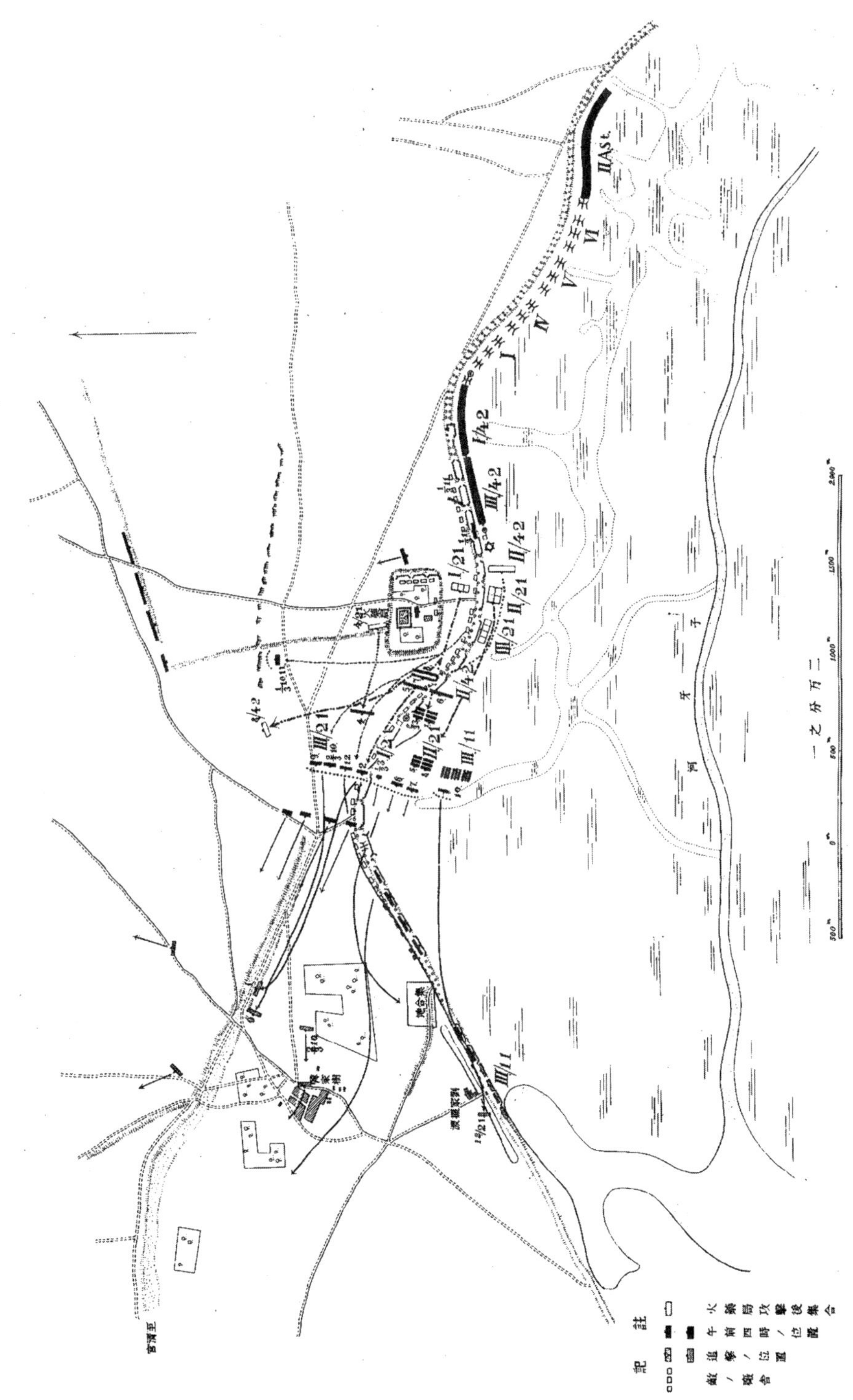

插图 10　韩家树东面堤防攻击配备略图(8 月 5 日)

六　攻击敌人第二战线和北仓,以及师团司令部之行动

野战炮兵第五联队之战斗

野战炮兵第五联队于凌晨2点30分从西沽西面集合地出发,按照第一中队和第二大队的顺序,跟随左翼队工兵第二中队的后尾前进,并到达堤防的南侧底端。5点联队长大佐永田龟接到左翼队的步兵已经占领火药局的报告,继而接到来自塚本左翼部队司令官要求追击射击的命令,马上在火药局北方布置第一及第六中队。同时,我步兵已经占领前方之地,正和敌人作战,且由于高粱高,无法发现敌人的位置,又沿着堤防前进。从火药局西面绕行,在其北方约七百米敌人所构筑的掩堡前方布置第一及第六中队。5点30分,以二千三百米的标尺,向占据王庄的敌人步兵开始射击,改为曳火射击,距离远失去不少效力,6点20分又向北方前进六百米,以第一、第六、第四和第五中队的顺序布置,以一千九百米的标尺,向王庄开始射击。当时担任我右翼的野炮大队的射击颇为猛烈,彼我的枪声亦炽盛,此时迅速向王庄的全部房屋实行曳火射击。

在此之前,炮兵通过堤防前(5点10分),工兵第二中队在其进出路上修筑斜坡,也是为了后续部队开路。

7点前,王庄的敌人开始撤退,该方向的枪声逐渐减少。于是,永田炮兵联队长将各中队的火力布置在北仓、王庄间,各中队以曳火迅速进行射击。

此间布置的右翼只有步兵第四十二联队第三大队及步兵第二十一联队第十一中队。左翼由于没有一个步兵,永田联队长命令工兵第二中队前进。此外,在右翼的步兵队此后向北仓协同进攻,要求其中的一个中队进入炮兵队的左翼。

攻克火药局以北敌人碉堡

在此之前,田边步兵第四十二联队第三大队长以其两个中队占领火药局(4点40分),第九中队的一个小队(船越少尉)作为守备留下(该小队突入围墙内,鏖杀散兵约三十名,此后5点40分返回中队)。其他继续追击,到达火药局北方约七百米处,遇到敌人的掩堡(参见插图11)。此掩堡有敌兵七八百名,步兵第二十一联队第十一中队(柴大尉)及第十中队第三小队为此陷入苦战。此时散乱逃来的敌人悉数集中在此掩堡,其兵数逐渐增加。

因此,田边大队长决定援助柴中佐进攻该敌兵。第九及第十二中队开始射击,此时敌人抵达掩堡的败兵从我右侧面射击,在我最右翼的第十二中队受到交叉火力的攻击,须臾就有七八名负伤。大队连续射击,此时以副官中尉山澄清三为突击准备,但胸部被穿透,同时第十中队长大尉岛村勘太郎根据渡边联队长的命令,率领第十及第十一中队到来,在散兵线的左翼展开,向敌人的右翼进行射击。此外,第八中队也来到,加入其左翼,进入敌人的右翼进行侧射。由此敌人出现动摇之色,大队向其掩堡中央突入,击退敌人,全部占领此掩堡,时为5点30分。敌人恰好隐藏在高粱中向东北方撤退,无法充分进行追击射击。于是,大队用侦察兵确认敌人的撤退方向,整顿队伍,指定中尉宫崎右一郎为大队代理副官,并让士兵在堡垒内吃早饭。当时掩堡内有敌人死尸二百许。

此占领的掩堡是敌人所谓的第二防线，我军预定和英、美军联合进攻，连续在火药局战斗。我军在追击中偶然发生此战斗，只以六个中队的兵力就击破其西部的防御线。此敌人颇为顽固抵抗，阻击我军，我军则从掩堡的西侧进行侧射，最终使其动摇并撤退。

此掩堡高约二米，适于站立射击，由于厚度薄弱（上部四十厘米，中部六十厘米），有我炮弹射穿的痕迹。此外，清除掩堡前方约四百米的射程范围，敌人占据的掩堡东部前方高粱耕地布设有三个地雷，敌人没有时间发射而撤退，后（6 点 20 分）我军切断其导火线。

此休整吃早饭时，右侧约四百米处有敌兵大小数面旗帜，数次吹响喇叭，意外出现进行紧急射击。为此，第九及第十二中队各一个小队展开射击，暂时将其击退，此敌人有二百余名，向北仓方向撤退。

步炮兵协同进攻北仓

在此稍前，即 5 点 30 分炮兵第五联队在大队的左侧后开始射击，大队继续向北仓方向前进，此时炮兵联队副官大尉山县松之辅到来，请求协同进攻北仓（此时炮兵联队副官两次来协商，请求进攻北仓。塚本左翼部队司令官发出命令让田边第三大队担任炮兵掩护，但最终没有到来）。田边大队长终于答应，以第八中队的一个小队到炮兵的左侧掩护炮兵。留下第十二中队警备王庄方向（第十二中队和王庄的约二百名敌人对峙，其后来到北仓），其他各中队向北仓前进。

步兵第二十一联队第十一中队也向炮兵联队副官要求炮兵援助，但以当时接到联队长返回的命令为由而被拒绝。在返回其联队的途中，北仓方向的枪炮声再次炽盛，炮兵队到达左翼进行掩护，时为 7 点 30 分。

6 点 40 分，永田炮兵联队长让传令下士要求竹中步兵第二十一联队长，向炮兵队的左侧派出掩护队，于是该联队第五中队 7 点 20 分作为掩护队到达（此中队中的一个小队处在队列的左侧，剩余的掩护第二队列）。

攻占北仓

在此之前（6 点 40 分），炮兵第五联队逐次变换阵地，进而向北仓方向前进，在约八百米的地方按照第一、第五、第四和第六中队的顺序布置，第一中队面向从北仓中央发炮的敌人炮兵，第二大队面向占据北仓西南端的敌人步兵，迅速进行曳火射击。

7 点 30 分，步兵第四十二联队第三大队进入阵势的右前方，此时永田炮兵联队长由于左翼掩护队的到达，拒绝了从该大队派出的掩护队。

当时，敌人的步炮弹大都落在阵地，有三名炮兵负伤。此外，从东南方外国军队发射的炮弹在我右后方二百米附近爆炸，让人感到危险，恰好有前进到后方六百米处的英军，请求其发出射击停止的命令（山县联队副官进行传达）。

7 点 40 分由于北仓之敌撤退，停止射击。

北仓的南部因遭我军的炮弹，自 5 点 30 分左右开始燃烧，北仓陷落时仍然遍布火焰。

炮兵第五联队死亡士兵二名、马一匹，负伤士兵一名、马二匹；消耗弹药：榴弹十四，榴霰弹四百九十一发。

在此之前，田边步兵第四十二联队第三大队长以其三个中队向北仓前进，进入北仓南面八百米稍微宽敞之地(敌人的射击范围清扫地带)。此时恰好我炮兵进行猛烈射击,加之外国炮兵的炮弹亦飞入其前方,我军有受损的危险,暂时停止。此间,第十中队得以侦察王庄的情况,危及敌人的左侧背,时为6点50分。此间,其他中队逐渐到达该线,当时敌人从王庄向北仓陆续撤退。第九及第十一中队发现后立刻向北仓前进,从近距离进行猛烈射击,北仓的敌人依靠掩堡抵抗,但我炮弹在其头上爆炸,加之我步枪的射击,使其动摇,大队马上突击,渡舟桥占领左岸的掩堡。第十中队此时占领刘家园,援助大队的进攻,并从白河左岸南仓方向射击撤退的敌兵约千人,还射击败兵的六只渡船。第十二及第八中队亦到达,击退在北仓的残余之敌,7点50分全部占领北仓,并继续追击敌人,在北方约一千五百米处停止。此时恰好敌兵在王秦庄的北方白河左岸竖立二十三面三角形旗,西面三十米宽的开阔地有数团,从南面行动,在此旗的方向集合其兵力不下五千人。此外其东面还有敌人的炮兵阵地,可以推测是敌人的收容阵地。但是,敌人由于处在步枪射程以外,大队可以追击射击,而后此大队返回北仓,整理战利品,其后返回塚本混成旅团。

步兵第二十一联队第十一中队及第十中队的第三小队也几乎和前述大队同时到达北仓舟桥上游约三百米的堤防,和敌人稍微交战后,该中队返回联队。

在北仓的敌人配有左路武卫前哨或左路武卫步哨的徽章,其人数约二千五百人。在舟桥东北树林内有大部队宿营的痕迹,而且在舟桥的后方冒着我军的枪炮顽固抵抗,最终抛弃之。

步兵第四十二联队第三大队死亡士兵四名,负伤军官一名、下士兵二十六名。消耗弹药:北仓附近四千七百八十一发,是日总消耗一万六千四百三十二发。缴获贡米船七只,大帐篷约七十顶,炮一门,炮弹六十发。

师团司令部及预备队之行动

山口师团长带着幕僚(英国驻日本公使馆武官中校恰齐鲁和美国上校某人始终和司令部一起行动),在预备队步兵第十一联队本部和第一大队的先头,于凌晨2点40分从集合地出发,在左翼队的正后方前进。突然听到火药局方向枪声炽盛,前方山炮队停止,久久没有前进,让幕僚督促其前进。此炮兵队前进迟缓的原因除黑暗和道路不好外,还有前方步兵大队的小行李驮马前进迟缓,妨碍道路。

继而,师团长沿堤防前进,处在右翼队炮兵阵地的左侧后方。凌晨4点30分过后,担任左翼队方向视察的誉田参谋回来,报告火药局及韩家树的陷落。因此前进至火药局方向,继而接到来自塚本左翼队司令官的同一报告,此时在我司令部的英国中校恰齐鲁等祝贺我之成功。

5点15分,在火药局东面约六百米处由于右翼队方面枪声激烈,便将预备队步兵第十一联队第四中队增加到此方面。

此中队向唐家湾方向前进,敌人已经撤退,右翼队由于正在前进中,便进入到王庄附近敌人的右侧,约两个小时帮助将其击退,8点20分返回本队。

6点稍过,师团长到达韩家树东面堤防,视察战况。此时左翼队已经结束对火药局、韩家树的占领,其大部在韩家树东面集合完毕,等待预定第二次进攻的开始。此外,右翼队的方面和火药局北面听到枪炮声,但由于高粱的茂密和彼我使用微烟火药,无法看到其战线。于是，决定按照预定计划进攻敌人阵地的右侧，指示塚本左翼部队司令官到王庄茶棚（王秦庄）方向，等待右翼英、美军的前进。在此之前（5 点 30 分），请求英、美军前进，继而派遣副官大尉平田时丸，催促其前进。

6 点 20 分左右，发现右方英、美军的方向有散兵出入，师团长让左翼队前进。但是，此散兵不是英、美军，而是属于我右翼队。

继而，师团长移至火药局，此时由于敌人的败兵在此地，预备队进行扫荡之。在此地视察战况，但是左翼队没有遭遇敌人的情况。上午 8 点左右，前进远至王秦庄南面，北仓方向的枪炮声也微弱，由于敌人撤退，师团司令部及预备队前进到北仓，9 点 40 分到达北仓舟桥。

在此之前，师团司令部在火药局西面堤防上（5 点 55 分），命令向天津北端集合的步炮弹药纵队和野战医院前进（野战医院预定开设在火药局附近，尔后由于此方向有战斗，为图将来运输之方便，改为开设在西沽）。此外，预备队汇集堤防上的掠获品，其主要有速射炮五门，手枪、刀、旗等若干。

马场工兵第五大队长监督西沽西面集合地南面舟桥的工兵第一中队第三小队的渡河监视任务，3 点 30 分出发，追赶师团司令部，8 点抵达火药局（此工兵小队监视西沽西面舟桥至下午 6 点，7 点 30 分到达北仓）。

师团长命工兵大队长采取措施，迅速将工兵一个小队派至白河运输船队。该大队长马上派遣第一中队第二小队到西沽方向（上午 8 点从西沽出发）。

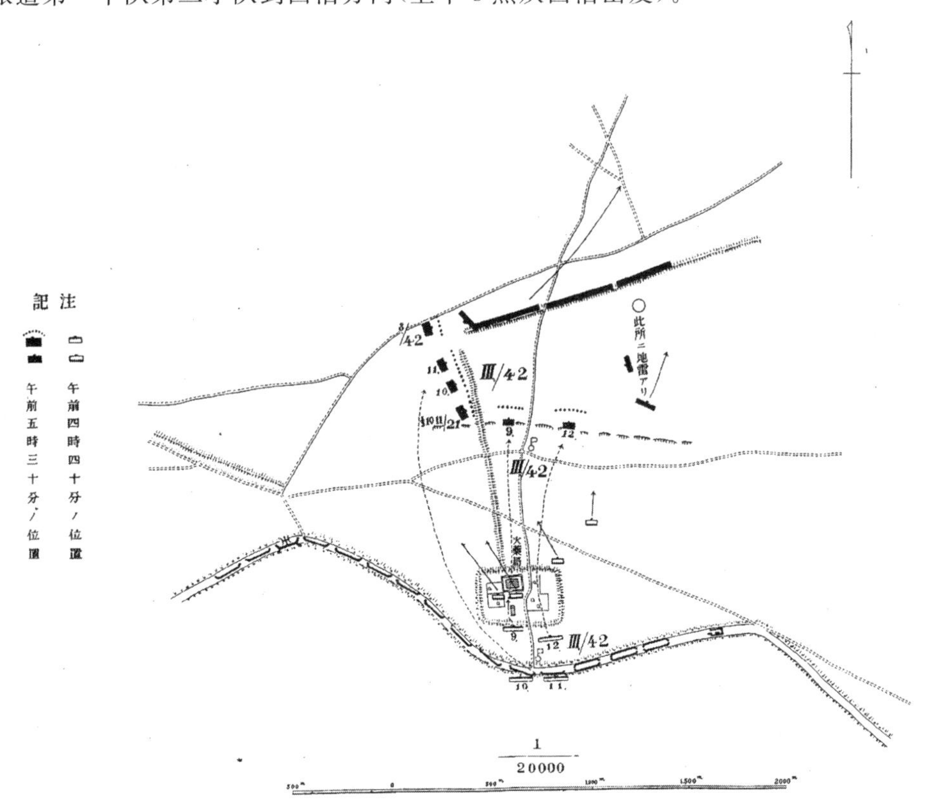

插图 11　火药局北面敌人阵地攻击略图（8 月 5 日）

七　各国军队以及骑兵之行动

英、美军队之行动

英、美军队跟随我左翼队向火药局方向前进,但由于野战炮兵第五联队道路狭小而前进迟缓,在堤防上停止。因此在联合战斗开始之际,难以达到预定的位置。

此时,福岛少将让由比参谋到英军司令部,轮换以前派遣的步兵大尉桥口勇马,担任英、美军和我军的联络。

5 点 20 分,山口师团长请求英军,“衔接我左翼队的右翼,让其步兵前进”(笔记文由传骑兵送给由比少佐传达)。英军指挥官在堤防后方,其炮兵进入前方,继而步兵在该处展开,其炮兵迅速步行,前进约二千米,布置在唐家湾西面我炮兵左翼,参与王庄的炮击。其步兵大都在二线展开,以锡克第一和孟加拉第七联队为第一线,旁遮普第二十四联队和福拉奇里第二大队为第二线,开始前进。在我散兵线的右侧后方,由于和我正确联系,师团长派遣平田副官,让由比少佐催促英军前进。最终追上我第一线,加入到战斗之中,英军的重炮(海军十二磅炮四门)布置在西沽武库北端,炮击北仓。

美军在英军的左翼后方前进。

是日,英军死亡一名,负伤二十四名,其中十四名为轻伤,美军没有死伤。

骑兵队之行动

骑兵第五联队(缺一个中队)4 点从集合地出发,沿火药局南面向韩家树方向前进。此时是跟随在英军骑兵的后尾向韩家树方向前进,约三十分钟后超越英军前进,而且中尉横山伊之助为尖兵队长先行,被流弹所伤。

6 点 10 分抵达韩家树,斩杀败兵。从 8 点向北面前进,抵达韩家树北面约四千米的堤防三岔路附近,警戒师团的左侧。8 点 30 分敌人的骑兵五六百名和步兵若干从王秦庄向我前进,由于射击逼迫,敌人向韩家树方向撤退,时为 9 点。此时英军骑兵到达韩家树附近。10 点左右敌军骑兵向此方向撤退。但是联军依然在其位置继续警戒,下午 3 点以搜索为目的向马家口方向前进,4 点 30 分抵达新庄南端,接到在此宿营命令。

隶属右翼部队的骑兵第二中队(中尉石桥正人)在西沽北端(4 日晚上 11 点),接到真锅右翼部队司令官的命令,要求报告跟随炮兵大队前进最初期间友军的状况。3 点从西沽北端三岔路出发,前进到通往火药局的堤防,少尉池上八十二所率领的八骑派遣到左翼队方向,下士侦察兵派遣到主干道,负责报告友军的状况。4 点受到来自唐家湾方向的枪炮,躲避到堤防的南侧。5 点 5 分敌人的炮弹在队中爆炸,下士一名、士兵一名当场死亡。

6 点骑兵第二中队经火药局向王秦庄前进,由于受到来自该方向敌人的袭击,转而向韩家树前进和联队会合。

池上少尉的侦察兵在北仓和下士侦察兵会合,从白河左岸搜索敌人的退路后,又成为右翼队的骑兵前锋,向柴楼方向前进。

其后,骑兵第二中队被招到右翼队,下午 2 点 20 分到达柴楼南面村庄,与之会合。

白河左岸各国军队之行动

俄军和德、奥、意的水兵由斯塔塞尔少将指挥，4 日下午 5 点 30 分从俄军的露营地（天津租界东南面）出发，7 点 30 分抵达淀河，渡过俄军工兵架设的浮桥，和已到达的法军会合。此渡河未结束时，其浮桥破损，其辎重不得已留在后方。

俄、法军队等在此地露营，海军进入前方进行侦察。此海军前进约一个小时抵达湿地，贯穿此地的一条堤道通往前方。但是丝毫没有遭遇敌人，继而根据命令，再次返回俄军的露营地，其辎重不得已还在河的前方，在此地露营。

从 11 点降小雨，一直持续到翌日凌晨 3 点，不仅道路泥泞，通往北方的若干道路也被水淹没。于是，斯塔塞尔少将决定取消包围敌人左翼计划，反而绕到西面向白河右岸前进。

5 日凌晨 4 点，斯塔塞尔少将指挥的纵队从其露营地出发，沿淀河北岸西进，渡过堤上附近的舟桥（新浮桥），从右岸的道路向北仓前进。途中听到前方有炮声而急行，由于道路泥泞不易行进，再次缓缓前进。6 点 30 分左右，除了炮声外激烈的枪声暂时熄灭。8 点 30 分抵达西沽。此时根据从前方来的日本军官得知，日军在两个小时前突击敌人的阵地，敌人败走，眼下正在追击中。

俄、法军的主力抵达王庄附近停止，以侦察兵搜索北仓附近，但其一部法、德、意军经火药局方向到北仓附近。

俄军铁道队长克鲁拉鲁上校指挥的纵队（步兵两个中队、铁道兵一个中队、水兵若干、俄军炮兵两个中队、法军炮兵一个中队）按照预定，早晨在丁字沽东面的阵地以其炮兵射击北仓东面敌人的掩堡，敌兵撤退，尾追占领敌人的掩堡。

按照法国的著作，与白河左岸斯塔塞尔少将一起前进的法军指挥官福里少将以小部队预先察知可以威胁敌人阵地的左翼，得到俄军的答应，法国的步兵一个中队、炮兵一个中队和俄国的步兵两个中队于上午 7 点 30 分左右抵达刘安庄子，向敌人的左翼开始炮击。但是由于其兵力少，不能深入逼迫敌人。

是日，俄军有六名下士兵负伤，法、德、奥、意军没有死伤。

八　攻占北仓后追击残敌及宿营

右翼部队追击

由于步兵第四十二联队第三大队和野战炮兵第五联队的协同作战，北仓在上午 8 点左右全部落入我军手中。继而，右翼部队击退王庄之敌，英、美军也逐次到达此地，在舟桥附近集合。

右翼部队到达北仓舟桥时（9 点 10 分），步兵第四十一联队第三大队和第四中队追击向王秦庄方向撤退的敌人，其他部队则停在舟桥西南方向整顿。

9 点 40 分，师团司令部到达北仓舟桥，山口师团长按照预定的白河左岸由俄军进攻的实施情况，又决定紧急追击左岸的敌人。右翼部队转移至白河左岸追击敌人，步兵第四十一联队第六中队跟随誉田参谋，视察左岸俄军战斗地的情况。

10点10分,右翼部队以步兵第四十一联队第二大队(按照第五、第八、第七中队的顺序)第一中队和野战炮兵第十六联队第一大队(缺一个中队)的顺序,渡舟桥追击敌人。派遣到王秦庄方向的第三大队和第四中队在该地附近渡白河与之会合。但是,该部队由于渡河花费时间(发现船一艘,用之渡河,中午结束),没能参与追击。此外,工兵第一中队第三小队在北仓北端为野炮开设军路。

10点10分,接到来自骑兵第二中队的池上少尉(率领约两个分队,在此之前和右翼部队合并)报告,若干敌兵占据柴楼南面森林一端。真锅右翼部队司令官将野炮大队布列在周家庄北面的耕地,射击敌人。该野炮大队(缺一个中队)11点5分以一千六百米的标尺开始射击,约十分钟后击退敌人,停止射击。

敌人在柴楼南面森林一端以若干步兵和速射炮约两门向我射击,由于使用微烟火药,无法辨明其所在。

我炮兵准备宿营周家庄时,英军炮兵中队布置在该村东面,向目标即敌人炮兵所在的位置发射数十发炮弹。此时,敌人已经撤退(英军炮兵暂时返回北仓)。各部队逐次前进,中午12点10分第二大队占领柴楼,敌人又向北方撤退。由此,停止追击,以侦察兵接触敌人,诸队停在现在位置,准备宿营。

到达右侧北仓东面的誉田参谋和第六中队到达北仓东面铁路线,附近敌人已经撤去,沿铁路线只有敌人的掩堡和隐蔽部及驻屯之痕迹。其南面约八百米的堡垒线和帐篷及厂舍已经被俄军占领,其骑兵侦察员在前方徘徊。第六中队在开阔的耕地休整,在掩堡线的俄军误射一发炮弹,幸好没有死伤。因此,誉田参谋让第六中队返回本队,和一名小队长到俄军占领的掩堡,会见俄军军官,视察情况。

根据誉田参谋的报告,北仓东面铁路线附近河水泛滥,深及腰处,铁路线东面河水泛滥浅且狭窄。其东边是开阔的草地,可以自由行动,俄军如果意在此迂回,包围敌人的左翼,应该不困难。

11点40分,工兵第五大队长中佐马场正雄命令工兵第一中队第三小队,改修北仓舟桥。

左翼部队停止追击

左翼部队上午8点30分占领王秦庄,敌人已经离开此处,故没有所得,只是根据侦察,知道撤退的敌兵在桃花口东北约两千米白河左岸之地约连续半里竖立各种旗百余面。

9点35分,左翼部队从王秦庄开始前进,中午在桃花口大休整。

塚本左翼部队司令官是日决定前进至马家口附近。下午1点30分,前锋(步兵第二十一联队[缺一个大队]、炮兵一个中队)出发,主力部队(步兵第二十一联队第二大队、步兵第四十二联队、野战炮兵第五联队、工兵中队的顺序)继之而行。2点30分主力部队将要前进时,接到担任前方侦察的侦察军官(第四十二联队步兵少尉广卯一)的报告:“新庄南端的道路破坏处,从一大蓄水池流向白河的水路,由于水流急,不能渡河。”此外,在此之前还知晓前方有小河。工兵第二中队增援前锋,进行架桥,由于附近没有应用材料,本日车辆、马匹无法通过。因此,塚本左翼部队司令官取消前进至马家口的命令,决定在桃花口附近宿营,此时乃下午4点。

师团司令部位于北仓舟桥附近，由于听到右翼部队追击方向有炮声，伊藤参谋视察此方面的情况。此外，塚本左翼部队司令官以其炮兵帮助追击部队，但是此炮兵还未参与追击之时，敌人已经撤退。下午 3 点过后，在刘家摆渡的左侧支队将一个中队留在火药局附近，担任卫生队收容死伤者的警卫，其余在北仓集合。

宿营北仓附近

下午 4 点 40 分，山口师团长下达关于宿营的命令（各自命令），其要旨如下：

一、师团今夜在北仓、桃花口间宿营。

二、真锅支队（原右翼部队）在柴楼和北仓西北约两千米的村庄之间宿营。

三、塚本混成旅团（原左翼部队）在马家口附近宿营。

四、师团直属部队步兵第十一联队（两个大队）和工兵第五大队主力部队并一个中队在北仓村庄露营。

五、步兵弹药半个小队和临时野炮弹药纵队到真锅支队的宿营地；步兵弹药一个半小队和山炮弹药一个纵队到塚本混成旅团的宿营地，进行弹药补充。

诸队按照上述命令宿营（真锅支队在柴楼、双街子、沙庄子宿营，其前哨至东南方，炮兵第十六联队第一大队在小阎店附近）。但是如前所述，塚本混成旅团由于新庄南端小河而无法前进至马家口附近，便在桃花口附近宿营（在新庄至桃花口沿道的村庄宿营，其前哨在下蒲口的南端）。

此外，新庄附近道路的西侧是沼泽地，不适于露营，且东侧依白河划界，步兵第四十二联队的两个大队转移至白河左岸，在李家嘴宿营。其他工兵两个中队宿营在北仓，骑兵第五联队宿营在董辛房。

师团司令部到达北仓舟桥下，宿营在运输船内。当日的给养依靠一般大行李补充，翌日（其延期的理由参见后文十）在北仓由运输船队分给。此外，若干运水船到达北仓，由于没有搬运工具，无法分配给各部队。各部队用白河之水烧饭并饮用（纵队宿营在后文九叙述）。

各国军队宿营

英军渡北仓舟桥，在连接北仓东北端露营；美军在桃花寺、寺东茶棚南面的耕地露营。

俄、法军的一部分在北仓东南面露营，一部分在王庄西北面的耕地露营。

俄军的一部分下午 2 点到达柴楼东北铁道堤，担任此方面的警戒。

德、奥、意军是日返回天津。

九　弹药、伤亡状况以及战利品之处置

弹药消耗

是日，我军消耗的弹药如下：

种类 部队号	炮弹		枪弹
	榴弹	榴霰弹	
步兵第十一联队第一大队			635
步兵第十一联队第三大队			1414
步兵第四十一联队第一大队的两个中队			4784
步兵第四十一联队第二大队			21514
步兵第四十一联队第三大队			16800
步兵第二十一联队第一大队			8669
步兵第二十一联队第二大队			4600
步兵第二十一联队第三大队			18630
步兵第四十二联队第一大队			41
步兵第四十二联队第二大队			4038
步兵第四十二联队第三大队			16433
野战炮兵第五联队第一中队		138	
野战炮兵第五联队第四中队	8	80	
野战炮兵第五联队第五中队	6	165	
野战炮兵第五联队第六中队		108	
野战炮兵第十六联队第一中队	49	128	
野战炮兵第十六联队第二中队	44	174	
工兵第五大队 第一中队 第二中队 第三中队			48 367 16
计	107	793	97988

上述各部队5、6日补充消耗弹药，只有步兵第十一联队携带定额外的弹药，没有接受补充。

弹药纵队之行动

根据4日的师团命令，弹药诸纵队5日早晨分成两部分：一部分(第二步炮兵弹药的各一个小队)在天津城北营门西面耕地集合；主力部分(弹药大队本部、第一炮兵弹药纵队、临时野炮弹药纵队和第二步炮弹药纵队[各缺一个小队])在天津城南面海光寺西北约一千米的耕地集合(6点50分集合结束后，第一步兵弹药纵队[属于旧临时派遣队]留在天津)。

弹药大队长炮兵少佐栗原乙也接到7点40分向西沽西面耕地前进的命令，指挥在海光寺西北集合地的步炮弹药纵队，向西沽前进。途中 8 点 12 分接到命令，炮弹药各一个纵队继续前进至火药局。第一炮兵和第二步兵弹药纵队前进至火药局，但在北营门西面耕地的步炮弹药各一个小队，6 点 50 接到向火药局前进的命令，已经出发。

8 点 40 分，栗原弹药大队长接到命令，要求临时野炮弹药纵队迅速到唐家湾西面的野炮大队予以补充，按命令实行。

在北营门附近集合的步炮弹药各一个小队向火药局前进时，又接到向北仓方向前进的命令，转而前进。途中在耕地有败兵出没，受到射击，但无法防御。利用堡垒内敌人抛弃的手枪防御。由于我步兵队到达，终于得以继续前进，此战有骑马两匹被击毙。

当时，英军的炮兵在后方二千米的武库堤防上进行炮击，使友军觉得危险。此外，俄、英军的骑兵切断前后走散的纵队，继而英军野炮前进，极为杂沓。我纵队通过此混杂的各国军队之间，到达北仓东北的耕地，分配弹药。

第一炮兵弹药纵队从西沽追击山炮队的前进路线，下午 3 点始到达北仓（翻越火药局附近的堤防时，得到若干俄、法军的帮助）。在此之前，从火药局附近前进最先到达该地的步兵一个中队，得到一个小队的护卫，继而和前进至北仓的法军一起前进。此纵队最终在北仓附近宿营，是日分配弹药。

第二步兵弹药纵队也和前述的第一炮兵弹药纵队经同一线路前进，但前进迟缓。下午 6 点 30 分到达北仓，在此接到命令，两个分队分遣到右翼部队，其他由于还归属塚本混成旅团，下午 6 点 20 分从北仓出发，在白河右岸的道路前进，由于二千米的小河没有桥梁，也没有其他通过点，不得已停止。后根据塚本旅团长的命令，沿北仓西北方白河右岸露营，该纵队在北仓附近配给弹药。

其补充的弹药如下：步兵第二十一联队第一大队步枪子弹七千二百发，步兵第二十一联队第二大队步枪子弹七千二百发，步兵第四十二联队第三大队步枪子弹一万五千六百发，步兵第四十一联队第三大队步枪子弹一万六千八百发，步兵第四十一联队第三大队和第一第四中队步枪子弹二万四千发。

翌日早晨又补充步兵第二十一联队第三大队步枪子弹一万四千四百发。

翌日在杨村，补充步兵第四十二联队第二大队四千八百发（这是由于该队五日晚宿营在白河左岸，没有进行补充）。

临时野炮弹药纵队（驮马编成的第一粮食纵队）前进至唐家湾时，由于野战炮兵第十六联队第一大队已经前进，此后再次前进，在北仓舟桥的西面耕地集合。下午 5 点 40 分接到命令，要求“到白河左岸该野炮大队的位置分配弹药”。到达所命令之地，进行分配，时为 6 点 40 分（7 点 50 分弹药分配结束，8 点 40 分返回北仓露营）。

弹药分配数量如下：第一中队榴弹四十九，榴霰弹一百二十三；第二中队榴弹四十四，榴霰弹一百七十四。计榴弹九十三，榴霰弹二百九十七。

弹药大队本部上午 11 点到达火药局西面约一千米处，继而第一炮兵弹药纵队等到达，向北仓前进。下午 1 点 40 分到达师团司令部。下午 4 点 52 分，接到命令，要求“步兵弹药半个小队和野炮弹药纵队附属于真锅支队，步兵弹药一个半小队和山炮弹药一个纵队附属塚本旅团。”纵队按照所属命令分进，犹如前述分配弹药。此外，接到命令，要求梯队在北仓附近宿营，其露营如下：

<table>
<tr><td>弹药大队本部</td><td rowspan="2">北仓西面白河右岸的耕地</td></tr>
<tr><td>第一炮兵弹药纵队及第二粮食纵队</td></tr>
<tr><td>隶属塚本旅团的纵队</td><td>北仓西北约1000米的耕地</td></tr>
<tr><td>隶属真锅支队的纵队</td><td>北仓附近</td></tr>
<tr><td colspan="2">第二粮食纵队留在西沽,宿营时将其招来</td></tr>
</table>

伤亡状况

北仓进攻中各国军队受到的死伤如下:

日军	死军官1人、下士兵49人、马12匹;负伤军官12人、下士兵239人、马7匹
英军	死下士兵土著人1人;负伤军官土著人3人、下士兵21人(其中4人为英国人、其他为土著兵)
俄军	负伤下士兵6人
计	当场死亡44人,负伤277人

我军死伤军官如下:

战死:

步兵第四十一联队 大尉木内末男

负伤:

野战炮兵第十六联队第一大队长　少佐山川丈三郎
步兵第四十一联队　大尉桥木耕一
步兵第二十一联队　大尉井上氏枝
步兵第二十一联队　大尉福地守太郎
步兵第四十二联队　中尉山澄清三
步兵第二十一联队　中尉中村恒太
骑兵第五联队　中尉横山伊之助
步兵第四十一联队　少尉西山耕次郎
步兵第四十一联队　少尉茂上盛雄
步兵第二十一联队　少尉西山武雄
步兵第二十一联队　少尉片桐繁郎
步兵第四十一联队　特务曹长牧原竹次郎

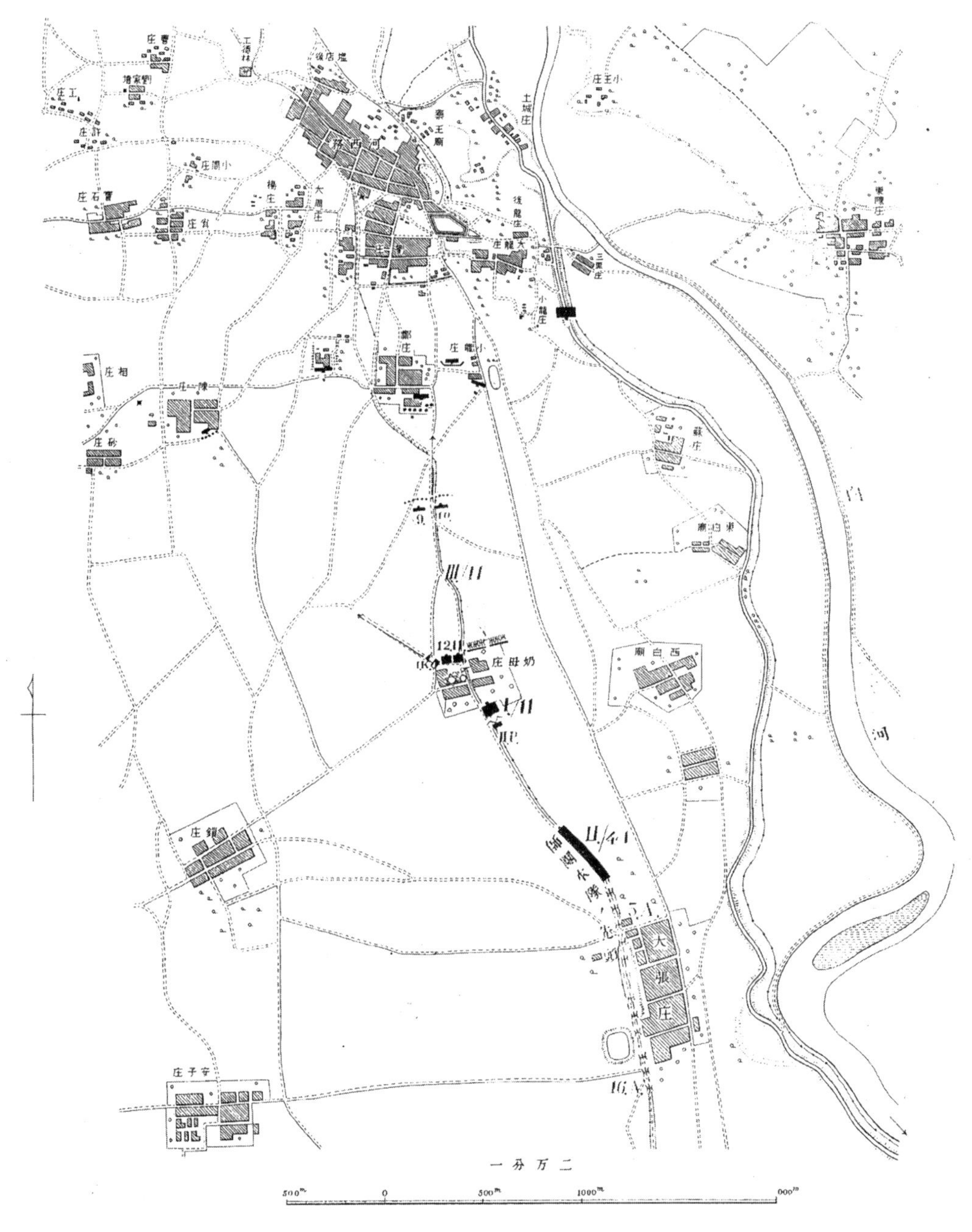

插图 12　河西务战斗图

随军卫生员之工作

在火药局方面，决定步兵第二十一联队第一大队附属的卫生部员下午 2 点 30 分在大队行动的同时，担任收容伤者。在火药局东南方堤防的南侧（起初选定在北侧，由于有敌人炮击的危险而转移此）开设临时绷带所，3 点 40 分第二大队附属的卫生部员也到达，继之第三大队附属的卫生部员也到达，联合开设临时绷带所。下午 4 点开始收容伤者，9 点交给卫生队而关闭(第一大队收容伤者三十三名、第二大队二十名、第三大队三十四名)。

步兵第四十二联队第二大队的卫生部员在火药局附近逐次设置临时绷带所两所,在韩家树附近设置一所临时绷带所,收容伤者三十名(步兵第四十二联队十五名、步兵第二十一联队十三名、工兵第五大队一名、炮兵第五联队一名)。第三大队附属的卫生部员5点20分和第二大队的人员会合,协同作业,8点前进,在二三百米处收集十数名,最终未能跟随该大队前进。

工兵第五大队卫生部员在火药局附近的临时绷带所,和第二大队的卫生部员进行协同作业。

步兵第四十二联队第一大队由于战斗,该队附属的卫生部员没有参与。

在右翼部队,步兵第四十一联队的卫生部员凌晨4点30分在唐家湾南面堤防的南侧,准备开设各大队联合的临时绷带所,附属增加的担架兵十三名和护士二名,搬运负伤者。5点开始收容伤者,7点30分交给卫生队而关闭。7点45分继续前进,在唐家湾森林附近道路旁开设临时绷带所,8点30分卫生队的一部分到达,交给他们,跟随主力部队前进,其收容的伤者总数为三十六名(步兵第四十一联队二十九人、步兵第二十一联队四人、工兵第五联队一人、卫生队一人、所属不明一人)。

卫生队之工作

根据师团命令,卫生队分属左、右两翼部队,其属于左翼部队者4点40分从集合地出发,沿堤防向火药局方向前进,途中迷失道路,前进迟缓,6点20分到达火药局附近时,接到军医部长前田正四郎要求开设绷带所的命令(左翼部队司令官有在此开设卫生队的命令,军医部长据此命令),6点40分在堤防南侧开设之。

继而,第一小队在火药局东面,第二小队在其西面收集伤者。但是,堤防附近伤者多,且几乎都是重伤者,需要担架,由于战线广阔,前进迅速,多忙于前方勤务,中午12点30分始得以着手后方勤务,收容死伤者一百一十一名,其中十六名死者(步兵第二十一联队军官四人、下士兵七十二人,步兵第四十二联队军官一人、士兵二十八人,步兵第十一联队士兵二人,野战炮兵第五联队士兵一人,工兵第五大队士兵二人,炮兵弹药纵队士兵一人)。尔后接到前进的命令,将伤者运送到野战医院(在西沽),由于距离远耗费时间,直到晚上9点才告结束,得以出发。

隶属右翼部队的半部卫生队凌晨4点40分,在西沽西北约二千米的堤防上的孤房后方开设绷带所,专门收集右翼部队方面的伤者。此绷带所距离西沽野战医院近,除担架外使用人力车五辆,其收容患者尽管多,仍迅速(下午4点30分结束)接送完毕。其后,为护送左翼部队绷带所送来的伤员,一直工作到晚上8点30分。在此之前,上午8点30分在唐家湾设置办事处,9点30分关闭。此外,向西沽野战医院派遣一个担架分队,进行辅助,收集死伤者一百六十一名,其中死者若干(步兵第十一联队下士兵六人,第二十一联队军官一人、下士兵二十四人,第四十一联队二人,野战炮兵第十六联队第一大队军官一人、士兵四人,野战炮兵第五联队下士兵一人,工兵第五大队士兵一人,卫生队士兵三人,其他下士兵四人,其中隶属英军者一人)。

野战医院之工作

第一野战医院根据师团应前进至火药局的命令(6 点从火药局出发,6 点 40 分到达北营门集合地),一直向火药局方向前进。后又根据改正的命令(8 点从火药局出发,8 点 2 分到达火药局卫生队绷带所),到达西沽。途中在右翼部队绷带所接到在北仓的前田军医部长的命令,在西沽开设医院。继而接到该军医部长的命令,要求用送来的两艘清国船向后方运送患者,军官患者十一名(其中一名为特务曹长)、士兵患者三名分乘这两艘船,送往天津宿营医院。到翌日上午 6 点 10 分,从各部队送来的患者总计二十六名,如果加上前日收容的患者,总数达到二百五十一名(其中负伤新闻记者一名)。野战医院尔后至 8 日仍在该地从事患者治疗运送等。

打扫战场

在本日的战斗中,我军驰骋于广阔的战场,不仅非常疲劳,明日还要继续追击敌人,意乘着战胜之势,占领杨村。山口师团长为清扫战场派出各队士兵,隶属管理部的宪兵五名返回天津,由留在天津的师团司令部宪兵大尉岩田静指挥。此外,该大尉在天津利用留下的监督部员和兵站司令部征集的人夫和工具,清扫战场。

该清扫队率领清国人夫三百人,携带赶造的担架二十个,于 6 日早晨 6 点从天津出发,到达北仓战场,收拾死尸。晚上 11 点还未结束,清扫队由于没有宿泊准备而返回天津。

在此之前,卫生队收容的尸体全部由该队埋葬(采取留遗发、记录姓名的处置办法)。

战利品

是日主要掠获的主要是清国船七艘、帐篷六十九顶(在北仓获得)、炮八门(在火药局和北仓获得)、步枪七十挺、刺刀七十五把、刀八十六把、圆匙二十六个、方匙十个。师团预备队步兵第十一联队第一大队派出若干士兵,在北仓集合。其中帐篷是日搭载清国船送至天津,6 日北仓守备队一个小队又派出士兵若干,五门大炮搭载空粮食船运至天津。除此之外,火药局附近有俘虏约四十五名,唐家湾有二十三名,因有抵抗或逃跑的举动,悉数射杀。

十　白河输送之实施

运输船队前进

步兵第十二联队第九中队担任粮秣运输船的护卫,该中队长大尉竹内贯一郎和船队指挥官海军中佐福井正义协商,决定如下事项:

一、途中可能的话,没收护卫队运输用的船舶。

二、从水上船舶发信号时,护卫队相应行动。

三、5 日早晨为联络,向塚本旅团派遣军官或者特务曹长,担任接受命令。

四、中队长尽可能地和第二组船的福井中佐齐头前进。

五、增加轻船两艘,其中一艘测量;一艘担任司令艇。

六、增加拉水桶的船。

七、水兵的吃饭由步兵队烧炊。

八、5日早晨7点船舶监视步兵和水兵轮换。

九、福井中佐有事时,海军大尉胜木源九郎代之指挥船舶。

十、水兵每船乘一人,监督船夫。

十一、先头步兵在第一船(测量船)前方约三百米处前进。

十二、后尾步兵和后尾船齐头并进。

5日早晨5点,护卫队和海军部队在水师营集合,进行出发准备。此时听到天未明就开始的北方的枪炮声逐渐减弱,远至北方。由此可知,师团已经击溃敌兵,正在追击之中。竹内第九中队长将其中队编成四个小队,一个小队(特务曹长上原又次郎)追赶北仓方向的塚本旅团,本日接到有关命令,并搜索白河右岸。一个小队(少尉神原胜近)作为前锋,前进至先头船前方约三百米白河右岸之地,收集运输用的船舶。一个小队置于船舶中央,另外一个小队和后尾船齐头前进,全部在右岸之地行走。而且,敌袭之际,小队各自防御,中队长从各小队抽出三名士兵,和第二号船齐头并进。

继而,运输船队到达西沽,工兵第一中队第二小队编入护卫队,和先头艇齐头并进,侦察河川。

运输船分为三个小队,各船悬挂白地横有红色横线的一二三条缝的旗,以和护卫小队番号符合,便于认识其护卫的船。第二号轮船的船在樯头高悬"司令旗",第一号轮船高悬"先头旗",各船悬挂编号旗,以便检点和核对装载的食品。

起初预定舳舻衔接航行,由于河川弯曲处等其他种种障碍,产生五十至一百米甚至二百米的距离。全长直径六至八公里,加之沿右岸的道路处处有水流,挡住去路。护卫队无法迂回,高粱和麻茂密,妨碍观望,不仅船队前后失去联络,船舶偶尔顺风上帆快速航行,无法与之同行。于是,福井中佐中午12点5分在西沽北面武库的北侧停止约十五分钟,等待后续船。

12点50分接到先头部队的报告,"有石桥参谋长的命令,途中遭遇敌兵的师团司令部在北仓,运输船队应行至北仓"。2点受到在吴家嘴附近右岸高粱中的败兵射击,拉司令艇的船夫逃走,船退回到下游。此时,干道上有我车辆的声响,考虑到射击的危险,前锋小队和工兵小队用机枪突击,败兵七人死亡,一人被捕,掠获"毛瑟尔"新式枪五挺。

4点,船队的先头抵达北仓,其最后的船9点50分始到达。

船队带着师团一天的粮食登陆,护卫队在北仓露营。

疏通白河淤积

隶属右翼部队的井上工兵第三中队长下午5点57分到达唐家湾时,从真锅右翼部队司令官那里接到破坏壅塞的命令。从该地搜索上下游的白河沿岸,遭遇敌人的败兵,其中四人死亡,二人被捕。继而中队北进,9点在王庄东面发现壅塞。

此壅塞设置为上下游两段,甲段大船五只填实土,半部沉没(水流斜行,沉没长一百五十米)。乙段小船八艘装载砖瓦在下游七十米沉没(六艘在水流直角两列,两艘和水流平行并列)。左岸堤防切开约十二米,该岸堤防一带出现泛滥。

工兵第三中队从9点着手破坏,甲段壅塞的大船用人力拽出,乙段壅塞的中央四艘船用水雷引爆粉碎,使船舶能自由通行,且左岸堤防的切开部用清国船填塞,堵住泛滥的水源。该作业2小时40分结束,其后(下午2点)工兵第三中队到达北仓,脱离右翼部队的指挥,成为师团直属部队。

粮秣分配

运输船队因前述破坏壅塞,得以顺利渡过白河,下午4点其先头到达北仓。于是,为进行第二次的运输,迅速卸空船舶中师团一天的粮秣(在左岸之地舟桥下游约一百米)。而且,是日为给各部队分配粮秣,夜里必须进行大行李运动。当时战斗后有败兵出没,感到该行动危险,决定6日早晨进行分配。而且,亦决定空着的船舶翌日早晨向天津出发。运输船护卫队步兵第十二联队第九中队此晚在北仓登陆露营,从6日早晨5点师团粮饷部员开始向各队分配大行李,8点结束。是日作为一般计划的粮食,计划分给一顿的"饼干",由于一部分没有领取,其剩余品由第一粮食纵队(现在是临时野炮弹药纵队)的空驮马进行搬运,其他剩余品配有会计一名和佣人一名,留用为北仓守备队。

第十六章　进军杨村并占领杨村和南蔡村

一　进军杨村问题与各国军队之关系以及进军状况

与各国军队之关系

8月5日进攻北仓,如前章所述。5日北仓陷落后,我师团司令部在北仓舟桥东面小树林中休憩时,俄军指挥官利涅维奇中将同幕僚跟随而来,辩解说俄军未能参与此进攻的原因,希望必须参与明天的前进,故恳请考虑出发的时间。山口师团长告之说,我有力支队已经向杨村方向前进,和敌人接触,师团本部决定向白河右岸前进。俄军若能参与此进攻,请在白河左岸前进。利涅维奇中将没有异议应允,于是师团长答应其请求,考虑明天的出发时间。

在此之前,天津会议之际,我提议直接进攻杨村为上策,俄军指挥官表示同意。因现在北仓胜利的余威已包围杨村,气势不可动摇,俄军指挥官请求我考虑时间,各国军队指挥官中还没有人论及是否可行。

福岛少将赴英军司令部商谈此事,约定真锅支队看到英军前进,在其先头前进。此外,英军还向美军通报情况。

继而,英军指挥官因听到真锅支队方向有炮声,被告知将根据需要派出有力援军,对此好意表示感谢。因需要协同行动,希望马上派遣。此时,有报告英军指挥官说:"敌人出现在步兵铁路线上,射击英国骑兵,有三名人员负伤。"

后听说向英国骑兵射击的不是敌兵,而是误认为敌人的俄国步兵。而且,英军所派遣的援兵最终也没有实施。

此外,英军请求"为通过重炮,开放北仓舟桥",但因眼下军队已无通过之必要,没有答应,约定明天早晨军队全部出发后开放。

我军前进之部署

我军首先在北仓战斗中建功。首先由塚本混成旅团急追敌人,预定占领杨村,在杨村囤积粮秣后集合诸队。眼下之形势使其无法实施。真锅支队在敌兵撤退最多的白河左岸和敌人接触,处在各国军队的最前线,已如前述这是基于和各国军队的关系。于是,师团长决定改变预定计划,以全部师团按现在的队形,翌日继续追击,一举占领杨村。且将6日凌晨3点30分出发的计划遂向各部队下命令,但和俄军交涉后(参见前文)拖延,以在北仓的部队上午6点30分出发为基准,第一线也以此为准改变前进计划。

以上所述之决定的部署如下:

一、师团6日追击敌人,占领杨村。

二、真锅支队从白河左岸和早晨7点从北仓出发的英军一起前进。

三、塚本混成旅团从白河右岸追击敌人,但等待师团直属部队到达其地开始行动。

四、师团直属部队早晨6点30分前在北仓舟桥西面耕地集合,继续前进。

五、大行李各自按照前进线路行进。

军队划分一如前日,但隶属真锅支队的工兵第三中队归属师团直属部队,代之以第一中队(缺一个小队)。此外,师团直属部队和以前为左侧支队的步兵第十一联队第三大队合并,留下步兵第十一联队第一中队的一个小队和工兵第一中队第二小队守备北仓和监视舟桥。

真锅支队之前进

6日凌晨3点30分至3点45分,在柴楼和周家庄宿营的诸部队在各自宿营地的前方集合。在此稍前,因改变出发时间的命令尚未到达,在集合地等待,继而周家庄附近集合的诸部队前进时,俄、法军已经开始前进,堵塞我前进之路,在柴楼也因各国军队群集而出现混乱。

7点,真锅支队长向集中在柴楼的各队长下达命令,以小原步兵第四十一联队长指挥的第二大队、第四中队和骑兵第二中队为前锋,其他(步兵第四十一联队第一中队、野战炮兵第十六联队第一大队[缺1个中队]、步兵第四十一联队第三大队、工兵第一中队和卫生队的顺序)为本队,马上前进。俄、法、美军同时集合,竞相前进的结果是完全没有遵守昨日之约,越过我前线前进,特别是英军预定在我军后方行进,如今却已经到达前方,不管我军继续前进。因此,向英军询问其理由,回答说因各国军队前进,不得已而为之。由此,真锅支队8点50分在英军大行李停止前进后,始加入其行列,得以行动。

各国军队之前进

在此之前(4点),俄军渡过北仓舟桥,转移至白河左岸,突然加入进攻杨村的队伍。英、美军看到俄军北进,立刻前进,在俄军的前头有数个纵队,挡住俄军的前进道路。但最初是以美军为先头(美军凌晨4点通过浮桥,留下第九联队第七中队守备该桥),俄、法军继之,也沿白河左岸的道路前进。但英军取捷径到达美军的前头。因此,最终没有整齐行军,相互竞争,混乱行军。行军纵队甚至是英、美、俄士兵混合。但概括的说,其行军顺序大体如下:

一、日、俄军的骑兵。

二、俄军步兵一个大队。

三、英、美军(到杨村为两个纵队,美军一部沿铁路,其他英、美军在干道行进)。

四、俄军余部和法军。

五、我真锅支队。

二　杨村战斗概况

地形及敌人配备

杨村南面全都是低地,杨村的居民地稍微高点,因此附近高低参差交错。其南面,只有堤道和铁道堤,几乎和居民地同高,其他一般为低地。

白河右岸不适于军队行动,其铁路桥以南街道西面全是沼泽地,浑家水(一名"混河水")泛滥,而且干道只是一条隘路,只能在泛滥处和白河之间通过。

相反,左岸之地是平坦宽广的耕地,随处都可以行动,清军建立的主要防御阵地亦在此处。

清军建立的第一线阵地是从右翼白河右岸三里屯到左岸杨村车站,利用下朱庄附近铁道堤,并延长到东面的耕地。此阵地右翼在白河右岸,犹如前述,依托无法靠近的洪水泛滥,正面以杨村车站为中坚,其前方阵地局限在铁路堤和白河左岸堤道之间狭小的地段,通过其间的进攻军队很难开展行动,当时英、美军受到很大损失就是在该地。不过左翼乃平坦广阔之地,没有依靠的掩蔽物,乃易包围之处。因此,清兵在大王庄附近设置炮兵,并以骑兵专门警戒左翼。

附近的铁路堤高十至十二米,进攻军队的兵力有被分割成两部分的危险。相反,对清军来说,此铁路堤形成阵地的主体,成为有利的据点。下朱庄以西铁路弯曲,形成对南面瞰制的阵地正面的一部分,特别是其车站的北面,大都是高地,形成防御之有利地势。

清军还在第二和第三线实施工事,用于收容第一线的撤退军队。该第二线在车站北面八百米的王庄和小王庄之间构筑掩堡,第三线设置在杨村东南端。此白河左岸配备武卫左军步兵十个营和炮兵两个营,白河右岸配备武卫前军、练军和淮军的余部,此外宋庆和武卫左军的步兵三个营一起在南蔡村附近。

清军炮兵在右翼铁路桥西面道路和铁路的交叉点配备五门大炮,三里屯配备三门,车站若干,大王庄五门。

此附近耕地多为高粱地,其情况犹如北仓战斗地。不过铁路堤东面因地势险恶,高粱生长不好而稀疏且低,很少能妨碍观察和行动。到处都有土堆,便于瞭望。此外,下朱庄附近和白河沿岸之地是草地,乃开阔地。

各国军队战斗经过

俄军骑兵首先遇到敌人阵地,据此知道敌人在铁路车站附近占领阵地,俄军步兵一个大队在高王院附近支援该骑兵,英、美军队停止前进。英军指挥官盖斯里中将和美军指挥官沙飞少将各自率领其幕僚,在北新庄砂阜(附近之地海拔六点五米)集合,首先议决进攻敌人阵地的策略。继而,俄军指挥官利涅维奇中将来会,提议俄军沿河岸堤道前进。其决议的要旨如下(此时真锅支队还未到达):

一、英军从正面进攻敌人的阵地,美军在英军右翼和其一起行动。

二、俄军在英军左翼,沿白河堤防前进。

此外根据美军指挥官的要求,在美军右翼配备英军的“伯克房”枪骑兵第一联队,担任右翼警戒。

此决议于10点30分达成,于是各国军队行动,大致形成如下战线:

左翼:沿白河,有俄军步兵一个大队和炮兵四门处,后方有俄军余部和法军继之前进。

中央:英军“罗亚尔”野炮兵一个中队(六门)、在右边的是锡克步兵第一联队,还有在其右方的美军步兵第十四联队。后方有“罗亚尔·威尔士·弗吉利艾”大队、班加布步兵第二十四联队和班嘎卢步兵第七联队,作为预备队。

右翼:铁路堤的东面有美军步兵第九联队和炮兵第六中队(六门)。

此外,东侧有“班嘎卢”枪骑兵第一联队,警戒右侧。

俄军作为后续部队开进到英军左翼后方后,又转移到西面高王院的南侧,除以炮兵援助英、美军队外,还出动步兵。在此之前,日军主力因需要在前进道路上架设多座便桥,向俄军通报,请求延缓左岸的进攻时间,俄军指挥官回答可以等两个小时,超过两小时不能再等。

法军离俄军后方很远,几乎没有参与此战斗(根据法军海军步兵第九联队长白洛克上校的著书,该上校率领的法军步兵一个大队、炮兵两个中队是日始和福里少将会面,再次由其指挥行动,前进到铁路线东北面,但已经被美军所占领,后没有遇到敌人)。英、美军队在北新庄北面行动,在距离敌人一千五百米的地方结束全部行动。此时,因依靠树木、土地的凸凹和散布的房屋进行隐蔽,没有受到敌人伤害。但其前进到约九百米的距离处,附近没有任何隐蔽物,受到敌人射击,陆续出现死伤,前进停滞。英军旁遮普步兵第二十四联队也在左翼行动,因局部地区(铁路堤和河岸堤道之间)逐渐狭小,散兵线浓密,最终不得不变成二列密集队。此时,受到敌人炮火伤害极大,美军步兵第四十联队和英军锡克步兵第一联队首先突入下朱庄。继而击退占据铁路堤的敌人,时是下午1点稍前。美军右翼还在前进,并到达小王庄附近。此间俄军从高楼进入下朱庄西端,同时向车站和三里屯方向射击,继而在英、美军之前占领车站。当时英、美军非常疲劳,在下朱庄附近的铁路堤上和堤下休整。

敌人缓缓降旗撤退,英、美军队在占领地休整期间,俄军于下午1点30分在杨村车站布置,炮击王庄附近和杨村。此时炮火完全停止,敌人大都从杨村撤退,炮击约二十分钟后,俄军步兵开始向杨村前进。

右翼美军步兵第九联队虽也能对撤退之敌进行有效追击射击,但清兵穿着蓝白色相混的服装，且因为有红、蓝色旗，有时怀疑是法军，停止射击，当确认其不是时，敌人已经撤退到远处了，最终没有射击。其后，法军将美军误认为清军进行射击，幸好没有死伤。与此相反，发生大的过失的是俄、英军的炮兵，他们向美军步兵第十四联队第五中队发射数枚炮弹，士兵死亡八人，负伤九人。

俄军已如前述追击敌人，轻易进入杨村，占领舟桥和清国船。

我军参战

我骑兵第二中队7点从柴楼出发，向杨村前进。途中在交叉口发现敌人露营的痕迹和铁道线建筑防御工事的痕迹。8点20分到达北新庄砂阜，敌人若干步骑兵在高楼附近，是撤退敌人的后卫。此时，北新庄有俄军步骑兵进行侦察。11点30分我支队到达，骑兵第二中队转而向北新庄东北约四千米的五间房附近前进，担任我右翼的警戒。下午1点30分又向刘庄前进，途中只遇到二三败兵，3点30分在杨村和支队步兵会合。

在此之前，真锅支队听到前方炮声，从上午10点左右急行，10点30分在北新庄附近，从属于英军司令部的我军参谋由比少佐得到通报，曰："英、美军开始进攻杨村，应迅速参与战斗。"野战炮兵第十六联队第一大队（缺一个中队）布置在杨村东南方约三千米的小高庄附近耕地（美军炮兵北面约一千米），步兵在炮兵右侧后方行动，时间为10点45分（排列布置是11点10分）。此炮兵专门射击小王庄、王庄间干道附近的敌人，中午12点30分炮兵在前方五百米处更换阵地。对宝石庄南面森林的敌人炮兵，以二千五百米的标尺进行射击，使其熄火。

11点20分，真锅支队长到达英军指挥官所处的砂阜，和该指挥官协商后决定日军跟在美军右翼前进。于是，步兵第四十一联队第二大队在美军右翼前进，下午1点25分到达杨村东南方约一千五百米的大王庄。此时，炮兵在此集合，午饭时发现敌人一个纵队从杨村东北方的刘庄方向向杨村前进，马上以二千五百米的标尺进行射击。敌人受到我军的有效射击，转变方向，向北逃走。于是，继续追击射击，继而射击留在上朱庄和小东庄附近的敌人，到下午2点15分停止。

1点30分，真锅支队留下步兵第四十一联队第一中队掩护炮兵，第二大队和第四中队为第一线，其他为预备，向杨村前进。此时，敌人已经撤退，看不到踪影。下午2点50分完全占领杨村，俄军先我军一步进入杨村，其骑兵进行追击。

英军旁遮普枪骑兵两个中队晚上追击敌人，击毙五十人，掠获马玉昆旗一面和其他旗五面，追击中有二骑兵负伤，一匹马毙命。

是日，我军消耗弹药如下：步兵第四十一联队第二大队二百二十发；野炮两个中队榴弹五十一发，榴霰弹二百零六发。

野战炮兵第十六联队第一大队于下午6点10分至7点期间，在杨村从临时野炮弹药纵队补充消耗弹药。

敌人主力向南蔡方向撤退，其他向白河两岸撤退，东北方向和西北方向也散乱着敌人，其死伤数目不详。

各国军队伤亡情况

各国中损伤最大的是美军，其次是英军，再其次是俄军，其他各国军队没有死伤，英、美、俄军死伤数目如下：

军队	死亡		负伤		日照病死者	计
	军官	下士兵	军官	下士兵		
美		7	1	57	2	67
英		6	1	37	1	45
俄	1	1	1	16		19
合计	1	14	3	110	3	131
备考	其中88%是步兵第十四联队的					

参与战斗的各国军队的兵力和北仓战斗时相同，但美军加入从天津招来的炮兵一个中队(六门)。此外，英军从天津水路搬运来的重炮因上游运输困难，没有参与战斗。

三　白河右岸我师团之进军

师团主力部队之前进

8月6日早晨6点40分，师团直属部队(步兵第十一联队[缺一个大队]、工兵第五大队本部和一个中队[缺一个小队])根据师团命令，在北仓舟桥西面耕地集合。集合前，北仓舟桥因俄、美军相继携带辎重通往东面，不仅造成混乱，我军也无法集合。由此，原田少佐和美军协商，决定首先让我军渡过，6点20分开始向右岸移动，好不容易在前述时间完成集合。

山口师团长率领直属部队向桃花口前进，7点30分在王秦庄和塚本旅团长会合。此时，新庄的南北桥梁还未完成，诸部队停在道路上。其间师团长向兵站监通报北仓战斗的情况、杨村占领的决心和船舶运输队的状况，并训令兵站监尽快转移到天津，进行粮秣运输。此时，从西大沽前进的野战炮兵第五联队第一大队(缺一个中队)追赶其联队。

8点30分，新庄南北两端的桥梁宣告完成，塚本旅团长在各桥梁留置工兵一个分队，作为监视兵。渡边步兵第四十二联队长指挥的该联队(缺第二大队)炮兵第五中队和工兵第二中队为前锋，其他(以步兵第四十二联队第二大队、野战炮兵第五联队[缺一个中队]、步兵第二十一联队的顺序)作为主力前进。10点到达蒲口，再次遇到水流，于是侦察前方，发现蒲口北端还有一个小河。工兵在两处之间架桥，并根据工兵第二中队长大尉土屋善龟的报告，“此二桥的架设将于下午1点30分左右完成”。于是，诸部队沿蒲口南面的道路进行大休整。

下午2点，蒲口南北两端完成架桥工事，开始前进。2点40分到达马家口南面时，接到前锋司令官的报告，说前面的道路没有障碍。塚本旅团长命令大行李和辎重向杨村前进。

3 点到达马家口，步兵第二十一联队第四中队第一小队留在该地，担任交通线路的警戒和水路运输的掩护。

师团司令部在直属部队先头前进，由于架桥工事困难，工兵第三中队增加到塚本旅团，下午 6 点到达杨村。此时，杨村已经被在左岸前进的各国军队占领，真锅支队进入杨村，警戒前方，并进行宿营准备。

骑兵第五联队（缺一个中队）是日中午从宿营地出发，下午 6 点 30 分到达杨村北端，派三名侦察兵到大顿邱、张庄和北章庙，也没有发现敌兵。只是在孔官屯附近发现处处有败兵潜伏。于是，联队在杨村北端停止前进，等待宿营命令。

行军路上之地形

师团本日前进的白河右岸道路，不仅在当时使用的地图中有完整记载，根据以往向当地人询问的结果完全知晓，可以继续前进。为此师团主力在此道路前进，但看到由于长时间没有行走，成为废道。被联络白河和浑家水的很多小河截断，且没有架设桥梁，平时只能用船行走。决非是敌兵撤退时所破坏那样简单的障碍，加之当时附近的居民全部乘船逃走，发现浑家水上有很多避难船。因此白河和其小河附近没有发现任何船只，另外架桥时到附近人家搜集木材，从远方拉来船，好不容易才完成。这些小河和架桥作业的情况如下。

河流架桥概况

一、桃花寺的小河——5 日北仓战斗时可以徒步趟过，但因泥泞马匹难以通过，同日下午晚些时候，工兵第二中队填埋薪柴等，打开通道，但不坚牢。6 日上午 7 点 30 分师团直属部队前进之际，工兵第三中队在附近架设新桥。

二、新庄南端第一军桥——隶属塚本混成旅团的工兵第二中队 5 日至 6 日进行架桥作业，5 日夜杉山小队从桃花口搬运架桥用船到新庄，6 日凌晨 4 点 20 分开始，8 点 20 分完成。

从事架桥作业者有军官一名、下士以下一百零二名，架设的舟桥宽一点八米，长三十八米，使用的材料为清国船四艘、帆樯（长约十五米）四根、圆木二十五根以及锚、绳子、钉和锹若干。此河流除水流湍急外，因使用的锚小和船大，作业困难，结果浪费了很多时间。

三、下蒲口南端第二军桥——早晨 5 点 30 分开始，以工兵第二中队的军官一名、下士以下五十四名，架设长二十八米的舟桥。9 点 10 分完成，其材料依靠架设第一军桥的剩余和从附近人家的征集所得。

四、蒲口南端第三军桥——此小河和新庄南端的相比，流速缓且浅，架桥完成前若干工兵裸体进入水中，用小船让步兵两个中队渡河。架桥使用的材料为圆木（平均长四米）七十五根、木板一百块、链三十五根、绳子和钉，使用工兵第二中队的军官一名、下士兵三十八名。上午 10 点 30 分开始进行，中午 12 时 40 分完成长二十七米、宽一点五米的架柱桥。

五、蒲口北方第四军桥——中午 12 时 40 分开始，使用工兵第二中队军官一名、下士以下四十一名,架设长三十七米的筏桥,2点完成。此桥墩因由步兵和清国人夫搬运材料建造成筏桥样式,全部使用之,此外还构筑通往堤防的两个斜坡。但是,此架桥因在前锋通过后发现后续部队通过时有薄弱情况,命令改建。以军官一名、下士以下五十四名,下午3点进行,6点30分架设长三十七米、宽一点六米的架柱桥。使用的材料为圆木九十根、木板一百块、钉、麻绳、链若干。此架桥架设期间,工兵一个分队监视军队通过旧桥。

此外,材料的征集大都由前锋若干步兵进行援助。

四 杨村宿营及给养状况

全师团驻扎杨村之决定

6日下午6点,师团司令部到达杨村,山口师团长在决定宿营前,废止师团一部返回天津的预定计划,将现有全部兵力驻扎在杨村,其决定的理由如下:

一、追加粮食时,在前方与后方相比,大都能增加奋进心,能迅速得到补充。

二、由于有报告说粮食船已经到达附近,师团的供养暂时没有问题。

三、福岛少将从利涅维奇中将那里得到关于明天早晨召开会议的通报,因此司令部不仅需要明天留在当地,由于无法推测今后的形势如何变化,故还需在现地等待会议结果。该通报为,在过去两天的作战中,我联军将士疲劳,本官认为在此休息若干天乃紧急之务,请求阁下明天早晨10点到俄军大本营来,就此事并可以采取的行动进行协商。

我军宿营

如此,师团长下午6点45分下达命令,在杨村中央舟桥西端宿营,其要旨如下:

一、塚本混成旅团、师团直属部队和运输船队在白河右岸杨村、张庄和大顿邨宿营,前哨警戒从孔官屯经杨村、武清县街道及从杨村到柳行的道路,搜索南蔡村和泗村店方向。

二、真锅支队宿营在白河左岸的杨村,前哨占领至六堀河街道上的杨村、西堀河中间的段庄,警戒从通往白河左岸道路至六堀河的道路。

根据此命令,塚本旅团其他部分在白河右岸杨村宿营,其前哨线位于从孔官屯经大顿邨至北章庙一线。真锅支队在白河左岸杨村宿营,前哨布置在段庄、王庄线。

在杨村市街内,因各国军队进入等颇为混乱,且是清军久驻之地,民家荒废杂乱,给我宿营的分配造成很大困难。

各国军队之宿营

俄军沿杨村南面白河左岸露营,英、美和法军在下朱庄附近白河左岸的草地露营(美军在前方,英军在后方,他们都在法军的右侧露营)。从天津出发以来,各国军队冒着两天炎热,且因在缺乏饮用水的地方行军和战斗,都非常疲劳,最终在7日全都在杨村休息。只有我日军如后文所述,派遣一个支队到南蔡村(我军到8日收容患者达三百名,但其中二十名于7日乘船回到天津,美军在7日将患者一百零五名送回天津)。

给养

是日，我军因各队的大行李到达迟缓，使用携带的口粮。但步兵第四十一联队的一部依靠大行李的粮秣，又在该地占领了储藏麦子和杂谷类的两个仓库，其后马粮就专门依靠这些。

7 日，以运输船队搬运的粮秣供给诸队。

白河运输船队的行动

白河运输船队预定 6 日早晨从北仓出发，但由于各国军队的人马辎重等往返频繁，无法获得船桥开闭的时间。因此，逐渐到上午 8 点 55 分才得以从北仓出发，同日下午 7 点 23 分先头船到达杨村，7 日凌晨 12 点 30 分，四十六艘船舶悉数到达。

当时，由于计划是尽可能在杨村蓄积粮秣，船舶每次到达，都让其在杨村舟桥的东南方登陆。

晚上 9 点左右，得以用此船队的粮秣分配给师团。但由于各队的辎重部队到达迟缓，且没有搬运工具，无法使用。7 日凌晨 5 点至 8 点之间，向各部队分配一天的粮秣。

辎重纵队之行动

是日，在白河右岸前进诸部队的大行李在桃花口附近，由师团大行李长指挥，尔后在主力部队后方继续前进。通过军桥时，临时雇佣的清国马车因需要采取解开支架，或减轻货物等处置，非常浪费时间。7 日凌晨 1 点到达师团宿营地，且全部到达杨村是在凌晨 3 点 30 分。

此外，辎重按照第二炮兵弹药纵队、第二步兵弹药纵队（缺半个小队）、第一炮兵弹药纵队和第二粮食纵队的顺序，在大行李后继续前进，下午 7 点 30 分始到达下蒲口南端的军桥。但是，在前方蒲口南北两端的军桥构造脆弱，不适合夜间通过，且因大行李前进迟缓，第二炮兵弹药纵队在下蒲口北面露营，其他在该地军桥后方耕地露营。这些纵队的先头部队 7 日凌晨 4 点出发，冒着困难通过军桥，上午 9 点 30 分至下午 4 点间到达杨村。

属于白河左岸诸部队（真锅支队）的大行李和辎重（临时野炮弹药纵队[原来的第一粮食纵队]和步兵弹药两个分队）下午 7 点到达杨村，纵队沿其南部白河左岸露营，大行李 8 点到达杨村各队的宿营地。

运输粮秣补助措施

6 日中午，师团司令部在蒲口休整时，石桥参谋长要求留在天津的监督部长一等监督坂田严三“改变占领杨村的预定计划，应以全部师团占领之，以集结在天津的船舶编成第二运输船队，进行粮秣运输”。此外，其到达杨村时，和预期相反，没有掠获一只贡米船。进而要求监督部长“应在杨柳青附近尽快征集船舶，组成第二运输船队尽快出发”。此外，石桥参谋长 6 日晚以上述同样的意见，向兵站监请求有关粮秣运输。且附言“7 日，福井海军中佐（运输船队到杨村）预定返回天津，应和该官协商有关运输之事”。7 日早晨，师团司令部为补助天津、杨村间的粮秣运输，决定以弹药和粮食纵队从事之。将其通报给秋山兵站监,且在西大沽登陆的纵队悉数来到北仓,由其处理。

上述诸计划已部分实施,其间遽然变更预定的作战计划,决定自8日向通州前进之策,再次变更其计划,其详细情况后文交代。

五　占领南蔡庄

决定占领南蔡村之原因

占领杨村使各国军队向北京前进的计划达到一个阶段,将来在此地蓄积粮秣,获得北进的起点。于是,今后专门致力于前进准备。此准备最为困难的是蓄积粮秣,此困难主要是缺乏用于白河运输的船舶,其大部由清军携带至上游。而且,预期在杨村能够得到的清国船因为我军稍后到达,一部分已经落入他军之手,我军未能获得一艘船只。

因此,我军还需要在上游征集船舶,且师团进入杨村后,由于前方敌情全然不明,要进行搜索。另外,由于今后前进而在前方占据立足点极为重要,师团长同意福岛少将的意见,决定派遣一个支队到前方。并且,关于该支队的兵力,师团司令部虽多少有点意见,但如派遣微弱兵力,有被敌人击败之虞,遂决定派遣具有战斗力的一个支队。

支队派遣之部署

于是,6日晚师团长命令步兵第四十一联队、骑兵一个中队、炮兵一个大队(缺一个中队)和工兵一个中队,翌日早晨9点前在杨村北面耕地集合。而且,该步兵联队派出的前哨,翌日早晨和步兵第二十一联队第三大队轮换。

7日早晨7点,在师团司令部,师团长向小原步兵第四十一联队长下达命令,其要旨如下:

一、得到关于敌人的新情报。

二、师团占领南蔡村,为此编成如下一个支队:支队长小原中佐;步兵第四十一联队(缺第一大队主力部队和两个中队);骑兵一个中队;野战炮兵第五联队第一大队(缺一个中队);工兵一个中队。

三、混成支队于本日上午9点从当地出发占领南蔡村,征集该地的船舶、车辆和物资,并搜索武清县和香河县方向的敌情。

四、大行李由支队自己携带。

此外,师团长还说,如果在南蔡村附近遇到多数敌兵,应避免决战,参谋伊藤少佐跟随其支队。

小原支队前进

小原支队长以骑兵第一中队为独立先遣部队,步兵第二大队(缺两个中队)、工兵第二中队为前锋,此外将步兵第一中队作为左侧卫,其他为主力部队(以步兵第五、第六中队、山炮兵大队[缺一个中队]、步兵第四中队、步兵第三大队的顺序)。9点30分,前锋先头部队从杨村北端出发。

此外,独立骑兵中队长大尉今井义一命一个小队(少尉铃木三郎)在前进道路的左侧从大顿邱通往泗村店的道路前进。侦察兵在从杨村直通定福庄的道路上前进，主力在该街道向南蔡村前进。10 点 45 分在郭官屯附近，受到南北马庄方向的敌人炮击。此时敌人骑兵侦察兵在南北马庄附近徘徊，铃木骑兵少尉亦在 11 点 50 分受到田辛庄附近敌人步兵的射击，迂回到南马庄方向。

前锋司令官小仓步兵少佐以第七中队的两个小队为前锋，其他(第七中队的一个小队、第八中队和工兵第二中队)为前锋主力在该街道前进。继而，发现我骑兵受到炮击(11 点 10 分)，前锋向南蔡村和定福庄方向派出军官侦察兵，10 点 20 分到达郭官屯附近，和主力部队一起休整吃饭。

午夜 12 点 30 分开始前进，敌人炮兵从定福庄西端向我开火，前锋躲避在道路东侧前进。1 点 5 分，第七中队分散到街道西侧，第八中队分散到街道东侧，逐步前进。此时，发现在定福庄南端有若干敌人步兵。

南蔡村附近战斗

炮兵第一大队(缺一个中队)在下午 1 点由于我骑兵受到敌人炮击撤退下来，副官中尉坂本章一到前方侦察敌情。继而根据小原支队长的命令，选定郭官屯北面道路的西侧为炮兵阵地，以第二、第三中队的顺序进入阵地。此时敌人向我炮击，1 点 20 分布置结束，第二中队向敌人炮兵，第三中队向敌人步兵以二千二百米的标尺进行射击。

在此之前，左侧卫的第一中队(大尉高野弘)10 点从杨村北端出发，经韩营和北马庄，在通往定福庄的道路前进。中午 12 点 40 分，远远听到枪炮声，为警戒分散到高粱地中前进。继而抵达郑庄吃饭，1 点 30 分再次听到北面有枪声，以战斗队列前进。击退在韩营的敌人骑兵数十骑，又驱逐马庄的敌人步兵小部队，到达该村北面，和第七中队的侦察兵联系。

下午 1 点 50 分敌兵开始撤退，我炮兵进行追击射击，2 点 10 分停止射击。骑兵第二大队马上前进，2 点 30 分将敌人全部驱逐，占领定福庄，敌人向北方撤退。此时左侧卫的第一中队前来会合，骑兵中队前进，发现白河左岸有敌人炮兵。继而其前锋进入南蔡村，受到防御村庄的敌人射击而撤退。

2 点 40 分，第二大队开始向南蔡村运动，敌人的步炮兵再次占据该村南端抵抗，不仅如此，白河左岸还有敌人的步炮兵频频向我射击(3 点 5 分)。为此，第八中队占据定福庄东端道路进行射击。

3 点，炮兵第一大队开始前进，抵达定福庄南面约三百米处，受到来自白河左岸的射击，于是将其布置在堤防上，从 3 点 20 分向敌人步炮兵射击二十分钟。其炮火射击一转移，敌人便向北蔡村方向撤退。

占领南蔡村

3 点 35 分，第八中队和第一中队为第一线，进攻南蔡村南端的敌人。敌人向北方撤退，于是尾随进入该村，驱逐败兵，遂占领其北端。

3 点 50 分炮火停止时，突然从左侧受到敌人数十发炮弹射击，但不知道其所在。在定福庄南端的我炮兵部队附近落下数发炮弹，由于有危险，炮车停在堤防东底部躲避。其后,根据第一中队长高野大尉的侦察,辛庄西南堤防上有敌人炮兵撤退,但此士兵又从达子村附近射击。

4 点 20 分,在南蔡村对岸发现敌人骑兵约两个中队向我挺进,砖厂南端出现步兵约一个中队向我射击。于是,小仓第二大队长将其大队悉数展开,对之实施急射。敌人也进行激烈射击,4 点 35 分敌人向周章北方撤退。此时,第一中队的一部亦参与战斗。

宿营

4 点 50 分,小原支队长接到师团翌日前进的命令,没有紧急追击敌人,决定宿营。此时前方彼我侦察兵发生冲突,枪声还未停止。吹响“耐心等待”的军号,停止射击。继而在南蔡村进行紧急宿营,在该村周围布置前哨。

本日和我战斗的敌人是武卫左军、武卫前军、练军和淮军的步兵约三千人及炮十数门,他们向蒙村方向撤退,还有步骑炮联合之敌一个纵队(武卫左军)撤退至白河左岸,其他步炮联合之敌在辛庄西方凤河堤防上向北方撤退,其一部撤退至凤河西面。但是,由于没有撤退到远方,和我支队接触,是夜屡屡向我宿营地射击。据后来看,直隶总督裕禄是日在南蔡村自尽,仍发现在凤河堤防上和北蔡村有构筑掩堡的遗迹,可知敌人企图在此地进行防御。不过由于此次战败,宋庆、吕本元和若干士兵一起向保定府撤退,其他各部队随意向北京和保定府方向撤退。向河西务方向撤退的部队,不过是马玉昆率领的武卫左军及其前述部队的一部。

晚上 9 点前哨有枪声。11 点,敌人小部队袭击前哨线,第二大队紧急集合,小原支队长以第一中队掩护炮厂,前哨和敌人对射,约二十分钟后敌人撤退,而后支队彻夜严密警戒前哨。

在本日的战斗中,有两名士兵负伤。

消耗弹药:第一中队,三千三百八十一发;此中队当时每人携带约三十发,需要补充;第二大队,五千九百零六发;第三大队,七百五十六发;工兵第二中队,五十八发。计一万零一百零一发。

炮兵第二中队,榴弹三十九发,榴霰弹六十五发;炮兵第三中队,榴弹二十二发,榴霰弹八十五发;计,榴弹六十一发,榴霰弹一百五十发,合计二百一十一发。

是日下午 5 点,师团长以第一粮食纵队将小原支队一天的粮秣送至南蔡村,进行粮食补充。

第十七章　进军及占领通州

一　杨村各国军队指挥官会议

会议主旨

俄军指挥官利涅维奇中将 8 月 6 日下午通告各国军队指挥官:“因需要在杨村暂时休

养,7 日上午 10 点在俄军司令部协商。”于是,日军派福岛少将和原田少佐出席,其他各国军队指挥官(英军盖斯里中将、法军福里少将、美军沙飞少将)和参谋长皆与会。

会议状况

会上,利涅维奇中将首先发言,相互祝贺占领北仓、杨村,并认为现在的形势需要部队暂时休息,且向各军官询问能否迅速向北京进军。

福岛少将回答说首要急务是迅速北进,英军参谋长巴罗少将说应宣读从天津刚刚到达的电报,芝罘的该国领事宣读本月 3 日上海总领事发出的电文:“自 7 月 31 日,清兵再次炮击北京各国公使馆。此外,李秉衡率领老湘军一万五千人到达北京。李鸿章以保护皇帝和西太后为目的,和一万士兵一起已经从南方出发,向北京前进。”

福岛少将还陈述了两个急于北进的理由,曰:“清国人因为 5 日北仓战败,大为恐慌,这样便对战略要点杨村的防御工事无法给予充分的支持。像昨天那样,对我左岸纵队只是进行少许抵抗就撤退便可以证明。此外,我军酷热,彼亦酷热,我军稍有疲劳,敌人疲劳更甚,因此,现在乘势长驱追击,不给彼休整时机,我军就能够一举攻占北京城。第二个理由是刚才巴罗少将宣读的电报宗旨和几天来吾人从北京获得的情报相符。据此,我军现在要果断前进,除公使以下遭敌袭紧迫外,有陷入全面饥饿之虞。加之迟缓一天,彼之志气将逐渐恢复,彼之兵力将日益增加,击破敌人便愈发困难。”英、美两军指挥官马上表示同意。

法军指挥官说:“我虽然同意北进,但现在法军士兵很少,且由于多数患有痢疾,如果明天前进,无法派出五百名以上军队。但合计待四五天后登陆的兵力,可达到三四千人。”但俄军参谋长华西列夫斯基少将完全同意北进说,利涅维奇中将也表示同意,并说明后天开始行动,福岛少将和英军指挥官等明天应立刻行动的说法占据优势,并确定之。

继而,福岛少将回答利涅维奇中将的提问,说守备杨村大约需要步兵一个大队,该中将决定由法军担任此守备,得到法军指挥官的同意。(法军指挥官说:“以步炮兵担任杨村守备,等待后续部队到来,再追赶诸君之后北进。此外,这时应和相传不日来到当地的德、奥、意陆海军轮换。”)

接下来,转而讨论行军队形问题。福岛少将提出分为两个或三个纵队前进的意见,议论百出,难以决定。该少将最终执两纵队之说,得到英、法、美军指挥官的赞成。于是,利涅维奇中将宣布:“日、英、美军从白河右岸,俄军从左岸前进。”斯捷谢利和华西列夫斯基两少将非常留意利涅维奇中将,据此该中将推翻前说:“我欲遵从多数说,只是现在要注意,由于已经有阿列克谢耶夫中将必须从杨村向北京前进的命令,并令从白河右岸前进,既然有此命令,如果诸君欲从左岸前进,余只有和诸君一起从右岸前进。”

福岛少将说:“作战始于大沽登陆之初,日军常在白河右岸行军,而且现在我前锋占领杨村北面十公里处,因此我军必须从右岸前进。俄军如果也希望从右岸前进,只能赞成一纵队说。”还回答利涅维奇中将的提问,提出意见说:“从杨村至北京的宿营地为蔡村、河西务、马头、张家湾和通州五处,首先前进至通州,在该地商议进攻北京的部署。”各国军队指挥官表示同意。

关于一个纵队的前进方法,利涅维奇中将的意见是:“第一天日军为先锋,第二天俄军，第三天英军，第四天美军，第五天日军，交叉在前头前进。”福岛少将表示反对：“一国组成的军队，每天可以变换行军序列的先头部队。但言语不同，编制和饮食亦不相同的四国组成的军队，在宿营和翌日出发以及大行李等其他辎重到宿营地等方面上会非常麻烦。”利涅维奇中将说：“在联军前头行军不是一国的特权”，由此议论百出。

福岛少将说：“不是特权不特权的问题，原来联军行进的目的地是通州，如前所述，应在该地集合后，决定进攻北京的方法。日军在纵队前头前进，并非是先驱之行动，余认为行军序列天天交换弊害甚多，且我前锋已在十公里之前方地，当然到通州的先锋定是日军，我觉得这甚为合适。”于是，又出纷争。

利涅维奇中将说：“不然，俄军必须第二前进，如果不同意，日军前锋说亦不同意。”英、美指挥官表示同意，由此始确定行军序列。

美军指挥官说：“如此，美军必将常在炎热中行军。”利涅维奇中将说：“贵军兵力少，请忍耐”，继而又说：“大行李等其他辎重也应按照战斗部队的行军序列为准前进。”诸军官表示同意。

于是，福岛少将提议纵队的先头部队每天凌晨 4 点开始行动，每小时休息十分钟，诸指挥官表示同意。

继而，关于骑兵的使用方法，利涅维奇中将提议日、俄、英合并组成独立骑兵，由英军骑兵联队长指挥，在主力部队一天或半天行程的前方前进。福岛少将以日军的骑兵联队长资格老为由，对指挥权持有异议，并反对英军巴罗参谋长隔日指挥的意见，最终由森冈大佐指挥该骑兵。此外，福岛少将出于敌袭和给养上的考虑，提出骑兵不能完全单独行动，每晚应返回前哨线内，得到了诸指挥官的同意。

于是，会议结束。诸军官和利涅维奇中将的表核对时间，约定 8 日开始前进，散会时已是下午 1 点 40 分。

此外，会议上还决议，日、俄两军互为右侧，步兵一个大队出白河左岸前进，杨村舟桥的开关没有一定的预定时间，等待船舶集合，一天开关两三次。还决定日、俄、英军骑兵明天凌晨 3 点 30 分在杨村中央舟桥的西面集合。

除此之外，俄军就北京、天津间的铁路修理和我军协商如下：

一、俄军从天津向杨村，日军从杨村向北京，共同修理铁路。此议因当时材料搬运和守备困难被拒绝。

二、否则，俄军从天津、日军从杨村，首先一起修理天津、杨村间的铁路。对此，和第一个提议大致相同，以同样理由拒绝。

决议大要

以上会议的决议摘记大要如下：

一、日、俄、英、美四国军队，从 8 日向北京前进。

二、行军序列为日、俄、英、美(英、美指挥官协商后，改为美、英的顺序)，首先前进至通州，在该处再确定进攻北京的部署。

三、行军计划

第一天　蔡村

第二天　河西务

第三天　马头

第四天　张家湾

第五天　通州

四、法军担任杨村的守备，并增加若干俄国骑兵。

五、日、俄两军互为右侧卫，步兵一个大队出白河左岸（实际上，右侧卫不仅有俄军，我军也每天继续）。

六、出发时间为凌晨4点，每小时休息十分钟。

七、骑兵以俄军一个半中队、英军两个中队（四百骑）和日军两个中队为一团，由骑兵第五联队队长大佐森冈正元指挥，在步兵前头前进，每天在前哨线内宿营。此外，8日凌晨3点30分在杨村中央舟桥西面集合。

八、按照各国军队的前进顺序，大行李和辎重跟着战斗部队前进。

九、宿营地的警戒由各国军队自行设置。

二　进军通州之部署、向南蔡村行军及到达后处置

向通州进军之部署

8月7日召开杨村各国军队指挥官会议的结果，完全改变了7月26日决定的作战计划（参见第十三章六）。其主要原因如福岛少将在会议上所述，由于得到北京形势危在旦夕的情报。现在我军为救援公使以下人员，必须丢弃他事紧急前进。另外，从5日在北仓战斗中击破敌人主力，继而攻陷杨村的形势来看，此作战没有给予敌人时间，随着战略上实施迅速追击，我军利益增大，必须舍弃他事，迅速一心一意前进。

前进虽然需要迅速和全力，但出现了一个最为困难的问题，即师团的给养方法。

幸好，在给养上多少可以依靠地方物资。

进入杨村，我军占领藏有杂谷类食粮的两个仓库，马粮等就依靠这些。以后在前进道路上有河西务、马头和通州等大村庄，我军如紧追敌人进入这些村庄，就有希望占领该地的粮秣，且和大沽、杨村间的荒漠寂寥相反，杨村以北土地肥沃，适于耕耘。当时恰好是粟、秕、豆、瓜、玉蜀黍和其他蔬菜成熟的季节，一部可以以此为便。但是，当局还研究了确切的方法，制定如下计划。

8月7日，师团拥有的粮秣如下：

携带口粮	两天的
大行李	一天的
船舶运输队	三天的
粮食纵队	一天多
计	约七天的

以上粮秣从今天晚上开始使用，于13日到达通州晚上告罄。而且翌日的粮秣很难希望依靠船舶运输，这是由于船舶很难迅速到达上游，作为辅助办法是眼下在葛沽、白塘口间的第三粮食纵队延长连日行程，五天之内赶上师团。但是，这仅仅能够延长一天的给

养,除此以外无法依靠船舶运输。6日以来督促已经留在兵站监和天津的坂田监督部长,用船舶迅速集聚粮秣到杨村。为现在的形势,除昼夜兼行,迅速运输外别无他法。

以上可以看成是前进途中没有他事,按照作战计划前进。如遇到敌人抵抗需在一地休整时,给养法和前者相比反而容易。不管怎样,从后方追加的粮食纵队和运输船队在军队停止期间能到达师团。

由于以上之理由,师团的给养计划如下:

第一天(8月8日)	南蔡村	纵队给养
第二天(8月9日)	河西务	纵队给养
第三天(8月10日)	马头	同上或者船舶运输的粮秣
第四天(8月11日)	张家湾	大行李
第五天(8月12日)	通州	携带口粮
第六天(8月13日)	通州	第三粮食纵队
第七天以后		船舶运输的粮秣

计划虽然如此,但师团携带的粮秣极为缺乏,需要尽可能搜集地方物资,以为当日的给养,携带部分要尽量保存。

沿路搜集白河的船舶经下游交给兵站监,以资运输。

此时,兵站监正从西大沽向天津转移,从杨村与之通信尚需时日。此外,根据最初的计划,师团监督部长留在天津,从事后方的运输事务,不能直接参与此给养计划。

如此,对于明天开始前进的问题,师团长首先于下午2点向后方各官下达命令和训令,其要旨如下:

一、给秋山兵站监的训令

1. 联军8日开始北进。

2. 兵站监部移至天津,使用一切可能的手段运输粮秣。师团应努力达到北进的目的,为此需要昼夜兼行进行船舶运输。

3. 临时铁路队的辅助运输兵、车辆和粮秣运输船队今后由贵官指挥。

4. 北仓、马家口和杨村各留一个步兵小队守备,以后工兵队配备在大沽一个分队、天津一个小队(缺一个分队)、蒲口和杨村半个小队,其他追赶师团。

5. 天津的守备队今后由贵官指挥。

6. 白塘口守备队减少步兵一个中队,以后由贵官指挥。

7. 以后登陆的各队应尽快追赶。

8. 北仓、杨村间的道路由于在白河左岸,以后此间的兵站线路在左岸有利,但电线眼下架设在右岸。

二、给坂田监督部长的命令

应迅速返回师团和兵站监协商,尽一切可能的办法制定粮秣运输计划。

三、给曾田野战电信队长的命令

应尽快延长电线。天津的临时铁路队的通信机构暂时供该队使用。

四、给吉见临时铁路队长的命令

通信机构暂时供野战电信队使用,辅助运输兵和车辆暂时归兵站监指挥。

五、给柴冈第一野战医院院长的命令

护送患者到后方后，补充卫生材料迅速前进，但为应付各部队的补充，应尽可能携带超过定额的卫生材料。

六、给岩田宪兵大尉的命令

留在天津的师团司令部人员立刻出发，追赶师团司令部。

七、给白塘口佐伯分遣队长的命令

留下一个中队守备该地，另外一个中队一起迅速前进返回联队。

八、给田宫辎重兵第五大队长的命令

大队本部和第三粮食纵队应尽快追赶师团。

九、给江口天津守备队长的命令

今后由兵站监指挥，日根野大尉迅速乘马单独追赶师团。

以上诸训令和命令于下午 5 点由誉田参谋用电报送达马家口（当日野战电信队架设的最终点）。该参谋多以电话交待给在天津的师团司令部剩余人员宪兵大尉岩田静，由他传达。

与之同时，向参谋总长报告计划大要，即会议决定日、俄、英、美军从 8 日向北京前进（电报）。

向南蔡村进军之部署

8 月 7 日晚上 8 点，师团长下达向南蔡村前进的命令如下：

军队划分		第五师团命令（8 月 7 日晚上 8 点在杨村）
杨村守备队	步兵第二十一联队的 1 个小队	一、敌人向南蔡村北方撤退。在北京的各国公使馆自 7 月 31 日再次受到炮击。
独立骑兵	骑兵第五联队（缺 1 个中队）	二、联军按照日、俄、英、美军的前进顺序，自 8 日向北京前进。
前锋	司令官少将真锅斌、步兵第九旅团司令部、步兵第四十一联队（缺第一大队本部和 2 个中队）、骑兵第一中队、野战炮兵第五联队第一大队（缺 1 个中队）、工兵 1 个中队（缺 1 个小队）	三、师团明日向南蔡村前进。
右侧	步兵第二十一联队的 1 个大队（附传骑兵 5 骑）、工兵 1 个小队	四、杨村守备队担任在杨村的粮食聚集所的守备。
左侧	司令官为步兵大佐渡边章、步兵第四十二联队（缺兵站守备队）、骑兵 1 个分队、野战炮兵第五联队的 1 个中队	五、独立骑兵凌晨 3 点 30 分在杨村西北端集合，指挥俄国骑兵 1 个半中队、英国骑兵两个中队马上出发，经南蔡村前进，应特别搜索武清县方向。

续表

<table>
<tr><td>主力部队(该行军序列)</td><td>师团司令部、步兵第十一联队(缺第二大队和2个小队)、野战炮兵第十六联队第一大队、野战炮兵第五联队(缺第一大队)、步兵第二十一旅团司令部、步兵第二十一联队(缺1个大队和3个小队)、工兵第五大队(缺1个中队和3个小队)、卫生队(缺主力部队的一半)</td><td>六、前锋早晨6点南蔡村出发,向泗村店东面的无名村庄前进。</td></tr>
<tr><td rowspan="6">师团辎重</td><td rowspan="6">弹药大队本部、第二步兵弹药纵队、第一、第二炮兵弹药纵队、第二野战医院、第一粮食纵队(编成驮马运载野炮弹药)、第二粮食纵队</td><td>七、右侧凌晨4点从杨村西北约1000米处的无名村庄出发,沿白河左岸向北蔡村前进。</td></tr>
<tr><td>八、左侧卫凌晨4点20分从杨村西北端出发,经韩营、马家庄(马庄)向南蔡村前进。</td></tr>
<tr><td>九、主力部队凌晨4点40分以先头部队从杨村北端出发,在白河右岸的道路前进。</td></tr>
<tr><td>十、大行李于各队出发后在杨村北面耕地集合,跟随在美军战斗部队的后面。</td></tr>
<tr><td>十一、辎重按照日、俄、英、美的顺序前进,因此师团辎重跟随在日军大行李后面。</td></tr>
<tr><td>十二、余在主力部队的前头前进。</td></tr>
<tr><td colspan="3">注意:前进约每50分钟休息10分钟</td></tr>
<tr><td colspan="2">后记</td><td>在当时使用的地图中,泗村店相当于齐庄的位置,前锋从南蔡村前进,没有指出此地点。</td></tr>
</table>

8月8日,根据师团命令,各部队向南蔡村前进。

在此之前,7日晚,俄军参谋长华西列夫斯基少将向我师团司令部通报说:“俄军应等待8日到达的辎重前进。俄军指挥官为不中止作战,希望按照本日的决议,日军和英、美军协同前进。”于是,师团长命令联合骑兵指挥官森冈大佐,“俄军骑兵在8日集合时间不到,英军骑兵也不来会合的话,应单独出发”。

独立骑兵之行动

8日,独立骑兵因俄、英军骑兵没有前来会合,按照预定时间(3点半)出发,以第三中队的一个小队为前锋,经马庄向南蔡庄前进。下士侦察员在从白河右岸主干道和大顿邱通往泗村店的道路上前进(在南蔡村会合),其余为主力部队,跟随前锋前进。

6点,独立骑兵到达南蔡村南端,向泗村店方向派出军官侦察员少尉森本重雄,搜索武清县方向。7点30分到达大孟庄东面,看到敌人骑兵出没而停止前进。此时(7点40

分)英军骑兵两个中队(约二百骑)、俄军骑兵一个中队(约一百骑)前来会合,于是一起到达大孟庄西段,以侦察兵搜索敌情。此时发现敌人骑兵约四五十人在该地西面凤河堤防上出现,第三中队一部射击之,将其击退至北方。

派遣到泗村店的森本骑兵少尉 8 点抵达陈庄,发现约五十名敌人骑兵停在泗村店桥梁附近。

独立骑兵下午 2 点在大孟庄搜索敌情,随后回砖厂在村庄露营。

前锋部队接触敌军

由真锅少将指挥作为师团前锋的小原支队昨晚在南蔡村宿营,小原联队长是日早晨 6 点命令步兵第四十一联队在南蔡村北端集合(第四中队在师团本部到达前因护卫大行李而留在南蔡村);炮兵在该村内的道路上集合,尔后各队前进(真锅少将和师团主力部队同时出发,无法直接指挥前锋)。

隶属前锋的骑兵第一中队 6 点从南蔡村出发,少尉松浦总三派一个小队到泗村店方向,另派数名侦察兵到道路西侧,7 点 15 分到达大孟庄,遇到敌人步骑兵出没。

前锋骑兵此时发现敌人骑兵约一百五十名在东面约一千五百米处前进,松浦少尉也发现南蔡村北端的敌人步兵约五六十名在辛庄出没。骑兵中队在大孟庄歇息时,7 点 45 分受到司各庄的敌人步兵约十五六名的射击,8 点 23 分在杨店、大程庄间约三百米处发现散布着兵种不明的敌人。松浦少尉稍后(8 点 50 分)亦在陈庄西北方十字路,发现敌人步骑兵在泗村店南端出没。

尔后,前锋骑兵在大孟庄由侦察员搜索敌人,11 点 30 分根据前锋命令,以下士侦察兵(一个分队)接触敌人,其他返回露营地。

前锋 6 点 30 分以第三大队(缺第十二中队)为前卫,第一中队为左侧卫,其他为前锋主力从南蔡村出发(以第十二中队、炮兵第一大队[缺一个中队]、步兵第二大队和工兵第二中队的顺序),从左侧向大程庄前进,主力 7 点 40 分抵达霍屯,此时前锋占领大孟庄,考虑到左侧危险,第八中队(7 点 50 分)占领齐庄(当时看作泗村店),该中队在该地将敌人骑兵三百余人击退至西方,此外左侧卫第一中队在小程庄附近击退敌人骑兵五六十人。

敌人步骑兵在司各庄和凤河堤防上出没,随着我军的逼近,逐渐撤退,直到完全消失。综合昨天的情报,拥有五门炮的敌人一个纵队撤往河西务方向,此方向的敌人是各路兵力中最少的;诸兵联合最多的敌人向白河左岸撤退;稍多点的敌人向武清县方向撤退。

主力部队及左右翼部队之进军

师团主力在杨村出发之际,因夜黑和中央舟桥的混乱(由于各国军队炮车通过,舟桥受损,俄军暂时进行修理,各国部队因移至白河右岸而发生混乱),出发稍稍推迟,未能实行正确的行军顺序,但第一次休整时恢复。上午 8 点稍过抵达南蔡村。当时由于听到前方有枪声,师团长派遣誉田参谋到前方视察情况,各队开进至南蔡村北端。继而接到敌人逐渐撤退的各种报告,9 点 30 分下达有关宿营命令。

右侧卫(步兵第二十一联队第一大队、工兵第三中队的一个小队[村山少尉])凌晨 5 点 40 分从杨村出发,没有遇到敌人,9 点抵达北蔡村。此外,其工兵小队侦知白河航路没有障碍,右侧卫发现北蔡村南端散布着赶造的围墙和手枪弹药壳。此外,上午 9 点左右,前锋发现二三十名敌兵和炮二门从北蔡村撤退。

左侧(前锋为步兵第四十二联队第二中队、前锋主力为该第一大队[缺一个中队]、本队[该行军顺序]为该第二、第三大队、炮兵第一中队)凌晨 4 点 30 分从杨村出发,6 点 30 分到达南蔡村。

南蔡村附近宿营

是日,师团的宿营警戒法大要如下:

前哨线,警戒从大王甫渡口经大孟庄北端至杨店、大程庄。

前锋,在霍屯村庄露营。

右侧卫,在北蔡村村庄露营,将前锋中队配备在砖厂和齐头面。

主力和左侧卫,在砖厂和南蔡村村庄露营(但步兵第四十二联队第三中队出辛庄,担任武清县方向的警戒)。

师团辎重,在定福庄村庄露营。

但是,第二粮食纵队在砖厂南端卸下粮秣,交给师团粮饷员,分配给第一小队,为搬运剩余的粮秣留在此地,其他下午 4 点出发到杨村。

师团主力警戒时,在砖厂西北面和南蔡村北面耕地集合。

师团司令部,在砖厂东端森林内露营。

这天夜里,逃跑的若干败兵潜伏在师团司令部露营地附近,由卫兵击退之。

师团司令部下达命令,是日的给养由纵队在砖厂南端的耕地从下午 4 点分配。实际上从下午 6 点向各部队分配一天的粮食,在分配中遇到急雨,若干粮食因此潮湿。由于领取大行李搬运能力不足、远离露营地等,随时来此集合,一直分配到 9 日凌晨 2 点。

在南蔡村和砖厂也得到若干杂谷类作为马粮。

是日下午,福岛少将拜访在南蔡村东南面白河水滨露营的英军司令部(美军也在此处),参谋长巴罗少将说:"村庄完全被日军占据,我印度兵连少许薪材燃料都没有办法得到,偶尔发现,也遭到日军呵斥,动不动就发生争斗。希望我们相通有无,避免无益之争,且也要考虑到我军的困难。"福岛少将视察情况后返回,将其报告给师团长,为此师团长下达宿营命令,同时训示各部队,"因日军经常处在前头,后续各国军队颇为缺乏宿营用品,出现困难情况。加之外国士兵进入日军宿营地,要求征发一部分时有拒绝者。这实际上违反各国军队的协商主旨,彼我位置转换时,很明显也会陷入同样的境地。因此,如果有两个宿营地,空出一个以补相互缺乏。为此,明天占领河西务时,其半部让于各国军队。今后各士兵都应充分注意,不要因为一点小事而使各国军队抱有恶感"。

附带说明,美军于是日早晨 6 点从杨村车站附近露营地出发,7 点渡过杨村中央舟桥,中午到达南蔡村露营。

预定顺序相反,英军是日在各国军队最后出发,在晚上凉爽之时前进(印度兵是日有一人溺死)。

组建船舶征收队

7日收集的船舶没有达到预期，全部不过二十艘，其中七艘用于装载留在杨村的粮食运送到上游，其他送到下游交给兵站监。但是，以当时如此之少的船舶，无法满足白河运输，特别是到达白河上游通州的船是小型的，称为贡米船的平扁底船也可以，暂时在兵站监部从杨柳青附近征收多数船只，在当地征收的特种船反而有利。8日夜师团司令部还决定编成船舶征收队，设定如下规定，自9日开始实施：

一、船舶征收队收集白河的船舶（尽量是贡米船），将其漕运至白河下游，交给兵站监。

二、该队之组成如下：工兵中（少）尉 一人，工兵军曹（伍长） 二人，兵卒二十人，步兵一百人（步兵第二十一旅团所出）。该兵卒从各队中选拔熟悉船舶漕运者充任。

三、该队8月9日从南蔡村附近乘船到上游，征收沿岸的清国船只。

四、该队的给养在船舶内自炊，为此粮食在南蔡村附近聚积，如有需要，在聚积所补充。

石桥参谋长将上述规定通报给兵站监，同时通报师团的现状、占领杨村的大麦仓库两栋、至南蔡村获得约二十艘贡米船和杨村、北蔡村间的运粮河封闭等情况，并请求制定在通州尽可能多集聚粮秣的计划，通报师团前进至通州期间的给养。

同时，石桥参谋长翌日命令传达给到达杨村的工兵，将贡米船装运。杨村守备队长将该地的粮秣装载在七艘船舶之上，尽速运送到上游。

堵塞运粮河

因白河水量有减少之虞，石桥参谋长请求工兵第五大队长封闭北蔡村、杨村间的运粮河（稍过中午），该大队长又让村山工兵少尉进行侦察，报告此河入口有宽两米多的堰堤，每年夏季将其破坏引水，封闭时使用黍杆、材木。并报告工兵两个小队需六七个小时沉船，不容易实施。师团司令部为了图白河运输之便，此时增加少量白河水量，决定翌日沉船实施封闭。

因南辛庄南面运粮河封闭，马场工兵大队长以工兵第一中队自9日上午10点至下午3点进行（沉大船一艘、小船三艘）封闭作业。但是因流速湍急和河深，未能完全封闭。

电信之相关措施

是日（8日）下午，为延长野战电信，山口师团长发布命令，以野战电信队代替临时铁路队，以其人员和器具担任西大沽、天津间的电信通信事务。还和天津的青木中佐协商，征收白河左岸塘沽、天津间的电线和障子，交付给野战电信队。

设置邮递哨

此外，由于电信队的作业无法一直随师团前进，8日到达老米店时为使野战电信终点和师团司令部通信，决定配备递骑哨。9日凌晨1点，山口师团长命令骑兵第五联队长，在南蔡村配备递骑哨一个分队，尔后随着前进在河西务、马头和张家湾配备同样的递骑哨。随着电信线的延长，逐次撤去后方递骑哨。

三　与柴中佐之通信

密使带来柴中佐书信

8月8日上午8点20分,师团停在南蔡村时,柴中佐派来的密使到达,所带来的书函8月5日自北京发出,内容如下:

上月26日的书信本月1日到达,不知道回信是否平安到达。另根据上月30日到达美国公使馆的通信,始知道31日或1日左右开始前进。

其后,当地的情况没有变化,只是每天多少有点交火。其后除楢原书记官死去外没有死伤,我部粮食如能得到他国的通融,自今日起还可以支撑十天。不过担心的是如果敌兵再进攻,弹药很快就会缺乏。最近合计缴获品每人只有三十余发。此外,自昨天我哨兵线从敌兵每天购买二百发弹药。清朝政府频频逼迫我早日从北京撤离,且声称如果我周围的军队不迅速撤离,将马上再行进攻。但是,其目的显然是将我诱至没有防御之处进行斩杀,故我决心在援军没有到达之前决不行动。只是为了缓和时间,佯装和其谈判撤退时间的规定及其手续等,表示自本日起如无本国政府的命令决不行动,仍无法预测将从明天起是否再行进攻。最近清朝政府内部的开化派被杀,顽固派日益得势,甚至更为敌对。李秉衡为武卫军的帮办,命令近邻诸军向当地集中。各军队昨夜开始陆续到达,从靖江浦来的张春发、陈泽霖的武卫先锋左右军中的二十余营和从陕西省来的允升八营已经向贵军出发。眼下在北京的是武卫中军和后军的二十余营。美国公使馆前至东面御河的下水沟上的城墙由美军保护,如果若干步兵和工兵首先从下水沟进入的话,就会从里面轻易打开前门或崇文门。城墙城门和内城相比,都不坚固,且如被从守备薄弱的外城进入,从南方可以直线射击门扉;从前门或者前述的下水沟攻入城内是否为上策,等待立即回信。

福岛少将回信

对上述密信,福岛少将发出如下回信:

8月8日在南蔡村北二千米处的砖厂发信。

日、英、美联军8月5日击退北仓附近之敌,6日占领杨村。然后日、英、美、俄联军本日从杨村出发,北进途中,上午8点20分在南蔡村接到贵书信,查知北京的情况,庆幸公使以下诸位无恙,并期望我联军尽早到达北京,将公使以下贵官等救出困境。师团长以下之人众心激扬。联军如果没有意外麻烦,预定9日到河西务,10日到马头,11日到张家湾,12日到通州。进至北京城下大致在13、14两天,有关进攻北京的意见尤应如此。但深刻考虑到数日后情况如何变化,且联军作战通常由联合会议决定的惯例,还不能遽然决定。但当地情况只要和今日有异,就有通知此等情况的机会,希望坚忍持重以待援军,健全自爱。立刻回信。

询问密使

询问该密使,获得如下情报:

该密使6日从北京出发,10日以前在该地听到的枪炮声日稀,听说北京城内有敌兵一万多人,通州没有敌人,和往常一样。燕郊镇及香河县也没有敌兵,河西务虽有敌兵,但不知道其兵力,其南面也有敌兵。故密使未走干道,走迂回路线,对其兵力不详只看到四五十艘船舶主要装载米和火药,沿河西务下游北进。

四 向河西务进军及战斗

向河西务进军之部署

8日中午12点30分,我骑兵下士侦察员抵达小王庄北端,但没有发现敌人。根据从当地侦察员获得的情报,"今早九十点左右,很多敌兵通过小王庄向北方撤退"。此外,根据询问柴中佐密使的结果,山口师团长推测敌人企图在河西务阻击我军,并就9日向河西务前进作了如下部署:

一、师团军队的划分一如昨天,但前锋步兵第四十一联队和步兵第十一联队(缺一个大队和两个小队)轮换。

二、独立骑兵凌晨3点30分出发,特别搜索武清县方向。

三、前锋凌晨4点30分从步哨线出发,沿干道向河西务前进。

四、右侧卫凌晨4点从北蔡村出发,但俄军步兵一个大队根据协商应跟着右侧卫前进。

五、左侧卫凌晨3点45分从前陈庄(辛庄)北端出发,自泗村店(齐庄)经沿凤河的道路向河西务前进,特别负责支援独立骑兵。

六、左侧卫步兵第四十二联队第二中队留在泗村店,担任武清县方向的警戒,但因南蔡村有若干杂谷和分配剩余的粮食,向该地分派1个小队。

七、主力部队凌晨4点20分从砖厂北端出发,以前的前锋步兵第四十一联队在前哨线加入主力部队的行军序列。

八、大行李和辎重跟随美军战斗部队前进。

联合骑兵之战斗

9日凌晨3点,独立骑兵(缺一个中队)因有在砖厂北端集合的英军骑兵两个中队(约二百骑)、俄军骑兵一个中队(约一百骑)前来会合,将第三中队作为前锋,其他(第二中队、英军骑兵、俄军骑兵的顺序)为主力部队,3点30分出发,经齐庄(当时误认为泗村店)向武清县方向前进,英、俄骑兵各自搜索一侧。

5点40分抵达旧县附近,遇到二三败兵,据当地人所说,武清县有很多敌人步骑兵,但没有炮兵。继而,联合骑兵从旧县西面转向河西务方向前进,日本骑兵居中央,英军骑兵为右翼,俄军骑兵为左翼,各间隔二百米搜索各自前方和侧方前进。

7点10分抵达河西务西南约七公里的小魏庄北面的河川休息。此时据当地人所言可知,步骑兵各半的敌人向武清县方向撤退,其炮兵在通往河西务的道路上撤退。此外,敌人的败兵看到我骑兵前进,都向西撤退。

休息时看到敌人骑兵约二十骑在凤河左岸的堤防徘徊,第三中队一部射击将其击退。

继而沿凤河左岸的堤防向河西务西北方前进(7点30分),此时看到敌人骑兵约一百骑从福头向河西务方向撤退,联合骑兵马上改变方向,加速步伐追击该敌。此时日军先锋队五六骑、英军先锋队二十余骑作为先头,英军骑兵主力继之,日军骑兵主力部队随行(俄军骑兵在后方追击)。以此队形急追约三千米后敌人终于穷途末路,在唐庄北面开始射击。英军先锋队乃转变方向,进入唐庄村内进行射击,日本先锋队亦徒步射击,继而英军和日军骑兵主力到达,进行徒步作战。于是,敌人在短暂激烈射击后,开始三三两两地撤退停止射击。此时英军骑兵主力部队从唐庄村内进入敌人右翼,从侧背逼进,敌人溃散向宝石庄方向败退。我骑兵进入唐庄村内暂时休息。此时俄军骑兵追来,在此战中击毙敌人数骑,我人马没有伤亡。

9点,联合骑兵到达宝石庄南面,敌人扛着数十面旗在包楼附近向西北面撤退,日、俄骑兵一起向其射击,进行威胁。

9点30分转向孝力村北面前进,敌人步兵大部从包楼向羊房撤退,日、俄骑兵从侧背进行射击。敌人暂时抵抗,向我猛烈射击,但最终溃散,向西北方撤退。其兵力为步兵二三千人,此时我骑兵有一人负伤,英军骑兵因在孝力村西面,没有参与战斗。我骑兵因弹药射完,尔后在其地监视敌人,11点30分左右看到敌兵通过后,中午开始向河西务前进,和师团会合。

前锋部队之战斗

前锋司令官真锅少将如下划分军队,4点30分从大孟庄前哨线出发,向河西务前进:

前锋骑兵为骑兵第一中队;先锋队为步兵第十一联队第三大队(缺两个中队,长官为少佐村山正明),附传骑五骑、工兵第二中队;前锋主力部队(该行军序列)为步兵第九旅团司令部、步兵第十一联队本部和第三大队的两个中队、野战炮兵第五联队第一大队(缺一个中队)、步兵第十一联队第一大队。

是日,师团长任命中川参谋和前锋一起前进,负责情报报告。

前锋骑兵(骑兵大尉今井义一)凌晨4点从前哨线出发,左右侦察兵并行。6点30分在大王厂北方约一里大张庄附近遭遇敌人骑兵十名,将其击退。继而7点5分抵达奶母庄附近,发现河西务南面村落的南端集合敌人步兵约一百名,沿其线端散布着敌人步兵,尔后派侦察兵搜索敌人两翼。

7点55分,前锋先锋队抵达河西务南面约二千米处的奶母庄,发现敌人占领了河西务南端。

真锅前锋司令官让炮兵进至奶母庄炮击敌人。8点17分炮兵大队从奶母庄北端开始炮击,第一发炮弹命中群集在小龙庄南端(堤上)的敌人中央,敌人马上散乱、撤退。于是,炮兵还没有余暇改为引火弹,即发弹进行追击射击(参见插图12)。

此时,前锋步兵一个中队散开从奶母庄前进,继而增加步兵一个中队,前锋主力向该村南面开进,前锋骑兵警戒两翼。

师团主力停在途中纵队后方,师团长骑行至奶母庄,和真锅前锋司令官一起视察敌情。

8点47分,敌人步兵前进至陈庄,我炮兵将其视为目标进行射击,此炮弹亦有良好的着弹点，敌人开始散乱撤退，炮兵继续以引火弹进行追击射击。

8点57分，敌人开始全线撤退，步兵第十一联队第三大队占领郑庄和小龙庄。

9点24分，河西务全部被前锋占领，第三大队继续追击敌人抵达罗庄（10点30分），前锋骑兵还尾追敌人。继而第三大队根据师团命令继续向木厂前进。骑兵侦察员发现敌人炮兵和步兵约一千余人从木厂向西撤退。

在此之前，前锋主力进入河西务，受到韩庄方向敌人的炮弹四五发射击。因此师团长将主力前头的步兵第四十一联队第二大队和野战炮兵第十六联队第三中队作为临时左侧卫向羊房前进。该队没有遇到敌人，抵达羊房后停止（此时，先前的左侧卫还没有到达，因敌人主要向西撤退，认为有必要向此方向派遣一部队，同时山口师团长让誉田参谋和左侧卫一起前进，视察情况）。

以步兵第四十二联队为主力，左侧卫（军队划分同前日）3点55分从辛庄出发，沿凤河的道路前进，中午刚过便抵达河西务。

右侧卫4点从北蔡村出发，9点平安到达河西务和齐头。

是日步兵第十一联队第三大队的士兵两名、骑兵第五联队的士兵一名负伤，耗费的弹药如下：

步兵第十一联队第三大队二千九百四十四发；野战炮兵第五联队第三大队榴弹二十四发，榴霰弹十一发；野战炮兵第五联队第二中队榴霰弹二十九发；骑兵第一中队（前锋骑兵）枪弹九十七发，机枪十二发；骑兵第五联队（缺一个中队）二千一百一十发。

英军印度兵两名负轻伤。

敌人采取多条道路，一部向西，大部向北面安平方向撤退，还有正在河西务南面村庄的边缘构筑阵地，企图在河西务进行抵抗。但是由于我军急进，有颇为狼狈撤退的痕迹（从宿营服装、剩下的食器等散乱可以推知）。敌人的兵力为江西按察使陈泽霖的武卫先锋右军十营、湖北提督张春发的武卫先锋左军十营（以上是从南方新招募的士兵）、登州镇总兵夏辛酉的东字军六营、总兵万本华的若干营，合计约三十余营和团匪若干组成，由帮办武卫军李秉衡（7月27日左右被任命为该职）指挥。8日该军从北京抵达河西务和撤退的马玉昆会面，马玉昆责怪李秉衡救援来迟，不负责尔后的战斗，李秉衡答应之。此战斗后马玉昆和陈泽霖转道向南苑方向撤退。李秉衡和残兵一起向通州方向撤退，在各地抵抗我前锋，其他大部向四处逃散。

据俘虏所说可知，清国为伤兵设置恩赏法，但一般伤员志气沮丧没有作战勇气，一营的定员亦大为减少，用船将五百名伤员送至通州。

河西务附近宿营

上午10点，师团长下达宿营命令，村庄露营和警戒如下：

前哨线：木厂北端；前锋：木厂附近；右侧卫：在邢营宿营，其前哨在里庄；左侧卫：在东仓和西仓宿营，派出必要的哨兵；临时左侧卫（步兵第四十一联队第二大队、野炮一个中队）在羊房宿营，派出必要哨兵。主力部队（包括独立骑兵）上下马头、包楼、曹庄、车营庄、西双街和河西务西北半部之北部。师团辎重：河西务西北半部之南部。

在此之前，俄军一参谋官到我司令部所在地视察战况，看到河西务全部归我军所有，请求山口师团长在发布宿营命令前,指示俄军可以宿营的区域。为此,师团长将河西务东南半部供俄军使用,没有将其编入宿营地,因此需要尽量在前方选定宿营地。师团宿营地极为宽广,散布在约方圆一里之内。

是日,俄军步兵一个大队从南蔡村渡过白河左岸(渡河得到我工兵的帮助),跟随我右侧卫前进。该大队在太平庄露营,俄军主力在河西务西南耕地集体露营。

英、美军在河西务南面约三千米的大张庄附近露营,是日美军骑兵第六联队的 M 队在该地追上。

当天,师团给养计划依靠纵队,但因迟到依靠征发给养。第二粮食纵队(缺一个小队)昨天抵达杨村进行补充,本日来大王庄露营。

是日,因在河西务发现很多杂谷(大麦、大豆、小豆、黍、玉蜀黍、粟等),粮饷人员将其征发,补助步兵第四十一联队第五中队。杂谷、砂糖和清国酒集中在河西务南端,晚上 8 点 30 分在搬运能力许可的情况下,尽量多分配给各队。

五　向马头进军及战斗

向马头进军之部署

到 9 日晚上 10 点仍未得到有关敌情的情报,山口师团长按照预定计划,进行明天向马头前进的如下部署:

一、军队划分

独立骑兵:骑兵第五联队(缺第一中队);

前锋:司令官为少将塚本胜嘉、步兵第二十一联队(缺第一大队和四个小队)、骑兵第一中队、野战炮兵第五联队第二大队(缺第五中队)、工兵第三中队;

右侧卫:步兵第二十一联队第一大队(附骑兵五骑);

左侧卫:司令官为步兵中佐小原芳次郎、步兵第四十一联队(缺第一大队主力和两个中队)、骑兵一个分队、野战炮兵第五联队第一中队;

主力部队(该行军序列):师团司令部、步兵第四十二联队(缺留守兵站守备的)、野战炮兵第十六联队第一大队、野战炮兵第五联队(缺一个大队)、步兵第九旅团司令部、步兵第十一联队(缺一个大队和两个小队)、卫生队(缺半部主力部队)。

辎重,和前日相同。

二、独立骑兵凌晨 3 点 30 分出发,搜索运楼店方向。

三、前锋 4 点 30 分从前哨线出发,向马头前进。

四、右侧卫 4 点出发到达红庙摆渡,留下一个小队守备该地,由俄国军官指挥,其他各队和主力会合。

五、左侧卫 4 点从宿营地出发,经小辛庄、梁家府和干道并行到马头。

六、主力部队 4 点 30 分从上马头北端出发。

七、大行李和辎重一如前日。

八、招来留在泗店村的步兵第四十二联队第二中队(缺一个小队)。

各国负责河西务、通州间守备之规定

是日晚，福岛少将拜访俄军司令部，会见中将利涅维奇，协商决定随各国军队北进，为确保河西务、通州间白河的通行，在河西务、红庙摆渡、马头和马房设置守备兵，利涅维奇中将将其通报给英、美两军指挥官。

根据上述协议，石桥参谋长该晚向各部队下达如下命令：

一、河西务的守备由日、俄、英、美分担，日本出一个小队，俄国出半个中队，英美各出五十人，归英军军官指挥。日本从步兵第二十一联队出一个小队。

二、红庙摆渡(安平通往香河县的道路上白河拐弯处的右岸)的守备，日本出一个小队，俄国出半个中队，由俄军军官指挥。此小队从步兵第二十一联队第一大队出，小队长选定为新参加的少尉。

三、步兵第四十二联队由留在泗村店的中队一个小队担任南蔡村的守备，其他明天返回和主力会合。

四、明天以后应占领地点的守备兵预定如下：

1. 马头，英、美两军各出五十人，由美军军官指挥。

2. 马房，日、俄军派出守备队，日本一个小队，俄军半个中队，由日本军官指挥。

五、明天在红庙摆渡，日、俄两军各有步兵一个大队渡到右岸，全部由日军担任，此事应有工兵第五大队长担任，但其渡河首先由俄国步兵进行。

根据以上部署，10 日师团留下步兵一个小队守备河西务，其他向马头前进。

独立骑兵 3 点 30 分单独出发，向运楼店前进，在大辛庄和追来的俄军骑兵会合，尾随前进。到达大周庄发现敌兵向运楼店方向撤退(据当地人所说)，转向东北方前进，经运楼到达觅子店。据当地人说，敌人昨天中午左右通过此地，向马头前进。此时因昨天以来的激烈运动，马匹非常疲劳，且附近高粱高，行动不自由，暂时休息，后沿左侧卫的道路前进。10 点 50 分抵达马头，途中屡屡发现敌人的遗失物，可以判断其非常狼狈地撤退。

独立骑兵在马头西端和俄军骑兵联合派出的军官侦察员，一向姚新庄方向，一向漷县方向，继而向黄庄前进，以侦察兵搜索。

前锋部队之战斗

塚本前锋司令官以前锋骑兵(第一中队)向马头前进，特别搜索有岱、闰府屯方向。步兵第二十一联队第二大队(缺两个中队，增加二传骑)为尖兵，其他为主力(以步兵第二十一联队主力和第二大队的两个中队、野战炮兵第五联队第二大队[缺第五中队]、步兵第二十一联队第三大队、工兵第三中队的顺序)前进。

4 点 15 分前锋骑兵从木厂集合地出发，尖兵搜索前方道路。5 点开始行动，经小沙河、大沙河和梁家府抵达安平(是日誉田参谋和前锋同行)。

前锋骑兵向右侧的有岱、闰府屯方向派遣一小队，其他 7 点到达安平南方时，受到敌人从该村南端的射击，无法进入村内。此时进入右侧的第三小队在归途中有一名上等兵负伤，骑兵尖兵小队进行徒步战，和敌人作战中步兵尖兵到达，击退敌人继续前进。

塚本前锋司令官将在前锋主力前头的步兵第二十一联队第七中队增加到尖兵搜索的

村中,但没有敌兵。只是据当地人说,昨夜敌兵约三百人在安平宿营,其大部在今早悉数撤往北方,本日抵抗者是其残余,不过五六十名。

9点40分尖兵抵达林各庄时,其北面堤防有敌人若干步骑兵正向我射击。塚本前锋司令官又以前锋主力一个中队,从东各庄北面堤防迂回到敌人左侧,和尖兵一起将其击退。继而在石曹庄和马头的东南端相继遇到若干敌人的抵抗,尖兵马上击退敌人,10点30分终于占领马头。

此时,马堤附近河岸出现敌人骑兵约一百骑,炮兵布置在马头北端进行射击,11点敌人全部撤退,前锋骑兵追击干道上的敌人。在此之前,山口师团长也来到此炮兵阵地,视察敌情。

是日,步兵第二十一联队第二大队的士兵二名、骑兵第一中队的士兵一名负伤。

消耗弹药,步兵第二十一联队第二大队一千八百三十五发,骑兵第一中队,手枪弹七十六发,步枪弹二十三发。炮兵第四中队,榴弹五发。

是日,抵抗前锋的敌人兵力为步兵约三百人和骑兵若干,为官兵团匪混合,且其一小部向漷县方向撤退,其他向张家湾方向撤退,敌人死亡约五十人。

是日非常炎热,不少人患上口渴病。

两侧翼部队之行动

左侧卫(尖兵第十一中队、前锋主力第十二、第九中队、主力[该行军序列]第十中队、山炮第一中队和步兵第一、第四中队)4点30分从包楼出发,下午2点40分平安抵达相乙。但第二大队为转移宿营地前夜出发后在安平北面始追上侧卫。

右侧卫凌晨4点从邢营出发,在红庙摆渡途中迷路,下午2点始抵达工兵架设的军桥。第三中队的一个小队(少尉林雅介)留此守备,其他人马晚上10点30分到达马头。其行程约九里,行军十八个小时,极为疲劳,出现很多落伍者,还有一名士兵得日照病而死(大行李在河西务渡河,和师团会合)。

在此之前,工兵第二中队的一个小队(少尉田坂九八)接到在红庙摆渡的右侧卫渡河任务来到该地。由于右侧卫迟到,其间架设军桥,3点右侧卫渡河全部结束,拆散桥梁,在四十艘收容船上留下监视兵(下士以下八名)后,侧卫白浮圈附近宿营,翌日返回。

马头附近宿营

下午1点15分,山口师团长下达有关宿营的命令,进行如下的村庄露营和警戒:

前哨线:杨堤附近

前　卫:马堤

左侧卫:在相乙宿营,派出必要的哨兵

主　力(包括独立骑兵):小马头和马头北部

但步兵第四十二联队的一个小队到北面警戒左侧。

师团辎重:马头

本日的给养依靠追赶来的第二粮食纵队。

是日俄军在石曹庄、林各庄附近露营,一个中队到东黄岱。

英、美军在尖平庄、大柳树间露营(英、美军各在河西务留守五十余名守备兵)。

六　向张家湾进军及战斗

向张家湾进军之部署

10 日晚,根据骑兵军官侦察员的报告,知道敌人逐渐向北撤退,停在烧酒巷附近。

张家湾是往年(1860 年)英、法联军曾经激战的地方,预期此次也会有所战斗。

山口师团长对翌日的前进做了如下部署(晚上 9 点下达命令):

一、军队划分一如前日,但前锋为步兵第四十二联队,步兵第二十一联队编入主力部队。

二、独立骑兵从漷县和三间房方向前进,搜索张家湾的侧背。

三、前锋经苏庄(当时地图的张家湾)、烧酒巷向张家湾前进。

四、左侧卫经漷县、枣林庄及瓜厂向周庄前进。

五、主力部队 4 点 30 分从小马头北端出发,到李二寺时以前头的步兵一个大队为右侧卫,经果各庄向张家湾前进。

六、大行李和辎重,和前日相同。

备注:当时使用的地图有如下所记,即经姚新庄至李二寺道路在干道上,没有记载吴家营、何各屯的道路。

是日晚,辎重兵大队长少佐田宫一郎追上师团,报告其第三粮食纵队昨天到达杨村。山口师团长让该大队长今后和在马头的船舶进行联络,负责纵队空缺的补充。为此,留在马头一个步兵小队,由其指挥。

俄军编入前锋部队

当晚,福岛少将拜访俄军大本营,视察俄军的情况,并对俄国骑兵能与我骑兵合作灵活行动,向中将利涅维奇表示感谢。中将对此回答说:"要想明天向张家湾前进,必须请求将我步骑炮一部队编入贵军前锋当中。"协商结果,约定步兵一个大队、炮兵一个中队在我前锋后尾续行,并向师团长报告。

独立骑兵之行动

独立骑兵 11 日凌晨 3 点 30 分单独从马头北端出发,经漷县、东郭庄、岱头、路官于 8 点到达三间房(在南面)。该地只有张家湾本地人来此避难集合,继而转向张家湾方向前进,9 点在牌楼营附近遇到敌人败兵。此时我左侧卫开始向其射击,独立骑兵在敌人右翼行动构成威胁。11 点到达周家庄西端,派遣军官侦察员一到西北小马庄方向,一到西面大各儿方向,都受到优势敌人的步骑兵射击而无法前进,尔后在周家庄监视敌人。

前锋部队之战斗

塚本前锋司令官进行如下的军队划分,前锋前进:

前锋骑兵为骑兵第一中队(缺一个分队和三骑);尖兵为步兵第四十二联队第二大队

(缺守备小队);骑兵一个分队;工兵第三中队(缺一个小队);

前锋主力部队(行军序列)为步兵第二十一旅团司令部、步兵第四十二联队主力和第一大队(缺第二中队[从泗村店还没有追上]和一个小队)、野战炮兵第五联队第二大队(缺第五中队)、俄军野炮兵一个中队(八门)、步兵第四十二联队第三大队、俄军步兵一个大队。

前锋骑兵凌晨3点35分从宿营地出发,由侦察兵从南搜索李二寺方向及道路左右。7点50分抵达李二寺,没有发现敌人。8点45分抵达张家湾南端,侦察兵进行搜索,发现在张家湾西侧驻扎有敌人步兵约一百名。

尖兵5点15分出发,最初在通往干道东面的道路上前进,途中在没有明确道路的高粱间有纵横交叉的道路,因无法知道何谓干道而迷路,最终沿白河右岸北进,经姚新庄抵达李二寺迷路(当时使用的五万分之一的地图,只记载了此道路,没有干道,这是迷路的一个原因)。此外,北进的前锋主力也到达李二寺北面,此时师团长根据派往前方的誉田参谋的报告,又编成前锋向张家湾方向前进,此时因前锋转移道路到达何各屯,按照预定向右侧(步兵第二十一联队第三大队)继续前进,9点15分尖兵大队抵达张家湾东南面约一千米处,重新发现敌兵二三百人占据张家湾东南端,马上散开射击,击退敌人。

前锋主力的俄军步兵行动迟缓,屡屡发生序列混乱。行军距离延长,致使前锋和主力部队通信困难,也是一个原因。

塚本前锋司令官将前锋主力的前头停在张家湾东南约一千米的三岔路,视察敌情。此时敌人占领张家湾西面村庄,从侧面向我射击。但由于高粱高且茂密,很难确认敌人之所在和兵力。前头大队从东面向张家湾西面村庄进攻,但因敌人从西面向我侧射,前进稍微困难。俄军骑兵一部亦撤退到我前锋主力的侧面,在前锋主力先头部队的步兵第四十二联队第一中队及第三中队由大队长指挥,从道路西面和最南面的敌人肉搏。此时,前头大队向敌人左翼突袭,最终将其击退,时为10点20分。

前头大队有一名士兵负伤。

左侧卫参战

在此之前,小原左侧卫司令官以步兵第四十一联队第二大队为前锋(尖兵为第七中队),其余为主力部队(以第一、第四中队、山炮兵第一中队、第三大队的顺序)从相乙出发,经枣林庄于9点27分到达牌楼营附近,遇到敌人步兵约三百人,前锋将其击退。继而,(9点40分)山炮兵第一中队布设在牌楼营北方道路上射击敌人。此炮兵自9点50分以一千七百米标尺开始炮击,逐渐增加距离,一直持续到10点5分。此炮弹落在敌人侧面,没有造成太大伤害。

张家湾的敌人是武卫军的残兵,约有五六百人,10点20分丢下约四五十具死尸,向西北方向撤退。

小街附近战斗

塚本前锋司令官以尖兵的一部追击敌人,以尖兵大队占领张家湾北面约2000米的后街,前锋主力部队在张家湾北面短暂集合后,11点50分继续前进。

凌晨零点 30 分，尖兵派遣的下士侦察兵（下士一人、士兵三人）在土桥西北端和敌兵一百余名发生冲突，两名士兵战死，一名下士负伤。

尖兵下午 1 点占领土桥，又前进至后街，担任师团大休整时的护卫。1 点 30 分，敌人步骑兵从前面小街和左侧楼各庄附近向我袭击。于是，尖兵大队在后街北面全力展开，进行防御。接近敌兵二三百米的距离，猛烈进行射击。1 点 40 分，前锋主力部队的两个中队（第一、第三中队）前来增援，其炮兵布置在道路右侧，前锋主力部队开进到战线后方约二百米的十字路附近。

在此之前，为直接侦察通州城而派遣前锋骑兵，派遣步兵第四十二联队第十中队进行支援（零点 20 分）。此时该中队恰好在我左侧，马上加入战线。

炮兵第二大队（缺第四中队）首先以第六中队进行射击（1 点 20 分），继而第四中队开始猛烈射击前进中的敌人步兵约二三百人。

1 点 45 分，塚本前锋司令官在后街西端开设临时绷带所，同时第十一中队加入战线。

骑兵中队最初担任左侧警戒，高粱到处可以隐蔽，没有可以使用的地方，便在预备队的位置集合。

至 2 点 15 分，敌人冒着我炮火开始撤退。

该敌人的兵力应不到五百人，其武器为“毛瑟尔”单发枪，据俘虏所说，昨天夜里二十营的兵力从张家湾向通州及其西北面撤退。另外在张家湾市内牌楼上贴有“钦命统帅义和团大臣常驻苹所”的告示，后来听说，李秉衡在此战斗中自杀。

此时，主力因前锋的战斗激烈，向张家湾北面耕地开进，师团长最后追上，以还没有参加战斗的野战炮兵第十六联队第三中队增加到前锋，向通州城进行火力侦察。

通州侦察战

前锋 2 点 30 分又向通州前进，3 点抵达小街北端，从此地房屋上发现敌兵在通州城墙上徘徊。因此，尖兵大队侦察前方和侧面的敌情，新增加的野炮兵一个中队布置在梨园附近。此炮兵从 3 点 35 分以二千三百米标尺向城墙发射榴弹，继而转为曳火射击。通州南门左右二三百米处逐渐起火，4 点 55 分墙上的敌兵不堪我炮击，逐渐没了踪影，敌人有炮，但没有进行应战。

继而，骑兵第一中队接近城墙，在城门外的村落只是受到微弱的步枪射击。

在此之前，左侧各部前进到周庄（2 点 10 分到），休息时，4 点又接到师团命令应前进至大各儿击退敌人（大各儿有敌兵，根据独立骑兵的报告得知），6 点 40 分抵达该地，敌人已经遁逃，旋即 7 点又接到在小马庄宿营的命令，8 点 10 分抵达该地。

是日阴天，时降微雨，感到很冷，不易前进。

在本日的战斗中，步兵第四十二联队的士兵两名战死，四名负伤，野战炮兵第五联队第二大队的士兵一名负伤，马匹两匹毙命，一匹负伤。

消耗弹药：

步兵第四十一联队第二大队一千四百八十发；

步兵第四十二联队第一大队四千八百发；

步兵第四十二联队第二大队二千零二十发；

步兵第四十二联队第三大队三千五百三十六发;
野战炮兵第五联队第一中队榴弹三十四发;
野战炮兵第五联队第四中队榴弹八发,榴霰弹七十一发;
野战炮兵第五联队第六中队榴弹无,榴霰弹二百二十发;
野战炮兵第十六联队第三中队榴弹三十九发,榴霰弹一百五十六发;
骑兵第五联队第一中队 步枪弹四十五发,手枪弹一百五十六发;
工兵第五大队第三大队 步枪弹九十发。
野战炮兵第十六联队第三中队是日晚上 8 点 30 分在临时野炮弹药纵队进行补充。
是日,前锋捕获四名清兵,因抵抗被斩杀。
在瓜厂附近,俄军骑兵军官一名负伤,哥萨克骑兵八名战死,该军官在我军进行治疗。

张家湾附近宿营

下午 3 点 45 分,师团长下达在张家湾北端宿营的命令,村庄露营和警戒如下:
前哨线:梨园北端
前 锋:小街
左侧卫:在小马庄宿营,派遣必要的哨兵
主力部队(包括独立骑兵):连接楼子庄、土桥、小高庄和花庄东面街道的村庄
辎 重:张家湾东北部
根据师团命令给养要用携带的粮秣,一部分依靠大行李和地方物资,一部分依靠携带粮秣。是日第二粮食纵队在码头从运输船补充粮秣,但因运输船未到达,依然停在该地。

下午 6 点,步炮弹药各一个小队派遣到土桥进行分配弹药(此分配因在晚上举行,便在该地露营)。

是日,俄军主张占领张家湾前面的村落,福岛少将指定张家湾西南一半为俄国的宿营地,并和俄国指挥官会见,协商明日进攻通州城的部署,决定日军从南面,俄军从西面行动。

英、美两军因白天行军,出现很多患者。是日在码头、何各屯间露营,后听说美军在马头留下一百零七名患者。

七 占领通州及柴中佐通信

占领通州

根据 11 日侦察战的结果,通州有若干敌兵,但没有炮兵,兵力微弱。不过由于被坚固的城墙所环绕,山口师团长决定爆破城门进入,对翌日做出如下部署(晚上 9 点下达此命令):

一、前锋凌晨 3 点在通州南门外集合,如果破坏城门进入城区,则马上射击占据城墙的敌人,进行扫荡,并迅速由一部队占领米仓。

二、左侧支队(以前的左侧卫)3 点牵制通州南面的西门即新城南关,为此增加工兵一个中队。

三、主力在楼子庄北面集合，但炮兵全部由野战炮兵第五联队长指挥，以该村为先头，在路上集合。

四、骑兵第五联队 3 点 30 分从宿营地出发，从王瓜园北面逼近敌人的退路。

五、大行李和辎重在宿营地进行出发准备。

此外，师团长让伊藤参谋跟随前锋、誉田参谋跟随左侧支队视察。12 日师团根据上述部署，向通州前进。

前锋将工兵第三中队加入第一大队作为尖兵，其他作为前锋主力（第三、第二大队的顺序）前进。凌晨 3 点 20 分爆破指定的城门（南门）（工兵第三中队使用黄色火药二十千克），进入城内。第一门厚四米多，里面用沙袋覆盖，第二门由步兵第三中队的若干士兵从破坏的城墙部进入里面，打开门闩开门。此时没有受到敌人丝毫伤害，第三中队马上前进，占领城墙西部，继而第四中队和第一中队也进入城内，第四中队占领南门街以西；第一中队占领其以东地区的军需诸物品，继而联队进入，第三大队受命占领南面城墙。

此时，师团长来到南门城墙上，视察一般形势。福岛少将把因我军的进入而狼狈逃跑的若干当地人集中在城墙上，由其作为向导，占领城内的米仓（西仓二百零三座、中仓一百一十九座，多储藏供给皇族的白米）和诸官衙，且划定城内的占领区域。此时法军指挥官福里少将追上，请求我师团长，于是划出通州北门外的村庄给法军。继而，塚本前锋司令官向米仓派遣步兵一个中队，又接到师团长收集船舶的命令，派遣步兵一个小队和骑兵一个小队到东门方向，一个中队打开西门，以方便俄军入城，其他在南门前集合。

左侧支队 3 点从小马庄出发，由于夜间道路不明耗费时间，4 点 20 分进入新城南关集合。此时已经到达，门扉被前锋派出的部队打开。

骑兵第五联队（缺两个小队）3 点 30 分从露营地出发，第二中队为前锋，其他为主力部队（第一、第三中队和俄军骑兵一个中队[约一百骑]的顺序），经小马庄和王瓜园，7 点到达八里桥西面羊闸后街附近。途中只遇到二三败兵，尔后在该地停止，和俄军骑兵联合派遣侦察兵到西面三间房子和北面五里桥方向，没有发现敌人。据当地人说，敌人昨夜全部向北京撤退，在八里桥附近有董福祥、李秉衡的军队，北京除清国官军外还有义和团两三万人。9 点 30 分接到师团命令，到通州宿营。

俄军预定是日从西面迂回进入通州城，但我军悉数占领诸门时还不见影子，到下午仍不知其所在。是日询问和俄国骑兵协同行动的我骑兵，说："在北门外，俄国骑兵离开后不知其终。"其后，英军指挥官中将盖斯里、美军指挥官少将沙飞追到通州，到我师团司令部拜访山口师团长，并说为讨论进攻北京之事奔赴俄军司令部，始知道俄军在新城南关外露营。于是，福岛少将和英、美两位将领一起到中将利涅维奇的大本营，会议的详细情况见第十八章。

通州是北京、天津间最为重要的地方，是白河运输到北京的终点，物资充足，且有特别有名的米仓，此乃储藏部分官米之所。故将来向北京前进时，成为重要的资源地、根据地。由于如此重要之地，我军预期在此将首先受到敌人的顽强抵抗。不料爆破城门进入时，几乎没有抵抗者，城内市民和平常一样各自在家。这是由于先前对我作战的敌人没有进入通州，而是向西面撤退，城内有若干敌兵，但昨夜悉数向北京方向逃走。据当地人说，守备米仓之五百名士兵（董的部下）7 月 28、29 日（农历七月三四日）左右来到通州，8 月 9、10、

11日听到日军要来进攻而逃走。此外,两三天前陈泽霖、张春发、万本华的部下从南面败退过来,但因昨天的炮击,丢弃兵器逃走。

通州宿营

4点30分,师团长让左侧支队的步兵第四十一联队第三大队到八里桥,向北京方向布置前哨,7点10分下达宿营命令,宿营警戒如下:

一、前哨线在八里桥附近。

二、诸队在通州城内宿营。

三、各宿营区域由高级有经验者为宿营司令官。

四、东门和南门(北营北面的门)的警戒由步兵第二十一旅团;西门和新城南关(米仓南面的门)的警戒由步兵第九旅团担任。

通州北门附近为各国军队的宿营地,故我军不负责北门的守备。

米仓有东西两围墙,能容纳约五万石清国米,还有若干糯米。是日将掠获的米分给各队作为给养。此外,在家民众对我军表示谢意,便于征集副食品。各队冒着连日的粮食缺乏和炎热疲劳地到达该地,现在有了充分恢复和充足的给养。

纵队之行动

第二粮食纵队是日也在码头等待运输船,但最终没有到来。故装载分配给其一小队一部剩余的粮食向张家湾前进。下午3点20分第三粮食纵队到达码头,因此田宫辎重兵大队长以第二纵队的健康人马五十人与其生病的人马轮换,第三纵队向张家湾前进(晚上9点到达)。另外,第二纵队的五十辆车留下援助南方途中码头的第三纵队。

粮食运输船的先头(海军大尉胜木源九郎指挥的二十一艘)11日早晨(8点)通过河西务,是日正向码头前进,该船队的先头14日始到达通州。

战利品

在通州城墙上掠获的兵器有大炮两门、机关枪四挺、火药四十箱(约装二斗)、炮弹数十个。步兵第四十二联队第五中队的一部(见习士官小幡时亮率领的下士以下十五名)负责收集。船舶收集队是日早晨6点到达白河三岔口(通往通州的支流和白河干流的交汇处)上游约六百米处。此时步兵第四十一联队的一个小队、步兵第二十一联队的一个中队和工兵一个小队、骑兵十名也到达,合力征集,在此附近缴获十八艘船(约能承载四十石,其中约半数可以使用)。

俄军在通州南面;英、美军在通州东南方河岸露营。

与柴中佐之通信

是日柴中佐的密信到达,8月10日从北京发出,全文如下:

> 本月8日贵书刚刚到达,当地依然防御。请放心。前天清国政府任命李鸿章为全权大臣,并通知和各国政府开始和平谈判。不过,敌人从该日进攻,但没有迹象前进,大炮也没有,不到万不得已的情况下,我不敢还击,只是固守城墙。粮食可以支撑

到本月 30 日，请放心。当地的敌兵人数不详，合计武卫中后军等其他各军有十余营，这是因为有宫廷不日向西方撤退的护卫任务。如城外有援军到来，城内的日军放烟花以为信号。

八　我军及各国军队前进状况之一斑

从杨村到通州的前进按照预定计划实施，只是因为特别酷热，军队在无风尘多的高粱间潜行，几乎没有树荫休憩之所，特别是因为缺乏饮用水，人马损失很大，各国军队都出现不少落伍者、口渴病者。

我军给养概况

我军的给养没有当初考虑的那样困难，但是为了能使运输船队的粮食在杨村登陆，没有按照预期再次将其运送到上游，苦于缺乏运输力，幸好地方物资非常丰富，特别是在河西务掠获很多杂谷，得以维持纵队未到达期间的给养。此外，在南蔡村和马头依靠纵队（两次都依靠第二纵队），在张家湾依靠大行李或者携带口粮，勉强可以维持给养。而且到达通州后就占领很多米仓，排除了给养困难，在今后的作战中获得无限利益。总之，师团依靠一个纵队（二次分配师团粮秣）和地方物资从杨村向通州前进。但因第三粮食纵队 12 日抵达张家湾和粮食运输船自 14 日每天连续到达通州，师团临时在通州占领米仓，对尔后的作战没有产生障碍。

白河运输是我军最为得力之处，师团得以连续前进至通州，就是基于以六十艘船（装载师团五天的粮食）水路运送至杨村。尔后由监督部长周旋，8 月 6 日八艘粮食船从天津出发，又得到兵站监帮助，9 日从杨柳青征集船舶约一百艘，7 日返回。运输船队的船再次装载粮食，8 日其二十余艘出发，此外粮食船还陆续从天津发出，昼夜兼行尽力运输。师团自己搜集补充的船舶、封闭运粮河等，由此，白河运输逐渐出现效果，8 月 14 日粮食船陆续到达通州。

我军前进概况

按照计划从杨村到通州，急速追击敌人，不给予敌人充裕时间，尽管敌人在河西务、马头、张家湾等地有抵抗的意图，但其防御工事还未完成前，已经被我军攻击，最终敌人的散乱日益扩大。从南蔡村附近以后，敌人向东面或西面撤退，很少在正面迎战，最终重要之地通州未置一兵。而且关于向白河左岸及西面败走的敌兵踪迹，最终没有获得消息，盖多数丢弃武器瓦解或返回乡里，或者潜伏在各地再次进行抵抗。

总之，因我军的急速追击，敌人没有余暇恢复志气，也未能占据地利进行防御，不耐暑热、苦于饥渴，极为穷困，最终军队多数分裂瓦解。我军随之从杨村北进，看到天津、北仓败退的士兵日益减少，对我军前进进行微弱抵抗的多是新从南面招募来的武卫先锋军，且从彼等露营地西瓜狼藉，烧饭的痕迹，足可证明其狼狈穷困之状。

行军期间天气大体良好，先前所忧虑的阴雨没有来，因此各军通过道路没有障碍，反而因为炎热而陆续出现口渴病者。10 日向马头前进，每天都感到非常炎热，因连日行军的疲劳、缺乏睡眠和粗粮而陆续出现患者。如果经常为是日的情况，为保持体力需要休整。但因紧急救援北京,最终坚决按计划进行。11日向张家湾前进,时而下雨,炎热稍微减弱,各士兵有所恢复。

河西务以北的前进道路大都是耕地,没有目标,屡屡迷路,沿前进道路的白河前进,没有出现大的失误。

各国军队前进情况

7日,在杨村各国军队指挥官会议上决议的事项,实际上有些没有履行。

从杨村到通州的行军,先头部队按照决议始终由我军担任,其出发、行军及休整大体按照计划实行,虽然多少有些落伍者,但行军得以正规且迅速实施。

如此,我军冒着盛暑,忍着饥渴,连日担任联军的先头追击敌人。由于不给彼休整的余暇,得以轻易攻占河西务、张家湾、通州城等重地,为联军开辟了道路,且占领通州米仓,获得五万余石的白米。杨村以北的船舶也悉数落入我军之手,实际上对其后的作战和宿营也有很大便利。

杨村出发之际为等待辎重的到达,俄军行军迟缓,8日在南蔡村追上我军。从此地派出一个大队到白河左岸,尔后日、俄两军各派出步兵一个大队至红庙摆渡。这是因为敌人多退往左岸,前头行军的我军由于不能将自己的警戒交给俄军。俄军又因炎热每次都选择村庄中的井水或树荫处供各部队休息,后方续行的其他各国军队非常困难。

美军由于继俄军后前进,很少有机会在树荫、村内休憩,多数在烈日下的田野休憩,加上搬运材料不足,杨村出发之际,士兵只携带五天的粮食,因此非常疲劳,患口渴病者很多,是联军中行军最为困难者。美军在天津至北京行军期间,兵力约减员百分之二十五至三十,但其中也有部分恢复疲劳再投入者。美军从马尼拉增加四马拉车十九辆和驮驴五十头,和步兵第九联队一起前进以供运输。此外,各中队有八名清国担夫和为运输定额外粮食品炊具的八至十二名担夫。预备需用品、粮秣等经白河船舶运输,经车辆和驮马转载供给军队,故不缺乏粮食。

英军继美军之后前进,故多在下午行进,避开了酷热时间。天津城攻占以来,由于继我军之后有意收集船舶,粮秣搬运也不甚为困难,故不甚疲劳。

行军途中之患者

行军期间,各国军队发生的病患,除口渴病外,还有赤痢、窒息。但我军多是轻患者,尽力跟随纵队前进,只留下非常严重的患者。关于此留置患者的处置,也感到非常困难。留在白河沿岸者等待船舶通过时搭载,护送至附近的守备地。其在距离白河远方,没有运输之法,最终求助有患者运输车的其他各国军队。在杨村设置宿营医院;在河西务开设患者集合所;在通州设置宿营医院;途中卫生部员又指挥卫生队的担架兵尽力收留患者,终于达到全部收留。

骑兵及辎重之行动

日、英、俄军骑兵的联合行动除第二天向河西务前进时外,几乎完全没有实施。各国各自行动,失去珍贵的追击时机。

大行李和辎重的行军序列也没有按照当初的决议进行，各国军队出发时间未定，其序列各自为政，没有保持一定的顺序和秩序。我军辎重行军速度迟钝，蒙受很大的不利。如此各国军队跟在我军后方前进，由于道路堵塞不易补给，辎重经常被招到师团的宿营地宿营。

法军急行军

法军的步兵两个中队和炮兵一个中队 9 日晚从杨村出发，12 日上午在通州赶上部队，继而步兵一个大队、炮兵两个中队 10 日晚二次从杨村出发，13 日晚抵达通州。这些部队因强行军出现很多落伍者，过半留在途中的河西务和马头，13 日晚在通州集合。步兵六个中队现存人员只有四百五十人。是日，法军留在通州北门附近的人家宿营。

总之，杨村会议的决议也完全没有实行。各国军队不过是各取一路，随心所欲先后向通州前进，而且各士兵都害怕炎热，部队通过后，出现很多落伍者、死亡马匹和丢弃的杂具。

九　通讯线路之延长

野战通讯之延长

第五野战电信队在架设天津、西大沽间的电线（参见第十三章）后，第一建筑部 8 月 5 日从白塘口抵达天津，整顿翌日架设需要的材料。第二建筑部是日还在白塘口附近，从事国用线利用、撤退军用线作业（其后转移至白塘口、新城间进行此作业）。

电信队长工兵中尉曾田孝一郎 5 日为侦察从天津至北仓的线路，跟随本部曹长指挥的值班兵、轻患者架设从天津通信所到战斗地的电线，但因市街中作业困难和人员稀少，没有到达目的地。

5 日晚上 9 点，山口师团长命令野战电信队迅速在天津、杨村间白河右岸架设电线。

6 日，第一建筑部从天津北端红桥至新庄架设完毕（晨 5 点至下午 7 点 10 分），还计划架设至老米店，但因途中纵队停滞和道路堵塞而中止，7 日继续架设到马家口，开设通信所，时为上午 11 点。从通信所向后方各机关发送很多有关师团突然北进等重要电令。

7 日，晚接到师团长的训令，要求在向通州前进时尽快延长电线。8 日曾田电信队长让第一建筑部长返回天津征发材料，另外以昨天准备的材料，勉强可以架设到老米店。是日（8 日），第二建筑部结束天津、大沽间的使用国用电线并撤收军用线之作业，10 日赶到杨村。

9 日，第一建筑部长携带在天津征发的部分材料（障子代用的陶器、空坊、电线杆、电线、铁路队使用的材料约三十公里），下午 3 点赶到老米店，从此处架设，晚上 10 点抵达杨村，开设通信所。

第一建筑部于 10 日早晨用船安顿天津送来的材料，下午 4 点 30 分开始架设，9 点 30 分到达马庄南面约一里处，11 日继续架设，到达南蔡村。此时第一建筑部在杨村、南蔡村间和小王庄、河西务间架设，第二建筑部如到达，由其担任南蔡村、小王庄间的架设。因有电信队长的如此命令，是日（11 日）第一建筑部继续从架设起点向小王庄前进。

第二建筑部 9 日从白塘口出发，急行军当日到天津，10 日到杨村南面约一里的村庄

(由于人马疲劳,没有到达杨村),11 日下午 2 点前到达南蔡村。从此地向小王庄接续架设。此时遇到大雨,无法继续作业,在距离小王庄的二千米处停止作业,10 点 30 分抵达小王庄宿营。

12 日第一建筑部在小王庄、河西务间架设,第二建筑部结束小王庄南面的接续架设,线路到河西务全部连上。当时野战电信队的人马自前一天在大沽登陆以后,一天也没有休息,连日昼夜作业,甚为疲劳,驮马毙死者也很多,以骑马代用驮马。由此,曾田电信队长精选两建筑部人马,编成一个建筑部。

13 日上午用船送来的各种材料登陆并整顿,又获得马匹、车辆。下午 3 点开始架设,8 点抵达安平宿营,是日为募集不足的材料,派遣少尉武俣武八到通州。

通讯线路起止点及与师团位置比较

上述电信线延长的终点和师团的位置比较如下:

时间	电信终点	师团的位置
7 日(上午 11 点)	马家口	杨村
8 日	老米店	南蔡村
9 日(晚上 10 点)	杨村	河西务
10 日(晚上 9 点 30 分)	马庄南面约一里	马头
11 日(晚上 9 点)	南蔡村北面(小王庄南面 2000 米)	张家湾
12 日	河西务	通州
13 日	安平	通州

明治三十三年清国事变战史

卷　四

第五篇（下）
自第五师团动员起至一半部队凯旋期间之事迹

第十八章　进攻北京之准备活动及北京附近地形、敌方兵力

一　通州各国军队指挥官会议

开会

8月12日下午，英军指挥官盖斯里中将及美军指挥官沙飞少将来到通州城内的我师团司令部，拜访山口师团长后决定直接奔赴俄军宿营地，商议进攻北京的方案。于是福岛少将带领原田少佐同英美军队指挥官一起到了新关南门外（即俄军宿营地），拜访利涅维奇中将。法军指挥官福里少将率领海军步兵两个中队及炮兵三个中队于当日追赶各国部队，上午赶到通州，但因为是突然会合未能参加此会议。

会议情况

利涅维奇中将说："为烦劳诸君到此会合，此前发出信函"，但没有一人收到信函。

当开始讨论13日直接进逼北京城时，利涅维奇中将又对诸将说："近日由于急行军，将士疲劳至极，待明日充分休息后再行进攻。"虽然议论纷纷，但因其他种种事由，大家最终都表示同意。

福岛少将说："因为连日来的急行军，敌人无暇占据要害地区，所以我联军才得以如期到达通州。现在无故驻扎在通州，会让敌人察觉到我联军之疲乏，而对我们不利。我们日本军队的前锋已经抵达八里桥，明日派遣一支有力支队挺进到定福庄，14日各国军队在此线上集合，充分侦查之后再作进攻的计划，诸位意下如何。"各国指挥官对此表示同意。商议后，决定分为四个纵队进军：日军向敷石道及其以北进军；俄军向该道与运河中间进军；美军向运河南部进军；英军自张家湾至广渠门间街道前进。

二　先遣支队之前进

支队前进

按照各国军队指挥官会议的决议，我军决定派遣独立骑兵及一个混成旅团于13日先行出发，12日晚上9点30分师团长下达命令：

1. 北京的敌兵不过约十个营。

2. 师团同联军共同进攻北京，为此首先派另纸编成的支队出发。

3. 先遣支队于13日早晨6点从通州西门出发，途经八里桥、管庄，宿营在定福庄、搭拉坡一线。搜集北京敌情，掩护师团集合。

日本军队南面是俄军，再南侧是美英军队，以此顺序进行联络行动。

4. 步兵第九旅派出的当地守备兵，出发前夕全部由步兵第二十一旅团轮换。

5. 大行李明日分配结束，到了管庄由第一粮食纵队进行补给，到支队的宿营地宿营。

6. 弹药的定量应在本日夜间进行补充。

7. 我明日将到达通州。

支队的编组

独立骑兵

骑兵第五联队(缺一个小队)

先遣支队

司令官 陆军少将真锅斌

步兵第九旅团(缺各地的守备兵)

骑兵一个小队

野战炮兵第十六联队第一大队

工兵第五大队的一个中队

卫生队半部

同时师团长又命令，“其他诸队12日驻扎在通州，步兵第二十一旅团派出的各城门守备兵，应在明天早晨6点和步兵第九旅团轮换。第一粮食纵队(临时运载野炮弹药)明天6点自东仓库接受粮秣补充，到达管庄后为先遣支队分配粮秣(将野炮弹药留在宿营地，分配结束后返回通州)；明日上午8点到正午期间在东仓库进行粮秣分配(除定量外每人再发两盒糯米)”。另外福岛少将和誉田参谋，随同先遣支队一起负责视察先遣情况。

侦察北京城

独立骑兵(队长森冈大佐)13日早晨5点30分从宿营地出发，以第一中队为前锋，途经八里桥，沿北京街道前进，到达太平庄时(8点30分)俄国骑兵赶来。

此时，侦察兵在前方一千米远处遇到少量的敌人步兵和骑兵。

独立骑兵9点到达十里堡停止前进，按如下所示方向派遣侦察兵，搜索北京方向：

派遣少尉池上八十二经六里屯向东直门方向。

少尉松浦总三往朝阳门方向。

少尉伊东仙三郎往东直门方向。

以上各路侦察兵均赶至距北京城墙约一千米的地方进行侦察，东直门附近的城墙上既看不到敌人也看不到旗子，只是城外村落的当地人有十分桀骜不驯者。然而朝阳门外发现有少量敌人步兵、骑兵的侦察兵出没，城墙上有一门大炮。据当地人说，北京城内大约有官兵二千人，义和团约一千人，朝阳门附近有三门炮，城墙上有大炮二十三四门。另外发现东直门以北延绵一千米的城墙上有红旗四面，帐篷二十个及大炮二门。

除上述以外，派遣到北京方向的两三名下士侦察兵，所见与上述相同。

独立骑兵今晨对从北京逃出来的当地人进行讯问，得知如下情况：

现在守卫北京城的是八旗兵以及董福祥的部下。在南苑的董福祥军大概已进入北京城，皇帝和西太后正准备离京摆驾西安，端郡王理当随行，董福祥亦应护驾，董福祥军大概有士兵两万。

外国公使馆方向昨夜未闻炮声，大概业已停止攻击，外国公使之生死不得而知。

城墙上的大炮大概是旧式铸铁炮。

真锅先遣支队司令官命令支队所属诸队，于 13 日早晨 5 点 45 分前在通州西部五里店附近的旱地集合。以步兵第十一联队(缺第二大队)骑兵一小队为前锋，其他(按旅团司令部、步兵第四十一联队第一大队、野战炮兵第十六联队第一大队、步兵第四十一联队的余部、工兵第五大队第三中队、卫生队半部的顺序)为本队，6 点出发。昨晚担任前哨的步兵第四十一联队第三大队于八里桥归入本队序列。

8 点 40 分到达定福庄，派遣步、骑侦察兵搜索朝阳门以及东直门方向。城墙上插有白旗，各处设立兵营，哨兵在城墙上来回巡逻。另外在两城门外街市上只有少量的敌兵出没，定福庄西侧、大黄庄西侧的街道上，有妇人等徘徊，情况比较稳定。

宿营

10 点，真锅支队司令官命令支队按如下方式宿营：

前锋在大黄庄宿营，在太平庄、黄沙米、亮马厂一线布置哨兵，警戒北京方向。

步兵第四十一联队第二大队在塔拉坡宿营，并将其中一队派到十家坟，警戒北京及东土霸方向，与前锋保持联系。

其他部队在定福庄宿营，宿营司令官是第四十一联队长中佐小原芳次郎，一旦情况紧急，立即在定福庄西侧的旱地集合。

给养依靠大行李在管庄由第一粮食纵队补充。如果情况允许，纵队前进到定福庄西侧空地，下午 6 点进行分配。

宿营后之侦查

宿营后连续向北京方向派出军官侦察员。据其报告，朝阳门东面约千米的堤防为团匪等占领，我侦察兵无法自此处西进。敌人逐渐对我加强警戒。另外，管庄和定福庄之间有少量的敌人残兵出没。

真锅司令官派遣工兵第二中队长大尉土屋善龟侦察朝阳门，但受到前述敌人攻击，未能进入城外街道而返回。北京城外街道的东端桥梁附近当天晚上有敌兵及团匪合起来约二三十名,其附近也有敌兵五六十人。负责警戒的独立骑兵自十里堡返回定福庄,下午3点同俄军骑兵一同宿营在该村南部的树林里,但是俄军骑兵从傍晚时刻开始前进,转往宿营地。

根据独立骑兵到达宿营地时的情报,得知敌人尚不知我军已经如此逼近。清朝皇室正在做逃难准备,其准备西逃的城门应该是北京城西南方的广宁门,另外北门外没有敌兵部署。

根据以上情报得知,北京的敌人兵力不是很多。随着我军在东面的出没,势必会加强对我军方向的警戒,由此进攻应尽早着手。福岛少将在接近定福庄的石路宿营,同时监视俄军的情况。下午3点左右发现俄军步兵一个中队经过石路向北京方向前进,中将利涅维奇随同其幕僚一同前往北京方向。于是通报我军前哨,若有人问起俄军是否通过,回答尚未通过即可。后来得知俄军中途转而奔赴东直门方向,因此派遣侦察兵侦察俄军本部究竟在哪里,从而得知在石子路南侧的查坟附近露营。

三　各国军队之行军

俄美军队之前进

尽管在通州各国军队指挥官会议上利涅维奇中将请求休息一天,但13日上午其部队还是经八里桥沿运河北侧前进,在定福庄东南侧的查坟附近宿营,并命其中的一部向东直门方向前进。

美军的沙飞少将率领步兵第十四联队及轻炮兵中队于凌晨4点30分自通州东南的宿营地出发,沿运河南部前进,其余部队凌晨6点30分出发,在高碑店附近宿营。但其后续部队因遇上暴风雨加上天黑,行军缓慢,于14日凌晨1点30分左右到达宿营地。

英法军队之前进

英军当天在通州附近的宿营地等待自白河运来的重炮。首先以毛瑟枪骑兵第一联队、毛瑟枪步兵第七联队及两门大炮为侦察队,派遣到通州西侧约三里处,侦察北京城。此先遣部队在美军后方的双桥附近宿营。

法军当晚11点30分从通州北门出发,渡过八里桥沿美英部队前进路线行进,通过美军的宿营地,到达距离北京六公里的地方,然后移动到运河北岸,在堰闸附近宿营。

法军以及其他各国军队自天津前进

在此之前,法军指挥官福里少将在杨村各国军队指挥官会议结束的当天(8月7日),为实施自己部队的给养计划马上返回天津,催促尚未参与向北京前进的诸国部队和新近抵津的各国军队前进,因此组成总计约三千人的部队,于9月10日从天津出发,但未能参与到对北京的进攻中(先头部队于18日抵达北京)。这支部队包括俄军步兵第二大队(第三狙击旅团)、法国海军步兵一个大队(步兵六个中队、炮兵三个中队13日抵达通州)、意大利步兵两个中队、德军陆战队二百六十一名、奥地利陆战队二十八名以及意大利陆战队三十二名。

参与进攻北京之兵力

至此，各国参与进攻北京的兵力大体如下所示：

日本军队	步兵 6600 名 骑兵 150 名 野炮 18 门 山炮 36 门 工兵 450 名	俄国军队	步兵 3300 名 骑兵 180 名 野炮 16 门 机关炮 6 门
英国军队	步兵 1850 名 骑兵 400 名 野炮 6 门 机关炮 4 门 海军十二磅炮 3 门	美国军队	步兵 1600 名 海军 150 名 骑兵 70 名 野炮 6 门
法国军队	步兵 400 名 野炮 6 门 山炮 12 门	合计	步兵 13750 名 骑兵 800 名 野炮 52 门 山炮 48 门 机关炮 10 门 海军十二磅炮 3 门 工兵 450 名
合计	人员 14000 名　炮 113 门		

四　地形概说(参见插图 11)

北京附近一般地貌

北京附近除了人工形成的沟渠、堤防外，还有因雨水形成的凹地，地面并不整齐划一。概括地讲总体上较平坦，土质是北清一般的黏土中掺杂着一定的沙子，越往南含沙量越大，所以一遇到雨天泥泞没脚，行军困难。特别是城外的道路大都是凹辙道路，加之年久失修，不仅更为泥泞，雨水泛滥，不宜行军。反之沿旱地行军较为便利。所以很自然的在道路两侧的旱地中有了人马车辆经过的痕迹，此盖为人马车辆通行甚为频繁，路面逐渐下陷呈现出道路状。而由人工开设的道路极少，且路面因雨水的作用越陷越深，参差交错，形成网状凹道。

地质一般比较肥沃，耕地中种植最多的农作物是高粱，此外还有玉米、甘薯、麻、豆类等。8、9 月份此类作物长势最盛，进入其中人马不见踪影。当时(8 月 14 日)与进攻北仓时相比,(8月5日)高粱的长势更盛(骑兵进入其中,从外面也不会被发现)。再加上北京附近处处都是繁茂的树林,更是妨碍远望。

城墙状况

北京城分为内城和外城,内城几乎都呈正方形(东面五千三百三十米,北面六千七百九十米,西面四千九百一十米,南面六千六百九十米),其中又分为皇城、官衙以及官吏、旗人的宅邸,大都是满人居住之所。外城紧挨内城的南部,呈长方形,是百姓居住的地方,商家比比皆是。

城墙固若金汤,以巨大的青砖筑成,如下图所示①,除两个侧面外中间有支撑墙壁,空隙部分以土砸实,上部也用青砖封顶。

内城墙比外城墙高且大,即内城墙高十六米(部分地方高达二十米以上),墙根基宽二十米有余,城墙顶部宽十六米。而外城墙高九米,城墙顶部宽约不过七米。外墙面几乎是垂直的,内墙面略微有些倾斜。外墙壁为了设侧防,一般为锯齿形。突出的部分为内城墙的东西两面,按间隔一百至一百二十米的幅度排列开来。北面及南面突出部分的间隔距离是东西面的两倍以上,突出部分的顶部面积约有十六平方米,与城门间交汇的地方有面积约二十三到二十四平方米大的突出部。

城墙顶部形成平坦大道,宽十六米,半个步兵队可以横着通过,两辆马拉炮车亦可并排快速通行。而其外围有约两米的齐胸城墙环绕,墙顶呈锯齿状,大约每隔三米有一个枪眼。内侧有高约六十厘米的防护墙壁。

城墙外部一般有护城河环绕。朝阳门以南至东直门附近运河段水面宽且深(可以通行运贡米的船)。朝阳门以北护城河水略浅且跨度亦不过二十米。在此次战斗中,我方工兵渡过朝阳门附近的护城河时水深达胸部。

内城有九门,外城有七门。内城的正东面有二门,为朝阳门(俗称"齐化门")、东直门;北面有二门,为安定门、德胜门;西面有二门,为西直门、阜城门(俗称"平则门");南面有三城门通向外城,东侧是崇文门(俗称"哈哒门"),中间是正阳门(俗称"前门"),西侧是宣武门(俗称"顺治门")。外城的东北角有个东直门;其东南方向为广渠门(俗称"沙窝门");南面有三门分别为左安门(俗称"江测门")、永定门、右安门(俗称"西南门");西面有两门,为西便门、广宁门(俗称"彰仪门")。城门均有半圆形或方形的突缘,通道就设在这里。主城墙下面设有偏门,必须通过拱形下其中一个偏门才能进入城内。外部的第一门在其附近的突缘部分安设侧防,里面的第二道门也可以从外城的城楼上垂直射击,这就是此次攻击中我军为破坏城门而最叫苦不迭之所在。

城门、外城及主城墙上均设有谯楼,通常打开四层的窗户,可以用来当作枪眼或炮口。为上下城墙而在城门内侧的两面设有坡道。其他内城的四角、外城南面两端的城墙上有与城门同样的谯楼,可以弥补凸角的薄弱之处,同时兼可用于瞭望。

总之,北京城墙成于古代(现在的城墙建于明朝),但其坚固程度对于今日之兵器亦有效,几乎是坚不可摧。此外其护城河虽说不是什么大的困难,但位于其后的坚固城墙可以

---

① 图略。——译者注

阻挡攻击者，要登上此城墙需要高达二十米以上的城梯，而这使用起来也是极为困难的。除了以重炮轰击城墙之外没有其他的攻击手段。但是城门比较容易爆破，只要能够压制住侧防的火力，以工兵进行此项作业并不困难，这成了此次战斗中我军采取的唯一攻击方法。

北京城内的房屋一般为砖瓦结构，其围墙足以抵挡小型枪弹。特别是皇城周围由厚达两米、高七米砖墙围绕。里面的紫禁城以城墙环绕又成一小城郭，外城墙及紫禁城均有东南西北四面城墙，每面城墙均有一门，即外城墙的四门为：东安门、西安门、天安门、地安门，紫禁城的四门为：东华门、西华门、午门、神武门（门上均设有谯楼）。因此城内的巷战中随处都有小股抵抗，这也是在本次战斗清剿城内残敌颇费时日的原因之一。

城东地形

北京城的东面为直达通州的交通干线，是交通最繁忙的地方，其外城郭特别是朝阳、东直两门前形成一条街市，房屋密集。据进攻此街市者称，虽然比较容易隐蔽接近城墙，但亦是妨碍运动之障碍物。总之，此街市可以隐蔽重要的射击场，从而减弱城墙的防御力量。

距离城墙约一千米处有与之平行的堤防和凹地，这不仅有利于进攻者的隐蔽、集结，而且据守此凹地可以牢牢地控制左右两方面的交通。

此凹地以东一般为高粱地，散落着一些人家和几片树林，是隐蔽点和开阔地交错的地带。但是总体上讲还是隐蔽点更多，此次战斗中这对于我军选择炮兵阵地造成了一定的困难。朝阳门东面约一千五六百米处的旱田，远离城外街市，勉强瞭望到城门，是此次战斗中唯一的首选炮兵阵地。越往东直门方向，凹地西面稍高处的树林的茂密程度也随之增加，无法选择适宜的炮兵阵地，俄军为此遭受了一番苦战。

城东情况大体类同，总体上遮挡较多，特别是道路几乎都深陷下去，虽然便于隐蔽接近城墙，但这只是对于夏季树木繁茂的时候，而一旦到了冬季树叶落尽时，情况则完全相反。

自通州至北京的干道，经八里桥沿运河北面到朝阳门段均为石子路，但已经毁坏，人马车辆通行极其困难。相反沿其两侧的凹道能够供一般的通行。只是雨天泥泞的凹道无法通行，故选择走石子路。

除此之外，虽有几多纵横通往北京的道路，但是错综复杂，没有标识，很容易迷失前进的方向。

自通州到北京的运河逢闸转载，将贡米运至北京，但用途不大，现徒然成为分割进攻者地区之障碍。

城北地形

北京城北的地形大体上和城东的地形相同。德胜、安定两门外的街市以及外围的树林、住户情况基本与城东相同。但这一带曾是元朝的旧都，有城墙遗址，呈堤防形，环绕在城北，约有三千米，接东西北京城墙的延长部分。另外，安定、德胜两门间的北面甚是曲折，与八旗校场（练兵场）不同，且此附近井水水质好，成为大半北京居民日常饮用水，非常适合夏季宿营。

五　敌方之兵力及配备

敌方兵力

敌兵在北仓、杨村、河西务败退,大部分四散奔逃或者躲避我军之锋芒,返回北京者极少,因此在北京之兵大部分是未曾与我军发生过对抗的新锐之兵。当时在北京的敌兵兵力大体如下:

神机营及虎神营:步兵 一万八千人

骑兵 三千五百人

炮兵 一千人

武卫后军(董福祥部) 约六千人

武卫中军(荣禄所部) 约一万人(其中一部此时尚未组建完成)

武卫左军的其余兵力 约二千人

合计　约四万人

上述部队中武卫中军最初(5月下旬至6月上旬)在南苑,6月中旬进入城内,其一部分保护各国公使馆或守卫城门,大部由荣禄亲自指挥,驻扎在西华门内西什库附近,对各国军队的攻击未作丝毫抵抗。

除此之外,还有八旗兵,武器陈旧,怠于训练,其力量与数量不相对等。但因是新锐,与神机营及虎神营等一并成为抵抗我军最甚者。

董福祥部下专门攻击公使馆,其中开小差者甚众,怀疑其兵力不到六千。马玉昆、张春发、陈泽霖、夏辛酉所率部队,大都是败退之残余,士气低迷,毫无斗志。鹿传霖所率数营,风声鹤唳,多闻风而逃,不得已停在定兴县。

北京之防御配备

北京的防御没有统一的指挥官,八旗兵各守各区,并有其他兵力和义和团增援。

内城的东城墙主要由满蒙汉白旗兵守卫,加上若干武卫后军,其兵力约达一万。北城墙有满蒙汉红旗兵守卫,与我军交战时似乎有黄旗兵及马玉昆部增援。从战斗过程来看,外城几乎没有防御,紫禁城的防御主要由神机营和虎神营担任,约有二千兵力。

各部队在其防区搭建帐篷或建造兵营,预先进行部署。城墙的各枪眼配备士兵,确定负责人,并且在后方留出若干预备队以待补充。

北京义和团

北京外城内的义和团分为东西珠市口、东西河沿、花儿市以及菜市口六大区。其总数为五十四处,各处平均有百名义和团兵集结(据京城巡捕南营参将舍如鉴的报告)内城情况虽不甚详,盖与外城相匹敌。

端郡王为义和团的首领,庄亲王、刚毅为统帅,左右翼总兵英年、载澜两人对其进行掌控。7月21日(清历6月25日)北京的义和团约二千人为翼长长麟及文瑞所属,为阻挡各国部队经通州派往天津方向。但此举并未使北京的义和团人数减少，反而通过召集附近的团众，人数达到约万人。但此等团匪纯属乌合之众，既无枪炮又未经过训练，其战斗力根本不足论。

8 月 12 日，通州陷落，李秉衡战死。这一消息传到北京后，步兵统帅和硕庄亲王等命令义和团各头领于城外组织防御，并紧急招募数营兵力。8 月 13 日我先遣支队在朝阳门外发现数百团匪，大概是接到上述命令而至。

第十九章　进攻北京以及公使馆解围

一　先遣支队及师团之前进

突起进攻北京之原因

俄军指挥官利涅维奇中将在通州会议上以士兵疲乏为由，向各国军队申请让部队休息一天，尽管如此还是于 8 月 13 日夜派遣得力的侦察队进攻东直门，结果致各国军队相竞争，为此向各自所定的方向攻击，从而使得进攻北京的时间比预定提前了一天（俄军侦察队的行动参见下文四）。

先遣支队之急行军

真锅先遣支队司令官于 8 月 13 日上午 9 点 30 分会见福岛少将，决定在 14 日早晨 7 点左右出发，在师团本部到来之前侦察敌情。

13 日晚上 8 点左右，突然风雨大作，此后前哨线不时传来枪声。夜里 12 点左右开始东直门方向响起激烈的枪声，接着又闻炮声，真锅支队司令官命令骑兵小队赶往枪炮声地点侦察情况。福岛少将认为有必要让师团本部快速到达，并命誉田参谋将此意通报给师团司令部，并且提醒夜间行军时走石子路更为有利。此刻先遣支队紧急集合，真锅支队司令官决定首先等待骑兵侦察情况的汇报。

凌晨 1 点 50 分侦察兵报告称："此前的枪炮声来自俄军侦察队，中队、小队每次吹号角接近敌人时，敌人怒而以炮火迎之，俄军亦进行还击。"真锅支队司令官由此认为这只不过是侦察队所为，俄军可能单独进入北京城，按预定计划明天早晨 7 点出发。

枪声沉寂，偶闻炮声，2 点 50 分枪炮声再度激烈响起，真锅支队司令官当即命令各支队紧急集合。

在此之前，师团长训令真锅支队司令官说"如贵官认为有必要在师团本部抵达之前进入北京，应随机处置"（此训令为 13 日夜里 11 点自通州发出，14 日凌晨 2 点抵达定福庄），如上所述真锅支队司令官决定让支队单独前进，命令进行紧急集合。

3 点 40 分，先遣支队于大黄庄西侧集合完毕，4 点出发。步兵第四十一联队、骑兵小队以及工兵第二中队为前锋，其余为主力（顺序为步兵第十一联队本部及第三大队、野炮大队、步兵第十一联队第一大队及卫生队半部），向朝阳门进发。

派遣步兵一大队至东直门

4 点方过,根据前方传来的诸情报,俄军侦察队的情况更为明了。

6 点在八里庄,俄军参谋大尉赶来,告知福岛少将说"俄军已由东直门进入,占领了内城的东南角,但兵力不足,且受到朝阳门方向的射击,故请贵军尽早击破此方向敌军"。于是,福岛少将将此意传达给真锅支队司令官,协商后派步兵第十一联队第三大队到东直门,同俄军共同进入城内,先援助公使馆。步兵第四十一联队配备野炮大队火速赶往朝阳门,其余诸队后续跟进。

在此之前,福岛少将派由比少佐侦察英、美军队进军方向的情况。此时归来报告称:"美军指挥官在预定的阵地宿营,似在如约等待今日的军官会议,俄军的情况还不明了。英军仅仅是骑兵抵达定福庄和同线上的地点,尚未见到指挥官以及步兵炮兵的抵达,俄军的本部正向东直门进军。"

独立骑兵行动

最初同先遣支队在定福庄宿营的独立骑兵(缺两个小队),于 13 日下午 6 点接到师团长的训令,要旨如下。

一、皇帝及西太后应该向西安方向躲避,又有说因大臣等奏请尚在北京,如果得知各国军队接近,可能会再度退避。

二、贵官明日迂回北京城北,应尽力阻止皇帝及西太后的退避。

14 日凌晨 3 点,接到真锅支队司令官的通报,说"先遣支队即刻紧急集合向红庙进发,根据时机可马上进攻北京"。由此森冈独立骑兵队长当即命令部下进行出发准备,4 点以第三中队为前锋,向朝阳门进发。

6 点,刚刚抵达朝阳门外街道的东侧,便遭到若干团匪射击,前锋中队徒步作战将其击退。联队停止行军,命第二中队准备徒步作战,前锋的一小队进入市街进行搜查。此小队的骑兵侦察兵接近到距朝阳门约百米以内时,始发现城墙上出现三四十名敌兵对我射击,此时城墙上竖立着三十多面旗。

当时独立骑兵联队因传递骑兵、通信骑兵及其他生病人马,数量大减,骑兵不过约七十二名。骑兵队长预感因为人数太少可能无法完成迂回任务,但基于师团命令,决定为向北方迂回,首先向东直门方向前进。8 点抵达东直门外街区,命令前锋向城门射击。此时城墙上约有三四十名敌人向我还击。

继而,独立骑兵向北前进,9 点抵达北京东北红桥西侧的堤防附近,发现北京城的东面挂有白旗,北面挂有红旗。此时城墙上有少量敌人以枪炮射击。

独立骑兵继续向西前进,10 点 30 分到达地坛东北面。根据搜查结果,"安定门尚未关闭,城门上有少量敌人,其骑兵侦察兵在此附近出没,清兵有很多企图逃跑者"。抓住其中逃兵带路继续前进,11 点在安定门外村落的东侧,与大约五十名敌人骑兵相遇,马上展开徒步作战,敌人亦进行抵抗还击,最终退去。与此同时,有兵力不详的敌人步兵、骑兵逼近我军右翼,不得已逐渐后退至红桥西侧的堤防处。而后在此地负责师团的右翼警戒。

下午 1 点 10 分发现堤防北侧的弯曲处约有敌人五十名骑兵出现，对其进行射击，此外，此后没有与敌人交战。

是日有两名骑兵受伤。

师团本队前进

驻扎在通州的师团本部于 14 日凌晨 4 点 30 分分两个纵队自通州出发。将步兵第二十一联队第三大队（缺第九、十二中队）、工兵一个小队留在通州守备，俄军一个步兵中队、英美两军各百人，全部归步兵少佐佐本寿人指挥。

在通州，不仅占有米仓，还是水路运输的终点，是今后货物的登陆地。由于还是向北京陆路运输的起点，师团长特别下达训令给佐本少佐，除守备外，还需监管兵站业务。由此，配备粮饷部员若干，通晓英语、汉语的翻译各一名。

右路纵队为步兵第二十一联队（二中队和五小队留在各地守卫），由塚本胜嘉少将指挥。凌晨 4 点从通州北门出发，途经河家花、长营前行。

左路纵队由师团长亲自率领，以师团司令部、步兵第四十二联队（四小队留在各地守备）、野战炮兵第五联队、工兵第五大队（其中一个中队为首发支队、一个半个小队和一分队守备各地）、卫生队半部的顺序，4 点 30 分从西门出发，途经八里桥、定福庄，追赶首发支队，但以步兵第四十二联队第三大队为前锋先行开路。

大行李部队在各队出发后于西门外集合，6 点出发，跟随左路纵队。步兵弹药一个小队、山炮弹药一个纵队以及第三粮食纵队由辎重兵少佐田宫一郎指挥，6 点 30 分自西门出发，跟随大行李，其余辎重（步兵弹药两个小队、第一、第二粮食纵队以及第二野战医院）由弹药大队长炮兵少佐栗原乙也指挥，7 点 30 分自西门出发，前进到定福庄驻扎。

6 点 40 分，师团长在定福庄附近接到誉田参谋的报告，得知俄军今晨进入东直门，先遣支队决定进攻朝阳门。于是，命令左右两纵队火速赶往朝阳门。

二　十四日昼间战斗经过

先遣支队的突进

先遣支队因 14 日黎明俄军的侦察战而骤起前进，接到俄军进入东直门的消息后更是马上加紧赶往朝阳门方向，此情况前文已述。

7 点 30 分支队的先头部队抵达朝阳门外东岳庙附近，但在先前的跑马场附近射来十几发子弹，我两名士兵受伤，此后没发现敌军。此时前锋为骑兵一小队、步兵第四十一联队第一大队（第二中队留守白塘口）以及工兵第二中队，其他为主力（顺序为步兵第四十一联队第三、第二大队、野炮大队及步兵第十一联队[缺一个大队]）。

如此一来，因为先遣支队未发现敌兵，其前锋冲入门外街道，除骑兵外全部手舞刀枪，呐喊着冲向城门。

7 点 55 分在距离城门约四百米的地方首次受到敌人的射击，先头第三中队一个小队进行数次共同射击，接着前锋进行突击，前锋的第三中队抵达城门口。然而城门紧闭无法进入,不得已紧贴在谯楼墙下的死角内。此时工兵第二中队距敌三百米,前锋的主力距敌四百米之地停下,突破道路两旁的房屋窗户进入以躲避敌人的火力。继而步兵工兵一同在与正道平行的两侧房屋内开辟道路,以供前方交通使用。

主力部队及骑兵小队在距离城门东侧约五百米处停下,躲在靠近左侧的房屋避开敌人的视线。

工兵第二中队长大尉土屋善龟接到前锋司令官步兵少佐佐伯惟孝的命令,为爆破城门派遣工兵少尉田坂九八率下士以下七人到城门,但工兵遭到敌人侧翼火力的阻击,无法靠近城门。步兵第三中队派出一名侦察兵到城门,有一名负伤,一名颇费周折才得以返回。接着再次派该步兵中队的曹长带一名工兵前去侦察,结果曹长当即负伤,工兵亦无功而返。其间敌人从城门谯楼的窗户投下土石块、石灰等,停在城墙下死角处的步兵第三中队和部分工兵陷入极度困境,故而尝试破坏城门。

决定进行炮击

真锅支队司令官决定实行炮击,命野炮大队在预先选定的朝阳门东侧约一千六百米布置阵地(8 点 20 分)。但因城门下有我军士兵在,无法炮击此门,最终城墙下的士兵和步兵后退到我军炮击的危险地带之外。退却中亦遭到敌人的射击,无法所有人同时撤退,不得已只好一个接一个地从工兵打通的房屋内通道撤出,因此花费了很长时间,且步兵少尉矢崎要作战死,还有特务曹长等七人负伤。

真锅司令官首先命令炮兵炮击东直门,该炮兵装好二千三百米的标尺,发射榴弹,时为上午 9 点。

师团本部到达

师团长先派遣伊藤参谋视察前方的情况,9 点 8 分师团长亲自先行于主力活动,至真锅支队司令官所在的朝阳门外六百米处视察情况,决定先实行炮击。命令野战炮兵第五联队布置在野炮阵地附近,其他部队止于门外大街东侧,另外大行李及辎重部队马上停止前进,其弹药纵队(第三步兵弹药一个小队、第一山炮弹药纵队以及临时野炮弹药纵队)前进到红庙。

炮战、破坏城门之尝试

在此之前,7 点 10 分永田炮兵联队长按师团长的命令,派遣自三间房与师团长同行的副官大尉山县松之辅先行侦察敌情。8 点 50 分师团长命令,“部队一字排开,向朝阳、东直两门之间城墙上的敌兵扫射,同时要注意到朝阳门下的我军士兵”;命令第一大队在野炮阵地的右翼,第二大队为其左翼选定阵地,首先由野炮大队向朝阳门北百米处至东直门间的敌兵扫射,接着两山炮大队向同一目标开火。

山炮第一大队于 9 点 40 分、第二大队于 9 点 50 分进入阵地,以一千六百米至一千七百米的标尺立刻开始向城墙上的敌兵射击。

9 点 20 分师团长一方面督促紧靠在朝阳门下的步、工兵撤退,一方面派遣中川参谋让炮兵做好炮击朝阳门的准备。

10 点 5 分发现朝阳门南面城墙上的白旗增加，此时敌人以微弱的炮火向我炮兵阵地射击，我军炮兵迅速转移射击。

10 点 30 分师团长命誉田、中川两参谋留在真锅支队负责视察情况，带领其他幕僚转移到炮兵阵地的左翼，还催促步兵第四十一联队“让处在城门前的士兵迅速撤退”。

在此之前(10 点)，师团长认为只进攻朝阳门会使敌人采取死守一处的方法而对我军不利，于是决定进攻东直门。由步兵第二十一联队连同工兵第三中队负责破坏此门，命令永田炮兵联队长侦察是否有更便于射击东直门的阵地。

10 点 50 分，附着在朝阳门下的我步工兵仍未悉数退去，但如不实行炮击城门，士兵会更加难以撤退，遂命野炮第三中队向朝阳门开炮，炮弹大部分命中，我军撤退果然得以从容。

11 点 10 分师团长接到朝阳门下的我军士兵撤退完毕的报告，当即命炮兵集中火力炮击此门。此时城墙上的白旗又在增加，怀疑此为降旗，由于停止抵抗，由此而知是八旗兵。

11 点 30 分，54 门大炮全部集中于朝阳门及其两侧间百米范围内，开始集中炮火轰击，直至正午。由于城墙坚固，未能攻破，但附近的敌兵也已全部停止射击，躲藏起来。另外楼门前的小屋以及楼门内的敌兵舍起火，鉴于此，12 点 20 分师团长将炮击转移到其他地方，命令工兵前去侦察。工兵试图接近城墙破坏城门，结果亦受到敌人侧防火力的攻击，未达目的。

正当我炮兵准备自朝阳门两侧一百米处向南北分散火力之时，自朝阳门南方约四百米处出现数门敌炮向我军炮兵阵地开火。于是野炮大队和山炮第二大队转而以此为目标，以一千八百至二千米的标尺迅速还击，约二十分钟后敌军所有大炮均被摧毁。后经过检查这批敌炮为六门克虏伯八厘米口径野炮。此时，师团长的位置转移到炮兵阵地左翼的主干道上。凡是我炮击之所在，敌人的火力悉数沉寂，然一旦我军停止射击，敌人又从枪眼处射击，且敌人侧防的胸墙并未受到充分的破坏。为此小原步兵第四十一联队长要求破坏枪眼，师团长决定进一步拉近炮兵，派遣副官大尉平田时丸让步兵第四十一联队按工兵大队副官中尉则武胜之进的指示，在朝阳门外约五百米的街道上构筑矮墙。这些矮墙利用街道上的小屋布置炮身，以米袋等作炮手的掩体，下午 4 点完成。

在此之前，12 点 15 分山炮第一大队按照师团长的命令，为炮击东直门变换阵地，尔后同步兵第二十一联队、工兵第三中队一起进攻东直门(新炮兵阵地是依据山县炮兵联队副官之侦察选定的)

接着，朝阳门外街道上的矮墙完成，随即少尉千代间虎之助及谷乔木指挥山炮第五、第六中队的各一辆炮车，依据此矮墙负责破坏朝阳门北侧的枪眼。

当时炮兵联队因榴弹打尽，招呼弹药纵队的一个小队到炮的排列线后五百米处，自 4 点 10 分起开始补充弹药。4 点 35 分野炮大队、第二大队分别向楼门附近的枪眼、朝阳门南北百米间发射榴弹，继而向前方推进的两门炮自 5 点 30 分开始射击，5 点 40 分敌人的枪眼基本被破坏，另外朝阳门谯楼因炮击起火，当晚被烧毁。

于是，工兵又向前推进，试图破坏城门，但再次遭到敌人侧防火力攻击而未果。师团长不得已决定等待天黑以后再行此事。

进攻东直门

步兵第二十一联队及工兵第三中队中午12点30分抵达东直门东面约一千米的太平庄。在此之前,工兵第三中队根据步兵第二十一联队长大佐竹中安太郎的命令,和步兵第八中队一并先行,为破坏东直门视察该门情况。东直门有敌兵约四百人、炮三门负责守备,向接近城门的我军士兵射击,情况如同朝阳门。山炮第一大队于1点40分变换阵地至九王坟东面,以九百米的标尺向东直门谯楼以及城墙上的敌人射击,须臾敌人火力沉寂。此时又有东直门北面数门敌炮开火,为此该队马上改变目标,到2点40分凭速射将其消灭。

此时,竹中联队长接到师团长的命令,此处敌人火力一旦沉寂,马上尝试破坏城门,联队长当即命令工兵第三中队依靠步兵第五、第八中队的掩护进行尝试,但受到枪眼处敌人火力的攻击而未果。

下午5点刚过,塚本步兵第二十一旅团长根据师团长的命令,指挥东直门外的诸队,为破坏此门而来到此地。

此时,步兵第二十一联队第二大队占领了门外大街的西端。工兵中队靠此掩护侦查该门情况。其余步兵开进到太平庄附近。山炮第一大队已经通过射击使得城墙上的敌人火力沉寂下来。但如果稍一停止射击,敌人就会突然出现,进行扫射,为此暂时停止炮击。塚本旅团长下令停止所有射击,决心等待天黑破坏城门。

耗费弹药

野战炮兵第五联队	榴弹	榴霰弹
第一中队	126发	344发
第二中队	63发	385发
第三中队	158发	417发
第四中队	171发	298发
第五中队	40发	370发
第六中队	61发	642发
计	619发	2456发

野战炮兵第十六联队第一大队	榴弹	榴霰弹
第一中队	64发	327发
第二中队	97发	256发
第三中队	131发	384发
计	292发	967发
总计	911发	3423发
共4334发		

伤亡情况：野战炮兵第五联队负伤士兵四名；野战炮兵第十六联队第一大队负伤士兵一名，战马死十四。

俄军之通报

是日俄军的进攻方向终日炮声不断，可见敌人抵抗之顽强。

上午8点刚过，俄军传令官来到师团司令部，称东直门第一道门已被攻破，第二道门尚未攻破，请求给予若干火药。但当时我军的火药均用于破坏城门，没有剩余，故予以婉拒。正午过后，俄军传令官再次前来，称"东直门尚未攻破，士兵已经身心疲惫，紧靠在城墙下的日军今后将采取何办法？"福岛少将答之曰："我军将锲而不舍地继续攻击。"（想必是此前之所以前来索求火药，大概尚不清楚俄军后续部队的侦察队已经攻破东直门而为之，第二次俄军军官来时，侦察队与后续部队已被敌人火力隔断，其具体情况参见本章四）

派遣步兵一联队到东直门

下午5点40分，俄军传令官赶来，称"东直门已被美军打开，利涅维奇中将进入城内，各国军队正向公使馆开进"。由此，师团长派由比参谋陪同传令官一起经东直门赶往日本公使馆。接着福岛少将率领步兵第十一联队（缺一个大队）急行军自东直门率先赶到公使馆。在此之前，今早接到东直门已被攻破的报告，派遣的步兵第十一联队第三大队于上午9点20分抵达该门东面约一千米的堤防处，此时城门尚未安全打开。俄军驻扎于该门东面约二百米处，俄我双方都没有进行射击。野炮虽已抵达堤防附近但并未作射击的准备。为此师团长将此大队调至朝阳门外。即大队下午1点40分留下第十二中队的一个小队（中尉山中英太郎）观察俄军的战斗，其他队伍于下午2点50分回归本队。

是日，烈日炎炎，诸队因连日行军已疲惫不堪。特别是今晨自通州出发的部队，因途中急行军出现不少掉队的士兵。在北京城外稍作休整后，掉队的才全部赶上队伍。尽管情形如此，但凭着与各国军队竞争的旺盛斗志，队伍依然努力使出各种手段来破坏城门，无奈城墙坚固，加之无法扼制侧防火力，结果在白天还是未达到目的。

直接对敌人部队之宿营

下午7点，师团长命令除了与敌人直接相对峙的部队外，其他部队（炮兵和工兵第一中队）在朝阳门外的村落宿营（炮兵阵地附近），任命永田炮兵联队长为宿营司令官。当晚的给养大部分是靠携带的口粮或者附近农家的物资。后方的部分队伍是靠大行李，辎重第一梯队在红庙附近，第二梯队在定福庄宿营。

在此之前，上午11点为应对北京南面武卫中军的一部，为掩护师团的侧后方步兵第四十二联队第三大队抵达红庙东南面的熊皮厂附近，向南面配备前哨。

当晚，师团司令部刚刚在玻璃庙附近宿营，就受到来自南面若干团匪的攻击，卫兵将其击退。此时，师团长命令后方的步兵第四十二联队第三大队中抽调一个中队步兵作为护卫兵，守卫司令部。但由于夜间不知该大队之所在，当晚此卫兵终未能赶到（第十二中队担任护卫，15日师团司令部转移至朝阳门后才赶到，但此时已经没有护卫的必要，此中队便负责朝阳门外炮兵在北京城北宿营地的护卫)。

三 破坏城门及联络公使馆

部署破坏城门

下午5点30分,山口师团长训令真锅和塚本两位旅团长,“师团于今夜9点至10点破坏东直、朝阳两门,进入城内。鉴于破坏城门的时刻尚未确定,应在此时间内见机行事。攻入城门后,为避免冲突的危险,率先攻入的部队应扫荡城墙上的敌人,然后攻入部队占领城墙上的谯楼后停止,等待天明”。破坏城门的时间定在月明的10点左右,是为了利用此前的夜色。接着师团长命令渡边第四十二联队长,真锅支队进入朝阳门时,马上随之前进,向皇城进发并占领之。伊藤参谋跟随真锅支队,负责侦察情况。

东直门破坏之情况

下午6点塚本步兵第二十一旅长根据师团训令,命工兵第三中队于9点至10点时间破坏东直门。(参见插图13)

工兵第三中队长大尉井上几太郎命令工兵少尉篠本克郎率下士以下士兵七人破坏第一门,工兵少尉村山僖率下士以下九人破坏第二门,亲自率下士以下七人携带所有爆破器具于8点30分集合向城门进发。其余工兵部队由特务曹长福坂升指挥,从集合地前进一起破坏第一门,破坏第二门后马上负责城门道路的开设。

工兵除军官以下都摘掉帽子,身着外套,负责破坏任务的部队脚穿草鞋。

负责破坏第一门的部队乘着夜色悄悄地前进,8点55分开始奏效,用三十公斤炸药破坏了城门局部,与此同时城墙上的敌人开始乱枪扫射。此时隐藏在东直门楼墙下死角负责破坏第二门的部队乘此爆破烟雾安放好三十公斤炸药,9点2分炸毁第二门。于是破坏两门任务结束,按约定吹响喇叭,以通知步兵队,还奏响了“君之代”曲。此时城墙上的射击激烈,还有各种东西特别是炸药及石灰投下。

在此之前,第一门破坏刚刚结束,工兵中队余部抵达,负责掩护破坏第二门的部队,在第二门破坏后负责打通道路。

步兵第二十一联队按第二大队(六、七、八、五中队的顺序)、第一大队(第九、第十二中队的顺序)的顺序立即前进,高喊口号,冒着敌人的炮火,整齐地跨过伏尸前进。9点20分进入城门,因敌人猛烈射击,伤亡甚重。

继而,步兵自北面斜坡登上城墙扫荡敌人。9点40分完全占领东直门。第二大队在城墙上南进,扫荡敌人。赶到朝阳门方向的第一大队(缺第一、第二中队)北进占领安定门,第一中队负责守卫东直门谯楼,其余队伍由塚本旅团长亲自率领作为预备队,在城上及城下就位。

此时,向安定门进发的第一大队(两个中队)击垮城墙东北角谯楼约三百敌兵,占领该处。第二大队在朝阳门北方约一百米处与自该门进入的步兵第四十一联队相遇而止。(后来的行动参见后文五)

敌人多数为八旗兵。东直门附近一带的城墙上建有兵舍约二百间,留有炊灶痕迹,其兵力不详，但从兵舍数量以及在城内农家的宿营痕迹来推测，大概不会少于三千人。此外有旧式炮四十门为我军虏获。此敌分为两部分，一部分向朝阳门方向，一部分向安定门方向的城墙上退却。有很多人被我军击毙，城墙上尸横累累。

敌人所用武器概为旧式枪支，丢弃了骁骑营、枪头队、抬枪十三队等的旗帜。

为进入此城门及扫荡附近敌人，我军战死下士兵十九人，伤四名军官、特务曹长一人、下士兵七十人。

耗费弹药：步兵第二十一联队一万零五百五十八发。

工兵第三中队在步兵队进入后，于 9 点 55 分继续开设道路，晚上 11 点 20 分完成任务。此城门破坏中战死一人，伤一人。

当步兵部队进入之际，在城门前的桥梁及第一门入口处有多人伤亡。因步兵队的军医尚未到达，附属于工兵中队的护士长（藤川数吉）只身一人在枪林弹雨中奔走，收集伤者进行救治。

朝阳门破坏情况

朝阳门方面，晚上 8 点，真锅支队所属工兵第二中队整顿战备，开进到朝阳门东大街的西端，接着潜入白天打通的房屋内通道，抵达城门前的护城河。为破坏城门，中队长大尉土屋善龟兵分三班，第一班为下士以下九人，第二班为八人，第三班为九人。负责破坏第一门的工兵少尉田坂九八率领第一班中的六人携带所有爆破工具裸身悄悄渡过护城河，抵达第一门。此时敌人有所觉察开枪射击，一名工兵负伤，不过爆破装置以及点火的准备已经做好。晚上 9 点 40 分，第一门被完全摧毁（参见插图 14）。

听到爆破声，第二班当即出发，由田坂少尉指挥，在第二门安装爆破装置，9 点 50 分将其爆破。工兵高呼万岁，并将此通知步兵队。步兵第四十一联队听到爆破声马上前进，担当突击队的第一大队按第四、第一、第三中队的顺序成四列纵队从侧面悉数进入城内，登上南面斜坡占领谯楼，诸队相继入城。第一大队的第一中队以及第四中队的一个小队扫荡南面城墙，清除了近千米。第三中队防备谯楼上冲出的敌人。第三大队扫荡北面的城墙，第六中队登上城楼消灭敌败兵。真锅旅团长率领联队本部、第一大队（缺第二中队）以及第二大队（缺第六中队）自城墙上南进，击退敌兵，并向日本公使馆进发。15 日凌晨 1 点抵达崇文门而停止。旅团长和联队本部以第七中队的一个小队为护卫，1 点 20 分抵达公使馆。由于此城墙的扫荡在夜色中可能有同友军发生冲突的危险，真锅旅团长命令向东直门前进的部队边吹奏喇叭行进。另外师团司令部听到东直门方向的爆破声后，师团长马上派誉田参谋出发，防止部队自朝阳门和东直门两方向前进，避免相互冲突。不过城门破坏后圆月（三天前即 11 日的满月）将升，可以分辨五六米内的物影，由此使得我军的行动稍微容易，且两军也提防自家冲突，从而未发生任何误伤事件。

朝阳门附近的敌人是正白旗及团匪，与东直门相同，附近的城墙上建有大量兵舍，同时城内的民房中亦有宿营的痕迹。谯楼的敌兵顽强抵抗，最后全被射杀。谯楼南北各有约五十具尸体。后经清点朝阳门、东直门以及东北角谯楼间约有敌人死尸二百五十余具，其南部还有五六十具。此间敌人所用的大炮以口径约五厘米、八厘米、十厘米的居多，而尤以五厘米炮最多，约有十一门（青铜装线炮使用的是口径约为三厘米的铅弹或铁弹以及小粒火药)另外预备炮有三十余门。此外朝阳门南方有六门克虏伯野炮。我军的伤亡情况以步兵第四十一联队第一大队最多(战死一名军官、下士以下七人,伤特务曹长一人、下士以下三十二人),此方面的战斗中各部队总计战死军官一人、下士九人,伤特务曹长一人、下士四十四人。

耗费弹药:步兵第四十一联队五千零六发,工兵第二中队一百五十发。

联络公使馆

是日看到柴中佐的约定信号弹(参见第十六章)在城门被破坏时发出。

福岛少将率步兵第四十一联队(缺一个大队),下午6点12分自朝阳门外的东岳庙出发,7点进入东直门,取道护城河南,此时天色已晚,且道路难行,到处是积水坑。动辄则易失去联络,为此耗费了大量时间。抵达崇文门时夜幕降临,城门紧闭,先抵达的俄军停在门外无计可施。我第三大队自城门下缝隙钻入,派若干士兵登上门墙遂打开城门。由此,福岛少将于8点40分同联队本部一起抵达日本公使馆,受到公使馆人员的热烈欢迎,并会见了公使男爵西德二郎以下诸官。在此之前,由比参谋已经抵达,9至10点间步兵第十一联队在公使馆前集合,宿营在道路两旁,以携带口粮给养。当日联队正于东岳庙准备晚饭,突然接到出发的命令,无暇用餐,当即出发。但因给养上的困难加之道路难行、天气炎热,致使五人中暑,其中大半死亡。

福岛少将从公使馆武官柴炮兵中佐及杉几太郎(在北京同文馆教授日语)得到有力情报,马上对此做准备,15日天明派兵占领户部、总理衙门以及周围的米仓。上午8点来到朝阳门上与师团长会面。此时败兵四散奔逃,街头巷尾中小冲突不断。山口师团长采纳了福岛少将的意见,马上派兵占领了朝阳门内的禄米仓、南新仓、旧太仓、富新仓、兴平仓、太平仓,东直门内的海运仓、北新仓以及东直门、朝阳门的米仓。于是,北京的米仓悉数为我军掌控。另外师团长注意到在战火中安抚民众,派兵对亲王府以及达官贵人的豪邸予以保护。

下午1点左右,从俄军指挥官那里得知联军指挥官会议将在俄国公使馆内的俄军司令部召开,福岛少将马上返回日本公使馆。

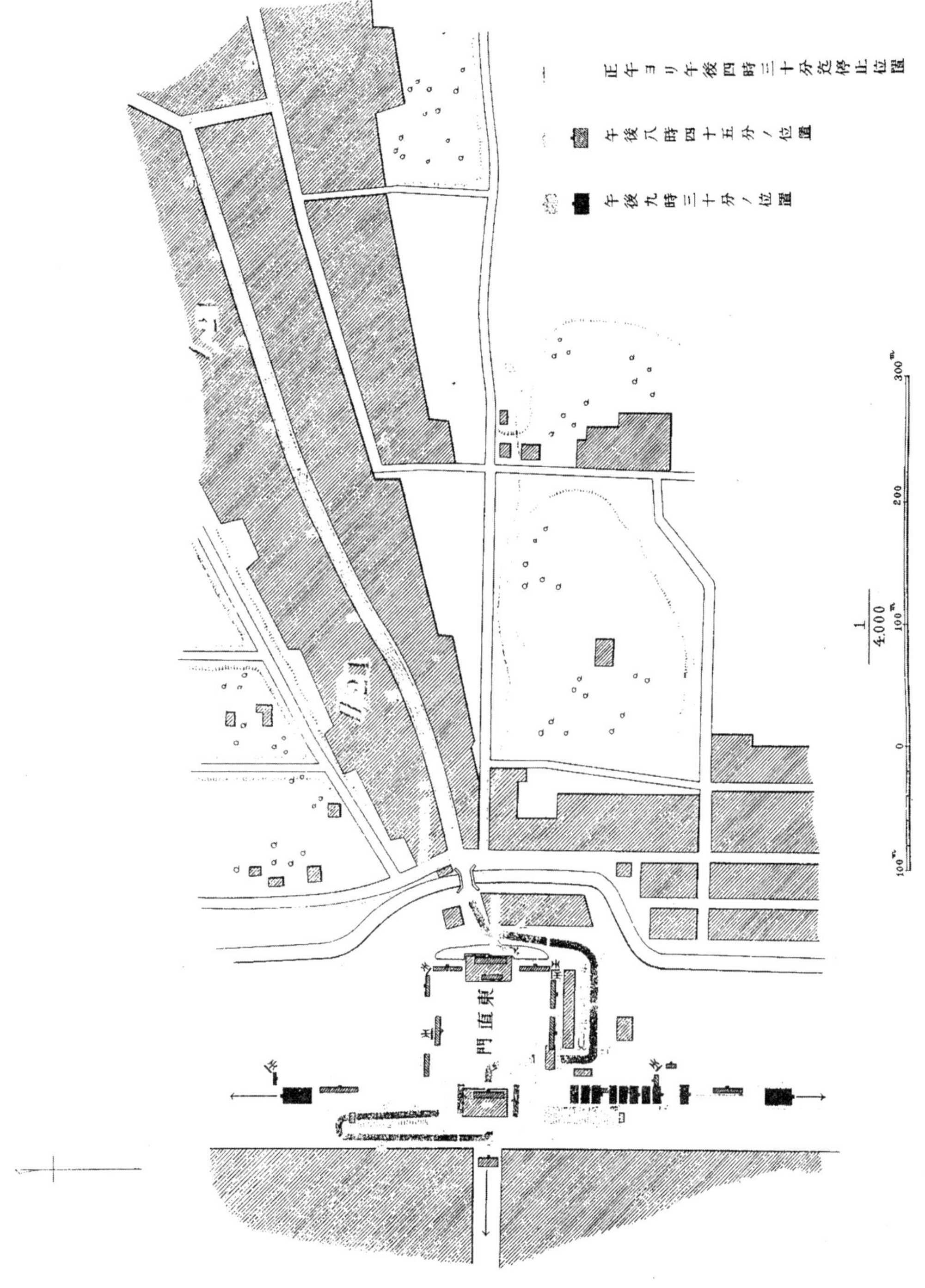

插图 13　东直门破坏前后各队位置图

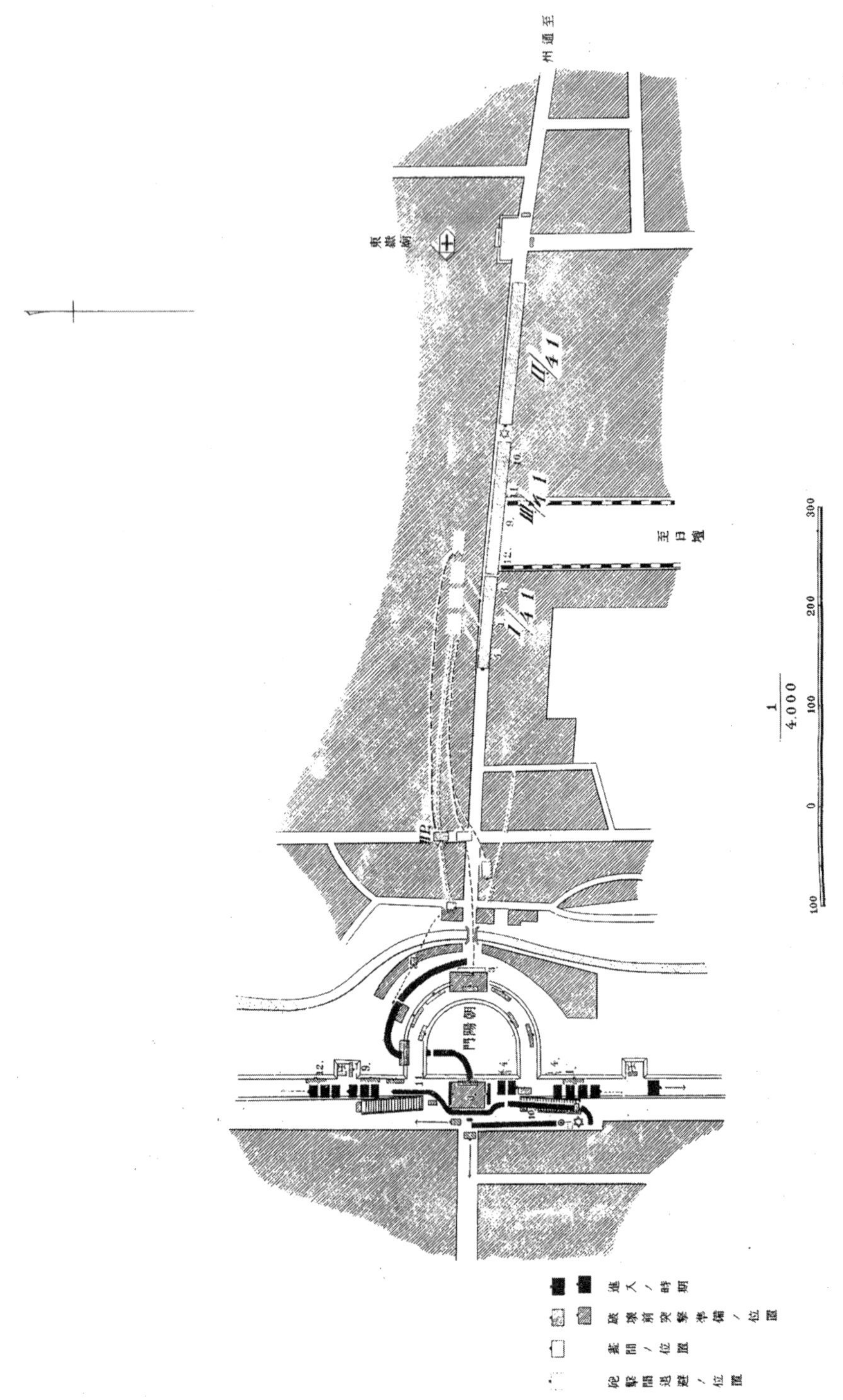

插图 14　朝阳门破坏前后各队位置图

15 日凌晨 1 点 20 分，如前所述真锅少将同步兵第四十一联队本部、公使馆森海军中佐以及伊藤参谋一起来到公使馆。

由于皇城及其他战斗尚在继续，师团长于 15 日拂晓自朝阳门派誉田参谋前往公使馆拜会西公使。早晨 5 点柴炮兵中佐来到朝阳门迎接师团长。

进军皇城

受命负责占领皇城的步兵第四十二联队，于晚上 11 点 10 分以第五中队为前锋，按第二、第一大队的顺序，自北京东城外宿营地出发，进入朝阳门向东安门前进。15 日凌晨 12 点 30 分前锋在东安门东面十字路口处与近一百名敌兵交火，接着前锋一个小队赶来增援与之接战，但敌人据守民房不退，故此联队长大佐渡边章决定待拂晓进攻，在路旁以警戒态势宿营。

各队夜间位置

15 日夜，师团一部尚处于战斗之中，另一部正在行军，行军停止时各队位置大体如插图 15。

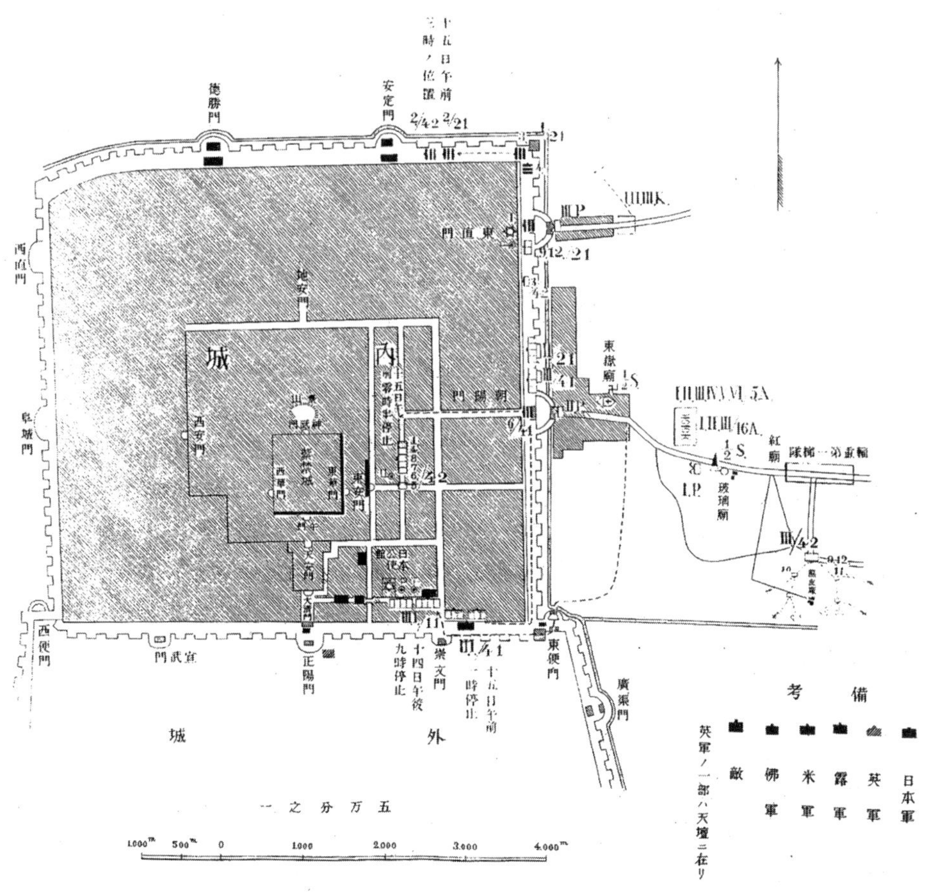

插图 15　8 月 14 日夜北京附近诸队位置图

四 各国军队之行动

俄军先于联军向东直门方向发动进攻,结果与联军形成竞争,比预定的日期提前一天实施总攻击,这一情况前文已述。

俄军之侦察战

据俄军自己所言,13日晚上8点北京方向发现火光,伴有如雷鸣,漫天怆然,暴风雨似即将来临。俄军以此认为是公使馆遭受最后的猛烈攻击。恰恰此时点俄军派出的侦察兵当晚归队,报告说在抵达距北京城墙约二百米处,准备进一步接近东直门时遭到敌人的射击。俄军指挥官派出参谋少将华西列夫斯基指挥的狙击步兵第二联队的一个大队(联队长上校默德尔亦一同前往)及半个炮兵中队(四门)进一步确认情况,并负责打通明晨进攻部队的前进道路。

当晚夜色漆黑,咫尺莫辨。11点,天降骤雨,此时俄军的侦察队躲过敌人视线顺利接近东直门。华西列夫斯基少将决定乘敌人不备之际攻破城门。

护城河上有通过东直门的桥梁,华西列夫斯基少将命令部下越过此桥逼近城门,击退桥上的约三十名敌哨兵。此时城墙上的敌人猛烈射击,幸好在黑夜中受损较轻。接着俄军将两门炮拉近到距城门十五步,进行炮击,城门上炸出一个可容一人钻过的小洞。

于是,华西列夫斯基少将及默德尔上校率先进入门内,士兵跟随其后。此时城内的小城郭中敌人射击弹如雨下,但俄兵不断从破孔处匍匐进入,形成规模后马上向城墙上的敌人射击,彼我枪声激烈地交织在一起。

接着俄军打开城门将三门炮拉到城内的住宅区附近,步兵大部亦进入城内。此时敌人逐渐离开外城的矮墙,转移到内城的高墙,从城墙上射击俄军,但约三十分钟而止。

接着华西列夫斯基少将决定利用城墙下死角向崇文门方向前进。俄军步兵以三门炮为掩护,进入此道路,到达内城墙墙角谯楼下。一到此处就受到各面城墙上的猛烈射击,数分钟内驾车马被打死十八匹中的十匹,指挥该队的军官身负重伤,士兵伤亡甚众。如此不但前进受阻,且炮兵、马匹多被杀,不得不放弃炮门,但最终众多步兵帮助炮兵将其拉回。

俄军无法前进,集合于城门墙上,敌人继续射击,但黑夜中收效甚微。华西列夫斯基少将决定坚守原地以待援军。拂晓,物色得以辨认,敌人加大射击精密度,又凭借高墙枪眼,使俄军遭受重创。

敌人自内城猛烈射击,且自内城炮击俄军,俄军处于毫无隐蔽之地,不利于还击而停火。华西列夫斯基少将总是立于最开阔地,突然右胸部负重伤。运送受伤将军着实困难。两名哥萨克担架兵相继受伤,未达目的。此时角楼上的清兵依然猛烈射击,董福祥所率大部队亦旗帜招展地赶至,形成对华西列夫斯基前进部队的夹击,俄军一齐射击才艰难地顶住这股敌人。

俄军首发队伍及美军之战斗

14日上午9点刚过,俄军的首发队伍抵达东直门,但为敌人射击所阻无法前进,且无法与前夜派出的侦察队取得联络。9 点 40 分发现内城有十几面白旗，于是先命令距东直门东约一千米的炮兵炮击内城东南角谯楼以及天文台附近的城墙。由于当时此处没有适当的炮兵阵地，不得已将数门炮分散各处对敌射击。

敌人依靠谯楼以及天文台附近的城墙进行猛烈射击，俄军炮兵深受其害。俄军步兵在军官的指导下散布于炮兵之间，但此地无法前进。在此之前（拂晓）俄军指挥官派传令官至日本军队，请求其向朝阳门方向进攻以挫敌人火力，同时索要炸药，并询问日军行动如何。这些请求都是很难处理的。

接着得知前夜派出的侦察队已经进入东直门，准备对其实施援助，但为敌人火力所阻，特别是东直门前的桥外侧有与城墙平行的护城河，无法通过此桥，前进更为困难。炎热的天气加之连日劳累，到处有兵卒横卧。

美军沿运河南侧避开敌人视线，得以前进至东直门附近。上尉雷利的“F”炮兵中队于上午 9 点布置于高地上，射击朝阳门附近的城墙以支援日军的进攻。此高地无法射击东直门反倒适于炮击朝阳门（射击到下午 4 点 30 分），接着美军步兵第十四联队的两个中队冒着敌人炮火自东直门墙脚攀援城墙，与前夜派出的俄军侦察队会合，此时已是上午 11 点许。

于是，俄美步兵混合进入东直门，美军沿内城南墙前进驱逐敌人，放英军进入水门，下午 4 点抵达公使馆（英军在此之后）。俄军此时为收容伤亡人员暂时休整后前进至崇文门。此时为再度入城有必要将此击破。此时日军的步兵第十一联队士兵首先打开城门，日俄军混合入城。一部分进入公使馆，一部分扫荡崇文门城墙之敌人（福岛少将所率大队之一部）。利涅维奇中将抵达正阳门，依靠俄美兵打开城门，马上进入，其乐队奏乐进入公使馆。

俄军进入北京之际伤亡多人，即联队长上校安丘科夫当场死亡，除参谋长少将华西列夫斯基、联队长上校默德尔外，还有三名军官负伤，下士以下士兵战死二十人，二百多人负伤。

日、美、俄三国军队的战斗将大部分敌人火力吸引集中一处，从而使得英军得以乘敌人之虚未受任何抵抗而进入广渠门（又名“沙窝门”）。

英军进入北京

英军盖斯里中将因是日（14 日）凌晨 2 点 30 分前方炮火激烈，率军从通州东南部宿营地出发，闻听炮声不断，急行军前进，于早晨 7 点抵达英军先遣队伍的位置。接着又率领其能够指挥的军队继续前进，其他部队休息一小时后继续跟进。中午时分与美军会合，得知俄、美军队试图攻击东直门，英军决定进攻广渠门，当即转道行军。下午 1 点抵达该门，城门紧闭，清国教民自内部打开城门。于是，盖斯里中将马上派遣毛瑟枪骑兵第一联队以及曼彻斯特步兵第二十四联队赶赴天坛，将其占领。并将该地作为以后的宿营地，以便掩护英军的左后方。接着以此时此地的诸部队，按以前从密使得到的报告向水门进发。此时诸队因疲劳之故大多分散。但是盖斯里中将与其幕僚以及希克第一联队、毛瑟第七联队的约七十人经过正阳门和崇文门间的外城横街向内城城墙前进。下午 3 点前，抵达水门南部。此时公使馆附近的城墙上有外国士兵，其中还有俄、美、英三国国旗飘扬，此表示公使馆尚未陷落。此时城墙上方以信号告之应经过水门赶至公使馆。途中受到躲在民房内的一二败兵的射击,除此之外几乎未听到任何枪声。刚一靠近城墙,便通过城中受困人的信号得知清兵已退,现由公使馆的护卫兵占领。借此盖斯里中将一行进入通往水门干涸的护城河,借助城内清国民众以及若干欧洲人之力毁掉城门下方,打通前进之路。于是,首先是毛瑟枪步兵四十余人和若干英国人进入,受到众多清国教民的欢迎。紧接着刚抵达公使馆附近,就受到河左侧英国公使馆门前聚集的欧洲民众男女老幼齐声欢呼。此时一名欧洲妇女因过度兴奋奔走相迎,结果被敌人所伤,此外荷兰公使亦受轻伤,进入城内已经是下午3点。仅是在崇文门门楼受到若干敌人的射击,除此之外未遇到任何抵抗。

至此公使馆之围解开一面,但蒙古街方面的敌人尚未停止射击,希克步兵冲进敌人堡垒驱逐之。

旁遮普步兵与公使馆卫兵轮换,各哨兵就位。美军抵达时正阳门敌兵退却,上尉布兰多手持机关枪登上正阳门楼二层,向皇城中的敌兵阵地射击,暂时在城墙左右没有发现敌影。

是日,一名英国士兵死于中暑,两名印度兵重伤,一名轻伤,一人失踪。

法军进入

法军14日晨停在距离北京三千米远运河北岸宿营。福里少将严格遵从联军指挥官会议决议,认为上述的战斗是为侦查北京城所为,且各纵队相隔较远,无法看到各国军队的行动,因此依然留在宿营地,在此特意搜寻俄军指挥官。但是,晚上接到各国军队已进入北京的报告,立即撤离宿营地,自东直门向公使馆前进,抵达公使馆已是翌日拂晓。

如前所述,俄军先于别国军队开启战端,攻破东直门,但因遭到敌人猛烈射击,未能获得第一个救援公使馆之名誉。相反,英军却是乘敌之虚,率先抵达公使馆所在地。如此,这可谓是北京攻略中缺乏联军一致联合行动结果之一奇观。唯独我军作为各国军队的主力,最终将营救各国人于重围之中,彰显我国之军威。

五　北京城内之扫荡

占领安定门

14日晚,城门攻破后,步兵第四十二联队被派往皇城方向,山口师团长将其中两个中队派往东直门、安定门方向。

步兵第四十二联队第二中队接到占领安定门的命令后,于晚上10点30分自东岳庙附近出发,在城墙上前进。15日凌晨1点30分行至安定门东五百米处,与敌人交火,持续到2点30分。增援的步兵第二十一联队第二中队,沿外城墙逐渐前进,抵达距安定门东面约三百米处构筑堡垒以待天明。4点30分实施进攻,与敌人短兵相接,拼刺刀,最终将敌人击退,占领了安定门谯楼。继而继续追击逃往德胜门方向的敌人,同时对自八旗校场(练兵场)向西北方向退却的五百敌兵进行快速射击。安定门之敌人约为五百名,炮十门,留下八十具尸体,其余逃至蒙古外馆及德胜门方向。根据其旗帜、帐篷等判断,全部是八旗兵。

耗费弹药：步兵第二十一联队第二中队三千八百零六发，步兵第四十二联队第二中队六千三百九十发。

伤亡：步兵第二十一联队第二中队负伤大尉山中次郎，士兵七名；步兵第四十二联队第二中队战死下士一人，负伤特务曹长一人、士兵十一人。

战利品：炮十一门、枪六百一十七支、旗四十六面 、马二匹 、火药约三石。

占领德胜门

15日早晨6点塚本旅团长来到朝阳门，会见师团长汇报情况，继而决定对德胜门实施占领。命竹中步兵第二十一联队长留下两个中队守卫东直门，率其余队伍负责完成此项任务。该联队长以第一大队长少佐新妻英马率领的第三及第四中队(缺两个小队)为第一线，亲自率领第九及第十二中队为后续部队。上午8点30分自东北角谯楼出发，沿城墙上西进。10点50分进攻德胜门并将其占领。敌人兵力约二百名，向城外及西直门方向退却。

耗费弹药：三千二百六十五发。

伤亡：战死下士以下士兵二人，负伤特务曹长一人，下士以下士兵五人。

战利品：大炮五十二门、小枪二百五十把、枪一百一十支、旗三十面、帐篷三十顶。

占领西直门

直到16日仍未得以扫荡城内西部敌兵，为此师团长决定根据15日联军指挥官会议决议(参见第二十章)，占领处于我军占领区内的西直门。命令塚本旅团长派遣步兵第二十一联队第十二中队和一个山炮中队，连同中川参谋自城墙上占领此门并同阜成门的法军取得联络。正当塚本旅团长准备派出一个野炮中队与步兵第四十二联队第三大队赶往北京西北角北面的耕地为进攻西直门做准备时，西直门已经为该联队的第七中队所占领。

在此之前，15日拂晓师团长移至朝阳门谯楼附近，指挥对皇城内其他地区的战斗。此时与留在后方的步兵第四十二联队第三大队失去联络，其手下一个步兵部队也没有，故此来到公使馆方向，召回步兵第四十一联队至朝阳门。接着早晨6点25分派步兵第二十一联队第七中队连同步兵大尉桥口勇马及翻译官占领米仓及端郡王府。

此中队于10点20分占领位于旧大仓街的米仓(缴获粗米约十万石)，留下一个分队卫兵。下午2点20分抵达德胜门。自该门守备队长得知“西直门附近尚有若干敌兵，上午10点左右约二百名敌兵来犯，已被击退”，从而觉察到对端郡王府的占领不能在占领西直门之后。决定待第二天炮兵赶到，进攻西直门，宿营在德胜门。

16日上午8点5分因炮兵来迟，第七中队单独自德胜门出发，向西直门进发。8点37分西北角的谯楼前约有三十名敌兵出现。与我先遣哨兵对战片刻后撤退。哨兵尾随其后，至楼前触发地雷，一名士兵当场战死，三名负伤，与此同时谯楼彻底崩塌。在此之前8点20分前来支援的一个小队与哨兵会合共同前进，敌人向西面退却。小队于10点50分未受到敌人抵抗占领了西直门，11点42分中队的剩余队伍也赶来。

塚本旅团长于下午2点来到德胜门得知西直门已经陷落，命第七中队余部及山炮兵第六中队的一个小队也赶至该门。

此时从西直门涌现出大量难民,为此关闭城门进行盘查,只准良民通过。此间约有三十名团匪企图乔装成良民逃跑,结果为我军俘虏。经审讯得知端郡王府的位置,还探知数日前有团匪在该府集合,于是决定毁掉端郡王府。下午3点派山炮第六中队的第二小队自西北角的墙上对端郡王府实施炮击(以一千米的标尺实行榴弹射击),接着在3点30分又增加了第一小队,进行快速射击,直至4点30分。(因西直门俘虏抵抗将其击毙)

下午5点,塚本旅团长自德胜门招回第十二中队。5点20分,命第七中队一个小队烧毁端郡王府。

5点,向阜城门派出哨兵探查得知,既无敌兵亦无法军,不时自西直门派出哨兵进行监视。由于预定是由法军占领阜城门,我军不能在此布置守兵,而后向西直门派出第七中队为守备队,其他部队全部返回德胜门外宿营地。

耗费弹药:步兵第二十一联队第七中队七十三发;野战炮兵第五联队第六中队榴弹一百五十发,榴霰弹二百零五发。

伤亡:步兵第二十一联队第七中队阵亡士兵一人,负伤士兵五人。

战利品:旧式炮一百三十一门、炸药九百袋。这批旧式炮中有三十门是散落在城墙上,其余是在炮厂内。战利品全部烧毁。

德胜门的守备兵打扫城墙,发现在德胜门附近有七具敌军尸体,该门到西直门之间有九十一具。

东安门附近战斗

向东安门进发的步兵第四十二联队(第三大队留守于红庙附近,第二中队负责占领安定门,第三中队被派往东直门,4点许返回)至15日拂晓以该门东十字路口处为先头宿营,早晨6点30分向东安门前进。因敌人自门内及北侧进行射击,前锋第五中队(缺一个小队)对付北面之敌,以该中队的一个小队及第八中队的一部破坏东安门城门,到7点此部队将城门攻破。各队一齐冲入城内,敌人顽强抵抗,经再三突击后才抵达紫禁城东华门前百米处。这时第一大队长少佐堀江不可止身受轻伤仍坚持指挥。

敌人死守此门,进行猛烈射击,东安门附近之敌为神机营部队等约一千人。

7点30分,第二大队与第一大队的两个中队(第一、第三中队)一起,凭借东安门内左右两侧民房射击敌人。8点5分渡辺联队长在东安门附近脚部受伤,由堀江第一大队长代其指挥联队,大尉中路清仪指挥第一大队。

拂晓,师团长于朝阳门接到渡辺联队长的报告,认为有必要将炮兵配给此部队。但最初因为有占领皇城并对其予以保护的精神,故此一直推迟炮击紫禁城,但7点左右敌人顽强抵抗,我军伤亡甚重,不得已派出野炮第三中队。

此炮兵中队于8点35分在东安门东二百米的街道上排列开来,以七百米标尺发射榴弹。10点40分派第一小队进至东安门,以此门为楯,以四百米的标尺发射榴弹。但敌人之顽抗愈来愈激烈,射击仍在继续。我炮兵11点40分停止开炮,中午12点35分再度开炮,第二小队缓射榴霰弹,第一小队混用榴弹和榴霰弹连续射击直至5点10分(炮击停息后炮兵以第四十一联队第九中队为掩护,返回至德胜门宿营地)。

敌人一直坚决抵抗,使得我步兵终日与其对战,无法前进将其击退。

耗费弹药：步兵第四十二联队第一大队七千五百九十九发，步兵第四十二联队第二大队六千九百发。野战炮兵第十六联队第三中队榴弹九十九发，榴霰弹二百二十七发。

伤亡：步兵第四十二联队第一大队战死士兵一名，负伤军官一名、下士兵八名；步兵第四十二联队第二大队战死士兵八名，负伤军官四名、士兵三十九名；野战炮兵第十六联队第三中队战死马一匹，负伤马一匹。

6 点 35 分堀江代理联队长决定停止攻击进行宿营，命第六中队之一小队负责警戒，其他队伍宿营于东安门东面大街。

敌人于此夜 1 点至 3 点间悄悄撤走，16 日拂晓未见敌人一兵一卒。于是堀江联队长代理留下 1 个小队守卫此门，同时命其兼守东安门及景山东外门。其他队伍于东安门、东华门间北面的民家宿营。

上午 9 点，根据柴炮兵中佐的指示，命第五中队占领端郡王及庄亲王王府，10 点该中队占领了庄亲王王府（此时端郡王府已被烧毁，故未对其进行占领），不过下午 5 点接到柴中佐没有必要占领王府的通报而返回。

地安门附近战斗

在此之前，15 日早晨 7 点，为占领各城门，师团长将渡辺联队长指挥的在朝阳门附近的步兵第四十一联队第三大队及步兵第二十一联队第二大队（缺第七中队及一个小队）交由柴中佐负责。

步兵第四十一联队第三大队以第九中队为前锋，7 点 24 分自朝阳门出发，自东四牌楼左转，以原来的前锋为右卫，再以第十中队为前锋赶往东安门。途中与遭遇敌人骑兵而撤回的步兵第二十四联队第一大队的小行李部会合，前锋将敌骑兵击退。

8 点抵达东安门，继而命第十中队及第十一中队之一个小队（少尉鲛岛肇）自东安门南面从侧面射击并击退敌人。

9 点 35 分，按照柴中佐的引导以第十二中队为前锋，同步兵第二十一联队第二大队一并转而向地安门前进。此时，将第九中队留下掩护野炮。前进途中敌人自侧道狙击，前锋将其击退，我军两名士兵负伤。

前锋 11 点抵达鼓楼，进而进军占领地安桥。此时敌人骑兵二三骑退向地安门内，紧闭城门。

12 点 20 分井上大队长命第十二中队占领地安门，鼓楼留下两分队负责后方警戒，其余部队前进到地安桥。

前锋虽抵达地安门，但城门紧闭，无法进入。我军一名士兵（二等兵石田锦市）试图自城门下方潜入以打开城门，结果负伤，但最终还是打开了此门得以进入。敌人从门内两侧的城墙及前方猛烈射击。井上大队长增派第十一中队（缺一个小队）到第一线，此时第十一中队长大尉坂户直吉负伤，少尉鲛岛肇代其指挥中队。

中午 12 点 30 分敌人终于退却，其数约二百名。暂时命第十二中队留在地安门负责警戒，第十一中队返回大队。此时敌人再度挑战，第十二中队应战，击退敌军，敌人伤亡十几人。1 点 30 分发现敌人乔装改扮取道地安桥西侧蓄水池的道路，退至西北面，第十一中队继续追剿敌人。

1点50分,留下第十二中队的1个小队驻守在地安门北约五十米处,其余返回。另外向通往西面什刹海的道路派遣下士侦察兵,负责警戒。敌人不时自屋顶或城墙上进行狙击。

2点井上大队长决定宿营,命第十二中队驻守地安桥做前哨,第十中队在地安桥东面宿营,向东面派遣得力的外围卫兵(七十四人)驻守东端,第十一中队宿营在道路西侧,其他的部队宿营在地安桥的北侧。

前哨中队在地安桥部署下士哨兵,让前方小队后退。团匪经常自房顶或门缝中狙击我军,增加了危险,故将地安门外附近的房屋烧毁,使得团匪及败兵无从狙击。

耗费弹药:步兵第四十一联队第三大队六千五百五十发。

伤亡:步兵第四十一联队第三大队战死一名士兵,负伤一名军官、七名下士以下士兵。

16日早晨6点接到报告得知当地居民及团匪混在一起,大多从什刹海内的通路逃往西北方向,于是派遣第十二中队的一个小队(少尉高见武敏)到地安门,接着又派此中队的一个小队(少尉岩井深平)至此门西面的丁字路口,派第十中队的两个分队(少尉关谷连三)至什刹海内通道,以监视敌情。在此之前,地安桥的下士哨兵开枪射击逃走的敌兵。此时因昨日焚房之余烟无法展望地安门方向,该门昨夜已被烧毁。

6点20分,敌兵一百人袭击地安门,第十二中队的一个小队应战,接着增派中队余部及第十中队的一个小队(佐野曹长),敌人呐喊着冲到离门四十米处,但未能经住我军猛烈射击,等援兵到达时留下十几具尸体撤退,潜入民家。

10点15分,敌人约二百步兵向哨防(此时由佐野小队担任)发起突击,第十中队全队在道路上散开应战。10点30分第十一中队加入战斗,进行猛烈射击。至中午12点20分敌人被击退,敌人留下四十余具尸体退走。

大队于下午1点10分按柴中佐的指示向紫禁城开进,1点50分占领神武门,接着又派出一个分队至西华门并占领之,如此一来我军先于他国军队,使紫禁城东、北、西三门尽入我军之手。下午4点将西华门交给步兵第二十一联队第二大队。此时俄、法军队占领了景山,大队此后在紫禁城外西北角宿营。下午3点接到报告得知,地安门的轻辎重部队卫队(一个分队)遭到敌人攻击,于是派出第十二中队增援。此时卫生队也遭到敌人袭击,自地安门西面撤退,为此派兵支援,击退数百名敌兵,击毙其中二十余名,俘虏五十三人,后来这批俘虏被放逐城外。

耗费弹药:三千六百六十三发。伤亡:负伤士兵二名。

西安门附近战斗及北京解围

步兵第二十一联队第二大队(缺第七中队)于15日早晨7点30分按照师团命令归属于皇城占领队,自朝阳门附近出发,9点抵达东安门。接着跟随步兵第四十一联队第三大队继续前进至鼓楼附近宿营。因团匪的残兵自屋顶狙击,各中队派出若干兵力对其进行驱逐。

大队长少佐西山敏为进行第二天的进军,当日下午5点派出第八中队至西安门进行侦察。

16日凌晨4点第二大队(缺一个中队)自鼓楼出发,以第五中队为前锋,经庄亲王府西侧大街,5 点抵达西安门。敌人潜入门内掩体,门外未见一兵。由此派出第六中队的 1 个小队占领门的西面,以此为掩护,命第五中队在门前构筑掩体。

8 点 30 分与被包围在西安门北堂内的基督教徒取得联系,继而法军赶来,由此决定前进。9 点打开城门冲进城内,冒着敌人炮火,呐喊着夺取敌人掩体,并追击敌人,占领了玉河桥(大理石桥)西侧的金鳌门。此时法军开始炮击,敌人不下二百名,携带"毛瑟"枪及抬枪,留下一百余尸首,往景山西侧的房屋及景山南部宫殿方向逃走。

大队在金鳌门待命,下午 4 点抵达西华门,代替此前被派来的步兵第四十一联队第三大队的守备兵守备此处。

耗费弹药:三千八百三十发。伤亡:战死下士一人,负伤士兵五人。缴获:炮一门。

法军指挥官福里少将指挥的法(海军步兵四百人的大队,山炮兵中队两个,一个野炮中队)、俄(步兵六百人的一个大队,哥萨克骑兵五十人)、英(步兵四百人的一个大队)、奥、意(水兵若干)之支队(共计一千七百五十人),于 16 日早晨 5 点在正阳门集合。为先攻击顺治门的清兵,向西面前进,排开法军的两门炮,同处在正阳门的两门英炮共同炮击顺治门,最终击退敌人,占领该门。接着顺大路向北前进。因途中有清兵修筑的防御建筑及障碍物十分难行,9 点其先头部队抵达西安门。首先排开炮兵,炮击景山等地,日军展开突击,继而进入皇城西北部,驱逐残兵,占领景山。为了自西安门沿北面城墙同北堂基督教徒取得联络,派出法、意、奥水兵及法军一个海军步兵中队,借助北堂教民的梯子,翻过城墙进入北堂。由此解开北堂之围。(北堂有法军水兵三十名,意大利水兵十人,一直为敌人所困)

师团长自福岛少将得到北京第一会议的报告,得知当日各国军队有上述考虑,向西山步兵第二十一联队第二大队长发布训令"法军等解北堂之围,北堂中除法、意教徒之外还有教民,且忌误伤,要为法军等行动提供方便"。(此训令于 8 点 30 分自公使馆发出,西山大队长于金鳌门接到此训令)

美军占领午门

美军自 15 日早晨 7 点进攻紫禁城南部,将一个炮兵中队布置在正阳门附近的城墙上,炮击打开大清门入城。姆鲁比中尉率领的一个小队自大清门刚前进一百米,就遭到来自天安门门楼上及附近城墙上的猛烈攻击,伏于杂草间与之对抗,弹药几乎射尽。此时正阳门附近除了美军的第九、第十四步兵联队和海军外,还有若干俄国水兵。沙飞少将命达盖特上校负责占领皇城,该上校命金得少校率两个中队(M 中队半部及 L 中队)前去支援前方小队。此队进入大清门在与敌对战中损失惨重,不仅如此,9 点身处正阳门的炮兵中队长上尉雷利中弹身亡。此时,若干敌人从西面向大清门大栅栏的广场前进。于是,步兵第九联队第三大队一部由上尉安德林指挥快速前往阻击。敌人顶不住炮火而溃败,大部分逃散于被烧毁的房屋之间。

以炮兵和步兵第二中队继续对正面的天安门守敌进行射击,基本使敌人停止了射击。于是,将二门炮拉近炮击城门,无奈城门牢不可破。继而用英军所雇的日本人力夫试图用自天津运来的云梯登城,但云梯短不能奏效。此时日本人力夫在靠近城墙右侧的矮屋顶上立起云梯,美军借此登上城墙,将国旗插在城门上。敌人已经逃走,仅留下死者。继而步兵一个中队登上城门，发现一个内部出口，自出口而下打开城门。此门内的广场有众多的敌人帐篷，旗杆上飘着飞虎旗。此时决定继续向端门前进。步兵一个中队刚到庭院中央便遭到敌人急速射击，一部分匍匐在地，一部分撤退，一部分潜伏于侧面小屋。此时，为抢救伤者胁迫清国苦力以担架将其运回。继而紧急召来炮兵，另外派多名士兵登上占领的天安门进行射击。借此掩护，步兵队冲到中庭射击，最终击退敌人占领城门，缴获若干小枪弹药，时间已是正午时分。

继而向午门进攻，下午3点30分海军中队占领之。沙飞少将赶至命诸队撤退。这是因为占领紫禁城作为最后胜利的纪念，应由各国军队共同占领为最适当。为此留下守兵，撤走其他队伍，到前夜宿营的正阳门外宿营。时已5点30分。

14日、15日之战，美军阵亡一名军官，五名下士以下士兵，负伤一名军官、三十名下士以下士兵。

法英部队之炮击及其他行动

法军于当日上午用梅涅特榴弹由城墙上向皇城的午门射击，但美军步兵此时已进入该门附近，感到很危险，沙飞少将将其通给报法军，请求停止射击，为此法军炮兵改为向更北面的皇宫内射击。

英军炮兵将两三门炮置于公使馆附近桥上，试图破坏皇城城墙，但最终未有机会射击。英军一部已于14日占领天坛，15日占领了外城的诸南门，并且为防备清兵进攻做好了防御编制。

16日，若干法、俄、意、奥、英军先占领了顺治门，继而解围北堂(参见西安门附近之战斗项)。英军扫荡外城，俄军扫荡内城东南部及西南角楼附近。美军当日(早晨7点出发)抵达先农坛宿营。

六　伤亡及收容并宿营

伤亡

14日以来各国军队伤亡情况如下：

国别	死亡人数(人)	负伤人数(人)
日军	58	222
俄军	21	107
美军	1	31(其中14日为9人，余者为15日受伤)
法军	4	5
英军		4(其中1人失踪，1人死于心脏病)
合计	84	369

我军伤亡的军官如下：

战死：

步兵第四十二联队 少尉 矢崎要作

负伤：

步兵第四十二联队：大佐渡边章；少佐堀江不可止

步兵第四十一联队：大尉坂户直吉

步兵第二十一联队：大尉富田七郎、道家次郎；少佐山中次郎

步兵第四十二联队：中尉东正彦；少尉饭田国助；少佐尾寺藤三、后藤矩一

步兵第二十一联队：少尉竹内东一郎；特务曹长村田成儿；少佐井上口、隈元巅

步兵第四十一联队：特务曹长野上仲

步兵第四十二联队：特务曹长石田政志

随军卫生人员之行动

进攻朝阳门之际，步兵第四十一联队第一大队的卫生人员于 14 日上午 8 点左右首先在距离此门六百米的道路南端空地上架设临时绷带所。但因受到敌人阻击，运送伤员十分困难，故此打穿两侧房屋作为担架通道，至下午 2 点左右得以救治伤员。在此之前，上午 10 点 10 分卫生队赶来，将绷带所设于东岳庙，并将伤员送于此处。上午 11 点关闭临时绷带所，此后将伤员直接送至东岳庙。晚上 9 点许攻破城门之际，仅有一名伤员，所以卫生人员随所属部队同行。其他各队的卫生人员特别是工兵大队的卫生人员尽力收容城门附近的伤员。但因为距离卫生队的救护站很近，所有伤员可直接送至此地。

进攻东直门之际，步兵第二十一联队第二大队卫生人员首先抵达该门外处置伤员。继而(晚上 9 点 30 分)第一及第三大队的卫生人员赶至。以第一门外的空地及一栋民房设立联队联合临时绷带所。辅助担架兵及护士兵收容了八十二名伤亡人员。15 日早晨 5 点移交给卫生队，8 点关闭此处，死者移交所属中队火化。

进攻德胜门之际，卫生人员为了边行进边安置伤亡人员，将搬运任务托付给卫生队。

由于东安门附近有战斗，步兵第四十二联队第一及第二大队的卫生人员在距离东安门大街战线六百米处的民房中设立四个临时绷带所，收容了第一大队伤员八人，第二大队四十七名伤员。

辅助担架兵只要从战线上运送伤者就会受到敌人攻击，甚是危险。为此我步兵打穿路旁民房墙壁，作为搬运伤员的通道。另外由于卫生队未能及时赶来，一时间伤员积聚，运送颇费时间，直至下午 6 点 30 分才将此临时绷带所关闭。

由于地安门附近有战斗，步兵第四十一联队第三大队的卫生人员于 15 日上午在大队后方设立临时绷带所，收容了六名伤员(东安门外两名伤员已经移交给卫生队)，16 日的战斗中有一人受伤，正午时分移交给卫生队。

西安门附近的战斗中，步兵第二十一联队第二大队的卫生人员于 16 日上午 9 点在西安门旁设救护站，10 点又在西安门西面约五十米处的一个民房内设立临时绷带所，收容死者一人，伤员六人，至下午 6 点移交给卫生队。

卫生队之作业

8月14日,真锅先遣支队所属半部卫生队,奉支队司令官之命,于上午10点10分在朝阳门东约一千米的东岳庙开设绷带所,收容伤员。10点30分,师团主力所属卫生队抵达该地。除主治医师外还有一名医官及五名护士协助绷带所工作。另外还得到步兵第四十二联队医官的援助,负责为伤员扎绷带。在此之前,接到报告得知朝阳门附近出现多名伤员,担架第一中队全员负责收容伤员。因不断受到来自朝阳门方向的敌人阻击,运送并不顺畅。最终收容了五十一名伤员(其中伤员四十六名、病员二人、新闻记者一人、骑兵[马卒]一人及师团司令部雇用的一名清国人)。

由于14日进入东直门之际出现大量伤亡,担架第一中队于15日凌晨2点前往救援,4点伤员陆续送至绷带所。

早晨6点,师团长命令卫生队全部开放(早晨7点10分传达到卫生队),收容城内伤员。东安门至朝阳门间有敌人残兵出没,担架第二中队长坐骑遭狙击,两名伤员被敌人虐杀。因此师团长自朝阳门派出若干步兵,以掩护伤员的护送。

是日,收容的伤员有五名军官、下士以下一百四十四名(其中六人当场死亡)。

16日凌晨4点,卫生队全员将东岳庙的伤员全部移交给第二野战医院。根据师团命令由步兵第十一联队第十一中队护卫,自朝阳门北进,直行穿过东直门,抵达位于鼓楼大街的顺天府。8点,设立绷带所,收容在皇城北面及西面战斗中步兵第四十一联队第三大队及步兵第二十一联队第二大队的伤员。不过当天仅有七名伤员,至晚上8点送至第二野战医院后关闭了绷带所。第二天返回安定门外的师团宿营地。

是日亦有败兵出没,感到担架运送有危险,借助步兵队的掩护,才艰难地得以收容全部伤员。

卫生队救治的死伤者中,军官以下二百零九名(其中军官五人、准士官二人,死亡十二人[其中病死二人],新闻记者一人,马卒一人,清国人一名,下士以下一百八十七名)。

野战医院行动

第二野战医院于13日下午4点在通州设立宿营医院,收容患者二十九名。15日接到前田军医部长命令,上午11点将剩余十一名患者(其他人员后来送走或进行治疗)移送第一野战医院。下午1点出发,9点10分抵达朝阳门外东岳庙,自卫生队接收伤员,尔后在该地设立医院,收容患者达二百一十四名。自18日开始陆续向后方送伤员,当日三十二名轻伤人员徒步至此,20日五十三名伤员或徒步或是用担架运送至通州医院,至25日收容患者总数达三百九十八人(达到最高收容数)。26日为护送六十二名伤员,动用担架四十副及辎重车辆。

选择宿营地

在北京的宿营与原来作战中的宿营不同,要作为今后之长久设施,因此要充分考虑卫生条件及军纪、风纪等。可是北京一般饮用水水质不好,为此第一要务是选择水质良好的地点。而当时可以为我军所用的场地,只有大液地附近及城北的练兵场附近(德胜门外八旗校场)二处。大液地附近其池水清洁,且附近建筑高大便于宿营。但此地归属皇室,在此宿营不但会刺激起保卫皇室之精神,而且此地邻近街市,免不了防范管理的疏忽。反之城北为市街与城墙所隔,饮用水水质良好,南临练兵场,郊外空气清新,有利于夏季卫生。

基于上述理由,师团长决定 8 月 15 日晨我军宿营于城北。但此时练兵场附近尚未被我军占领,故先派骑兵第五联队搜索此地,驱逐残兵,为宿营做准备。

宿营及警戒

继而,师团长中午 12 点 40 分下达命令,宿营及警戒情况如下表所示:

部队名称	地点
师团司令部	蒙古外馆
步兵第九旅团	蒙古外馆、安定门外无名村、营盘、地坛
骑兵第五联队	
野战炮兵第五联队	
卫生队	
辎重第一梯队	
步兵第二十一旅团	德胜门外无名村、比武场、旗人营盘、东马店
野战炮兵第十六联队第一大队	
工兵第五大队	
辎重第二梯队	塔拉坡

每个宿营地设置前哨,负责紧急警戒,集合于练兵场。

各守备部队如下图所示:

日本公使馆	1 个步兵大队
朝阳门	1 个步兵中队、步兵第九旅团
东直门、安定门及德胜门	各派 1 个步兵中队,第二十一旅团

根据以上部署,两个步兵旅团刚抵达练兵场宿营地附近,便发现有团匪尚据守在黄寺附近,将其击退后开始宿营。

是日(15 日),皇城附近的战斗尚未停止,步兵第四十二联队宿营在东安门外,步兵第四十一联队第三大队、步兵第二十一联队第二大队在钟楼、鼓楼附近宿营。

各国军队指挥官均在公使馆区,故师团长同幕僚一起宿营在日本公使馆。

是日,联队的给养依靠纵队,同时给因长时间被敌围困粮食短缺的公使馆人员及本国国人提供给养。

七 北京朝廷离京避难

北京朝廷一贯之态度

随着义和团的蜂起,北京朝廷中端郡王载漪、庄亲王载勋、辅国公载澜、军机大臣兵部尚书刚毅、管理吏部事务的徐桐等顽固派势力炙手可热,拥立皇太后,扶持标榜扶清灭洋的义和团。前山东巡抚毓贤、军机大臣刑部尚书赵舒翘、军机大臣礼部尚书启秀、工部右侍郎英年、刑部左侍郎徐承煜等与之雷同,朝廷重臣几近顽固不化,不晓世界大势,皆为拳匪所惑。甘肃提督董福祥率武卫后军,同义和团一起包围公使馆。直隶总督裕禄接见团匪头目,奉为座上宾,指挥直隶军协助义和团对抗联军。前四川总督李秉衡作为直隶军帮办对抗联军。皇帝知其势不可挡却无能为力,和硕庆亲王奕劻、军机大臣户部尚书王文韶等虽直言相谏,却未被采用。吏部左侍郎许景澄、总理衙门大臣袁昶、总理衙门大臣徐用仪、联元、户部左侍郎立山等,坚决主张应该保护公使馆维持大局,惩治奸臣,善后处置。但被顽固派拒绝,反而刑加其身。慈禧太后虽知时势已非,但无暇挽回,军机大臣荣禄最终倒向顽固派。8月7日北仓战败的消息传到朝廷后,朝廷便迅速电谕两广总督李鸿章,让其立即商讨同各国停战,防止外国军队进京。顽固派此时尚抱有幻想,对公使馆的攻击仍在继续。当时朝廷政令反复无常,支离破碎,难以收集。因此其上谕有称保护公使抑或是击退外兵,此类主张皆相互龃龉,无法形成统一意志。让听命且执行的人无所适从,唯有白白流逝时光。继而直隶总督裕禄于8月6日败走杨村,退至蔡村,7日再遭攻击,遂拔枪自杀。直隶军帮办李秉衡赶至河西务,督率张春发、陈泽霖等军勉强防御。9日我军刚一接近,其便不战自溃,马头、张家湾失守。11日在通州南面街道附近作最后抵抗亦无济于事,遂服毒自尽(李秉衡的遗骸跟着营总镇旗由卫兵护卫,送回河南)。

皇帝离京避难

形势如此,朝廷下旨10日西巡,但因车马未备好而耽搁了时日。

13日夜,北京城外炮声不断,至14日炮声愈来愈近。东面城下弹如雨下,朝廷震惊,百官皆去。上朝者仅剩刚毅、赵舒翘、王文韶三人。晚上10点参见皇帝、西太后。西太后曰"唯尔等三人尚在,余者皆各归各家弃我母子于不顾,尔三人亦随驾同行"(王文韶称家有老人,西太后命其随后赶上,皇帝亦下诏命其务必随后赶来)。当晚马玉昆带兵进入皇城,皇室决定逃难。好不容易找到两驾马车(据云,皇室马车被士兵运走),载着皇帝、西太后自地安门(当时有云,皇帝虽决心不离开宫城,但没有其他意见可参考,不得已才离开宫城)出德胜门,来到万寿山,离开了皇城。15日天未明,当时马玉昆在北门外侦查未发现我军便选定此路。然而拂晓我军进攻安定门、德胜门,马玉昆命部下殿后,侦查后认为皇室自万寿山间的居庸关至岔路逃难是安全的,遂决定往此方向逃难。

当时除皇帝、西太后外几乎全是徒步(有说,其后有二十辆载着宫女行李的车辆随行),护驾队伍除马玉昆所率千余人外,还有端郡王率领的神机营、虎神营、八旗联军约二千人。当日离开北京行约十里至贯市住宿。有人献上面食、粟粥、蔬菜等,后又得到三驾驼轿,皇帝同伦贝子共乘,16日行至十二里岔道。是日上午8点天降大雨,正午抵达居庸关，因山洪猛涨，只得徒步涉过。此间连杯冷水都无人奉上，岔道中给养非常困难。17 日行约七里（五十清里），来到怀来县，县令摆设宴席并奉上衣物等，18 日在此休整。

皇帝、西太后换上便衣，太后着蓝布衫未梳理发式，皇帝着黑纱长衫，穿两条黑布战裙，几乎未带什么御用衣服、食物，三天都睡土炕，连被褥也没有，更没有换洗的衣服，仅以粟粥充饥。过了怀来县以后，地方官不断贡献物品，情况有所好转。妃嫔宫女都未跟随，宗室高官随行者亦数少，随行者仅有端郡王、庆亲王、那亲王、肃亲王、伦贝子、刚毅、赵舒翘、王文韶、溥兴、鹿传霖等和各院司员若干。

沿途人家几乎皆遭逃兵劫掠，店铺悉数关门，无购物之所。逃兵等以皇室随行之名，在皇驾未到就擅自先行劫掠，各家物品被抢掠一空。加之銮驾休息之时，随行士兵亦四处劫掠，武卫中军前路统帅孙万林之辈纵容士兵抢掠，故被西太后申斥，命其跟行在后。如此情形，銮驾所过之处人迹寥寥，几乎烟火尽绝。

皇室逃难之际，荣禄、徐桐、崇绮三人留守，为留京办理大臣。但荣禄、崇绮躲入保定府，后崇绮自缢身亡（据云，荣禄本欲于 15 日黎明跟随皇室，但其抵达道和门时得知皇室已经西巡，与崇绮在途中相遇。东直门、安定门两门被攻破时，一齐出城，试图夺回二门。到芦沟桥、良乡县，途中逃兵拥塞，无从聚合，便同董福祥一起来到保定府，接着同宋庆会面，以图恢复。但各军受挫后皆无斗志，又非精锐之大军，无法破敌，各提督皆如此，崇绮更是激愤，25 日夜筹划策略，但还是无计可施，遂于保定府寓所莲池书院自缢身死，留下绝笔致荣禄），徐桐失踪。故此再派管理理藩院事务昆冈、户部尚书敬信、理藩院尚书裕德、鸿胪寺卿那桐等八人负责北京善后。庆亲王自怀来县返回北京力图议和。

19 日以后的逃难路线如下图所示：

时　间	行　程	地　点
19 日	8 里	河城
20 日	5 里	鸡鸣堡
21 日	8 里	宣化府（休息 4 日）
25 日	8 里	左衙（属怀安县）
26 日	8 里	怀安县
27 日	11 里	山西省天镇县
28 日	8 里	聚乐堡
30 日	8 里	大同府（休息四日）
9 月 3 日	12 里	怀仁县
4 日	13 里半	岱岳镇（属山阴县）
5 日	11 里半	广武镇
6 日	10 里	阳明堡
7 日	11 里	原平镇
8 日	11 里	忻州城
9 日	8 里	黄土寨
10 日（清历八月十七日）	8 里	太原府

北京之混乱

因为联军攻入北京城极为迅速,使得北京守军没时间调整防御准备,这可以从如下事实中推测而知:

东直门内的机器局有很多新式速射炮,但多为半成品,记载组装之法的书籍四处散乱,未及使用便败退,其炮皆为我军所获。

在法国公使馆的东北方,法军占领了与上述情况相同的机器局。

城门特别是东直、朝阳二门的第一门、第二门之间的城郭内,摆放着众多的石灰壶,这本来是用于阻止进入死角内的我军士兵,以供自楼上抛下使用,但尚未全部搬运至楼上。不仅如此,朝阳门同皇城间的街道上,石灰堆积如山,尚未装入壶内,留于此地。

此外,在朝阳门、东直两门附近还散乱着很多如抬枪、旧式炮、枪刀等旧式武器。相反,新式武器的枪炮皆摆放于仓库,尽为我军所获。如此可以说其根本未来得及准备防御。

城门守备被攻破,负责守卫的八旗兵坚持抵抗到最后,阵亡者甚众,尸体堆积于城内的东城墙不下五百具。北面城墙亦有二百具以上,南面城墙也有若干尸体。此外皇城周围及街上散落的尸体不下七八百,其总数应超过二千具。至于伤者,虽难于判断,但据此推测亦不在少数。

文武官员自杀者、举家自行灭门者甚众。贵族、官吏、绅商几乎都逃走,所到之处皆为空房(吉林将军延茂在安定门兵败后忧愤投城自杀,16 日其全家焚火自尽;国子监祭酒禄元、翰林院侍读宝丰和寿等数十人举族自杀,其他文武官员自杀者不胜枚举)。

朝廷逃难急剧杂乱情形已如前所述,由此其大小官员狼狈逃窜之相可想而知。皆无暇顾及家财,能只身逃走,已经是不幸中之万幸。留下的下等人、不良之徒入室恣意劫掠,其景不可名状。加上皇城周围发生巷战,各处兵火四起,败兵到处出没,枪炮声连续数日,北京城内的混乱达到极致。八旗兵残部随着根据地的陷落,或逃于西北,或是脱掉兵服扮作良民,支离破碎溃不成军。其他士兵同皇室逃走,董福祥、宋庆之辈率败兵逃至保定府,北京附近几乎没有可以称为军队的敌兵。

第二十章　占领北京后之处置

一　各国军队指挥官会议

北京第一次会议

8 月 15 日下午,在北京的俄国公使馆召开第一次联军指挥官会议。日军方面福岛少将及原田少佐出席,俄、英、法、美军方面也有指挥官及参谋长等与会。会议中途英国公使窦纳乐列席。

俄军指挥官利涅维奇中将首先对联军达成目的,进入北京表示祝贺,接着提议协商决定各国军队占领区，分担各个城门。

法军指挥官福里少将称，“目下法军兵力较少，宿营在公使馆附近，不需要另外宿营地。不日将有五六千士兵抵达，届时请分与宿营地”，诸将对此表示同意。

由此占领区的分配异论百出，难以定论。最终决定日本军队因兵力多且有城北宿营地，故占领内城的北半部，俄军占领内城的东南部，英、美军占领西南部（美军是与俄军相接的部分），各守各区内的城门。

俄军指挥官称，“现在尚处于战斗中，应留于下次会议讨论，首先为恢复保持占领区内的秩序，需成立与天津相同的临时政府，各国军队各出一名军官担任委员”。英国公使表示反对，称“天津有大量的外国租界，外国经商者亦为数不少，需要行政机构，而北京则不存在这种关系。另外目前亦不准备对清人发布政令。清人在联军入城后为之一变，频频表现出对吾人之顺从尊敬，但其意决不可恃。故此不可再另设行政机构，只需各军在所占领区域内加强警察管理即可 ”。诸军官皆表示同意，任命各个占领区负责管理和警务事务的军官。俄军派出一名上校，英、法各派出一名上尉，美军派出上校、少校各一名，日军派出炮兵中佐柴五郎。

法军指挥官希望明日解北堂之围，其他诸指挥官告知将派出相当之援兵，对此厚意深表感谢。

于是散会，时已下午 6 点。

第二次会议

第二会议于 8 月 18 日上午 11 点在英国公使馆召开。出席人员除参加第一次会议人员之外，还有日本公使男爵西德二郎及英、法、德、俄、美、奥、意、西、荷、比等国的公使或代理公使。

西班牙公使葛络干因最为年长，就任议长席，宣布开会。法军指挥官请求允许利涅维奇中将代表联军宣读对已故德国公使的悼词。另外提议对奥地利皇帝的诞辰表示祝贺（当日德国在公使馆举行公使克林德的葬礼）。利涅维奇中将在得到诸将官的同意后，向德国代理公使表达吊唁之意。

继而，法军指挥官索要宿营地，对各国宿营地的变更更是异论百出，最终将日军占领区的西南部和英军占领区北部的若干地方让与法军。另外确定将德军宿营地设于外城北部，外城其余地方平分给英、美两军（区域参见插图 16）。

法军指挥官又提议“军人中除了军官及军队之外不得单独通过他国占领区，但持有各国军队司令部制作的通行证者不在此限”。此提议得到满场一致同意而通过。（联军中劫掠者为数不少，动辄易发生骚扰他国占领区之事端，此议可防止此类事件发生）

西班牙公使宣读了经与各国公使协商的对清国民众告谕和告北京外国人书，得到各将官的同意。

俄军指挥官称“为彰显联军的占领，建议各国军队列队通过紫禁城，然后关闭此门，守卫如前”。各国公使和指挥官表示同意，接着询问“各国公使走在军队前面如何”，各公使笑而许之。

俄军指挥官称“对聚集在北京城内的粮食及其他物品，应将一国占领区内的物资作为各国军队共有之物，按需分配”，各国公使及指挥官皆表同意。福岛少将提出实施这一建议极为困难,与会者议论纷纷,俄、法军指挥官坚持共有说。

英军巴罗少将称"予前时所接自天津知事来告,集聚于天津的食盐已被贩卖,用于各国之共同事业及赈济天津贫民"。法军指挥官称"天津的食盐为法、俄军所管理,若将此用于共同事业,其他物资亦当然应作同一处置"。福岛少将称"我并非完全不同意共有之说,而是没有仅是北京所获物资共同所有之理。若实行共有之说,则各国军队在大沽、天津及其他地方所获物资亦应作同一处置,以此实现平等分配"。此议一出又议论纷纷。俄军指挥官对此遵照阿列克谢耶夫上将的训令,主张再行商议,然议论再起纷呈。最终根据英国公使所言,此前占领所获物资不在此限,今后可将此作为共有之物,但仍未形成决议。另外,此会议还讨论了北京守卫的问题。有人提议北京城之攻陷乃日、英、美、俄四国之功,最适当之法为一国守卫一门。福岛少将反驳称"紫禁城四门乃为日、美军以鲜血所占领,其目的不单纯是保护皇宫,守卫城门;我军同各国军队同样亦严禁入内,其他占领之意完全不同,因此断不可将此分与他国军队"。由此议论再起。最终不得已遵照本国政府之指挥,依然由日、美两军守卫四门。于是会议结束,时已凌晨1点30分。

第三次会议

第三次会议于8月19日上午8点在俄国公使馆召开。出席者为俄、英、法、美的指挥官及参谋长和日军的福岛少将、原田少佐。

俄军指挥官称"据报告南苑内尚残留不少团匪,且敌之残兵成群从南苑向西运动,为此俄军明日将派出骑兵两个中队及步兵三个中队进行侦察,希望日、英两军派出骑兵",日、英军官表示同意。

继而,提出紫禁城内阅兵游行之事,应在扫荡拳匪、清兵之后进行,诸将对此表示同意。

继而,向各国军队询问兵站守备兵人数及地点,调查结果如下表所示:

	北仓	杨村	蔡村	河西务	江庙摆渡	马头	通州	合计
日军	1个步兵小队	1个步兵小队	1个步兵小队	1个步兵小队	1个步兵小队		2个步兵中队	3个中队和2个小队
俄军		骑兵12名			步兵80名		1个步兵中队、8名骑兵	步兵280名、骑兵20名
英军				步兵50名		步兵50名	步兵50名	步兵150名
法军		步兵150名、炮1门		步兵50名		步兵50名、炮1门	1个步兵中队、炮1门	步兵400名、炮3门
美军				步兵50名		步兵50名	步兵50名	步兵150名
合计	步兵1小队	步兵220名、骑兵12名、炮1门	1个步兵小队	步兵220名	步兵150名	步兵150名、炮1门	步兵150名、8名骑兵、炮1门	步兵1780名、骑兵20名、炮3门

法军指挥官称“今后三周内，法军将有数梯队抵达北京，如沿兵站线路前进，暂时无需忧虑，另外有五六千名意大利兵正向北京进发，不日将抵达”。

继而，俄军指挥官提议为相互通报敌情，当前每日上午 8 点、下午 6 点各国应派出一名参谋至俄国公使馆，诸将官对此表示同意。于是会议结束，时已上午 11 点。

第四次会议

第四次会议于 8 月 23 日上午 9 点在俄国公使馆召开。出席者除参加第三次会议人员之外，还有新抵达的德军海军上校鲍罗，被困期间在北京的奥、意海军陆战队队长大尉维德尔哈尔泰以及上尉希里亚尼。

利涅维奇中将首先详细汇报了 21、22 日两天对南苑的侦察情况，继而提出，因在北京城周围五十公里以内没有出现一名清兵或拳匪，希望停止扫荡。

美军指挥官沙飞少将表示反对，称“如此将使得疲惫之师更为疲惫，目下只需经常派出侦察兵侦察敌情即可”，诸将对此表示同意。

美军指挥官称“在美法军边界线上的房屋藏有大量银币，但此房屋为法军所占领，希望将此银币分与美军一半”。法军指挥官称“该房屋于 16 日攻破北堂之际，据天主教徒所告知而被占领，这与日本军队占领俄军区内缴获户部马蹄银为同一做法”。福岛少将称“日军占领户部为 15 日上午之事，即在规定占领区之前，且日军击退抵抗之敌，以武力夺取之，日军缴获户部之物为理所当然”。俄军指挥官询问法军所获金额，法军指挥官告知约三十万两。于是，利涅维奇中将说“此等数额即便为法军单独占有尤为不足，故此法军单独占有亦无不可”。（福岛少将坐在利涅维奇中将左边，中将在纸上画出一个椭圆形，以线划出三分之一，示与少将称“此为银块，其大的部分给日本，小的部分给俄国”，少将亦在纸上画出一条蛇形线，划出三分之一，示与中将称“此为铁路线，长的部分给俄国，短的部分给日本”，左右之人皆微笑之。中将此后不再言及占领物资之事）

福岛少将称：“我昨日会见了清国庆亲王的执事，为召回在昌平附近之庆亲王，请求通过我军前哨，为此我派兵将庆亲王护送至城外。目前此情形下应暂时中止此前会议所定之紫禁城内之事。若执行此议，一则必使彼等激愤，一则必使其生恐惧之心，则和平谈判之日将被大大拖延。且我们若要进行随时都可，不必过急。”英、美指挥官亦对此表示赞同。

当时紫禁城内尚有败兵数百人，联军若要进行阅兵游行，此前各国必须派出侦察队搜查宫殿之内外，以免冲突。若发生冲突，紫禁城内必发生惨剧。此将会使师团长坚持守卫之苦心化为泡影。为审度城内形势，在一切准备妥当之前，要想方设法拖延此阅兵。基于此考虑做此提议。

继而讨论紫禁城内阅兵所产生的结果，认为属于外交问题，要询问各国公使有何意见。于是，俄军指挥官提议，“该阅兵之事，等各国公使商议后再议”。

德军鲍罗上校请求在景山给予德军宿营地，法军指挥官同意。福岛少将称“已经约定所有的宫殿内任何国家军队不得进入，但景山、万寿山及沿北海及南海之诸宫殿均为法军或俄军所占领，此不得不视为无视此前之约定”。英军指挥官及参谋长巴罗少将深表赞同。法军指挥官称“继 16 日进攻北堂，占领景山之际，因日本一步兵大队来援，故当时建议共同占领景山,但大队长并无此意,且景山为寺院并非宫殿,亦不应由一国占有。既然已经有俄、英、美之若干军队宿营于景山之下,希望日军亦能出动若干士兵"。福岛少将称"想必对宫殿之事存有很大误解,诸君皆知,闻皇帝和西太后平素寝食于北海附近建筑,另外景山对清廷而言为重要宗庙之所,故无论皇城之内外,向来皆不准臣民出入,因此应称其为宫殿"。利涅维奇中将言道"予认为紫禁城应以凹形城墙所围之区域为宫殿",由此议论纷纷,各执一词。虽经数十分钟讨论,亦未能对宫殿之解释作出定论。俄军指挥官言道"宫殿之事为国际问题,既然吾等之解释相异,有必要请各国公使参加再行讨论",诸将对此表示同意。利涅维奇中将通告,决定于25日上午9点再行开会。(此次会议因涉及皇城行军问题,将于第二十一章讨论)

福岛少将言道:"日本的铁道大队已经抵达天津,准备修复北京至天津方向之铁路,届时将会同自南方修复的某俄军铁道队中途相遇,此工程应能得以快速完成,请问俄军指挥官意下如何?"俄军指挥官言道:"修复铁路之事需遵从阿列克谢耶夫上将之训令,请允许我方稍加考虑。"至此散会,时已上午11点30分。

北京占领区域及决议要旨

通过以上四次会议所作之决定确定了北京城内各国军队之占领区,如插图16所示。

阜成门按规定由法军守卫,但因该军尚未抵达,决定由日军守卫。

25日下午日本国旗与各国旗并立于景山之上。

8月31日为法军、9月12日为意大利军队割让我军占领区之西南部。

除上述会议外,会议所作决议如下:

(一)在各国军队占领区内部署警察。(参见下文九)

(二)制定了对单独通行者之限制,以告示告之清国人及外国侨民。

(三)决定了紫禁城内的阅兵游行。(参见第二十一章)

(四)扫荡南苑。(参见下文二)

(五)紫禁城之守兵由日、美军队派出。

(六)自8月20日起每日上午8点、下午6点在俄军司令部听取参谋长官汇报(我军由原田少佐出席)。

虽有提议,但未形成决议事项如下:

(一)在兵站线增兵。

(二)扫荡北京周围五十公里范围。

(三)宫殿之解释。

(四)铁道队之使用。

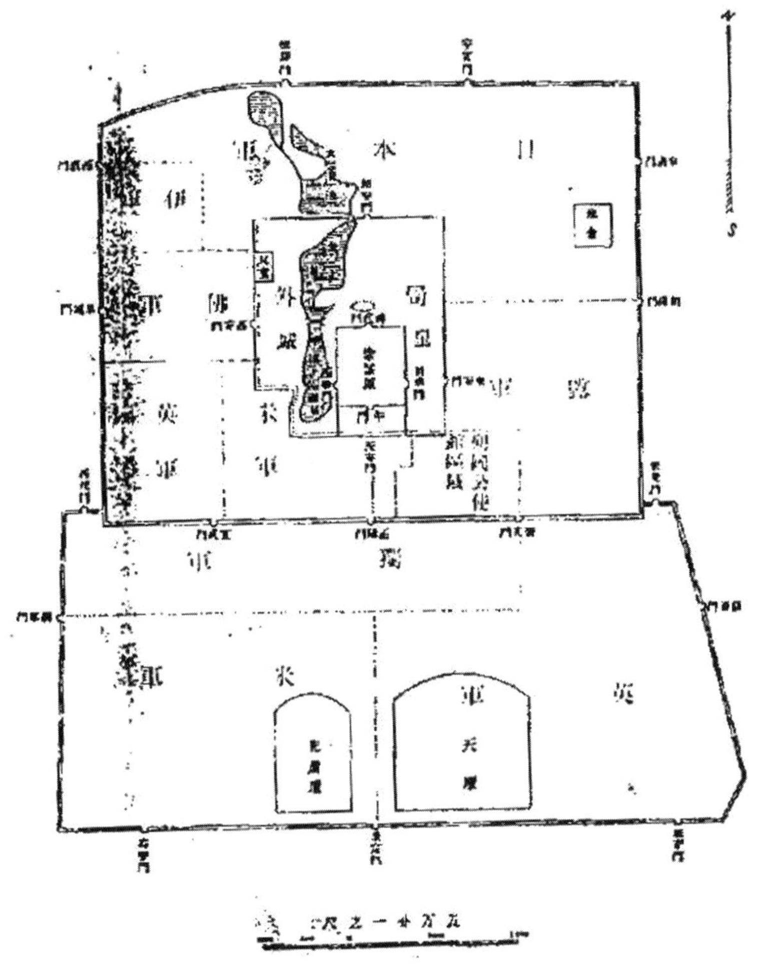

插图 16　北京城占领区域略图

二　扫荡团匪并搜索

一般情况

占领北京后，清朝官兵一部分随皇帝出逃，一部分逃向南方，留于北京附近者几乎没有。即便是偶尔有之，亦皆脱去兵服，扔弃武器，无抵抗联军之意。总之，北京之敌大多为八旗兵，随其根据地的陷落而四分五裂、溃不成军。另外从各地赶来的官兵皆返回原地，无再战之勇气。所以联军在占领北京之后没有当即追击之必要，加之各国军队皆因天津出发后连日急行军所致疲惫不堪，目前需要休整。特别是此次联军之最大目的救援公使馆的任务已经实现，因此更无南进寻敌之必要。

我军接受的任务主要是保护公使馆和侨民，不在于干涉清国之内乱，只要公使馆及侨民的安全得到保障，没有任何进而寻敌之必要。为完成我之任务，击破阻碍我军之敌，执意向北京急进。(前进道路右侧的北塘、芦台、山海关等地及左侧的小站、独流镇、保定府等地存在一定的团匪和官兵,虽力量微弱但还是确实具备威胁我联军的侧后方之势力,且北京急待救援,故对此采取分兵对策)故在占领北京后,我方决无必要征讨远方之敌而滋事。此为我军不会远行至北京之外进行扫荡之原由。

然而,军队为自卫搜索附近之敌,且维持周围之秩序,另外为确保后方联络路线之安全,为此不得不排除此范围之内官兵团匪之妨碍,此为征讨团匪之缘起。

联军救援公使馆有着赫然共同利害目的之行动,尚缺乏一致行动,更何况在有关占领北京之后的行动更是各持己见,极难达成一致。

此间我军参与讨伐团匪之行动,除了保护本国军队之安全,保护后方联络部队的利益外,实际上仅限于同联军的合作而已。

向万寿山派遣骑兵

万寿山距北京城西北约二里,设有离宫(1860 年英法联军火烧圆明园后修建的美丽宫殿),为皇室避暑之地。昆明湖是拥有玉泉山山泉的清澈大湖泊,极为适合做宿营地。当时我军宿营的城北八旗校场附近,其位置虽不逊于昆明湖,但其不利之处在于矮房较多,使兵力分散。故师团司令部提议占领万寿山,为宿营地之预备,兼可防止其荒废。8 月 17 日派出骑兵侦察,得知此地尚未被别国特别是俄军所占领,于是山口师团长派骑兵第五联队占领该地。

该联队于下午 4 点自定安门出发,以第二中队为前锋,向万寿山前进。自阜成门方向向万寿山派出侦察军官。联队仅在红旗方向听到两三声枪响,下午 7 点抵达万寿山将其占领。

继而,森冈骑兵联队长请求师团长派出步兵队,并向步兵第二十一旅团长发出同一请求。结果 18 日凌晨 3 点,步兵第二十一联队一个小队来此共同守卫。但若增派步兵队有分散我军兵力之虞,师团长遂于当日命令骑兵联队撤回。

骑兵联队于 18 日早晨 6 点撤离万寿山,返回北京。途中据多名当地居民所言得知朝廷的逃难方向、时间及其境况之大概。并且详细掌握了附近的状况。(万寿山附近没有敌兵,圆明园八旗及健锐营、火器营等兵力历来集结于圆明园、蓝靛厂、海淀等地,但其分散驻扎未有敢抵抗者,特别是如海淀皆服从我军之指挥,极为顺从)万寿山其后于 8 月 21 日为俄军占领。

扫荡南苑

基于 8 月 19 日第三次会议上俄军指挥官之主张,决定首先搜索南苑,继而扫荡此地。该军代理参谋长加留基尼中校历访各军指挥官,经协商决定派出如下侦察队:

日军 步兵两个中队

俄军 步兵两个大队及炮兵一个中队

英军 步兵一个大队及炮兵一个中队

美军 步兵一个大队及炮兵一个中队

法军 炮兵一个中队

此扫荡于8月20日开始，日、俄、英骑兵搜索此地。骑兵第五联队早晨5点自定安门外宿营地出发，经外城墙抵达左安门，以第一中队为前锋，到南苑小红门停止行进，派出三个侦察军官搜索南面、东面墙内及墙外的马驹桥附近，结果未发现敌兵，据当地居民所言，北京陷落之日起，敌人便向西逃去。由于听到西面炮声不断，派出侦察军官侦察，得知这是外国军队在炮击有敌人的村庄。

由于了解以上情况，20日下午加留基尼中校要求派出三个步兵大队及一个炮兵中队。但师团长决定派出由步兵第四十一联队第二大队长少佐小仓信恭指挥的两个中队，并将此通知该中校。

21日，各军向南苑派出军队，结果未发现敌兵。英军于当日返回北京，俄军宿营，我步兵第二中队按预先接到的命令，当日露营，次日回京。

郭家村附近搜缴团匪

8月4日作战开始时，有来自天津的情报称在天津西南方向郭家村附近有团匪集结。虽感到我军联络线上有危险，但是各国军队倾全力对付北仓之敌，对西南方向仅采取防御之势。由于并未将此地团匪击退，该地的团匪依然是天津附近的交通危险，决定8月17日由天津守备队将其扫除。日、英、美军派出五百余骑兵（日军一个小队、英美五百骑兵）、六百名步兵（日军一个中队、英军四百名、奥地利海军十七名）由英军少将陶白指挥，19日前进到郭家村附近。

联合骑兵于早晨6点在关帝庙附近与约六百名团匪遭遇，10点15分将其完全击退。敌人抛下约七十具尸体向抄米店退去。

联军步兵（以日军派出的步兵第十一联队六个中队[队长中尉池内英太郎]为骨干，该大队的各中队增派两个分队，增加一名翻译官）在海光寺归入陶白少将指挥，早晨5点出发，经八里台西向郭家村进发。5点40分抵达八里台西一千五百米处时以美、英军为右翼，我军第六中队为左翼向前进发。7点20分抵达姚家村东北约一千五百米时，敌人以该村为右翼延续至华家庄向外国军队射击，我第六中队此时逼近敌人之右侧，在距离敌人约七百米处开火。7点40分全部散开，包围敌人之右翼，紧急向前开进，敌人暂时全线撤退，于是展开追击射击。8点突击占领姚家村。敌人据守村内各处设置防御工事进行抵抗，但还是节节败退。我军占领了郭家村、高家村及张家窝等诸村庄，9点30分抵达董家庄。此时外国军队占领自杨五庄至赵家楼一线，停止了追击。

第六中队于9点45分止于董家庄西三岔路，以一个小队占领抄米店。

10点，各国军队返回途中，烧毁了沿线附近的各村庄。下午2点20分返回天津宿营地。

对我军之敌有四百余名，留下约四十具尸体，大部分向良王庄方向，一部分向杨柳青方向退去。在郭家村至抄米店间的村庄，沿道路两侧设有厂房，另外邓家店南面的千家台约有二千名敌兵，但不战自退。高家村有类似敌兵将领宅第的房屋，我中队从中缴获大量武器、被褥和弹药，但因搬运不便，将其全部烧毁。

此次战斗，我中队一名士兵负轻伤，耗费弹药二千九百八十一发，英军负伤七人，美军负伤六人。

突袭小站团匪

8月21日葛沽守备队长步兵少尉广濑为吉接到报告,得知小站附近有团匪集结,于22日早晨5点抵达大沽。自新农镇西门进入,突然逼近敌营,夺其武器,并捕获匪徒十四五名,缴获枪炮,俘虏匪徒头目李宗闵(号楼山),我军无伤亡(此讨伐中步兵第四十二联队第一中队少尉伊藤嘉十郎所率的一个小队自西大沽被派往葛沽,据守此地)。

讨伐独流镇

9月4日天津英军少将陶白来到兵站监部,为扫清独流镇附近的土匪,请求日军出兵。我决定自步兵第十二联队派出约二百五十人的一个中队及一个徒步炮兵中队(炮二门,伊藤中队长请求参与)。

参加此讨伐的各国军队如下:

英军　步兵八百名、骑兵六百名及一个骑兵炮兵中队

意军　步兵三百五十名

俄军　步兵二百名

美军　步兵二百名

陶白少将的计划是各队携带三天的口粮,左路纵队(英军少将理查德指挥的英步兵四百名、骑兵六百名、日军二百五十名、俄军二百名)经郭家村及煤厂,从静海县附近进入独流镇;中路纵队(意军大佐加拉尼指挥的意军五百名、日本攻城炮两门、英工兵一百名、地雷兵一个分队)经抄米店向独流镇进发,另外以运河纵队(英军三百名、美军二百名、意军一百五十名)运送三天的粮食到独流镇。

左路纵队于9月8日下午2点30分集合于天津西南的赛马场。英军派出前锋,其余按俄、意、日、英的顺序向邓家店前进,并在该地宿营。9日上午8点30分派一个英军骑兵中队同工兵及日本兵五十名为前锋,其余按日、意、俄、英的顺序向煤厂前进。下午3点抵达该地宿营。10日早晨5点,以英骑兵、意大利士兵五十名及英铁锹兵为前锋,主力部队按意、俄、英、日的顺序向独流镇前进,上午9点前进到距该村三公里处。右翼按俄、意、英、日的顺序包围村庄,英骑兵迂回到运河左岸,截断敌人退路。结果却未发现团匪,下午2点进入独流镇宿营。

中路纵队9日自天津出发,在关帝庙宿营,10日上午9点抵达良王庄,部署步炮兵于于家堡,但未发现敌兵而一发未射,进入独流镇。11日驻扎于该地,12日返程,13日回到天津。

正准备返程之际,接到报告得知良王庄东南五公里处有团匪集结,步炮兵中队(2门)与1个步兵小队共同向此地前进,发射数发后击退土匪。

骑兵搜索北京周围

骑兵第五联队在占领北京后于8月17日、18日被派至万寿山,20日被派往南苑而后进行休整。敌残余官兵及团匪等如在此地出没会危害联军,故8月26日师团长派出骑兵,尔后每日于北京北面、西面和西、南面尽量向远处搜索。自27日起骑兵中队轮流派出

侦察兵，搜索地及路线于出发前日由森冈骑兵联队长指定。

侦察兵派出的日次、地点、侦察队长如下表（参见插图 17）：

时间	北京北面（侦察队长）	北京西面（侦察队长）	北京西南面（侦察队长）
8 月 27 日	沙河（浅野中尉）	北兴安（特务曹长）	棋极城、长辛店（森本少尉）
8 月 28 日	小沙河（吉田少尉）	北兴安、磨石口（杉浦少尉）	西红门（池上少尉）
8 月 29 日	平西府（金子少尉）	旗庄、金勾村（伊藤少尉）	刘家村（特务曹长）
8 月 30 日			搜索北京南面潘家店附近三个地方（铃木少尉、森本少尉及特务曹长）
8 月 31 日	太平庄、东三旗（池上少尉）	万寿山北面（吉田少尉）殷家庄、玉泉山（浅野中尉）	西红门（松浦少尉）
9 月 1 日	第二中队赶往清河迎接庆亲王（只有金子少尉赶到了清河）		西红门（松浦少尉）
9 月 3 日	第一中队为迎接庆亲王赶往清河、八宝山（金子少尉）		
9 月 4 日			西红门（特务曹长）
9 月 5 日	太平庄（特务曹长）		
9 月 6 日		万寿山（特务曹长）	
9 月 8 日		田村、八宝山（杉浦少尉）	
9 月 9 日		吴家营（谷本中尉）	
9 月 10 日	郝家营（吉田少尉）		
9 月 11 日	染家店（曹长）		
9 月 12 日	染贾庄、会龙关（池上大尉）		
9 月 13 日	万寿山、太平庄、海淀（特务曹长）		
9 月 14 日	李家屯、沟子口、土河（特务曹长）		
9 月 15 日		八宝山、八街子（金子少尉）	
9 月 16 日		馒头村（伊藤中尉）	

续表

9月17日	会龙关、三合庄(特务曹长)		
9月18日	西北望(特务曹长)		
9月19日	上坡、郝家营(下士)		
9月20日		田村、八宝山(下士)	
9月21日			栱极城、五里社(下士)
9月22日			栱极城(下士)
9月23日		梁家店(松浦少尉)	
9月24日	下清河、郝家营、平西府(下士)		
9月25日	会龙关、染贾庄(下士)		
9月26日	奶子坊东北一里(下士)		
9月27日		米庄(下士)	
9月28日			大井见、栱极城(下士)
9月29日		架设电话、海淀	
9月30日	东花屯、新立屯(下士)		
10月1日		蓝靛厂、梁家店(下士)	
10月2日		八里庄(下士)	
10月3日	七里渠、上坡、郝家营(下士)		
10月4日		蓝靛厂(下士)	
备注:9月2日、7日未进行搜索			

根据上述搜查结果,北京北面及西面及西南面基本安定,偶有匪徒出现或仅听到零星枪声,百姓皆安于耕作。

如果举出搜索中发现的较为显著的例子,则是在8月27日搜索中得知,敌人11日前有七八百人经过沙河向古北口方向退却,五六百人向张家口方向退却。在会龙关遇到两名匪徒,栱极城(芦沟桥)西南长辛店的很多房屋内存有弹药及青龙刀(据当地居民说此为官兵退走时所留)。

28日在南苑西红门,我骑兵侦察队(八名)与由官兵和义和团组成的约一百名敌人相遇,我一名士兵受轻伤,而且敌人后方有后续部队。

接到上述报告后,师团长再度派骑兵搜索此方向。30日搜索的结果在潘家店未发现敌兵,据当地居民说西红门附近有清兵。

9月2日各国军队指挥官会议决定分兵搜索,北面及西面由我军负责,东面由俄军负责、南面由英、美军队负责(参见第二十一章)。此后西南方的搜索除了特别必要外,皆停止。

根据 4 日搜索西南面的结果，发现西红门内外有些匪徒集结。

5 日俄军步兵一个中队于南苑西面被敌人包围，五人受伤。俄军又派出六个步兵中队、骑兵一百人及八门炮，击毙一百余名团匪。

继而由于我军于 9 月 16 日占领黄村，此方面被彻底清剿。（参见下文之占领黄村）

9 月 11 日我侦察兵搜索梁家店返程中在东连湾驱逐了义和团。

9 月 16 日我军搜索馒头村时，据当地居民说此前约有二三百团匪集结于此，但现在却不知所踪。

除骑兵搜索外，宿营于北京城北的我步兵队每日向北面及西面派出侦察兵，负责宿营地附近的警戒，不过无特别值得记载之事。只有 9 月 23 日我侦察兵于太平庄遭团匪袭击，遂讨伐此地。（参见后文）

讨伐八大寺

八大寺是位于北京西约四里西山八个寺庙之总称，树木繁茂，每年外交官在此处避暑。

9 月中旬有报称此地有两三千团匪集结，于是决定出动日、英、美、德联合支队进行扫荡。9 月 15 日下午 4 点在英军司令部召开协议会。我军有柴中佐、参谋及炮兵少佐石井忠利出席。会议决议如下（参见插图 17）：

（一）英、美军本日出发至芦沟桥，明日继续南进，此行动是为了配合 17 日以大部向北，一部向西北前进扫荡敌人。

（二）德军于 17 日上午 8 点前赶到北京西面的田村。

（三）日军于 17 日早晨 6 点抵达馒头村。

按上述决议，师团长决定派步兵第十一联队第一大队及一个骑兵小队，命令马上做好明日下午出发的准备。但每名士兵要携带六合粗米并携带大行李，石井参谋随军同行，炮兵中尉貝塚重太郎跟随联合支队司令部指挥官美军威尔逊少将，负责同我军联络。

步兵第十一联队第一大队长少佐林仲之助于 16 日中午 12 点 30 分向在德胜门外八旗兵校场集合（练兵场）诸队下达命令。命骑兵一个小队（少尉金子重南）搜索海淀及蓝靛厂，其中一部搜索万寿山，并负责侦察自该地通向蓝靛厂东面之河流。以第二中队为前卫出葡门烟树向海淀进发。主力部队与前卫相隔四百米跟随其后。下午 3 点 30 分抵达海淀，宿营在村中。

17 日凌晨 3 点 30 分以第二中队及骑兵一个小队为前锋，经蓝靛厂及小屯向馒头村前进，主力部队随行其后。派遣步兵下士侦察兵经六郎庄及北务至小屯，又派遣其他侦察兵经蓝靛厂及栾家村赶往梁家店西联络德军。

5 点 30 分前锋在小屯击退数名团匪，6 点 30 分抵达馒头村西南端，大队于 7 点在镶红旗南面森林占据阵地。

7 点 20 分英、美军进攻八大寺附近之敌，至 8 点 10 分击退敌人，停止进攻。此时南进庄西南高地之我军侦察兵，因发现在下庄的二十名团匪，赶至八大寺方向将其击退。

11 点大队按威尔逊少将的命令集合于八大寺西南旱地，中午 12 点 30 分命联军解散,于是骑兵当日返回北京,余者宿营于玉泉山附近及馒头村,18 日返回蒙古外馆。

此次讨伐打伤敌军二人,俘虏五人(因其无抵抗意志,断其发驱逐之),缴获团匪四支枪、两把刀、五套军服,我军无伤亡,耗费弹药五十发。

英、美军(英军锡克步兵联队五百人,炮四门,骑兵若干;美军步兵第九联队的两个大队、第十四联队的一个大队、骑兵二十五名,共计约八百人)于 17 日凌晨 2 点从棋极城出发,拂晓前进至“浑河”(永定河)左岸,尔后沿山脚转而北进。凌晨 5 点左右前锋锡克步兵突然受到敌人射击,于是锡克兵及美军第十四联队的一个大队登上敌人占领的高地,主力自东向高地进发。此时发现众多团匪在英军所在高地之下自八大寺向山间逃窜,美军为防止敌人逃跑,边包围该村边前进。但是团匪不抵抗而逃跑,十余人被击毙。八大寺除机关炮、旧式枪、弹药外还有团匪服装。

此纵队有德军四辆通信车及三名工兵跟随,此外还有参谋少校冯布依克及一名中尉、两名传令骑兵,负责同德军联络。

德军(海军步兵第一、第二大队及一个炮兵中队,意大利水兵一百七十名,奥地利水兵一百名,计一千五百名)于 17 日早晨 6 点自正阳门出发,以第二大队为前锋,经田村于 11 点抵达八大寺。此时该地已经为英、美军所占领。德军当日下午 4 点出发,8 点许返回北京。

讨伐太平庄

9 月 23 日,步兵第十一联队派出的侦察兵,在距离宿营地北三里的村庄遭到携带刀枪的数十名团匪袭击。于是该联队第一大队于 24 日被派至太平庄方向,命其根据时机慎重处置。此中队于途中侦知太平庄有团匪,且昨日之事发生在该村内。上午 9 点 30 分包围该村,派一个小队进入村内,百姓大多逃走,仅有少数敌人携刀枪逃入高粱地中,击毙其中两人,继而抓获留在村中老人,经审讯得知,村内有团匪一十五名,但已于今晨向北逃去。因判断该地团匪同村民一齐袭击我侦察兵,故火烧太平庄,烧毁百余户人家(参见插图 17)。

缴获团匪枪十五条、刀一把及火枪一把,一并烧毁。击毙匪徒十五六名,我军无伤亡,耗费弹药五十八发。

中队下午 2 点 30 分出发,6 点 30 分返回北京宿营地。

三　开始修复铁路及占领黄村

着手修理铁路

我临时铁道队于 8 月 4 日抵达天津,尔后忙于对敌作战。因感觉给养及后方通信极为困难,而将铁道队人员、器材(辅助运输兵九十名、人力夫四十五名、车四十五辆[附带一名宪兵曹长、一名上等兵为监督]),其他通信员及通讯材料,借与兵站监及野战电信队,除此之外,未见使用铁道队之地方。特别是 8 月 6 日占领杨村,俄军先于他国军队占领车站。7 日在该地召开的会议中,俄军提议由我军修复杨村通向北京之铁路,因估计无法获得修理材料而拒绝。另外杨村以北的铁路,据铁道队长侦察,其破坏程度严重,根本无法修理。在此状况下,8 月 15 日占领北京后师团长准备启用铁道队之际,因通州北京间粮草运输颇为困难(参见下文五),决定在此之间铺设轻便铁路。于是向参谋总长申请器材,勘察此线路,但由于该请求未能得到中央部门许可而作罢。

在此之前,在 8 月 23 日第四次会议上,福岛少将曾就使用我铁道队问题首先征询俄军指挥官意见。北京附近的铁路关系到各国军队,俄军于二十七八日占领马家铺车站,英军于 30 日占领丰台车站。

英军甚是关注北清铁路(京津及榆津铁路),此铁路虽铺设在清国,但对英国而言却是国债之担保物资(参见第三章),于是,英军看到俄军占领临近北京之车站,便出兵占领丰台车站。

我军亦与英军协商,决定首先占领黄村车站及附近部分铁路线。30 日命天津铁道队长工兵大佐吉见精二携带除借给野战通讯队外的人员和器材赶到北京(电报)。另外,命为侦查在通州铺设轻便铁路而来的铁道中队长大尉槇峠梅之進"率侦察铁路线所需人员赶到北京"。

此时铁道中队长槇峠大尉生病,由工兵中尉武田礼作代其前来北京。9 月 2 日进行修理丰台附近铁路的侦察。

铁道队于 9 月 10 日抵达北京,12 日同英军协商决定两军协同修理铁路。13 日派遣铁道队到丰台,我一个步兵大队和英军一个骑兵中队一起被派遣到黄村。此为着手修理铁路之始(此后的铁路修理参见第二十九章)。

占领黄村

9 月 12 日基于同英军的协商,师团长命令步兵第四十二联队第一大队长少佐堀江不可止率领其大队(缺两个小队)及八名传令兵,同丰台之英军骑兵中队携同占领黄村车站。

此大队于 13 日早晨 5 点自北京德胜门外宿营地出发,经右安门、潘家店及西红门一带,向黄村进发。出发前即凌晨 2 点 30 分中尉宫地久寿马指挥一个小队先行至丰台,同英军骑兵协同向黄村前进,并将大队抄近路沿南北西城墙前进之事告知英军。

下午 1 点 30 分,主力部分抵达黄村北面约五百米处。据骑兵先锋队报告得知敌人之步骑兵自黄村北端向南退去。于是堀江大队长命前锋第四中队一旦发现敌人即刻射击。因此次是首次与英骑兵联合,为避免误伤,命其注意不可滥射。

继而堀江大队长派出十名侦察兵侦查黄村内外情况,但此地地形隐蔽不易发现敌人。第四中队两名士兵(一等兵向井吉之进、二等兵若木万槌)在村中被左右房屋内携刀带枪之三四十名团匪突袭,奋力拼杀击毙团匪五人,但两人中一人战死,一人苦战突围归队。

1 点 15 分,骑兵先锋报告村中有我侦察兵被袭击,继而前锋来报黄村干道上有敌人步骑兵约二百人集结,现准备将其击退。堀江大队长将第一中队(缺一小队)增加到前锋第四中队的右翼,其余为预备队,向黄村北约四百米三岔路前进。

第四及第一中队攻击敌人,敌人凭借房屋墙壁抵抗,于是堀江大队长命第二中队(缺一小队)沿黄村东侧南苑逼近敌人侧背后,敌人短暂抵抗后开始撤退。此时增派第三中队一个小队为第二中队的右翼追击敌人,2 点 35 分抵达黄村南端,第四中队继之前进,占领车站,其余部队在村头集合。此时自丰台方向赶至的宫地中尉已经占领车站。

宫地中尉如期赶到丰台,跟随英军骑兵中队沿铁道线南进。下午 1 点 50 分在黄村车站北约五百米处,英军骑兵报告称,有众多敌兵举旗出现在前方,接到报告当即急行,发现约有二百敌兵举旗向西退去,突击占领车站。

3点20分,堀江大队长以第四中队为前哨,在右翼饮马井西北车站至左翼海子角一线实行警戒,其余宿营在黄村。

在此之前,(2点40分)因英军骑兵上尉率领十二名骑兵赶至黄村,相互交换了情报。他称其途中遭遇敌兵,击毙二十余人,英军骑兵在协商后于当日返回丰台。

本次战斗中发现敌人约有二百名,据当地居民称义和团有五百人以上,但持火枪者仅占有三分之一,其他皆为持刀弄枪者。敌人死亡约五十人,我军战死一人,耗费弹药二百六十一发,缴获火枪约三百支,刀枪二百支,义和团旗九面及火药约一石。

9月13日占领黄村后,步兵第四十二联队第一大队搜索南部诸村庄,14日命占领车站的第四中队返回黄村宿营。车站仅竖立一面国旗,这是因为该车站已被彻底破坏,未留一物。

14日骑兵中尉浅野力三郎搜索南方庞各庄。庞各庄虽有团匪但都向南逃去,黄村附近也有很多人来此避难。途中听说中捕儿东边及北面有新修的堡垒及陷坑。

派往寒窟儿、天官院、大营及孙家村方向的步兵军官侦察兵发现刘村有约二三十名团匪宿营的痕迹。除此之外,未掌握敌人的其他情况。发现诸村庄仅剩男丁,另外发现铁道的铁轨、枕木全被撤走,几乎看不到形状。

扫荡庞各庄

15日步兵大尉林长率两个小队侦察姚家村,步兵大尉寺西秀武率两个小队侦察庞各庄。

经侦察姚家村未发现团匪,当地居民称三天前约五十名团匪经枣林庄西逃向庞各庄。前往庞各庄的寺西大尉所率两个小队于上午8点刚抵达该村北面约五十米之处便发现敌人三名骑兵。前锋进行狙击,击毙一人,经查其为红帽黄带的义和团,携带步枪。

继而,侦察队刚抵达村中部的十字路口,便遇到东、西、南三方五六十米远处房屋中逃出的义和团匪,遂分为三个分队射击敌人。当地居民称西面约一百米的庙内设有义和团本部。侦察队前锋立即将其占领,但敌人已经逃走,仅发现有三面旗、四五支枪。侦察队返回干道,南进驱逐残敌,上午9点10分完全占领庞各庄。

敌人约一百人,携带步枪或长矛,当地百姓已于13日逃走,仅留下看家的和盗贼。当天所经诸村庄之居民甚是惧怕我军,见我军即逃。另外,其言根本不可信。我军耗费弹药二百零八发,无伤亡。

在黄村附近搜索铁路器材

是日,派出四名下士侦察兵,沿铁路线搜索铁路材料,铁轨埋藏在附近,但未发现其他材料。

16日派出四名侦察军官,侦查黄村西面六合庄、马村、西大营及其西南面的朱家营。派往朱家营方向的将校侦察兵于黄村西南约一里半之地遭遇四百名敌兵,敌人慢慢向我军行进,其中一部向东南行进。我侦察兵沿铁路线进行监视。堀江大队长接此急报,当即派第四中队增援,并且派下士侦察兵赶往海子角方向探查敌情。此下士侦察兵击退带长矛的当地居民，第四中队马上与前进的侦察兵头目会合，不过敌人已经丢下五六名死者逃走。一直追至田公院附近，但最终未能发现敌人踪迹，当地居民称这是集结于永定河附近的团匪。上午11点中队返回黄村。

当日派出的其他侦察军官无特别见闻，唯当地居民一见我军便撇下耕作慌忙逃走。

17日，大队留下第三中队守备黄村，其他返回北京。

尔后第三中队召集附近村长下达训示，陆续出现归顺者，并奖励发现铁路器材者，且派侦察兵搜索廊房、宋家庄，结果逐渐收集到枕木。

黄村团匪横行

9月21日，铁道队工兵中尉武田礼作为侦察铁路线来到大营。午饭后正准备自该地出发，突然遭到二十余名团匪射击，护卫工兵和步兵各一名侥幸返回，此外还有一名步兵负轻伤返回。除武田中尉外还有六名步兵失踪。黄村守备中队长中路清仪马上派出侦察军官赶至大营，但未见其踪，于是再度派出侦察军官进行搜索。

师团长闻听此变(22日上午9点30分)，当即训示中路黄村守备队长，称"贵官不可仅派侦察军官搜寻，要派中队之先锋搜寻武田中尉之下落，烧毁附近村庄，随机惩治。今后要以得力之兵护卫，切忌仅派少量兵力搜寻"。

中路守备队长22日派出侦察队，在大营附近发现武田中尉及一名步兵的尸体，其状惨不忍睹。当日夜12点步兵中尉广卯一自黄村被派来向师团长汇报上述情况。(同时汇报21日烧毁敌大本营及俄军校官所称黄村车站附近已插上俄国旗之情况)

22日下午5点，有报告称姚家府附近有一两千团匪集结。23日中路守备队长派出一个步兵小队(少尉藤井好祐)，此小队在东枣林庄南遭遇五百名敌步骑兵联合队伍，逐渐后退。接到此报告，中路中队长率领其余两个小队前进到海子角，但接到先遣小队已由他路退回黄村的报告后便返回。敌人赶至大营附近停下，后不知去向。耗费弹药四百五十三发，我军无伤亡。

敌人以姚家府为中心，在东西间一带村庄附近互通气脉，以图再次集结。

讨伐黄村东南方向

上述报告于24日上午11点传到师团司令部，为此师团长决定清剿姚家府附近之敌人，且作为对残杀武田中尉之报复，烧毁附近村庄。命步兵第四十二联队第一大队之余部(三个中队)，携带两门山炮于25日出发。

当时德军侦察兵亦于南红门外被敌人袭击，故决定该军派出两个步兵大队，英军又派出四百骑兵，联合清剿姚家府附近之敌。

由此师团长派誉田参谋跟随堀江少佐之大队，负责同外国军队联络。美军威尔逊少将的副官中尉达奈尔为视察情况跟随我大队。

25日，堀江大队长所率三个中队于途中会合一炮兵小队，下午1点50分抵达黄村(参见插图17)。

当日英军骑兵最终未至，德军上午11点以通过黄村的藤井少尉一个小队为向导，经大营向东枣林方向前进。

誉田参谋追赶德军,在大营附近与回返的德军相遇,据该军指挥官海格尔少将说德军现在向南苑南大红门方向前进,预定今夜宿营于三间房附近,明日自南大红门沿南苑东进。下午4点藤井小队返回称"引导德军前进到东枣林庄南部,但未发现敌人。德军转而向南大红门方向前进,故此日军希望返回黄村,同德军分别返回"。黄村守备中队除前日之敌情报告,对敌一无所知。

于是,堀江大队长决定今日在黄村宿营,明日向与外国军队无关的南部运动。26日一个步兵小队、三十人及大小行李(仅携带运粮驮马一匹、弹药驮马两匹、炮兵第一纵队)留在黄村,其余上午6点出发,首先前进到庞各庄,烧毁沿途大庄、天官院及中捕儿等村落。庞各庄未发现敌兵,但有团匪集结的形迹,亦将其烧毁。

据当地居民所言,多数团匪集结在礼贤镇,于是向此方向前进,途中击毙三名携带旧式枪的匪徒,途中有众人集结形迹的房屋、寺院等几乎全部烧毁。

下午3点抵达礼贤镇西北约一千米处,发现村头有似哨兵者,但没有马上潜伏。于是命前锋向村子中央前进,以其他两个中队自外部包围侦察。但未发现敌人,当地居民大多在家经营生计。

当地居民称此地曾有四百名团匪集结,但已于昨日全部向南逃走,俞法为义和团巢穴,现有四五百人。固安县有吕本元部下官兵四五百人。

大队仔细搜查村庄,但未发现武器弹药。因有学者姚学齐等人统领村民,形势有所好转,使得该村免于被烧毁。当日宿营此地,并向村民讲明日军的来意及保护良民之心。

27日第三中队经姚家府烧毁沿途村庄返回黄村,其余向俞法前进。上午9点刚靠近该村便发现敌人骑兵哨,马上隐藏形迹。但因很多村民称俞法附近有团匪,便以炮兵炮击村中大房屋,十分钟发射十一发炮弹,未见敌人还击。派步兵包围村庄,继而搜查村子内部,发现未有团匪集结形迹。10点30分火烧俞法,再度斩断团匪集结之根,经庞各庄于下午6点返回黄村。

28日派出小股侦察队搜索黄村周围二里之范围,未发现异常。只是有报告称南苑内南大红门内离宫有团匪出入,便进行搜查,发现旧式枪二十支及弹药五百发,遂将其全部烧毁。

29日因不再需要炮兵将其遣返回北京。同日按师团命令将两个步兵中队留守黄村,余者于30日返回。

南红门附近的德军讨伐情况如下:

9月25日海格尔少将指挥的海军步兵两个队及炮兵一个中队于早晨6点30分自右安门出发,抵达黄村。与日本守备步兵一个中队会合,得知南面一千米处有敌兵,以日本步兵一个小队为向导抵达东枣林庄,但未发现敌人,烧毁藏有武器的房屋。下午2点30分转向南红门前进。下午近5点抵达百家村时发现前方有团匪,先头中队将其击退,此间受到来自右侧三百米处高粱地带的急速射击,遂排开炮兵以散弹将其击退。继而团匪攻击大行李队伍,步兵向各个角度展开射击,击退敌人。接着继续前进驱逐逃窜于高粱地之敌人,直到黄昏时分。支队转而向南红门前进。晚间在该地驱逐小股敌人,烧毁数间房屋,后在村中宿营。

当日遭遇之敌人约有团匪四百名,击毙约一百名,德军有一名工兵负伤。

支队于26日经黄村返回北京。

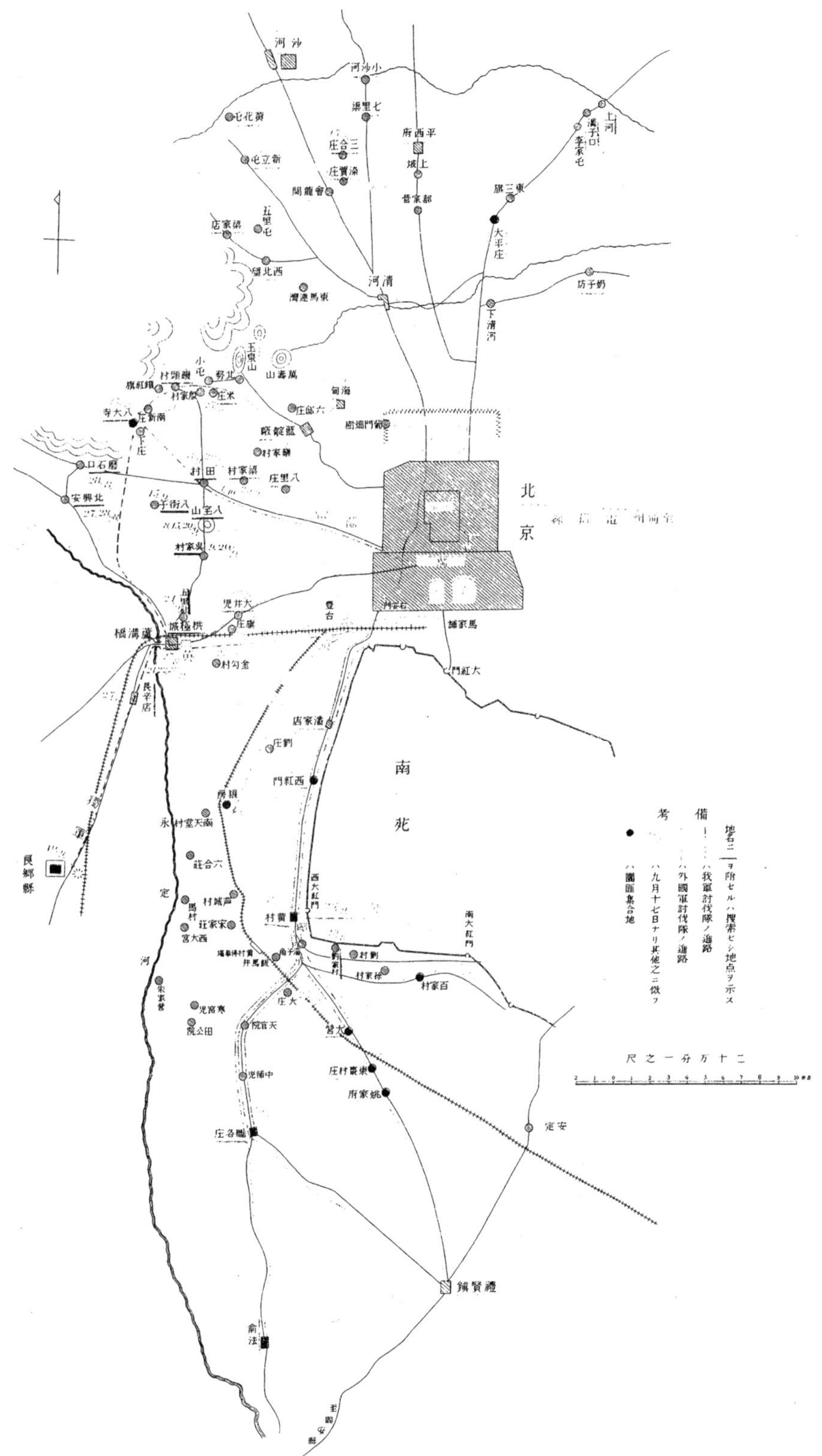

插图 17　自 8 月下旬至 10 月上旬北京周围搜索并讨伐地略图

四　侍从武官长抵清国

侍从武官长抵中国

为慰问在清国的军队及舰队而派遣的侍从武官长、陆军中将冈泽精于8月12日乘坐小仓丸号自宇品出发,27日抵达大沽,慰问舰队,传达敕语,29日登岸,30日抵达天津,将皇后陛下旨令传达给该地的西德二郎公使、夫人等,慰问各部队。9月3日从天津出发,6日抵达通州,在巡视完诸队后抵达北京。此时师团司令部增派的参谋石井、炮兵少佐及两名文书亦同行。

在此之前,8月15日,桂陆军大臣致电山口师团长,告知派遣武官长一事(8月24日传到北京)。为此师团长命秋山兵站监做好到通州的护卫工作及提供其他方便。另外又确定了各人拜受赐品的数量,作为兵站各部队(同守备队一起)的附加措施,命各队调查可贡献给皇室的武器类别。9月5日派遣骑兵一个小队及参谋官至通州迎接武官长,自该地起担当陆路护卫。在北京的长官以上者在朝阳门外迎接,另外命滞留在北京公使馆的骑兵中尉伊东仙三郎带两名骑兵进行保护。

赐予第五师团长敕语

7日早晨7点,冈泽侍从武官长将各部团队长召集于日本公使馆,宣读如下敕语:

> 此次中国事变,朕之陆海军同各国军队一起冒着烈焰在异域浴血奋战,陷敌城挫其锐,克尽其责,终得入北京,达成解救公使之目的,朕特此嘉奖其勋劳。望今后更能体味敕语,重军纪,肃风纪,再接再厉,保全帝国军队之荣誉。

宣读完毕后,冈泽侍从武官长转达了天皇、皇后两陛下对远征军的慰问,我等军人对此铭感肺腑,宣誓将效忠帝国,接着指出无论周围如何变化,必将恪守军纪风纪,大家一同敬听,深表感激。

第五师团长之回答

师团长拜受敕语,命各部队举行捧读仪式,当日下午以电报向宫内省侍从武官井上良智传达了如下奉答,请其执奏:

> 此次第五师团得以迅速进入北京,达成解救公使之目的,完全仰仗陛下之威德,而今又特派侍从武官长赐予优厚敕语,臣等实为诚惶诚恐感激之至,誓奉戴圣旨,严肃军纪风纪以保全帝国军队之名誉,谨此奉答。

冈泽侍从武官长携带了赐给出征军人的平野水及烟草,除置于大沽、天津等各地外,其他的在北京交给师团长。于是,命其尽快将此运送分配(9月11日进行分配)。在清军人同浴恩典,叩谢圣恩,师团长亦电报侍从武官长请求执奏天皇。

侍从武官长归朝

冈泽侍从武官长巡视了公使馆的防线、朝阳门外的战场、各部队的宿营地、医院及紫禁城，于9月11日自北京出发抵达通州，巡视了此前未巡视的余部后在白河乘船抵达天津，慰问该地的诸部队(上次未巡视余部)。15日巡视大沽炮台，16日返航。归途的护卫与来时相同，并在其踏上回程之际，将附有各部队之纪念战利品获取经历的目录，及其能够携带的战利品托于武官长，将此呈献皇室，大炮等尔后送上。

五　宿营、给养、卫生及战利品之处置

宿营概况

前文已述，我军的宿营地为选择水质好、便于控制军纪之地，选定在北京城外八旗校场附近。

除此之外，北京各城门(朝阳门、东直门、安定门、德胜门、西直门)及公使馆各有一个步兵中队，紫禁城守备为两个步兵大队，供军事警务衙门长直接调用的一个步兵大队及一个骑兵小队在城内各地宿营。

德胜门外八旗校场附近的宿营地，除野战炮兵第五联队宿营在地坛、师团司令部宿营在黄寺之外，皆宿营在民房，虽然有矮房较多造成兵力分散之不利，但与城内的房屋相比较为清洁，特别是适合于饮用的好井较多，且树木繁茂尘，土亦不像城内那么多，最适合夏季的卫生。此地一般为团匪集合之所，如同黄寺其残迹较多(留有枪、刀、旗等)，由于我军宿营时将其击退占领之，百姓皆弃家出逃，故所有房屋都可供我军宿营。

追加运送冬装

8月19日前后，夜间已感寒冷，与白天的温差很大，夏装逐渐无法抵御夜间之寒气。为此师团长要求兵站监向北京运送冬装，并向参谋总长报告请求考虑冬季宿营。诸队自天津出发主要是轻装，为减少负担未带替换行李等，特别是当时除塚本混成旅团外，预定在北仓战斗后返津，故更感携带物品之不足。

8月23日，各部队派出若干人员整理剩余物资，通过白河运输陆续抵达通州，再以兵站纵队运至北京，除此之外自9月13日各部队出动人员及搬运工具(多用大小行李之驮马)领取。此时冬装、被褥及毛毯等为首批到达，行囊及附属品于其后运抵。

开设北京宿营医院

因北京有师团主力驻屯，8月13日，第一野战医院在城内安定门大街大佛寺北邻开设宿营医院，同时将朝阳门外东岳庙开设的第二野战医院改为宿营医院，按如下划分收容患者。但没有记载的部分收容在附近的医院。

<table>
<tr><td>师团司令部</td><td rowspan="4">北京城内宿营医院</td></tr>
<tr><td>步兵第二十一旅团</td></tr>
<tr><td>野战炮兵第十六联队第一大队</td></tr>
<tr><td>工兵第五大队</td></tr>
<tr><td>步兵第九旅团</td><td rowspan="5">朝阳门外宿营医院</td></tr>
<tr><td>骑兵第五联队</td></tr>
<tr><td>野战炮兵第五联队</td></tr>
<tr><td>辎重兵第五大队</td></tr>
<tr><td>卫生队</td></tr>
</table>

卫生处理

因有痢疾蔓延的征兆，各部队对此进行预防检查(每日 1 次，诸名士兵检查，如发现疑似患者随即隔离)，自 8 月 22 日始持续两周。

8 月 29 日，因卫生队连续发现胃肠病症患者，向各队传达预防之法，疑似患者马上入院，且适应天津的卫生委员规定(参见第十三章七)，卫生设备雇佣清国人力负责。

在朝阳门外选定新墓地，准备作为火葬之所。

患者的运送主要依靠担架运至通州宿营医院(由卫生预备人员设立，后改为兵站医院)，然后自该地乘船运送至天津。

北京、通州间粮草运输情况

进入北京后，给养上感觉最为困难的是北京通州间缺乏运输能力。当时师团所拥有的纵队只不过是粮食第二、第三纵队和由驮马组编的第一纵队半部。此等因作战中过度行进造成人马损失的不在少数。加之北京、通州间的石子路车辆通行困难，导致了更多的人马损失。为此俄军 9 月初沿石子路一侧开始在旱地开通车道，我军亦于 9 月 10 日开始派工兵自城北经六里屯及塔拉坡开设通向通州北门的车道。然而下雨时泥泞难行，反倒是走石子路更为便利。

地方上几乎不能得到搬运工具，这是因为当地百姓将所有车辆载其家财到别处逃难。另一方面就是被敌人所征集。为此 8 月 17 日师团长命监督部长到地方征集搬运工具，结果收效甚微。反倒是多少缴获了一些清国马匹，从而得以补充各部队大小行李所缺马匹，但不足以补充纵队所缺马匹。兽医部长征集马匹逐渐得到购买途径，但此时运输困难时期已过，并未显出大的效果。

因此情况，当时没有其他办法，不足部分仅能靠纵队运输，于是决定将弹药纵队亦从事于此。8 月 20 日关于粮草运输作了如下规定。希望举师团之所有纵队及各部队运行李之马匹发挥最大功效，如此一来除了每日为运送而消耗的粮食外，还可有若干储蓄。

北京、通州间运送粮秣规定

（一）将北京、通州间划分为如下两区运送粮草：

通州、定福庄　　　　　　第一区

定福庄、六里屯间　　　　第二区

（二）第一区的运输由弹药大队长负责，其使用的纵队如下：

第二步兵弹药纵队

第一、第二炮兵弹药纵队

第二粮食纵队及第一粮食纵队（驮马组编）

（三）第二区的运送由辎重兵第五大队长负责，其使用纵队如下：

第三炮兵弹药纵队

第三粮食纵队（但此区间一日可往返两三回）

（四）在六里屯设立师团粮草分配站，各大队的大行李在此接受分配。

（五）六里屯及定福庄各留一个小队守卫。

（六）此规定自 8 月 22 日起实施。

当时纵队宿营在北京和定福庄，因此其自身所需粮草亦从其搬运粮草中消耗，而在眼下缺乏运输能力情况下并非上策，于是 21 日在上述规定中追加了如下一项：

（七）第一区间使用的各纵队宿营在通州，第二区间所用纵队宿营在定福庄。

21 日，第四粮食纵队及第一粮食纵队余部抵达定福庄，而后将其增加到两区间中。第一区和第二区的运输能力比例为二比一。（第四粮食纵队派给第一区，第一粮食纵队余部及车辆编制[纵队之三分之一]派给第二区）

22 日，考虑到运输能力问题，山口师团长决定再将拥有较多马匹的野战炮兵第五联队移至通州。北京仅留下炮兵联队本部和一个中队，其余于 24 日转移到通州。此举是鉴于当时北京没有使用较多炮兵之必要，以图专为给养提供便宜。

如此为给养之便，纵队每天从通州向北京运送粮草，但因人马劳顿及车辆受损，无法连日以全部车辆运送。师团每日仅以一半运输能力（平均三百一十辆）进行运送。

由此，师团司令部有人提议在通州、北京间铺设轻便铁路以协助运送。8 月 20 日师团长开始向参谋总长请求拨给铺设此轻便铁路之材料，尔后多次详细陈述情况以铺设此铁路，并计划勘查线路，但此议未得到中央允许，最终未见铺设。

关于粮食处理

在北京，所占领米仓中的米皆为粗米，如不捣精则无法食用，而且找不到捣精的方法。与此相反，通州所获之米中有大量精米，但在占领当时混乱之际未能对其数量进行调查。

副食品于 8 月 20 日由监督部购买，对各部队进行统一分配。为购买之便，决定占领城北二里处的清河（设有市场，便于调配副食品）。9 月 5 日派步兵第十一联队一个中队（第九中队）将其占领。此队在该地发现米仓（本裕仓）并将其占领。

因规定在北京城内不得自行购买，如有必要则托与警务衙门购买，以安抚民心。未几柴中佐等得以安抚民心，结果尽管别国占领区内荒寥寂静，唯独我占领区内人心安定，到处开设市场，买卖日见繁荣。9 月 17 日起允许各部队派出军吏采购。

9月17日起考虑到冬季宿营,命令各部队自行收割储备代用马料、粮草等。但要在军官或军吏的监督下进行,对于人员较少的部队由监督部为其准备。

处理缴获兵器

在北京缴获的主要是兵器、稻米和银币。兵器除了战斗时在城墙上缴获的外,还有不少是占领了城内炮厂或兵器厂而缴获。因此,占领北京后连续十几日在各处逐渐发现,逐渐将其缴获。主要物品如下:

8月20日,西直门守备队发现占领的是虎神营军械所(位于端郡王府前),其中有克式速射炮十四门、克式山炮三十六门(分解装箱尚未使用)、炮弹二百四十发、克式七厘米半山炮八门、旧式野炮八十门,此外还有地雷、马鞍、毛瑟连发枪近千支,新式小口径毛瑟枪一百五十支及若干弹药。在顺天府附近8月20日前发现的有克式九厘米炮四门、同口径滑膛炮五门、小枪一百五十支、毛瑟枪二百支及若干弹药。

除此之外,在朝阳门大街炮兵营、南罗道兵器存放所、六条米仓北墙外的兵器库及西直门北约三百米兵器库缴获若干兵器弹药。

8月20日,永田野战炮炮兵第五联队长接到师团长下达的整理缴获武器弹药之命令。除上述地点,还需整理朝阳门、安定门、西直门、蒙古外馆及卫生队宿营地之兵器,各队派出军官以下人马搬运工具进行整理,于8月29日结束。但接着又在蒙古外馆、地安门东约一百五十米处督练两翼前锋八旗护军营、安定门东南约八百米处的八旗炮局及安定门大街路口西南旧骑兵营发现枪炮弹药若干,并对此进行整理。决定9月9日之前将能够作为战利品运回国内的,全部存放于地坛炮兵营宿营地,其余无用之物付之一炬,火药扔进大液池。

运送缴获兵器也是在永田炮兵联队长的指挥下进行。自9月2日至21日全部运往通州,其所动用的部队有野战炮兵第五联队、野战炮兵第十六联队第一大队、兵站弹药纵队、兵站粮食纵队(9月6日加入)、监督部所用的清国车辆、辎重两梯队所属的空车(因为多用于运送粮草所以能使用的空车较少),人员约二千人,马匹约一千九百匹及九百五十辆车。

处理缴获粮米

在北京缴获的米全部为粗米,为东直门、朝阳门二门内的米仓及朝阳门东的储济仓,其数有三十二万石(此外占领清河时还缴获若干粗米)。

将朝阳门外米仓中三处让与英军(10月下旬),接着将其余的让与俄军。

这些粗米用于供给紫禁城内的清国人,作为工钱支付给铁路修理工及其他若力,并赈济贫民。同时供各部队购买副食品之资。另外有若干为了救助北京市内饥民以低价出售。

处置缴获银锭

在北京缴获的银锭主要得自于户部。8月15日早晨6点担任公使馆守备的步兵第十一联队根据前夜福岛少将的指挥,派第三大队1个中队(第十中队)驱逐败兵,将其占领。继而该大队的先头部队宿营在其东面礼部内。占领户部所得银锭于8月17日至18日间运至公使馆。然而8月17日下午俄军参谋长来见福岛少将称:“户部乃俄军宿营区,贵军不得擅自运走此处之物品”,福岛少将答之曰:“户部乃我军于15日晨以武力所占领,而宿营区划分为同日下午3点30分之事,因此享有占领户部之既得权利,从而自由处理此部内之物品亦无可非议”,俄军参谋长言道:“既然如此,请考虑将户部所藏马蹄银一半分给俄军”,福岛少将言道:“户部马蹄银乃日军流血所得,非战利品,很遗憾不能满足您的希望。”18日俄军军官带兵前来告知负责搬运马蹄银的小原师团副官要接管户部,此时搬运几近结束,仅剩些铜钱。于是,福岛少将派原田少佐到俄军司令部,责问其妄自出兵,并告户部整理已经完毕,故决定将户部移交给俄军,要求俄军派遣一名参谋官。俄军当即答应,并派其参谋官同原田少佐一并到户部办理移交手续。

除此之外,还有占领顺天府所得银锭(8月16日监督部长以十五六匹驮马将其运往蒙古外馆,着实保管,途中有卫兵一个小队跟随保护)。此等银锭总计达二百九十一万四千八百五十六两(不包括其后渐次发现的[参见缴获明细表])。

9月14日,桂陆军大臣向山口师团长下达处理缴获银锭命令,命其将其中一部分(二十一万四千二百八十六两)充作北清行动经费,其余运回本国。(大部分送往天津正金银行分店,本应该将保管证明送到经理局,但因路途遥远该银行分店并未按大藏省命令进行接收,而将其移交到中央金库门司事务所[10月3日北京来电])

在北京缴获之银锭,在师团副官监督之下装箱,继运送缴获武器之后于9月22日由卫兵保护,在监督部人员监视下由兵站弹药总队及粮食纵队将其运抵通州,尔后由兵站监管理,走水路运回日本国内。将一百九十二万八千五百七十一两移交中央金库门司事务所,其余交给陆军省。

此外,还有缴获的帐篷、旗等,见附表中之缴获表。

六　设立电报、邮局、传递哨

延长野战电报线

因为野战电报队器材不足,该队长工兵中尉曾田孝一郎征集各种所需材料,8月13日将电报线延长到河西务北面安平,此情况如第十七章之九所述。

尔后野战电报队于14日下午1点15分架设到马头,在此处设立电信所,15日延伸到吴家营,但此后因材料缺乏无法前进。当日发自河西务的材料运送船抵达马头,接着将材料用车辆运到吴家营整理。16日艰难地将电线延伸到张家湾,恰好此时派到北京的少尉武俣武八送来铁丝若干,为此当即着手整理。下午5点许开始架设,夜间继续作业,于17日凌晨2点延伸至通州。

武俣少尉(一名翻译官、一名辎重兵随行)在此之前(13日)被派到通州,依靠工兵第一中队将在此地征集的材料用船运到马头。另外为征集所缺材料连夜赶到北京,15日随北京的陷落进入街市,在战斗中进行铁丝征集。下午4点左右征集约七十名清国人,用铁丝将各人腰部连起来,以防逃跑,且强迫他们搬运。途中遇大雨且夜黑路难行,且强征之人力夫为店主、雇员或团匪,尽管不堪重负但形势紧迫,依然严加督责,夜间12点抵达通州。

野战电报队刚抵达通州时,各种电线已经用尽,尔后无法延伸到北京,并且由于夜间作业而导致出现多处电报不通,多次派兵检查线路。18 日云集通州的电报全部用传递骑携带到马头或河西务,加之通州传递骑少不能胜任,恰好电报队长留下自马头撤回的骑兵,在电报不通时协助执勤。(师团长此后将骑兵留在通州,9 月 14 日向马头也派遣了三名骑兵)

延长之困难

17 日下午材料船到达后对其进行整理。18 日再度派遣武俣少尉到北京征集材料。18 日下午 5 点左右通州火药库爆炸时电报线有两三处被毁,除进行修理外,因材料的整理未结束以及不足,估计目前无法开通到北京。

通州、马头间电报不通的原因,除了线路所用材料不齐备外,还有当时前进到此地的各国车辆撞坏电线杆,加之当时高粱繁茂高度超过电杆,不得已沿道路架设甚是弯曲,也是线路不通的原因之一。

野战电报队每日向马头方向派遣线路检查兵,21 日替换通州街市中的杂线,22 日向北京方向架设了二千八百米,因材料缺乏实在无可奈何。23 日天津铁道队运来的材料抵达,从而得以于 24 日将电报线延伸到北京(朝阳门东一里半区间由武俣少尉负责从北京方向架设)。至此北京、大沽间得以全线开通。但因线路故障,直到 25 日下午才开始电报通信。

野战电报延长工程及所用材料

13 日抵达安平以来延伸工程如下所示:

14 日　　马头
15 日　　吴家营
16 日　　张家湾
17 日　　通州　但因线路故障有两三日不通
24 日　　北京　但电报于 25 日开始

西大沽至北京间延长约二百公里,其使用材料如下:

42 公里　　野战电报材料
60 公里　　国用电报材料
30 公里　　挪用铁道队之材料
12 公里　　利用西大沽、新城间原有之材料
16 公里　　白塘口、天津间由工兵第五大队架设
40 公里　　征集的应用材料

电线为八号乃至十五号的钢丝线,其中虽然有不耐烧易熔的材料,但在材料缺乏之际,只要不影响导电效果就可以混合搭配架设。

作为电线杆的竹材较为容易征集,但用作电磁瓶的物品非常难于征集,所用之物有啤酒瓶、茶碗、花瓶及死亡马匹的马尾毛等。

当时，电报所设在西大沽、白塘口、天津、杨村、河西务、马头、通州及北京，仅在天津、河西务及通州使用两个电报器。但为了提高电报速度，于 8 月 16 日废除了马头的电报所。

除此之外，于 8 月 20 日在北京日本公使馆和安定门外蒙古外馆间架设电话线，以便于师团司令部和军队宿营地间通信。9 月 1 日在公使馆和德胜门外步兵第二十一旅团司令部间也架设了电话线。

芝罘、大沽间海底电缆架设后通信情况

8 月 23 日大北电报公司(丹麦人管理)的海底电缆在芝罘、大沽间架设完毕，在东沽白河上岸，并在此地开设电报所，为此将西大沽我野战电报线延长到该地，为开设我电报所并与之联络，决定分派海军少佐上泉德弥，且为得到我电报之便利而给予机密费。于是，8 月 22 日运输电报支部进行日文和欧文的翻译，不过此后一切由该少佐处理。上泉少佐后来返回舰艇。8 月 29 日师团长向参谋总长请求派遣继任人员，当时由工兵少佐井上谦吉接任此职(8 月 31 日出发 9 月 19 日归队)。在芝罘负责电报联络的步兵大尉田中新助于 9 月 5 日转移到东大沽，6 日就任其职。

因为当时使用的材料不完备，不仅线路多有故障，经常不通，还因电流不足，中间需要多次中转，电报员不习惯处理西文，中间需要翻译，产生谬误的情况为数不少，延误必要通信的情况也时有发生，电报通信上存在很大缺陷。

此类缺点已为中央所发现。8 月 23 日参谋本部第五部长工兵大佐落合丰三郎来中国时也曾经对此进行调查，认为有必要追加材料及人员，并作出报告。另外铁道队长吉见大佐亦向参谋本部次长陈述意见，西德二郎公使也向外务大臣呈报关于派遣处理西文的电报员之事。

部队增加派遣野战电报队人员

在此之前，8 月 14 日参谋本部决定给野战电报队增派人员。从铁道大队派出工兵士官一名及下士以下五十三名，此增加人员可供设立八个电报所所需人员，每个通信所有四名或三名人员组成，并为之配备若干辅助运输兵，以供电报配送及杂务。工兵中尉冈部弘以下的增派人员被派往清国，8 月 22 日自宇品出发，8 月 29 日抵达大沽。

鉴于此(9 月 2 日)，师团长命吉见铁道队长负责电报管理，将野战电报队长曾田中尉和冈部中尉归其指挥。野战电报队分为两部分，以杨村为界，相互负责通信和保护线路。

尽管进行如此改良，但由于最初材料不完备，电报屡屡不通，延误甚重，在速度和确切方面多有遗憾，但经过半永久性的改造电报后断绝了其弊病。(此后关于电信的内容参见第二十九章)

设立邮局

事变之初，天津租界受到炮击，6 月 18 日该地的日本邮局自然停止一般业务，工作人员同所有文件一起转移到领事馆内。6 月 24 日情况稍转安定，将邮件托与清国邮局发送。不过，7 月 6 日清国邮局关闭，邮递途径断绝。幸因往返于天津、大沽间的我运输船

而得邮递之便。

事变之初,天津邮局局长高木铣次郎正在东京参加局长会议,邮政大臣让其归任,在大沽设立临时办事处,并授予在必要时可在北京设立办事处之权,另外派五名文书一同出差。局长于6月26日抵达大沽,7月3日开始在大沽炮台内设了临时办事处,办理邮政及汇兑存款业务,30日转移到西大沽。

我军到达通州后,立即于8月16日派两名文书到通州设立办事处。但因北京已经陷落,便于27日在北京朝阳门外设立了办事处。

在此之前,基于兵站监的请求,邮递省征得陆军省的同意,电训(8月18日)天津局长要求在北京、杨村、河西务及通州设立办事处。由此杨村于9月10日,河西务于9月12日,通州于9月15日分别开始办理业务。

在此之前,邮递省又于6月30日发布告示,将采用(明治)27年发布的军事邮政制,但将27年的二匁(重量单位,三点七五克)以内改为四匁以内。

同日又直接将内地发送局指定为宇品支局、门司局及赤间关局。(海军所属者为佐世保局)

北京、天津间开设邮政

当时北清邮件的传递、保护及投递,由军队及兵站司令部负责,其分配等管理由邮政局职员负责。于是通信得邮政之便而开,但邮件延误严重,且重要电报混入到邮件中而延误的情况也为数不少。此后经过种种改良而逐渐就绪。

9月12日为辅助朝阳门外天津邮政局办事处的事务员,尽可能挑选管理邮政业务人员,结果从卫生队选出一名下士,两个步兵旅团各选出二名下士或上等兵二名。

设置传递骑哨

电报及邮政的不完备已如前述,为此最终决定再度设置传递骑哨。北京、天津间的主要通信依靠书信,另外感觉到在电报不通时有必要进行传送,为此师团长决定于9月23日在北京、天津间由骑兵第五联队再度部署传递骑哨,而天津、西沽间因有铁路或轮船之便,将骑兵撤掉。

传递骑哨设在北京、定福庄、通州、张家湾、马头、河西务、南蔡村、杨村、北仓及天津,各处配备4名骑兵。

七　整顿通州及白河运输概况

增加通州守备队

通州方面,因为师团向北京前进,留下步兵第二十一联队第三大队(缺2个中队)守卫此地。该大队长少佐佐本寿人负责指挥此地的各国守备军,兼处理兵站事务(参见第十九章第一节)。

在通州,各国士兵暴乱横行,极为狼藉。根据当时的调查,8月17、18日至月底被杀戮或自杀的人有一百八十余名,当地居民皆四散奔逃,全市几乎寥无人烟。加之8月15

日下午5点左右市街北部的火药库爆炸(原因不明,未对我兵造成损害),附近人家被毁,局面为之一变,繁闹的街区忽然化为破败寂寥之所。每日枪声不断,此间土匪抢掠者亦为数不少。我守备队主要宿营在市街东部,在此区域内避难的中国妇女老幼为数不少,另外还有二十余人前来我队请求为其治疗疮痍。除此等清国国民外,全市居民几乎销声匿迹。8月24日野战炮兵第五联队大部宿营在此地,后由于将宿营地扩展到南部及西部,此区域中亦有若干居民避难,请求我军保护。

9月4日师团长鉴于通州土匪劫掠有殃及米仓之虞,且因我步兵之兵力不足,难以恢复此地秩序,遂将步兵第二十一联队第三大队之第九、第十二中队增派给该大队,命佐本大队长严加守备米仓并负责恢复该地秩序。

9月4日以后,我步兵一个大队及炮兵五个中队驻扎此地,虽尽力保护当地居民及秩序恢复,但因荒废严重,无法轻易恢复旧貌。

处置通州战利品

在通州占领的米仓中有银锭十二万九千四百二十五两,将其与在北京占领的合在一起,送至后方。另外在此地缴获的武器,也与在北京缴获的一起送到天津野战兵器厂。米仓中的米,当时主要是送到北京供军队给养。

关于通州兵站之处理

8月17日师团长以通州以南为兵站地,将此区域内的守备队归兵站监指挥。此后通州为兵站地的终点,通州、北京间的运送全部由野战师团负责。通州、天津间依靠兵站监管理的船舶进行运送,天津以南水路由大沽运输通信支部管理。9月1日天津、杨村间铁路全线开通,但我军仍然以水路直接同天津联络。

为此,通州成为师团追加运送及运送后方的关口,患者及物资大量集中,交通极为繁忙,因此于8月29日在通州设立兵站司令部,另外从野战兵器厂分派出弹药中间厂,以负责弹药补充、分配修理武器用品及收集缴获兵器等,以部分卫生预备人员开设兵站医院。

白河运输情况

师团向北京前进过程中行动迅速,无暇整顿白河运输,但此后逐渐进行整顿,使之趋于从未有过之盛况。泛舟于白河之上的我船舶,8月下旬总数达到三百只,大量地运送追加物品,或向后方运送患者及缴获的兵器、材料等。在各国军队(除日、俄、英、美军外几乎没有船只)中盛况最好。

法军因为船舶少,8月26日搭乘我便船,将该军约一百名患者自通州送回天津。其他各国的伤病员请求搭乘便船者甚众,只要不影响我军运送,都予以许可。船舶搜集队(参见第十七章二)在北京陷落后继续执行任务。8月15日自通州上游二里半处搜集十七艘(船同乘),到18日在南蔡村、通州间征集到四十四艘,尔后依照兵站监命令自河西务向通州运送粮食。

为第二次征集船舶,工兵第五大队第二中队于9月1日自北京出发,2日到9日在通州、北仓间征集到九十七艘,移交给兵站监部(9月19日返回北京)。由此我军收集船只达到四百八十艘。

接到来自监督白河运输队的海军中佐福井正义的报告,从事运送的陆战队近日撤回,石桥参谋长8月19日电请常备舰队参谋长在撤回的同时派遣轮换士兵。运输如果没有海军军官以下人员之监督,将无法顺利实施,为此,以后一直接受此辅助。

八 后发部队抵达及补给等的处理

增加师团参谋

第五师团考虑到是从事独立作战,需要附带定规编制外的诸队,司令部的业务按普通定员实施将有一定困难,为此决定于8月17日增加一名参谋、两名文书。参谋本部部员炮兵少佐石井忠利及留守的第五师团两名下士增派给第五师团司令部,并于9月6日到达北京。

临时步行炮兵队抵达

以前应寺内参谋本部次长的请求,徒步炮兵中队8月11日自宇品出发,15及16日在塘沽登陆后马上由火车运送(17日因大雨泥泞搭载困难),17日抵达天津。在此之前,得知徒步炮兵中队增加,师团长15日电令秋山兵站监,徒步炮兵中队一到,在天津登陆待命。继而将其编入天津守备队,归兵站监指挥。

派遣测绘人员

8月31日师团长认为为了将来至少有必要测绘战场,遂电报参谋总长,请求派遣测绘员。于是派遣步兵大尉玉井清水率领十名测绘员于9月8日到北清,9月20日抵达天津。在各地兵站守备队的保护与协助下,到北京的各个战场及白河沿岸进行测绘。

9月下旬师团司令部命令驻屯北京的各部队,共同分担北京周围土地的测绘。

解散架桥纵队及预备马场

早在7月27日,北清事变临时事务委员会就认为没有必要向北京派遣架桥纵队,还决定暂时不配送预备马厂,亦未进行运输。8月14日根据战斗地区的情形及作战状况,愈加没有必要派遣架桥纵队,遂决定将其解散。参谋总长依照圣裁,于8月15日让其复员,剩余人马编入补充队。

关于是否有必要派遣预备马厂,陆军总务长官于8月14日征询第五师团长意见,但其电报延误甚久,9月4日方抵达师团长手中。师团长回电称,解散后有必要将其战马全部追加给马厂。因为当时北清能够征集到驾车、驮运之马匹,加上当时缴获的总数约达八百五十匹,骑马只能依靠补送。但在9月10日的委员会上认为没有必要追加,18日最终将其复员解散。

在此之前(8月24日),因为预备马厂尚未抵达清国,师团长命令将驻北京各部队的病马收容到马厂,进行救治。

补充人马

为补充北京战斗时所造成的缺员，师团长于8月19日调查各部队的缺员情况，20日向留守师团发电（因为注意到步兵第四十一联队外的其他联队缺员也达到二百名以上）请求紧急调拨补充人马到清国。同日向第一师团请求追加补充野战炮兵第十六联队第一大队长及下士以下二十四名（战马十二匹、辕马三十三匹、驮马十一匹、野炮等十三种）。

同日（8月20日），留守师团补充的军官二名、下士以下士兵二百四十四名、七十四匹战马中的第一批抵达北京，编入各部队。

8月22日向留守师团请求补充九名军官、下士以下一千四百零一名。

8月19日浅野骑兵中尉率领各队的补充兵力抵达北京。

步兵第十一联队第二批补充兵一百五十名于8月23日抵达天津，四十名编入该地的第二大队，其他编入驻北京部队。第三批补充部队军官以下五十名亦同时抵达。

马匹之补充大多依靠在清国缴获或购买的，而由内地补送者极少。

送还战死者遗骸

8月30日，将在公使馆防御中战死的抑或死亡的安藤大尉以下海军陆战队及义勇兵等遗骨送回日本。同时将西德二郎公使夫人以下的公使馆人员家眷等十二人，陆军一等军医中川十全、爱宕陆战队海军中尉大泷新藏以下十八名送回本国（人员计三十名，儿童两名）。由一个步兵分队护送通州，后经白河送抵天津。

陆军大臣7月19日下令“战死抑或病死者遗体尽量火葬后装箱，送回各自所属”（7月23日到达），各部队以此处理遗体。

北京方面的战场清理，因为各部队此后要驻扎于此，便由其进行处理并很快完毕。

九　整顿北京城内

城内一般概况

北京城自义和团侵入以来，极为骚乱。继而因包围公使馆的董福祥部下入京，更是加剧了骚乱程度。不良之徒乘机进行劫掠，清兵亦肆意抢掠，枪炮声数月不绝，秩序大乱。白天通行尚有危险，商贾店肆关门，盗贼横行，人心惶惶。加之8月14日战斗后各国军队入城，皇室以下百官皆逃走抑或自杀，城中居民大多于城外避难。街市中战斗四起，兵火四处蔓延，全市变成“阿修罗之巷”，偶有残留于城内者，皆紧锁门户蛰伏于屋内。整个都市如荒寥无人之境，大街上到处横卧着人马之尸体。因天气炎热，尸体腐烂，行人皆掩鼻而过。下贱不良之徒趁此打家劫舍，大户人家之财宝皆化为乌有。加之北京陷落后数日团匪仍潜伏于屋内，狙击行人，通行极为危险。虽说此为一般战乱后之光景，但北京的骚乱尤为持久，原有秩序容易紊乱，百姓居所因各国军队迅速进入，使得秩序更为混乱。

为此，城内外交通断绝，物资无法流通，军队无法得到自身生活的日用必需品。现在恢复北京秩序、保持当地居民安宁之途，不仅是战胜者对当地居民的义务，完际上对军队自身亦实为紧要。

组织北京军事警察

各国军队指挥官认为有必要恢复北京城内的秩序,保持稳定,于 8 月 15 日划定各国军队占领区,在当日召集的会议中决定各国军队各自任命其占领区内的警察,执行简单的行政事务。我军以柴中佐担任整顿委员长,将办事处设在原顺天府,定名为“军事警务衙门”。步兵大尉桥口勇马、守田利远为委员,并配有若干助手。柴中佐直接调动的部队有一个步兵大队、一个骑兵小队及二十名宪兵,另外在朝阳门、东直门、安定门、德胜门及西直门诸门的各一个步兵中队亦归其指挥。

由此柴军事警务衙门长于 18 日开始处理事务,将日本占领区进一步划分为各城门及顺天府直属的步兵队区域,各区军队负责恢复各区秩序,保护良民,到处张贴针对清国人的安抚良民告示。

北京军事警察之实施概况

继而,为制止到我区寻衅滋事的外国士兵,追查其踪迹,使其承认不良行径,将其扭送警务衙门,移交给外国军队司令部。继而,派人挨家挨户登门劝导店铺开门营业,决定一方面禁止军队随意购买,必需品由警务衙门代军队购买,制定购买账本。

由于以上措施的实施,百姓返回开店者逐渐增加。鉴于此,为进一步加强保护和管理,于 8 月 26 日将日军占领区划分为东西两区,设置人民自治的总办事务公所,选拔地方名门望族担任总办及其以下之职,各派三名宪兵作为事务监督,后随着职员增加改称“安民公所”。同日张贴告示,劝导米店及汇兑行开业,并分发给各店保护证。自此时起各商贾开店者急剧增加,申请保护证者每日达数百人,甚至达二千人之多。

此外,逮捕、审讯匪徒无赖,确定刑罚。但东、西安民公所除宣布死刑和审问重罪犯者外,与警务衙门享有同等权力。

8 月 29 日城外号称“贫民袋会”者携空袋入城,遂命令各城门严查盗窃者。

8 月 31 日法军抵达阜城门占领区,我军撤退此门的守兵后,该区内很多清国人转到我占领区内居住。

9 月 12 日我守备兵将西直门大街以南让给意军,我守兵撤回。西直门由日、意两国军守卫,此时其区域内的清国人转移到我管辖范围内,抑或逃往城外避难者亦为数不少。

9 月 10 日师团长改变占领区守卫部署,为统一指挥城内各处守兵,决定将紫禁城的守兵也归警务衙门长指挥。守备兵由两旅团各出两个大队组成。此外步兵第九旅团派出一大队宿营在城内,以供师团长直接调遣,公使馆的守兵亦由此大队派出。

根据此调整,警务衙门长于 9 月 14 日将日军占领区划分为三区,东部为步兵第四十一联队第一大队管区,北部为步兵第四十二联队第二大队管区,西部为步兵第二十一联队第二大队管区,16 日部署完毕。

上述部署在 10 月 2 日实行半部减员,其组织也为之一变(此后的状况参见第十三章)

在此之前,因宪兵人手不足事务繁忙,警务衙门长为补充人手,于 8 月 23 日增补二十三名宪兵,25 日将其增加到四十名。

9 月 13 日西德二郎公使提议的设立市街警察为上策,罗伯特·赫德曾于 1858 年到

1860年间联军占领广东时随军担任文书，依据此实际经验，建议由他负责北京警察。该建议以给首席公使葛络干（西班牙国公使）信函的形式送交给师团长，但最终未被采用。

9月12日前军机大臣、礼部尚书启秀因私通团匪，警务衙门派兵于其家中将其逮捕，严格按照礼数移交给衙门，将其单独拘押在一室。

第二十一章　列队通过紫禁城及其前后事件

一　列队通过紫禁城

通过紫禁城之发端

列队通过紫禁城之议始于8月18日北京第二次会议，俄军指挥官利涅维奇中将提议，“为彰显各国军队之胜利，各国军队应列队通过紫禁城”。各国公使及军队指挥官皆赞同。

守卫紫禁城的设想，在进攻北京之初已在我军的计划中，战斗结束后我军守卫东、北、西三门（东华门、神武门、西华门），美军守卫南门（午门）。列队通过紫禁城与最初的守卫紫禁城精神不符，为了使最初之苦心免于化为泡影，努力争取使其顺利通过紫禁城之事，最终落在我军的肩上。但是紫禁城内8月15日至17日门前还持续战斗，根本无法进入其内部了解情况。为此非常关心各国军队能否安全通过紫禁城。幸好此间各国军队皆忙于扫荡城外团匪，决定将列队通过之议延至扫荡完了以后进行（参见第三次北京会议），从而使得危机得以缓和。于是，借此我军致力于详细调查紫禁城内情况。

赦免城内清兵

8月24日神武门的步哨听到门内有人声，透过门缝观察，发现有两三清国人，其状甚切，如同乞食，遂将此报告给守备队司令官。于是派小原步兵第四十一联队长派翻译官自门外透过门缝问其事情，他们回答“是清兵，目前在城内无显贵之人，仅留有此等禁军二百余人，因缺乏食物，陷于窘境”。其形确实似饥渴难当之状，联队长将此报告给师团长，等待命令。于是，山口师团长得知城内果然存有清兵，决定将其自城内放出解散，但考虑到在指挥官会议上明确指出诸门决不可自外部打开，命令联队长让彼等注意从内部打开城门，且明日可安全撤离，由翻译官将此意旨传达给城内清兵。同时命令做好准备以防彼等突击。另一方面福岛少将拜访英国公使窦纳乐，将此情况告知，并说：“欲打开东华门将彼等诱出，故贵官亦应命盖斯里中将带若干守兵趁此机会一并从诱出的清兵中选出十名稍通事理者，一分为二，分别由日、英两军审讯，以详细了解城内状况。”公使对此深表同意，并商定了细则。福岛中将于返回途中拜访英军司令部，向盖斯里中将说明大要。另一方面师团长命参谋少佐伊藤濑平带翻译官到神武门，告知城内清兵明早解散，接着决定于第二天上午7点实施解散，并通知伊藤参谋做好相应处置。

于是，伊藤参谋于当晚10点30分来到神武门，命翻译官传唤城内清兵，但无人应答，此后又传唤多次依然无人前来。25 日早晨 5 点 50 分一清国人来到神武门附近，按计划对其询问，但其地位极为卑贱不足用，命令其马上到东华门打开城门。7 点左右又有一清国人前来，但亦为卑贱者，不得要领。步兵第四十一联队派出第八中队在东华门负责警戒，北京军事警务衙门长柴中佐亦来此，英国公使也亲临现场。福岛少将因指挥官会议紧急而未到场。

中午时分东华门终被打开，七十四名清兵自城内逃出，从中选出稍通事理者十人，其中五人移交公使馆内的师团司令部，另外五人交与英军。

经过对这五人审讯，详细了解了城内状况，又将其送入城内，以诱出他人。结果于 26 日清晨再度打开东华门，从中走出二百六十人。此中宦官为数不少，另外还有护卫军官(护军营尉官)文连及特登额。通过此二人得知，城内企图自杀者为数不少，缺乏粮食，处境极为艰难。

关于通过城内之会议

8 月 25 日上午 9 点在西班牙公使馆召开会议，此为北京第五次会议。与会者有日、俄、英、法、美、德、奥、意、西诸公使及其军队指挥官(德、奥、意为海军陆战队长，西班牙因无军队而未参加)。我方有西公使、福岛少将及原田少佐出席。

西班牙公使葛络干首先宣布开会，且说“对于利涅维奇中将之通牒，各国公使于昨日开会作出如下决议”：

根据各国公使之意见，约定万寿山、天坛、先农坛及皇城附属的庭园由各国军队占领，但宫殿及宫殿内物品任何人不得触碰。

福岛少将问道：所谓宫殿指什么？意大利公使侯爵萨尔瓦葛答之曰：“指的是凸字城墙内的建筑物”，少将答曰：“我却不以为然，如我在此前的军官会议上所述，皇帝及西太后平素在北海及南海边的房屋内安寝，此等当然亦是宫殿，另外万寿山亦有此类房屋。”由此议论纷呈，无法轻易得出结论。俄国公使格而思曰：“清国皇帝居所是我等无论如何不能进入的，但因不能确定什么是所谓的宫殿，为此应由各国军队派出委员调查，然后再加以区别，如何？”俄军指挥官曰：“诸位军官意下如何？”诸军官答曰无异议。由此我军的福岛少将、俄军的斯塔塞尔少将、英军的巴罗少将、美军的沙飞少将、法军的莱塞尔上校被选为宫殿调查委员。

西班牙公使葛络干希望尽早列队通过紫禁城，俄军指挥官提议应在 28 日进行，诸将对此表示同意。俄军指挥官请求各国公使入城，诸公使表示同意。法军指挥官曰：“闻知城内尚有四五百名败兵藏匿，为防备万一之变，有必要事先搜查城内。”福岛少将曰：“无需此虑，即便万一有异变发生，我来负责。”继而，俄军指挥官询问各国可派兵力。

福岛少将答之曰：“一个八百人的大队。”

英军指挥官盖斯里曰：“四百人。”

法军指挥官福里曰：“四百人。”

美军指挥官沙飞曰：“四百人。”

德国海军上校鲍罗曰：“二百五十人。”

奥地利海军大尉维德哈尔曰：“六十人。”

意大利海军上尉希里亚尼曰："六十人。"

俄军指挥官曰："我方与日军同样派出一个八百人的大队。"

福岛少将提议，城内行军全部步行，俄军指挥官曰："只允许军官幕僚及部队指挥官骑马如何？"福岛少将告之曰："建筑物倒塌很多，根本无法骑马前进"，但其回答说："仅骑马到可以通过之地"，诸将对此表示同意。

开始讨论行军序列问题，福岛少将曰："日军自进攻天津以来，一直作为联军核心进行战斗，故理所当然应排在纵队的最前面行进。"俄军指挥官曰："俄军亦自此事变之初甚是尽力，故此排在前列之荣誉应归于俄军。"法军指挥官袒护俄军说，"最先攻破城门进入北京城的是俄军，故此俄军理所当然应排在前面。"英军及美军提出应由日军排在前面。于是，议论纷纷。有说由多数决定，有说由抽签决定，有说将联军分为两个纵队自南、北门同时入城，有说分为四纵队自东、西、南、北门同时入城，或按伤亡情况决定顺序等，诸说百出，群情激昂。英、美军指挥官经常支持福岛少将，法军指挥官支持俄军指挥官，此间各国公使三三两两相继离席，在别室集合。

福岛少将曰："我有两个办法：一是日军排在前面，一是按国名的 ABC 顺序来排序。"俄军指挥官曰："不能同意这两个意见。"至此已经没有其他提法提出，诸将皆沉默不语，情况颇为不安。原田少佐曰："我有个提议"，俄军指挥官曰："愿闻其详。"少佐曰："我提议行军序列，各国军队按日、俄、英、美、法、德、意、奥顺序排列，各国军官皆排在纵队之前行进，而俄国军队指挥官级别最高，故此排在全体军官的第一位"，俄军指挥官曰："不同意。"

最后俄军指挥官曰："行军序列可否采取如下方法，即日军和俄军并列排在最前，其余按英、美、法、德、意、奥之顺序。"福岛少将断然拒绝。

日、俄军官各执其说，就谁排在前面问题一直讨论到 1 点 30 分。

美军指挥官曰："先头之争仅与日、俄两军相关，当由两者谈判圆满解决。"

俄军指挥官曰："予对与福岛少将意见不同深感遗憾，作为最后之手段请求福岛少将做如下事宜，即关于此问题请示山口中将之意见，将其回答通知我"，少将允诺之。继而，俄军指挥官提议明日上午 8 点各军一名参谋官到大清门商定行军纵队集合地点，诸将领会，此时已为正午，遂解散。

我军关于列队通过城内之处理

关于列队通过紫禁城的先后之争，已如前述无法轻易解决，以至最后需要山口师团长决定。师团长认为日、俄并进如同儿戏，不准备采用此法，鉴于俄军强要占据先头便决定让与之，于是，命福岛少将通知俄军指挥官。福岛少将于凌晨 3 点拜访利涅维奇中将传达此意。中将曰："感谢山口阁下之厚意，另外予之所以主张并进之说，是因为俄军自大沽登陆以来非常辛苦，进行天津及北京的救援事业。山口阁下今日之厚意，更加证明日、俄间交情甚笃等等。"

关于列队通过紫禁城，山口师团长于 26 日正午向各队发布如下命令：

（一）兹决定为纪念联军之战捷，各国派出的代表全体战斗人员之部队于 8 月 28 日（星期二）自皇城南门进入通过城内。

（二）该日日军派出一步兵大队（八百人）。

(三)各队将如下人员于同日早晨7点前派至大清门南面空地,由步兵少佐西山敏指挥。

1. 步兵各联队均出一个中队(下士以下一百七十人携带军旗)。

2. 骑兵联队派去步兵一个小队(下士以下三十人携带军旗)。

3. 野战炮兵第五联队步兵一个小队(下士以下三十人)。

4. 野战炮兵第十六联队第一大队派出步兵一个小队(下士以下三十人)。

5. 工兵第五大队派出一个小队(下士以下三十人)。

步兵联队应该派出的各中队长,骑、炮、工兵队应派出的各小队长,要选择队中资格最老者。

(四)当日在北京之步兵旅团长、各兵联队长及独立队长,将在4日早晨7点前在大清门前空地集合。

(五)出场诸队应携带外套、水桶及行囊,除负责指挥第四项中各团队长及入场部队的大队长及副官外,即使本应骑马者亦应一律步行。

福岛少将决定慰藉当日离开城内的两名护卫军官,向其赠送点心等,并将彼等再送至城内,命彼等为确实保证后天28日联军入城不受一丝危害而严加守卫。同时还命令道:“明日27日予亲自赴城内决定联军的行进路线,汝等应尽量采取安心之手段,并将此意传达给城内者,下午2点在东华门内等候。”另一方面通知我占领区内的汇合地(参见本章三),促使清国高官于明日城内同行,并转告其“明日2点在东华门前我守备中队本部会合”。

27日福岛少将带领中川参谋及翻译官川岛浪速如约会见理藩院总理昆冈、内务府大臣世续、侍郎那桐等以下八人,向其陈述自东华门入城,并以先前入城的护军校为向导至乾清宫前,届时恳请召集宫中宦官、官兵等。再及,规定紫禁城的南门午门到北门神武门为联军行进路线。为防止意外,在岔路口安排身着正装者,紧闭左右诸殿门窗。并且要求在联军入城之日要主动打开午门,高官要身着官服厚礼准备迎接联军。另外命中川参谋制作行进路线于明早交与各国军队。后来闻知西班牙公使亦对行军有所忧虑,招请兵部尚书敬信,请其多加注意。

是日下午我军派出原田少佐、中川参谋及西山大队长至天安门外,同各国军官一起协商28日晨的集合地点。

列队通过紫禁城之实施

8月28日早晨7点,各国军队在大清门内空地集合,各国军队指挥官带领幕僚参加,各国公使、各团队长亦到此会合。日、俄军各派八百人的一个大队、英军三百人、美军三百五十人,法、德各一个中队,奥、意各一个小队为代表,俄军指挥官利涅维奇中将检阅俄军,继而经过各国军队队列前,宛如阅兵式。

上午8点,各国公使立于队首,其余按俄、日、英、美、法、德、奥、意军顺序列为行进纵队。进入天安门经端门、午门、大和门抵达太和殿。预定的路线是从此处右转通过中左门等至内左门,但利涅维奇中将未顾及此处,命队伍沿直线通过大和殿、中和殿及保和殿,而经过大和殿需要登台阶,骑马无法通过,不得已指挥官等全部下马步行。

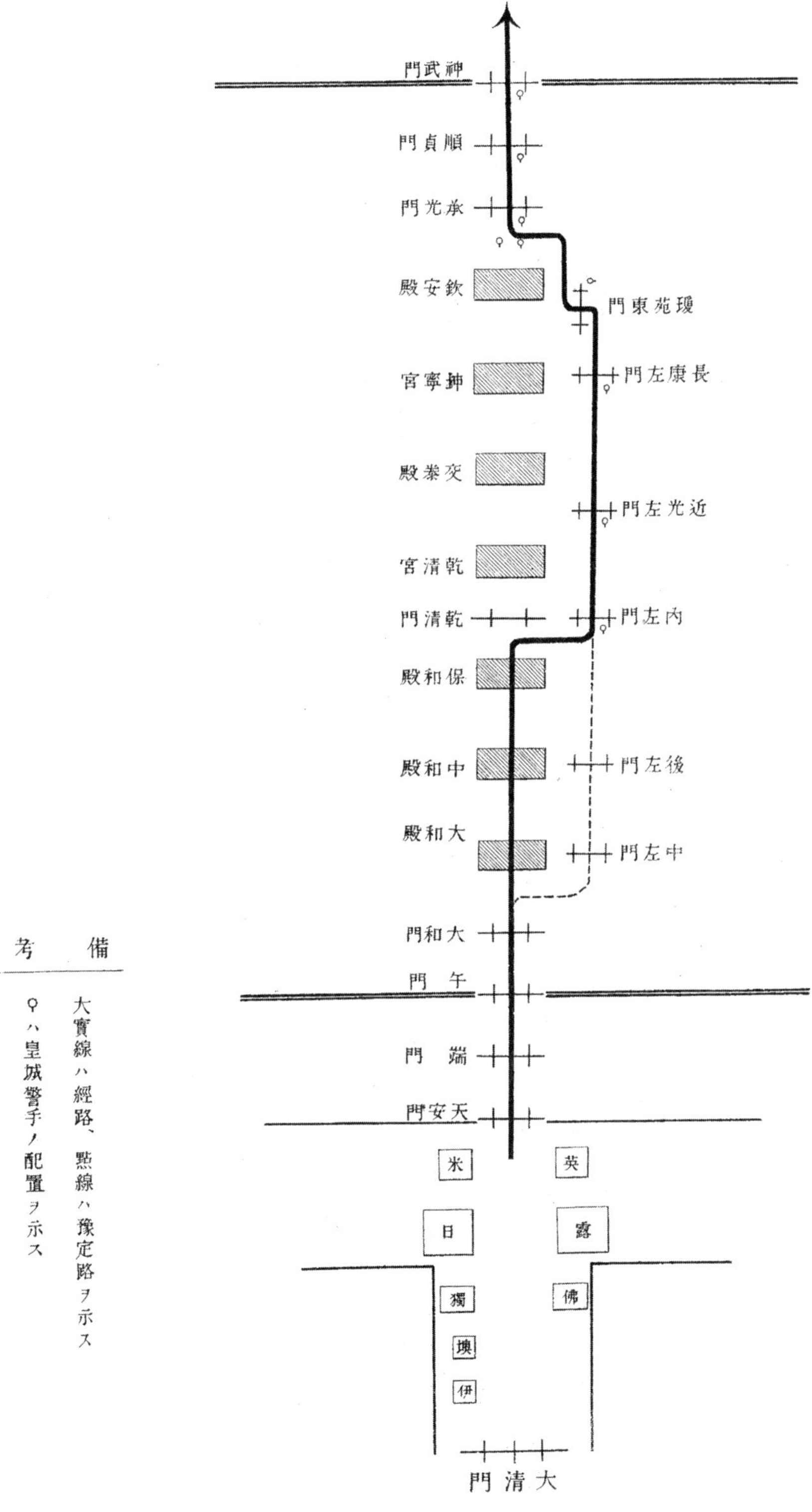

插图 18　紫禁城列队通过线路图

行进过程中,英军于天安门、法军于景山鸣放礼炮。

昆冈等八名清国官员如约在午门内迎接各国军队,以其为向导,其他宦官身着礼服伫立在各门。

日军于上午8点45分通过紫禁城完毕,整队行进至神武门外,行进过程中俄军四个乐队、英军一个乐队奏乐,日、法军吹奏喇叭。各国军队离开神武门之际相互交替敬礼,九点各国皆通过完毕,遂解散。

继而,清国高官等引导各国将官及幕僚至设在城内的茶席,供以茶点,且引导巡览宫殿(根据25日的会议议定,军队通过后,公使馆员及各国军队指挥官等其他主要军官巡览宫殿)。此时有很多各国军官混入此中,在巡览各室中盗取贵重宝物。福岛少将命中川参谋进行监视,直至最后。于是,参谋数回制止携宝离开的外国人,追回宝物交与清国官员。

由此,清国官员数日甚为忧虑的各国军队列队通过城内,亦在我军的努力下顺利结束,对此深感欣慰。

二 各国军队指挥官会议

第六次北京会议

北京第六次各国军队指挥官会议于9月2日上午9点在俄国公使馆召开。我军派福岛少将及原田少佐出席,俄、英、法、德、美军指挥官及参谋长,奥、意海军陆战队队长出席会议。

俄军指挥官曰:"根据8月20、24及25日上海发来的电报,两支清兵队伍分别为一万五千和五千人,自扬子江经山东向北前进。另外据闻袁世凯亦有所行动。"英军参谋长巴罗少将曰:"予据报河西务、马头间的道路被清国人破坏,其他被清国人切断电报线的报告不胜枚举,综上所述我相信有必要增加各兵站守备兵。"诸将对此表示同意。俄军指挥官称,为此俄军将派出参谋上校视察实际情况,增加的必要兵力将从俄军派遣,诸将许之。

法军指挥官曰:"法军将三个步兵大队和一个炮兵中队留置杨村,另外两三日内将马头直接派出步兵六百人、炮三门部署在通往北京的道路。"俄军指挥官曰:"法军对使用马头、北京间道路没有特别异议,但因为有运河方便,兵站线路将仍然采用经由通州之线。"继而,俄军指挥官言道:"白河与铁路线间皆已经扫清,请问北京、天津间交通安全的时机是否已经到来?"美军指挥官答曰:"各国军队自天津出发以来非常辛苦,因此抵达北京之时,年少兵卒颇感疲乏,不仅如此,因天气炎热还稍有颓衰之倾向,故认为有必要给予两周充分休息时间,待彼等健康完全恢复",诸将皆表同意。俄军指挥官接着提议将各国骑兵派至北京周围二十至三十公里范围不间断地进行搜索,以保持北京的警戒,得到诸将同意。于是,决定日军方面搜索北面及西面,俄军搜索东面,英、美军搜索南面。

继而,俄军指挥官向福岛少将询问庆亲王抵达日期,福岛少将答曰:"后天",接着言道:"其宅邸在日军占领区内,我军应给予充分保护,另外其入城之时将率领五十名清兵护卫兵,为此请各军不要发生误会。"对此,法军指挥官言称:"要收缴此清兵的武器,不准到日本占领区之外,另外亲王外出时要派日本兵进行保护。"德军指挥官少将海格尔言道:"没有丝毫必要对庆亲王表示敬意,另外德军士兵奉我皇帝陛下之命,遇清兵应皆射杀。

为此虽为亲王卫兵如不脱下军服，予亦不能保证其没有危险"，福岛少将曰："可收缴其武器，脱下其军服，扮作平民。"

继而，俄军指挥官向福岛少将询问李鸿章之抵达日期，福岛少将答称不知道。

俄军指挥官曰："予依照阿列克谢耶夫中将训令，以一万五千名士兵冬营在直隶省，除其中一千人外全部驻屯于北京。现在朝夕已生凉气，寒气之到来亦为时不远，诸君亦有冬营准备，然诸君对此是否已经接到训令？"福岛少将曰："未接到任何训令，但若决定冬营，日军将有二万二千人驻屯。"英军指挥官曰："予亦未接到本国任何训令，但约有二千五百人将于此地冬营。"法、美指挥官亦称未接到训令，德军指挥官称瓦德西大将到来之前将无从知晓。

俄军指挥官曰："宫殿调查委员一次尚未集会，明日上午10点在我国公使馆集合如何？"诸将表示同意。

美军指挥官曰："冬季一至将失去运河之便，此无需言表，故此予认为自现在起有必要着手修理铁路。"俄军指挥官称俄军铁道队已经开始从杨村向北施工，不日亦将自北京方向开始施工，因修理上需处处爆破，为此提醒各军不要惊慌。

法军指挥官曰："据报在兵站沿线各国军队都有杀害当地居民，烧毁房屋，胡乱射击等极端暴行者，另外据闻清国人中放火者亦不在少数，对此等事情希望各军一律严加管理，否则兵站沿线不久将变成无人之荒野。此外，有报告称在马头有一日整夜枪声不断，虽不知其何故，但除对敌人开火外一律禁止。即便在北京城内枪声尚未断绝，此甚为危险，各军应加强管理。"美军指挥官曰："美军占领区内允许白昼开枪，此因为很多丧家犬因撕咬人马之尸体而成狂犬，咬伤路人，极为危险，因而有必要将其消灭。"日、英、法军官称，自始便有严禁开枪之令，美军指挥官称原本对此十分注意，希望没有危险，但是狂犬消灭前不能禁止开枪。至此会议解散，时已11点30分。

第七次会议

第七次会议于9月11日上午9点在俄国公使馆召开。德军指挥官海格尔少将因往涿州方向行军而未能参加（参见后文四讨伐良乡县）。除福岛少将为汇报情况正在归国途中（参见第二十一章一），由柴中佐代为出席和意大利新代表海军少校玛由萨基以外，其他与会人员与第六次会议相同。

俄军指挥官首先汇报了5、6两日俄军在丰台南约八英里处与义和团匪冲突的情况（参见第十九章二、搜索北京周围），"尚不确定是义和团还是马玉昆部下，目前俄军一个步兵大队驻扎在距离马家堡四英里处，对此将进一步作何处置？"英军参谋长巴罗曰："以步、骑兵守卫丰台及芦沟桥，可确保两方面均无事，今后随着我铁道修理之进程，敌人将逐渐退却，现在没有必要对此进行特别处置。"诸军官皆表同意。

俄军指挥官报告称，庆亲王来函请求保护城内外人民诸营业，并道："此事已经向部下部署，是否还有何更需处理之问题？"柴中佐答曰："日本占领区内各户几乎都在营业，且城外物资有逐渐输入之势，现在无特别处置之事。"英军指挥官附和道："现在妨碍市内人民营业者主要是俄军之暴行，有必要首先加以制止。"俄军指挥官表示歉意，并称"今后会更加注意"。

美军指挥官曰:“为避免清人无益之恐怖及妨碍市内物资搬运,禁止各国士兵在城外割取青草。”对此议论纷纷,最终禁止说未能成立,仅仅止于以正常价额补偿(割青草者多为俄兵,印度兵次之)。此外关于安抚当地居民,大家各自提出意见,议定如下诸项:

(一)在城内除了公务之外,士兵不得单独出行。

(二)部队出入别国军队守备之城门,须由军官率领,否则视作劫掠者。

(三)下士以下者出入别国军队守备之城门,须携带各国通用之证件(由英军制作),此通行证亦可用于各国所役使之清国人。

(四)通州主街区的朝阳门无论哪国人,亦无论军官、士卒一律不准自由通行。

(五)天津、通州间各国的运送船如果有胡乱开枪者,各司令官当严令禁止。

(六)对庆亲王之信函,由各国公使回答为:“各国军队欣然接受亲王请求,加以充分保护,而安抚诸民使其安于生计之布告,应由亲王发布。”

俄军指挥官曰:“遵照我皇后陛下之令旨,在北京城内开设红十字医院,各国野战医院如有难治重症患者,愿意接受之。”诸将官皆对其厚意表示感谢。俄军指挥官又曰:“俄军之电线铺设完成,便可应各国之要求进行通信,另外北京、天津间铁路亦在修理中,一个半月后即可开通,届时再行汇报。”英军参谋长巴罗曰:“我铁道队亦正着手修理铁路”,柴中佐曰:“日本铁道队亦如此。”美军指挥官曰:“应该大体确定冬季期间留于北京之兵力。”俄军指挥官曰:“瓦德西元帅将于本月底下月初抵达,将此问题顺延至该时可否?”美军指挥官告知,尚未接到接受其指挥的命令。俄军指挥官称,予接到命令直隶省之我军由其指挥,元帅预定将于本月 28 日至下月 1、2 日抵达,并且询问别国是否接到与此相关之命令。英军参谋长回答称,接到了与之同样的命令。柴中佐回答说尚未接到正式命令,意、法军代表回答也与柴中佐相同。

美军指挥官进一步就冬季间北京驻屯兵力征询各军官意见。俄军指挥官告之,应首先从现在各国驻北京的兵力数研究入手。各国军队代表者报告如下:

俄军	6200 人	20 门炮
英军	3000 人	8 门炮
法军	4000 人	25 门炮
美军	3500 人	6 门炮
意军	3000 人	无炮
德军	2000 人	6 门炮
日军	10000 人	24 门炮

俄军指挥官曰:“冬季期间不存在同清兵敌对的情况,但今日应当驻屯多少兵力?”柴中佐答曰:“目前情况下各国军队合计有一万兵力足矣。”诸将表示同意。

俄军指挥官曰:“予已经接到命令,留下目前兵力之一小部,其余撤到天津、大沽。但予本人目前要留在北京。”(准备遵照 9 月 2 日会议上阿列克谢耶夫中将之命,冬季在北京驻兵一万五千人,现在亦如此)

美军指挥官曰:“天津、北京间的各兵站地应继续保持各国士兵不混合,一地为一国兵。”英军参谋长表示同意。柴中佐曰:“根据情况,要向天津和通州派兵,中间各地同意英、美军官之提议。”但各国均主张在通州、天津要拥有各自驻兵之所。俄军中将主张像以前那样混合驻兵,最初提案最终未能成立。

为从其他地方购买物资,俄军指挥官提议设立市场。为此有各种说法,有说各国在各自区域内设立以避免混淆;有说设立共同市场;还有说应设在各国守备的城门外等,但最终任何提议都未成立。柴中佐曰:“日本占领区内各户已经开始营业,没有必要再特别设立市场,但因眼下区域内物资缺乏,即便是我军队如非官员也不得随意购买,故暂时谢绝他国人到我区域内大量购物,但过些时日将许可之,届时会通知各国。另外有两三外国士兵开设商店或店铺,以正当价格买卖固亦无妨”,诸将表示同意。

第八次会议

第八次会议于 9 月 25 日上午 9 点在俄国公使馆召开,各国军队指挥官、参谋长列席,我军派福岛少将及原田少佐出席(少将自大沽返回,21 日抵达北京)。

俄军指挥官曰:“20 日及 21 日俄军同英、法、德、美军共同占领北塘及芦台,这是因为二周前我军致信驻北塘及芦台的清军指挥官,请求其自该地方撤离,但未得到回答。虽未接到公报,但据自旅顺口来的军官所言,奉天、吉林亦没有遭到敌军抵抗的情况下占领之。”当美军少将威尔逊问及是否已经完全平定满洲时,答曰:“虽尚未得到确切情报,但除奉天、吉林外,还占领了爱晖、齐齐哈尔、宁古塔、三姓、珲春等诸府。已经自哈尔滨开始再度铺设铁路。起初清兵包围俄兵领地的街市,阻断交通,发生种种暴行,但北部地方已经出现安定之端绪。”福岛少将问道:有传言奉天将军增加了步兵九十营可信乎?答曰:“即便是听到此传言,亦不过是传说而已,尚未接到任何确切情报。”而当问道日、德军出动讨伐队到南苑南方时,福岛少将说明了本日向礼贤镇方向派出团匪讨伐队的情况,同时说明了此前黄村铁道队一名军官及三名士兵遇难的情况,指出单独在北京城外行走目前尚十分危险。俄军指挥官曰:“予曾接到俄国陆军大臣训令,对此野蛮行径应烧毁其村落,严惩其头领。”法军上校孔多曰:“最近在北京城外的人家,有人自房屋内开枪射击,仅供诸君参考。”

俄军指挥官曰:“俄军接到撤离北京的命令,为此将步兵一个大队和工兵一个中队留在此地修理铁道,其他全部南下。予将于 27 日赶赴天津,公使亦将离开此地赶往天津。另外我政府承认庆亲王及李鸿章关于议和之全权,而且谈判应在天津进行。”美军威尔逊少将问道,铁道工事将自然中止乎?对此答曰:“铁路工事应该继续,杨村方面有进展,但自北京开始的工事因为材料不足,不易开展。不过材料即将从浦监斯德及上海运来,以后将不会感到困难。”又问再有六星期铁路工事可否竣工,对此答曰:“无法准确回答,无论如何除白河铁路桥外,杨村、北京间尚有很多桥梁,需要六、八、十二等桥段。”另外对英军参谋长之提问,告之驻在北京的俄军指挥官是工兵少校西莱乔科夫。对于美军少将的提问答称,议和谈判应在天津进行尚未见诸公报,仅仅有如此考虑,继而接着说:“李鸿章预定于 27 日自天津出发,30 日抵达通州,正在准备船只,但根据‘劳依帖尔’电报,各国公使已经接到来自其本国政府撤离北京的命令。”美军少将问及是否全军撤离北京,对此答之曰:“并非强要全军撤离,但撤离北京之事我想与各国相关,如不向各自的公使馆问询则详情难知。”

接着称:“予此次接到撤离北京的命令,27 日出发赶赴天津,今后的军官会议由首席军官山口中将在本营召开,且参谋官会议通报今后由日军开展。予欲对诸君略表感谢,予受前任军官所惠,故此得会场总裁之名誉,此为至高无上之光荣,为此对诸君深表感谢。自天津出发以来约两个月,能与诸君共戴星霜,是予生平中最大之喜悦,将永远铭记,兹祝愿诸君安康,深表谢意。”

此外,邻近结束时还想再谈二三事,瓦德西元帅不日将北进,必须做好迎接准备。在天津,俄军根据本国野外要务令之规定,步兵一个中队的仪仗兵配乐队,军官、参谋长及各队军官一名迎接元帅。英军参谋长曰:“英国的要务令中无此规定。”美军少将曰:“各国混成步兵一个中队配备乐队如何?”俄军指挥官曰:“予将于后天出发,以后此事由诸君决定。”英军参谋长问及元帅何日抵京,答曰不知道。接着关于牛瘟之事言到,“最初俄军自朝鲜购买活牛四百头,然而抵天津后发生牛瘟,当地亦有二十五头死亡,其余的全部捕杀。今日虽在清国开启购买活牛之途,但今后仍有此担心。另外,关于俄国军队的健康状况,8 月下旬痢疾流行,自本月上旬高烧者居多,各国军队的健康状况如何?”诸将答曰“良好”,于是,会议于上午 11 点 50 分解散。

第九次会议

第九次会议于 9 月 29 日上午 9 点在日本公使馆召开。列席会议者有日、英、美、法、德、俄、奥、意各国军队指挥官,我军除山口中将外,柴中佐及原田少佐出席(福岛少将转任联军总指挥官幕僚,26 自北京出发赶往天津会见瓦德西元帅,元帅于 27 日抵达天津)。

山口中将首先阐明因为俄军利涅维奇中将离开天津,今后将在此处召开会议。接着言到:“有关前日德国军官提出的设立共同墓地之事,本日商议请该军官陈述其详。”于是,德军指挥官说为永久驻屯有建设共同墓地必要,墓地最好设在内城东南角。但美军在先农坛有墓地,英军由印度兵组成,实行火葬不需要墓地,法军也告知在城墙内侧有墓地,俄、德、奥、意诸军指挥官主张有必要设置共同墓地。中将告知需要墓地的诸国军队相互商议设置。

接着中将曰:“近日因德国的瓦德西元帅来京,需要决定仪仗兵之事,我军将派出持有联队旗的一个中队,予预定率领幕僚到朝阳门出迎。”俄军指挥官曰:“有必要迎接元帅吗?”中将曰:“暂不论是否有必要,第一元帅抵京之际不能对其失礼。”德军指挥官曰:“对此首先要确定地点和兵力,地点选在元帅宿舍前较为适合,兵力由步兵四个中队组成,一个大队由各国出兵组成,并配备军乐队(步兵为英、美一个中队,法、俄一个中队,德、奥、意一个中队,日本一个中队)。此外还有由三个骑兵小队组成的一个中队,在朝阳门外迎接元帅,一个小队在前,两个小队殿后,如何?”最终依照美国指挥官之提议,元帅为德国军官,如果有本国的礼数则请德国军官决定细则。

此外撤走景山守备兵,由各国自由决定,当时在保定府附近直隶总督署理正在讨伐团匪,对此要注意以免发生误会。并且,通报了“庆亲王为了使者通行,请求各国要适当给予通行证之事,要保证来自中国官衙及亲王的信函迅速抵达”。另外还通报了 26 日派往礼贤镇方向讨伐队的情况。

第十次会议

第十次会议于10月9日上午9点在日本公使馆召开。出席者除增加了我军的参谋长大佐永田亀外，与前次会议完全相同。

山口中将曰："本日之所以烦请诸君集会，是因为清国总税务司罗伯特·赫德做了关于供应北京粮食、薪炭等的提议。此提议与各国军队相关，为进行讨论请该君阐述其详。"由此罗伯特·赫德阐释，因为众多军队集聚北京和清国民众多半逃走，今后外国人的粮食供应将出现困难，此外北清气候变化急剧，本月底或下月初将进入冬季，需要考虑薪炭供应之途，认为此等事项须向首席公使提出备忘录。在征得各指挥官同意后宣读。

此备忘录的大意为：为援助粮食、薪炭、蔬菜等贩卖者，命二三负责人将此等供给物及运输方法、贩卖所出示给税关或兵站人员，接受合适的军队军官的印鉴，使其在城门街市自由通行。军队指挥官提供所需供给物品之明细表，命令负责人以普通市价购买。以此为理由，给商人等搬运自由，保证在城门街市的通行，得到正常的物价，因势利导搬运更多的供应物。而作为问题，提议上述方法需得到军队指挥官及公使官员给予认可，或为保护往来地方之商人及车辆，派遣必要之卫兵，或在军队中有某人负责处理相关问题。

英军指挥官对此表示反对，称："在购买物品买卖者中间设立办理人的方法，颇为麻烦，军队每次给各部队购买的所需物品全部经负责人之手，不仅浪费很多时间，而且带来很多麻烦。此外列出所需物品明细，配备给卫兵，以及发给通行证等实行起来也很困难，故此现在应采用简洁明了之手段。"德军指挥官(海格尔少将)曰："不同意负责人仅限于两三个清国人，八国军队至少各配一名负责人，否则将发生各种混乱，此外每每使用通行证时，如得不到七国语言之认可则效果全无，而且非常麻烦，根本不能实现。"美军指挥官曰："为避免清国商人产生恐惧之心，各国军队如能严加管理，则没有必要设置如此繁杂手续。"法军上校孔多、俄军中校华西列夫斯基、意军中校萨尔萨、奥海军上校萨布吉皆表示同意。山口中将曰："予亦与诸君同感，予对罗伯特·赫德的厚意表示感谢，但遗憾的是该提议未能得到各国军官的一致赞同。如果还有其他方案，愿闻其详。"

罗伯特·赫德曰："各国军队指挥官如此严加管理对清国商人施加暴行、劫掠等事，本来就没有必要设立上述详细规定，予亦是喜欢简易方法之人，而此法应以适当告示发布之。"美军赞其为最妥善之法，各指挥官皆表示同意。罗伯特·赫德遂起草告示并朗读之。其大意为：设法保证物资搬运及买卖畅通无阻，汝等应安于本分经营商业等。以德、法军官意见，修正加入不许贩运武器弹药等项，决定由罗伯特·赫德翻译印刷为汉语，送至各国军队司令部。

山口中将提议，希望在北京组建联军国际俱乐部，得到各指挥官同意，遂决定各军派出一名委员。

美军指挥官称："日军警察制度很是得当，望请赐教。"中将曰："此全部为柴中佐负责，当向该官问询。"根据英军指挥官的提议，为将各国军队的警察制度整齐划一，决定各国派一名军官组建警务委员会。中午12点30分散会。

决议概要及实施

以上第六至第十次会议决定实施的事项大体如下:

1. 自9月2日起,不断搜索北京周围二十至三十公里之地,日军负责北京北面及西面,俄军负责东面,英、美军负责南面。

2. 9月3日,宫殿调查委员会在俄国公使馆召开会议,我军派福岛少将、原田少佐出席。因为需要进一步实地考察,4日上午抵达大液池附近,同各国委员一起检视诸建筑物,以区分是否应允许其军队宿营。

3. 自9月11日起,禁止士兵单独在北京城内行走。除朝阳门外,没有军官率领不得出入他国占领区城门。英军司令部为下士以下制造各国通用的印鉴。

4. 9月29日,在北京需要共同墓地的法、俄、德、奥、意军共同协商决定设立之。

5. 10月9日,依据罗伯特·赫德的提议,为便于物品贩运,决定张贴告示,将其张贴在各国军占领区内。

6. 10月9日,决定在北京组建联合国际俱乐部,从各国军队选出委员,我军选原田少佐为委员。12月9日,在东长安街理藩院旧址设立该组织(参照第二十八章)。

7. 按照10月9日的决定,设立北京警务委员会以统一各国军队之警察制度,我军选柴中佐担任委员。

8. 瓦德西元帅抵京时的仪仗兵事宜,由德国军官负责(参见第二十五章)。

三 开始与清国官员交涉

无政府状态

8月15日,伴随着皇室离京避难、北京政府瓦解,朝中百官或逃亡或自杀,一时陷入无政府状态。但是清政府原本采取的是地方自治制度,中央政府的权势薄弱,所以尽管情形如此,除直隶省及东三省外,其余各地几乎与平时无异,在总督或巡抚的治理下保持着安定和秩序。特别是山东巡抚袁世凯,尽管辖地附近拳匪盛行,但却能洞观时势,凡是顽固派奏请的虽借政府之令或皇帝的诏敕,也一概不与应承;并撤出直隶省其部下武卫左军之精兵,避免与各国军队进行战斗,反而保护省内外国人,剿灭团匪,防止祸乱的传播。同时对通往山东省内的电线予以保护,不妨碍各国的使用,将北京的近况通报各国军队(盖皆误报),并与南部各省总督协力防止祸乱蔓延其他地方。其他南方或西部各省,或因距离遥远或因交通不便,认为此次事变不妥或不相关,故此未对北清事变产生直接影响;仅有个别地方碍于朝廷敕令威力,向北京派遣少量兵力。特别如两江总督刘坤一、湖广总督张之洞、闽浙总督许应骙、两广总督李鸿章等皆通观大局,与袁世凯同一主张,几乎未受到骚乱的任何影响。

与此相反,北清一带全部陷入骚乱,特别是北京城简直是混乱至极,生灵涂炭绝非纸笔所能尽书(参照第十九章七及第二十章九)。其他如白河及铁路沿线附近的战场自不必说,即便是各国军队未曾到过的地方,因遭遇到清兵或团匪劫掠或多或少蒙受其灾。在满洲,因团匪的蔓延而成俄军侵入之所,陷入与直隶省相同的状况。9月下旬奉天将军派遣官吏到北京，上奏与俄军作战到休战的全部过程并陈请处理办法。有人说之所以如此是因为该将军尚未得知北京已经陷落(参照满洲作战第三十五、三十六章)。皇室抵达山西太原(一路到太原的情况参照第十九章七)停留约二十日，仓皇出逃途中根本无暇颁布政令，9 月 1 日继续向陕西西安进发。山西、陕西等地因天灾而粮食(自汉口溯汉水到襄阳，再由陆路送抵西安)匮乏，更是增加了皇室西巡的艰辛。京城主要官员或自杀或随从皇室离京避难，抑或于偏远之地避难，无法统一控制。顽固派伴随皇室左右，今后将会做出何等举动根本无法预测。当时清国的形势危如累卵，清廷的命运宛如风中残烛。

清朝官员与各国公使交涉之端倪

北京陷落后，城内纷乱实不可名状，各国军队余勇振奋，杀气冲天，杀人放火，四处劫掠，到处充斥着危险。此时有清人携带日本国旗，冒死来到我公使馆内的第五师团司令部，请求面见福岛少将。此人是汉军正白旗的参领，与少将相识已二十余年，名为申鸟珍。正是从此人处得知了皇室离京避难的确切方向，时为 8 月 17 日。并且得知尚有为数不少的高官困在城内，皆跟随庆亲王赶往宣化府。为此少将嘱咐鸟珍，让其寻找城内朝中大员，并让其转达如下之言“火速迎接庆亲王，并打开同各国使臣的交涉之途，否则以今日之状况旷日持久，则北京终将化为一片焦土”。鸟珍深领其意，奔走于危险之中，结果于 20 日少将在我占领区内的军事警务衙门秘密会见了敬信、阿克丹。当时崇礼亦相约来见，但于途中被奥兵抓获。此次会见中商讨了及早会见在北京城内外隐匿的朝中大员，以制定善后之策，以及迎接庆亲王的事宜。柴中佐在我占领区内的一个房间作为彼等会合之所，并给予充分的保护。

通过与此等官员的往来得到如下信息：

一、两宫已越过八达岭经怀来县抵达沙城。

二、庆亲王告病停留在怀来县。

三、随驾护卫的神机营两队于 20 日返回北京。

四、赵舒翘随驾同行，刚毅、启秀于 15 日赶追皇驾，王文韶于 16 日自北京出发，18 日抵达怀来县。

五、裕禄在北仓战败后举家自杀，李秉衡于通州自尽，徐桐亦自杀。

在此之前，19 日敬信写信给友人，内称：“日本称清国如不从速议和，恐将亡国，阁下身为总督自当担此大任，迟一日议和京师则多遭蹂躏一日，若能及早料理，解此等倒悬之危，实为宗庙社稷臣民之大幸。”深知此等忠告不可刺激彼等，如敬信、阿克丹、鸟珍等四处奔走，最终到上述地点会合者达到十五人。其中有昆冈、敬信、裕德、贵恒、桂春、那桐、阿克丹、舒文、塔克什讷、联芳、张德彝、治格、唐家桢、文祐、世续等。24 日十五人写的联名信寄给福岛少将，称“日前聆听阁下雅教，甚感快慰，当时所谈之一切事务势必从速处理。当务之急只有促请庆亲王来京料理一切事宜，吾等将分别致信各公使处。”由此打开了北京陷落后清朝官员同各国使臣交涉之门。28 日有紫禁城内列队行军之事，若无此等善后处置，前日所进行的城内侦查及行军准备将颇有为困难。

庆亲王回京

在昆冈等打开与各国使臣交涉之途的同时，紧急派遣总署章京(书记官)朴寿向庆亲王上报北京的状况，以催促其返京。鉴于此，庆亲王决意启程，昆冈、敬信、裕德、崇礼(被奥兵抓获后为我方救出)、阿克丹、那桐联名写信给福岛少将，称“前日已派总理衙门章京朴寿请庆亲王返京，今据该章京之复命，已经向亲王禀明情况，亲王已于当日向皇太后请求旨意(当时在宣化府)，将于9月3日返京，并向各国使臣一一告知”。朴寿亦前来报告“明日将再度前往亲王处，伴随亲王前来，抵达清河时请求贵军予以保护”。31日唐家桢和另外两人联名写信给柴中佐，称“庆亲王一行之先行人员已经抵达清河，亲王将于下午4点抵达该地，为此恳请派出卫兵予以保护”。根据此通报，山口师团长当即采取预定部署，但庆亲王当日并未抵京。9月2日庆亲王致信福岛少将，称“眼下京师局势危殆，本爵大臣奉旨入京商办一切，事态紧迫日夜兼程，原定于本月初八九日进城(9月1、2日)，岂料途中遭遇连日大雨，且身染微恙，故未能如愿。吾将于10日入京，衷心期盼如期与贵官会晤”。在此之前，英国公使窦纳乐致信少将，称“有紧急之事，请前来相商”。少将抵达公使馆时，公使言道“据可靠消息，俄国拉拢亲俄派的联芳，正设法将庆亲王请到俄军占领的万寿山，在俄军的护卫下自阜成门入城，欲将亲王置于自己的掌控之中”。于是少将认为，俄国要实现其意图并非易事，在与公使反复商量后作如下议定：

1. 说服清朝官员让庆亲王不要听从俄军的指使。

2. 亲王一旦为俄军所诱惑，在俄军的保护下入城，日军将派骑兵于途中强行将亲王接到位于日军占领区内的亲王府。

3. 英军骑兵在西直门内集合，一旦得到日军骑兵的报告，马上赶赴途中迎接亲王，与日军一起行动。

此协议得到山口师团长及西德二郎公使之同意，并着手准备。首先派朴寿、唐家桢等警告庆亲王，并且师团长于9月1日命令骑兵第五联队派出一个骑兵中队到西直门，另外派柴中佐到清河迎接亲王。中佐刚抵达清河便遇到朴寿、唐家桢等自北面归来，始得知返京延期之真相。接着根据亲王致少将信函得知，将于9月3日入城。据朴寿、唐家桢等人称，之所以误传亲王今日入城，是因为亲俄派的联芳、塔克什讷等企图只靠俄军护卫抢先让亲王入城，朴寿为尽量避免其疑心而特意于今日归城。而该人一方面自清河马上派出使者，命其告知亲王，在自己回来之前任何人相劝亦不可动摇。另一方面与柴中佐约定，后天不必经过万寿山附近，可直接引导至清河(德胜门因运送死人而被视为凶门，故此恳请中佐以允许绕行自西直门入城，中佐允诺)。

俄国密谋抢在日、英两国之前，但最终未能实现。亲王断然决定取直路自德胜门入城，因此9月3日柴中佐率骑兵一中队抵达清河，亲王如约于凌晨2点抵达，一行包括家属侍从计六十余人。于是根据各国军队指挥官会议决议(参见前文二第六次会议)，收回前来护卫的清国士兵武器，集中置于此地南端的庙宇之中。其中步枪四十二支、手枪两支及两把军刀。是日，英军一个骑兵中队亦赶至德胜门外迎接亲王回到府邸，亲王下午4点30分面见中佐，再三感谢我军之好意。另外亲王言称，在会见各国公使之前，先会见总税务司英人罗伯特·赫德。亲王与皇室分散后，西太后将亲王爱子载振贝子留下做人质。

尔后军事警务衙门派卫兵保护亲王府。

9月4日，庆亲王致函福岛少将，称“本爵此前随圣驾离京，城中府邸受贵军保护，且昨日入城之际列队相迎，对此深表谢意”。当日再次致函称：“本爵到京办理一切公事需要印章，而总理衙门大印放置在大内隆宗门外的大公所，今日下午1点将派人取回，同时取回公用箱一个，恳请贵军通知东华门守卫允许使者出入此门。”战败国的苦境实在令人堪惊，但印章及贵重文书物品之所以得以保全，完全归功于我军对紫禁城的严密守卫。

9月5日，福岛少将拜访庆亲王，确知亲王被皇帝委以全权（朕委卿以全权，不必有任何掣肘）等待李鸿章到来以开启谈判。6日上午9点亲王带领十余人随从到日本公使馆拜访西德二郎公使及山口师团长。当时拜托福岛少将由我野战电报发送小田切领事经盛宣怀给李鸿章的电报，福岛少将答应。盖此电报是督促李尽快自海路来京。亲王当日又拜访了各国公使。

庆亲王等待李鸿章到来期间，担心一旦清国内地民众酿出事端，出现妒视外国官民，争斗杀伤之事，势必将妨碍即将就绪的议和谈判，前途形势实堪寒心。为此8日又致函福岛少将，请求转送致盛宣怀的电报。此为当时直隶省北部的电线或被切断或为各国军队占领，除依靠我之好意外无其他通信之途，其函大意如下：“拜启。致上海盛宣怀之电报仅供贵览，阅后请阁下经在上海的小田切总领事转呈盛宣怀云云。”

电文中称洋兵入京，两宫西巡，本爵奉旨办理相关事宜，会同李相（李鸿章）共同处理议和之事，不日谈判将始。由于是事关宗社安危的重要之事，切望严命各属竭力保护在清洋人及教堂教民。若有匪患滋事当即依法惩治，以免再生枝节延误大局。庆亲王（八月十五日，我9月8日）。

即亲王让盛（宣怀）将此电报传达给各省总督巡抚。亲王是日面见俄国公使，该公使称“首先停止满洲的战斗，尔后再开启谈判”。

亲王返京后为善后处置苦心积虑，但李鸿章一直未到（有怀疑当时因为俄国经营满洲未成，故谈判一直拖延，延缓了李鸿章进京）。各国军队盘踞在北京及其他地方，没有任何设施，只得请求各国军队指挥官保护北京内外百姓各种营生（参见前文二第七次会议）。议和将于何时开始，尚茫然不可期，各国军队策略各不相同，清国前途未卜。

9月28日，袁世凯拜托经在天津炮兵中佐青木宣纯，请求将今后同北京王大臣间交往的电报由我军转送，山口师团长答应。

此时继庆亲王之后恭亲王（9月17日）、醇亲王（9月25日）、肃亲王、礼亲王（11月11日）等诸亲王相继入城，警务衙门每每应其请求派出卫兵给予保护，另外醇、恭两亲王府因在日本占领区内，又对其配备卫兵。

李鸿章抵达

9月12日，青木外务大臣致电西德二郎公使，称“根据9月6日代理上海总领事的电报，李鸿章为自己的停留请求空出我军征发中的张翼（当初由我军使用）的房屋，彼将于一周内自上海出发，赶往天津”。公使将此告知山口师团长，师团长做如下要旨回答：

天津张翼的房屋眼下正由兵站监部使用，不能满足其解除征发的要求，但关于李鸿章在津住宿，应给予充分便利。

师团长将此要旨通报给天津秋山兵站监,命令在李鸿章来津时提供一切方便,并将其始末报告参谋总长(电报)。

李鸿章7月21日抵达上海,9月14日乘坐安平号轮船自当地出发,19日抵达塘沽,20日进入天津。其护卫的武器(枪五十支,炮一门)为俄军收缴。俄军二十名骑兵代行保护,强行带入俄占领区内的海防公署。当时除俄国领事外无一人到车站迎接,其随行人员请求日本领事依靠杨村、通州间的运送,虽然我军应承,但俄军经常以此为手中之物不准动,李在天津白白停留了数天时间,后乘坐俄军船向北京进发。

四　各国军队状况

各国军队之增加及俄军撤退

欧美各国为救援北京准备了大量兵力,但因路途遥远和意外迅速地占领北京,大半兵力是在北京陷落后才陆续到达。8月17日到23日间抵达北京的兵力情况大体如下表:

	步兵	骑兵	炮兵	工兵	其他
俄国	1000	20	野炮 12门	230	通讯队 1个小队
英国	125				辎重驮马 337
法国	100		野炮 8门		辎重驮马 800
美国		90			弹药车 6辆
德国	1079				驮马 35
意大利	海军陆战队 300				

当时对各国兵力增减进行调查很困难,特别是俄军秘密入京,根本无法得知其具体人数,为此命令各地及各门的守备部队,一旦有各国军队通过,马上通过电报或快速通信方式向师团司令部报告,从而得以窥其一斑。

9月中旬驻扎北清的各国兵力大体如下表(9月14日调查):

国别	兵种	北京	通州	马头	河西务	蔡村	杨村	北仓	天津	塘沽	大沽	合计
日本	步兵	九大队	1个大队	1个小队	1个小队	1个小队	1个小队	1个小队	2个大队	1个中队	1个中队	13个大队
	骑兵	2个中队3个小队							1个中队			3个中队
	炮兵	4个中队	5个中队						(徒炮)1个中队			10个中队
	工兵	2个半中队		50					半个小队		半个小队	3个中队

续表

俄国	步兵	7280	363						4200	860	(280)	12880
	骑兵	470							180	200		850
	炮兵	204							8门	204门		48门
	工兵	230					铁路1个中队			（铁道队）		630
英国	步兵	2250	171		100			65	2874	120	(80)	5670
	骑兵	440					100		1300			1840
	炮兵	1个中队							1个中队			2个中队
	工兵	250							50			300
法国	步兵	2400	310	20	100		200		1600	50		4680
	骑兵											
	炮兵	2个中队							600 2门			2个中队 2门
	工兵											
德国	步兵	1800	103				(30)		1200	400	(100)	3633
	骑兵								240			240
	炮兵	1个中队							2个中队	炮若干		3个中队
	工兵	90							200			290
美国	步兵	2150	104	50	100			66	1000	50		3520
	骑兵	445										445
	炮兵	1个中队										1个中队
意国	步兵	2000	80						200	30		2310
	骑兵											
	炮兵											
奥国	陆战队	200	26					若干	50		炮4 枪15	炮4 枪15

为参与进攻北京，自天津出发急行军的德国水兵二百六十人于8月18日及21日抵达北京，其海军步兵第一大队于22日抵达，按照德国皇帝命令归属俄军指挥官利涅维奇中将指挥。26日，该中将抵达德军宿营地，检阅德军，接着德国海军步兵第二大队、炮兵一个中队亦抵达，并听从俄军指挥官调遣。此外法、意军亦依次进入北京，其兵力增加。

然而,俄国向各国政府提议撤兵北京催促清廷返京,并率先撤退本国军队,其实是移师满洲。当时满洲骚乱尚未平定,兵力不足,加上乘北清骚乱,感觉唯有继续维持满洲之经营。各国都清楚此时俄国提出撤离北京的提议是其攻略之一,没有任何一国表示同意,反倒后来陆续进入北京的兵力却不在少数。

当时北清陷入无政府状态,如前文三所述。此间各国军队各自以其志愿进行讨伐,并且各国军队对北清民众之举动差异很大,越发增加了北清之危笃。特别是在通州暴行累累,该市几乎完全变成荒寥之所,英、美军严整军纪后,颇得中国民众好评。

各国军队之关系

占领北京后至10月上旬期间,如同在对北京作战中一样,我军同俄军时常发生冲突。即迎接庆亲王、占领户部马蹄银、紫禁城列队行军的先后之争以及占领黄村车站等,彼我互不相容,但基本上以达到我之目的而顺利解决。另外同英军的关系越来越密切,如迎接庆亲王、放逐城内清军、修理铁路等方面态度完全一致。此外俄、法、美、意、奥等国军队没有同我军发生直接有关的事件。在各国军队指挥官会议上,英、美军经常同情我军,法军虽同情俄军,但指挥官华伦能够秉公处理。

大凡此间我军努力保护既得权益,尽量在外交上采取对我有利之行动,如保护清国民众使其信赖于我,虽是为本国将来利益,但不可不考虑同各国之协同,此间随机应变实现目的,实为颇费周折的事情。

在北京,各国军队在各自占领区内宿营,禁止进入他国占领区,因此没有明显的争斗,但亦有二三兵卒违反禁令进入他国占领区,行劫掠之事,但均被拘押交与其本国司令部。尽管如此但随着驻扎时间推移,士兵间难免发生种种冲突。8月28日美士兵和印度士兵间发生争斗,五名印度士兵被杀。特别是在天津,各国宿营地相互交错,容易发生争斗,我士兵于9月17日同印度士兵、18日同美军士兵发生争斗。

各国军官的交往以两三个军官为纽带,相互交流以图疏通意志。但占领后百事混乱之际,指挥官幕僚及其他一般指挥官的交往尚未达到亲密程度,仅仅是有少数视察他国军队者。9月1日美军参谋长中校德克曼及一名少校、9月5日英军指挥官中将盖斯里视察我军的宿营情况,如此而已。各国军队指挥官的交往除会议相见外,仅仅限于紧要事务会面或者礼节性的访问。山口师团长于9月2日拜访俄军指挥官,闻知俄国皇帝命令将俄军六个大队留在北京冬营,关东部队集结于奉天府。9月8日上午俄国关东总督大将阿列克谢耶夫拜访山口师团长,当时山口师团长正同冈泽侍从武官在城内巡视,闻听此事后中途返回,拜访阿列克谢耶夫,并且拜访了负伤的俄军参谋长少将华西列夫斯基,得知俄军一部分留在北京冬营,大部分自北京撤离,阿列克谢耶夫同俄国公使将于明日出发赶赴天津。

此时期各国军队之讨伐

此时期我军参与的讨伐已经在第二十章二、三中叙述,现在仅阐述其他各国军队进行的讨伐之事。

9月4日,英军侦察兵在距芦沟桥南十英里处被敌人步、炮兵袭击,当日俄军步兵约一个中队在南苑西方被敌人袭击，鉴于此俄军派遣步兵一个大队和炮兵一个中队进攻廊坊附近之敌，击毙百余名团匪。

德国海军步兵两个大队、炮兵一个中队在北京陷落后抵达，尚未进行战斗。该指挥官少将海格尔决定搜索北京周围，发现清兵当即击退。9 月 9 日，炮兵中尉指挥的约三十名炮兵（因为没有骑兵故起用此兵种）搜查保定府街、良乡县，决定一旦在此处发现敌兵当进攻。10 日下午 3 点，留下步兵约一个中队在宿营地，其他兵力（步兵两个大队、炮兵一个中队、工兵小队）向该地前进，6 点 30 分抵达拱极城（芦沟桥）宿营。

11 日早晨 5 点 30 分，前锋（步兵两个中队、工兵小队）渡过芦沟桥，向良乡县前进，主力与之相距五百米紧随其后（大行李除医疗器械外都存放于拱极城）。此支队还附有英军的“毛瑟”枪骑兵约五十名及机关炮两门，总兵力达一千七百人。

上午 9 点左右抵达良乡县北，侦察官兵在高粱丛中受到敌兵袭击，敌人占领该地城墙及其东北有塔之高地。海格尔少将决定实施攻击，派遣第二大队的两个中队到城墙的西面，以第一大队及炮兵攻击有塔的高地，轻易将其占领。接着排炮轰击城墙，以第一大队的两个中队为预备队，在中央后面跟随。

西门最先被攻破。10 点 50 分，第一大队的两个中队入城进行扫荡，此间作为预备的一个中队自北门、第一大队自被步兵爆破的东门进入。此外还有一个中队向南门攻击，团匪约千人，使用旧式炮顽固抵抗，但最终大部分向南面逃去，敌人伤亡约五百人，德军一名士兵战死，两名军官、一名士兵负伤，另有英军骑兵上尉的坐骑被射杀。

下午 2 点 30 分，被派去烧毁街区的部队在此地发现奥国公使馆人员和妇女用的手提箱，从而判断出敌人参与过攻击北京公使馆。

4 点烧毁街市，4 点 30 分支队返回芦沟桥，翌日返回北京。

此外，9 月 19 日还进攻了北塘及芦台，此为此间最大的战斗。但有关山海关方向的联络将在第二十六章叙述。

第二十二章　第五师团半部凯旋

一　同本国之往来

9 月上旬北清之一般形势

占领北京后，清国的形势一时陷于危殆，已在前章三叙述。9 月上旬庆亲王虽被委以议和全权进入北京，但另一名全权委员李鸿章何时到来尚未确定。加之有说董福祥及荣禄所率之兵在保定府，且团匪尚于城外各处群集，新到的各国军队请求讨伐以杜绝骚乱，特别是号称团匪之巨魁的端郡王扈从皇室不离其左右，被提拔为军机大臣（8 月 31 日），皇帝身边依然是顽固派掌权。

另外不得不考虑的是先前我军将多数兵力进驻北清，俄军现在突然仅留少数兵力，将其余大部分兵力全部用于经营满洲，该国公使还高唱眼下没有必要留于北京，意欲向天津转移。尽管联军攻陷北京实现救援公使之目的,德、法、英、意等国还是将大量兵力派往北清,逐渐向大沽集结。德国元帅伯爵瓦德西作为联军的总指挥官,即将赶至北清。各国军队指挥官均怀疑其拥有的指挥权,主要作战已经结束,有人说没有必要听其指挥,各国都倾向于依照本国的战略处理事务。

今日北清形势如此,不知何日才能恢复秩序着手议和。加之各国各怀野心,企图趁此谋求本国利益。大势趋向何处,当时尚无法轻易断言。

此时从我国的位置和我军的态势判断,盖需从以下两个办法中择其一:

(一)将足够的兵力驻扎于北清。

(二)留下少数兵力,撤出大部分兵力。

同本邦之往来

此重大方针之决定眼下为最佳时期。总指挥官瓦德西尚未抵达,且今后为留守军队做冬营准备的时期日益迫近,必须决定何去何从。

此等重大方针之决定虽非单从军事上讨论所能决定,更多关系到外交政略,当然应由我国政府来决定,不过在清当局者之意见可供政府参考。于是山口师团长同意福岛少将之意见,决定将其派遣至内地具体陈述所有情况及将来之选择,9 月 8 日将此电报给大山参谋总长。

福岛少将出发

在此之前,福岛少将也曾致电参谋总长陈述己见,遂遵照师团长之命于 9 月 10 日随同参谋少佐由比光卫及步兵中尉石川行自北京出发,泛舟白河,13 日抵达大沽。正当准备乘船出发之际,听闻外务省政务局长内田康哉来此,于是登船会面,得知政府已经作出决定,即便尽早返回内地亦是无益,不过为具体陈述情况只派由比参谋返回,福岛少将同内田政务局长于 21 日返回北京。继而,寺内参谋本部次长致电师团长、福岛少将不必返回。(9 月 16 日自东京发、10 月 2 日到达北京)

训令接受瓦元帅指挥及撤回半部

日本政府针对北清的情况进行审议,结果决定撤出在清部队之半部。托内田政务局长来清将此告知师团长,且组编驻屯军队,决定今后接受瓦德西元帅的指挥。派遣陆军省军事课长步兵大佐宇佐川一正将以下之训令及命令传达给师团长及福岛少将(9 月 28 日抵达北京)

致第五师团训令(9 月 12 日参谋总长)

在清国的联军总指挥官指定为德国元帅、伯爵瓦德西,贵官继续以派遣之际所给予任务接受该元帅指挥,若考虑其命令超出贵官职责范围,应向参谋总长报告,再请示训令。

但我派遣军之内务、运输、交通、宿营及给养等相关之事,与该元帅毫无关系。

致福岛少将之训令(9月12日参谋总长署)

汝在清国作为联军总指挥官之幕僚,首要任务是能立于总指挥官和师团长之间通其信息,避免彼此误会,请体会另附之致第五师团长训令主旨,以图联合之协调圆满。(该少将已经转任北清联军总指挥官幕僚)。

致第五师团长之命令(9月15日陆军大臣发)

(一)派遣至清国军队已经进入北京,实现解救帝国公使馆及在留臣民于重围之目的,由此将其缩减约为一个混成旅团,作为驻屯队,余者皆凯旋。

(二)贵官依照另附之清国驻屯队编制要领进行编组,余部应尽快遣返归国。

(三)关于海路运输之事,应同大沽运输通信支队长协商。

驻屯军编制要领

清国驻屯军编制要领

(一)逐渐减少派遣清国之兵力,最终成一混成旅团,当下将此归于第五师团长指挥,驻屯于彼地。

(二)驻屯军之组成如下:

第五师团司令部

步兵旅团司令部一个

步兵联队两个

骑兵第五联队(缺一个中队)

野战炮兵第五联队之一个大队

工兵第五大队之一个中队(等同后备工兵中队之编组)

步炮兵弹药各一个纵列

辎重兵第五大队

卫生队

野战医院两个

野战电报队及增加人员

兵站监部

兵站司令部六个

野战兵器厂

卫生预备员

卫生预备厂

辅助运兵队

大沽炮台守备炮兵队

大沽运输通信支部(定编)

(三)野战炮兵大队因为是野炮编制,其材料及马匹使用野战炮兵第十六联队第一大队之物,其山炮材料应送还。

(四)大沽炮台守备炮兵队,应以除步行炮兵中队的人员、马匹、野战炮兵科及隶属于此马匹之外余下之物编制,但当前炮台的备炮与定员不成比例或根据上述剩余人员之情况易会产生若干不足。

(五)铁道队的通讯员作为野战通讯队之增加人员驻留。

(六)第五师团长为完备混成旅团编制,可适当使用凯旋团队之人马,但对由其他师团派遣军官以下除三、四、五项所列之外不得使用。

(七)大沽运输通信支队及兵站部所用之雇用役夫,除不得不雇用者,其余全部遣还,代之以辅助运输兵。

(八)除本编制要领定员外,师团司令部所属之军官若干名、兵站部所属宪兵军官、下士、士兵若干名,其他各部队之翻译等非战斗人员可彼此通用或增减。

除上述以外,需注意关于清国驻屯军编制,清国驻屯军及归返部队军官要达到充足规定(略)。

二　驻屯军编成及半部凯旋

当时我军兵力配备

当时我军的配备如插图19。

参谋长步兵中佐石桥健藏因病于10月24日自天津被送回国,步兵少佐伊藤瀬平任代理参谋长。当时因内外事件的发生,参谋长之位一日不可空缺,故此师团长通过人事科向参谋总长申请后任(电报9月28日),于是10月5日野战炮兵第五联队长大佐永田龟补任第五师团参谋长(7日抵达北京,8日上任),接着由比少佐自10月14日代伊藤任第五师团高级参谋。

驻屯军编成及部署凯旋

9月28日,师团长接到上述参谋总长的训令及陆军大臣的命令,采取如下措施:

(一)决定凯旋部队

将以下部队凯旋:

步兵第九旅团司令部

步兵第十一联队

步兵第四十二联队

步兵第十二联队第三大队

骑兵第五联队之一个中队

野战炮兵第五联队(缺第一大队)

野战炮兵第十六联队第一大队

临时步兵炮兵队之一部

工兵第五大队(缺一个中队)

卫生队之一部

弹药大队(缺两个纵队)

第一、第四粮食纵队及马厂

兵站弹药纵队

兵站粮食纵队
患者运送队
辎重监视队两个
帐篷输送员

临时铁道队虽被指定为凯旋部队，但因眼下黄村附近的铁道尚未修理完成和今后将使用于山海关方面，所以决定在结冰前凯旋。将此事向参谋总长提出申请得到许可。

步兵第十一联队自作为临时派遣队时起就参与此事变，是从事此战斗最长者，为此将其作为第一凯旋部队。另外一个凯旋之步兵联队，为平衡工作且是将来的兵力也需要同一个旅团军队，故此决定步兵第四十二联队部分凯旋。

（二）对各部团队长下达训令，要依据驻屯军编组要领、注意书及军官使用规定，完成驻屯军之编组。而步兵在旅团内将凯旋步兵联队军官以下编入驻屯军。呈报驻屯部队、凯旋部队之军官相当之官职表和人马一览表。（29 日下午 6 点下达训令）

（三）依据从前之军队部署，决定以凯旋部队和将来的驻屯部队混杂，替换一般的守备队。为采取下表所示的新部署，命步兵第四十一联队于 10 月 3 日自北京出发，宿营在通州、马头、河西务及杨村，到达天津替换通州、大沽间的守备，目前守备队接下任务。被接替的守备队中属于凯旋部队者，原地等待主力的到来，合于本队。余者到北京，返回步兵第二十一联队。骑兵第五联队配备到天津及大沽的传递骑哨仍然如前（因为考虑到凯旋，已经于 9 月 23 日以驻留部队进行部署）。另外工兵部署如另一表所示。考虑到凯旋部队的通过，将应该抵达天津的小队一个分队派遣到杨村及北仓，负责当下该地军用桥梁的监视及修理（此项命令亦是于 29 日下午 6 点下达）。

清国驻屯部队部署一览表（明治 33 年 9 月 29 日）

地名	守备步兵部队兵力	部队编号	辎重兵及兵站各部队
北京	2 个半大队 （缺 1 个小队）	师团司令部 步兵第二十一旅团司令部 步兵第二十一联队（缺 2 个中队和 1 个小队） 骑兵第五联队（缺 1 个中队和 1 个小队） 野战炮兵第五联队第一大队（缺 1 个中队） 工兵第五大队的 1 个中队（1 个小队） 临时卫生队 野战通讯队及增加员 临时铁道队	2 个临时弹药（步炮）纵队 临时辎重兵大队 临时野战医院 1 所
黄村 六里台 定福庄	2 个中队 半个小队 半个小队	步兵第二十一联队 2 个中队 步兵第二十一联队 1 个小队	
通州 张家湾	2 个中队 （缺半个小队） 半个小队	步兵第四十一联队 1 个大队（缺 2 个中队）	兵站司令部

续表

马头 河西务 南蔡村	1 个小队 1 个半小队 半个小队	步兵第四十一联队 1 个中队	兵站司令部 兵站司令部
杨村 北仓 天津 白塘口 碱水沽	1 个小队 半个小队 2 个大队 (缺 1 个中队) 1 个小队 半个小队	步兵第四十一联队(缺 1 个大队) 骑兵 1 个小队(缺 1 个分队) 野战炮兵第五联队 1 个中队 工兵 1 个小队	兵站司令部 临时野战医院 1 所、兵站监部、兵站司令部、兵站司令部
葛沽 西大沽 塘沽	1 个小队 1 个半小队 半个小队	步兵第四十一联队 1 个中队 骑兵 1 个分队 工兵 1 个小队	兵站司令部 运输通信支部
大沽北炮台		临时大沽炮台守备炮兵队	
备注	北京、天津间按以往部署传递骑哨		

(四)凯旋部队根据另附的行军计划,各团队中的高级年长者负责指挥,自 10 月 3 日起向大沽行进。

遣返部队的行军计划

日期 部队	第1日	第2日	第3日	第4日	第5日	第6日	第7日	第8日	第9日	第10日	第11日	第12日
	10 月 3 日	4 日	5 日	6 日	7 日	8 日	9 日	10 日	11 日	12 日	13 日	14 日
野战炮兵第十六联队第一大队 骑兵第五联队第三中队 野战炮兵第五联队(缺第一大队)	通州	马头	河西务	杨村	天津	休整	白塘口 咸水沽	西大沽				
步兵第九旅团司令部 师团司令部之一部 步兵第十一联队		通州	马头	河西务	杨村	天津	休整	白塘口	新城			
步兵第四十二联队			通州	马头	河西务	杨村	天津	休整	白塘口	新城		

续表

工兵第五大队 （缺第二中队）	通州	水路运送	天津	咸水沽	西大沽							
卫生队一部 弹药大队 （步炮各缺 1 个纵队） 第一第四粮食纵队及马厂				通州	马头	河西务	杨村	天津	休整	白塘口	西大沽	
兵站弹药纵队 兵站粮食纵队 辎重监视队 2 个 伤员运输部 帐篷运送员					通州	马头	河西务	杨村	天津	休整	白塘口	葛沽
步兵第十二联队第三大队 临时徒步炮兵队之一部							咸水沽	西大沽				
备注	一、工兵第五大队抵达西大沽后，为辅助船运特意自水路先行 二、伤员输送部、帐篷运送员及两个辎重监视队，加入当地的兵站弹药纵队之梯队。											

此行军计划主要是考虑到宿营地，合适的部队为数团，每日变换宿营地是为了最迅速地赶到大沽附近。运送船已经抵达大沽，等待凯旋部队的到来，搭载顺序就不用说了，需尽快使凯旋部队抵达大沽附近。凯旋部队的携带品依据凯旋军队运送规定，规定行李外物品之搬运，各部队自行为之。另外，出现患者时应尽快由水路送回（不过重病患者应附带病历送往通州兵站医院，河西务或者杨村的患者进入集合站）。

凯旋部队的给养依靠各地兵站，为此命兵站监预先准备好粮食。（关于凯旋部队的命令也是 29 日下午 6 点下达的）

（五）解散在天津组编的临时炮兵队（参见第十三章三），其人员各归原队（9 月 30 日以电报下达此命令）。

（六）改编临时徒步行炮兵队为大沽守备炮兵队，将其派往大沽北炮台，替换该地守备队。为此将不需要的榴弹炮及材料交给天津野战兵器厂，马匹交给兵站监（此项命令于 9 月 30 日用电报下达给所属步炮兵队长及秋山兵站监）。

（七）步兵第二十一联队各队进入北京城替换守备，接受柴警务衙门长之指挥。（9 月 31 日以师团会报下达命令）

北京城内的守备警察原来有四个大队，因此次减员，无法将更多的兵力用于此地。不过此时正值交接混乱之际，其减员将择日进行。此次首先决定用在北京的全部兵力替换原来的守备部队。但是因用于替换的兵力不足，10 月 2 日前招来通州守备队两个中队。

(八)步兵第二十一联队派出一个中队至步兵第十一联队宿营地,派出半支小队至朝阳门外宿营医院,替换诸步兵哨守卫(同上会报)。

(九)撤走清河的守备队(同上会报)。

(十)派遣参谋石井炮兵少佐至大沽,就乘船之事同濑名运输通信支部长进行协商。另外凯旋各部队将运送申请书集中到师团司令部,尔后送到运输通信支部。

除此之外,发通信电报命留守师团长、第十一师团长及第一师团长各自归队。纵队根据 10 月 4 日前的划分,从事北京、通州间的运输,其后由新组编的纵队搬运粮草。(以上为 10 月 1 日的处置)

实施轮换编成

为了驻屯清国,根据上述措施的第二项进行编制轮换,其实施除分驻于各地者外,在北京的部队逐一进行轮换,所以比较容易开展,但炮兵因为由原来的山炮变为野炮,稍微有些困难,其炮兵的编制轮换情况大体如下:

(一) 编制轮换是一个中队在北京,两个中队在通州进行,10 月 3 日结束。

(二) 因为目前有必要实施训练,新部署尚不能马上到位,两个中队留在通州,一个中队留在北京。

(三) 联队本部根据编制轮换的情况改为 10 月 2 日抵达通州,4 日出发。

(四) 野炮大队不足的马匹由山炮大队补充,为此交给野战炮兵第十六联队第一大队之马匹各中队总计不过五十匹左右,山炮材料的中段材料,无法携带回国,将此置留,不得已借助兵器厂之手送还。

(五) 炮兵第十六联队第一大队的两个中队为交换兵器,比预定早一天于 10 月 2 日抵达通州。

步兵第十一联队诸军官以下一百九十五名转入步兵第四十一联队,步兵第四十二联队诸军官以下四百八十二名转入步兵第二十一联队,其他兵科在其队内向驻屯军补充人马以完备之。

凯旋部队之返回

10 月 2 日,师团长将隶属于凯旋部队的在北京的军官召集到公使馆内师团司令部,训示凯旋之注意事项。

凯旋部队按照前述措施之第四项,自 10 月 3 日起依次从北京出发,大体按计划在天津集合。关于其后的行军,运输通信支部在白河两岸所做的乘船准备和天津、塘沽间意外利用火车运送(此运送之所以进展顺利,很大程度上是天津兵站司令官少佐樽木正章平素与俄军铁路负责人官员的亲密关系所赐),因此多少有所变化。为监视运送实施而派出的石井炮兵少佐随机处置,采取如下的火车运送,为自塘沽乘船提供了便利。

10 月 11 日　步兵第十一联队第一大队主力及两个中队并七十四马。

10 月 12 日　步兵第十一联队第三大队全体及五十五匹马。

10 月 12 日　师团司令部之一部及步兵第九旅团司令部。

10 月 12 日　步兵第十一联队主力、步兵第十一联队第四中队及二十四马。

10 月 13 日　步兵第十一联队第二大队全体及五十九匹马。

10 月 13 日 步兵第十一联队第三中队、卫生队之一部及步兵第十二联队之遗留人员二十八名。

唯独在乘船之际出现的一点麻烦使得步兵第四十二联队的凯旋一度中断。(参见下文三)不过其中两个大队于 10 月 24 日前自大沽出发,一个大队 11 月 28 日前出发。

尽管出现少许麻烦,但此次乘船与登岸时相比,由于各个机关的组织完整,得以顺利进行。

各部队在回归途中几乎都未出现伤病员,这源于凯旋之际各自注意。

海上运送使用的船只总数为十六艘(大型船十四艘,中型两艘)总吨数二万七千五百一十七吨,运送顺序及配船如下表所示:

部队番号	所乘船号	大沽出发	登陆宇品等时间	输送指挥官
野战炮兵第五联队第六中队 步兵第十一联队第二中队	和歌浦丸	10 月 11 日	15 日	炮兵大佐 山冈 熊治
野战炮兵第五联队第四中队 工兵第五大队本部、第一中队	小仓丸	同上	同上	工兵中佐 马场 正雄
步兵第十一联队第一大队本部、第一中队 野战炮兵第十六联队第一大队	土佐丸	10 月 12 日	16 日	炮兵少佐 山川 丈三郎
第五联队司令部之一部、步兵第九旅团司令部 步兵第十一联队本部、第三大队及第四中队	鹿儿岛丸	同上	16 日	步兵大佐 粟屋 干
步兵第十一联队第二大队 徒步炮兵队之一部	松山丸	10 月 13 日	18 日	步兵少佐 江口昌条
步兵第十一联队第三中队、工兵第三中队 骑兵第二中队之一部、卫生队一部	佐仓丸	10 月 14 日	19 日	工兵大尉 井上几太郎
步兵第十二联队第三大队	大连丸	10 月 14 日	18 日 多度津	步兵少佐 松浦 幸治
弹药大队本部 第一、第二炮兵弹药纵队	朝颜丸	10 月 16 日	21 日	炮兵少佐 粟原 乙也
骑兵第二中队(缺一部) 野战炮兵第五联队第五中队	三池丸	同上	23 日	骑兵大尉 石桥 正人
兵战弹药纵队	住吉丸	10 月 19 日	25 日	炮兵少尉 园山 清次郎

续表

伤员输送部、第一粮食纵队一部 兵战粮食纵队	仁川丸	20日(遇风暴21日发)	同上	步兵少佐 井上 政继
第一粮食半个纵队、第四粮食纵队 第一辎重监视队	荣城丸	21日	26日	辎重兵大尉 松浦乙一郎
第一步兵弹药纵队、第二辎重监视队、马厂 步兵第四十二联队第二大队本部、第八中队	天津丸	24日	29日	步兵少佐 杉冈直次郎
第一粮食纵队一部 帐篷运送员	隅田川丸	22日	27日	辎重兵特务曹长 新庄正史
第二步兵弹药纵队 第一粮食纵队一部	酒田丸	23日	28日	炮兵少尉 桥高银三郎
步兵第四十二联队本部、第一大队、第二大队本部之一部、第五第六第七中队	威海丸	24日	同上	步兵大佐 渡边 章
步兵第四十二联队第三大队(缺第九第十一中队)	佐仓丸	11月19日	11月25日	步兵少佐 田边 光正
同上大队之一部(军官4人、下士318人、勤杂兵31人、马34匹)	朝颜丸	21日	26日	步兵大尉 成川 正孝
同上大队之一部(特务曹长1人、下士兵74)	和歌浦丸	28日	12月4日	步兵特务曹长 河谷藤太郎
合计 人员8436 马2150匹				
备注:步兵第四十二联队第三大队一部75人被派出保护水路运输货物,该大队返还之际在天津集合				

乘船实施顺利,但因10月14日及20日有暴风,船舶无法出海,故延缓搭载。

凯旋部队抵达宇品(步兵第十二联队第二大队抵达多度津)受到了广大官民的热烈欢迎,因其在北清所发扬之威名赫赫,特别是天皇陛下派遣侍从武官长宫本照明至广岛、山口(11月1日抵达广岛)宣读优渥圣旨,全军铭感肺腑,感到无上光荣。

凯旋部队在抵达其编组地后,于10月20日开始逐次复员。另外第五师团留守部队中的留守步兵第九旅团司令部、步兵第二十一及第四十二联队的补充大队、骑兵、野战炮兵、工兵、补充中队及补充马厂随同野战部队复员。步兵第四十二联队第三大队于12月2日为最后之复员(特务曹长以下75名于12月6日结束复员)。

第五师团内应自清国返还部队及其留守部队大部复员后,考虑到有必要补充清国驻屯军人马,规定内地剩余部队之编组。

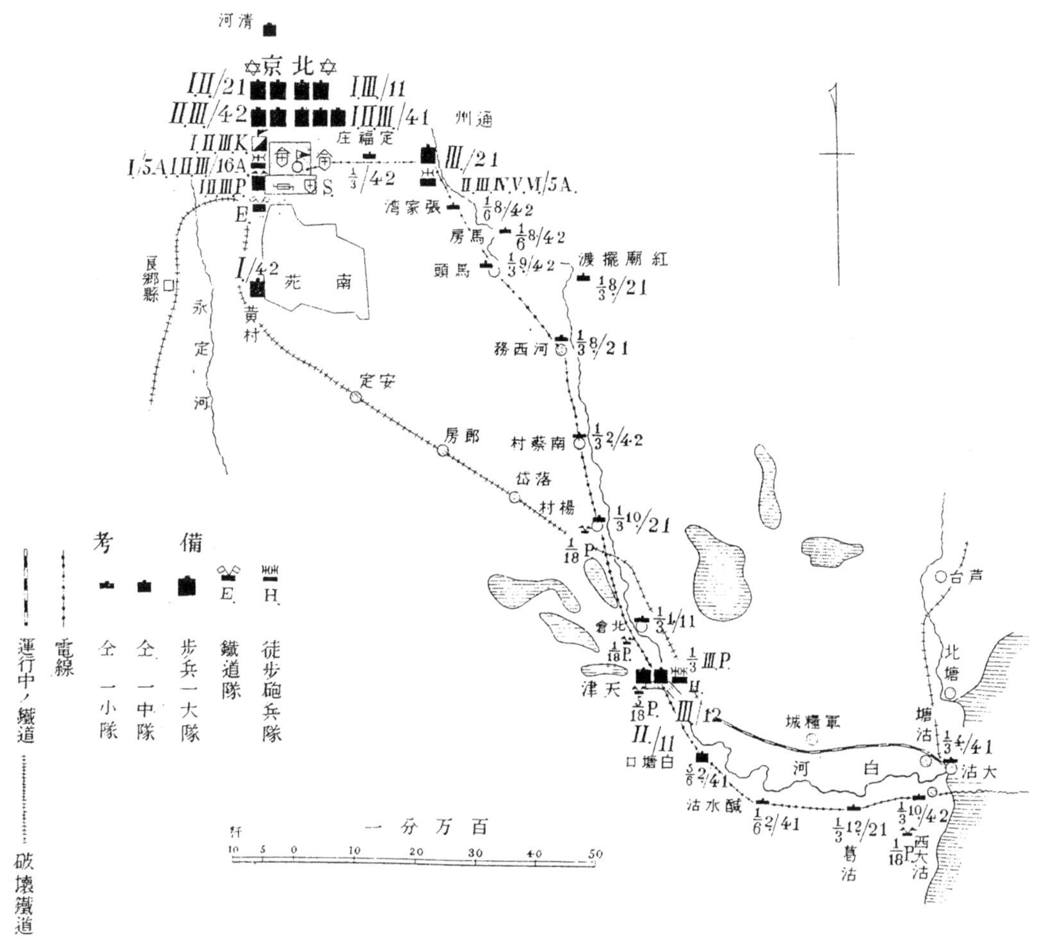

插图 19　9 月下旬第五师团配置图

三　半部凯旋后之军队部署

军队部署

驻屯部队之编组到 10 月 2 日结束。按照前述措施的第三项，替换各地守备，执行如插图 20 所示的新部署。但野战炮兵两个中队在通州进行编组替换，将原来的山炮变为野炮，故此需要在通州部署训练。伊藤参谋目前留在驻屯军内处理事务。（11 月 1 日自北京出发踏上归途）

将铁道队从凯旋部队中排除

决定铁道队暂时驻留，但后来鉴于铁路修理之必要，师团长申请将其编入驻屯军。10 月 30 日参谋总长下达命令，将其置于师团长指挥之下编入驻屯部队（细则参见第二十九章)。虽然命令秋山兵站监亦应归返,但因其正在处理原来在天津同各国交涉等错综复杂之事情,将其遣返对我军不利,故此师团长于10月18日向陆军大臣申请(电报)将其留下,得到允许。

步兵第四十二联队凯旋暂时中止

在此半部凯旋期间因有占领山海关之举,感到兵力不足(参见第二十六章),根据福岛少将之意见,师团长于10月7日向参谋总长提出申请(电报),要求增加兵力。10月10日命令步兵第四十二联队在接到其他命令之前,滞留于天津,为此凯旋运送计划为之一变。

当时为传达半部撤兵命令来清的宇佐川大佐,亦向参谋本部次长提出意见,将目前自天津正处于归返途中的两个大队编入驻屯军。

参谋总长10月10日致电师团长,鉴于目前内外形势,如果冬季间需要多留驻屯部队,或考虑到从内地增兵之困难,可延缓准备凯旋部队之一部登船,到结冰前再行将其遣返。于是,师团长决定暂时留一个大队在天津,其余部队凯旋。命令第四十二联队长将少佐指挥的一个大队留在天津,并保留其全部大小行李,其余根据船舶情况依次凯旋。

结冰前最后一支大队凯旋

11月10日,师团长再度致电参谋总长,请求将滞留的一个大队继续驻留。

对此参谋总长于11月14日拒绝其请求,命其按规定将此大队遣返。训令各地守备将滞留部队适当增减部署。(电报15日抵达北京)

鉴于此,师团长命步兵第四十二联队第三大队凯旋,与此同时将通州的步兵第四十一联队第三大队(缺两个中队)调往天津,将北京的步兵第二十一联队第三大队一个中队调往通州,同通州原有的该联队第十二中队合为两个中队的守备队。

此新部署于17日着手,28日结束(28日步兵第四十一联队第三大队本部及两个中队此时抵达天津)。此时的部署如插图21所示。

半部减员之际,师团长意将师团司令部移至天津,以指挥北京至山海关间的诸部队。不过其后瓦德西元帅及法军指挥官抵达北京,英、美军指挥官依然决定在北京冬营,于是改变初衷,决定在北京冬营。

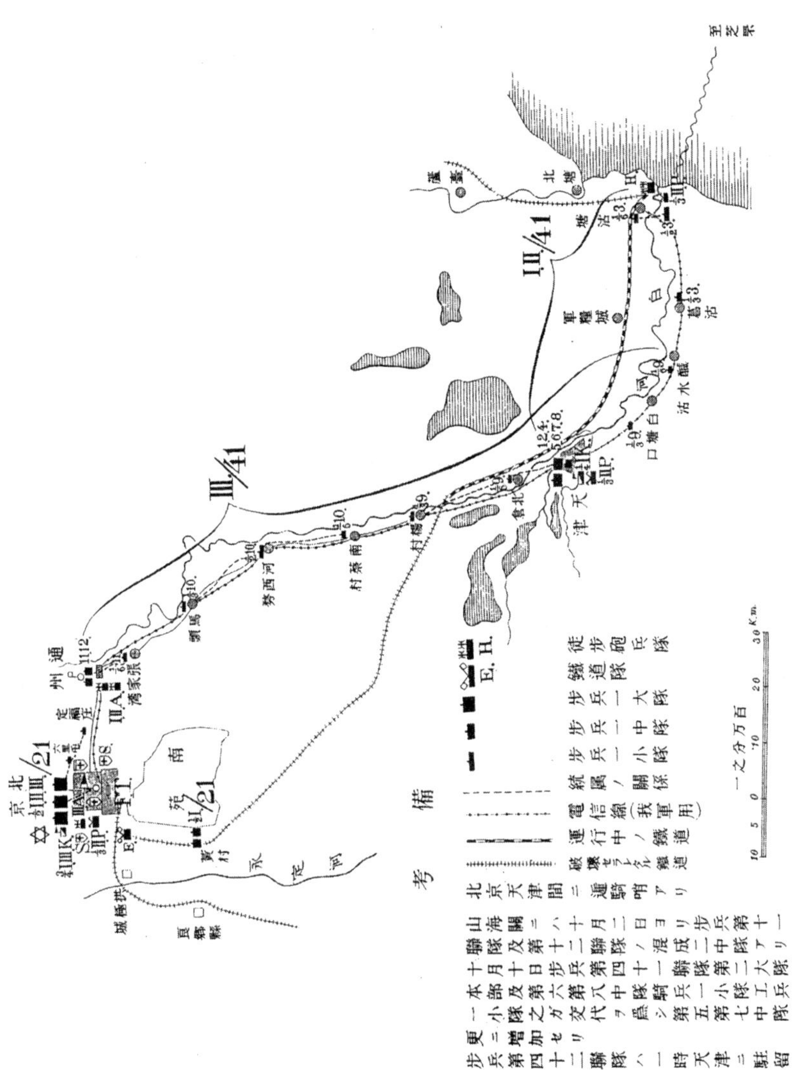

插图 20　半部凯旋后驻屯军队配置图(10 月 8 日编制)

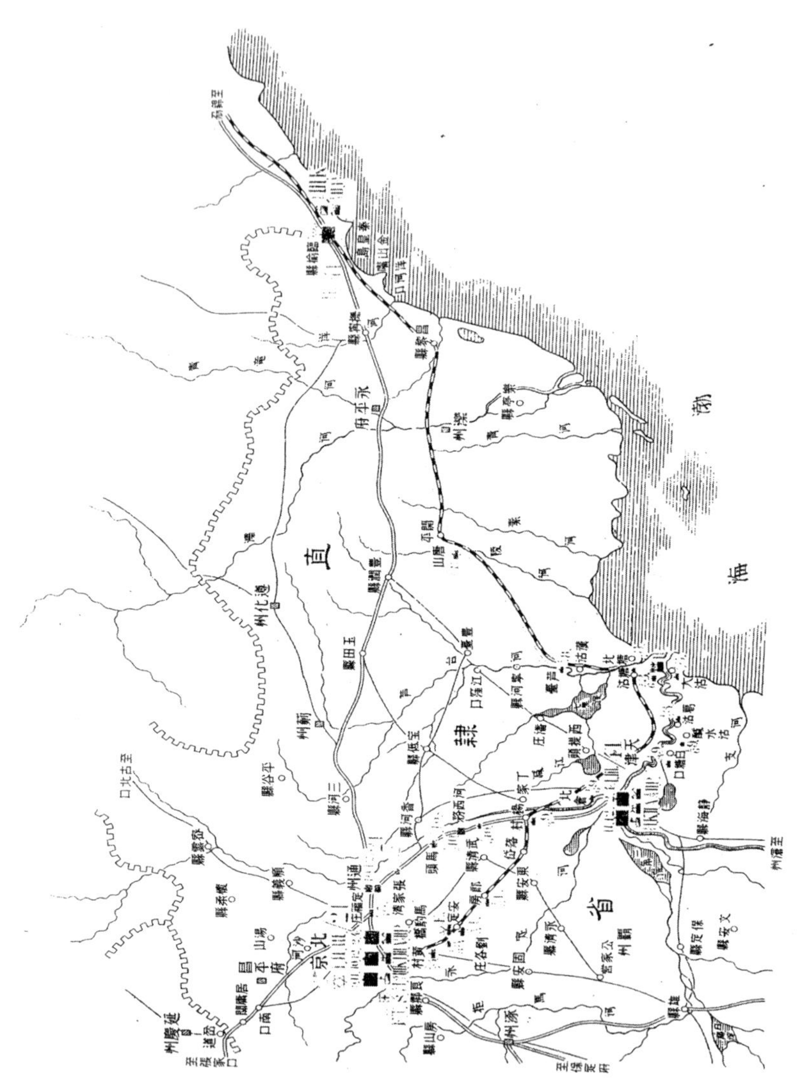

插图 21　12 月上旬驻屯队配置图

第六篇
各国公使馆联合防御

第二十三章　公使馆采取联合防御前及防御初期情况

一　公使馆采取联合防御前之情况

义和团进入涞水县

5月上旬，义和团逐渐蔓延至保定府附近，其势日益猖獗。此时恰巧涞水县高楼村(位于北京、保定间，距北京约二十里)一武举人(中国旧武官学位)与天主教徒发生纠纷，诉讼结果败诉，因此非常愤慨天主教徒之跋扈专横，遂赴山东省煽动义和团再至涞水县，意图消灭教徒，暴举将出之际，教徒探知此事，告于县官祝少棠。祝少棠当即将此急报布政使及按察使，由此处电报给直隶总督裕禄，裕总督接到此报当即派分统副将杨福同率领马队一哨半(约七十五骑)到此地，命其调解天主教徒与义和团之纠纷，解散团队。然而匪徒闻知此事，在官兵到来之前即5月12、13及15日遂烧毁教堂，杀害教徒六十余人。

裕总督派兵镇压安抚

杨副将到涞水县后，当即解散匪徒，但上述暴行已出，不得已进行讨伐，于18、19两日捕杀二十余人，进而将其击退。但匪徒之气焰更加猖獗，不可轻易抵挡，结果官兵反被击退，多人战死，杨副将本人也于22日遇匪徒伏兵惨遭杀害，其部下马队一哨半伤亡殆尽。

在保定府查办匪徒的道台张敏渠接到此报，当即急报裕总督。总督于23日拂晓派出马队一营(约二百五十人)，24日又派直隶练军二营(约一千人)，27日又派遣驻开平武卫前军之马队一营及驻芦台步兵一营，再由保定府派出步骑兵从各处讨伐。然而匪徒已于诸官兵到来之前，四散奔逃，即使偶有留下者亦扮作良民，官兵追察之际已是人去楼空，徒然奔走各地索其踪迹。

如此表面上销声匿迹，暗地里却日益猖獗，其名声愈高愈是招世人注意。同时是年北清地方遭受大旱，秋收无望，造成小民思乱之机会，种种谣言四起，无赖之徒盲目信从其威势，随声附和。然清政府却恬然不顾，有公然将义和团称之为义民暗中庇护之倾向。此时，北京城内习其拳法者日渐增多。连南苑之武卫中军及宫中侍卫之中亦有同其串通气息者。有传言说义和团首领已经出入于宫中谒见西太后。排外的俗谣流行市井,以至团匪公然身着义和团服,携带刀剑于光天化日下行走于街市。

第一次各国公使会议

在此之前,法国传教士因团匪蔓延于北京附近,有危害普通外国人之虞,故此向该国公使馆请求调派水兵。于是法国公使请求首席公使召开外交官会议。5月20日各国公使召开会议,决议要求总理衙门迅速采取防御义和团之措施。清政府回答说,将采取措施。

第二次各国公使会议

各国公使于26日的会议上认为清政府的回答不得要领。尤其是法国公使认为以空言逼迫清政府于事无补,故此主张必要邀请各国卫兵。德国公使对此意见指出,形势虽然非常危险,但以少量卫兵实无防御之实效。美国公使同意法国公使意见,英、俄却有同意德国公使意见的倾向。各国公使对此议论纷纷,难以达成一致意见。法国公使称,既然如此,除各国采取各自行动外别无他法。各国呈现分崩离析之状。于是,日本公使出面调停,主张将是否请求卫兵之事推迟到翌日再决,在此期间再行照会总理衙门,在探明其是否答应各国之要求后再做决断。各国公使皆表示同意。

清政府答复应允各国公使要求

首席公使再度照会清政府。对此清政府接受各国之全部请求,口头答应将采取对策。且派步兵统领衙门及五城御史贴出告示,加强各处的管理,由此各国公使稍感满足,在27日的会议上决定中止请求卫兵之议,等待总理衙门之公开复牒。

北京至保定间铁路被破坏

然而自27日夜起,团匪突然火烧位于北京、保定府间的琉璃河及长辛店两车站,且有报告传到北京,称北京西南丰台车站一名法国建筑技师被暴民攻击负伤(驻在琉璃河及长辛店的技师及职员,因暴动之日铁路已经不通,无法从陆路避难,遂先至保定府再由水路抵天津,途中遭受当地居民及匪徒的袭击,经诸多困难于6月2日抵达天津)。

各国公使招请卫兵之决议

于是,议论纷纷,至28日下午开会之时形势骤然变化,各国公使群情激愤,决定请求救兵。首席公使照会清政府卫兵即将进京,各国公使决定请求调拨近海军舰让水兵进京。为此日本公使立即发电报给塘沽碇泊的爱宕舰长,命其最大限度调派水兵,并且请求日本政府派军舰增援。

京津间铁路及电线遭破坏

因先前琉璃河及长辛店车站为团匪烧毁,知芦沟桥车站危机迫近,28日晨用火车将职员送至丰台车站。为救助芦沟桥的在留外国人,借得数辆客车。其后丰台、芦沟桥两车站间的通讯线被匪徒截断，线路不通。为视察实况，自丰台车站派出的火车抵达距芦沟桥车站约3英里之地，得知该车站已经被烧毁，且发现匪徒携带凶器在线路附近横行。由此感到丰台车站亦在危险之中，当即返回告急，让该车站的外国技师及职员当即赶往天津避难。该车站果然已被团匪烧毁，沿铁路的电线遭多处破坏。北京、天津间的交通一时全部中断，其通讯唯有依靠北京经通州再达天津之线。幸好29日铁路修复竣工，才使得交通得以恢复。

京津间官兵部署

29日，清政府紧急在北京、天津间部署官兵，北京各城门又配备了神机营（步兵一万一千二百五十人、骑兵二千五百人、炮兵二百五十人）、虎神营（步兵六千八百八十九人、骑兵一千人、炮兵七百五十一人），各国公使馆由步军统领衙门指挥的步兵保护。北京城外由虎神营并荣禄部下之武卫中军、董福祥部下之武卫后军即甘军（甘肃之军）分驻各地。此外又颁布镇压义和团之如下上谕。（清历五月二日，即5月29日）

关于镇压义和团之上谕

尔来近畿一带乡民，练习拳勇，良莠错出，深恐别滋事端，迭经谕令京外各衙门严行禁止。近闻拳民中多有游勇会匪混迹其间，藉端肆扰，甚至戕杀武员，烧毁电杆铁路。此似瞀不畏法，其与乱民何异，着派出之统兵大员及地方文武，迅速即严拿首要，解散协从，倘敢列仗抗拒，应即相机剿办，以昭炯戒。现在人心浮动，遇事生风，凡有教堂教民地方，均应实力保护，俾获安全而弭祸变。

另外，30日又颁布了如下上谕：

昨因拳匪滋事，业经明降谕旨，分明办理。此等乡愚良莠不齐，其办法不列乎严拿首要，解散协从。现在直隶及附近京城一带，到处人心浮动，若不迅速筹办，何以靖邪慝而净根株。着步军统领衙门、顺天府、五城及直隶总督，严饬各该地方官，一并统带各员，如团匪中实系滋扰地方，甘心为乱者，即当合力捕拿，从严惩办，不得互相推诿。如再因循守旧，定惟如崇礼（步军统领）等是问，决不宽贷。其有随声附和，并无滋扰实迹者，亦应剀切晓谕，立时解散，毋任再起仇端。

自此上谕之文意推测，清政府将义和团视为保护乡民，守卫自家之义民，并无意讨伐其全部，仅是惩戒义和团中施暴之无赖之徒。

清政府拒绝护卫兵入京

30日，总理衙门答复28日会议决议之请求卫兵之通牒，称由于采取了有效处置，秩序已经恢复，请求各国公使不要召集卫兵。且得知清政府向塘沽车站站长下达旨令，拒绝公使馆卫兵乘车，各国公使决定派代表到总理衙门，宣告拒绝之无效，衙门对此声言不能答应。

水兵进入北京

如前文第七章一所述,5月29日日本军舰爱宕之水兵二十五名进入天津,接着于31日自各国军舰登岸的陆战队集合于天津。当日下午3点用特别列车将各国全员之过半人员送到北京,德、奥士兵稍后于6月3日进入北京。各国军官以下总数为四百四十二名(参见下文二)。

京津间铁路交通完全中断

6月4日,团匪破坏了黄村车站及其附近的铁路桥梁后进而又于5日烧毁了落垡车站等团匪,肆意破坏铁路,简直是肆无忌惮。由此,北京、天津间铁路交通再次完全中断。

各国公使之决议

各国公使于4日召开会议,为应付突变作出如下决议:"在清国海上拥有舰队的各国公使认为,如果北京因通讯及铁路线路中断而被封锁,且因现今恐怕其已经占据优势,要求各国政府需当委任联合舰队司令长官,应对此事变,采取一切对策以救急北京为要务。"

英国公使提议请求谒见皇帝和西太后

团匪之暴行日甚一日,而总理衙门对其处置反而极为暧昧。6日各国公使召开会议,英国公使提议要求谒见皇帝和西太后,或者向清政府表明,如果清政府不能迅速平定义和团,恢复安定秩序,各国将不得不自行采取措施。各国公使多数都觉得,即便如此也难以轻易得出结果,所以分别致电本国政府征询是否同意此议。总理衙门接到此报大惊,表示将在四十八小时内恢复平静,且当即派遣聂士成所部保障北京、天津间交通,以此恳求中止上述之议。各国公使为观察其结果,决定延期到9日。然而清政府未能履行此约,事态日益严峻,为此9日各国公使再度召开会议,认为现在无法谒见皇帝和西太后,向大沽碇泊的各国舰队司令官致电,告知执行4日公使会议决议的时机已经到来。不过如果到第二天即10日下午2点前能够实现安定,将不发出此电报。

西摩尔支队开向北京

如前文第七章四所述,各国陆战队陆续在天津集结,同直隶总督数次交涉后得到同意,于10日上午9点30分日、英、美、德、奥、意、俄、法水兵一千余名(后追加一千名)在英国东洋舰队司令官海军中将西摩的指挥下沿铁道向北京进发。但铁路破坏极为严重,且遭遇团匪袭击,第二天11日停驻在落垡、廊坊间。

京津间通讯中断

北京方面连日来翘首以盼援军的到来。其间接到各国援军于10日自天津出发的电报,于是撤回前日所作向碇泊大沽的各国舰队司令长官发送电报之决议。当天下午北京、天津间的电线被切断,第二天恰克图线也不通,北京变成完全孤立之地。团匪充斥于北京城内,纷乱四起。为此各国公使向清政府宣称,如果政府不能尽保护外国人之责,各国将随机采取保护国民之措施。总理衙门对此回答说，清政府会尽保护之责。

端郡王担任总理衙门首席大臣

当日清政府罢免了温和派的庆亲王，任命守旧派的端郡王为总理衙门领班大臣。该派的徐桐、溥兴等为总理衙门大臣。

杉山书记官之遇难

虽然已经接到援军自天津出发的电报，但仍不知道其后的情况，为此各国公使馆人员前往迎接，于 11 日上午赶到马家堡车站，但援军尚未抵达。于是日本公使于下午再度派外务书记生杉山彬赶往车站，但该书记生刚出永定门，就被驻守该地董福祥部下之马队所杀害。

团匪进入北京城内

至 13 日黄昏，形势愕然危殆，有报告说三百余名团匪自崇文门闯入，正逼近各国公使馆。于是，各国公使馆紧急警戒，将卫兵驻守防线，由侨民组建义勇军协助卫兵，从事巡逻警卫。当晚团匪成队逼近奥地利公使馆。该公使馆以机关炮扫射，击毙二十余人，余者从各处还击。另外团匪烧毁内城东部的各教堂、外国人住宅、及旧日本公使馆（东四牌楼六条胡同），残杀天主教徒。14 日也是黄昏时分，因团匪集结在崇文门、正阳门间的外城墙，德国卫兵自内城城墙上射击，击毙十余人，直到夜间射击还在持续。我士兵及英国士兵亦击毙数名团匪，奥地利士兵得知土耳其公使馆遭袭击，遂前去救援，击毙团匪数名，俘虏十余人。

森海军中佐通报传到北京

在此之前，同西摩尔中将一起在北京救援途中的我海军中佐森义太郎的通报，于 13 日传到日本公使馆，从而得知“各国援军于 11 日抵达落垡、廊坊间，修铁路向北京前进”。17 日再度接到森中佐发自廊坊的通报，称“因铁道破坏严重，工程进展缓慢，缺乏粮食，现正在筹集物资，不日将抵达北京”。北京方面仅仅是通过这两次通报来了解外部消息，为获知北京方面的危机情况，而自天津出发经数条道路的使者没有一人抵达。

公使馆附近官兵增加

当时公使馆附近的清国官兵，只不过是为直接保护公使馆而派遣的数十名八旗兵，以及守卫公使馆区两端正阳门、崇文门的数百名八旗兵。17 日，武卫军在公使馆区周围部署哨兵。此时各国公使馆为应付紧急事态，按各自公使馆划分守卫区域。恰好武卫中军与意、德、美、俄之守备方面相对，武卫后军与日、英、奥、法守备方面相对，彼此哨兵相距不过十至四十米。不过当时对外人未抱报有敌意，亦未对义和团之暴行进行控制，几乎处于中立态势。

在此之前，按 14 日西太后之密旨（第三章七），大沽炮台积极备战并在白河河口布下水雷，最终于 17 日上午为外国陆战队所占领（第七章二）。

总理衙门请求各国公使退往天津

17、18 两日,总理衙门大臣庆亲王等数人来到英、俄、美诸公使馆,称已经着手平定叛匪,要求准备入京的各国水兵停止行进,但为时已晚,均被拒绝。19 日凌晨 4 点,总理衙门向各国公使发布通牒:"碇泊大沽之各国舰队司令长官请求开放大沽炮台,此将视为各国开启事端,倘若使清国民心群情激愤,政府将无法对外国人实行充分保护,因此请于二十四小时之内退回天津。"鉴于此,各国公使当即召开会议,体察到答应此要求的危险,首席公使对此作出如下回答:

撤退时间过于紧迫,请给予四十八小时,要为撤退提供运输工具并且沿途必须提供保护,故此要求一名总理大臣随行。

另外送信照会,各国公使为尽可能改善关系,于 20 日上午 9 点全体至总理衙门进行商讨。

德国公使被杀害

20 日,虽已近会面时刻,但总理衙门没有任何回音。于是,各国公使认为不要去总理衙门,以书信表达其意。唯独德国公使一人不容众议,主张作为各国总代理前往衙门,并同翻译官一同出发,但途中为中国官兵射杀。

闻知此变,各国公使再度会面,以书信向总理衙门质询德国公使之所在,另以书信说明如下意旨:"各国公使在援军到来之前应驻在北京,援军无非是为保护外国人,为此亦可驻在城外,大沽炮台之事乃一时处置,我等撤退之后即刻奉还。"首席公使以此向总理衙门照会。

下午 2 点,总理衙门复牒至,其大意说"为准备出发,延长时间亦无不可,然眼下至天津间为义和团所充斥,道途危险,各国公使驻在北京实为上策,亦是诸公使亲和谈判之理想所在。唯独公使来总理衙门之事甚为危险,可另寻他法"。而丝毫未提及德国公使被杀之事。

各国公使决定防御

在此之前,各国卫队各警戒其守备区,以防不测。各国公使深知事已至此清政府已不可恃,断然决定驻守防御。而且清政府开战之上谕,实际上已于 6 月 21 日发布(参见第一章)。

二　公使馆联合防御之编制、兵力、义勇兵之编组及收容教民

一般防御方针及围攻前防御配备

5 月 31 日,各国公使馆卫兵入京后虽然城内一时恢复平静,但未出数日团匪再逞暴行,各种谣言四起,人心惶惶。鉴于此,各国卫队指挥官会面,商定防御计划。其一般方针是各国以各自兵力守卫其公使馆所在位置,首先防备官兵、团匪的进攻,不得已时退至英国公使馆,以此为最终防御地区,在此等待援军到来。

夫各国公使馆所在地被御河划分为东西二区。南面的美、德两国公使馆后方为道路所隔，与城墙相接。北面隔祖堂子、肃亲王府及翰林院，与长安街相接，中央东西贯通公使馆街东交民巷。而围攻前各国主要守卫连接其公使馆的道路。即御河之东德国在其公使馆和城墙之间，面向东构筑堡垒，同城墙一起守卫之。公使馆街上意大利公使馆前面向东设置阻挡，主要以意军守卫此处，德、法军给予援助。法国负责警戒意国公使馆东北至奥国公使馆东南面；奥国负责警戒北面与其公使馆相连的长安街及王府大街，在这两条街道的十字路口处设强有力的哨岗，构建防御工事。另外在御河两侧，英国在长安街北御河桥上布设强有力的哨所，监视至东安门的街道，并且沿该公使馆的北侧及西侧警戒诸道路。俄国在面向公使馆街上其公使馆的西南角构筑堡垒，并守卫该公使馆的西北。美国在公使馆街到后方城墙间的各处构筑堡垒，并警戒沿城墙到御河水门上之间，同德国联络。当时日本兵力极少，只有水兵二十四名（其中救护员一人，锻工、机关兵各一名，信号兵两名）而已，故此无法独当一面守备，仅负责警戒通往长安街上英、奥两哨所间的若干小路。

当20日遭到官兵真正攻击时，奥军撤走长安街十字路上的哨所，不久英军又撤掉了北御河桥上的哨所。21日奥军最终放弃其公使馆，与法军合在一起。鉴于此各国公使馆都各自严阵以待加强防御，增强工事，加固防线，其防线在21日呈现出如下状况。

围攻初期之防御编制

防线起自意公使馆南部与之稍稍齐头面之城墙上，横贯公使馆，绕过意国公使馆东北边，自法国公使馆东北角出，再向前环绕肃亲王府东、北、西三面，以御河相隔，一直延伸到英国公使馆东边，经过翰林院南端，迂回到英国公使馆西边，再自俄国公使馆北边及西边再度横贯公使馆街，沿美国公使馆西侧的俄清银行西面直到城墙。全长约二千五百米。（除义勇兵外每隔六米设置一名水兵）

肃亲王府及美、德两公使馆背后的城墙，已是防线中最为要害之处。因为这两处在围攻期间经常遭受敌人猛烈攻击，为此牺牲很多人。

肃亲王府位于日本及西班牙公使馆北边，有御河相隔，隐蔽在英国公使馆东侧，地势稍高，从其周围墙上可以俯射英国公使馆。特别是御河当时无水，敌人若将该府占领，作为最后防御之地的英国公使馆将陷于极端危险之境地。由于法、德两公使馆同英国公使馆的联络将被切断，御河东西交通完全隔开，但此地地域颇广，各种建筑物很多，为此组织防御之法非常困难。此地在围攻初期，除日本水兵二十四名及大体相同的义勇兵外，还有意国军官以下二十七名及法、奥士兵各五名进行防御。驻清国公使馆的柴炮兵中佐指挥其全体，陆军步兵大尉守田利远、海军大尉原胤雄及意国军官各指挥其一部。此法、奥士兵始终与本国的队长、战友相分离，忍受着极大不便，苦战防御，出现若干伤亡人员。另外7月8日以后，总税务司的四名外国义勇兵来到亲王府作预备。法国士兵于7月14日返回本国公使馆。到了防御中期，出现人员伤亡，值勤困难。十余名英国士兵每日轮流到亲王府协防（非常驻）。美、德公使馆背后的城墙完全可以俯瞰控制公使馆所在地，若此地失守，各国公使馆则将无法支撑片刻。因此，美、德士兵及英、俄、法、奥等国士兵协力死守，维持对此处的占领。

法国公使馆形成防线中的凸角，其东、南、北三面完全暴露，前两处为敌军攻击之首当其冲,损失严重。

英国公使馆东依肃亲王府掩护,北面及西面与翰林院和仪鸾殿相接,特别是翰林院对该公使馆最为危险,但因其建筑宏大,当时没有炸药的防守者最终未能将其炸毁。

俄国公使馆东北面之半边依靠英国公使馆的掩护,但北面之半边完全暴露在敌人攻击之下。另外英、俄两国公使馆间的民房容易被烧毁,极为危险,围攻中将其破坏。

美国公使馆两边依俄清银行掩护,该处在围攻初期由俄、英陆战队及义勇兵进行防御。

防线形状如此,而各国卫队各守在其公使馆处。但其兵员与防线之长相比非常稀少,整个防线又没有任何预备队,故此当一方面遭受猛烈攻击,其他方面需分出若干人员增援,但仅能维持防御。

各国卫队之兵力

当时北京的各国卫队仅仅是5月31日及6月3日自碇泊大沽的舰队紧急召请来的,其数不过四百四十二名。按国别如下:

英国军官3名　下士以下79名　88年制五连发诺顿福德机关炮1门
法国军官3名　下士以下75名
美国军官3名　下士以下53名　克虏伯机关炮1门
德国军官1名　下士以下50名
俄国军官2名　下士以下72名　此外公使馆常备哥萨克兵7名
意国军官2名　下士以下39名　37毫米机关炮1门
奥国军官5名　下士以下30名　马克西姆机关炮1门
日本军官1名　下士以下24名

不过,以上兵力之中,还有法国军官一名、下士以下三十名及意国军官一名、下士以下十名被派遣到公使馆所在地西北约一里的天主教堂,同三千余天主教民及若干传教士一起孤立防御。

义勇兵之组成

如前所述,与兵力相比其守备地区颇为广大,但各国都无意放弃公使馆和缩小防御区域。因此,在6月8日,各国侨民联合起来编成义勇队,以补充卫兵之不足。特别是日本卫兵与各国相比人数极少,因此日本侨民另外编成义勇兵,同日本水兵共同行动。

各国义勇兵的数量合计约有一百五十余名。以日本侨民编成的有公使馆一等书记官石井菊次郎以下三十三名,当时在北京留学的陆军步兵大尉安藤辰五郎担任其指挥。另外将义勇兵分为两部分,由曾经参过军的二人各指挥一部。

义勇兵已经编组完毕,但其武器只不过是手枪或猎枪等数把,余者持木杖或刀剑之类。很多义勇兵手无寸铁,因此外部的守备有卫队专门负责,义勇兵专门负责公使馆内的守备警戒。不过到了防御中期,使用战斗中缴获的敌人武器或我伤亡士兵之枪,或者接受诸外国士兵不用而让与之武器,由此几乎全员都持有了武器,并且战斗中卫兵减少,以致义勇兵也从事战线的各种勤务。

团匪横行北京城内

13 日黄昏，三百余名团匪自崇文门闯入，但守备此处的神机营之兵无法阻挡，团匪乘势准备自公使馆东端逼近公使馆，法、意两国士兵合力将其击退。鉴于此，团匪改变方向北行东四牌楼大街，横行于内城东北部，烧毁天主教堂、洋馆及其他与外国人有关系的店铺、住宅及庭院等。夜间又试图自王府大街方向逼近奥国公使馆，奥国士兵以机关炮将其击退。我旧公使馆亦于当日被烧毁。14 日，团匪横行于内城西部及外城，肆意暴行，当晚烧毁城内西部的各教堂，又虐杀在外城的天主教民，教徒前来内城墙外乞求救援，呼叫声彻夜未绝。

收容天主教民

15 日，内城西部的罗马旧教堂(南堂)前夜被团匪放火，多数教民进行抵抗，但寡不敌众，不断被虐杀。接到此报后，派遣法、美两国卫兵支援，击毙团匪数十名，解救数百名难民。法、美士兵赶到之前已经有无数被虐杀者，前文的数百名难民皆妻子故旧离散或为刀枪所伤只身而逃者，将其全部收容在肃亲王府阿司门内。

团匪如此连日暴行，散落在城内及其近旁的外国人及教民被团匪包围，蒙受其难者为数不少。于是，各国各自派遣卫兵以图进行收容，当时外国人及教民依靠两三个勇敢的外国人的帮助，侥幸逃脱虎口，公使馆所收容的人又增加许多。

第二十四章　公使馆防御过程及解围

一　防御之经过

防御之两个时期

清国官兵真正开始向各国公使馆进攻，实际上始于 6 月 12 日。此后各国公使馆日夜连续遭受猛烈攻击，到 8 月 14 日北京陷落，五十余天间完全陷于围攻之中。不过一般状态，大体可以分为如下两个时期：

战斗时期　自 6 月 20 日至 7 月 16 日，此期间是昼夜连续遭受激烈攻击，各国卫兵拼死开展防御战的时期。

外交时期　自 7 月 17 日到 8 月 14 日解围期间，由暂时休战形势持续到各国公使同总理衙门相互交涉时期。

现在首先阐述战斗时期的一般防御经过，后文将叙述外交时期的交涉。

商定防御对策

6 月 20 日，德国公使被杀害，各国卫队指挥官依照各国公使的请求，当即于英国公使馆会合，商定防御对策。根据商定方针决定，各国皆暂且固守防御地区，等待援军到来。

于是,将各国妇女老幼病患者收容于英国公使馆内。这是因为考虑到当时英国公使馆地域最广,且东侧有御河相隔与肃亲王府相对,北面及两侧与宫城及帝室附属建筑物或公署相接连,为最安全且坚固之所。

听到官兵开始射击

当日下午4点,向来未怀敌意的清国官兵突然开始向外国公使馆射击,此为官兵射击外国人之嚆矢。射击首先向奥国公使馆,接着波及到英、意两国公使馆。于是,奥国士兵放弃其公使馆,还撤掉了王府大街及长安街十字路口的哨所,退至总税务司和齐头面,与法兵会合。另外,派到东四牌楼大街上比国公使馆的八名奥军也撤到此处。奥军刚刚撤去长安街上的哨所,紧接着北御河桥上的英哨所也撤去,据守在该国公使馆门前的堡垒,从而使得日本守备区肃亲王府北面完全暴露。当日各国公使馆的全部力量,几乎都花费在搬运粮食和修筑防御工事上。

21日上午,敌人进入奥国公使馆西侧的总税务司北侧祖堂子,此时该地已空虚。试探性地向奥国公使馆射击,遂将其占领,付之一炬。接着烧毁税务司一部及奥国公使馆东邻的中华银行。自王府大街方向向法、奥军守备区的法国公使馆之东北台基厂的哨所猛烈射击,另外自公使馆东面意国公使馆前的哨所射击。在英国公使馆西面未预料到敌人自皇室建筑仪鸾卫中向英国公使馆射击,但敌人不敢逼近。此外敌人当日以两门七厘米半克虏伯炮自正阳门上炮击公使馆,其榴弹炸毁多处,但未造成太大损失。当日比、奥、荷公使馆均被烧毁。

增筑防御工事及委员构成

各国公使馆不仅要防御敌人的攻击,还要争分夺秒地在防御地区内增筑工事。此外各国公使馆人员、总税务司职员及传教士等合作组成各种委员,分担救护、修筑、粮食、给水及差遣教民等各事,这些委员都能胜任,效果显著。

22日拂晓,各方面射击猛烈,敌人自正阳门、崇文门两门楼进行炮击,又自两门城墙上向美、德两国公使馆靠近,居高临下向各处射击,于是人心极大动摇。而在此危险之际,因为命令的误传,导致各国士兵皆放弃其公使馆,向英国公使馆集合。如意国士兵在退却之际凭借枪支突击,仅仅是为了阻挡敌人的追击却进入英国公使馆,但当时的情况下突然舍弃公使馆却是过于草率的,为此异议百出。

英国公使担任防御指挥

由于在如此全盘行动中发生龃龉,缺乏统一指挥,俄、法、意三国公使将此委托于曾担任军职有实战经验的英国公使窦纳乐,指挥全体防御。日、美两国公使又劝英国公使推行此事,该公使遂应允之,自当日起指挥各国公使馆的总体防御。

于是,英国公使当即传令让美、俄士兵马上返回公使馆,德、奥、法、意士兵同日本士兵一同暂时进入肃亲王府。继而得知德、法两公使馆尚未陷于敌手,于是法、奥士兵进入法国公使馆,德、意士兵进入德国公使馆,此时意国公使馆已经被敌人烧毁。另外各国义勇兵也返回各自公使馆,唯独日本兵留在肃亲王府。

因一时错误，如果敌人趁各国士兵过早放弃公使馆之机占领之，将出现极为危险的状况，但敌人仅仅烧毁意国公使馆，实可谓之侥幸。

美、德两国公使馆背后的城墙为防御的最关键之所，关系到公使馆全体之生死存亡，为此自当日起，美、德士兵各自在其城墙上设立坚固哨所进行守备。

各方面战斗及城墙上工事

23日拂晓，敌人集结于肃亲王府北约一百五十米的理藩院，上午9点约五百人自亲王府及奥国公使馆中间接近总税务司及亲王府、东阿司门附近。鉴于此，日本兵之一部自王府屋顶及城墙上射击，与赶来支援的税务司义勇兵会合，其他一部约二十名自税务司西侧民房冲出，还有另外八名日本兵自税务司南部进出，好不容易将敌人击退，但敌人在总税务司放火，在此方面的我士兵处将在下风位置，战斗极为艰苦。10点敌人又自亲王府北邻的米仓屋顶居高临下向府中射击，并且逼近到亲王府北门。此时日本义勇兵包括猎枪等也仅三四杆枪而已，因没有援助陆战队之力，向英国公使求援而得到十余名意士兵的援助，直到下午2点防守战总算击退敌人。当日肃亲王府方面有我士兵三名、英士兵一名、意兵一名及数名中国教民负伤。

英国公使馆方面，拆毁南墙打通与俄国公使馆的联络，并毁坏其中间的民房，以防止火灾。拂晓集结在理藩院的一部分敌人，登上屋顶，自清晨开始向该公使馆射击，还有一部分于11点30分继续前进，侵入到仪銮殿及翰林院，火烧翰林院伽蓝，火势蔓延到该公使馆局部，男女侨民奋勇灭火总算保住了公使馆。下午8点日本公使馆西邻的中国民宅起火，特别是屋内存有火药，为此进行灭火非常危险，各国士兵合力救火，至深夜才将火扑灭。其他方面，俄国公使馆一部亦遭火烧厄运，靠俄国士兵在其未成大患前将其扑灭。敌人还频频试图在美国公使馆放火，但最终未达目的，仅有西邻的俄清银行被烧毁。

自当日起正阳门的炮击准确率渐升，造成严重损伤，美俄方面尤为其苦。城墙上的美士兵哨所胸墙被破坏两次。当晚意士兵军官等二十七人来到肃亲王府，与日本兵会合。

24日，敌人从各个方向展开袭击，清晨攻击西南面的俄、美两公使馆，接着逼近到美国公使馆背后的城墙上，展开突击，为此俄士兵与美士兵合在一起抢在敌人前面占据城墙上，勇敢突击将敌人击退，一直追击到前门附近。

亲王府方面，敌兵于凌晨5点集结在王府东北角，接着自北邻的米仓屋顶居高临下向府内射击，北墙东端竖有云梯，敌兵不断翻越城墙，并准备破坏墙角。鉴于此状况，依靠数百名天主教民投掷砖石瓦块以阻碍敌人作业。8点，敌人又从东面旧总税务司开始袭击，此时因北面战斗正酣，颇感兵力不足，请求德、法军各派十人增援，日、意、德、法诸兵会合稍有抵挡。11点，亲王府北面的战斗越来越激烈，各国士兵再次殊死防守，三百余教民自城墙内侧投掷砖石瓦砾，直到下午3点勉强得以固守位置，敌人最终未达到目的而停止攻击。鉴于此为防止敌人再度于墙脚展开肉搏战，彻夜开凿可以侧防的枪眼。此战中有一名法士兵、一名意士兵、两名教民战死，一名法士兵、一名日本士兵、九名教民负伤。

在此之前，英国公使馆方面，敌人自其西南角的达子馆迅速逼近，遂自该公使馆的马厩放火，安藤大尉率领数名日本士兵增援，勇敢反击将敌人击退。英士兵趁此时机穿过墙壁冲入达子馆击毙三十余名敌兵，并烧毁附近的房屋，在其防线前形成约二百米开阔地。

此后便可得以充分地防御敌人的逼近。

美国公使馆方面,当晚新教的传教士鼓励督促教民在公使馆背后的城墙上修筑堡垒,另外德、法士兵在德国公使馆背后的城墙上会合,加上旧教教民,面向东面修筑堡垒,并且在德国公使馆后门到城墙间修筑横墙。

25日,城墙上的美士兵堡垒拂晓遭来自前门的猛烈炮击,万分危急,依靠英、德士兵的增援才得以支撑。早晨7点30分,敌兵集结在旧奥国公使馆附近,向肃亲王府东北角的灵殿发起猛烈进攻,在前夜彻夜设置的我枪眼前方设立阻挡物,隐蔽在其后逼近灵殿墙壁,准备将其破坏。鉴于此舍弃灵殿东隅,在其内墙壁上设枪眼,为防止敌人进入做准备。战斗渐趋激烈,四名日本士兵、一名法国士兵、二名意士兵、四名教民负伤,一名奥士兵战死。另外阿司门方向有一名日本义勇兵战死,美、德士兵在与正阳门敌人的交战中亦有若干伤亡。

军使出现在北御河桥上

下午4点,各方面射击暂时中止,敌人派信使来到北御河桥上,但因四处对其射击,信使仓皇退却,留下如下告示于桥上,上写:"钦奉懿旨,力求保护公使,严禁开火,在北御河桥交换照会。"

鉴于其中有由我方受领照会书之字样,为对其作答复,再度让信使前往桥上,但又受到不明射击而未果。据闻向信使射击的是董福祥之部下。

敌人刚刚停止攻击撤退,各方面马上利用此间增筑修复工事。晚间,日、意两国士兵及教民分为两部分,自东阿司门及亲王府西墙壁破孔潜出,乘夜色接近敌线,毁城墙火烧民宅,进而将敌人占据的祖堂子西侧之庙宇烧毁,扫清前方。

夜半,敌人再度自美、俄公使馆方面开始射击,遂延及全线,其中西、西北和北面最为激烈。美士兵因城墙下的堡垒遭受猛烈攻击而向法国公使馆求援,但当时该公使馆亦处于防御战中,从而由十名英士兵代为救援。

当日依靠英、法两公使馆之周旋,日本义勇兵得到枪八支及若干弹药。

26日正阳门及崇文门之敌,自前夜到黎明对俄、美及德、法方面进行猛烈射击,此外当日大体平静。由此在日本士兵守备方面开凿枪眼,修筑堡垒,增筑防御工事。

组建最后之预备队

英国公使馆组建最后预备队,并在馆内钟塔上告示如下:"射击激烈鸣警钟之时,无特别任务者携带火器当即集合在钟塔,等候斯特莱茨上尉之命。"

当晚传闻敌人准备袭击东阿司门方面,为此烧毁此方面的民房,尽可能携带木材、铁丝设立辅助防御,日本士兵及义勇兵合而守备法国公使馆北后门到亲王府北一线。意士兵及法、奥增援士兵守卫亲王府北门附近至御河一线,但最终敌人并未来袭。

27日凌晨2点,各方面枪声四起。9点,敌人再度袭击灵殿,各处所开设枪眼开始猛烈射击,日本水兵、奥士兵各一名战死,前日构筑之土垒因射击猛烈逐渐被毁坏,到中午12点30分,敌人暂时停止攻击。3点再度袭击,最终破坏两处城墙呐喊着冲进来,我士兵提前做好准备,等待敌人成群后开始射击,敌人狼狈从墙孔退却,此时敌人在灵殿大伽蓝放火，最终将其烧毁。

敌人刚刚退却，日、意、法、奥士兵及来增援的英、俄士兵合计五十余名欲趁此机会自东阿司门冲出，抢夺敌炮，沿王府东路直到东门外，此处因敌人依靠胸墙猛烈射击而无法前进。于是意士兵亦尝试自亲王府西侧向御河方向突击，但同样受到敌人胸墙所阻而未达目的。各士兵遂于5点退回亲王府内。当日此方面的伤亡加上教民为十三名。

当日美国公使馆方面亦是昼夜受到猛烈袭击，于是与英士兵一同击退敌人。

28日上午9点，敌人在距王府东路北端北面二百米处架炮一门，向日本公使馆乱射，接着炮击亲王府东、北两面各处。为此我方设在其东北角修筑的沙袋胸墙及墙壁未几便不可用，为免受敌人炮击之害试图夺取敌炮，日本士兵决定依靠英、美、德强有力的援兵于第二天凌晨实施突击。然而下午1点数百名敌兵袭击东门，毁掉屏障，向亲王府内乱枪扫射。日本兵及数百教民投掷砖石瓦砾进行防御，同时在后方紧急构筑第二道防线。4点敌人大部退却，由此仅以亚铅板修补破孔。5点敌人再度袭击灵殿北侧墙壁，试图打开突破口但最终未果。

法国公使馆方面，自下午4点30分被逼迫到东北角，靠投掷砖石瓦砾于黄昏时分勉强击退敌人。

英国公使馆方面，下午6点，来自受到仪銮殿南邻的达子馆之攻击，敌人在公使馆西南墙前二百米处以炮两门炮击公使馆内的马厩，接着炮击墙脚，打开缺口，形势颇为严峻。为此各国援兵与英士兵合力集中射击敌炮，日落时分勉强使敌人停止射击。鉴于此停止了上午做出的自亲王府北面突击夺取敌炮计划，决定以其兵力向达子馆的敌炮出击。

按照前日计划，29日未明英、俄、意、法士兵六十余名兵分两部，一部自仪銮殿，一部自达子馆向敌炮所在地出击，但敌炮已经被运往他处，为此放火烧毁附近民房而返。

亲王府方面，敌人于上午7点30分在理藩院附近以两门炮向北墙及东门附近乱射，而我方无与之抵抗之法，只能增筑土木工事，以备敌人侵入。敌人最终破坏东门墙壁，进入亲王府内，在里殿东端放火。日本士兵分三部：一部据守杉林一隅，阻击敌人；一部从事消防；另外一部在东阿司门附近墙壁开凿枪眼，防止敌人进入。下午火势愈来愈猛，到5点里殿、内殿及内门两侧的庙房被烧，入夜火势熄灭。鉴于此当即堆积瓦砾，在内门两侧构成新的防御。

另外敌人自上午炮击观音堂北端墙壁，下午4点终于在其东北角打开很大缺口，不过日、意、法、奥士兵协力集中在缺口阻击，得以阻止敌人。敌人遂于墙外投掷放火材料，烧毁观音堂以北四个建筑物，为此将防线撤到观音堂北墙。

另外在东阿司门方面，敌人上午8点来攻，意士兵依靠机关炮射击将其击退。

德、法方面自上午遭受猛烈攻击，法军一名军官战死。下午5点对法国公使馆的攻击愈来愈激烈，最终其东北角被攻破，敌兵侵入，日、英、德、法、奥士兵殊死抵挡，勉强将其击退。

夜晚10点起，敌人趁雷雨袭击英国公使馆及肃亲王府。尤其在肃亲王府，激战彻夜未止，直至破晓。

西公使派出密使

是日日本公使男爵西德二郎以清人为密使派遣到天津,向领事郑永昌通报日前情况(参见第十一章)。

自30日,双方断断续续的射击未停,上午9点,敌人袭击亲王府北门,试图突破该处阻挡,但依靠投掷砖石瓦砾将其击退。敌人又炮击意士兵守备的回楼北墙,打开缺口侵入,火烧回楼。意士兵据守回楼南的战壕及回楼西侧房屋阻击敌人。

德国公使馆方面,9点,敌人自城墙上下袭击,在英士兵的援助下苦战后勉强将其击退,此时四人战死,六人负伤。此对于当时寡弱之各国军队来说,盖不得不谓之为重大损失。此时城墙上美、德两哨所甚难维持,其中德士兵哨所尤甚。此前德哨所由法、奥士兵交替援助,但法国公使馆的激战出现大量伤亡,另外奥士兵亦蒙受很大损失,都失去援助德哨所之力,仅仅依靠六名英士兵之援助坚守阵地。但是当日敌人在德哨所前方一百米处构筑胸墙,炮击德哨。德国公使馆东门到城墙的斜坡底间约二百五十米暴露在敌人东、西火力之下,换岗之际出现若干伤亡。本来各国共同进行土木工事修筑,当时盖由清国教民为之。英、美或法、意等新旧教传教士各自督促其教民汲汲于工事,而德国因缺乏传教士无法开展比较充分的工事。

当日下午稍转平静,各处偶尔听到稀疏的枪声,各方面都趁机增筑工事。此时日本的防线蜿蜒曲折逐渐延长,为此将法国公使馆北后门胸墙的守备让与法士兵。

当时弹药逐渐告急。

城墙上德军哨所被敌人占领

7月1日上午8点,前日赶来的敌人愈来愈逼近德军哨所,英、德守备兵最终放弃哨所,自城墙而下。于是,美军哨所后背完全暴露,美军哨所亦仓皇弃守,自城墙而下。现在城墙上一带暂时为敌人所占领,形势极为严峻。幸而敌人未乘机出击,英国公使当即紧急派遣俄士兵支援美士兵,再度登上城墙恢复美士兵哨所。尔后此哨所主要依靠美士兵的誓死坚守和俄、英士兵的有力支援,从而得以将防御维持到最后,但最终未能恢复德军哨所。

当日城墙上的德军哨所被攻击,同时法国公使馆亦正遭受猛烈攻击。到10点法士兵暂时撤离其公使馆,退到作为第二防线的旅店东墙,幸好敌人未进行尾追,使得法、奥士兵得以会合,再度出击恢复其原防线。另外英国公使馆方面,敌人于前夜在仪銮殿北面修筑起较高的胸墙,向公使馆内射击,但意士兵凭借机关炮使其陷于沉默。

肃亲王府方面,正午大批敌人再度向东北角展开进攻,且炮击观音堂附近,其害甚重。为此再次试图夺取敌炮,意士兵加英、法、奥援兵二十余名自王府西侧冲出,日本兵自东门突击,但均为敌人胸墙所阻而未能实现目的,陷于敌人集中射击之下。意军官身负重伤,还有十数名伤亡者。

此夜敌人又多次袭击各处,当时公使馆周围之敌约有八千到一万人,白天进行正式攻击,夜间在各个方面乱射进行威胁。

肃亲王府防线逐渐收缩

2日，敌人自清晨以两门炮乱轰观音堂及回楼附近，上午10点大批敌人突然从灵殿进入，自杉林的北墙及东门附近的墙上居高临下向我射击，日本士兵顽强防御，但于下午1点不得已而退却。此时敌兵悄然在观音堂放火，因此亦无法维持防线，遂退至岩筑山北墙，意士兵亦退到北山附近。我守地大大缩减，士气沮丧。英国公使馆方面，因肃亲王府连日遭受极为猛烈攻击，疑其最终无法持久防御，为防备其万一落入敌手而大修工事。

先前美士兵牺牲多人，并耗费大量时间在城墙上东西两面修筑胸墙，誓死守卫。现在在斜坡及通往美国公使馆斜坡道路上修筑数处胸墙，维持交通。当日正阳门之敌对美士兵哨所以沙袋作胸墙，还通过夜间挖地道日愈逼近，彼我相距仅数米。于是，美国公使及书记官决定抢在敌人之前进行突击。

城墙上美军哨所之出击

30日凌晨1点30分，依据前夜计划，美士兵十四名、英士兵二十五名、俄士兵十五名悄悄在美军哨所集合。英、美士兵在美国上尉迈尔斯的率领下，攻击敌人胸墙右翼，俄士兵攻击其左翼。恰好此时天降大雨，敌人稍稍放松戒备，当即冲进敌宿营击毙三十余名，最终将敌人击退。此后立刻修筑胸墙，黎明完工。敌人仍在一百米远的后方依靠胸墙与我军相对峙。此次出击三人战死，六人负伤，迈尔斯上尉也身负重伤。此次出击使得城墙上我之守卫比以前更为坚固，以至使敌人不再试图进行激烈攻击。

肃亲王府方面，除早晨6点剧场附近受到短时间炮击外基本平静，因此利用此期间由北山南部意士兵哨所经停山至内门一线构筑第三道防线。

当时日本士兵仅有够两周用的粮食及若干副食品，弹药平均每名水兵五十发，义勇兵二十发而已，此时义勇兵几乎全部都没有武器。另外还缺乏外科用药，衣物等亦破损不堪。

两周内各国士兵之伤亡

围攻之初即从20日到当日两周间各国兵的伤亡情况如下：

	战死	负伤
日本	5人	11人
英国	2人	15人(含2名军官)
意大利	5人	7人(含1名军官)
法国	6人(含1名军官)	5
德国	8	7
奥地利	3	3
俄国	3	11(含1名军官)
美国	6	6(含1名军官)
合计	38	65

义勇兵的伤亡不在上表所列，另外伤员仅计算收容在英国公使馆内医院的重伤者，轻

伤者未计算在内。

4日凌晨2点,敌人自东、北两个方面乱射,另外从拂晓到10点炮击法国公使馆及肃亲王府附近。我士兵与此无关,继续增筑工事,全线稍稍稳固。

敌人于当日使用了五十六毫米的速射炮以及旧式榴弹。

粮食委员分配肉类

在此之前,受到敌人的围攻,牛羊猪等经二三日而尽,尔后个人随意食用马、驴、骡等肉类。当日起各国粮食委员分配此等肉类,禁止各人私自屠宰牲畜或食用死亡牲畜。

5日上午10点,敌人袭击观音堂附近,破坏阻挡物,同时试图烧毁附近房屋,但未达到目的。此时我方缺乏弹药,尽管敌人在眼前展开袭击,但却不能对此进行有效射击。

当日起敌人在北御河桥北面宫城的高墙上架设两个炮座,备好两门滑膛炮,到最后炮击英国公使馆及肃亲王府等各处,尤其纵射御河,干扰东西交通。

当晚敌人猛烈攻击岩筑山附近,为此遂在剧场设立第二道防线。

教民中发生传染病

此时教民中发生了窒息、痢疾等可怕的瘟疫,并有蔓延的征兆。无法轻易找到预防之策,困难之至。

安藤大尉战死

6日上午8点,敌人用两门炮射击岩筑山凸角,炸出一个很大缺口准备侵入,我军自岩筑山及剧场集中射击缺口,击退敌人。上午11点,敌人将一门炮运至缺口前,但被我方火力所迫最终弃炮而退。于是,日本士兵欲趁此将其缴获,来到府中的德、意、法、奥兵及英义勇兵自北山方向射击敌人,日本士兵及英士兵自上述的缺口处突击,结果受到敌人猛烈射击最终未实现目的。此时安藤大尉身负重伤并于同夜死亡。下午5点,敌人投掷砖石瓦砾封堵缺口,并将大炮搬运至别处。

7日上午,敌人自观音堂东北及灵殿附近进行射击,另外炮击东阿司门附近,但未敢侵入。下午4点,悄悄接近意、奥士兵守卫的北山附近池塘南端房屋放火,我军虽努力灭火但终无法控制,意士兵后退,占领停山到北山一线。

紧急制造弹药

此时各国军队中最具威力的是意士兵的三十七毫米机关炮,但所剩弹药仅为十四发。鉴于此,英军熔化各种金属类器具,用以制作空药荚、猎枪药及手枪用枪筒。紧急制造不完备的补给弹药,到解围时期约发射七十余发。

8日上午7点,敌人自内殿西端到观剧场放火,我兵虽努力灭火,但至9点观剧场及戏场最终被烧毁。

下午1点,敌人炮击肃亲王府内门东端附近,遂打出缺口并在此放火,本殿及附近建筑物全部化为乌有,中门以北皆落于敌手。于是在正门及其西面房屋构成防线,勉强阻击敌人。

外兵救援肃清王府

如此，我军一步一步后退，呈凹凸状，而战场比先前增加，与此相反我兵力日渐减少，如日本士兵二十四名中持有武器者仅为十四名，意士兵也遭受了更大的损伤，此后得到六名英兵及四名外国人义勇兵之援助。

当日英国公使馆方面下午也受到来自仪銮殿方面的猛烈进攻。

当时敌人不敢近距离冒进，只得采取悄悄靠近我占有房屋放火，逼我步步紧缩之策。

9 日上午，肃亲王府方面稍转平静，而法国公使馆遭到猛烈炮击，其中一部被烧毁。

下午敌人向肃亲王府厨房东侧门猛烈炮击，有将展开攻击之势。当时亲王府建筑物中除我防线后方之物皆被烧毁，敌我之间出现若干空地，特别是中间墙壁以东我防线坚固，敌人不便迫近，便集中力量攻击中间墙壁东面，向正门附近及詹事府中挤满的教民攻击，然而厨房东侧之门处在敌人向正门运动时遭受侧击的位置，为此敌人试图全力攻取此门。

意士兵的北山胸墙连日来遭受猛烈炮击，几乎无法支撑，最终弃山向山南脚退却。敌人便当即占领高地，居高临下向我射击，意士兵处境万分窘迫。

10 日上午 9 点，敌人倾全力来攻厨房东侧之门，英兵二十名、俄兵十名赶来增援。我残兵在两侧凿开枪眼，或投掷木石瓦砾等，激战一直持续到深夜。

楢原书记官受伤致死

自 11 日前夜在厨房东侧门之敌后退若干距离之后，又炮击该所附近我胸墙，我颇受损失，夜间得以再次修理。敌人又向停山东麓附近房屋射击，继而放火。此次灭火中日本公使馆书记官楢原陈政中炮，数日后而死。

敌兵在法国公使馆埋置地雷

意军哨所亦自东方遭受敌人炮击，且北山方面遭受敌人瞰射，出现多名伤亡。法国公使馆亦受到攻击，但将敌人击退。此时俘虏两名受伤敌兵，经审讯得知敌人正向法国公使馆挖掘地道安放地雷，当即在其方向和直角处挖深坑以阻碍敌人，但因工具和人手不足最终未能探知敌人之作业。

12 日清晨，敌人潜行至停山东麓房屋，突袭停山门北面城墙。日、法、奥士兵及英义勇兵等协力勉强将其击退。

敌人又自莫里逊氏房前的炮台炮击日本士兵守卫的东阿司门北侧房屋，将其击碎，我军自墙壁内侧投掷瓦砾再度形成胸墙。

肃亲王府内我方兵力部署

当时肃亲王府内我军部署在自东阿司门沿正门直到中门西端。日本士兵八名、英士兵六名、教民数名守卫此处，此处到厨房东隅由教民组成的义勇兵数十名守卫，从该处至停山顶为敌人攻击最为激烈处，日本水兵及义勇兵合计十九名守卫此处，法、奥士兵八名（最初被分遣到肃亲王府，两国卫兵十名，其后因伤亡减少）守备停山顶，由此处到亲王府西墙由意士兵十八名守卫(最初为二十七名,其后因死伤减少),而我防线全长达三百米。

是日,敌人接近翰林院,于仪銮殿中架设炮台,炮击英国公使馆。鉴于此,英、美士兵向炮台展开浴血突击,法士兵亦突击敌人胸墙,同时夺取敌旗。另外亲王府厨房东侧之门9日来苦战之后,终被敌人占领。此后敌人将兵力转移至法国公使馆方向。

13日,亲王府方面,敌人自清晨不断向哨兵和停山的堡垒射击,另外自北山接近意士兵。意士兵遂向西面隧道附近撤退,士气大为低迷。此外停山门亦为炮击所破坏。下午4点,英国公使顾虑亲王府之急,派十名俄士兵前往增援。然而此时德国公使馆亦正遭受猛烈攻击,该国代理公使请求英国公使派遣援兵,恰好此时据报得知亲王府方面敌人进攻稍微有所缓解,为此英国公使马上将先前派往亲王府救援之俄士兵送至德国公使馆,德、俄士兵合力将敌人击退。

法国公使馆局部为地雷炸毁

此间法国公使馆亦遭到敌人猛烈攻击,7点公使馆官舍东侧敌人预先埋设的两个地雷被引爆,官舍局部被毁,法军两名士兵死亡,一名军官负伤。敌人亦有三十余人伤亡,法、奥士兵退守第二道防线,艰难阻击住敌人的前进。

德国公使馆方面,敌人趁此机会再度前进到通往城墙下的通道,此时美士兵自城墙上射击援助德士兵,德、俄士兵也猛烈反击,最终将敌人击退。

在亲王府及德、法方面展开激战的同时,敌人在英国公使馆方面开展牵制行动,但英士兵反而进入翰林院,占领其西北角的一宇残址。

英国公使密使携庆亲王书信归来

14日,敌人炮击意军哨所及停山方向,又向俄国公使馆进行若干射击,除此之外基本平静。当日英国公使馆先前派往天津的密使在清兵的保护下归来。带回庆亲王等给英国公使馆的书信,其大意为:"此前向御河桥派出信使,非但未得到回答反而遭到射击,为此我军应战,但十分担心诸位公使之安全。今依此密使得知公使健安,方稍转心安。现今各国援军被义和团所驱逐,北京、天津间到处充斥着义和团,无法护送诸位公使到天津。因此各公使馆员及其家眷在总理衙门可得保护,但不允许持有武器者及其他人等前来,对此同意与否,请在二十四小时之内给予答复,否则断难给予保护。"

当日耳闻英国公使馆西北角方面有敌人挖地道之声音,为此指使公使馆教民为应对敌人作业而挖掘深坑。

肃亲王府内意军哨所苦战

15日上午,敌人又开始炮击意军哨所,自北山方向展开攻击,但最终未至。守卫肃亲王府之目的在于掩护英国公使馆,防线右翼以左翼意士兵哨所为基轴,逐渐收缩。但意士兵坚守不动,为此敌人为将其占领而进行猛烈进攻,不过意士兵毅然顶住巨大困难抵挡住敌人。

日本士兵方面,敌人炮击中门,接着试图在中门和正门间的东面房屋放火,但马上被击退。

英国公使答复庆亲王

英国公使对庆亲王来信作大体如下之回答(派一清人送信)：

外国公使为国宾待遇，此乃文明国之常例，但如今以官兵攻之实不解此意。我等仅为正当防卫者，实在难以应允到贵衙门接受保护，与其如此反倒不如在自国公使馆内自行防御安全，今后若再与我沟通，可派相关使者手持白旗前来，我兵绝不加害使者。

当时教民中勇敢者基本或死或伤，余者皆垂头丧气，不复为用，故益感修筑工事之困难。

16 日晨以来，各方面稍转平静，但黄昏时分敌人炮击意军哨所及停山，夜间向各处乱射，而敌人枪支数量大减并逐渐向东转移，对东阿司门外围数十米进行包围，构筑胸墙。

庆亲王使者再至

当日敌人使者又来到英国公使馆，送上庆亲王之书信，其大意为："既然诸位公使及眷属不肯至衙门，我亦应在公使馆周围增加卫兵，以镇压制止乱民对公使馆之攻击，因此请禁止外国士兵射击清兵。"同时该使者还送来美国政府给其公使的密电，美国公使当即以同一暗号回电，并将之托付于使者。此回电虽确实送达，但当时其国内无人相信此回电。

英国士兵协助日本士兵执勤

当时日本士兵自围攻以来几乎连续一个月日夜据守在胸墙战壕等，暴露在日晒雨淋之中，每日平均仅得以三四个小时之睡眠，食粮减半，衣服污浊破损但无暇整理清洗，人人皆疲惫至极。鉴于此，柴中佐请求英国公使派若干英士兵协助日本士兵值勤，该公使当即允诺，派遣十六名英兵协助日本士兵值勤，为此日本士兵之半数得以修整十二天。日、英士兵换勤后，英士兵指挥官斯特莱茨上尉同柴中佐一起视察其步兵线，刚至停山下便身中敌弹而亡。

17 日晨，意士兵哨所及停山遭受猛烈炮击。到上午 10 点，各方面的射击全部沉寂。

当日，十四名英士兵再度协助日本士兵值勤，剩余的日本士兵为此得以修整十二天。

各方面的射击全部沉寂，几乎转向停战之势，敌我之间虽有沟通，但亦各自在暗中增筑工事。

当日，日本士兵将所有弹药进行分发，水兵每人三十五发，义勇兵每人二十余发。

二　暂时休战及解围

天津城陷落后情况为之一变

7 月 13 日，日、英、美、法诸国军队攻陷天津城，天津附近的清兵及团匪向北或向西逃窜，其气势一时受挫。此报传到北京朝廷，温和派再度得势，因而停止对各国公使馆的攻击，呈暂时休战之态势。此间防御军兵一心进行修筑防御工事。各国公使同总理衙门展开交涉，未再度出现如战斗时期之猛烈攻击，遂得以解围。下文将叙述此外交时期一般经过。

7月17日上午10点,全线射击一时沉寂,几乎转为休战态势。一直相对峙的敌人来到我防线试图进行商谈。但此等敌兵概为荣禄部下,而董福祥之部下无一人前来,反而在英国公使馆和西北及肃亲王府北面继续进行射击。

虽一般态势归于平稳,但敌人趁此期间登上我胸墙探视内部,或者进行修筑工事,高筑胸墙,以瞰制我方。

英国公使与荣禄交涉

英国公使在美国公使馆背后的城墙上会见清国军官(相当于大佐)。该军官是荣禄部下,并称荣禄希望中止战斗,且负责与荣禄之沟通。鉴于此,英国公使将如下要旨以书信托其送给荣禄:

既然已经开始同总理衙门交涉,公使馆之防御部队不再受清兵射击,我方亦不再开火。另外不可派二名以上之兵由阵地前进,对武装者均将进行射击,以及若再有重新修筑工事推进到现在防线者,不论其武装如何当即进行射击。

各方面将上述要旨通知其前面队长,同时将同一事项以大字张贴于胸墙之上,由此敌人向我防线进逼者减少,但工事修筑依然没有停止。另外我方趁此亦避开敌人视线,增筑工事。

当时美、俄方面之敌其数达三千人,城墙上的美军哨所内部完全在敌人视野之中,而其守兵极少,为此英国公使要求美、俄两公使尽量多派守兵到城墙。

18日荣禄的使者自城墙上来到防线,会见各国公使,对被杀德国公使及杉山文书深表哀悼,且让其向清政府转达要谈。另外总理衙门致函英国公使:“最初战端之开启据称在于外国士兵之暴行,今后约定不再互相交火,且为休战撤退城墙上守兵。”对此请求该公使答复不能接受,并致函荣禄称,二、三方面之敌兵仍在持续射击,为实现停战之实,请求停止供应弹药。

敌兵暗地在各个方向挖掘地道

敌人对英国公使馆挖掘地道之作业丝毫未止,不断向前,但该公使馆对此挖的深坑使敌人改变方向,最终未达目的。敌人的地道作业不仅对英国公使馆,各处都在进行。其一为在城墙下挖掘,以通向美国公使馆;一为对付公使馆街俄军之堡垒,还在东面对法国及日本的防线进行挖掘,但无一达目的。

密使携福岛少将通报归来

当日,日本公使馆先前派往天津的密使(密使6月29日自北京出发,7月12日抵达天津)归来,带来福岛少将及森海军中佐的通报,得知7月14日天津陷落,第五师团正在行进途中,各国军队将于7月下旬进军北京。

敌兵至我哨兵线贩卖鸡蛋、蔬菜

在日军防线,敌兵中有人在夜间到我哨兵线贩卖鸡蛋、蔬菜,由此组成购买委员,每日购买若干食物,以供患者及妇女儿童食用。

清政府督促各国公使退出北京

19 日，总理衙门送来清政府给各国公使的通知，盖为告知我方其苦心切望恢复同各国旧交，并且送来法国政府给该国公使密电，电报中称“将派一万五千人到北清”。接着总理衙门再次来函，其要旨为“清政府为保护外国公使苦心竭虑，无奈国人排外之情甚炽，义和团蜂起，举国之民烧毁外国公使馆，杀戮外人及奉教者，不能抑制。今政府无力镇压，故请暂时避难天津，途中将确实予以保护，若今日不思避难，他日受害亦与政府无关”。

20 日英国公使答复前日来函曰：“清国政府既已无力控制国民之激昂，何以能将我等公使于团匪充斥之所护送到天津。另外驻各国之公使尚驻留，我等单方面离开清国，反生事端，为维持和平之目的，自当不能离北京而去。”

西太后派人送水果等慰问各国公使

当日西太后为慰问各国公使派四辆车运来水果等物。盖当时清政府温和、顽固两派势力一张一弛互为上下所为。

此时因为战斗渐缓，士兵志气消沉，故逐渐发生疟疾、赤痢疾等疾病，但幸好未蔓延开来。

一般态势趋于平稳，同清国官衙及官兵之间有了一定往来，因而虽得知外部一二消息，但常有零散射击持续。另外自一二官兵得知关于援军来京的种种情报，但皆不过为虚假情报。另外防御方面利用此平稳时期加紧增筑工事，以防敌人再举进攻。

各国公使决定拖延与总理衙门交涉

25 日，总理衙门来函称：“至天津间有河道运输之便，沿途可确保安全，故可迅速撤退到天津。另外可以明电转送本国与军事无关之电报。”各国公使认为目前形势下，驻守防线等待援军到来最为有利，从而对总理衙门的答复尽可能拖延时日，靠如此往来，力图继续保持休战之势。

27 日，各国公使答复总理衙门来函，其中首先反问如何在北京、天津间运送伤病员的方法，接着称电报如果不用暗号，接受方会怀疑其真伪，故不能以普通信发送。

当日有情报称，“清廷准备离开北京，为此正征集车马，又在张家湾构筑坚固堡垒，阻击各国军队，以待其结果”。

总理衙门再度送来水果蔬菜，同时通告北京全部平静，天主教民可安全往来，并以此劝告公使馆内收容的中国教民外出，盖试图诱出教民轻易杀之。

28 日，总理衙门针对前日之反问答称，“先用车辆运到通州，自通州以船运到天津，途中由官兵护送，故请通告出发时日”。

如前所述，总理衙门一方面途中保护催促各国公使撤离，另一方面新增筑堡垒进行攻击。当日天津英国领事的书信(7 月 22 日发)送达英国公使馆，知晓“二万四千人之外国军队自大沽登陆，一万九千人已抵达天津，其他部队正在途中”。但因尚未实施进军北京，众人皆失望。

清兵再次于北御河桥东端构筑胸墙，进行射击，御河内的交通被阻断。于是，英国公使馆以意军机关炮进行射击,但最终未能阻碍敌人构筑胸墙。

近来基本平稳,但当日黄昏敌人开始激烈射击,且外部交通再次完全断绝,另外北堂方向连日来攻击的炮声极为激烈。

30 日,英国公使致函总理衙门,通牒要旨为,"现今各国公使正在按清国政府劝导做出发准备,且商议将教民送出防线外时,北堂方向炮声隆隆,御河桥附近增筑工事,甚是难解其意,愿闻其详,否则断难出发"。

前日来敌人构筑在北御河桥边的胸墙高达两米多,敌人自此胸墙及翰林院附近开始射击。

总理衙门要求各国公使将安全消息由总税务司通报到伦敦

总理衙门致函总税务司罗伯特・赫德,作如下通告:"各国政府疑惧驻清公使之安否,各公使虽称保证其安全,但仍将信将疑。然战时状态下不能允许诸公使以密码通信,为此请阁下将诸公使安全之事告知伦敦。"

罗伯特・赫德对此作如下回答:于现在状态发送电报无人会相信,反倒不如采用由各国公使以密码发送之策,清国政府愈是迟疑其祸将愈重。

31 日,总理衙门针对前日英国公使之问诘,复称"北堂发生的攻击因为教民妄自外出抢夺粮食,对我进行射击而起,另外御河桥上的胸墙不过是董军所构筑的交通道路之掩蔽,然外人对此射击,只能进行还击。往天津途中之保护方法已经完备,请速速通报出发时日"。

密使再度带回福岛少将及郑领事报告

先前于 7 月 23 日派往天津的密使 15 日抵达天津,带回福岛少将及郑领事的通报。8 月 1 日抵达北京(参见第十四章六)。据此通报得知,"第五师团大部已经抵达天津,近日将进军北京",想象到"二周后援军将抵达北京",士气为之一振。但当时粮食、弹药缺乏,特别是弹药,每人手里所剩不过二十五发,此时若再受到猛烈攻击,几乎无力防御。为此各国公使苦心积虑维持休战状态,试图以撤离之事尽可能延缓同总理衙门的交涉,以拖延时日。

当时日本公使之意向

现今"在援军即将进入北京之时,各国公使如断然拒绝撤离,敌人将采用最后手段大举进攻",各国人皆对此表示忧虑。唯独日本公使认为"若清政府以杀掉各国公使及外国人为目的,则在 6 月 25 日之前应该可以轻易实施。时至今日尚未出此举动,由此观之,明显表示清国政府不敢有此恶意。而团匪及董军之一部或许会进行最后袭击,但防御此等进攻亦非难事,结果我救援军将不误时机解此重围"。

8 月 3 日,总理衙门送来两封信函。其一是英国给英国公使的密电,附言称"各国公使可以将和平的电报发送至本国,总理衙门可代劳转送,请将此意通报给各国公使"。另外一封为督促撤离之信,其大意为"本日奉上谕,命荣禄负责保护外国人,事不宜迟,请迅速决定出发时日并通报之"。

各国公使对两封信之意真伪不详，但无论如何还是将准备发送于本国的密电托之。

各国公使向清政府表明决意

4 日，总理衙门再度送来书信，督促公使撤离北京。且称“各国公使的电报已经转送，另外各国政府向我各驻外公使表示希望护送公使，并询问出发日期，如今各位与本国政府音信相通，宜尽早决定出发时日通报我方”。于是，各国公使召开会议，结果认为表明我决意时机已经到来，决定复牒“各国公使如接不到本国政府直接的命令不能撤离北京，故此当以通讯禀告各国政府，待回答后定会通报我之处置，届时将请传达另外电报”。各国公使起草了同样电报，于 5 日由首席公使公然将之照会（历来之往来皆半官半私，由英国公使处理）。此间一直等待援军消息，但一直未到，尚不清楚其是否已经从天津出发，更何况是抵达北京的日期。而粮食却日渐缺乏，为此 4 日的会议中约定平分粮食，并尽可能节约。再及清国政府因意大利国王驾崩及英国艾亲布克王之死，派人向其公使表示悼念之意，利用此机会该公使质问总理衙门“尽管致悼词表示友好，但为何攻击使馆，断绝粮食来源，甚不解此意”，试图以此打通购买粮食之路。

6 日的猛烈射击起自法国公使馆、肃亲王府、英、俄两公使馆方面，此后形势为之一变，到 9 日各方面的射击更加猛烈。

8 日，总理衙门通告，“李鸿章奉旨同各国协商，为全权大臣”。于是，各国公使于 9 日复牒，并委托给各其政府发电。此电报称，“各国公使意见是若非公使以下全被解救、外国军队进入北京之后，根本不可能进行议和谈判”。

福岛少将的通报再度抵达北京

柴中佐于 5 日派出的密使 8 日抵至南蔡村，10 日到达日军，当日归来，送来福岛少将 8 日签发的通报。据此得知各国军队已经北进，13、14 日将进入北京（第十七章三）。同时英国中将盖斯里发出的致英国公使馆信亦抵达，其报与此相同。由此防御军队皆愁眉顿展，但敌人依旧顽强攻击，因此要严加警戒。

庆亲王要求会见各国公使

12 日，庆亲王及其他人员以半公文信致函英国公使称，基于各国公使对清政府曾言称“即便是为了议和亦是留在北京便利”，请求为谈判会面。各国公使回答，将定于明日即 13 日上午 11 点在英国公使馆会面。

当日敌人在各个方面的射击均激烈至极，英国公使馆方面射击北御河桥附近的敌人，重创敌兵，法军 1 名海军上尉战死。

会见中断

13 日，各国公使会面，等待庆亲王等人到来。临来有书信送来，提议撤回会见，其要旨云“昨夜我军受到外人攻击，一名军官、二十六名士兵伤亡，由此可知各国公使无议和之意”。

自当日晨敌人进攻猛烈至极，片刻不停，但我军因援军将至皆奋力防守，艰难守住阵地。

各国救援部队抵达北京城外

在此之前,赶往北京途中的各国军队于12日抵达通州,其首发支队当日抵达北京、通州间定福庄、塔拉坡一线,其余部队将于14日在北京东面集合,预定于15日拂晓开始进攻北京(参见第十八章)。当夜(14日凌晨2点)俄国侦察队炮击东直门,其炮击声传到公使馆附近,各国公使及侨民方知援军已经抵达北京城下。

14日,随着位于北京城墙东侧各国军队的猛烈进攻,攻击公使馆之敌亦愈来愈加紧猛烈攻击,各国防御部队殊死阻击敌人。至上午11点敌人兵力逐渐东退,以应付日、俄军队对北京东面城墙的进攻。

英军印度骑兵自水门进入防线

下午3点,英军印度骑兵自御河水门闯入公使馆防线内,自此打通局部联络,另外继续进行夜间炮击。俄军在美军的帮助下,于当日傍晚攻破东直门,福岛少将率领步兵第十一联队(缺一个大队)自东直门经崇文门于晚上8点40分抵达日本公使馆。当晚朝阳门、东直门两门亦被日本军队攻破,北京几近完全陷落。15日第五师团诸队陆续入城,于城内扫荡,守卫皇宫,各国公使馆之重围至此完全解围(参见第十九章)。

清皇室离京避难

在此之前,清国皇室早准备离开北京,但因端郡王、刚毅等谏阻一直未动身。14日各国军队侵入北京,皇帝及西太后带领端郡王、刚毅等二三高官及侍从于15日未明秘密仓皇潜出神武门,到万寿山小憩后历经艰难踏上逃难行程。21日抵达宣化府,最终于11月下旬抵达西安行宫(参见第十九章七)。

围攻期间北堂状况

北堂教堂与公使馆所在地相分隔,事变之初被团匪所包围。因连日的枪炮攻击及地雷轰炸完全陷于孤立之中,形势危急迫在眉睫。14日北京陷落后,法国公使为救援北堂,得到英、俄士兵各四百人之援助,法国军官福里于16日早晨5点率法、俄、英等士兵赶往北堂救援,然北堂在各国士兵赶到前约一小时,在日本士兵的奋战下自重围中被解救出来(参见第十九章五)。重重包围中的北堂长时间处于悲惨境地,长老费维以下僧侣四十余人、信徒一百余人及三千名天主教徒完全陷于敌人包围之中。其卫兵仅为法国军官一名、下士以下三十名及意军官一名、下士以下十名,合计不过四十二人。而为敌弹射杀之清国人三十八名,饿死儿童一百二十名,被地雷炸死者五十一名,困毙妇女八十名,此外一名法军军官、五名水兵及六名意国水兵战死,九名法国水兵、三名意国水兵负伤。援军抵达之日所剩粮食仅够两日之用,其悲惨境况可窥一斑。

各国公使馆围攻中伤亡统计表

自6月20日围攻之初到8月14日解围的五十六天内,各国军队伤亡情况如下表:

自 6 月 20 日到 8 月 14 日北京各国公使馆围攻中伤亡情况表

		日	法	意	德	奥	美	俄	英	合计
卫兵总数	军官	1	2	1	1	5	3	2	3	18
	下士以下	24	45	29	50	30	53	79	79	389
战死	军官		2			1			1	4
	下士以下	5	9	7	12	3	7	4	2	49
负伤	军官			1		3	2	1	2	9
	下士以下	20	37	11	15	8	8	18	18	135
百分数	战死	200	234	233	23.5	11.4	12.5	4.9	3.7	13.1
	负伤	800	787	40	31.4	31.4	17.8	23.4	24.4	35.4
	合计	1000	1021	633	54.9	42.8	30.3	28.3	28.1	48.5

备注

1. 卫兵总数中公使馆武官不包括围攻前在北京者，但俄国的下士以下中包括公使馆常备兵中的 7 名哥萨克兵。
2. 本表中日军的负伤人员中有负伤两次以上者按受伤次数计算。其中三次受伤者 1 名，二次受伤者 4 名，为此有 6 名虚数。
3. 义勇兵各国总计约 150 名，其中日本义勇兵为 33 名，伤亡情况如下表：

	日	法	意	德	奥	美	俄	英	合计	占 150 人的百分比
战死	5	2		1			1	3	12	8.0
负伤	8	6		1		1	1	6	23	15.3
合计	13	8		2		1	2	9	35	23.3

日本义勇兵战死人员中除步兵大尉安藤辰五郎外，还有书记官楢原陈政、外交官補小岛政一郎以及外务文书杉山彬，另外德国战死的一名义勇兵、公使芬格特里男爵。

4. 本表外俄国病死下士以下 2 名。
5. 北堂攻围中的伤亡情况不在本表，其数目如下表：

	卫兵		战死		负伤		百分比	
	军官	下士以下	军官	下士以下	军官	下士以下	战死	负伤
法	1	30	1	5		9	19.4	29.0
意	1	10		6		3	54.5	27.3
合计	42		12		12		57.1	

公使馆防御得以保全之原因

欧美八国军队策动于北清之野的主要目的在于救援北京公使馆。然各国对此事变之判断亦有所轻重，即便是非常重视此事的国家，因为路途遥远等，抵达北清的各国军队亦是各有迟早。另外，进军北京之前必须扫荡天津、北仓附近的敌人，加之大沽登陆不便，登陆后的行动又为道路及给养困难所掣肘，所以各国军队之行动并未如愿，从而使得北京公使馆陷于重围约达两个月之久。此为当时形势所迫不得已。如若没有日本军队的积极主动,再加之如往年雨季之困扰,毋庸置疑此救援将会更为延迟。

7月25日抵达天津的密使所带来的柴中佐书信,同时自其他途径得到的北京情况,大大地刺激了各国军队,起到迅速推进北进之期的伟大功效。据此,日本军队主动奏响北进号角,使得尚未进发的第三者奋起前进,结果有如大河决堤之势,攻取北仓后并未驻足杨村,而是克服重重困难,长驱北京。正是因为此急进之效力,使得敌人无暇在我前进路中构筑阻击防御阵地。

另外7月14日天津城陷落,给北京政府很大打击,并在南面牵制北京附近兵力。同时使在北京朝廷的温和派恢复一定势力,一定程度上打击了顽固派,从而使得北京公使馆之危急有所缓解也是原因之一。如若当时天津城尚未陷落,则北京公使馆的防御能否坚持到援军抵达之日颇让人怀疑。

仔细观察公使馆的防御状况,实在可谓解脱于危如累卵。盖公使馆的防御得以保全是馆员及将士顶住千辛万苦殊死抵抗的结果。话虽如此,但以如此微弱之兵力抵挡约万余士兵,并得以持续防御,亦可以看出清兵攻击方法甚为拙劣。盖以如此众多军队若协力一致,各方面同时猛攻,则攻陷公使馆实在易如反掌。然此举未出,攻击一方时其他方面则缓和进攻,其他方面强攻则另一方怠于牵制,从而使得此微弱守兵得以缓急相援,左右呼应。另外一点,清兵本来无攻战素养,不懂亲自制造进攻机会并加以利用,最终未能歼灭守卫者。

7月17日以来,全线射击归于沉寂,与此同时北京政府一方面开启同各国公使和议之端,并赠送食物等以示慰问。另一方面愈来愈加强对公使馆的防御工事,且有局部射击,此等景观让人惊诧不已。其实内情无非是当时北京政府的议论分为温和、顽固两派,两派各按其意行事所致。而此两派议论向异,互争利害亦延缓了进攻公使馆之时日,为等待援军带来缓机。

以上数项确实是对除公使官员及将卒殊死抵抗而博得效果之外,而使其免为刀俎鱼肉危急原因之概括,附言于此供读者参考。

明治三十三年清国事变战史

卷 五

第七篇(上)
自瓦德西元帅抵津至决定议和间之事迹

第二十五章　瓦德西元帅抵津指挥和我军对此之措施概要

一　我军对瓦德西元帅抵津之措施及各国军队之增加

联军总指挥官之任命

对于清朝北部地方的变乱，各国派遣的军队7月下旬以后日益增加，需要有一个统一的总指挥官。德国皇帝和俄国沙皇交涉，得到各国的赞同，设立东亚军司令部。8月6日，任命元帅瓦德西伯爵(当时为侍从武官、野战炮兵第九联队名誉联队长、铁骑兵第十三联队附、原第三监军)为在直隶省的联军总指挥官。

瓦德西元帅自塘沽登陆

瓦德西元帅于8月22日乘坐德国萨克森号邮船从意国那不勒斯港出发，9月18日在香港转乘军舰赫尔塔号，21日在上海登陆。翌日检阅该地各国军队，下午出发，9月25日上午抵达大沽，受到停泊在该地的各国军舰十九响礼炮的欢迎。27日上午8点，瓦德西元帅和其幕僚一起从俄军占领的栈桥登陆塘沽，日、德、俄、法及意军在该地派出仪仗队(德国步兵一个大队，俄国步兵三个中队，日、法、意各一个步兵小队)，在塘沽的各国军队指挥官等在栈桥欢迎之。

瓦德西元帅到达天津

瓦德西元帅甫一登陆，就检阅排列在该地的各国仪仗队并举行阅兵式，随后马上搭乘火车(在塘沽车站排列着德国一个步兵中队为仪仗队)，于正午到达天津车站。此时，德、美、奥、意、日、俄军按照法语国名ABC的顺序，各将一个中队仪仗队排列在车站，各国军队指挥官等在车站迎接瓦德西元帅，只有英、美两军将校没有到车站迎接。瓦德西元帅一到天津，首先在天津设置联军司令部。9月27日，通告各国联军其已到任，内容如下：

瓦德西元帅就任通告

予此次遵照德国皇帝陛下的命令和联合各国的协商,就任直隶省各军总指挥官一职。

能够担任业已拥有勇敢刚毅之声誉的超凡卓群之军队的元帅这一光荣的职务,我感到欢欣荣耀,并尽力完成这一任务。

虽然此任务困难重重,但有现在归于统一指挥且经历千锤百炼之军队的帮助,相信予所担任之目的一定能够切实迅速地达到。

28日,又向各国军队指挥官发出了如下有关联军的兵力及行动的命令:

由于有眼下军队的转移及其他增加军队的到来等,予希望在直隶省的高等司令属下的诸军队的指挥官,能及时将有关其部队的所在地及兵力进行详细通报。因此,予请求阁下将在直隶省军队的战斗序列一览和详细的兵力于10月1日尽快通报之。予同时请求阁下在根据贵国政府命令变更此等军队的所在地及兵力时,亦请详细报告之。

现在如有着手实施作战的话,望尽量将有关的详细情况通报之。

此外,将来涉及到侦察范围以外,军队计划到远离其所在地二十公里以外之地实施作战计划时,有必要的及时通报之,使予能在实施之前得以处理。

予还希望阁下如得知有关清兵或者拳匪的所在地、组成、兵力以及行动的详细情报,或者其他类似这样的详细情报,认为对直隶省军事上有必要的话,请迅速且毫不犹豫地通报之。

我军对此采取之措施

在此之前,就任联军司令部幕僚(参见第二十二章)的福岛少将9月26日从北京出发,到天津与瓦德西元帅会面。另外,作为福岛少将的辅佐官,从国内派遣来的步兵少佐立花小一郎25日到达天津。此后,联军司令部发出的命令、通报或师团司令部发出的报告、通告,悉经该少将之手,翻译成日语、德语(因此需要1名翻译官),以彼此互通。

山口师团长9月28日从参谋总长那儿接到应接受瓦德西元帅指挥的命令(参见第二十二章),瓦德西元帅一到达就发去祝贺其平安到任为主旨的电报。继之,接到瓦德西元帅到任的命令后(在前文),认为有必要迅速发电报告我现有兵力之减半。29日,我师团电报根据本国政府的命令,减少为一个混成旅团,其返还部队自下月上旬出发踏上归途。

接到9月28日的命令,福岛少将提出了通报文书,山口师团长10月3日发送了如下报告。

和各国军一起,日本派遣军由于已经达到了救援北京公使的主要目的,现在没有必要将全部兵力驻留在清国。

上月28日接到来自政府的关于削减兵力的命令。据此,今后在清朝驻屯约一个混成旅团的兵力,暂时由下官指挥,其兵力的战斗序列如另页(附表和驻屯队战斗序列相同)。

凯旋回国的军队根据另纸行军计划表(在第二十二章二),预定3日开始,逐次到西大沽,乘船回国。

返还兵力撤去后,驻屯军的兵力预定按照另纸部署表(在第二十二章二)进行部署。10 月 1 日的兵力部署如另表(如同第二十二章二的 9 月 29 日的部署表)。

眼下没有实施中的作战。

7 日,福岛少将接到元帅身体略有不适的通报,山口师团长委托福岛少将去看望。

各国军队之增加

联军司令部到达天津时,各国兵力正逐渐增大。

各国出兵的情况将在第三十九章详述,在此,仅叙述瓦德西元帅到达清国时各国兵力增加的大致情况。

俄军于北京陷落后到 9 月下旬前,在直隶省增加的兵力,最终达步兵十六个大队、骑兵九个中队、大炮五十二门(其中机关炮四门)。尽管利涅维奇中将在指挥官会议上明确表示俄国的一万五千兵力在北清过冬,然不出十天声称由于政府之命令,将北京的兵力移至天津,继而将其转移至关东或满洲地方。因此,俄军在直隶省驻屯最多兵力实际上是在 9 月末至 10 月。

德国东亚远征军自 9 月上旬至中旬依次到达大沽登陆,继而第二次派遣的增援部队自 10 月 14 日至 23 日,全部到达。

法军指挥官华伦中将和第二旅团幕僚一起于 8 月 12 日从马赛港出发,9 月 20 日到达大沽。并且,第二旅团的各队 8 月 9 日至 24 日间依次从本国出发,10 月全部在北京、天津附近集中。

英军第三旅团 8 月下旬到达大沽,因此英国在 9 月将其大部兵力集中在北京、天津间。

美军 9 月达到步兵六个大队(每个大队约四百人)、骑兵三个中队(每个中队为四百人)、炮兵四个中队,但 10 月以后约有半数撤至马尼拉。

意大利 7 月 20 日向清国派遣如下各队:步兵一个大队(八百四十人)、白利萨古利艾利一个大队(八百四十人)、炮兵一个中队、工兵部队、卫生队、辎重,共计二千一百人。这些部队于 8 月中旬到达清国。

奥国完全没有派遣陆军,只是派遣军舰。其陆战队的一部分参与了大沽炮台和天津城的攻击,并且多是和德军合作。其兵力不过为水兵约四百名及大炮四门。总之,各国驻屯在北清的兵力最多是在 9 月下旬以后,实际上是在联军司令部到达以后。不过,此时俄国的大部分兵力转移至满洲地方,日本一半兵力凯旋回国,美国亦将半数兵力转移至菲律宾群岛,其剩余兵力实际上接受瓦德西元帅的指挥,或给予合作。12 月上旬调查的兵力数如附表。

冬季期间各国军队驻屯部署(时间为 12 月上旬)大体如下(参照插图 22):

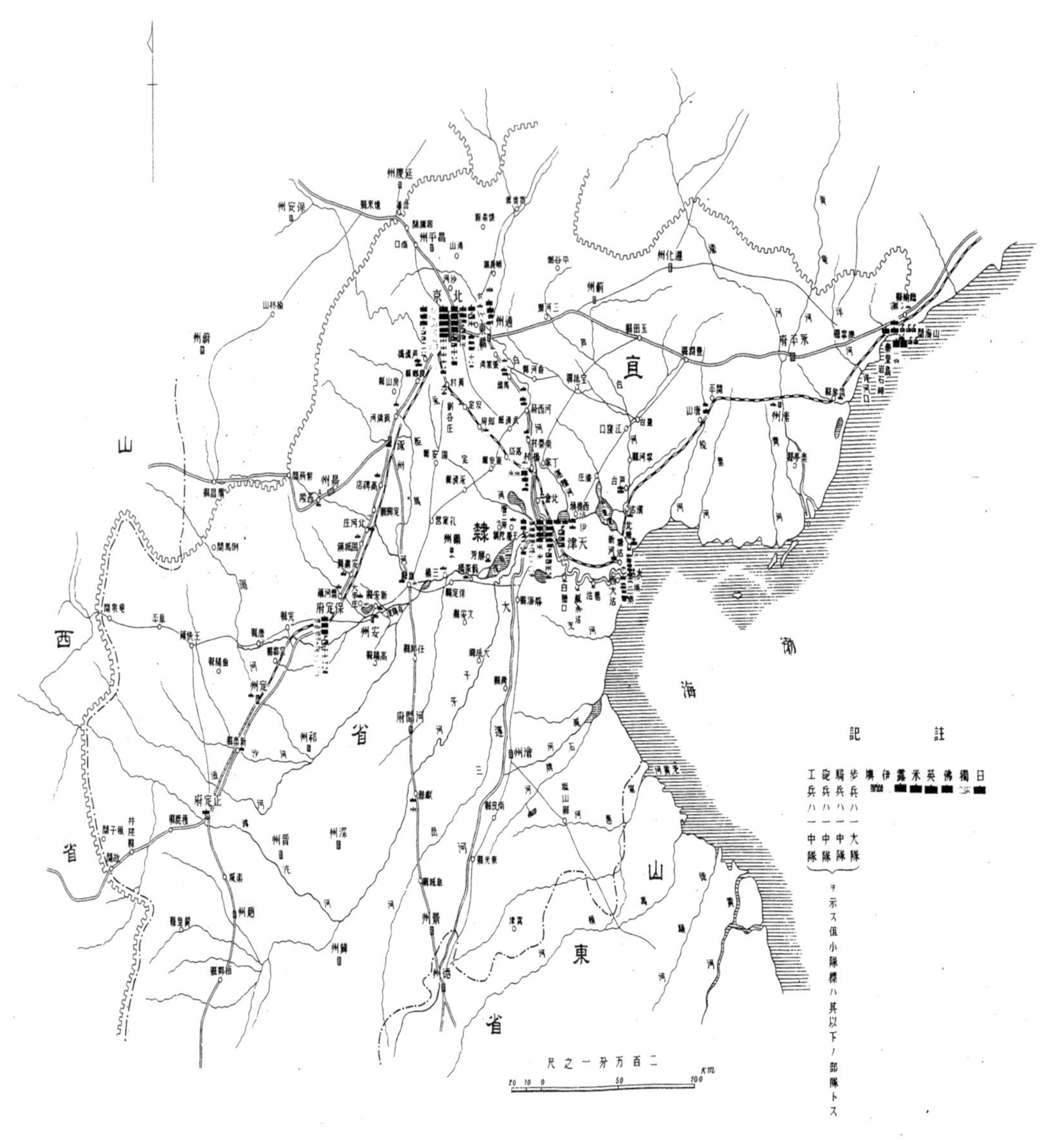

插图 22　12 月上旬列强军队配置一览图

日军：

<table>
<tr><td rowspan="8">北京</td><td>师团司令部</td></tr>
<tr><td>步兵第二十一旅团司令部</td></tr>
<tr><td>步兵第二十一联队(缺四个中队和一个小队)</td></tr>
<tr><td>骑兵第五联队(缺一个中队和两个小队)</td></tr>
<tr><td>野战炮兵第五联队第一大队(缺一个中队)</td></tr>
<tr><td>工兵第五大队第二中队(一个小队)</td></tr>
<tr><td>野战电报队</td></tr>
<tr><td>临时铁路队材料场</td></tr>
<tr><td rowspan="3">黄村</td><td>步兵第二十一联队第三中队，从其中派遣一小队到刘各庄</td></tr>
<tr><td>骑兵 10 名</td></tr>
<tr><td>临时铁路队</td></tr>
<tr><td>安定</td><td>步兵第二十一联队第一中队，从其中派遣一小队至廊坊</td></tr>
<tr><td>安福庄</td><td>同上，第五中队之一小队</td></tr>
<tr><td>通州</td><td>同上，第十、第十二中队，从其中派遣半个小队至张家湾</td></tr>
<tr><td>河西务</td><td>同上，第四十一联队第十中队，从其中派遣一小队至马头、半小队至南蔡村</td></tr>
<tr><td rowspan="4">天津</td><td>步兵第四十一联队(缺第二大队和两个中队)，从中派遣一小队至杨村、半小队至北仓、一小队至白塘口、半小队至咸水沽</td></tr>
<tr><td>骑兵一个小队</td></tr>
<tr><td>野战炮兵第五联队第二中队</td></tr>
<tr><td>工兵一个小队</td></tr>
<tr><td rowspan="2">西大沽</td><td>步兵第四十一联队第三中队，从中派遣一个小队至葛沽、半个小队至塘沽、半个小队和骑兵至北塘</td></tr>
<tr><td>骑兵一个分队</td></tr>
<tr><td>大沽北炮台</td><td>大沽炮台守备炮兵队</td></tr>
<tr><td>唐山</td><td>步兵第四十一联队第七中队，从中派遣一个小队至芦台</td></tr>
<tr><td rowspan="3">山海关</td><td>步兵第四十一联队第二大队(缺一个中队)，派遣其中一个小队到秦皇岛附近</td></tr>
<tr><td>骑兵一个小队</td></tr>
<tr><td>工兵一个小队</td></tr>
<tr><td colspan="2">骑兵 32 名作为传信兵部署在北京、天津间。</td></tr>
</table>

德军:

北京	东亚步兵第一旅团(四个大队)
	该旅团步兵中队
	该旅团骑兵第二中队
	该旅团野战炮兵第一大队(共一个山炮中队)
	海军远征团(步兵两个大队、炮兵一个中队、工兵部队)
天津	东亚远征军司令部
	该远征军步兵第三旅团(四个大队)
	该远征军骑兵联队本部和第四中队
	该远征军野战炮兵第三大队(共一个山炮中队)
	该远征军工兵一个中队
	该远征军电信队
塘沽及大沽	东亚野战重榴弹炮一个大队
山海关	步兵两个中队(东亚步兵第三、第四联队的第九中队)
保定府	东亚步兵第二旅团(四个大队)
	该旅团骑兵第一中队
	该旅团野战炮兵第二大队
	该旅团工兵一个中队
兵站线上	步兵两个中队和东亚骑兵第三中队
杨村、廊坊间	东亚铁道大队

法军:

北京	司令部
	第一旅团司令部
	步兵五个大队(属于第一旅团)
	炮兵四个中队(属于第一旅团)
	工兵一个小队(属于第一旅团)
天津	步兵两个大队(属于第一旅团)
	炮兵两个中队(属于第一旅团)
	步兵两个大队(属于第二旅团)
山海关	步兵一个大队(属于第二旅团)

续表

保定府	第二旅团司令部
	步兵三个大队(属于第二旅团)
	骑兵一个中队(属于第二旅团)
	炮兵三个中队(属于第二旅团)
	工兵一个中队(属于第二旅团)
献县	步兵两个中队
	炮兵一个中队
兵站线上	步兵二个中队
	骑兵一个中队
	炮兵一个中队(属于第一旅团)
	炮兵一个中队(属于第二旅团)
	工兵一个中队(属于第二旅团)

英军：

北京	司令部
	步兵第一旅团司令部和骑兵旅团司令部
	孟加拉步兵第七联队(六个中队)(第一旅团)
	锡克步兵第一联队(第一旅团)
	旁遮普步兵第二十四联队(第一旅团)
	孟买步兵第二十六联队(六个中队)(第一旅团)
	孟加拉枪骑兵第十六联队(两个中队)
	野战炮兵第十二中队
	海军兵团(12 磅炮 2 门、250 人)
	孟加拉工兵第四中队
	电信队
	轻气球队
丰台	孟加拉步兵第七联队的两个中队
	孟加拉枪骑兵第十六联队的半个中队
通州	孟买步兵第二十六联队的两个中队
	孟加拉枪骑兵第十六联队的半个中队
天津、码头间兵站线上	孟加拉铁锹兵第一联队的四个中队
	香港步兵联队的半个中队
	孟买骑兵第三联队的一个中队

续表

天津	第四旅团司令部
	孟加拉步兵第二十联队(第三旅团)
	香港英军联队(七个半中队)
	马德拉斯步兵第三十一联队
	乌鲁瓦卢步兵联队
	孟买骑兵第三联队(两个中队)
	比卡尼鲁骆驼队
	骑炮兵"B"中队
	孟买工兵第二中队
	海军兵团(有12磅炮4门、200人)
山海关	第三旅团司令部
	孟加拉步兵第六联队
	旁遮普铁锹兵第四联队
	乔多·普鲁枪骑兵联队
	马来鲁·考脱拉工兵中队

俄军:

北京	狙击兵第五联队的一个中队
	赤塔哥萨克骑兵第一联队的一个中队
	半个炮兵中队(野炮4门机关炮2门)
杨村	狙击兵第六联队的一个中队
天津	司令部
	狙击兵第六联队本部和四个中队
	赤塔哥萨克骑兵联队本部和三个中队
塘沽	狙击兵第六联队的三个中队
山海关、塘沽铁道线上	狙击兵第七联队
山海关	阻击兵第二旅团司令部
	该旅团第五联队的七个中队
	赤塔哥萨克骑兵第一联队的两个中队
	轻炮第四中队

美军：

北京	司令部
	步兵十个中队
	骑兵两个中队
	炮兵一个中队
天津	步兵两个中队

意军：

北京	司令部
	步兵一个大队
	海军一个大队
	白利萨古里艾利大队本部和三个中队
	炮兵一个中队
	工兵部队
天津	海军部队
山海关	海军一个中队
兵站线上	白利萨古里艾利一个中队

奥地利军：

北京	司令部
	海军部队(250 人、炮 4 门)
天津及大沽	水兵若干

二　联军司令部设立之概况

联军司令部之组成

联军司令部的组成如下：

一	总指挥官（瓦德西元帅）	官名	人数	
		参谋长（中将）	1	
		副参谋长（少将）	1	
		参谋辅佐官	4	
		参谋尉官	4	
		副官辅佐官	2	
		大尉副官	2	
		中、少尉副官	2	
		徒步炮兵将官（大尉）	1	
		工兵佐官（大尉）	1	
		下士	16	
		印刷工	3	
		辎重兵	56	
		马匹	89	
		车辆	13	
		其他附属如下	皇帝侍从武官（中校）	1
			辎重兵	3
			马匹	3
			海军将官（上校）	1
			辎重兵	2
			马匹	3
二	总指挥官的专属	元帅副官（大尉）	1	
		近卫宪兵	2	
		辎重兵	2	
		马匹	3	

续表

三	司令部大本营	骑兵大尉	1	
		辎重兵	2	
		马匹	3	
四	骑兵卫兵	步骑卫兵长(少尉)	1	
		会计官	1	
		兽医	1	
		候补会计官	1	
			下士	2
			兵卒	16
			辎重兵	4
			蹄铁工	1
			马匹	27
			车辆	1
			步兵卫兵	28
		粮食纵队	辎重兵	13
			马匹	25
			车辆	12
五	联军监督部	联军监督	1	
		野战监督	1	
		野战监督书记	2	
		辎重兵	7	
		马匹	9	
		车辆	1	
六	卫生部	正军医	1	
		军医	1	
		卫生下士	2	
		辎重兵	3	
		马匹	3	
七	联军理事部	联军理事	1	
		野战录事	1	
		辎重兵	3	
		马匹	4	

续表

八	野战粮饷部	野战粮饷官	1
		野战仓库监督	1
		辎重兵	2
		马匹	2
九	骑马猎兵	野战猎兵	4
		辎重兵	4
		马匹	12
总计	将校及高等文官	41	
	兵卒	172	
	马匹	185	
	车辆	27	

将校及高等文官职员

除此之外，日、英、俄、奥、意各军的参谋将校加入幕僚内，力图疏通联军司令部和各国军队之间的意见，联军司令部的将校和文官职员如下(编制不同之处乃是到达北方后加入的)：

联军总指挥官	元帅伯爵瓦德西
元帅副官	大尉尉罗尔沙伊特(野战炮兵第九联队)
直属指挥官	海军上校冯·沃塞多姆(皇帝侍从武官)
直属指挥官	中校冯·鲍尔(皇帝侍从武官)
直属指挥官	大尉马英克
参谋长	冯·施瓦兹霍夫少将(步兵第三十三旅团长)
副参谋长	冯·卡伊鲁少将男爵(步兵第二十七联队)
参谋部	上校伯爵(参谋本部)①
	少校男爵(参谋本部)
	少校
	少校男爵(参谋部)
	大尉(近卫骑兵师团参谋部)
	大尉男爵(参谋部)
	大尉男爵(参谋部)
	大尉(第十四军团参谋部)

① 以下军官和职员姓名略。——译者注

续表

副官部	少校（陆军省）
	少校（步兵第六十联队）
	大尉（第十五联队）
	中尉（近卫步兵第二联队）
	中尉（野战炮兵第二联队）
	中尉伯爵(乌兰恩第三十联队）
司令部附属	休职上校（射击场监督）
	中校（工兵第四联队）
	少校（铁道第二联队）
	中尉
	海军中尉
	预备少尉（日语翻译）
	退职少尉
司令部	司令 大尉男爵(乌兰恩第十三联队）
	卫士长 少尉伯爵(忽桑林第七联队）
	会计官
	兽医
野战猎骑兵	少尉
	少尉
	少尉
	少尉伯爵
卫生部	正军医多朗克 第二联队
	军医 步兵第七十四联队
军理事部	军理事
	录事　1名
军监督部	军监督
	候补监督
	监督书记　2名
野战粮饷本部	野战粮饷官
	野战仓库监督1名、辎重兵2名、马2匹
	粮食纵列 辎重兵13名、马25匹、车12辆

除此之外，由各国军队所派之幕僚人员如下：

日本	少将福岛安正
	少佐立花小一郎
英国	上校乌沙利文
	中校鲍尔
德国	上校侯爵沃罗诺沃
	少尉
意大利	中校昂热利、阿洛塔
	上尉瓦里
奥地利	大尉沃切克
联军司令部还有作为特别人员的画工1名	

三　瓦德西元帅进入北京城

联军有关转营北京之每日命令

联军司令部起初设在天津,10月17日转设在北京,为此参谋长少将施瓦兹霍夫于10月9日发出的每日主要命令如下:

一、联军司令部自天津转至北京的途中,在河西务、马头和通州的兵站宿营。

二、元帅阁下10月14日从天津出发。

三、司令部的转移分为两个梯队和一个行李梯队进行。

第一梯队10月13日、第二梯队14日从天津出发。

附属于第一梯队的队伍如下:

除海军上校沃罗诺沃外,军官十五名。

司令部骑兵卫兵下士一人、士兵六人、马七匹以及庶务员。

军医"道库劳卢"准备第二梯队的供水之事。

骑兵上校冯·罗斯林特别注意元帅的宿营。为此,在该兵站与该兵站司令官及担任宿营准备的官员等进行交涉。

第一梯队所属军官17日在北京东面约三千米的地方迎接元帅阁下。

随行元帅阁下的第二梯队人员如下:

参谋长少将施瓦兹霍夫外,军官十一名。

司令部骑兵卫士、会计书记、下士、士兵十名、马十二匹,以及增加的一名军官、下士士兵十五名、马十六匹。

四、行李梯队由野战监督利尤库指挥,用帆船经白河从天津运送至通州。

五、发给第一、第二梯队的军官下士士兵各携带三天的口粮和马匹一天的粮草。

六、下面的军官及文职人员和其随从、马匹,暂时留在天津,或者因特别任务而派往他处。

离职上校利黑鲁之外有八名。

剩余部队的指挥由离职上校利黑鲁担任。

10 月 13 日上午 9 点，第一梯队从天津车站出发，元帅及其随行的第二梯队于 14 日上午 7 点乘特别火车从天津车站出发。

瓦德西元帅自天津出发

元帅从车站出发的时候，俄、德军官在车站热烈欢送，其他各国的军官极少。

8 点，元帅一行到达杨村车站。10 点从杨村出发，元帅以下悉数骑马而行，在河西务、马头和通州各宿一夜（在河西务、马头和通州各兵站，德、俄、日、英、意的各守备队列队欢迎元帅，元帅在各地分别举行阅兵式，在德军兵站司令部宿营），向北京而行。俄军指挥官为给元帅一行提供方便，派出辎重车辆六十辆。

瓦德西元帅抵达北京

17 日上午 11 点到达北京东便门外，各国军队指挥官和前日率先到达的第一梯队的诸军官都出来欢迎。日、英、美、德的骑兵各一个小队在门外欢迎和护卫元帅到仪銮殿。在北京城内，各国军队按德、奥、意、法、俄、英、美的顺序，在从崇文门过日本公使馆前经大清门至午门前西面的道路上排列成行，日本步兵一个大队（步兵第二十一联队）在西华门前至长板桥东端的道路两侧排列成行。另外，从前述各国（除俄国外）各派出的不到一百名步兵所组成的仪仗队在仪銮殿门前排列，野战炮兵第五联队一个中队在金鳌玉涞的东方团城附近，一俟元帅到达长板桥就鸣十九响礼炮。

在此之前，在北京开第九次北京各国指挥官会议之时，决定由德军海军团长少将罗尔沙伊特组织欢迎元帅的仪式（参见第二十一章），13 日该少将作为议长，将各国军队代表军官集中在德国公使馆协商欢迎仪式，其结果即如前述。

元帅和各国军队指挥官一起接受各国军队的敬礼，到达仪銮殿门前，检阅排列在该地的各国仪仗队，继而举行阅兵式，最后进入新住所仪銮殿（仪銮殿位于紫禁城西侧太液池西边，是西太后平素居住的地方，北京陷落之初，俄军占领了该地，其后俄军撤出北京之际让给了德军）。

元帅到达后，在北京的日军，长官以上都拜访了该宿舍。

如是，元帅进入北京受到了盛大的欢迎仪式。由此更加引起了各国军队对联军司令部今后如何行动的关注。

联军司令部使用仪銮殿内原有的房屋，事务室和幕僚以下所属人员的居室等，所有司令部的诸机关悉数设置在同一建筑内（为福岛少将提供太和殿），一直驻扎至 1901 年 6 月 2 日联军司令部解散止。

四　瓦德西元帅之指挥概要

联军指挥官到北清时，北京城已经陷落，皇帝蒙尘远至西安，清朝官兵和团匪八方散乱，战后各地的秩序混乱如麻。在此情况下，发挥元帅能力的地方仅在恢复秩序一事上。

在北清的各国军队中，除法、美两军外，皆听命于联军总指挥官之下，但态度各异，且训练、供养、人情、风俗等也不同,要想使众多的各国军队统一起来共同行动颇具困难,与向北京作战时相比,其难度当属更大。

以下是联军司令部所作的处置概要。

扫荡清朝官兵和团匪

联军司令部抵清后,谋求立刻彻底讨伐官兵和团匪,首先于10月11日发布如下主要命令。

数日前在杨村附近的村庄,由于耶稣教民被该村居住的拳匪所杀害,故向该村派遣惩罚队,逮捕暴民并按军法枪毙。

这是安定国土整饬秩序最为紧要之事,故联军要从各驻扎地适时出动游击纵队,向广大区域显示其军威。只有这样的显示,才足以驱逐拳匪、排除其对居民的压制。不过,对于和平居民,联军不可不保护和信任之,特别是切忌对居民实施暴行。

另一方面对待拳匪应采取最为严厉之手段,对拳匪的暴行,如有清朝官员默认或提供方便,应对其村庄给予严厉惩罚,拳匪则军法处治。

不如此的话,就不能迅速恢复秩序,进而会给军队带来不利。

此命令发出以来,各国军队特别是德军以此为准绳进行剿讨,但是拳匪的暴行并没有停止,侦察兵或兵站地的哨兵时常受到袭击,为此联军司令部于10月26日又发布了如下要旨的联军命令:

一、出动多数小支队尽可能向广大地区派遣军队,并逮捕拳匪尤其是其指挥官。且为更好地镇压其暴行,可以让村庄的官吏或者有名望的人告知拳匪的住所,或者让其给联军带路。

二、凡出征之目的地应严守保密,出其不意,控制住其他诸出口,乃取得良好效果之基础。

三、对于叛徒,应采取最严厉的手段,迅速予以判决。在犯罪现场立刻执行刑罚,能给居民以警惕。

四、万一遭遇到正规的清兵,决不要由我故意挑起事端,而尽量避免与清兵交战,可以允许其撤退,不过应向联军守备之地以外的方向退却为要。

五、绝对不能允许清兵驻留在各国军队的守备之地或控制区域内。

划定各国军队警备管区

尔后,根据前述诸项之宗旨,联军实行的讨伐安定了守备地,打击了拳匪的暴戾,并使清军保持适当的距离。由于气候逐渐转向严冬,12月11日元帅发布了如下的联军命令,决定划分北京、保定府和天津三大卫戍地,规定了各国军队的警备管区。

由于现在正值严冬之际,而且不会有受清军的攻击之虑,我相信没有必要做远征之图。不过,如果联军的兵威久不显示于地方,不良之徒就会生出冬天联军不敢有所作为之念,甚而立刻重施暴行。因此为了联络线尤其是近日开始运行的至北京的铁道安全运行,需要经常派遣强大的侦察兵或小部队对守备地内外进行巡逻。其兵力为步兵约一个中队和骑兵十至二十骑。虽此项派遣也需要不少兵力,即使多数兵力屡次出征,不会增加军队的疲劳，如果出征的目的在距离卫戍地两三天以上行程之地，会造成过度疲劳。

采取如上所述行动时，各国联军在同一地方屡次出现，甚至同时出现的话，该地的资源可能会消耗过度。因此，应划分北京、保定府和天津三大卫戍地，确定各国军队的管区。不过，此管区的划分并非是要束缚军事行动上的自由或者禁止利用通过他国军管区的道路。因此，现在为兵站等特别的目的，有在他国军管区内占领村庄而撤去哨兵的，或者将来要占领新兵站的，亦由各国军队决定。其管区区划如下：

第一	北京附近	英军	南方，即从马驹桥、武清街道（包括此街道）到永定河
		法军	西南方，即永定河的南面和西面
		德军	西北方，即永定河和昌平州街道（包括此街道）之间
		日军	东北方，即从汤山街道到顺义县街道（包括此两街道）
		意军	东方，即从东墕街道到张家湾街道（包括此两街道）
		美军	东南方，即从张家湾大街到马驹桥、河西务街道
		奥军	每次特别协商，参加其他各国军队的出征
第二	保定府附近	法军	南方（其分界线就地协商）
		德军	北方（其分界线就地协商）
第三	天津附近	日军	运粮河上的丁家、宝坻县、江洼口、西堤头间之地
		英军	白河左岸但除去日军的管区
		法军	至大运河的西方白河
		德军	至大运河的东方白河

关于以上元帅讨伐处置的实行，将在第二十八章叙述。

山海关方面之处置

10月上旬，停泊在大沽的各国舰队占领山海关和秦皇岛后，暂时预定各国的守备区域，最终交由瓦德西元帅决定。于是，元帅于10月8日发布命令，划分守备炮台和任命该地司令官，力图恢复和维持秩序。继之，翌年1月24日又发布命令，规定该地各炮台的材料分配（参见第二十六章）。

铁路修理、保管及转换

最初北京、杨村间铁路的修理由日、英军实施；塘沽、杨村间的运行由俄军实施。继而，由于俄军在占领山海关的同时占领了塘沽、山海关间的铁路，联军司令部于10月8日和18日将山海关、杨村间铁路的工程、运行及守备委任给俄军。且允许该国军队为此目的悉数保存并利用先前此铁路附属的建筑物和运输设备，并给予各国军队在军事行动上使用运行材料之权。规定俄军虽然可以在直隶省外至牛庄或者新民屯的线路上利用这些运行材料，但要留置直隶省内经常因各国的军事要求一天至少两次，尽可能三次向山海关至北京全线各方面发车所需要的材料。

19日又以联军命令规定了北京至杨村间的修理方法。英军修理北京至黄村线;日军负责从黄村向杨村方向;德军负责从日军对面的杨村向黄村方向的工程,其一般指挥交由联军司令部少校鲍尔。

而后,日、德、英铁路队的工作取得进展,北京至杨村间的铁路12月18日开通。继而,俄军与联军司令部协商的结果,将山海关至杨村间铁路的运行、工事和保护转让给联军司令部,北京至山海关铁路的运行委任给德国铁路大队长。其后,联军司令部又和英军司令部协商,并和日本交涉后,于翌年2月15日又缔结了将北京至山海关间铁路的运行、维持和军事警戒等一切事务让与英军的条约。塘沽至山海关间的铁路由德军修筑,与汉沽铁道桥一起完成,于5月12日全线开通(参见第二十九章)。

卫生之处理

联军司令部于10月8日发布了关于卫生的命令(参见附录卫生业务):

一、各队发生传染病或者可能在军队传染之疾病,应发布发病通报,畜类特别是牛马亦应如此。

二、饮用水在卫生上应特别注意,禁止向供水所和诸河,尤其是白河投掷尸体或者不干净的污物等,且也应让各官厅向清国人民贯彻这一主张。

三、卫生上有害的人畜排泄物、食物的剩余物、污物等应悉数烧毁,或用石灰水、石灰、石碳酸等化学药剂进行消毒,尸体等应迅速掩埋或焚烧。

战死、病死者之坟墓

当时,联军中战死、病死的军官以下士卒的坟墓散在各处,在没有充分保护的情况下,受到当地人掘墓的屈辱亦未可知。于是,联军司令部认为有必要为这些死者设置共同墓地,使其得以安息。10月10日向天津都统衙门征求有关这方面的意见,然而由于各国军队提出各自整理其坟墓,没有必要设立共同墓地,故联军司令部撤回了该意见。

划定村落占领权范围

最初,各国军队在其占领的村庄竖立各自国旗,也设置若干守备兵,维持其既得权益,以充作兵站及其他用处。德、法等军队继续增加,向各地派遣讨伐队,各国军队需要相互通过,或者留宿其他各国军队的占领地,但往往因为单独占领而给军队的行动带来困难。于是,联军司令部认为有必要消除联军协同行动上的障碍,11月12日请求各国军队指挥官向其部下出示如下要旨的宣示,以讲求协助之道:

一、各国军队不得要求其需要以外的宿营地等,不要在不使用的市街、村落或者各建筑物上插其国旗。

二、只有其一半或全部设置军队的村落得在某国的单独守护,除此之外不允许。

三、居民在自家房屋等悬挂某国国旗不应将其视为国旗,而且悬挂此国旗的村落亦不能据此不让他国军队使用。不过,需要郑重对待悬挂的国旗,实际上不允许以暴力去掉该旗,但是根据必要可以在其旁边悬挂他国国旗。

四、在有某国军队或卫兵的建筑物,虽在其各出口未悉数设置哨兵,他国军队亦不得进入。

五、一国的代表者个人的保护证或通行证，各国军队必须皆视为有效。但对持有此种证券者有特别事情时不在此限。在此情况下，可以向授予此证券的国家的最近卫兵或军队指挥官通报其宗旨。

我军对此之措施

当时，清国民间利用日本国旗成了一般习惯。这是诚服日军的公正无私，欲用该国旗保护自己的生命财产。不过，根据该联军命令，而后清国国民等不能依靠这些国旗，而日本国旗唯独成为多数，反而可能亵渎我国旗的威严。于是，山口师团长向部下下达了添加在该联军命令的誊本上的训令，要旨如下：

以前，清国官民等感服于我军的名声和公正无私，各地的市邑村庄都悬挂我国国旗，以此对付土匪的入侵和各国官兵的抢掠，间接受到我军的保护。当初，此等国旗由清国官民来我军部门申请得以领取，或由官民等自己制作。其结果获得了清国官民的欢心，但有可能伤害到各国感情，特别是近日各地趋于稳定。根据另页联军下达的命令，公布自今以后有关我国旗的使用及其他的一定方针如下：

一、在我军占领地区及其他由兵力确实占领的诸建筑物等，应确实悬挂帝国国旗。但此国旗任何人都需尊重，决不能侵害。

二、严禁在前项之外我军很难全然维持帝国国旗之威严的场所悬挂之。

三、有必要给予与我有利害关系的清国官民国旗，但应注意禁止其滥用，要求不要丧失其威严。

四、在我占领区外，清国人民随意制作我国国旗悬挂在自家房屋等，可能会亵渎我国旗之威严，应逐步采取措施，制止其滥用。

另外，除如北京、天津及通州那样我明确占领区域外，在其他兵站地等，与其广泛占领无用之地区或宿舍等，毋宁切实占领紧要有利之区域和宿舍为上策。

先前在我占领区外，清国官民与各国军队之间发生的事件，清国官民来我军申诉，我军往往采取具有保护清国官民的倾向，自此以后此等事件要一概采取不干涉态度。

北京军事行政会议

最初，日、英、美、德、法、意诸军各占领北京城内的一部分，各自独立实施在其占领区域内的军事行政。英、美两军主张有必要在北京全市实行统一的警察制度，10 月 23 日根据英军指挥官的提议，日、英、美、德、法、意、奥各军委员在英国公使馆集合开会，但没有仔细讨论，法军尤其是德军态度冷淡，结果各国仍继续各自的现行警察制度。由于北京城内状况的日渐恢复，产生了各国军队实行统一警察制度的必要，联军司令部 12 月 3 日发布命令，从日、英、美、德、意各军（美军一般不在元帅的指挥之下，在此特别加入委员）选出委员，组织关于公共安宁、卫生等行政会议。但法军因不在元帅的指挥之下，必要时元帅可经常与其协商。

行政委员会议第一次会议于 12 月 10 日在联军司令部召开，反复召开二十三次，参酌清国代表的意见，议定了警察机关有关组织、卫生设备等诸项，为清国奠定了基础。翌年该委员会与联军司令部同时解散,于6月1日废止(参见第三十章)。

增加天津都统衙门委员

本来,天津都统衙门是基于为收拾天津陷落时该地的纷乱,日、英、美、德、法、意、奥诸军指挥官以俄军将领阿列克谢耶夫为议长召开会议,最终决定由日、英、俄三国各出一名委员创设政厅,代表联军的一般利益。不过,自9月上旬由于德军的日益增加,瓦德西元帅直接向都统衙门通报,要求德军也出一名军官参加会议,并享有同等的权利和义务。都统衙门认为自己并不直接受元帅的指挥,此问题应该咨询各国军队指挥官。经过数次交涉,最终由德、法、美军各加入一名委员。于是,都统衙门认为在增加德、法、美三名委员的同时,也有必要改正其规则。为此,元帅12月19日最终召开了有关修改规则的会议。都统衙门而后扩大了其管辖区域,又增加了一名意军委员,详细情况将在第三十章叙述(另外请参见第十一章二)。

大会战之准备命令

2月15日,瓦德西元帅突然发布准备大作战的联军命令,其主要内容是根据议和谈判的进展情况,有必要在本月末进行一次大作战,各军为此要做好充分准备。

本命令最终虽未全部实施,但显然威吓了清政府,大大加速了议和谈判的进程,有利于警醒疲倦的远征军旅诸军队的惰气。观察当时各国有关此次远征的意图,日、美、俄不积极参加,英军尤其是法军只派若干军队参加,实际上新来的德、法军以还没有和清军正式作战为憾,最终向山西境内实施一部分行动(参见第三十一章)。

中止派遣讨伐队和限定清军驻屯区域

联军司令部刚一到达清国,就力图彻底讨伐拳匪。各国军队根据联军司令部的宗旨,从北京、天津、保定府、山海关等地向各个方向派遣讨伐队,直隶平原地区各国军队的足迹无处不至。特别是新来的德、法军充满挑战之意,向各地行动,力图满足其欲望。李鸿章密令远近各地,力避无益之冲突,要求驻屯地方的清兵退避,但地方人民所受损失没有因此而减少。因此,清国于2月28日由副都统荫昌向瓦德西元帅提出如下请愿:

一、尽快停止一般讨伐队的派遣。

二、在距离联军所在地三十里之外的地方,清军可以公开驻扎,可以讨伐强盗和拳匪。另外,向各国联军发出训示,在侦察并惩罚强盗和拳匪之际,应寻求清国官厅的协作,不要让无辜的人民遭罪。

三、清国耶稣教徒要求赔偿时,屡屡提出不正常、过分的要求,希望借助传教士和联军的力量达到其要求,因此清政府以命令或告示将赔偿要求限制在正常范围之内。

瓦德西元帅对前述请愿,由参谋长少将施瓦兹霍夫给副都统荫昌做了如下要旨的回复:

一、计划尽快决定讨伐的限制性义务,是联军司令部尽其所能得到的。实际上,联军司令部必须保有根据进行情况而行动的充分自由。

二、政治上的一般趋势,或者拳匪及强盗的出现,或者清军的动静等特别的状况,只要不至于需要讨伐时，元帅可以答应直隶总督李鸿章的请求，让部下所属的各国军队暂缓今后的讨伐。

三、清军在另纸略图上红线所标识的分界线（北方和西方沿长城，南方从赵州南面沿子牙河至献县，沿减河至海一线）以外，不受到联军司令部所属各国军队的限制，且可以镇压强盗的暴行。不过，此等清军的情况不管如何，都不许超越这一分界线，即使一小部队或侦察兵亦然。但清军的所在地及兵力，直隶总督应向联军司令部通报。

四、在此分界线以内之地，对拳匪或强盗进行讨伐时，为侦察罪犯应尽量寻求地方官厅的合作。

五、关于赔偿问题，与北京及北清耶稣传教士达成协议，对于传教士或清国耶稣教徒的赔偿处理，应根据双方之间友好的协定，或者在外交手段内解决。

如此，联军司令部虽限制清军的驻屯区域，但议和谈判逐步推进，清政府以需要自己维持国内安定和秩序任务之期将近，瓦德西元帅承认希望清政府用自己的兵力来保持国内安定和秩序，并为使其得到显示其能力的机会，允许直隶总督李鸿章在 5 月 26 日以后令清军可以在岔道、怀柔县、平谷县、三河县、宝坻县（包括此等列记的地方）一线北方和东方之地自由行动，且负责镇压匪徒的暴行。在南方，根据法军指挥官华伦将军的希望，缩小既定的分界线，贯通自河间府北方沿新乐县南方猪龙河一线。

元帅向各国军队指挥官通报了上列诸事，还要求在上列范围内不要妨碍清军的行动，或不要对清军采取攻势。另外，他日联军撤出北京和保定府时，清军有必要马上担任此等市府的守备，因此要求李鸿章通报清军的预定驻屯地。

随后 5 月下旬，由于直隶南部德、法两军的讨剿，该地方大体归于安定。联军司令部允许李鸿章将山东兵三千人召至河间府，湖南兵一万人召至正定府。这些清军应在联军撤出北京和保定府后，马上担任这些市府的守备。

预定各国军队夏季驻屯地

此时季节渐入夏季，考虑到各国军队为获得在夏季适宜军队的驻屯地，相互之间可能会出现土地的冲突，联军司令部 3 月 2 日发布了如下要旨的通告。

眼下之状况，究竟何时可以从先前占领区域的一部分撤出军队，或者减少在直隶省的兵力，还很难设想。因此，现今有必要准备暑夏适宜的驻屯地。根据经验，暑气在 5 月中旬出现，前述驻屯地必须进行统一管理，在选定地方或村庄时，就不会出现各国军队选择同一场所那样的麻烦。予考虑到各国军队的希望并切实处理之。希望各国军队指挥官尽快报告其部下军队所选择的地方和夏季驻屯在该地的军队人数。

根据前述联军司令部的通告，各国军队所预定的夏季驻屯地如下：

英军	约 1000 人在万寿山，一个小队在南苑的西南角，1500 至 2000 人在滦州和北戴河附近
德军	北京卫戍兵在万寿山西北山间村落一部，保定府军队在该府西方和北方的山间，天津军队在北戴河附近
意军	在万寿山一部分

续表

日军	在连接北京北面的黄寺附近
奥军	在奥地利外交官的借住地附近的修福寺
法军	东面为山海关及北戴河附近,西面为万寿山和沼河左岸间的山间,西南面为沼河右岸和易州近旁间的山间,南面为保定府西南的山间

如上所述,各国军队所选定的地方有不少重复之地,在两军重复的地方,有关指挥官之间应相互协商。

配备清国警察队

根据联军司令部的宗旨,各国军队守备直隶省各地,屡屡派遣讨伐队,力图围剿官兵和团匪,而官兵远远躲避之,呈清国地方官衙全无能力之形势,议和谈判逐渐进展,官兵亦可以驻屯在这一区域之外。清朝高等官吏向联军司令部请求,允许设立配置武装的清朝地方警察,可以镇压强盗等的暴行,保护清朝各地方的官民。

联军司令部规定,在各国军队指挥官的守备管区内,只要有下述三项的情况,就答应前述请求。对于尽可能配置少量士兵没有异议,完全交给各国军队指挥官处置,且在允许的情况下为避免和军队之间发生误解,规定其警察操所管各国军队的语言,佩戴清国警察徽章,并向邻近守备地的各国军队指挥官通报。

一、清朝官吏显然没有滥用该警察之时。

二、清朝官吏证明有设置必要之时。

三、以新式武器武装之时。

其他事迹概要

联军司令部抵清后所实施的事业大体如上所述。另外,关于白河改造预备咨询天津都统衙门(参见第三十章)。其到期时根据各国外交官委托,就议和条约,和各国军队指挥官联络,议定有关军事上的诸事,确定和平恢复期和其后应分布在直隶省的兵力及其位置的方针等,专事推动议和谈判的进展。

总之,元帅的目的不过是以下数项(据德国卡路少将所著《在清国的德意志》一书):

一、扩张占领的基础地,确保和本国的联络。但此目的由于占领山海关和北塘,在元帅抵清之初已由各国军队实施,只是为了将铁路提供给各国军队使用而进行了整理。

二、扩张占领区。其手段是向清政府施压,以便冬季时增多的各国军队能得到良好的宿营地。

三、限制清军的所在地,将其驱逐到直隶省外。依据和前项同样的理由,并为了这两个目的,实施保定府和张家口远征以及山西境内的小规模作战。

四、平定不稳定的地方,保护良民、传教士和教民,严惩拳匪和盗贼。为此目的,冬季期间派遣大小讨伐队,并在北京、天津和保定实施军事行政。

五、迅速缔结议和条约,若清朝不答应各国的要求时,施加必要的压力。扬言远征西安府,获鹿县附近作战就是为此目的而进行的。

第二十六章　进攻北塘和占领山海关及其后之事迹

一　进攻北塘由来和我军之措施

进攻北塘之由来

北塘在大沽炮台北面约二里多处，濒于北塘河河口。1860 年英法联军在该地登陆以来，清政府在此地构筑永久炮台，严加防备，与大沽炮台相恃，成为面对海面的钥匙。

当初在大沽附近登陆的各国军队迫于燃眉之急，迅速向天津方向前进，对于侧面的北塘炮台，鉴于清军进攻的情况，尽弃放置。据闻，当时俄军大沽炮台司令官海军上校沃罗诺沃和北塘的清军将领李安堂订有互不攻击的密约。此密约的结果很显然成了清朝人被动的成因。本来该炮台很容易成为各国军队背后的威胁，但各国军队在北京救援作战中，丝毫没有感到其侧背的危险。

不过，北京陷落后，各国军队不仅有充分时日排除此等危险，且俄、德、法军等国的增兵陆续到达大沽，9 月中旬新来士兵布满塘沽、天津附近。另一方面也出现了各国军队扩张根据地，并要准备联络线的情况。

另外，大沽锚地因冬季期间结冰而海路交通断绝，在北京的各国军队冬季期间需要在山海关附近（参见本章三）进行海陆联络。这已在我参谋本部 7 月中旬的作战计划中被认识到。当时各国陆海军都没有认识到其必要，而且为此首先应确保占领塘沽附近，占领塘沽、山海关间铁路，确保其交通安全。为达到此目的，紧要之事乃首先将北塘和芦台附近的清军驱逐至远方。不过，实施之期还不迫切，在冬季来临之前实行即可。

俄军历来重视交通联络，致力于白河以东，特别是占领铁路，乃大家共识，果然在 9 月下旬联军指挥官到达之前为首先占据主动，决定实行进攻北塘炮台，继而占领至山海关的铁路。

北塘乃榆津铁路穿过之处，当时列车可行至塘沽北面约一里处。但北塘车站附近以及铁路桥被破坏，铁路堤附近埋有自动地雷，北塘河口布有水雷。因此，很明显俄军为占领塘沽至山海关的铁路，和满洲打通联络，首先必须击退北塘之敌。

俄军以这样的企图，6 月下旬以来特别是在 8 月份，屡屡使用侦察兵和间谍进行侦察，此间因触雷而死伤者也不少。根据调查，所了解的炮台情况如下。

炮台的守备兵由步兵四个营（四个大队）和骑兵、炮兵各一个大队组成，人数约三千人。另外，练兵场（在铁路线和北塘市街中间）有二千至三千清兵在练习，在北塘北面约六里处的芦台约有四千清兵。

俄军决定进攻北塘并寻求各国合作

至 9 月初旬，俄军大沽炮台司令官托莫久罗夫上校劝告北塘炮台司令官开放其炮台，但该司令官却要求归还大沽炮台。

于是,俄军总指挥官海军中将阿列克谢耶夫决定进攻北塘,在军舰彼得罗巴甫洛夫斯克号事先制定了进攻计划,最终决定于9月19日夜靠近北塘炮台,20日进行炮击准备,21日发动进攻。18日阿列克谢耶夫中将派遣二名幕僚军官到天津,将有关进攻北塘之事通报给各国军队指挥官,询问其是否配合。

实际上俄军想尽量不让各国军队加入北塘进攻。如此说,是因为俄军18日已经在军粮城和塘沽车站附近集合,19日夜到达距北塘五至十公里之地,进行进攻准备,其企图秘不泄漏。通告各国军队指挥官是在18日,各国军队已经没有参与的时间。因此,当时除了依次正在大沽登陆和在天津的德、法两军与奥地利的一小部分部队勉强得以加入此作战外,其他国家的军队都未能参与。像英、意两国军队那样虽以加入为目的而派遣军队,但最终失去时机。加之,像德军重炮第一中队那样由于其马匹还没有到达,冒着搬运材料的极端困难,于19日夜勉强到达预定阵地。

日军未参与此次进攻

日军方面,当时由于天津兵站监秋山好古赴大沽常备舰队而不在,参谋仁田原重代行与俄军军官进行交涉,拒绝出兵。盖因当时天津和大沽附近的日军因大部分水路运送,没有和其他各国军队进行配合的余力,且有关出兵也必须预先得到在北京的师团长的许可。因此也会失去时机,最终未能参与。

我军将校侦察兵侦察北塘

不过,俄军一有此攻击的企图,当时塘沽运输通信支部办事处人员骑兵大尉铃木庄六就派遣该地守备步兵中尉田所浪吉到北塘,侦察该地的情况和俄、德两军对北塘的计划。

该军官侦察兵于19日早晨6点20分从塘沽出发,经新河向东北方向的北塘方向进发,途中看到集合在塘沽、新河间的德军重炮和铁道线上的俄军陆军哨兵,晚上12点30分终于到达北塘南炮台前。此时,没有受到清军的射击,受到二十余名清朝军官的欢迎,在此地进行笔谈,得到约一个小时的热情待遇。当时,清国军官惊异我侦察兵冒着危险而来此地,并感谢日军在北京保护人民,还说:"最近俄军屡屡派队到前方窥探我军,因触爆地雷已有数十人毙命,此地原来布满了地雷。"请求实地参观炮台内部和市街,被谢绝。继之侦察兵在两名清兵的引导下返回。

据当时侦察军官的见闻,北塘的清军指挥官是李安堂,六个营部署在南北各炮台和兵营,其人数为步兵约一千九百名,骑兵约二百名,炮兵约五百名。另外,在北塘市街,据说还有若干清兵。军官戴着大麦藁帽子,穿着黑绢衣服,士兵大都戴着麦藁帽,穿着青衣,胸部佩戴红布徽章(有"直隶军左翼正兵"或"武卫前军先锋马队"等文字),并且携带"毛瑟"连发式或单发式步枪,腰间插着弹药。

侦察兵在归途中看到铁道线附近俄军在哨所附近构筑的碉堡,继而在新河碰到德军约一个大队从天津乘火车到达,得知从翌日俄、德等军实施北塘进攻。

从19日夜10点半左右开始听到炮声,20日早晨5点左右彼此炮声激烈,是日田所中尉再次奔赴视察战斗(视察的结果即为战斗的大概经过,将在后文详述,在此略去)。

二　进攻北塘(参见插图23)

布置炮台

北塘炮台在北塘河的南北两岸,南岸炮台(中营)连接北塘市街的东端,为长方形(长二百米,宽七十米),胸壁高五米。其中央设有两座高塔炮台,炮台周围环绕宽十六七米的壕沟,背后架一座桥以供出入。北岸炮台(后营)略为正方形(高约一百四十米),南侧有一座高塔炮台。

南岸炮台的南方约一千五百米处有一个兵营(前营)为长方形,备有炮,兼为炮台。此两地之间有两个兵营,北岸炮台的北方也有三四个兵营。

这些炮台和兵营备有的大炮总数为一百五十六门,其配备大体如下:

南岸炮台(中营)	45门	15厘米以下钢炮8门、16厘米以上钢炮7门、15厘米以下铸铁炮21门、16厘米以上铸铁炮2门、铸铁野炮6门、"卡琳娜"炮1门
南岸兵营(前营)	23门	15厘米以下钢炮11门、25厘米青铜臼炮3门、"卡琳娜"炮1门、9磅炮4门、其他炮4门
北岸炮台(后营)	39门	15厘米以下钢炮8门、16厘米以上钢炮1门、15厘米以下铸铁炮3门、其他铸铁跑10门、野炮2门、臼炮4门、"卡琳娜"炮1门
北岸兵营(旧义胜营)	49门	15厘米以下钢炮4门、16厘米以上钢炮1门、15厘米以下铸铁炮22门、16厘米铸铁臼炮4门、12厘米臼炮2门、15厘米以下青铜炮10门、10.5厘米臼炮4门、"卡琳娜"炮2门

注:这些备有炮由于去年略作调查,本事变时多少有所变更。

进攻部署

俄军的进攻计划如下:

进攻队指挥官、陆军中将男爵斯塔凯卢拜勒克

进攻队的划分:

左纵队	司令官　陆军少将华西列夫斯基	
	东西伯利亚狙击兵第六联队第一大队	
	东西伯利亚狙击队第七联队第二大队	
	吉斯克哥萨克骑兵第一联队的一个小队	
	东西伯利亚狙击炮兵大队第三中队(8门)	
	东西伯利亚炮兵第一旅团的臼炮一个中队(8门)	
	乌苏里铁路大队的一个中队	
	德军步兵一个大队(除东亚步兵第一联队第二大队外,还有第三联队的一个中队、工兵第二中队、电信队一个小队)	德、法、奥军于19日夜在四道桥露营地与俄军会合
	法军步兵一个半大队	
	上述法军有野炮2门、山炮6门	
	奥军步兵一个小队(47名)	
总计	有步兵四个半大队、骑兵一个小队、炮兵三个中队(24门)、工兵一个中队	
右纵队	司令官　海军上校多莫久罗夫	
	东西伯利亚狙击兵第七联队第一大队	
	吉斯克哥萨克骑兵第一联队第一小队	
	关东要塞炮兵中队(15厘米大炮6门)	
	编制外炮兵两个中队(各有在天津缴获的清国炮[87毫米炮]4门)	
	东西伯利亚工兵第一大队第一中队	
	乌苏里铁道大队一个半中队	
	陆战队(军官7名、水兵73名)	
	德军野战重榴弹炮中队4门	9月19日夜勉强到达新河北面俄军阵地
	德军步兵一个中队(为掩护重炮中队)	
	计 步兵一个大队和一个中队、骑兵一个小队、炮兵四个中队、工兵两个半中队	
独立骑兵队	队长　上校福卢古	
	沿海龙骑兵联队的两个中队	
	吉斯克哥萨克骑兵第一联队的两个中队	
	东西伯利亚狙击兵第十联队的两个中队(掩护骑兵)	
总预备队	东西伯利亚狙击兵第十二联队一大队	
总计	步兵七个半大队、骑兵四个中队和两个小队、炮兵七个中队(42门)、工兵三个半中队	

各队的行动:

一、左纵队在军粮城车站集合,9月19日前进至四道桥(从军粮城经北塘街道两地点之中央),到日暮前其前锋和炮兵前进至北塘车站,夜间构筑炮兵阵地。

二、右纵队18日夜在从新河车站通过北塘的公路和铁路的交叉点前方,建造配备攻城炮二十门的炮台。19 日夜配备大炮，从 20 日拂晓炮击北塘炮台，炮台构筑由乌苏里铁道大队长上校凯莱卢担任。

三、独立骑兵队 19 日夜在四道桥露营地集合，翌日向北方前进，渡过金钟河，又远而迂回到东北面，占领自北塘起通过芦台的道路，威胁敌人的退路。

四、总预备队由上校阿尼西莫夫指挥，19 日夜四道桥的左纵队到达露营地，而后随左纵队行动。

总之，19 日集合军队，构筑炮台。20 日炮击以为进攻准备，21 日由左纵队和总预备队实施进攻。

俄军制定该计划时，北塘车站还不是敌人占领之地。但在进攻两日前，由于敌人占领该地附近构筑掩护堡垒，故左纵队必须首先驱逐这些清兵。

19 日之准备活动

左纵队的前卫（东西伯利亚狙击兵第六联队第三中队、该狙击兵第七联队第五、第七、第八中队、臼炮中队、炮兵第三中队的半个中队和骑兵一小队）19 日从露营地出发，向北塘车站前进。在此之前，左纵队参谋中校阿卡白夫和先派遣至车站方向的铁道中队一起侦察车站附近，知道敌人已经占领车站附近。在离车站西面约一千米之地，向前锋司令官莫纳阿夫上校做了报告。该前锋司令官对是否驱逐车站清兵举棋不定，这是因为当时右纵队构筑炮台还未结束，如果我方开始战斗，恐怕反而有可能给其作业带来困难。于是，停止其军队行动，其指挥依靠左纵队司令官。

属于右纵队的狙击兵第七联队第四中队、铁道兵一个中队、工兵一个中队和德军重炮中队诸队 19 日早晨 6 点 30 分前从塘沽沿铁路前进，到达预定阵地。狙击兵第七联队第二中队在此之前到达阵地，担任攻城作业的掩护。俄、德炮兵利用黑夜进入阵地，待到天明，北塘炮台毫无妨碍俄、德军的行动。

参谋阿卡白夫中校到达四道桥露营地，向左纵队司令官华西列夫斯基少将报告侦察的结果，该少将马上命令前锋占领车站，夜间在铁路堤构筑炮兵阵地。

于是，左纵队前卫以铁道中队和狙击兵第六联队第三中队为前头，以该第七联队第五、七和八中队为本队，于晚上 8 点 30 分再次向车站进发。此时，左纵队司令官兹卢兹雷少将和前锋司令官莫纳阿夫上校与先头诸队一起前进。

前锋大约刚行进三十余分钟，忽然敌人的地雷爆炸，先头部队有若干人员死伤。同时，受到来自车站和炮台的猛烈射击。特别是受到来自金钟河和北塘河合流点附近炮台对其侧面的炮击，前锋没有还击，只是在堤道右侧躲避，从浸水地车站急进。在车站，敌人敌不过俄军的强攻，终于向炮台退却。俄军前锋冲出堤道，占领车站，地雷就连续爆炸，华西列夫斯基少将的头部亦负轻伤。另外，炮台火力极为猛烈，出现很多死伤，俄军前锋的后方部队引起很大恐慌，从背后前进的一个中队开始乱射。不过，最终还是艰难地占领了车站，前锋步兵全部沿铁路堤展开，夜间进行土工工程作业。此时，埋设在铁路堤的地雷再次频频爆炸，隶属前锋的炮兵第三中队在此之前因夜间进入堤道上前进危险返回露营地，臼炮中队在赴车站途中遇到地雷爆炸，托运大炮的清国壮工丢弃大炮逃走，炮台的炮击持续约 2 小时 30 分，渐渐缓射，到半夜停止。俄军毫未反击，只是建造隐蔽物藏匿。

华西列夫斯基少将还是想让本队在车站附近集合(头部负伤的疼痛让其起了归还之意),在向四道桥露营地出发的途中,遇到前来进攻的队长斯塔科卢白卢库中将的前来,再次一起向车站前进,让参谋阿卡白夫中校率领露营地的狙击步兵第六联队三个中队来车站,并将俄军的行动通报给德军。另外,派遣军官到右纵队,通报左纵队的状况。

20日之战斗经过

20日凌晨2点,狙击兵第六联队三个中队从露营地出发,总预备队的狙击兵第十二联队的一个大队、狙击兵第七联队第六中队和炮兵第三中队还留在露营地。华西列夫斯基少将命令以参谋中校阿卡白夫率领的三个中队增加到占领车站的前锋,等待攻城炮的炮击和总预备队的到达,再次返回四道桥露营地。

凌晨4点,敌兵炮台向左纵队开炮,此时莫纳阿夫上校率领的前锋在铁道堤和道路的交叉点附近展开,阿卡白夫参谋率领的三个中队为从北塘市街向中营攻击,沿铁路堤向北方前进。此时,由于右纵队的进攻炮兵还未开始射击,敌人将射击集中在车站及其附近,时为退潮之时,铁路堤前面的浸水逐渐消退。敌人乘机向车站进攻。俄军与此虽欲展开,但由于在铁路堤埋有地雷,不易越过,乃取以前敌兵撤退的道路,中央部队向车站前方前进,展开射击,终于击退敌兵。此时敌兵的行动反而在俄军面前暴露在浸水地中徒步行走的地点,俄军此后从该地点获得了前进之利。

6点,右纵队俄、德的攻城大炮开始向炮台进行炮击,金钟河和北塘河合流点附近的炮台向车站的俄军进行猛烈的侧射。炮战两个小时后,前营终归沉默,市街和中营起火,敌人的火力逐渐减弱。8时15分,参谋阿卡白夫中校向华西列夫斯基少将报告上述情况,且提出意见,要求我炮兵迅速向第一炮台前进,另外为挖掘地雷紧急派遣工兵,同时深切希望进攻炮台于本日结束。

同时,隶属左纵队的炮兵第三中队和臼炮中队布列在铁路堤后方约三百米的干地,炮击市街,发生火灾。

此时,斯塔科卢白卢库中将到达前锋阵地,于是阿卡白夫中校便报告上述情况,并提出意见,其主旨就是进攻应选择在退潮时,从敌兵经过的地点进入北塘市街的南端,逼近中营的咽喉部。

9点,隶属左纵队的德军步兵一个大队和奥军一个小队到达,位于铁路堤后方俄军的右翼后面。此时,沿铁路堤从右纵队派来的铁道中队和海军铁锹兵,打通和左纵队的联络。

9点30分,斯塔科卢白卢库中将接到阿列克谢耶夫总督决定是日进攻的命令,此时中营之敌兵亦逐渐撤退,诸炮台几乎全部熄火。

9点50分,斯塔科卢白卢库中将决定实行进攻,命令德军步兵大队以俄军工兵中队和海军铁锹兵为先导,向前营进军。前锋阵地的狙击兵七个中队(第六联队第一大队和第七联队第五、第七、第八中队)在华西列夫斯基少将的指挥下,经跋涉地向市街和中营进发。另外,到达其后方的法军步兵大队和总预备队跟随左纵队立刻向北塘前进。于是,当时来到左纵队的右纵队参谋马上返还,中止右纵队攻城炮对炮台和市街的射击。

华西列夫斯基少将率领的部队越过铁路堤前进,徒步涉过环绕市街的水流,到达北塘河右岸时,后营已经停息。敌兵利用损坏的船桥,一部分退向海上;一部分退向上游,还有一部分向芦台方向撤退。俄军捕获对岸的船舶和小轮船，第六联队的三个中队利用它渡到左岸，最终占领后营。

此间德军步兵大队由俄军铁道兵的引导，丝毫没有受到射击而前进。虽刚一到达炮台附近就遭到地雷爆炸，最终占领前营。继而，以其中的三个中队占领中营。法军最初跟着左纵队前进，预定向中营进攻。徒步跋涉浸水地时，失去时机，其到达前该炮台已为德军所占领。奥军战斗期间经常和德军一起行动，跟着德军前进，到达前营。

独立骑兵队之活动

独立骑兵队是日上午 6 点 50 分从四道桥露营地出发，向北方进军。刚一到金钟河附近时，两岸一面浸水，行动极为困难，勉强渡河。再到达第二运河时，由于桥梁已被破坏，派出侦察队搜集船舶。此时，由于团匪正在破坏铁路桥，派遣掩护兵一个中队击退之。不过，铁路桥已经被破坏，且没有渡河材料，加之两运河间浸水厉害，无法渡过北塘河再前进，不得已退却至金钟河铁道桥附近。在此之前，俄军刚一占领后营，斯塔科卢白卢库中将欲迅速追击向陆路芦台方向退却的敌人，派遣侦察兵，又将独立骑兵队招致北塘。该侦察兵 21 日凌晨 4 点与独立骑兵队会合，最终于上午 8 点与骑兵一起到达北塘。该骑兵行动没有成功，一个原因是地形不利，因最初俄军侦察北塘南方的地形，考虑到其西北部危险，没敢侦察。

占领北塘后情况

俄军占领后营后，又进而占领了北方的兵营，21 日再占领了北方约四千米的兵营。

阿列克谢耶夫中将 20 日下午和德军莱塞尔中将、斯塔科卢白卢库两中将一起巡视战场，俄军在后营内设置司令部，向芦台方向配备了警戒队。德军为守备炮台，留驻了步兵两个中队，其余返回天津。

俘获及死伤

在此战中，俄军缴获可以使用的火炮达到 110 余门。另外，有水雷、火药和手枪三千余挺。德军亦在前营和中营掠缴火炮约 30 余门和诸材料。

俄、德和奥军死伤情况如下：

国别 / 类别	战死	负伤	备注
俄军	4	103	负伤者中包括 7 名军官，触雷负伤者为 40 余名
德军	0	7	
奥军	2	10	负伤者多为触雷轻伤
合计	6	120	

北塘进攻奏效后，俄军又北进，最终于 23 日独自占领了芦台。于是，俄军轻松由陆路向山海关方面前进，和各国舰队一起占领山海关，同时独自拥有塘沽、山海关间的铁道。

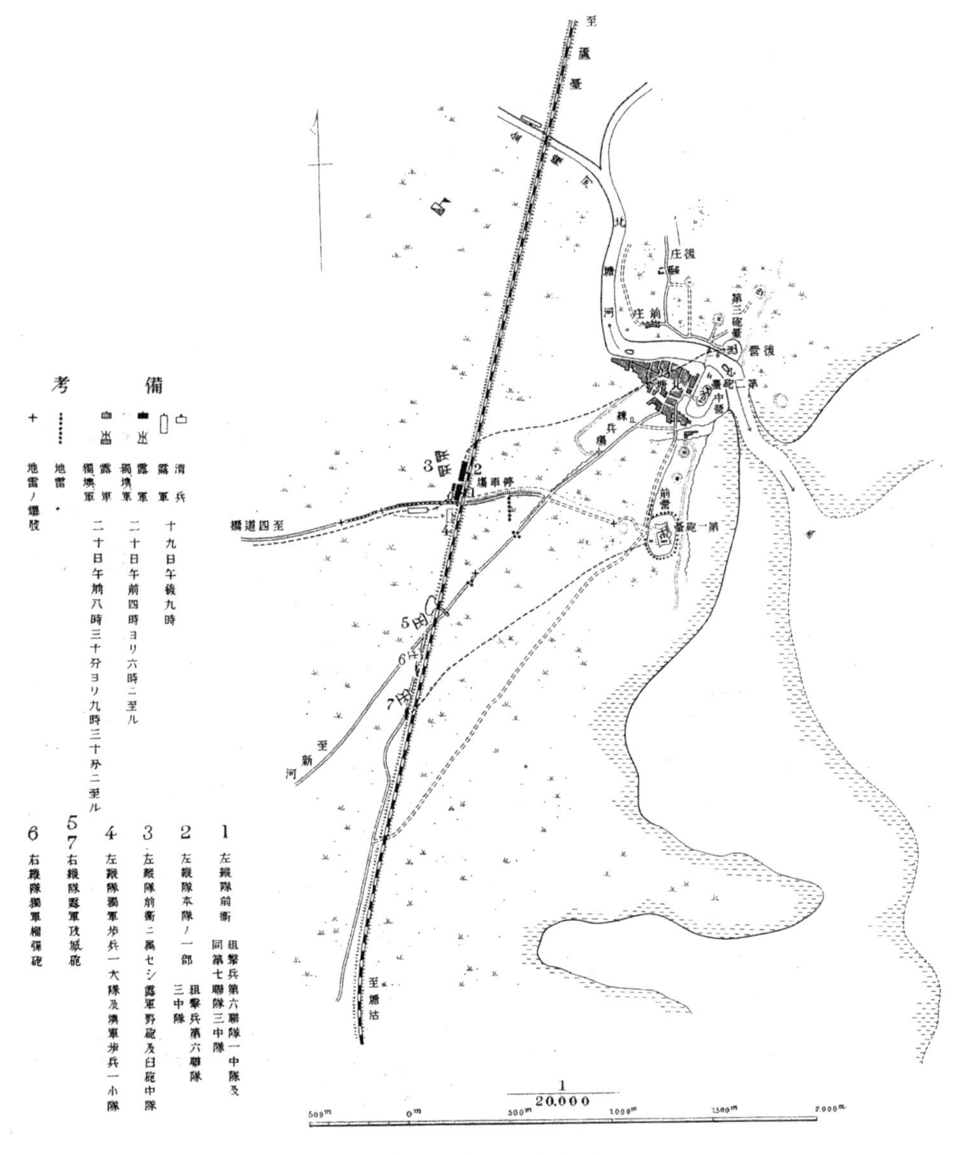

插图 23　北塘攻击略图

三　占领山海关

如前项所述,俄军主动和德、法、奥军一起进攻北塘时,在大沽口的各国舰队司令官亦召开会议,企图迅速占领山海关。

山海关附近一般地势

山海关锚地位于定远炮台的东面,由于距离陆地稍远,北风猛烈,连续吹起时也不免浪高,登陆地点以定远炮台西面为最佳位置。临榆县位于定远炮台西北方约五公里处,市街繁盛,便于获得宿舍、粮食及其他军需品。山海关还是关内关外两条铁道联络之处,是直隶省通往满洲的关口。自古以来都是战略上的著名要地，定远炮台和临榆县之间散置着炮台，连通军路，交通便利。

秦皇岛锚地位于山海关西面海上十余里处，当时是贸易港（明治 31 年开港），平时由北洋矿务局轮船在冬季期间和芝罘联系，保持着不完全的海陆交通。其登陆地点除依靠位于秦皇岛西面约三四链处的宽四间、长百间的木制栈桥（事变当时遭破坏）外，其远浅不能直接停靠舰船。在栈桥的外端，低潮时水深尚有十四尺，中型轮船可以横渡。另外，距离海岸约二海里的海面上，能够停泊吃水二十尺左右的船舶。海岸一般形成细砂平地，仅有两三栋西式房屋。此地距临榆县约四里，另外距离最近的汤河车站约一里半，总共一半是沙滩，车辆往来困难，汤河车站及其附近诸村庄全是荒村。

山海关及秦皇岛沿岸随着冬季趋于寒冷凛冽，冰块逐渐漂流在海上，浅滩之处因此结冰，且船舶和路上的交通都根据风雨如何而行。此地方多连刮属于北洋圈的北风，正巧阻挡冰块附着海岸，使其流向远处。此时，使海陆交通得以联络。不过，南风连刮时，不管冰块的厚薄，由于忽然聚集到海岸，以至阻碍了交通。只是由于冬季该地方的信风经常偏北，南风仅有数小时，最多不超过十数小时，极为稀少，这是其附近冬季结冰少的原因。

当时，山海关是武卫左军的守备地，由于数营士兵和炮台守备兵都留守在该地，各国军队在占领此地前首先必须让清军撤离炮台。

27 日大沽各国舰队司令官会议

9 月 27 日，碇泊大沽的各国舰队司令官根据德国舰队司令官贝德曼的提议，在英舰阿尔及灵号上，以西摩中将为议长召开会议。这是基于先前元帅在上海给德国舰队司令官占领山海关的指示，各国司令官都认为有必要占领山海关，只是在没有询问俄国舰队司令官阿列克谢耶夫中将的意见之前未能给予明确的回答。出羽常备舰队司令官同日下午电告驻北京日本公使馆森海军中佐，请求第五师团长预先派遣陆军。

日军之处置

于是，山口师团长 28 日经在天津的福岛少将命令秋山兵站监在天津的步兵两个中队参与此事，还委任福岛少将可以临机处置有关此方面的出兵，且同时经森海军中佐，向出羽常备舰队司令官通报此处置的命令。

应向山海关方向派遣的我军兵力与各国军队相比，虽稍感薄弱，不过由于当时我军处于一半撤离中，没有单独向山海关方面增派遣兵力的余力。

29 日各国司令官会议

29 日，各国舰队司令官再次召开了关于占领山海关的会议，俄军也最终同意出兵，其各国出兵人数如下：

国 别	人数（人）
英国	1000

续表

俄国	3500
德国	3600 及水兵 1 个中队
奥地利	190
法国	600
意大利	300
美国	400
日本	步兵 2 个中队及水兵若干

各国都将陆海军兵种混同,美国后来参与占领。

关于山海关方面的炮击部署和登陆地点,议论百出难以决定。终于决定该日晚派遣英舰名誉号到山海关方面,递送以和平手段开放该地的劝告书,该舰赴任之。

继而,30 日又召开会议,决定为占领山海关,各国舰队于 10 月 1 日晚从大沽出发。出羽常备舰队司令官电报秋山兵站监,请求在 1 日上午前陆军到达大沽河口。

英舰先行占领山海关

29 日,夜奔赴山海关的英舰名誉号报告未受到清军抵抗,炮台明确转让,留下若干守备兵,10 月 1 日返回大沽。

于是,各国舰队司令官又召开会议,结果是各国舰队马上起锚,10 月 2 日早晨 7 点到达该地,协商守备区域等事。

日本陆战队到达山海关

日本军舰浅间及高砂 2 日晨到达山海关,早晨 7 点海军中佐谷雅四郎率领的高砂舰陆战队员一百二十名,在定远炮台西面约五十米的海岸登陆,占领运输军需品存放场及架设栈桥等所必要的诸地点,还和各国军队一起着手占领炮台和车站等地。

各国军队分割占领

各国舰队司令官到达山海关后,立刻就有关占领炮台及其他事项等制定了如下决议(美国舰队司令官于第二次会议后参加,该军明确表示不参与山海关占领,参见插图 24):

一、第一炮台(定远营)由各国协商守备,按照德、奥、法、英、意、日和俄的顺序(法语开头字母顺序),悬挂国旗,设置如下守备兵:

日本	德国	奥地利	法国	英国	意大利	俄
25 人	60 人	18 人	25 人	25 人	25 人	50~80 人

第二炮台(靖远营)由德、奥、意军守备,第三炮台(镇远营)和火药库由法军守备,第四炮台(致远营)由日、英军守备,第五炮台(应远营)由俄军守备,长城外的三个炮台其炮无法使用。

二、山海关车站为各国军队所有,由各国军队分别派出军官一名和下士以下十名作为守备军。

三、山海关城内为保持一般安宁，禁止各国军队出入，各城门的守备如下：

东门	西门	南门	北门
俄军	日、意军	德军	英、法军

以上决定的处置由西摩中将通报给联军指挥官，在其命令前全都有效。

日军在上述决议外，占领了第二、第五炮台间的发电所。

派遣步兵两个中队

在此之前，秋山兵站监根据上述山口第五师团长的命令，29日从步兵第十一联队第二大队及第十二联队第三大队各出一个步兵中队做出发准备。是日又接到师团长的命令，“为在山海关方面使用，步兵第四十一联队第二大队（缺两个中队）明日从北京出发，10月4日到达天津，因此以前命令的两个中队可以在此队到达后轮换。”不过，30日有出羽常备舰队司令官的电报，不能等待从北京来的部队，需紧急编成前述两个中队由铁道运送到塘沽。由于俄军天津车站司令官拒绝其火车运送，不得已搭载中型轮船那贺川丸及加古川丸，晚上8点从水路向大沽出发，其组成及命令如下：

派遣队之组成：

派遣队长	陆军步兵大尉日根野周造
副官一名	来自步兵第十一联队第二大队
军医一名	来自步兵第十二联队第二大队
军吏一名	来自步兵第十一联队第二大队
下士两名	
翻译一名	
步兵两个中队	一是步兵第十一联队中队长步兵大尉汤地藤吉郎，另有军官以下226名，一是步兵第十二联队中队长步兵大尉河野喻义，另有军官以下204名，派遣队没有乘马、驮马，只携带弹药和炊具。

秋山兵站监给山海关派遣队长日根野大尉的命令要旨如下：

一、贵官的任务是协同联合舰队并各国陆军诸兵，占领山海关、秦皇岛附近，占据冬季期间海陆交通联络的据点。

二、贵官遵照出羽常备舰队司令官的指教，且和各国陆军指挥官协商行动为要。

另外，从天津的兵站司令官派出的樗木政章，从西大沽兵站司令部派出的步兵少尉堀江虎五郎、宪兵上等兵一名和辅助轮换兵十三名与派遣队同行。另外，从西大沽兵站司令部运送来两个月的粮秣。

30日，日根野大尉所率领的步兵两个中队从天津出发，10月1日到达大沽，转乘运输船鹿儿岛丸于上午8点出发。濑名大沽运输通信支部长为事务管理派遣同来的部员步兵大尉中岛正武以下三十五名人员至山海关,为运输通信事务选定地点。

运输船鹿儿岛丸2日上午8点30分到达山海关,于是,派遣队长日根野大尉和汤地中队一起登陆,马上向临榆县前进。

11点,汤地中队的先锋队到达山海关南门外,和陆战队合作选定宿舍。另外,该中队的余部登陆后,立刻以一个分队和守备定远炮台的陆战队轮换,又向临榆县前进,下午2点到达该所南门外。同时,樗木兵站司令官和日根野派遣队长也到达,和高砂陆战队指挥官谷海军中佐会见,从浅间舰长细谷资处得到舰队司令官会议要领的通报,马上由该中队分遣士官一名和下士以下十名到山海关车站,又派遣下士以下九名到山海关西门和陆战队轮换。

3点,由于河野中队亦到达山海关南门外,为守备第四炮台派遣其中的一个小队,又分遣一个分队到发电所,和各陆战队轮换,5点诸情全部交待完毕。

派遣队刚一到达山海关城外,其南门外当时已被划为各国军队的占领区。但由于西门外还未被各国军队占领,我军以西门外一带充任宿舍,还决定将运输通信支部办事处设在定远炮台内,兵站部设在南门外。

海军陆战队和陆军轮换各地点结束后,3日上午10点30分乘艇返舰。

俄国陆军由施瓦兹霍夫少将指挥,从芦台沿铁路急行,占领各车站。9月29日占领滦河铁路桥,约五百人于10月2日上午11点到达山海关。于是,塘沽、山海关间的铁路全部成了俄军占领之地。继而,俄军一部马上从山海关出发,10月13日到达新民屯,占领沿线铁路。另外,营口的俄军6日占领了牛庄的车站。

总之,占领山海关最初是由德国舰队司令官提议的,继而由各国舰队司令官会议决议,最终决定派遣陆军。但不论是从当时天津附近俄军的行动观察,还是根据出羽舰队司令官给海军大臣的报告(10月1日从大沽发),俄军都不希望和各国军队尤其日、英军一起占领之,因时制宜,利用独自力量占领位于直隶省、满洲分界点的唯一要地。对于这两方面,成了无法掩饰的事实。

占领秦皇岛

在此之前,1日晚,德国军舰的士兵三百四十余名在秦皇岛登陆,占领该地海岸和汤河车站。2日上午,英、俄、法各军舰又派少量士兵登陆秦皇岛。德军还有约三百余名登陆,占领海岸各地。当时,该地栈桥和码头上的铁路并附近房屋悉数为清军破坏。

4日,各国舰队司令官召开会议,决议为运送各国军队和货物、通信,以各国协商之费用建造栈桥。不过,对于地点,各国意见各异,法、德主张在秦皇岛,日、英主张在山海关。为此,各国派出委员进行实地考察。15日,终于决定修理秦皇岛栈桥,且在山海关架设三个栈桥。

清朝官员和各国军队指挥官会见

山海关全都成为各国军队之占领地,5日清朝官吏根据各国军队的劝告,来到定远炮台会见山海关各国军队指挥官,表示服从之意。同时,各国军队指挥官经过协商,规定如下诸项:

一、清朝官吏为获得供给之便,请求迅速开通铁路,俄军指挥官斯库利多罗夫明确表示俄军有铁路运输所需要的人员和材料。

二、清国人虽可出入山海关城内，但需在联军了解的基础上接受清朝官吏的检查。

三、山海关城门从日落至日出关闭之。

四、清朝官吏在城内保证穿着制服的各国军官的安全。

五、各国军官应携带护身之兵器。

六、清朝官吏为安抚居民可以发布公告，不过该公告必须首先得到各国军队的认可。

四　山海关派遣队之轮换及增兵

轮换原因

最初，关于各国舰队占领山海关，出羽常备舰队司令官向山口第五师团长请求派遣陆军，恰好由于此时是我军半数撤退之时，师团长以将来充任守备兵站的步兵第四十一联队（当时在北京）的一部参与之，但秋山兵站监因时间紧迫，最终先派遣天津的步兵两个中队。但是，因这两个中队需要马上返回内地，山海关守备队的兵力将来还需要步兵一个大队和骑工兵若干，师团长决定首先派遣小仓少佐率领的步兵两个中队（第六、第八中队）、骑兵一个小队、工兵半小队到山海关。

轮换军之派遣及命令

该小仓少佐率领的第六及第八中队 9 月 30 日从北京出发，10 月 4 日到达天津。翌日秋山兵站监在与福岛少将协商的基础上，给小仓少佐发出了如下要旨的训令：

一、贵官率领其部下（步兵两个中队）到西大沽，与运输通信支部长协商，利用运输船到山海关方面。

二、贵官的任务是和各国联合舰队及各国陆军诸军协同占领秦皇岛、山海关附近地区，设置冬季期间海陆交通联络的据点。

三、贵官需要遵照出羽舰队司令官的指示，与各国陆军指挥官协商行动。眼下派遣到山海关方面的日根野步兵大尉所率领的步兵部队轮换后返回西大沽。

6 日上午 9 点，小仓少佐率领的部队由铁路从天津出发，上午 11 点 30 分到达塘沽，继而，因宿舍给养问题又转移至西大沽。

7 日，工兵少尉滨木武雄率领工兵第五大队第二中队的半个小队到达西大沽，小仓少佐还接到来自福岛少将的电报，说："骑兵小队翌日上午 9 点由铁路运送，应尽可能与其同船出发。"

于是，步兵和工兵从 8 日上午 8 点 30 分搭载中型轮船舞子丸，下午 5 点从西大沽出发，翌日早晨 6 点 30 分在大沽转乘运输船佐仓丸。此时，骑兵中尉伊东仙三郎率领骑兵第五联队第三中队的一个小队已从塘沽乘轮船下白河，搭乘佐仓丸。

到达山海关和轮换

此新派遣队下午 5 点从大沽出发，10 日上午 8 点到达山海关锚地，10 点 20 分按照步兵、工兵和骑兵的顺序登陆，11 点 40 分步兵全部登陆结束。

自下午 1 点，各队到达山海关市街，宿营地如下所示：

大队本部、第六中队、骑兵小队和工兵半个小队	大西关(西门外)
第八中队	南关(南门外)

2点30分和先前守备的日根野大尉所指挥的步兵队轮换,如下配备各地守备兵:

第一炮台(各国守备)	第八中队下士以下35名
第四炮台(日、英守备)	第八中队军官1名、下士以下15名
发电所(日本占领)	第八中队下士以下7名
车站(各国守备)	第八中队一个分队(10月22日以后撤离)
山海关城西门(日、意守备)	第六中队下士以下10名
宿营地外卫兵和风纪卫兵	第六中队担任

4点轮换全部结束,日根野大尉的部队欲乘船返回,但因起浪终未果,在定远炮台北面的村庄露营。

11日,日根野大尉的部队搭乘佐仓丸返回大沽,继而凯旋回国。是日,小仓大队长历访在山海关的各国军队指挥官。

18日,山口第五师团长电令小原步兵第四十一联队长,再向山海关派遣在天津的步兵第四十一联队第二大队的余部(第五、第七中队),该步兵两个中队22日从天津出发,24日下午4点在山海关登陆。

于是,小仓少佐又如下改变守备及卫兵配置:

第一炮台	第五中队下士以下39名
第四炮台	第八中队军官1名、下士以下15名
兵站司令部仓库	第八中队下士以下7名
发电所	第七中队下士以下7名
西门	第七中队下士以下10名
外卫兵和风纪卫兵	第六中队各下士以下10名
车站守备兵	22日撤离

至增兵时之情况

在此之前,福岛少将被在天津的山口第五师团长委任可以临机处理山海关方面的出兵,得到英国军舰先遣队占领山海关的报告后,10月1日下午通过电报向师团长提出了如下要旨的意见,即此时应增加我支队的兵力,需要以步兵一个大队、骑兵一个小队和工兵一个小队来确保其守备,秋山兵站监亦同时提出。

山口师团长亦有同样的意见,先前刚派遣小仓少佐的两个中队,于是向联军指挥官做了如下报告:

予先前所出兵力(步兵两个中队)很少,守备山海关不足,尚需派遣小仓少佐率领的步兵两个中队、骑兵一个小队和工兵半个小队至山海关，该部队应于7日从大沽口经海路向该地进发。

对于上述通告，联军司令部10月6日做了如下要旨的回答：

由于山海关、秦皇岛的占领本来是由舰队司令官共同决议实行的，联军司令部如果没有接到舰队司令官会议的纪事，此问题就无法给予最后规定。

各国军队可以将山海关和秦皇岛作为将来的兵站地使用，还可利用山海关、塘沽、天津铁路进行军事上的各种运输，并有在此线路上设置兵站线之权利。因此，再次增加山海关守备队是否真有必要，请阁下考虑。

这起因于山海关占领乃是根据元帅给德国舰队司令官的指示，但其占领由于是各国舰队共同实行，关于该地各国陆军的最后处置，由各国舰队司令官接到其通牒后再决定。

五　占领山海关后之事迹

关于山海关炮台及其他守备区域等之军队命令

由于如前项所述的过程，各国舰队占领山海关，继而由于各国舰队司令官暂时决定占领诸炮台和地点，最后决定交由瓦德西元帅。10月8日，元帅发布了如下要旨之联军命令：

根据予之扩张提议，为获得冬季期间能够利用的港湾，各国舰队司令官守备山海关和秦皇岛，10月2日及4日临时分配守地，最后之处理交予决定。于是，予决定如下：

一、山海关的堡垒和车站并秦皇岛将来作为兵站主要地点，由各国共同守备之。

二、各堡垒的守备和警戒按照舰队司令官的议定进行。

第一炮台由各国军队卫兵守备，但由于英军最初在此地点竖立军旗，第一炮台以英国军官任司令官。

三、山海关的车站及该所和秦皇岛的材料，眼下尚为各国军队所有。各国军队拥有在该所，并将来成为兵站线的山海关、塘沽、北京线上驻有兵站部队的权利。

四、为处理山海关市及附近诸村庄的资源供军队需要，要避免恐吓或驱逐居民的暴行。根据此要领，以眼下在该处的老资格的俄军少将华西列夫斯基为司令官。

五、山海关、塘沽、杨村铁路的修理及将来的运行，由联军司令部和俄军司令部特别协商，由俄军担任之。

六、各国军队均能使用的山海关和秦皇岛港湾的修理及建设，以及至车站之间货物运输的计划及部署，由英军司令官担任。

任命山海关地方司令官

山海关是军事上和外交上各国所共同关注之地，特别是英、俄更是如此。于是，俄军少将华西列夫斯基成为该地司令官，英军少将克里心中不平，双方就其指挥权限发生冲突，元帅意欲调和，10月19日规定如下要旨，以对先前所发出的联军命令进行修正说明（此后12月上旬俄军将领华西列夫斯基离开山海关，英军将领克里任该地司令官）：

一、俄军少将华西列夫斯基任山海关市及近旁诸村落的司令官。

二、英军少将克里任秦皇岛近旁及华西列夫斯基少将还未规定地方的司令官。

三、两军官司令管辖的详细区划由两军官协商。

四、英军克里少将还可以为建设港湾工事,召集德、奥、意和日本水兵。

五、关于维持安定和秩序,两军官还应和法军指挥官协商。

各国指挥官会议

俄军将领华西列夫斯基刚一成为山海关司令官,10 月 12 日便召开该地各国军队指挥官会议,决定如下要旨:

一、为处理山海关的警察事务,以俄军上校沃罗诺沃为其司令官,各国军队各出一名委员,由该上校指挥,维持地方安定和每周召开一次委员会议。

二、严禁无钱征发,各国军队得以向委员会议寻求其食品。

三、除军官外,禁止进入城内。

四、在山海关缴获的物品平等地分配给各国军队,其方法交由瓦德西元帅决定。

五、各国军队可以使用山海关车站,而且给各国军队两间房,信号兵从各国军队中出。

各国军队指挥官会议和警察委员会议而后继续召开,保持各国军队间的相互关系及地方的卫生、安定。12 月上旬,俄军华西列夫斯基刚一离开该地,英军将领克里就担任该地司令官,继续该会议,而且此会议所决定的事项主要如下:

一、规定非常之际车站及山海关附近的警戒法,英、俄两军指挥官此时有特别命令权。

二、如果山海关、塘沽之间铁路开通,医院列车能运行至天津,其患者的看护由各国军医轮换担任。

三、答应清朝官吏的请求,设立清朝巡查,用于山海关城内,但该巡查不得携带武器。

俄军独占山海关车站

山海关车站最初为各国所共有,各国军队各自悬挂本国国旗,派遣若干守备兵。10 月 18 日根据联军命令,由于该车站归俄军占领,在山海关的俄军指挥官要求各国军队撤去车站的国旗和守备兵。因此,除英军以外皆同意,22 日悉数撤去。唯独英军以还没有接到元帅的命令为名不愿撤去,直到 12 月 22 日始撤去。

占领秦皇岛附近土地

各国军队占领山海关后,又进而占领海陆的重要联络点秦皇岛,以及该地和汤河车站之间的诸村庄。我军的增援部队刚一到达,10 月 27 日小仓守备队长就派遣第七中队的一个小队到秦皇岛北方约三千米的马房庄,还占领了秦皇岛南部标高十九米的靠近附近德军占领区域的登陆地点(马房庄最初为法军的占领地,和该军协商后同意让出)(以下参见插图 25)。

由于马房庄原为法军的占领地,11 月 30 日该军要求为其守备队进行分割,最终割让该村庄的半部。于是,还欲获得适当的土地,要求俄军让出占领的西盐务,12 月 12 日接受之。随后,小仓守备队长根据参谋本部的意愿,将我秦皇岛占领地又向其东北方向扩张,还占领西盐务南方海岸的土地。但由于已经成为俄、英、德军等的占领地,不得已又占领邻接其西面的若干土地,但秦皇岛东北部得以轻易占领。

起初，各国军队刚一占领山海关，我军因兵力寡少，不能充分行动。此间，各国军队迅速占领了山海关和秦皇岛附近枢要地区，英军在秦皇岛西南端架设大栈桥，且在该地和汤河车站之间敷设铁路（英国人企业进行，该国军队辅助之），将来有希望占领沿此海岸和铁路的土地。英、法、德、俄各军争相在其附近建筑房屋，我军亦根据英军的美意，12 月 14 日在铁路线附近得到约一千坪的土地，将来准备着手建筑房屋。由于德军认为乃自己的占领地，无法实现。于是，再次和山海关的英、德两指挥官交涉，后又在海岸获得与德军占领区域邻西相连的一百平方米的正方形土地。以前从英军接受的土地又还给了该军。继而，翌年 1 月在山海关的我占领海岸亦由德军请求因修筑栈桥在各国共同的利益上转让，终于让予德军，又在其西面接受英军的若干土地。

占领红瓦店

12 月 1 日，秋山兵站监和小仓少佐协商，向秦皇岛和山海关中间的红瓦店派遣由军官指挥的两个分队，并占领之。然而，在山海关的法军指挥官将该地视为法军监视区，要求撤兵。当时根据山海关的各国高级指挥官英将克里的仲裁，依然继续守备该地。

汤河车站附近亦因是各国军队占领之地，小仓少佐于 12 月 12 日以马房庄守备队的一部占领汤河西庄的一部分和新家庄。新家庄实际上当时是英军敷设的秦皇岛铁路和榆津铁路的联络点。

于是，我军占领的土地如插图 25 所示。

设置兵站

山海关的兵站事务起初由秋山兵站监派遣的兵站部员管理（少尉一名、上等宪兵一名、辅助运输兵十三名），在山海关南门外临时设置，专门供给山海关守备队。冬季逐渐到来，师团的兵站线日益需要变换到山海关方面。作为准备，10 月 14 日一个兵站司令部转移至山海关南关，1 月 25 日开始工作，由于还将大沽兵站司令部移至塘沽，将兵站线延长至山海关方面。

当时，由于塘沽、山海关之间的铁路和电信在胥各庄、北塘之间被破坏，秋山兵站监 10 月 20 日向山口师团长提出在芦台、北塘之间架设陆路兵站线的申请。结果，师团长于 22 日命令山海关守备队长小仓少佐，将步兵一个中队和传骑兵六名由秋山兵站监指挥，担任兵站线的守备。于是，12 月 4 日，步兵第四十一联队第七中队的两个小队和传骑兵四名部署在唐山；5 日，其一个小队和传骑兵两名部署在芦台。另外，11 月 27 日步兵半个小队从西大沽分遣到北塘。

如此，在塘沽以东设置了新兵站线，但结冰期前只能将运输船停靠在山海关（顺序为宇品、门司、山海关、大沽），很少利用此兵站线。12 月 7 日由于结冰，从大沽乘船登陆日渐困难，大沽运输通信支部将一部分转移至山海关（其大部在 28 日）。同月 15 日以后每五天运输船专门到达山海关（从宇品经门司、芝罘到山海关，复航线与此相反）。因此，大沽结冰（12 月 9 日）后，山海关方面的兵站线成了和内地交通往来的唯一联络线。

分配缴获品

山海关各堡垒内的缴获品,根据先前在山海关的各国军队指挥官会议决定平均分配给各国。10 月 28 日,英将克里又召开指挥官会议决定,由各国军队各出一名委员进行调查,将其结果报告给瓦德西元帅,等待其命令进行处分。而且,日、英、俄、德、奥、意各委员同月 29 日和 30 日召开会议,暂时确定其分配案,报告克里少将。法国从一开始就对各国平分说持有异议,主张自己占领堡垒内的兵器为该军所用,因此没有参与委员会议,最终在 12 月 18 日向各国军队表示同意。克里少将将其处置交给瓦德西元帅,于是元帅以翌年 1 月 24 日的联军命令,规定如下分配:

国名	制造所	炮种	炮数	该炮的炮台番号	炮的总数
德	克虏伯	12 厘米加农	2	第五	5
德	克虏伯	21 厘米加农	3	第一	
英	克虏伯	8 厘米	5	第四	6
英	阿姆斯特朗	15 厘米加农	1	第二	
奥	克虏伯	12 厘米加农	1	第三	6
奥	克虏伯	21 厘米加农	1	第一	
奥	克虏伯	8 厘米	4	第四和第五	
法	克虏伯	15 厘米榴弹炮	4	第二和第三	5
法	阿姆斯特朗	15 厘米加农	1	第三	
日本	克虏伯	15 厘米榴弹炮	4	第一和第四	5
日本	克虏伯	15 厘米榴弹炮	1	第四	
意	克虏伯	8 厘米	2	第一	7
意	克虏伯	9 厘米	4	第三	
意	阿姆斯特朗	15 厘米加农	1	第一	
俄	克虏伯	12 厘米榴弹炮	2	第四	5
俄	克虏伯	21 厘米榴弹炮	3	第一、第二和第四	

一、属于此等炮的弹药以和炮同样的比例,分配给各国军队,但像正午的号炮或礼炮除外,以该地的需要配备弹药。

二、前述划分不能直接给予占领的权利,各国军队在确认撤退其军队或恢复和平前,所分配的炮和弹药应留在现场。

三、其他所在的兵器和弹药要废弃。

分配给我军的大炮、弹药及其他诸材料,5 月 25 日山口师团长命令野战兵器厂长,将其送至门司兵器本厂,并留下一部分送至第五师团司令部。

在此之前,我山海关守备队在北方的二郎庙发现火药库,该地司令官英将克里将其全部让于我军。不过由于我军不需要,在大沽炮台守备炮兵中队刚一转移至山海关,1 月 7

日命令该队长炮兵大尉村上九郎彦处理该火药。其数量如下：

褐色一孔六棱药(栗色饼药)	260 箱
黑色七孔六棱四(饼药)	780 箱
黑色炮药(小粒炮药、大粒炮药)	470 箱
步枪药(一号枪药、二号枪药)	530 箱
合计	2040 箱(1 箱的容量约 30 千瓦)
步枪空包	530 箱

火药爆炸

23、24 两天，村上大尉监督其部下和英军军官一起将约一千一百三十箱焚烧。另外，散弃的约三百箱野炮药及步枪药下午 4 点 30 分突然在场地着火，散布在库外的火药发生猛烈爆炸，当即炸死下士以下三十七名(步兵十八名、炮兵十九名)，重伤士兵两名，轻伤士兵两名，英军军官一名和下士一名亦负轻伤，村上大尉重伤，终在 31 日死去。

爆炸原因

设置日、英委员探究发生爆炸的原因，其结果如下：

一、由于一时散布很多火药，且邻近晚上，急于处理而没有注意脚下，加之地面的沙石和靴底的铁皮发生摩擦起火，这是基本原因。

二、由于打开火药箱时使用铁器，且有人在启火药箱铁钉时，缺乏注意，结果与铁部摩擦起火，这也是基本原因。

秋山兵站监为调查其原因，派遣野战兵器厂长酒井五六到山海关，该兵器厂长的报告要旨如下：

认为点火之时，没有引炸其他火药爆炸，而是用于作业的器械起火，其器械是铁制的长一尺五寸、宽一寸五分的螺钉和小斧头等。判断是破坏火药箱时，器械和内部的铁叶箱或外箱铁制螺钉发生撞击而起火。

由于此灾难，尚残留在库内的约七百箱火药，其后于 2 月 14 日丢弃到第一炮台附近的海中。

派遣讨伐队

由于山海关附近经常有马贼出没，各国军队亦经常派遣讨伐队，其中尤以法、俄军最多。俄军还占领关外铁路，经常向锦州府周围派遣讨伐队，意在占领该地。我军也于 1 月 13 日由步兵两个小队和骑兵九骑组成的一个部队到李家堡(山海关东北约三里)，4 月 21 日还和英军联合，派遣步兵一个中队到抚宁县北方(山海关西面至北京道上约十三里)。前者是先前派遣到李家堡附近的山海关运输通信支部辅助运输兵，在该地遭到马贼的袭击，死亡四名。由于英军骑兵同日也在该处附近遭到二百余名马贼的袭击，出现死伤。为讨伐而派遣的该支队却最终没有遇到马贼而返回山海关。后者应英军的要求，英、法两军

(法军当日在该所附近会合)一起在抚宁县北方抬头营进攻约一千三百余名马贼,使其溃散,26日返回山海关(李家堡及抬头营讨伐的详细情况请参见第三十八章四)。

除此之外,还派遣小部队到各处,但大都没有遇到敌人而返回山海关。

分遣永平府

4月24日,英将克里请求我派遣一部队到永平府(山海关、北京道上离山海关约二十里),山口第五师团长为此派步兵第四十一联队第六中队于5月2日从山海关出发,由铁路到达滦州,3日从水路到达永平府。另外,为和永平府分遣队保持联络,4月30日将该中队军官指挥的一个分队配备在滦州(永平府的南面约五里,沿铁路有车站)。

插图24　山海关附近列国占领位置略图

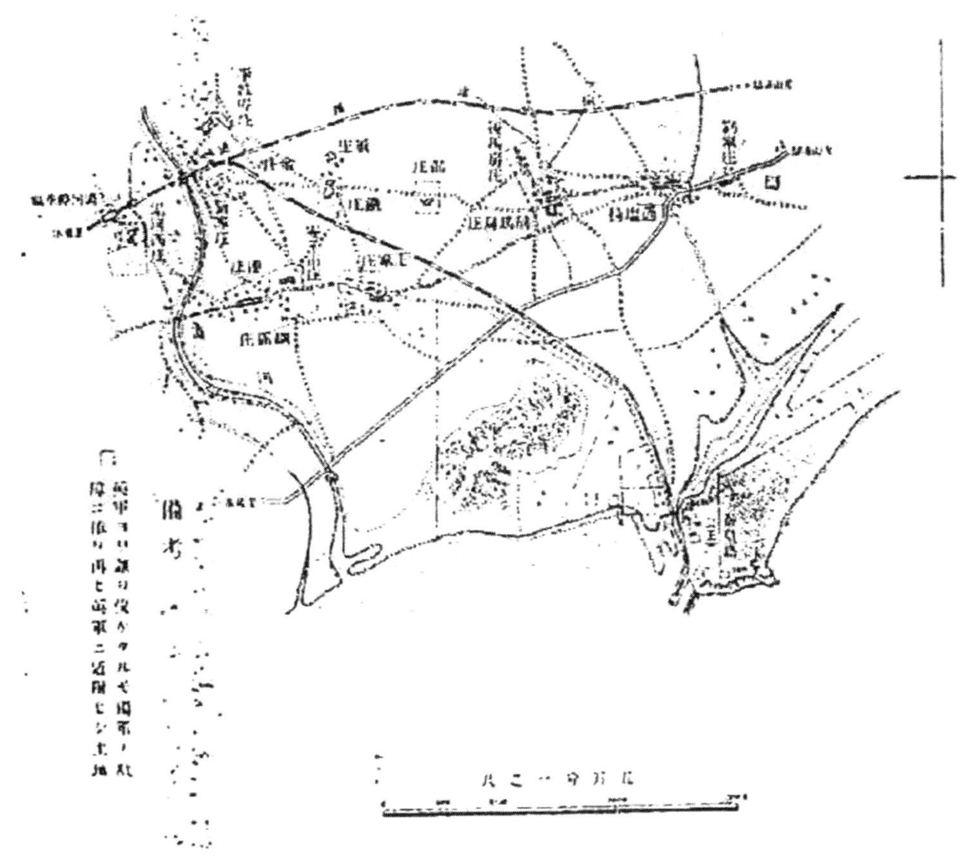

插图 25　秦皇岛附近各国占领位置略图

第二十七章　占领保定府及其后之事迹

一　联军之前进计划及实施(参见插图 26)

联军指挥官元帅瓦德西伯爵企图增加德、法、英、意军远征保定府，10 月 8 日发布了如下的联军命令。

关于远征之联军命令

根据各种谍报，保定府附近尚集合有强大的拳匪，另在该市内及北京、保定府街区还有不容忽视的清兵。

因此，予希望由各国军队组成支队占领保定府。

为此目的，予又和法国远征军司令官絮西隆中将交涉协商，结果进行如下行动：

一、当月 12 日甲纵队从天津、乙纵队从北京出发，向保定府进发。每天平均二十公里,行军七天,于本月19日得以到达该地。

二、两纵队应迅速开通相互联络,此联络至迟要保持到甲纵队到达安州、乙纵队达到安肃县后。从前述两地,两纵队都不要单独向前方前进,根据乙纵队指挥官的部署,要从当地共同一致前进。

三、兵站线的设置和警戒之事由甲、乙两纵队指挥官部署,给养等追加品由各国军队指挥官处置。

四、为使保定府和兵站线,及其附近的物资能继续供军队使用,应避免对和平居民的暴行和不合规矩的征发。

与此相反,在行军路上应尽可能压制拳匪,保护和平居民,对拳匪要采取严厉手段。

军队如下:

甲纵队(天津)			
指挥官		少将巴尤	
第一	法军支队	步兵二至三个大队	
		骑兵一个中队	
		炮兵一个中队(4门)	
		工兵分队	
第二	德、意军支队	司令官	少将冯·克特来卢
		德国步兵一联队2个大队(东亚步兵第三联队)	
		德国骑兵1个小队	
		德国野炮兵1个中队(4门)	
		德国野战医院1个	
		意大利伯利萨古利艾利1个大队(缺1个中队)	
		意大利山炮兵1个中队(6门)	
		意大利工兵1个支队	
第三	英军支队	司令官	少将坎贝尔
		濠州海军1个中队(机关炮2门、12磅海军炮1门)	
		旁遮普步兵第二十联队6个中队	
		香港步兵联队4个中队	
		马德拉斯锹兵联队的2个中队	
		孟买骑兵第三联队的2个中队	
		孟加拉枪骑兵1个中队	
		骑炮兵B中队(6门)	
		速射炮1个小队(2门)	
		孟买工兵第二中队半部	
乙纵队(北京)			

续表

指挥官		中将萨·艾、盖斯里	
第一	法军支队	海军步兵 2 个大队	
第二	德、意军支队	司令官	上校冯·诺尔曼
		德国步兵 2 个大队	
		德国骑兵 12 名	
		德国野炮兵第三中队(炮 2 门)	
		德国海军炮兵中队(炮 4 门)	
		意大利步兵 1 个大队	
第三	英军支队	司令官	少将多沃德
		步兵 2 个联队(2 个大队)	
		骑兵 1 个联队(4 个中队)	
		乘车炮兵第四中队(炮 4 门)	
		工兵 1 个中队	

以上命令中的法军支队的实际兵力,甲纵队是步兵两个大队,乙纵队是步兵一个大队,山炮一个中队。

法军之单独行动

根据上述的联军命令,预定甲、乙两纵队在安肃县附近会合,而后一起向保定府前进。然而,实际上由于从天津出发的法军一部已经在各国军队之前占据了前方,即从天津出发的甲纵队还未到达前,已于 12 日到达保定府。乙纵队亦有法军的一部先于各国军队已经向琉璃河镇附近前进。

如此,关于占领保定府的法军行动脱离了联军命令的范围,但由于法军在策略上企图尽可能地在他国军队之前占领保定府,在联军命令发出之前已经开始行动。于是,中校德马雷指挥的法军(兹阿卜第三大队、阿夫利卡猎骑兵一中队和山炮一小队)接到应占领霸州的命令,10 月 3 日从天津出发,没有受到抵抗就占领了霸州。该部队 9 日向西南方运动,10 日到达十二连桥,11 日到达新安县,12 日到达大辛庄,13 日到达保定府。法军指挥官向该部队发出应等待联军到来的命令,但未能适时接受,最终如此到达保定府。

准备粮食等

英军虽然准备了预计远征期间三周的粮食,但属于乙纵队的德军不过有九天,意军不过有七天,法军不过仅有三天的口粮。因此,其给养要依靠地方物资和由保定运河运输的军需品。

英军预计制作了记载有北京至保定府间的道路、预定宿营地、道路的性质、河流的位置和桥梁、其他有关敌人的一般情报和战斗预想地等略图,并将其配备给一般军官。

联军司令部来的副参谋长少将冯·嘎卢、中校冯·鲍尔、大尉冯·尤·古雷本和中尉瓦克斯属于巴尤少将的司令部,参谋少校男爵马卢夏路和副官少尉伯爵克斯马鲁库属于盖斯里中将的司令部,从日军来视察的誉田参谋和炮兵少尉冈原时三、美军来的副官上尉哈克松和中尉塔那卢附属于盖斯里中将的司令部,奥军参谋大尉沃恰克、意军上尉佛利高属于巴尤少将的司令部。

清军之退避

甲、乙两纵队行军途中都没有遭到官兵、团匪的抵抗,19 日至 21 日间到达保定府。在此之前,庆亲王和李鸿章担忧联军有远征保定府之举,屡次发电报或派使者,布告清军和市民不要抵抗联军,这是驻屯在保定府附近和涿州的清军远远躲避各国军队的原因(在涿州的清兵应盖斯里中将的要求,在乙纵队到达之前首先向西方,继而向西南方撤退)。

甲纵队部署和前进道路

甲纵队指挥官巴尤少将 10 月 9 日在天津下达了如下要旨的命令:

决定远征保定府的联军分为如下两团:

第一团	德、法和意军	在保定运河北面作战
第二团	英军	在保定运河南面作战

第一团又分为两个纵队,其中第一纵队是德、意军,为右纵队,向永定河南面前进;第二纵队是法军,为左纵队,尽可能沿保定运河前进。

10 月 12 日早晨按如下出发:

德、意军上午 9 点通过通往大清河河堤的桥梁,英军同时通过天津土墙的北方舟桥,法军取德军的道路,纵队的先锋上午 9 点在通往大清河河堤的桥梁上。

向保定府前进分为三个时期:

第一,诸军到霸州、苏家桥、文安县一线。

第二,诸军在到达容城县、安州线时,下达第三时期和进入保定府的命令。

其进入由各国军队同时实施。

如果当地状况允许的话,军队可以在数村宿营。

如果数国军队在一个村庄宿营,最高级的老资格军官为宿营司令官,为避免各国军队混淆,确定各占领区域,并为维持秩序发布必要的命令。

10 月 12 日的宿营地确定如下:

一	清宫及周围的村落	德、意军
二	韩家树附近	法军
三	杨柳青	英军

其余的宿营地由各纵队指挥官遵守此处所示的一般提示,18 日到达容城县、安州一线的由各自确定。

甲纵队指挥官15日上午10点在霸州。

德、英军司令官是日得到复命，许可各出一名军官为甲纵队指挥官，接受其命令。

注意：

一、地图是法军制作的百万分之一的亚细亚地图。

二、各纵队指挥官因气候、军队情况和当时得到宿营地的性质的不完整报道，其宿营地前后多少有所变化。

三、天津出发的道路

德军在通过城墙和白河之间的街道、寺院的附近渡过运河，通过红桥，最后通过舟桥前的城外。

英军从紫竹林教堂[①]向西面大沽路前进，取从西机器局通往北方的道路，经城内的中央道路，在城墙的北方舟桥渡运河，折向左方。维多利亚街、大沽街分别预备供给德军和英军。

法军取德军的道路。

根据此部署，各纵队大概按如下前进：

区分＼日期		12日	13日	14日	15日	16日	17日	18日	19日
第一纵队	德、意军	河头	唐二府	霸州	停留	孔家码头	白沟店	容城县门南面	保定府
第二纵队	法军	河头南方	杨芬附近	杨芬附近	苏家镇附近	保定县附近	雄县	新安县	保安府
第三纵队	英军	杨柳青	独流镇	王家口	文安县	张家铺	鄚州东面八防	不详	高阳县

备注：第三纵队21日进入保定府，20日的宿营地不详。

因该运河成为英军向保定运河南方前进的障碍，15日没有取得联系，至17日法军的先锋队已经到达保定府，英军到达安州，知道没有必要和他军集合，经高阳县于21日到达保定府。

德、意军14日到达霸州，命令在该地的清军将领福安撤退其率领的约三千士兵。滞留在此地的这些清军是为了扫荡拳匪，对各国军队没有进行任何抵抗，15日向西南正定府方向撤退。17日向安肃县方向派遣联络侦察兵，在新城县遭遇清军，18日为将其击退，派遣德军步兵两个中队、意军山炮一个小队，但清军在前夜已有向容城县方向撤退的迹象。

各国军队利用保定运河输送军需品，特别是法军利用水路最多，且在天津雇佣八百苦力，每个士兵携带两天的粮食，减轻其辎重负担。德军雇佣日德组壮夫二百余名（日本人），从事搬运，但因成效小而最终被解雇。甲纵队指挥官少将巴尤18日到达安肃县，与

① 原文为“テムペランスホール”，疑为紫竹林教堂，或合众会堂。——译者注

乙纵队指挥官盖斯里中将会合,决定19日诸队进入连接保定府的该市内。

乙纵队行军日期

乙纵队以一个纵队前进,每天变换行军序列,19日到达保定府。其行军日期、宿营地(里程)和各国军队的行进顺序如下:

12日	长杨庄	7里	英军从北京天坛出发,在芦沟桥和德、意军会合,法军已在前进。
13日	琉璃河镇	4里半	英、德、意的顺序(在该处和法军会合)
14日	松林店	6里	法、德、意、英的顺序
15日	定兴县	6里半	德、意、英、法的顺序
16日	固城镇	3里半	英、法、德、意的顺序
17日	安肃县	4里	法、德、意、英的顺序
18日	安肃县滞留		负责和甲纵队联络
19日	保定府	5里半	意、德、英、法的顺序

盖斯里中将通常于下午4点左右下达有关翌日的命令,此命令大致记载了一般状况、行军的目的地、各国军队的出发地点、时间、顺序和自己的位置。纵队的前头部队一般于上午7点前后从宿营地出发(命令的形式和我军不同点是没有指挥官的署名,以参谋长之名加记"依命令")。乙纵队行军中从其前头部队中派出前卫,后卫军还设置后卫,英军骑兵还经常在纵队的前方进行。而且,住宿时英军经常幕营,法、德、意军通常在村庄露营。给养上,英军通常使用携带的粮食,其他军队大都依靠地方物资,特别是法、意军亦然。此行军中尤为显著的是沿街人家几乎都悬挂法国国旗,但这是先行法军告谕当地居民的结果。

设置递信骑兵哨和电报

隶属乙纵队的英军为后备交通,在下列各处设置骑哨兵,德、法军的骑哨兵的位置大致与其类似。琉璃河镇、松林店、定兴县附近桥梁的一侧、安肃县。在各地点的兵力,下士一名、兵卒八名。

甲纵队方面,德、法军沿运河配备哨兵,德军在天津至保定府之间架设电信线(10月30日开通),法军修理北京至保定府之间的铁路用电线(参见第二十九章)。

到达保定府

盖斯里中将18日在安肃县和甲、乙两纵队联络后,于19日率领诸队到达保定府。直隶省布政使廷雍告知由法国军官做向导,在保定府北面约二千米的郊外欢迎盖斯里中将,且为军队准备粮食、宿舍,还请求军队留在城外。

各队虽到达保定府,但没有马上进入城内。英军在北门外道路的东侧田地幕营,德、意军在北门外村庄露营,法军在东门外兵营和其附近村庄宿营(甲纵队已经到达,法军一部未进入城内,只是占领了诸门)。

二 占领之情况及联军之返回(参见插图 26)

指挥官会议

甲、乙两纵队刚一到达保定府,各国军队指挥官 19 日下午 3 点就在英军司令部会面,就进入城内和占领进行商议。20 日上午 10 点,各国军官首先进入市内视察情况,且各国军队各守一门,各门皆代表各国军队,决定悬挂四国国旗。

东门	德军
西门	法军
南门	意军
北门	英军

各门的守备兵为军官一名、下士以下五十名。

在此会议上,盖斯里中将提出意见,为维持保定府的物资并防止掠夺,不占领保定府,巴尤少将表示反对,主张为加以压制,军队进入城内,且万一清军在此,使其向西南方撤退。

视察城内和分配占领区域

20 日上午 10 点,各国军队指挥官和其幕僚及其他军官一起率领骑兵三十名从北门进入城内,出南门又从西门通过东门,城内人民皆在家中。通过城内后再次召开会议,根据德军的主张,盖斯里中将最终不得已将城内市街分为如下四处,分配给各国军队。

西北部	英军
西南部	法军
东北部	德军
东南部	意军

当时,城内到处都悬挂着法国国旗,各占领区划定后,为各国国旗取代。

英军 21 日将其司令部移入城内,但其军队依然在城外宿营,德、法、意军大部在城内宿营。在保定府,地方官吏斡旋,事先准备会馆等大房间充任军队宿营,且馈赠粮食等犒劳军队。

德军根据得到的布政使的信札,知道清政府的金库就在此地,进行搜索,缴获二十四万三千四百六十八两马蹄银,其后元帅将其分予二三军队。

北京、正定府之间的铁路及各车站为法军所占领,当时,该铁路大都被团匪破坏,只有保定府以南和保定府、曹河镇之间约十二米和保定府车站免遭破坏。另外,法军派遣一部到正定府,保护芦汉铁路公司人员,马上着手重新修理。

各国军队为掌握各自占领区域内的治安等,设立警察事务委员,还以德军少校威尼凯卢为全市街的警察事务长官,实行军事警察管理。

审查暴行

盖斯里中将为审理事变当初的7月上旬在保定府被团匪残忍杀害传教士的事实,以法国少将福里为委员长,英、德、意军各出一名军官,还增加一名精通清国事务的英国公使馆员,调查其暴行。该委员根据暴行当时幸免于难的英国传教士的口述,确认事实。保定府的暴行,当时当地的官吏非但没有镇压,反而助长拳匪之乱扩大。因此,处以现在代理直隶省总督而尽力于扫荡拳匪的布政使廷雍死刑。因拳匪的缘故,决定破坏部分公共建筑物和一部分城墙,盖斯里中将将结果报告给瓦德西元帅,11月6日实行之。

搜索及征发区域

以搜索保定府附近和征发为目的,盖斯里中将向各国军队分配如下地区:

英军	西北部
法军	西南部
德军	东南部
意军	东北部

这些地区各距离保定府五十公里。

运河到保定府南门前,河宽十至十五米,水亦深,颇有舟楫之便。各国军队将距离南门东南约一千五百米的地方作为登陆地,各国军队各征发数十艘运送船,专门利用水运,在保定府、天津间运输。

各国军队之返回

在归还保定府之处置上,德、法军亦未取得一致。10月22日上午,盖尔少将和凯陶赖卢少将得知法军发出翌日返回北京方向的命令,马上拜访盖斯里中将,再三解释称为了不让清国民众看出联军一致行动的破绽,才临时决定德、英、意支队在23日从保定府出发,首先占领易州。易州乃清朝西陵所在地,占领此地会大大刺激清国民心,当时察知法军亦企图占领此地,欲在此之前占领之。继而根据元帅应通过广袤土地的训令,英、德、意军部队按如下划分返回北京和天津。

从北京出发的乙纵队(法军除外)分为三个纵队,取如下道路:

西面纵队	赴易州的部队(23日从保定府出发的德、意军步兵各一个大队、德军炮兵一个中队和英军骑兵一百名),搜索到西面长城,沿着高地山脉返回北京(11月6日到北京)
中央纵队	剩余的德、意军29日从保定府出发,经容城县、新城县、固安县和黄村,返回北京(11月5日到北京)
东面纵队	英军部队28日从保定府出发,经容城县、白沟店、永清县、廊坊,返回北京(11月5日到北京)

从天津派遣的甲纵队，即布白卢少将率领的英军27日从保定府出发，破坏该地附近团匪的四个堡寨，经张登、河间府、大城县及王家口，于11月7日返回天津。

盖斯里中将和护卫兵一起于28日从保定府出发，经北京、保定府大道，于11月1日返回北京。

在此之前，法军占领保定府后，为占领西陵，马上派遣从北京来的拉里尤邦上校率领的一个支队。该支队因迟于从盖斯里中将派出的德、英、意的支队而急行军，10月24日到达涿州，翌日从该地派遣步兵乘坐清国马匹。其先头部队28日到达西陵，不过此时该地已为德、英军所占领。

属于乙纵队的法军一部分先于各国军队从保定府出发，经定兴县、涿州返回北京，其余部和属于甲纵队的法、德、意军留在保定府。另外，德、法两军最终在该地设置永久守备兵（德军约三千人、法军约二千五百人）。

各国军队从保定府返回途中大都稳定，只是沿西面长城返回的德、意、英军在紫荆关攻击清兵，东面纵队在廊坊附近击退清兵，中央纵队在固安击溃若干团匪。

紫荆关小战

10月23日，德军上校冯・诺尔曼指挥的德军步兵一个大队、炮兵一个中队和意军步兵一个大队和英军上校指挥的“孟加拉”骑兵百骑从保定府出发，25日占领易州。继而接到返回北京的命令，28日从该地出发，29日黎明在紫荆关击退清兵。但是，27日德国少校冯・菲特斯特卢的侦察队受到来自紫荆关敌人的袭击，因为该关已被清军占领，这是该纵队决定攻击敌人的原因。

28日，前记支队用驮马改载三天的粮食和所需要的弹药，经西陵到达泥凹铺附近宿营。是日晚上7点，进行前方搜索的“孟加拉”骑兵回来报告说：“溯河到达城墙，但最终没有发现敌人，也没有看到关楼。”是日联军司令部副参谋长少将冯・嘎卢和联军司令部的若干军官亦追赶支队而来，根据嘎卢少将的提议，由诺尔曼上校与前日派出侦察的冯・菲特斯特卢少校将第七中队和第八中队混成一个中队，再次进行侦察，嘎卢少将一行也在这一侦察队。侦察队以前哨捕获的农民为向导，晚上8点30分出发，通过黑暗中很难通行的山路。翌日凌晨3点因道路不明休憩，菲特斯特卢少校从侦察道路返回，早晨6点再次前进，最终接近清军守备的石造房屋并击退之，继而受到来自清军哨兵的集中射击，三名士兵受重伤。

其后继续前进，再次受到来自山顶的集中射击。先锋队隐蔽在岩石处进行反击，由于敌人发射速射炮及其他口径炮，并占据险峻的山上，中队难以前进，这时嘎卢少将恰好从后方回来，冯・诺尔曼上校的副官疾驰海军炮兵、步兵一个中队到西方高地，应对侧面射击德军的敌人。指示支队应该迅速前进，时为8点。当时，敌人的兵力为四百余人，有速射炮三门和臼炮八门，德国中队不过有步枪一百零三支，中队缓缓射击，节省弹药。

期间，派遣到敌人左翼的德军一个小队攀登险峻的山腰，实施有效的侧面射击，且从前方阵地击退敌人，从侧面逼近敌人，最终击退敌人。时为10点。此时恰好诺尔曼上校所率支队的先头部队刚刚到达，敌人已经放弃紫荆关撤退，该支队仅仅参与了追击敌人。

在此战斗中，德军士兵两名战死，四名重伤（其中三名死去），三名轻伤。另外。菲特斯特卢少校手负轻伤，清兵八十人被击毙，根据俘虏之言，清军兵力为三个营，以前在北京。

支队中的一个大队是日在紫荆关市街宿营,其他返回泥凹铺附近,诸队于11月1日出发,经易州、房山县,6日返回北京。而后,西陵成为法军(上校拉里尤邦率领)守备之地。

三　北京之守备

担当北京守备之任

瓦德西元帅10月8日发布了关于远征保定府的命令,同时向山口师团长递送了如下书函,委托我军守备北京:

为占领保定府,予发布如下的联军命令,谨告阁下(命令在本章二):"予相信日本帝国军队参加此次作战能够达成协议,一是由于阁下目前的军队在显著减少和转移,相信选择前述目的是不利的。另一方面感到有必要在首府北京留驻强大的兵力。加之,阁下是眼下资格最老的军官,在北京行使其命令,予必定非常放心。此时,非常希望在北京的日本帝国军队不要减少。"

于是,山口师团长向大山参谋总长发出了如下电报:"由于英、德、法、意联军进军保定府,依靠我军守备北京。另外,以少数兵力参加保定府之军,相信也没有失去协同作战的名义。"

如是,我军虽不出兵此次远征,但担当与此相关的北京防御,也可以不失联合的名实。

山口师团长为守备北京,10月15日在师团司令部会见在北京的各国军队指挥官和参谋,商议防御计划。

北京当时状况

当时,北京的状况虽没有受到清军攻击的顾虑,但团匪尚在各处徘徊,北京内外的清国民众也没有完全安定,特别是由于北京的各国士兵因远征保定府而大幅减少,需要商议事先应对不测事变的方法。

北京是保定府远征军的唯一据点,是外交官所在地,不用说乃守备的重要之地。并且,环绕全市的城墙极为牢固,只要坚固守备各城门,任何士兵都无法进入城内。北京城防御的关键实际上是城门,其防御方法也简单。不过,此防御只是防御北京还不充分,掩护从北京通向保定府的联络线和从北京经通州到天津的联络线亦极为重要。但对此两联络线行动的时间和兵力,要根据需要决定。

留驻北京之各国兵力

当时,留在北京的各国兵力如下:

日军	步兵2个大队和2个中队
	骑兵2个中队(缺1个小队)
	炮兵2个中队
	工兵1个中队(缺1个小队)
	计人员约2500、炮12门

续表

德军	海军步兵 2 个大队
	工兵 1 个中队
	野炮 2 门
	计人员约 2090、炮 2 门
法军	海军步兵 3 个大队
	野炮 6 门、山炮 6 门
	计人员 3000、炮 11 门
英军	步兵 4 个联队(1 个联队由 1 个大队和相同人员组成)
	骑兵 3 个中队
	炮兵 1 个中队
	工兵 1 个中队
	计人员约 3500、炮 6 门
美军	步兵 2 个联队(2152 人)
	骑兵 1 个队(445 人)
	炮兵 1 个中队
	计人员 2769 人、炮 6 门
意军	步兵 1 个大队
	水兵 1 个中队
	机关炮 2 门
	计人员约 750 人、炮 2 门
俄军	最初是步兵 1 个大队,后又有极少的公使馆护卫兵

北京防御计划

山口师团长根据会议的结果,将守备区域分配给各国军队如下:

一、日军,从朝阳门和其北面,经东直门、安定门、德胜门,到西直门北面一线。但西直门平常由日、意军守备,有事时由意军专门守备。

二、德军,从朝阳门南面至东便门东面和从阜成门与西便门的中央经西便门至广宁门北面一线。

三、法军,从西直门和阜成门的中央经阜成门至阜成门和西便门的中央。

四、英军,从东便门东面经广渠门、左安门至永定门西面。

五、美军,从永定门东面经右安门至广宁门。

六、意军,西直门及其南面。

山口师团长同日(10 月 15 日)还规定关于一般的守备和日军占领区域的防御计划如下:

一、日军占领的防御区域

日军占领的城墙从东面朝阳门至北城墙的全部和西直门。其间有四个城门和约一万米长的城墙,不过,由于城墙坚固,只需少数兵力防御即可。

第一区	朝阳门方面	从朝阳门到北面东直门的中间城墙间
第二区	东直门及安定门方面	南面接第一区,北面到安定门、德胜门的中间城墙间
第三区	德胜门、西直门方面	东接第二区,南面到西直门北面间

各区的守备和预备队的划分如下:

<table>
<tr><td>第一区</td><td colspan="2">步兵大队本部和1个中队、传骑兵3名,以中队主力守备朝阳门</td></tr>
<tr><td rowspan="2">第二区</td><td colspan="2">步兵大队本部和2个中队、骑兵1个分队</td></tr>
<tr><td colspan="2">以各步兵2个小队守备东直门和安定门,所需要的兵力配备在中间的城墙上,其余的2个小队在东直门大街北新桥交叉点附近,为扇区的预备。</td></tr>
<tr><td>第三区</td><td>步兵大队本部和2个中队、骑兵1个分队</td><td>以步兵1个小队守备德胜门,所需之兵配备在城墙上,其余在德胜门大街的新街口附近,为扇区的预备。</td></tr>
<tr><td>公使馆守备兵</td><td colspan="2">步兵1个小队、传骑兵3名</td></tr>
<tr><td>顺天府守备兼占领区域内的镇抚兵</td><td colspan="2">步兵1个中队、骑兵3个分队,外有宪兵若干</td></tr>
<tr><td>东黄寺守备兵</td><td colspan="2">步兵1个小队、骑兵1个分队,担任粮秣等的守备</td></tr>
<tr><td>皇城守备兵</td><td colspan="2">步兵1个中队、骑兵1个分队</td></tr>
<tr><td>预备队</td><td colspan="2">步兵2个中队、骑兵1个中队、炮兵2个中队、工兵1个中队(缺1个小队)</td></tr>
</table>

此预备队位于景山的东南沙滩附近,但为便于交通往来,需要在皇城的外墙开设道路。

除此之外,在仓库、医院等处,从预备队派出若干守备兵,步兵第二十一联队长指挥第三区,步兵第二十一旅团长指挥第一、第二区。

二、属于在北京城的其他各国占领区域的防御

各国军队在各自占领区域实行适当的防御措施,需要相互呼应,互通气脉,担任北京城的防御。

三、在通州或者保定府道路上的交通线受到威胁时,日军首先派遣步兵两个中队、炮兵一个中队、工兵若干,和他国军队联合或者独自抗击敌人。

四　占领保定府后德、法军队之行动

一般状况

英、意军离开保定府后,德军将该市东北部,法军将西南部作为占领区域。德军冬季主要

宿营在民家，法军宿营在会馆等地，继而以运河和贯穿唐、完两县的道路确定为德、法军搜索、征发等的边界。德军向保定府西北面，法军向其东南面屡屡派遣军队，击退清军和团匪。

11 月 6 日上午 8 点，对城墙的东南部城门谯楼和六个寺庙实施破坏，同时处死布政使廷雍。另外，还课以二十万两罚金，据说这是为了应对该市的拳匪骚乱。

保定府德军之行动

德军占领保定府后，在该地驻守的是东亚步兵第二旅团(其中第四联队在德军第三旅团到达天津后派遣至保定府)骑工兵各一个中队、炮兵一个大队。由步兵一个大队至一个中队、骑炮工兵若干所组成的部队，在冬季期间派遣至西北面的紫荆关、倒马关、龙泉关等各个方面，而且这些部队以剿讨团匪为名义，劫掠地方或挑衅清兵强行交战。

11 月 30 日，德军清扫武器库时，火药发生爆炸，一名工兵死亡，一名重伤，四名轻伤，

1901 年 2 月 15 日，瓦德西元帅下达准备远征西安的命令，并命令在保定府的德军，侦察山西省境内山间的各道路，并进行修理以适应将来的前进。

于是，驻在保定府的德军开始向山西境内行动，2 月 21 日进行了安子岭之战，3 月 8 日进行了长城岭战斗。德军始得以和清军交战，详细情况在第三十一章介绍。

在此之前，德军从 10 月 25 日屡屡向保定府周围出动小的讨伐队，扫荡附近的团匪。其中 1900 年进行的讨伐达到十五次，从 1901 年 1 月到 2 月中旬期间，从步兵各联队交替派出步兵一个中队、传骑兵二十三名，进行三四天的远征。

到 4 月上旬，元帅还和法军合作，对获鹿县方向进行协同作战。4 月 23 日进行娘子关之战、故关之战，固城和关安等战斗，详细情况亦在第三十一章介绍。

保定府法军之行动

法军最初预定在保定府留守极少的守备兵，得知德军的混成旅团留在该地，马上决定留驻与此匹敌的兵力，驻屯在保定府附近的兵力大体如下：第二旅团司令部、海军步兵一个大队、“兹阿布”兵一个大队、战列步兵一个大队、骑兵一个中队、野山炮兵各一个中队、工兵半个中队。

这些法军在保定、正定两府间和其近旁各地活动，还向北京、保定府之间屡屡派遣军队，企图专门剿讨团匪。虽经常和清军交战，但法军与德军的行动相反，即企图安抚地方民心，如修理北京、正定府间铁路，专门保护和协助该铁路公司尽力推动其工事。该铁路的北京、保定府路段于 2 月上旬开通，3 月下旬还可以运行至南方定州，以供各国军队使用(详细情况参见第二十九章)。

在此之前，保定府纵队从天津出发时，法军派遣步兵两个中队、炮兵一个中队到称为耶稣教徒中心地的献县，而且此后在该地设置永久守备兵，成为直隶省南部的重镇。因此，10 月末法军占领了天津、北京、正定府及献县的不等四边形的四个角。

12 月 22 日，前进至涿州(北京、保定府道路上)东面的法军步兵一个中队，在其东面约二十二公里的地方，遭遇约二千五百名清军，击退之，清军向固安县方向退却。继而，翌年 1 月以后，该军向保定府方向又增加“兹阿布”兵一个大队和骑炮兵各一个中队，试图专门扫荡南方。4 月中旬和德军联合，向获鹿县及井陉县方向运动，不过，最终没有交战。

5 月下旬,向正定府东面活动的法军在深泽县和安平县之间击败团匪,到达献县。当时议和谈判逐渐推进,直隶省南部亦大体归于平静。瓦德西元帅和法军指挥官华伦中将协商,允许清军驻屯在河间府、正定府一线,德、法两军的行动逐渐中止。

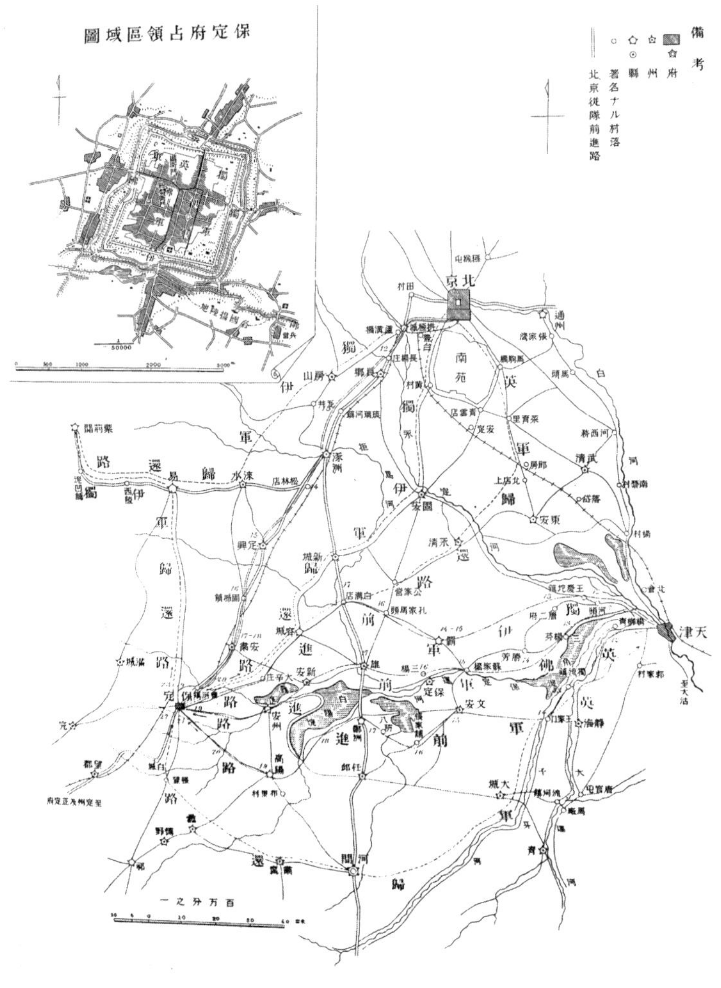

插图 26　保定府作战一览图

第二十八章　冬营及其以后之事迹

一　冬营之实行

冬营之准备

第五师团半部凯旋后,驻屯部队着手准备冬营,专门准备宿舍的设备、给养、卫生,以及通信、联络的方法和兵器修理等的处置。

在中央部，由于冬季期间海陆军联络点移至山海关，今后改为运输船航海，还进行追送冬营所需要的被服、卫生材料等诸项准备。

变更北京宿营地

北京城北练兵场附近的宿营地，由于冬季期间直接受到北风侵袭，不适合冬营，山口第五师团长决定将其移至城内。10 月上旬，中川参谋选定各部队的宿营地，依次转移至城内。于是，各部队 10 月中旬就如插图 27 所示宿营。

原来的师团司令部和各国军队司令部的位置都在公使馆附近，虽考虑到其狭隘不便，还远离军队，且有分割司令部的不便，但还是在日本公使馆的位置。北京的情况逐渐稳定，且军队向城内转移之际，考虑到位于其附近的便利，10 月 23 日转移至东四牌楼东北面的四条胡同。

各宿舍都进行了若干工事，更改了样式，添置了床板，备有火炉或火钵，还在没有井之处挖掘新井，且进行一般水质检查，区分饮用水和杂用水。厩舍尽可能设在屋内，配备通道，开设非常出口，修理窗洞，处置有关附近的清洁、污水的排出等。各部队的宿舍尽可能选择在旧兵营、皇族大官的大宅，其必要时不得已可以和市民协商，租赁其房屋。

另外，在通州、天津、山海关等地方，大体按上述标准准备冬营的宿舍。

在北京集聚粮食

为尽快集聚北京所需要的粮秣，在运输特别困难的北京与通州间使用全部纵队，逐渐在北京储蓄粮秣，如第二十五章所述。减员一半后，诸纵队由辎重兵大队田宫一郎指挥，从 10 月 9 日开始从下述的区域搬运粮秣，在北京集积（运输三天休息一天）。

通州、塔拉坡间	第三步兵弹药、第二粮食纵列
塔拉坡、北京间	第三炮兵弹药、第三粮食纵列

自 10 月 26 日起诸纵队全部在通州宿营，在北京朝阳门内的九王府准备一个纵队的宿舍。按照第二、第三粮食和弹药（合步炮两纵队为一团）纵队的顺序，依次从通州出发，将粮秣运送到北京。在该地宿泊一夜后翌日返还，其后天改为休息。

根据 10 月 26 日的调查，今后纵队还需搬运米一万石和麦四万石。不过，其后由于预料铁路开通和冬季期间在北京需要准备出征，炮兵弹药一个纵队、粮食一个纵队于 12 月上旬和辎重兵大队本部一起转移到北京，期间还将弹药转运站的弹药搬运到北京。

当时秩序大体恢复，由于可以征发清国车辆、人马，11 月 5 日以后以监督部使用的清国马车一百辆，辅助通州、北京间的粮食运输。

如此，在北京囤积的粮秣根据 12 月 10 日的调查，六千人可以生活二百二十九天，可以喂养一千二百匹马二百天。

给养概况

以前是在六里屯向北京的部队分配粮秣，但自 10 月 30 日开始改为在朝阳门内旧大仓进行分配。监督部还购买粟秆约五十万贯[①]作为马粮,收购冬营用木炭、薪材和其他牛羊,在各地也储存薪炭、粮食,省去冬营期间搬运之劳。还考虑讨伐队到各处的不时之需,集积若干剩余。11 月 21 日,兵站监部调查的各地粮秣集积数量如下:

地名	能供给步兵一个大队的天数	供给骑兵一个中队的天数
山海关	236	120
塘沽	243	3
西大沽	330	52
新城	3	4
葛沽	8	19
白塘口	8	9
天津	720	840
北仓	13	13
南蔡村	10	2
杨村	63	11
马头	30	18
河西务	93	8
通州	116	70

卫生状况

防寒被服于 11 月上旬悉数到达,分配给各部队,从 11 月 1 日起又支付给每人一天木炭二百块,薪三百块作为暖室用。1 月 6 日以后增加炭二百块。半部减员后,由于师团人员减少和气候转向寒冷,患者显著减少,特别是冬营前患者几乎全部送回内地。像北京那样,需要野战医院两个,一个作为预备,只负责分析试验、气象调查等,另外各地的医院以前也未曾满员。

卫生部机关为冬营充分准备,治疗器械、药品等也于野战医院规定品之外更充分准备。

改良驻屯部队各地的给养,且为整齐划一,从 10 月 19 日起各部队要报告每旬的供养品类别表。根据此报告,师团长不仅可以区分各地的供养品,还可以发现有无疏漏。11 月初旬驻屯部队在冬营即将到来之际,派遣中川参谋到各地视察诸项准备,步兵第二十一旅团副官大尉船桥芳藏,以及监督部、军医部和兽医部的人员同行(12 月 3 日从北京出发,同月 27 日返回)。

① 贯,日本的重量单位,即三点七五公斤。——译者注

各军官之各地巡视

根据上面一行的视察，师团长审查各地的情况，知道尤其是关于给养、卫生，兵站部和师团司令部的联络不充分，各地兴趣各异。还让军医部长、监督部长和兽医部长巡视各兵站（1月13日从北京出发，2月8日返回）。

依据这么多官员的巡视，师团司令部的意见贯彻到各地，改变了给养、卫生上的情况，各地都收到充分且划一的给养。

由于在大沽炮台出现很多脚气患者，调查其原因，最初发现是供给生肉不充分，而后充分供给，并食麦饭。不过，当得知不适应该地附近的卫生亦是其中一个原因，师团长遂决定其大部转移到山海关。1月7日下达命令，于是大沽守备炮兵队于15、16日在大沽留下将校一名、下士以下二十七名，由兵站监指挥，其他转移到山海关。

配备卫生部员

军医部长巡视的结果，变更兵站配备的卫生部员，关闭天津的第一分院，山海关患者疗养所改称"兵站医院"，并配备一个红十字社救护班，从该医院派遣一名军医到马房庄，向马头和白塘口派遣卫生预备员的军医一名。

冬营结束后，4月上旬暖气乍起，到了病菌繁殖的季节，军医部长巡视北京各队，要求注意卫生。师团司令部要求对此应经常注意。

有关勤务和管理基本情况

半部减员和我守备地延长至山海关的结果，各地守备兵在冬营期间几乎都呈现出勤务紧张的情况。

在北京，军官以下大约隔天担任警戒守备等勤务；在天津，下士以下约两天半工作一天；在山海关，下士以下七天工作一天。另外，经常派出讨伐队等，且由于士兵担负杂役，应役者甚少，几乎没有演习训练的时间。

在天津，得知军官工作比较少，而后规定派遣军官巡视等。另外，师团长规定大队长以上要经常巡视其部下的守备地，以监视军纪风纪并警戒。

在北京，冬营期间考虑到兵器的修理，将在通州的弹药中转站招到北京。10月2日，永田参谋长命令野战兵器厂长预备冬营期间所需的诸材料，并送至通州，还在北京配备一部分修理器具。于是，冬营期间弹药中转站继续修理兵器材料，极为繁忙。

1月17日，师团长召集在北京的各部队长，下达饬戒的训示。派遣由比参谋到天津，秋山兵站监将其训示给天津的各部队长，派遣队长传达到其他各地。

关于管理军纪之措施

1月24日，永田参谋长照会，向本国的各商人（三井、大仓、有马组等）返还金钱物品，批准按照汇兑金和小邮包规则（此规则的要旨限于在北清的军人、军人家属、属员、佣人在邮政所的储蓄金或邮寄小邮包，要接受所属部队长的检查，得到其证明）管理其发送。另外除了军人军属，拒绝金银锭的汇兑。

除此之外,师团长派宪兵军官,就邮政汇兑处理的状况到各地邮政局调查,还调查各银行支店等处的汇兑情况。

另外,师团长从 3 月 1 日开始检阅北京各部队,主要检查军纪风纪、战斗准备的程度和宿舍、给养的实际情况。结束后于 13 日在北京城北练兵场集合诸队,检查军装,举行阅兵式,最后集中各部队长,告之曰:"去年以来由于我军久驻北京,考虑到军纪风纪方面出现的状况,连日来进行检阅,认为各部队长没有不尽职的缺点,本日的军装检查和阅兵式也大都良好。今后轮换之期难以预定,各部队长要不遗余力地准备战斗。"

3 月 25 日,师团长向各部队颁发关于在北清军人、军属返回内地和搭乘陆军军用轮船的规定。此规定中有关军纪的管理以及对返还者加以限制的要旨如下:

一、军人军属、雇员、佣人返还者,给予军用护照,给予搭乘许可证。

二、军人军属携带规定外的物品或者携行这些回国时,要有师团长或兵站监的许可证。但规定行李外的防寒被服及追加品中多余的被服类不需要认可,应持有所记其物品的一览表。以上的物品都要在兵站司令官或运输通信支部长那里将一览表或认可证进行对照检查,但下士不许检查军官的行李。

三、允许搭乘军用轮船的陆军部以外的官吏,因急于返回不能等待规定轮船的出发者(但除必要的手续行李外不许携带其他东西)、报社记者(但不允许从事商业者)、外国军官或同等官者、美国军人军属和对我军必要的外国人、军队酒保商人(但定员外者和在北清的佣人不在此列)、命令从北清撤退的本国人,以及限于在宇品或门司登陆者,给予搭乘认可证,可乘坐其他内外规定的轮船。

四、使用军用护照返还者,应将该证交给广岛兵站基地司令部或门司停泊场司令部。

五、使用搭乘认可证返回者,应将该证交给宇品运输通信支部或门司停泊场司令部。

六、留守的第五师团,以本规定为基准,管理来清人员。

5 月 9 日,因师团长感到不日有驻屯军轮换的情况,有必要严加约束军纪风纪,在师团司令部集中在北京的各部队长,再次口头传达戒饬的训示。此时,天津守备队长小原芳次郎和兵站监部参谋菅野尚一也被招到北京。

各国军队冬营情况

各国军队冬营期间的配备大体如第二十五章一所示。

在北京,英军主要在天坛建造临时场舍并搭帐篷宿营,美军在先农坛幕营,德、法、意军在各自占领区域内的官衙、寺庙或民宅宿营,奥军在朝阳门内日本占领区域内的七条胡同的官邸宿营,俄军由于兵力少,在该国公使馆内宿营(参见插图 27)。

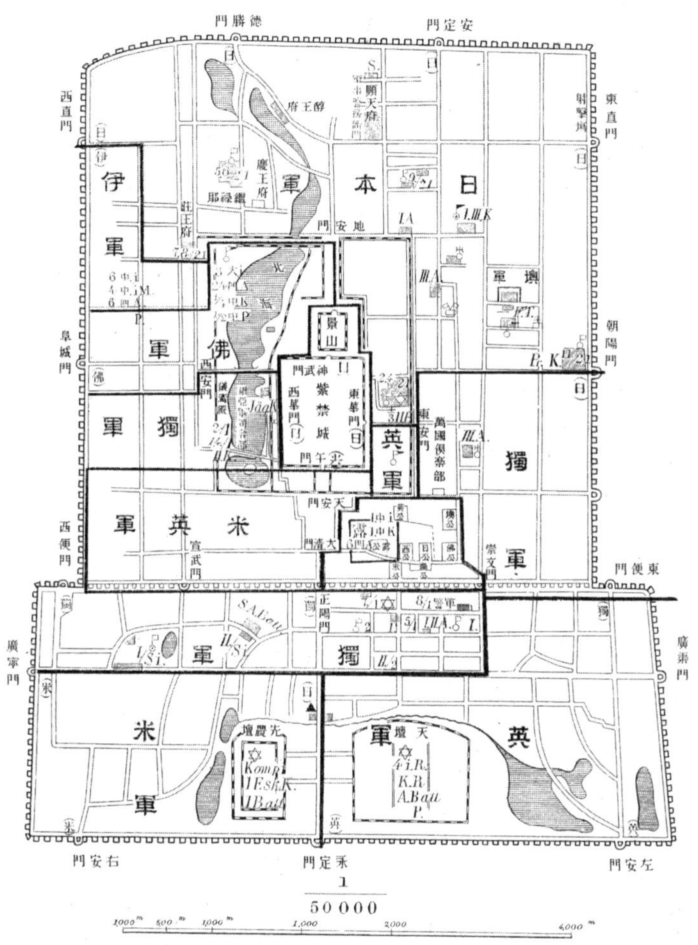

插图 27　冬营间北京城占领区域并宿营略图

各国军共同准备粮秣、薪炭，以及宿营设备方法各异，只有宿营在民宅的和我国大同小异。

尤其是美军，全在先农坛搭帐篷越冬，其设备由美军第十四步兵联队等送来时（10 月 27 日）才开始孜孜从事。帐篷、暖炉、床、其他防寒被服、粮秣都全部仰仗来自本国的追加，以为越冬准备（帐篷有圆形和龟形两种，军官多龟形帐篷一人一顶，下士以下六名甚至八名为一个圆形帐篷。帐篷内备有一个单筒暖炉和床并列，设有悬挂枪架装具。在各士兵的住所之外，各个中队都设有厨房和食堂[赶造的场舍]，马厩为赶造的场舍，其他蒸馏水制造所和浴室、修械所、酒保、仓库等使用以前的建筑物，或者新建设置充足的便利设施）。

和各国军队之关系概要

冬营以后，各国军队之间发生纷争之事不一而足，其中我军参与的重要纷争中，11 月上旬对俄军宣告独占天津白河左岸的土地而制造的事件、2 月上旬德军铁路大队长对天津车站的我军建筑物提出的事件、4 月下旬德军提出应让与都城西门等事件，是其中重要的，其他的还有英军攻进塘沽栈桥附近的我军占领地和 5 月中旬对北京东北角我射击场向俄军提出的事件。另有一些琐碎之事更不胜枚举。前述诸事的争执多由彼我两军司令部交涉得到正当解决。其他士兵个人之间的小冲突或因言语不通而发生的争执亦不少。总之,各国军队麇集在北清之野,因其风俗、人情、宗教和教育等各方面千差万别,恰如世界人种的缩影。在此情况下,难免发生诸种混杂或不时的冲突。

然而,冬营后各国军队之间力图相互融合,交际频繁,收到了大大缓和纷争之效。于是,以各国军队指挥官相互会餐为始,其以下军官之间也相互视察别国军队的情况,或者进行公私上的往来等。这和北京占领后秩序尚未恢复时的疏远相比,几乎是天壤之别。

在北京,师团司令部转移至四条胡同,略加整顿后逐渐开始招待各国军队指挥官及其以下人员,结果师团长和各国军队指挥官之间颇为密切,进而影响到其部下军官。由此,影响交涉谈判颇为顺利运行之事不少。另外,师团长向一般人员训示此种交际之必要,并采取奖励之法。在各地,也有非常顺利的交际,特别是军乐团(11 月 10 日从宇品出发,17 日在大沽登陆,20 日从天津出发,24 日到达北京)在此一时期到达,有不少事都是以奏乐为交际媒介。

其他各国军队之间的交际因个人性质和国际关系而多少有亲疏之别,但如果大都顺利进行,就不会产生大的破绽。这就需要一是各国都要有保持大的目的抑制小事的原则;一是文明教育的普及。另外,不缺乏熟悉各国语言和精通各国事情的军官也是基本原因。

冬营以来,各国军队举行阅兵、演习、比赛、祭奠等,这些大大成了各国军官以下人员相会并敦睦友谊的一个机会。

我军也在各队进行手枪比赛、击剑和打靶射击,供一部分外国军官观览,6 月 8 日还在北京东直门东边举行各队联合对抗演习,供各国军官观览。

师团长感到精通外语的军官不足,请求派遣之,后决定不派遣(1 月 11 日),疏通在清的军官而使用之。如临时驻铁路中队的工兵中尉井上亥六附属于师团司令部,3 月 27 日炮兵中佐柴五郎回国其后任炮兵中佐青木宣纯为驻公使馆武官,步兵少佐原田辉太郎为天津都统衙门委员。在山海关的工兵少佐渡边和雄来师团司令部就职。在山海关兵站司令部副官步兵大尉冈田哲藏附属在守备队,担任和外国军队交涉之任。在北京,除前述诸官之外,还有炮兵大尉曾我佑邦负责和外国军队交涉。

设立北京俱乐部

在北京成立俱乐部之事,10 月 9 日在北京第十次各国军队指挥官会议(参见第二十一章)上由山口师团长提议,各国军队指挥官予以赞同。而后,各国出委员,我军选派步兵少佐原田辉太郎,最终决定在东皇城根北街理藩院旧址召开。12 月 9 日举行开幕式,瓦德西元帅及其他各国军队指挥官以下军官大半出席。

二　我军讨伐队之派遣(参见插图 28)

一般状况

冬季期间,各国军队驻屯在北京、天津、山海关和保定府及其他中间地带,但土匪和盗贼的出没不绝于迹。当时惨败的清军和团匪也潜伏在各地,且由于整个北清陷于无政府状态，彼等无业者苦于生计之虞，最终变为群盗或土匪，以抢掠为业。

以前，联军指挥官伯爵元帅瓦德西刚一抵清，德、法等国的军队也在此前后陆续到达，北清的平原几乎全为各国军队所占。此时，联军司令部采取彻底歼灭团匪的政策，德军向各地派遣讨伐队。由于已经进入冬季，军队行动困难，划定各国的警备管区（参见第二十五章），由军队不断巡视各管区，向地方显示各国军队的威力，进而使清军撤退至直隶省外。由是，各国军队讨伐队的足迹几乎遍于直隶全境。

1900 年 9 月下旬至翌年 4 月下旬期间，各国军队派遣的讨伐队数量实际达到八十八次，其国别如下（数次联合也算入此次数内）：

德军	意军	俄军	日军	英军	奥军	法军	美军
46	10	8	7	7	5	4	1

这 88 次讨伐队也包括占领保定府和获鹿县附近的战斗，主要是根据联军司令部的通报。因此，其他各国军队的随意行动，联军司令部不知道者亦不少，特别是法军由于在联军范围之外，其讨伐也颇多。另外，德军和其他部队相比，出动军队次数多，各部队都必须参加一次或二次讨伐。

我军派遣的讨伐队全都不过是镇压暴徒和与联军协同行动上所特派的军队，以下略记派遣各地的状况。

派遣至宝坻县

10 月下旬，由于在白河左岸尚有拳匪出没，俄军从山海关向玉田县附近、法军从通州向三河县、德军从芦台向玉田县，各自进行讨伐。瓦德西元帅特别请求日军也派遣一个讨伐队。于是，山口师团长命令小原天津守备队长，以步兵第四十二联队第三大队（当时驻留的部队），从杨村经大官屯、宝坻县及刘宗至河西务间行军。途中如遭遇团匪，扫荡之。

该派遣队 10 月 23 日从天津出发，28 日返回，其行进经过如下：

23 日，从天津出发，经杨村到西掘河（火车行军到杨村）。

24 日，从西掘河出发，经崔风口到大官屯。

25 日，从大官屯出发，经马家店到宝坻县。

26 日，从宝坻县出发，经刘宗到河西务。

27 日，从河西务出发，到杨村。

28 日，从杨村乘火车返回天津。

行军中没有遇到任何团匪，情况非常平稳，沿途人民送物资欢迎军队。我军在西掘河、崔风口和大官屯附近遇到德军侦察兵，25 日上午到达宝坻县。在此之前，俄军骑兵先于我军到达宝坻县，占领其南门。但我军一部到达后经协商，由日、俄共同占领。既而我军到达占领城内，其后约经两个小时，俄军步兵约三百人和炮三门到达，但看到我军已在城内宿营，最终在城外露营。

派遣至顺义县

11 月上旬，由于顺义县处于我军警备管区内，瓦德西元帅再次要求向该地方派遣军队。于是，山口师团长发出命令由北京和通州各派遣步兵一个中队。

于是，步兵第二十一联队第七中队7日早晨7点从北京出发，经东八河、八间房和辛店儿到逊候屯宿营。翌日经马连庄和十里铺，于中午到达顺义县。又与从通州来的步兵第四十一联队第十二中队的大部和步兵第二十一联队第十二中队的一部会合，编成一个中队，7日出发，经李家桥到平格庄宿营，翌日上午8点到达顺义县。

这两个中队合作占领市街，同日和翌日搜索周围数里的诸村庄，但没有发现敌人，且顺义县北面怀柔县知县遣使报告该县附近静谧。派遣队在各村庄张贴告示，负有在全村扫荡拳匪之责。10日返回通州和北京。

据当时地方官员所云，该官员等希望根据庆亲王和李鸿章的训示镇压拳匪，避免民众之间相互争斗。

讨伐铁匠营

到1901年1月，在顺义县西南约二里处的铁匠营附近，土匪再次出没，英军司令部通报说该地人民希望进行讨伐。该地方因属于日本警备区域，决定派遣讨伐队。步兵第二十一联队第五中队(缺一个小队)1月16日从北京出发，以村民为向导，经辛店儿向铁匠营前进，急袭匪首李山头家杀戮之。17日又到达铁匠营西北五百米处的大神营，拂晓袭击匪徒赵老和赵思的家，逮捕枪杀之，缴获枪器弹药若干。

李山头、赵老等是该地方的匪徒首领，为残害人命、掠夺财物、实施暴行者，因此通过讨伐队的剿讨，使地方人民大为安定，送物品慰劳军队，讨伐队18日原路返回北京。

讨伐高丽营

12月9日，由于英军一个支队在高丽营附近遭遇土匪暴行，且高丽营的村民有不稳定的情况，为进行惩戒，英军派遣一小讨伐队。然而，因该地方处于我警备区域内，英军通报我军，并请求日军也增加一部队。于是，步兵第二十一联队第十一中队的一个小队、骑兵四骑和宪兵四名，于1月3日和英军一起从安定门出发，以英军为先头，经雷家桥于翌日到达高丽营。该村民知讨伐队到来，几乎全部到他处避难。5日，英军用火药破坏和烧毁城外之庙。下午从该地出发，以我兵为先头，原路于6日返回北京。

讨伐魏沟

东壖东北面约二里处的魏沟附近有凶恶的盗贼出没，用步枪劫掠过客，村民也有因此被害者。为此，美国传教士请求联军司令部予以讨伐，由于该地方处在我军警备管区内，瓦德西元帅请求我军予以剿讨。于是，步兵第二十一联队第四中队的一个小队和骑兵半个小队2月21日从北京出发，即日到达魏沟，马上搜索匪徒石得冰的家宅。但是该人已经知道军队的到来而逃走，将该家宅烧为平地，22日返回北京。

北京附近的讨伐大体如上，而且当时在山海关，亦派遣二三讨伐队。

讨伐李家堡

最初，山海关运输通信支部十名辅助运输兵接到调拨物资的命令，到李家堡附近，受到盗贼的袭击，其中四人被杀，一人负伤，五人逃散，好不容易回关。英军骑兵亦于同日在该地附近遭遇二百余名土匪，战死二人，负伤一人，傍晚回关。于是，山海关守备队长小仓信恭为讨伐土匪，于 1 月 13 日向李家堡方向派遣步兵第四十一联队第八中队的两个小队和骑兵九骑。英军亦于同日派遣步骑联合的一个部队。

我讨伐队下午 1 点到达李家堡，盗贼已于是日上午撤退至马圈子（山海关东北面约六里）。为此又前进至马圈子，但终未发现土匪，遂出锦州街道，经老军屯，同夜返关。

山海关守备队还于 14 日、15 日和 16 日向李家堡方向各派遣步兵一个中队讨伐盗贼，但毫无所获，英军所派遣的步兵两个中队、骑兵一个中队亦一无所获。

讨伐抬头营

4 月下旬，由于抚宁县有盗贼出没，临榆县知县请求山海关我守备队派遣讨伐队。于是，我守备队长又请求驻在该地的各国高级指挥官（英军），4 月 19 日一百名印度兵组成的讨伐队到达抚宁县。20 日早晨在该地附近遭遇五百余名强盗，少校和士兵各一名战死，负伤士兵六名。接到此报告，英军是夜马上派遣步兵五百名，还请求我军派遣一部队。于是，在山海关的步兵第四十一联队第二队编成一个混成中队，21 日和英军步兵一百名及骑兵三十名一起乘火车到达留守营车站，同日下午到达抚宁县，和前夜从山海关出发的英军会合。

22 日早晨 6 点，日英联合讨伐队由英军中校拉福多指挥，根据如下军队的划分，从抚宁县出发，向北面约四里的抬头营前进。

前卫　英军枪骑兵一百骑，印度步兵第六联队一百名（配备“马克希姆”炮一门）；

本队　英军印度步兵第四联队五百名（配备“马克希姆”炮一门），日本步兵第四十一联队第二大队混成一个中队。

8 点 30 分，到达抬头营南面约四千米处时，碰到从石门寨方向来的法军步兵一个中队、清朝官兵一百名（临榆县知县的部下，没参与战斗），一起向该地开进。

步骑联合的盗贼在抬头营的南面洋河右岸李家庄、演武营和北抬头庄一线占领阵地，我讨伐队以右翼英军、中央日军、左翼法军的顺序，沿洋河展开。9 点 15 分，开始攻击行动。10 点 45 分，日军直线前进占领抬头营西门城墙，随后英军从右翼前进，到达抬头营北端城墙。法军甚至到达其右翼，盗贼大部向北面，一部向西面逃散退却。日、英、法联合讨伐队于 11 点 40 分全部占领抬头营附近，负伤士兵为我军二名、英军六名、法军一名。盗贼人数约为一千三百，死伤约六十名。

讨伐队 22 日在抬头营宿营，翌日返回抚宁县。英军依然驻在该地，日军混成中队 26 日由铁路回关。

我军讨伐之宗旨

我军所派遣的讨伐队情况如此，此外在通州、天津等附近为剿讨土匪而由各地守备队派遣的小侦察队等悉不在此列举。总之，我军所派遣的讨伐队都是受到联军司令部或其他各国军队的请求，不仅进行战斗，还受到居民的欢迎。因此，又有良民屡次要求我军讨伐土匪，但因避免在向我警备管区以外之地派遣讨伐队，只能向担任该地警备的各国军队通报之。

密云县附近之侦察

1月31日,元帅致信师团长:"强大的清军在白河上游的溪谷,不过考虑到和平谈判的进展,德军暂时中止此方向的作战。日军如感到对此等清军需要行动时,请事先予以通报。"为此,我军利用间谍侦察密云县附近,2月13日间谍回来报告说:"该地有二百名乡勇,以为防备土匪掠夺,由地主家供养。"另外到牛栏山堡的间谍也有同样的报告。在此之前,2月9日师团长照会李鸿章,要求解散这些清兵。另外,2月14日中川参谋经李鸿章允许,提出应更为严格取缔密云县、牛栏山堡附近的清兵和土匪的掠夺。2月16日,根据军事警务衙门所派出的间谍报告,知道牛栏山堡有淮军一营,密云县有淮军二营,怀来县有淮军一营,牛栏山堡的西南二十清里处有淮军一营。

如此,我军尽可能避免派遣无益的讨伐队,到同月23日李鸿章照会元帅,得以允许在牛栏山堡以北布置清军。

三　各国军队之讨伐概况

讨伐派遣一览

各国军队所派遣的讨伐中稍大一点的如下:

德军:

派遣时间	派遣地方	兵　　力
9月29日~10月3日	从天津到南面静海县	步兵一个大队、骑兵十二骑、野战炮兵一个小队
10月12日~11月6日	从天津和北京到保定府	德、法、意、英联军(参见第二十七章)
10月25日~30日	从保定府到西面完县和唐县	步兵一个大队
11月12日~12月4日	从北京经西北面南口、宣化到张家口 联军司令部参谋上校伯爵约罗克芬・瓦罗坦贝罗在怀来县因炭火而死	德、意、奥联军(德军为步兵三个中队、炮兵一个中队、骑兵一个中队、山炮一小队;意军为步兵四个中队、山炮一个中队;奥军为水兵队一百二十名)
11月16日~25日	从保定府经唐县向西面山地到安子岭	步兵四个中队、骑兵八十名、榴弹炮一个小队
11月19日~25日	从北京经西面三家店、安家庄到长城	步兵两个中队、炮两门

续表

11月29日～12月20日	从山海关经玉田县到北京	步兵一个大队、骑兵一个小队、山炮三分二个中队
12月1日～16日	从天津为两个纵队，南面运河两岸到沧州	东面纵队为步兵五个中队、骑兵和炮兵一个小队；西面纵队为乘马步兵一个中队、炮兵一个小队
12月19日～29日	从天津经西北面落垡的武清县和三河地方	步兵四个中队、乘马步兵半个中队、骑兵半个小队、炮兵一个中队
12月28日～1901年1月14日	从北京经北面昌平州到延庆州	步兵四个大队、乘马步兵和骑兵一个小队、山炮兵一个小队、水兵一个小队
12月28日～1901年1月7日	从北京经北面密云县到古北口	步兵两个中队、骑兵和炮兵若干
12月30日～1901年1月7日	从北京经东面通州到三河	步兵两个中队
1901年1月31日～2月11日	从北京到西面三家店和西北面昌平州	步兵四个中队、乘马步兵若干、骑兵一个小队、野山炮兵一个小队
2月16日～月末	从保定府经唐县至倒马关，进而至广昌县	步兵一个大队、骑兵一个小队、山炮兵半个中队、工兵一个小队
2月18日～3月上旬	从保定府经西面阜平县到安子岭，又从龙泉关到长城附近	最初为工兵两个小队、乘马步兵一个小队，后增加乘马步兵一个中队和轻榴弹炮一个小队；至3月7日增加步兵一个大队、骑兵两个小队到龙泉关；翌日在该所战斗
3月19日～25日	从保定府到西面倒马关	步兵三个中队、骑兵一个小队、山炮一个小队
4月18日～5月上旬	从保定府到获鹿县和西面山地	德、法联军（参见第三十一章），德军为步兵三个大队（配有乘马步兵）、骑兵一个中队、野炮兵两个中队、山炮兵一个中队、工兵一个中队

意军：

10月12日～11月上旬	从天津和北京到保定府	德、法、意、英联军(参见第二十七章)
10月24日～26日	从保定府到西北面	和英军联合，意军为步兵两个中队、炮兵一个中队；英军为骑兵一个中队
12月26日～30日	未详	步兵一个中队
1901年1月2日	从北京到东面地方	步兵三个中队、乘马步兵和炮兵一个小队
1月18日～23日	未详	步兵三个中队、乘马步兵一个小队、炮兵一个小队

2月中旬以后至4月下旬，乘马步兵小部队数次从北京派遣到其西北面。

俄军：

10月24日～11月28日	从杨村经宝坻县到河西务	狙击兵两个中队、哥萨克骑兵十五骑、机关炮两门
同日	从天津经七里海到杨村	狙击兵两个中队、哥萨克骑兵二十骑、机关炮两门
10月下旬～11月上旬	从山海关到锦州府	第一次为各一百人组成的两个支队；第二次为狙击兵两个中队、加农和机关炮各两门；第三次为狙击兵两个中队、加农炮两门
10月25日～29日	从芦台到北面宁河	狙击兵两个中队、哥萨克骑兵十五骑
11月4日～7日	从唐山到北面丰润县	俄、英、法联合，俄军为步兵一个中队、骑兵半个中队、加农炮两门；英军为一百八十人；法军为四百人
11月4日～6日	从天津到杨村、宝坻县、盘庄	狙击兵两个中队、炮兵半个中队、哥萨克骑兵一个小队

英军：

10月12日～11月上旬	从天津和北京到保定府	英、德、意、法联军(参见第二十七章)
1901年4月21日～23日	从山海关到西面抚宁县	日、英联合，英军为步兵六百，骑兵一百人。

奥军：

由于兵力寡少，冬季期间除和他国军队联合外，独立派遣讨伐队只有两三次，不过是从北京派遣到附近，其兵力也没有超过步兵一个中队。

法军：

法军和英、德、意军联合占领保定府（参见第二十七章），另外也和其他各国军队联合从北京向北面怀柔县地方派遣讨伐队，还屡屡向保定府南面正定府、河间府和献县地方派遣讨伐队。

美军：

12 月 28 日	从北京经马头到香河县和三河地方	步兵一百人、骑兵一百五十人、炮两门

以上所记的讨伐中其主要为如下所记，但德军从保定府向西南方向运动之事，将在第二十七章和第三十一章叙述。

远征张家口

11 月 12 日，德军上校伯爵瓦鲁扬贝鲁指挥的一个支队从北京出发，向北方前进，其目的是救援张家口附近的法国传教士，并将怀来县、宣化府的清军约一万一千人驱逐至直隶省外。

支队由德军步兵一个大队（缺一个中队）、猎步兵一个中队、骑兵第二中队、野战炮兵第七中队（山炮）一个小队，意军步兵一个大队（战列两个中队、“百列”一个中队、海军步兵一个中队）和奥军水兵一队（一百二十人）组成，其兵数约一千五百人。15 日到达怀来县，该地只有少数居民留下，地方官欢迎支队的到来。另外，根据地方官所言，清军在宣化府。于是支队急速前进，17 日到达宣化府。只以德军骑兵追赶很少清军组成的辎重，并将之击散。其他清军已经退向远方。

在此之前，德军司令部接到沃克上校关于敌人优势兵力在宣化府附近的报告，少将噶尔率领步兵一个大队、炮两门至西北的山地，援助沃克上校。不过，这一增援大队由于再次接到清军撤退的报告，在破坏若干土匪的村庄后返回北京。

支队 18 日驻留在宣化府，19 日到达张家口。驻留三天后于 23 日返回，26 日在怀来县宿营当中，沃克上校因煤气中毒而死。而后，支队由意军中校撒卢萨指挥，对延庆州附近进行小讨伐。29 日，联军司令部的少将噶尔到达南口，指挥支队，夜袭土匪的四个村庄，生擒团匪巨头二十五人，并射杀之；12 月 4 日返回北京。

其后数日，从北面传来清军再次向张家口和宣化府前进的报告。

讨伐延庆州附近

12 月 28 日，德军东亚步兵第二联队的一个混成大队、海军炮兵一个小队、山炮一个小队和骑兵二十名、骑马步兵六十名，总计六百五十人，由中校巴贝尔指挥，在张家口远征队归来后再次派遣至北方。其目的首先是让清朝官兵撤退到元帅所规定的各国军队势力范围以外;第二是对受到损害的教民部落、教堂实施损害赔偿及检查如何保护旧教徒,通过六十个教民村落,使他们安心;第三是击溃从芦台附近逃往白河上游的三千五百至四千清军,烧毁集中在昌平州附近的团匪寺院,逮捕市民和官吏,处死三名拳匪首领,以示对他们进行惩戒。

支队28日从北京城出发,在沙河宿营,烧毁该地的官衙(因参与团匪之故)。29日分为两部,在延庆州附近的嫣河河谷会合。西面纵队由第六、第七中队、海军炮兵一个小队和骑马步兵二十名组成,在通向居庸关的大道上前进,其他为东面纵队,经昌平州和明陵,向柳沟营附近前进。

东面纵队(巴贝尔中校随行)正午到达昌平府宿营,按照目的处死团匪首领,告示居民。在此地发现被破坏的九厘米克式速射炮,可知敌人纵队已于数日前逃走。

而后,这两纵队继续前进,31日晚在延庆州会合,在此地露营,迎接新年。1月1日,搜索靖安堡方向,知道该方向完全没有清军的退路。

是日,邻村的旧教民要求对其保护,据说团匪在其东南约八里之地备有堡塞,拥有新式枪炮,时时抢掠地方。2日支队登上此方向的山地,到达刘城堡。3日早晨向沟儿铺方向前进(以中国教民为向导),乘浓雾迅速前进,到达团匪的阵地。一个中队从道路右侧的山上,其他三个中队从正面攻击,山炮在距离六百米处射击数发,步兵突击,上午7点30分占领沟儿铺附近的隘口。敌人有五百余人,多数持旧式枪炮,进行顽强抵抗后,散退至山谷间。德军追击,继而前进到敌人盘踞的四海口,没有受到任何抵抗就得以占领。在此战斗中,德军下士以下五人负伤,一人冻死,团匪死亡一百四十人。

4日,在归途中的支队受到射击,遂烧平附近村庄。5日,到达延庆州,在此地休息一天。在此之前,前进到北方的卡尔斯坦中尉侦察返回报告,在土木堡受到清国骑兵的射击。该侦察兵三天半通过了二百一十里(道路弯曲,加之陡峭,约有二百六十里。此行程气候严寒,需要很大的能力,所骑之马全是濠州马)。

因前述之报告,巴贝尔中校决定向宣化府前进。7日,先派遣骑兵二十骑并骑马步兵,此骑马队经怀来县、土木堡,于同日晚到达鸡鸣堡。8日,没有遇到抵抗到达宣化府,受到该地清国官民的欢迎。而后,支队经新安堡返回,14日回到北京。

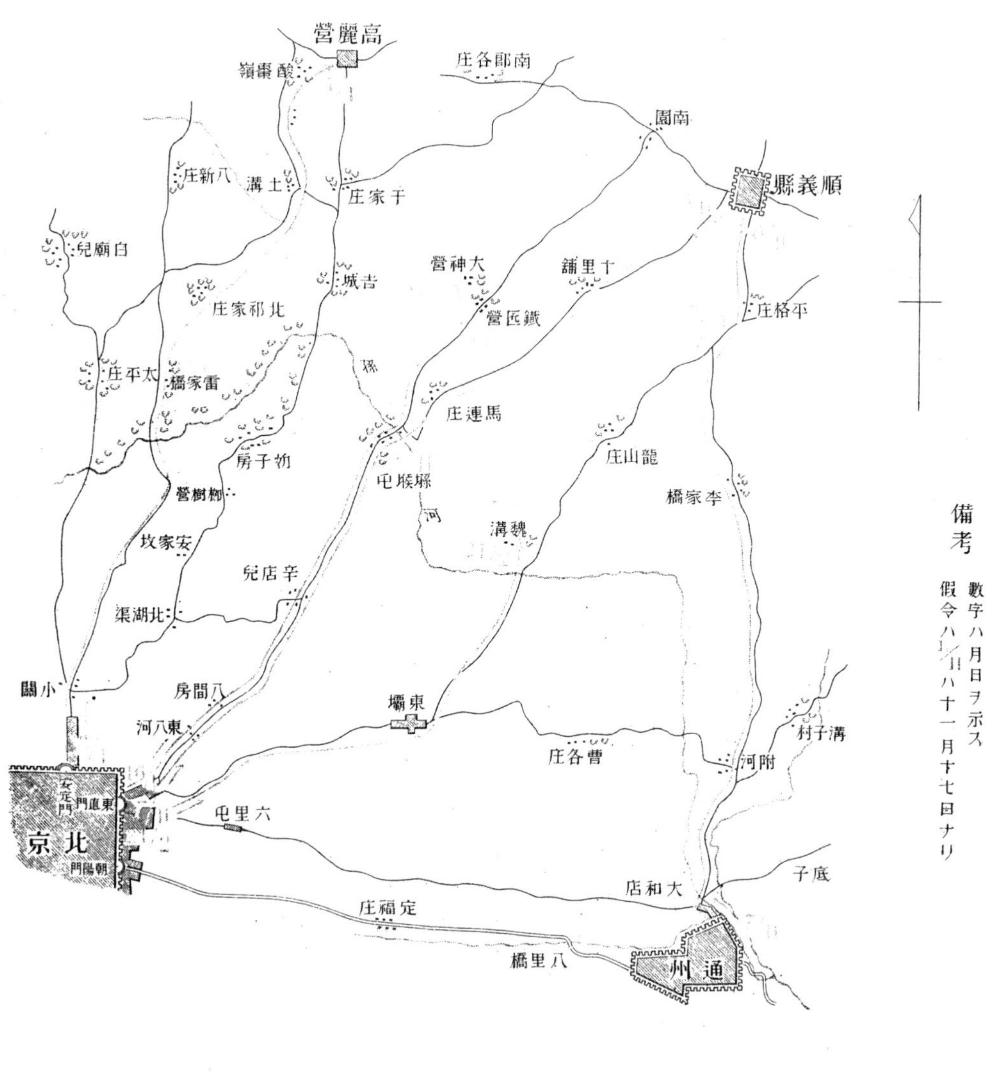

插图 28　北京附近讨伐队派遣略图

插图 29　各国军行动概况图

四　公使馆地区防御计划和建造兵营

公使馆防御计划书

关于议和协定，根据各国提出的联名照会第七条(参见第三十四章)的规定，公使馆专用区域设定之事，于1900年11月向公使会议提出。但对于其区域的大小，未能达成一致。结果有关防御，由各国各出一名武官委员进行讨论。经过在英国公使馆反复召开会议，1901年2月9日决定向各国军队指挥官提出如下要旨的报告。我军选出柴炮兵中佐为其委员，3月3日此报告提交给师团司令部(参见插图30)：

一、驻在北京各国公使的公使馆所占有的土地面积如附图①所示，其环绕的共同防线为A、D、H、K、A。其内部的W、X、Y、Z之地应日、法两国要求，由两国公使决定其边界。

二、南面的边界为北京内城的城墙。此占领也是军事委员皆认为最为必要之所，还需要能从占领城墙上对东面和西面的正面防御进行必要的侧防。

此设计如图所示，但为侧防并能够尽可能远程扫射，需要有设置炮的余地。

三、预定N、O为英国的西面边界，F、M为美国的西面边界。但由于俄国公使承诺其正面退至M、N，为西面防御全线即A、D线的防御，要破坏“盖斯里”街的西面房屋以达到防御所必要的射程。

四、德国东南面的J、K眼下归俄国人所有，不过全体委员的意见是，为了防御此地的需要，此所有地通过赔偿或交换的方法让于德国为要。

五、联军向清政府提出占领到正阳门即帝城的中央大门，但预料到其难以答应；联军从能俯瞰全部城墙的外门和内门上全部撤离，被火灾烧毁的谯楼允许其再建之。由于军事上的必要，必须除去城门上的斜坡。

六、希望崇文门包含在防御区内，但俄国委员认为没有必要，如果包含的话，城墙上的谯楼要如前项那样拆除，而公使馆地区的南面约中央的内城城墙要开一新门，此门是德国区域沟渠水门的位置。此开口的高度在沟渠之上，妨碍排水与贯通道路。另外，开口因妨碍城墙上的交通，需开凿窟窿为要。

城墙上崇文门东面的斜坡应毁掉，其他门的斜坡也应毁掉。

七、在北京内城的城墙上占领区域的两端外，建造宽五至七米、深约三米横穿城墙的横沟。此沟的位置和倾斜需选定从“P、Q”、“R、S”防线的各处得以进行纵射的地方建造。

八、在西北和东面的防线周围，应设置空地或有缓倾斜的斜堤为紧要。委员希望此幅度的最小限尽可能增大到一百五十码(约一百四十米)。

俄国委员提议西面清扫至宫城的外墙土地，得到一致同意。以皇城根北街为东面空地的边界也获得同意。还需要在连接内城城墙外面或城墙的南面空地设置建筑物，需要将崇文门附近南面的清国房屋和城墙西端的西面建筑物除去，留置百米空地。除去周围空地的建筑物，不论何种名义都不允许新建房屋。还禁止军用材料之外的东西放置。

九、根据委员的意见，应向清国政府请求的全部土地面积为标有A、B、C、D、E、F、G、

① 略。——译者注

H 符号之处附图①,此区域的边界以标注指示。

为禁止进入斜堤顶斜面或防御区域内,计划设置铁栅栏。但由于其费用和无法相接而中止。各公使馆在与其相邻的公使馆协商的基础上,如果铁条紧张的话,可以得到最为便宜的栅栏。

十、连接皇城根北街北面的皇城南部的外墙,为提供防御区西北角所需要的空地而被毁。柴中佐提出的“去年包围公使馆之际,敌人将炮兵阵地选定在此墙上,作为惩罚,要求墙高削减一半”。与此相对的能够减少公使馆防卫墙之高,在军事上的利益很大。

十一、当然在防线的构筑上能够按照现今城墙的形状,但需要构筑以土墙为掩护的防御墙,或架设炮门。除内城南部墙壁要用侧防法之外,各公使馆应在与相邻的公使馆协商的基础上,计划其占领区的侧防法。为此,需要机关炮和速射炮。

十二、构筑防御墙的高度最低约为三点五米,以适宜正面防御,可以挖掘宽为五米、深两米以上的外濠。疏通外濠内的排水,不能存留污水。排水法的设计上可以掘两米,还可以人工的增加墙和外岸堤的高度,或掘深濠底;并可在濠底设置障碍物。防御墙外面的全部凸凹部分应平均,需要选斜堤那样的缓斜坡。

十三、为日、英两国公使馆联络,在 T 点建筑由土垒形成的穹窿形暗道,工程的详细情况交有关国家商议。

十四、从沟渠至 F 的正面应由日本构筑并防御,在包围公使馆之际发挥重要作用,日本人最终有了外面防御地。

此正面应是各国共有公园预定地的北部边界,日本还预定用沟渠防御该公园左侧面。为使此等任务顺利,日本必须开设在从其防御地区的后方至前述各正面诸点的通路。

十五、日本军队在可能的情况下,成为东部公使馆区域的总预备队,必要时俄国军队还应尽可能地协助防御西部全部区域。

十六、为守备各公使馆,军事委员暂定的护卫兵人数如下:

国名	人员	炮(门数)	榴弹炮	机关炮	备 注
奥国	250	野炮 2～4		6～8	
法国	250	中口径攻城炮 2		2	
德国	300	速射野炮 3～4	2	6	
英国	200～250	十二磅海军炮 2 一寸马克西姆 2	6	4～6	其数由各国兵力增加而增加
意国	150～200	野炮 2		2	
日本	350～400	速射炮 4～6		未定	
俄国	350	野炮 2		4	
美国	100	(未定)2		9～10	

① 略。——译者注

十七、西班牙、葡萄牙、荷兰公使馆眼下虽没有护卫兵，但军事上需要相当的兵力。如从荷兰派出相当护卫兵时，委员希望西面以外面的防线交于美国，荷兰公使馆转移至其他位置。

十八、保定铁路线的终点车站应在正阳门西面的内城城墙外建造。希望供给正阳门、崇文门间的城墙外的空地为海岸联络线的北京、天津铁路的终点。此车站院内处于公使馆地区直接防御之下，设置短支线，南方铁路的运行材料全部收集在这里，必要时可以保护之。

保持军事上的铁路交通最为必要，铁路的终点经常设在外城内，需要和清国政府缔结条约设置。

十九、在各公使馆间架设电话架空线，还希望有地下线设备。

二十、为北京驻屯部队储存三个月以上的粮食，还需要适当储存预备武器弹药。

二十一、公使馆所在地防御军队配置的详细规定，在以老资格军官为议长的公使馆守备队长会议决定。在北京，有人提议陆军最高级老资格军官在防御时担任总指挥。俄国委员就本国公使馆守备而准备设备，还应和他国军官协商行动。但应接受他国老资格军官的指挥，还有主张俄国的老资格军官不能担任总指挥。美国委员将其作为日后的问题。

有护卫兵的八国公使馆各出其最高级的老资格军官组成军事会议的倡议由俄国委员提出，但没有得到多数委员的同意。法国委员提议一般的防御计划可以全权交给担任战时总指挥的长官。各国按顺序以中校到下级的老资格军官为战时总指挥，提出某一时期（一至三年）的任命动议，此事听从各公使的意见。

二十二、尽快动工归还清政府前的防御工事若干部分，还需要在雨期前完成。

1901 年 2 月 9 日于北京
联军司令部参谋奥国大尉　沃西克
法国公使馆武官少校　沃达尔
联军司令部参谋德国少校　施瓦兹霍夫
英国参谋工兵上校　肖恩（会长）
意国参谋中校　肖兰道
日本公使馆武官中校　柴五郎
俄国卫戍司令官中校　沃罗诺沃
合众国工兵中尉　菲娅卢寇松[①]

上面报告书的大部分为各国军队指挥官所采用，应和清朝交涉的将其交给公使，和北京的兵营一起建设，着手其周围的防御工程，第五师团凯旋后继续至 1902 年。

另外，此问题于 3 月 2 日提交各国公使会议，但其意见不一致。甲说一切事情应按照前述的报告书实施，乙主张应斟酌采用，最终仰仗各国政府决定。但只有区域之事一致决定采用上面报告书的决议，此区域通报给清朝全权委员。

建造北京兵营

1 月 31 日，山口师团长用旬报将需要在天津、北京建筑兵营的意见报告给大山参谋

---

① 《正面防御和守备兵力比较表》略。——译者注

总长。2月5日,又用电报要求尽快派遣良好的技师,在实地确立建筑或修筑的计划和预算,必须在解冰后进行。而后经数次往复,3月1日大山参谋总长命令建筑兵营,继而6日通报于近日派遣技师。

4月23日,师团司令部制定关于北京兵营建筑的内部规章,其精神是专门排斥贪图暴利的奸商而直接使用清国人,或由工兵队直接从事工程,尽可能节俭费用,打开了破除恶弊的端绪。

兵营建筑的设计大体完成,但关于其地基,由于外交官和清朝全权委员协商不宜决定而迁延。4月23日开始着手工事。不过,该工事行至一半,因第五师团和新驻屯军轮换而继承之。

而后,新驻屯军继续此工事,1901年12月5日完成,移交给守备兵。

各国兵营概况

在北京公使馆防御区域内,德、法、英、意一起建设兵营,最早完成(8月中旬)的是德军。兵舍可以容纳二十至四十名,四栋中一个中队的士兵和下士各一栋,另设军官宿舍和聚会场。最为壮观的是法国兵营,步兵一个中队、炮兵各一栋,军官的宿舍足以容纳家人。聚会场、休息室、仓库、厨房和马厩悉数完备,10月中旬落成。

英国使用原有的清国房屋,三栋给予下士以下,军官宿舍一家人住一栋,小房屋林立。

意大利以可容纳五十人的四所平房组成,设有阳台的寝室。

建造天津兵营

3月25日,师团长向参谋总长提出意见,即需要在天津建设兵营的理由,并以西机器局遗迹为地址。参谋本部派遣技师泷大吉进行调查,通过与兵营地基的一处梁园门外德国租界一侧的地址比较,最终决定在西机器局建设。不过,在师团凯旋前该工事尚未着手。后由驻屯军开始此工事,1902年6月大体竣工,驻屯军司令部首先移居于此。

对于山海关兵营,师团长巡视后根据永田参谋长的巡视和兵站监的意见,和各国军队交涉,最终只由我军占领第四炮台。师团凯旋后由驻屯军进行修理,守备兵于1902年3月15日移至此处。

五　有关京城之事迹

管理参观紫禁城

紫禁城东、北、西三门由日军、南门由美军守备,其由来如第二十一章一所述。此后,对希望参观紫禁城的军官等要临时商议决定,还有继续申请者和有从紫禁城内拿出物品等弊端,因此1901年2月11日,在日、美两军协议的基础上确定参观规则,自19日开始实施。

此规则的要旨是军官和私人持联军司令官的许可证,限于每周二、五两天上午10点到下午2点参观,从南门进北门出。各国军队司令官两日前将参观者的姓名和随行人数通知日、美两个司令官中的一个,日、美两军相互通报,参观时日、美士官各1名列席,不许

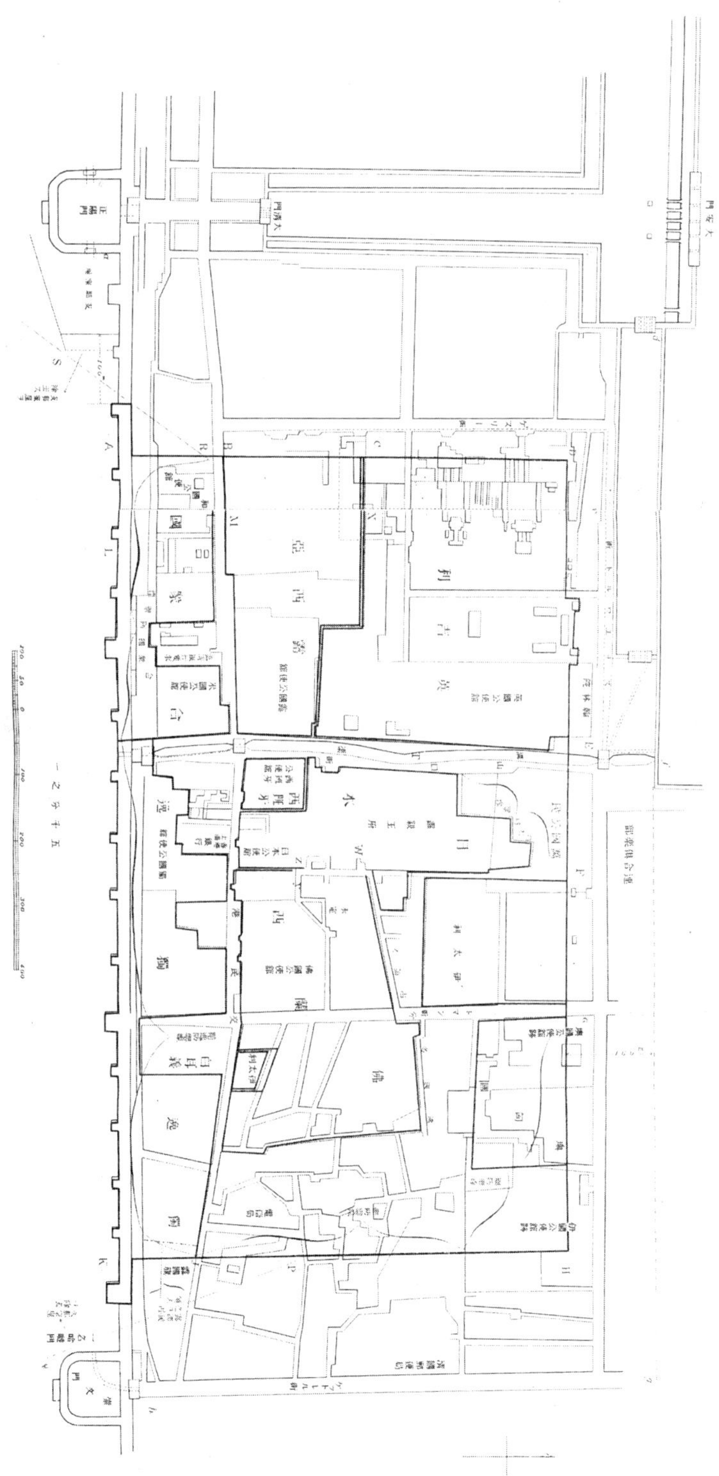

插图 30　北京公使馆防御区域图

携带出日、美军指挥官没有发单的物品。步哨要对出入的清国人严密检查。但对于瓦德西元帅、各联军指挥官的军官及其同行者,上午 11 点到下午 2 点之间不论何日,南门都开放。

在此之前,11 月 29 日,李鸿章属下官员得到福岛少将的允许,来此控诉说:“近来屡屡发生各国军人参观紫禁城者掠夺物品,滥入禁止场所等事。请求今后适当予以管理。”为此,师团长 30 日将其通报给美军指挥官。照会今后允许参观时,配备一名军官进行管理,美军指挥官表示同意。12 月 2 日答复李鸿章,并附言说:“此任务只是对在南门的少数军官有困难,但也应首先如此试行。且对于窃取紫禁城内物品之事,是日、美两军的守备队合议,做坏事的谣言也有耳闻,要相信这与事实完全相反。以试行管理证明这是真正的罪人为掩盖自己的犯罪肆意散布的流言。”

2 月 1 日,美军指挥官通报说:“根据瓦德西元帅的劝告,在不允许参观的紫禁城的部分,张贴禁止的告示。”

3 月 8 日,修改上面的规则,和军官一样对待外交官。

而后,根据此规则,每周两次由我军派遣军官管理参观,但天天都有参观者。

交还紫禁城

紫禁城守备始终由日、美两军担任,第五师团凯旋后,驻屯军继之,1901 年 9 月 17 日归还给清朝政府。

仪銮殿火灾

34 年 4 月 17 日夜,仪銮殿发生火灾,大半被烧毁。当时,联军司令部在此处设置大本营,瓦德西元帅特别在仪銮殿正殿前庭设有石棉制耐火厩舍。另外,司令部的事务室、军官宿舍等悉数使用殿内的房屋。是日晚上 10 点 40 分,正殿附近起火,火势迅速蔓延、极为猖獗。数分钟内就蔓延至正殿及其附近房屋。元帅的耐火厩舍及其前后左右的参谋长及专属副官等的宿舍被一扫而光,仅元帅及副官得以幸免。任何物品也没有取出,公用书类、被服装具等各种器物全都化为灰齑。参谋长少将施瓦兹霍夫其时正在屋外,看到发生火灾,马上回来,为取出重要书类进入屋内,不幸被烧死,重要机密书类悉数化为乌有。

福岛少将此夜和师团长一起列席小村公使招待德国公使的宴席,宴席结束后刚回到四条胡同的宿舍,就接到仪銮殿发生火灾的电话,马上到联军司令部,与我骑兵若干、步兵第二十一联队的一个中队到达现场。但事已发生,无可奈何。元帅对我之厚意深表感谢,希望其撤回,于是马上返回。师团长该夜马上赶到现场,拜访元帅。18 日我军长官以上的军官以及同等官员慰问元帅,师团长同日下午还访问元帅,对参谋长的遇难深表悼念。

本来,仪銮殿一带井就少,特别由于当时干旱而水量减少,加之缺乏消防器具,防火术也不充分,最终烧毁仪銮殿正殿及其附近六栋房屋。翌日凌晨 3 点稍过扑灭火灾。联军司令部事务室、军官食堂和福岛少将及各国军官的居室全都无恙,火灾原因和其迅速燃烧的原因都不明了。根据当时联军司令部的通报,据说是由该院内元帅附属的厨房引起的。

联军司令部火灾后依然驻在该地,瓦德西元帅对于火灾中我军的援助,向山口师团长送来感谢信,同时通报了参谋长被烧死之事。

20 日，施瓦兹霍夫少将的葬礼在仪銮殿内举行，除日本步兵一个中队、俄国步兵半个中队、奥国海军约一个中队、意国步兵约一个中队、英本国士兵约一个中队和美国骑兵一个中队所组成的仪仗队外，德国诸军队悉数参加，各国军队指挥官以下军官约二百余名参加葬礼。

武英殿火灾

1901 年 6 月 4 日夜，北京紫禁城内储藏经文和木版的武英殿遭遇雷火之灾，几乎全部被烧毁。

此夜有大雷雨，晚上 8 点武英殿附近的大树由雷电引发大火，火势蔓延到武英殿。

当时，山口师团长因视察兵站地奔赴天津，步兵第二十一旅团长塚本胜嘉和参谋长永田龟指挥守备队，和美军合作消防，5 日中午 12 点左右扑灭火灾。

第二十九章　关于交通设备

一　与各国军队交涉有关铁路之修理及其他部署

关于铁路修理一般状况

北京救援作战开始没有使用铁路队的余地，到 9 月上旬才开始着手修理黄村至丰台间的铁路，关于此队作业，在第二十章叙述。当时，实施修理从北京至杨村的铁路，没有开通铁路的把握，只是为考虑将来而修理，我军欲在黄村附近建造据点。此举虽已进行，但此间瓦德西元帅到来，师团半部凯旋，铁路队亦在凯旋部队之列，不久即回国。

不过，由于师团长根据以前派遣到内地的参谋少佐由比光卫的复命（10 月 10 日），知悉将来铁路有用于到山海关方面的余地，特别是参谋本部的意见是如要充分使用材料，可提出意见继续申请，即半部凯旋之际（9 月 26 日），铁路队至少应驻留到结冰期，以平衡凯旋。

在此之前，撤兵一半后感到兵力不足，师团长决定停止沿铁路线扩张守备地，10 月 3 日命令铁路队到大本营，暂时停止其延长工事，专门努力完成已设之线路。由于黄村守备兵减少，10 月 4 日团匪百余人袭击大本营，阻碍我工事，守备队将其击退（关于尔后黄村附近的团匪兴起之事参见第二十章）。

杨村、山海关间铁路修理以及有关运输和俄军返回之交涉

关于铁路修理，我军所采取的措施大概如上所述。其后根据元帅的部署，铁路的工程管理等发生种种变更，最终由日、德、英军负责北京、杨村间的修理。

10 月 6 日，英军指挥官中将盖斯里和美军指挥官少将沙飞来到师团司令部，告诉师团长说："德军元帅决定由俄军负责修理杨村、山海关间的铁路，杨村、北京间委任给联军。如此紧要之地委于俄军，冬季期间在联络上将甚为不利，毋宁将北京、山海关间的修理委任于公司为上策。因此，向德军元帅提出此意见。"师团长允诺，三国军队指挥官联名以上

述理由向元帅陈述意见。

交给公司进行,容易筹备材料、工人等,也容易发现隐藏的材料,将加快工程的进度。沙飞少将还申请本国政府,采取必要的外交手段。

对于上述意见,瓦德西元帅 11 月 1 日回答说:“由于眼下军事上有迅速开通之必要,只能将山海关、杨村间的修理和运行委于俄军,这样做并非是对此线路的个人或策略上的权利或要求上的垄断。将来如发生此等问题,应转为外交问题为要。”

在此之前(10 月 8 日),瓦德西元帅关于山海关港湾的未来修理以联军命令传达时,制定了如下有关铁路的部署(此命令 11 日到达师团司令部):

一、各国军队有在山海关和秦皇岛车站,以及在将来的兵站线山海关、塘沽、北京线上认为适当的地点驻扎兵站部队的权利,另外,塘沽、北京间兵站线上已在实施中。

二、根据联军司令部和俄军司令部之间的协议,山海关、塘沽、杨村铁路的修理和将来的运行交由俄军担任,杨村、北京间由联军司令部修理并负责运行。

三、各国军队均可使用的重要的山海关和秦皇岛港湾的修理及建筑设计,以及铁路的货物运输计划及部署由英军司令部负责。考虑到这一工事的重要,请求各国军队司令部在可能的范围内以人员材料帮助负责实行的英国军官。

继之,关于山海关、杨村间铁路的工事、运行和守备,瓦德西元帅通报了联军司令部和俄军司令部之间所达成的如下条款(10 月 18 日从天津发出,20 日到达北京):

一、山海关、杨村间铁路因由俄军占领,其工事、运行和守备今后也应由该军担任,特别是和联军共同占领的山海关车站亦然。因此,俄军为此目的,需要领有并使用以前附属铁路的建筑物、材料和运行材料。

二、不过,山海关、杨村间铁路的运行诸材料在联军军事上均可使用。电信线还以“莫尔斯”记号或俄文,供各国军队共同用于急报。

三、运行材料可以利用到直隶省外的牛庄或新民屯,为在直隶省内能经常应对各国军队军事上的要求,在将来的发车表上应能一天至少二次甚至三次向各方面发车,还应留下山海关至北京间全线所需要的材料。

四、由于俄军经理部欲中止以前计划准备的杨村、北京间的工事,此线路由联军司令部担任。由此,俄军经理部应供给此地现有或此线所需的材料。对于此事,应由俄上校沃罗诺沃和德少校法尔详细商议。

五、10 月 8 日,联军命令第六项(相当于前文部署所记的第三项)所揭示的山海关、秦皇岛港湾的工事以所在地的材料补助,关系到山海关、塘沽线的铁路预备品及材料。

六、此协定书有俄、德文两本,共同署名。万一在本文解释上发生疑问,应以德文协定书和原文对照。

瓦德西元帅关于修理北京、杨村间铁路之部署

10 月 19 日,瓦德西元帅就北京、杨村间铁路修理,发布如下联军命令(10 月 20 日送抵师团司令部):

联军让少校巴尔卢担任杨村、北京铁路修理的高等指挥。根据与此有关的协定,英军修理北京、黄村线,日军负责黄村到杨村方向的工事,德军负责日军对面的杨村的工事。

不过，上层工事的材料大半被清国人除去，且散落到铁道旁诸村落，重要的是各国军队要随着发现而使用之。

因此，予请求阁下命令该地附近阁下的军队，发现铁路材料（枕木、轨道、接轨板、铁锤、钉钩）和电信材料，悉数没收。随着其发现的工事范围，命令各自尽快通报给巴尔卢少校或英军、日军的铁道队长。

予还允许前述两国铁道队在他国军队守备的村庄中搜索铁道材料的请求。

北京、杨村间铁路竣工后，由于直隶省内的各国军队均能使用，参与铁路工事的军队在线路或与此联系的地基竖立国旗，不仅完全没有作用，只会延缓铁路工事。

向本国要求铁道修理材料

在接受此联军命令前，师团长决定在当时的状况下继续进行从大本营到前方的修理工事。10 月 20 日，请求大山严参谋总长紧急追加十五里所需（预定修理至安定）的四寸接轨板一万零五百六十个、接杆二万一千二百三十个、铆钉十一万六千一百六十个（电报）。继而，用电报具陈铁路修理的过去、现在的概况，呈报关于将来的意见，提出需要追加继续修理铁路的东西和材料。

决定铁道队驻屯

10 月 24 日，参谋总长垂询说："根据联军命令，杨村、北京间由日、英、德担任修理和运行。对此，我临时铁路队因需要永久驻在此地，结冰前能否凯旋。"（10 月 9 日的书函）师团长同日回电（概要）："铁路队结冰前能否返回，随着我铁路队能收集的材料的多寡、从本国到达的材料的快慢和从杨村方向修理的德军的作业快慢而变化。元帅希望以今后一个月为期完成铁路修理，但感到此一时期无法全部开通。因此，首先该队留在此地。"据此，10 月 30 日大山参谋总长向师团长下达了如下命令。

临时铁路队在贵官的指挥下，决定临时驻屯在该地，但业务上不需要的人员应依次返回。

于是，确定铁路队驻屯之事。

当时，在通州的铁路中队长工兵大尉槇峡梅之进有病（10 月 23 日从天津运送到后方），由于工兵中尉武田丰作已经战死，从内地派遣工兵大尉山越富三郎和工兵中尉井上亥六作为补充。10 月 26 日抵达北京，当时吉见铁路队长亦病，因恢复需要两三个月，决定送回内地（10 月 29 日从北京返回，1901 年 1 月 5 日在天津病情日益严重，最终死去）。

借给英军材料

10 月 30 日，因英军参谋长少将克里书面照会日本求购铁路材料，师团长请求参谋总长购买英军所要求的铆钉四万个、接轨板（机焊、螺旋钉一起）二百五十对。得到回电为，接轨板没有，铆钉可以马上送去四万个。由于是官物，要约定他日送还替代品。师团长向英军指挥官询问关于他日送还替代品的意见（11 月 14 日），得到承诺，送去从内地运来材料。

12 月 1 日，山越铁路队长申请，因可能没有我修理的前景，提请将铆钉、接杆和接轨板的大部分让于英军。因我接受区域已经完成,且除此间修理所需要的预备材料外,其他都让于英军。

继而(12 月 4 日),师团长致书英军指挥官:“随着英、日、德军修理铁路的推进,将来北京、天津间开通,不仅三国,在北京的联军都很高兴。除前日贵军所请求的‘斯巴里’铆钉外,‘拱顶’接杆、‘布莱托’接轨板等从日本送来后,如通牒所言我使用的剩余品日后通过以替代品给予日本政府的契约,现在让与贵军。另外在现地搜集的材料也有我军不用的,一并让于贵军。对于这些转让,直接和在黄村的山越工兵大尉协商。”

和英军交涉黄村附近修理区域

英军指挥官中将盖斯里 11 月 2 日请求师团长将日军修理的黄村北面六里和黄村车站让于英国,说:“根据马家铺、黄村间的铁路和黄村北面日军已经开始修理的部分应由英军完成的联军命令,向黄村派遣英军的铁路队和护卫的步兵队。对于何日将黄村的北方六里及该地车站让于英军,以方便在黄村准备冬营,请迅速回答。”因此,师团长通过福岛少将,向联军参谋长少将施瓦兹霍夫询问联军命令的本意,确认日军着手的地方当然由日军完成。11 月 8 日回答英军指挥官:“联军命令的本意是从日、英、德军已经着手的地方继续修理铁路,三国合作修理北京、杨村间的铁路。其用字都是特别著名的地名,不过是确定大体的分界。因此,相信此时没有必要变更修理区域。黄村北方六里以前由日军修理,由于还未完成,相信此时完成之,迅速开通和联军的往来乃我军之责任,不敢烦劳贵军,决心完成此间的修理。”

占领廊坊车站

11 月 9 日,英军向师团长作了通报,其要点为:“先前从保定府返回之际,东面纵队在通过廊坊之际发现该地有很多铁路材料。因此,日军占领的话,英军亦应占领之。”为此,师团长马上命令山越铁路中队长占领之,并将其旨意通告英军。由此,我铁路修理区域最终延长至廊坊,守备步兵一个小队 10 日占领廊坊车站。从此时开始,日、德两铁路队不分昼夜进行施工。恰好是日(10 日)寺内次长来电,大部分铁路材料于 8 日抵达大沽,大为振奋人心(后根据调查,廊坊铁路材料集中,是我铁路队在沿路差遣清国人收集材料的结果)。

师团司令部决心在可能的范围内帮助铁路队的工作,作为激励还将在北京工兵的一个中队(缺半个小队)送至安定,由山越铁路中队长指挥,援助工事(12 日从北京出发)。

由于修理区域延长至廊坊,师团长 11 月 14 日又向参谋总长请求追加铆钉二万根、接杆三万一千根(电报)。

廊坊、安定间日德共同工事

11 月 15 日,德军鲍尔罗少校来到师团司令部,说:“德军应在今后一周完成到廊坊,因此廊坊以西和日军共同进行修理,德军还有充足的材料。”

当时,我铁路队正在全力搜集铁路材料,但终究在当地没有获得所需的材料,不得已向本国求救。而且,其请求的材料到达从第一次来看,从请求之日起至到达约需一个月。

今后安定、廊坊所需的材料(14 日请求)结冰前能否确实到达甚有疑问。师团长答应德军的要求,决定廊坊、安定间由日、德两军共同修理。同日(15 日)答复德军。永田参谋长将此旨意通报给山越铁路中队长,并以铁路队一部和德军共同进行安定、廊坊间的修理。安定以西,希望全力尽快完成。

抢运铁道材料

是日,师团长命令兵站监及各地的兵站司令部,全力将到达天津和大沽附近的铁路材料北运,注意必须由铁路运送到杨村。

11 月 19 日,传达炮兵中尉曾我佑邦(驻师团司令部到任之时)兵站监之言:“铁路和电信材料在大沽口,因风浪高无法登陆。不久如果结冰,运输极为困难。”因此,师团长在和兵站监及运输通信支部长两官员协商的基础上,决定尽一切可能的手段,通过塘沽、杨村间火车运输,使材料迅速到达。11 日从该地出发的铁路材料二百六十六个于昨晚到达当地,但必要的材料不在其中,故发出迅速送达为宗旨的电报。此外,还督促各地兵站司令官迅速运达材料。11 月 22 日,由于师团长接到铁路队昼夜兼程进行作业的报告,再次电报兵站监和各兵站司令官,命令其不分昼夜搬运材料。

11 月 27 日,师团长在铁路线修理大略完成之际,派遣誉田参谋视察铁路线工程的情况。此时,来清的参谋本部部员步兵中佐明石元次郎一行亦与之同时巡视铁路线。

12 月 4 日,山越铁路队长从德、英两军得到在铁路线架设两条电线的要旨,申请我军同样至 10 日架设复线,并使用电线队不用的绝缘瓷瓶(障子)等。据此,师团司令部和电信队长商议,除以前的不用线外,在天津购买不足之线。由于没有余暇依靠来自本国的材料,不管其价格昂贵,都需解燃眉之急。

对于铁路线不稳之处置

12 月 2 日以来,在廊坊附近屡屡有土匪出没的报告,特别是同月 8 日有土匪袭来,我守备小队首先抵挡,该地的德军亦聚集应对,马上击退之。由于出现如此屡屡不稳的形势,师团长电训铁路守备队长步兵大尉大野尚义(12 月 9 日),要求加倍警戒,还制作告示在铁路沿线布告,其大意是,如有加害眼下日、德、英军修理铁路和沿线军队者,其附近村庄一带负有责任,将给予严惩。

因上述训电,(12 月 15 日),其后大野守备队长拘留二十九名土匪嫌疑者,并实施刑罚,其他人告诫之后放还。

修理完成后瓦德西元帅感谢状及其回信

12 月中旬,铁路修理作业大致完成,12 月 20 日瓦德西元帅给师团长有如下来信(21 日收到):

> 现在值杨村、北京间铁路开通之际,予对于阁下在铁路修理上给予联军的协同利益以有力帮助,谨表谢意。
>
> 巴卢夫少校对日军铁路队的超群行动给予无上赞赏,加之少校在尽己任的困难时期会面,屡屡得到日本军官的帮助,这是予之大喜之处。

临近终了,予在俄军先前撤退之际和予协商,决定将山海关、北京全部铁路线的运行工事和保护让于东亚军司令部。此接受首先应由德军铁路大队进行,大队长关于运行实施,还有和日本铁路中队长协商的地方,接受以后,山海关、北京全线可能引渡给英军司令部。不过,不能因此损害各国军事上的任何利益。

接到上述通报,师团长认为有必要将有关铁路将来的意见报告陈述元帅,发出如下书信(要旨):

12 月 20 日,阁下寄来通报,对于我铁路队所进行的修理工作,给予过分的赞誉,实不敢当。我铁路队着手修理的时候,团匪尚在其附近徘徊,不仅需要以兵力扫荡,而后铁路队的军官和若干士兵亦因此失去生命,且其修理材料也无法如愿在当地搜集,最终向本国政府申请。依靠该材料的送达,逐渐实现其目的。本官个人的意见,不能马上转让给英军司令部。至于何时转让,相信需要依靠本国政府的指示。

二　北京至杨村间铁路修理

我军铁路队 9 月上旬着手修理铁路,并和各国军队交涉,师团司令部所采取的处置已如第二十章并前文所述。因此,以下将专门叙述铁路队的修理作业以及与之有关的交涉。

丰台、黄村间线路状况

丰台、黄村间的铁道线路大都平坦,全为筑堤复线。但其高没有超过二点五米之处,床基由沙和小碎石混合而成,看不到大沽、天津间那样的石头。

此线路被义和团破坏,建筑物留有残迹,钢轨全线路约有三分之一留在路基上。其他约二分之一被填埋在两侧之下,或投入沼泽,其他投下斜坡。接轨工具等轻的东西不在附近,全都被藏匿在沿路村庄。枕木除在义和店的桥梁以南、南天堂间的路基或两侧水田中发现一百一十三棵外,几乎全无,只有路基大体完整。

能够用为枕木的树木多在廊坊和南天堂、黄村附近。

丰台、黄村间有三座桥梁,桥基和桥墩完整,各有二十二尺七寸长的桥段三对。北面的桥梁架设在枯水的河床上,桥段都在桥梁上。中间桥梁的桥段悉数落下(河底为水),在南面黄村车站的桥梁的桥段有一个落在沼泽中。

黄村车站的站台(升降台)两侧各有一个,都长二百米、宽七米。不过,构成此站台的砖瓦被破坏而散乱,不少已不堪使用。两站台间有三线通过,但没有钢轨,据说此是在清历六月被破坏的。车站的建筑物悉数被破坏,大都只剩遗址。此附近虽有两三间房屋,因狭隘不足以充分利用。到黄村的村庄还约有一千三百米的距离。黄村没有木材商或其他有木材的房屋。不过,作为宿营地,便于征集副食品。在南天堂附近,不少适于宿营的房屋,在潘家店的一间房屋内,发现了堆积着被切断的枕木(以上主要根据 9 月 16 日特务曹长中野茂一郎的侦察)。

9 月 17 日,在丰台、芦沟桥间,发现枕木材料约五百九十根、接轨板二百四十个、手推车(轨宽二尺)十个、钢轨六十八根。在芦沟桥附近有铁路工场那样的场子,发现不少烟管和蒸汽罐,另外还有很多铁板在地上或埋在地下。另外,丰台、芦沟桥间线路的两侧堆积有很多沙子。必要时可以利用(以上根据 9 月 17 日技师阿久津成雅的侦察报告)。

9月4日，根据武田中尉的视察意见，在北京征发铁材和木材，获得土木和锻工工具，这时铁路队每天可铺设约一百米。如果发现撤去的接轨器，且在北京能够征到十名以上锻工时，其进展速度将大大加快。利用铁路队携带的材料，可以铺设约六公里，但超出部分须依靠本国追加。另外，由于火车机车已没有修缮的可能，需紧急制造手推车。

而后，侦察的结果为搜集到约十分之一的材料，有可能稍加修理，将有成功的希望。

开始修理铁路及与英军之交涉

9月12日，师团长决定和英军协商，修理丰台南面的铁路，派遣铁路队到丰台(13日)。步兵一个大队和英军骑兵一个中队一起派遣到黄村，占领该地(详细情况参见第二十章三)。此时和英军达成的协议要旨如下：

一、日军派遣一部队到黄村，以支援工事。

二、日军进行铁路修理的工事。

三、英军供给修理所需的材料。

此时，俄军占领马家堡车站，自9月4日开始修理其附近的线路。英军占领丰台和芦沟桥，等待铁路队的到达。

关于和英军的协议，其后吉见铁路队长和英军工兵中校莫库利夫再次商议，再次协定同一主旨。尽管如此，9月17日武田中尉在和英军工兵上尉斯塔库莱的会见中发生了变更。即由于英军军官请求铺设北京、丰台间及丰台以南三点五公里铁路，我铁路队不得已从丰台南方没有材料的地方开始。

据此，吉见铁路队长决定不倚仗英军的材料，着手独立作业。在北京开设制造枕木、拱顶、接轨板的工场。武田中尉在黄村附近悬赏征集材料，又打电报给运输通信支部，派遣传令船到仁川，依靠从京仁铁路公司购进的板梁和道钉(9月17日的处置，但从京仁铁路公司购进材料之事没有实施)。

9月18日，开始从廊坊北面桥梁附近和英军的分界处向南方进行。

20日正午左右，英军工兵上尉斯塔库莱到来，在丰台、黄村间铺设铁路。不过，因日军在此期间作业，甚为不便，希望日本迅速停止作业。由此发生争端，武田中尉特意于下午停止作业，等待铁路队长的命令。

接到上述报告，吉见铁路队长和英军工兵中校莫库利夫协商，决定如下条款：

一、英军从丰台向黄村作业，日军从黄村向丰台作业。

二、日、英两国一方发现的材料，如得不到当事国军官的同意，不得使用。

三、材料中自己使用所剩余时，两国军官协商使用。

此协议书由两人署名后交给莫库利夫。

吉见铁路队长21日将该协定交给武田中尉，基于此进行作业。三个桥梁在协议书中没有，但口头约定由日军修缮。队长训令根据作业的情况，让于英军几分。另因黄村以南的材料为几个国家占领，在和步兵中队长商议的基础上，只要没有危险，应扩大收集范围。

武田中尉亦于20日下午到英军和莫库利夫交涉，决定继续先前的作业。21日向黄村派遣特务曹长中野茂一郎所指挥的五十名人员，在该村搜集材料，并进行铺设准备。

上述争执因吉见铁路队长和莫库利夫中校的协商而告一段落，而后铁路队在廊坊和黄村附近两地继续作业。

至大营工程情况

关于廊坊附近的材料使用,由于和英军发生纷争,可能延迟作业,21日石本少尉将桥梁作业和铺设作业所必需的器具留在芦城村,剩余的送到黄村。此时,留在丰台的人员为六十名(下士一名、上等兵一名、士兵八名、运输兵十名、工人十五名、壮工二十五名),由石本少尉指挥,21日移至芦城,武田中尉以下转移到黄村。是日(21日),武田中尉为侦察线路到大营,受到敌人袭击,最终战死。而后中队由石本少尉指挥(遇难情况参见第二十章三)。

23日,黄村守备中队为讨伐在大营出现的团匪,全体出动。该地需要铁路队警戒,石本少尉从芦城率领兵卒十名到黄村。是日以后中止芦城作业(当时修理的部分约有一里半),专门进行从黄村到北面的作业。

铁路修理的方法为赶造延长线路,最初期间一条钢轨使用两根枕木。后随着材料的发现,增为三根。接轨器具首先使用铁路队携带的,还从沿路村庄征集,雇佣本地人和清国壮工(每天约一百人)进行搬运。23日以后使用携带的六辆手推车,帮助搬运。

黄村以南的工事由于可能有土匪来袭,需要掩护。24、25日两天由守备步兵队(特务曹长以下二十名)掩护,竖立王立庄约二里间的中心桩和搬运钢轨。

关于搜集材料,铁路队和黄村守备步兵中队一起于22日向沿路村庄下达命令,向线路搬运王郭庄和大营附近的材料,逐渐奏效。

25日俄军校官到来,在黄村以北各地竖立俄国旗。不过,我军不管此事而进行工事。

当时,钢轨原本是复线,其数多且重量大,由于破坏时不便运输,多散在线路附近,其发现之数量可得以充分进行修理。但枕木及其他接轨器具尤其是“斯巴里”道钉、拱顶接杆及“菲修布雷特”接轨板发现的少,发现的拱顶多被切断,不堪使用。因此在北京开设土木场和锻工场,制造枕木及其他接轨器具,还向各地派人,购买应用品。

9月28日,从黄村车站向北方进行的连接芦城附近的修理线,其延长达到八里四十锁(一钢轨三枕木),能够通过手推车作业。是日,接到英军由于没有作业区域,要求让予二里辅助作业的请求,作为回报,英军分给我军“菲修雷特”接轨板七百个、枕木一千根和“斯巴里”道钉若干。

而后,铁路队从事黄村以北的枕木增加(一个钢轨六条)、固定、接续及黄村以南的铺设作业。

为使北京、黄村间的通信迅速,吉见铁路队长让藤田中尉(下士一名、上等兵以下十一名、壮工一名、马车一驾)自9月28日架设从北京铁路本部到黄村间的电线,30日结束,而后有了电话通信。

到10月18日,铁路队完成如下工事。

黄村以北八哩三十七锁二十链环的延长作业,其中二哩让于英军,剩余的完成了六哩三十七锁二十链环;黄村以南三哩的延长作业,但右线路中由于接轨板、接杆、铆钉不足而有所省略,计九哩三十七锁二十链环;丰台、大营间的三个铁桥修缮完成,即桥间二十尺的两个铁桥的三个桥段、一个铁桥的两个桥段。该区域内的七个溪桥修缮完成,长九十尺一个、四十五尺一个、五尺五个。

10 月 19 日至 11 月 4 日，进行延长至大营附近约 1 哩的工事，进行已经铺设工事的补修；从刘各庄进行东西两面构筑约一哩的路基；黄村、刘各庄之间架设电信。

大营以南工程情况

大营以南铁路的破坏程度和以北相同，只是刘各庄附近更为严重，即诸桥梁和溪桥悉数被破坏。路基上出现几处凹陷，钢轨深埋土中。

11 月 4 日，山越铁路中队长到达黄村，取得其业务。5 日其本部从北京移至黄村，开始作业。藤田小队(下士七名、兵卒三十六名、辅助运输兵四十七名、工人六名)是日从黄村移至刘各庄。材料场(士官一名、下士一名、兵卒十一名、技工两名、辅助运输兵十三名、工人三十二名)依然在北京开设，井上小队(下士六名、机关人员六名、兵卒三十九名、辅助运输兵三十七名、工人六十二名)临时担任黄村附近的工事和搜索、收集材料等任务。

11 月 9 日，井上小队和守备步兵一个中队一起转移到安定(汤家庄)，以该地为起点，进行修理作业。是日，接到永田参谋长的应占领廊坊的指示，又接到占领在廊坊的英军发现材料的命令，守备步兵中队向廊坊出动一个小队，10 日占领该地车站，继而山越中队长命令井上中尉派遣一部，从事从廊坊车站东端桥梁向西面的工事。

当时，利用满洲旗人王德璧(马各庄村长)进行材料的收集、壮工的征集，获得很大便利。此时，王德璧隶属井上中尉，帮助廊坊附近的作业。另外，由于五名东安县官吏持有德军要修理廊坊车站所需的材料、壮工的告示来到廊坊，山越中队长命令其应出该地以西的修理所需的人员、材料。11 月 11 日以后从刘各庄、安定及廊坊三处进行工事，雇佣多数清国壮工，由铁路队的兵卒、军夫监督，从事钢轨及枕木的配置及路基的修理等。

继而，到 13 日工兵半个小队(少尉杉山正率领)作为援助到达安定，14 日转移到磨其营，从该地开工(人员为下士以下三十一名、辅助运输兵十五名、马丁一名，此外下士一名、兵卒三名属于铁路队)。于是，在四处同时进行工事。

14 日，德军铁路队的中尉来到廊坊，明确彼我的情况。此时，同行的鲍尔罗少校在北京向元帅报告视察的结果，15 日协商共同修理德军和我军之间的廊坊、安定铁路(参见前文)。

自此以后，我铁路队和德军铁路队竞争加紧作业。工事大为进展，其役使的清国壮工也增加，多的时候达到二千五百人。而且由于夜间作业，从 18 日开始给从事作业的每个人增加一合米，22 日又增加一合米。守备的步兵两个中队亦共同用尽各种手段搜集材料，得到很多材料。据此，钢轨、枕木无一不足，接轨板在 11 月 30 日左右几乎集中全线所需，剩余的是从本国送来的。道钉全线有半数供给，接杆因切断不堪使用，至少从本国送来一次，加之逐渐得以补充全线的半数。

11 月 18 日，刘各庄的藤田小队的半部转移到柳林马房，从事该地附近的作业。同月 21 日，井上中尉以下二十二名因完成廊坊以西的工事转移到黄村，从事该地以东的整备作业。

本国材料送达

本国的铁路材料根据参谋本部第三部长少将上原勇作给永田参谋长的通报(10 月 25

日),情况如下:

1	道钉	57285	品川炮台内
		192285	大阪
2	接杆	14284	品川炮台内
		6432	大阪
3	接轨板	6756	品川炮台内

桂陆军大臣10月27日命令兵器监部,紧急将接杆一万三千八百九十二个,道钉十一万六千一百六十个发送给临时铁路队。据此,其大部3日装载到从宇品出港的运输船,8日达到大沽,以此为开始,以后每次以便船运送。

师团长犹如前述11月10日以来数次催促秋山兵站监、濑名运输通信支部长迅速运来铁路材料,结果铁路材料逐渐加快到达。

从本国运送来的材料中由于接轨板不堪使用,中止追加,但其到达的部分可改造之后使用。

从本国追加的接杆因是方形,需要变为圆形。于是,师团长将炮兵、工兵及辎重兵等各队的全部锻工及清国锻工十七名送至黄村,昼夜兼程进行改造。还为建筑黄村车站,使用了全部师团监督部动用的建筑工人(11月22日)。

12月12日开始用火车从杨村搬运铁路材料到安定,以前的铁路材料在这两地之间使用陆路马车搬运。途中在武清县附近有土匪出没,不仅屡屡阻碍我之通行,还因道路不好增加前进的困难,山越铁路中队长数次和德军交涉,得以使用此铁路。

同德、英军交涉关于铁路作业

11月23日,在天坛英军宿营地日、英、德国的铁路队长开会,我军由山越大尉和井上中尉出席,作出如下决议:

一、杨村、北京间全线因建设分为三区,英军从北京到黄村和丰台间的日、英军分界点;日军从此分界点到安定和廊坊间日、德军建立的分界点;德军从此分界点至杨村。

二、临时运行(建筑列车的运行)由德军担任。

三、为供水,在车站进行如下设置:北京二十吨、黄村九吨、廊坊及落垡十吨,英军迅速送给俄军一个蒸汽抽水机。

四、各车站至少设置一个错车线,危险的区间设置长四百米以上。

英军在北京建造三角形(为转变机车的方向),日军支给英军二组转路装置。

五、各国军队沿铁路在其区域内架设电线,各车站配备二人以上的各国通信人员。

六、12月10日至15日准备试运转,15日开始运行。

七、为完成建筑,还希望由俄军提供给两个机车。

八、优良的煤炭二百吨集中在北京、黄村和杨村,由德军担任供给。

九、各区域的指挥官对于有关铁路建筑之事,应相互通报并帮助。

关于第一项日、德军的分界点,多少还有意见。故山越大尉在决议书上标注,对此不听取师团长的意见，难以同意之语。

恰好是日(23 日)下午，我铁路队完成安定东面七哩十二锁的作业，连接德军的作业。于是，日、德联合作业区缩减到廊坊的西面五哩六十八锁间。翌日早晨，两国的铁路队长将附近的作业人员集中在此会合点，三呼日、德两国皇帝陛下万岁，照相以资纪念。而且，廊坊车站设置日、德守备兵，两国国旗交叉悬挂，廊坊和此会合点间全是共同区域。因此，我铁路队独立修理二十四哩五十二锁，还有五哩六十八锁和德军共同修理。

11 月 27 日，德军铁路队电信军官来和山越铁路中队长协商，结果德军在杨村、廊坊间，日军在廊坊、丰台间，英军在丰台、北京间各架设一条线。德军在北京、杨村间各车站分别配备通信人员两名，日军在安定、黄村配备预备通信人员，英军在丰台、北京间配备通信人员。另外如有需要，由日、英军在杨村、北京设置通信人员，决定 12 月 1 日开始通信，德军还特别在廊坊、安定间安装电话，日军在丰台、廊坊间安装电话。

架设铁路电线

黄村、北京间 9 月 30 日架设成电线已如前述，尔后随着铁路作业地的扩张架设电线。于是，10 月 30 日、31 日两天进行黄村、刘各庄间的架设(藤田中尉、下士一名、上等兵以下四名、运输兵两名进行此架设)。自 11 月 8 日由于野战电信队的辅助，开始进行从刘各庄向廊坊的延长工事。12 月 1 日开始通信，通信人员配备在丰台、黄村、安定和廊坊的各车站。电信队派出电信人员，配备在北京天坛和杨村，担任北京、杨村间的通信，并和我军其他电信线联络。但英军所持的电信线稍迟，于 12 月 10 日开通。

除上述铁路用的电信线之外，在车站的中间地带即芦城、刘各庄和磨其营安置电话，配备铁路兵，以供需要修理时迅速通知需修的地点。

修理完成

我铁路队在线路工事大体结束的同时，完备了黄村和安定车站的设备。但当时由于气候严寒，水泥不坚固，不得已仅建造临时建筑物。此外，进行错车线、转线器、蓄水槽和信号的设置。

德军铁路队 12 月 1 日在廊坊、安定间，5 日在安定、黄村间试运转，皆获得好成绩。此时，黄村的蓄水槽还未完成，铁路队的兵卒用抽水机给机车供水。7 日为试运行黄村、丰台间的铁路，德军使用的一辆列车经黄村到达丰台。是日甚寒冷，暴风卷沙，机车冷却，不得已两次停车。于是，黄村的铁路队供机车燃料和水，列车勉强回到杨村。此时我修理区域的线路亦出现好成绩，9 日丰台、北京间试运行，使杨村、北京间全开通，11 日在杨村、北京间第二次试运行。此时，列车在归途中的刘各庄附近供水管损坏，不得已停止，但这是因为此机车已老朽，无法充分利用。

在此之前(12 月 2 日)，铁路中队本部从安定向黄村转移，进行冬营准备。当时进行车站设备外线路的补修，到 12 月中旬。

最初在日、德、英军铁路队长的会议之际，约定 12 月 15 日举行开通式。其后 16 日通知瓦德西元帅巡查铁路线。不过全部中止，这是由于机车的运行不如人意，英军的工事还没有整备。我铁路队由于 15 日完成工事，16 日在黄村举行落成式，17 日工兵半个小队和炮兵队、弹药中间厂的兵卒等返回北京。

德军之修理

德军的修理区域从杨村到廊坊，全长二十三哩四十锁。其中从杨村铁桥至西北约两千米由俄军铁路队修理。此外，廊坊、磨其营间的五哩六十八锁由日军铁路队进行路基准备、钢轨和枕木的配置，德军负责连接、固定，插入枕木，属于所谓的共同作业区域。

德军修理区域的破坏程度和黄村附近相同，而且柳行南面凤河架设的铁桥长约一百五十米，没有桥墩和桥段，其他的小桥和溪桥也被破坏。

最初德军派遣的铁路建筑一个中队在天津铺设轻便铁路后(9 月 6 日到达大沽口，15 日由火车运送至天津。而后，该中队在从天津车站到德军粮食仓库即天津博文学堂架设三千米轻便铁路，10 月 5 日竣工，白河是从工兵所架设的舟桥通过)，10 月 6 日，转而宿泊在杨村车站附近，翌日着手修理最近的三座桥梁。不过，由于没有材料使桥基复位，建一根就需要两天。后起重机到来，一天可以搬动两三根。经过二十天，两个桥梁(长一百五十米和一百一十米)逐渐得以通过。还为在第一个三百一十五米的铁桥的两端建造迂回堤，每天使用清国壮工数百人，终于完成。作为修理用运转材料，德军从俄军得到机车一辆、破损的客车二辆及若干货车。以此每天运送人员、材料到作业地。

至 11 月 1 日，困难作业大体完成。桥梁班被派遣到落垡，修理其他桥梁。但在杨村留下若干桥梁班，为临时桥建立桥墩。当时又有增发的铁路兵两个中队到达，自 11 月 6 日全部三个中队均匀作业(此铁路两个中队 10 月 29 日乘阿卢卡塔号到达大沽)。

德军亦窘于枕木和接续器具的不足，恰好以前俄军铁路队长凯莱卢上校 9 月末获得和保定、汉口线的负责人雅多托订有契约的枕木和铁器具。10 月 23 日枕木从日本、铁器具从上海到达后，其数量始充足(据说此材料在事变前已经集中订购)。加之，增发铁路队携带超过定数二倍以上的器具材料，恰好应对这一困难的到来，工事日益进展。而且作业方法大体为头部铺设法，时而混有侧面铺设法，还使用很多清国壮工，作业不规范。

当时，一个中队配备在杨村，两个中队配备在落垡。11 月 15 日，机车通过落垡，继而其中的一部进至廊坊(20 日左右)。23 日在磨其营附近和日军的修理线连接。一般因枕木不足，一根钢轨用六根，而后进行将其插入十一根填充等其他整备作业，12 月初大体完成。在杨村、落垡、廊坊的车站还应由该军加入修理机车的设备。

英军之工程

英军的修理区域从芦城附近日英军分界点，经以北的丰台至马家堡，全长有六哩二十三锁。从马家堡新延长线路，除破坏的永定门西面城墙外，在城内的天坛西面进行新建筑工事。此区间有二哩二十六锁，还装备丰台和天坛的车站。

该军的修理和日军同时开始，但因缺乏接轨器具，作业延至 12 月中旬始完成。另外新筑线至 17 日完成。其修理法为侧面铺设法，和日军相同。加之该军没有正规的铁路队，召集以前从事铁路的人紧急铺设，使用壮工约五十名和工兵一个中队，因此作业方法极为混乱。

如是，日、德、英三军的铁路作业 12 月 17 日结束，北京、杨村间六十四哩十锁的线路可以运行，其区域等如插图 31 和插图 32 所示。

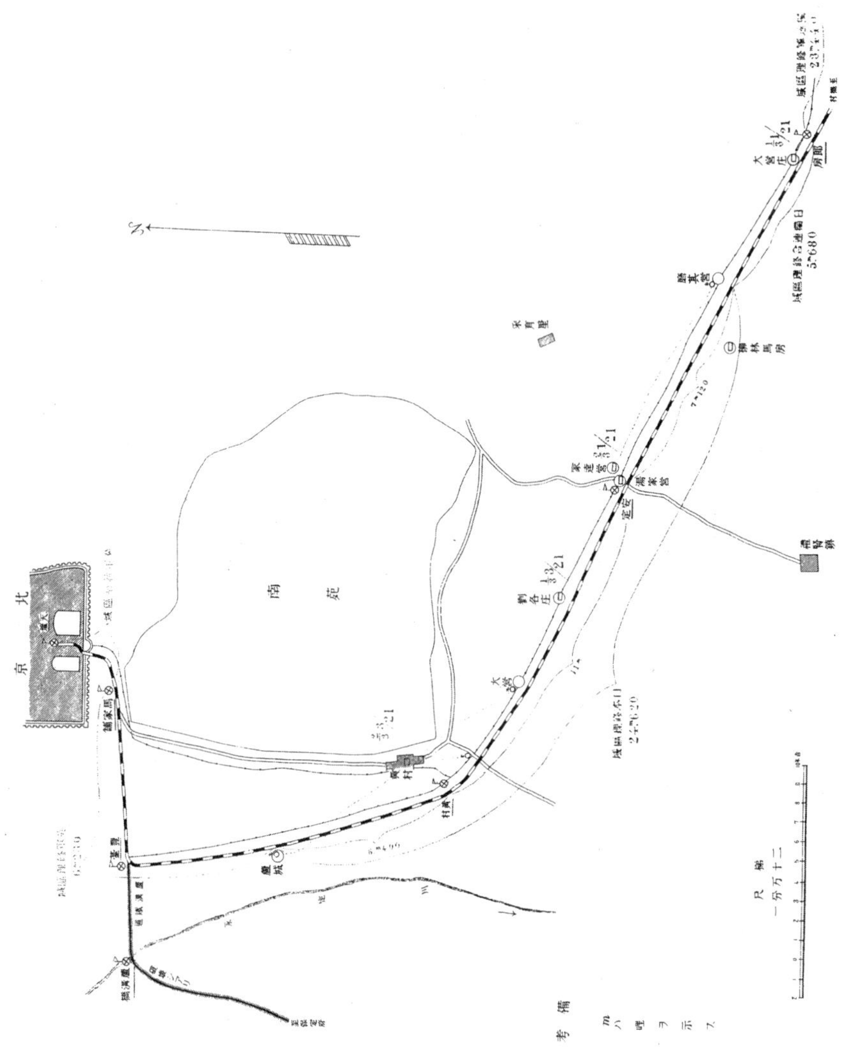

插图 31　北京、杨村间铁路日、德、英修理区域图

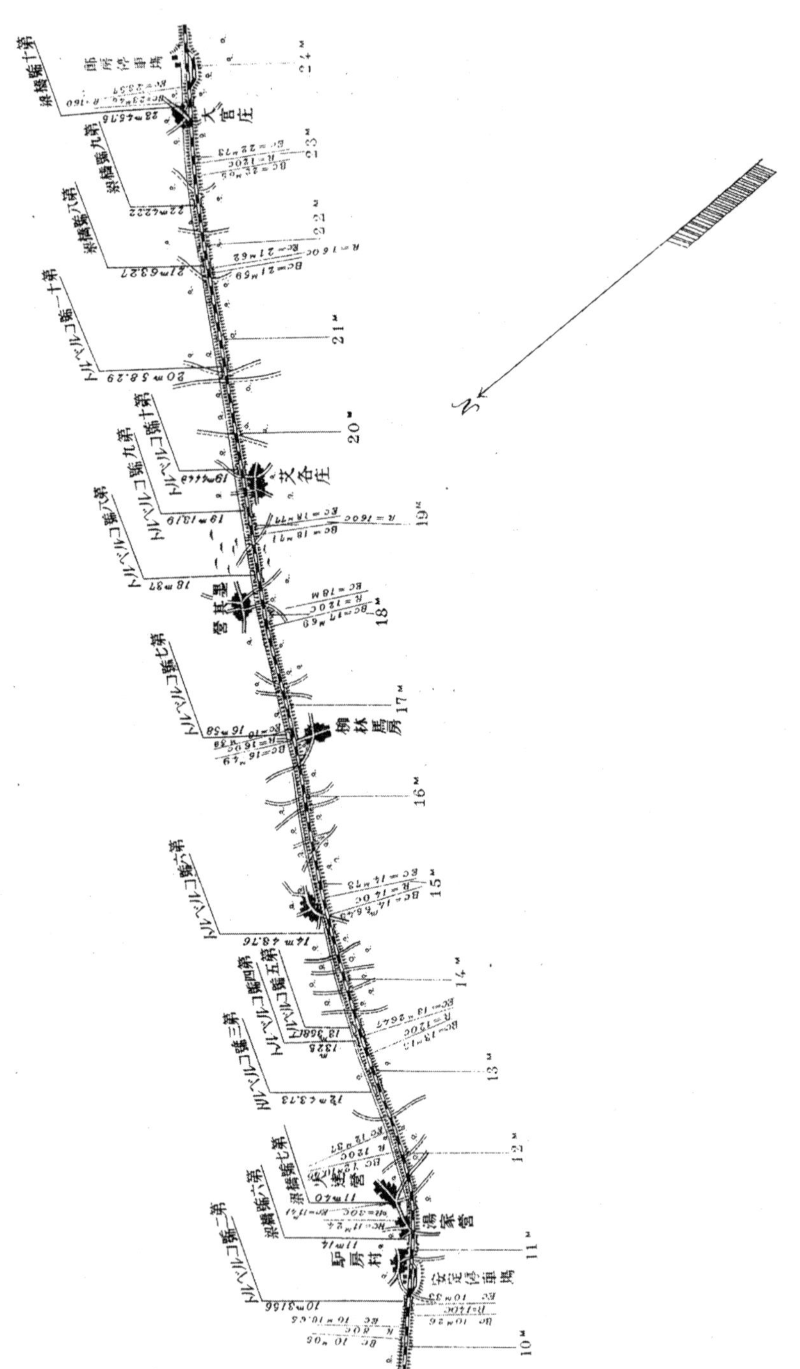

插图 32-1　日军修理铁路线路图

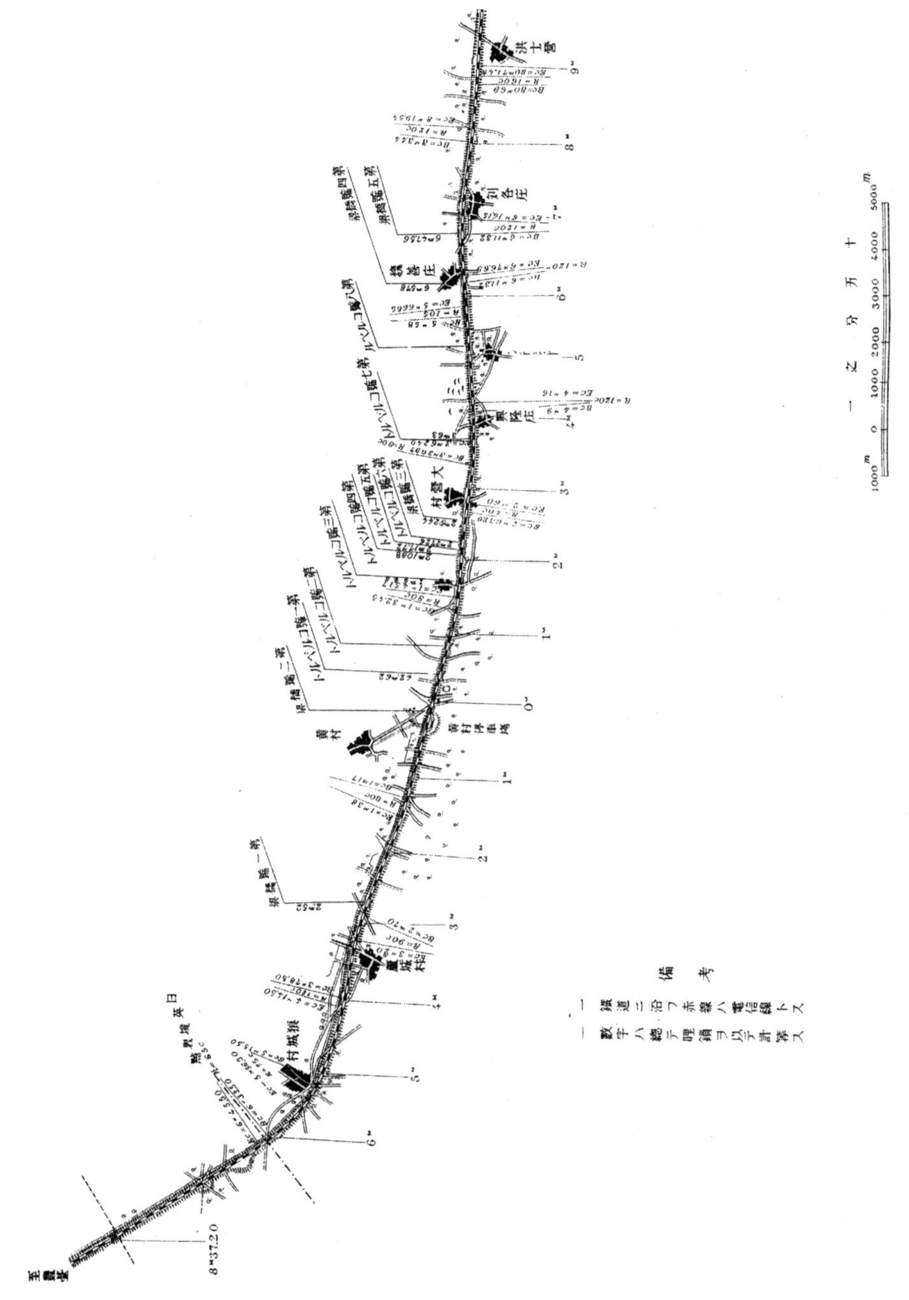

插图 32-2　日军修理铁路线路图

三 铁路修理后之运行及转让

北京、杨村间开始运行

瓦德西元帅12月18日发出联军命令,上行的列车自18日,下行的列车自19日开始发车。由于眼下堪于运转的材料不足,不得已限制车辆的使用数量。通报对于上行的列车,请求由眼下杨村车站的德军铁路管理部管理;下行的列车,暂时由北京车站的英军铁路事务所上尉鲍尔曼管理,且通报北京、杨村间火车预定出发和到达的时间。

如是,自18日开始一天一次运行往返列车。由于其机车的牵引力弱,线路修理亦有不充分之处,运行时间尽管规定为约平时的二倍,延迟仍达到一两个小时。

12月29日,德军铁路军大队长少校盖罗哈卢将杨村、北京间的铁路私用搭乘规定送至师团司令部。据此规定,普通人和私用货物只要和军事上的交通有关系就可以搭乘,不收运费,其他普通人,由德军出具记载有运费的乘车券和运费券。

当时,我铁路队也有司机,且由于从本国送来了运行所需的材料,想参与一部分运行。但北清的铁路管理从俄军到德军,再由德军归于英军,此事最终没有实施。

杨村、山海关间铁路由俄军转让给德军

1901年1月17日,联军指挥官发布联军命令,其宗旨是向师团长送去山海关、杨村间的铁路管理由俄军让于德军的协定书,且运行暂时由德军铁路大队担任。线路的维持和守备暂时由日、德、英军负担。出发、到达的时间并旅客交通费的规则应适用于俄、德军铁路部队先前的规定。

德、俄两军的协定书如下:

一、撤回1900年10月13日在天津联军司令部和俄国军衙之间达成的协定,代之以如下协定。但该协定亦只是以联合诸军整理铁路在军事上的使用为目的,没另外变更所有权。

二、俄国军衙将先前俄军占领、处理和运行的杨村、山海关间的铁路转让于联军司令部。此转让在不和后文特别规定相矛盾下,包括所有的设备、运行材料、工场设备和材料等。

三、俄国军衙保有在山海关车站的线路及运行材料内的山海关、牛庄铁路运行之必要,为此,需要分别由双方的代表就地整理特别规定。

四、俄军军衙除上述外,继续占有架桥或以此为目的的山海关附近的诸工厂、设备并预备品。如联军司令部需要军事上架桥的设备时,将就此进行合作。

五、属于北京、牛庄线和新民屯支线或者在此线上使用车辆的五分之三在山海关、北京线上,五分之二在山海关、牛庄线上。俄军军衙在军事上需要时,应联军司令部的要求,以一天一辆,在如下条件内,供给所有材料的半数。

三辆连接机车	20墨西哥元
二辆连接机车	15
轻机车	10
各种客车	15
小货车	1
搭载力量在20吨以上的货车	15
搭载力量不满20吨的货车	1

准确分配如第三所示，应根据当地进行。此时应充分考虑机车、车辆等的搭载力量、品质、经历及使用年限。

六、蒸汽机车和客车根据第五款应留置在属于将来的线路内。不过，货车必须通过甲乙线路运输。为此，一方缺乏，须迅速以另一方的材料补充。俄国军衙虽也使用山海关、秦皇岛车站和秦皇岛港湾之线，但其余的由联军支付，需要有多种支出。

七、俄国军衙为联合诸军的军队或货物运输而产生的经费，应和各国的代表商议。

八、俄国军衙如对山海关、北京间运行的责任在和第三者缔结协定时，其协定的主旨在本条约缔结前应报告联军司令部。但以前没有明确同意的责任不在此约。

九、为筹备原来俄、德各个线路的工事及运行而相互补助或交换的材料，两军铁路官衙应相互交付收据证明。

十、天津、塘沽和北塘的车站还存有的军用材料，在航路开通前应留在该地。

十一、铁路的实际转交需在1月6日至19日开始，12日至25日结束。此时期过后，铁路的运行和守备全部归联军司令部。

十二、俄军代表在条约署名前，宣布关于俄军管理部因修理线路而产生的经费，请求如下担保。

联军司令部的代表认为，此乃在军事上的协议范围之外，且关于此事，联军司令部宣言一直都有固定的意见。结果，俄军代表拒绝将前述内容加入该条约中。

联军司令部代表　参谋长施瓦兹霍夫

俄国军衙代表　上校凯莱卢

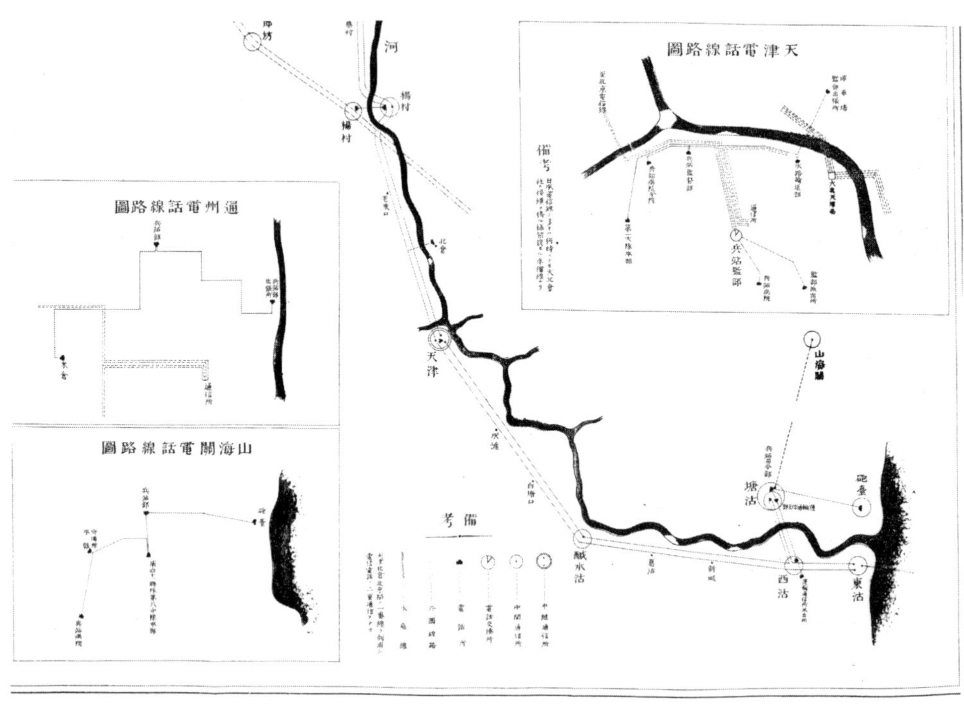

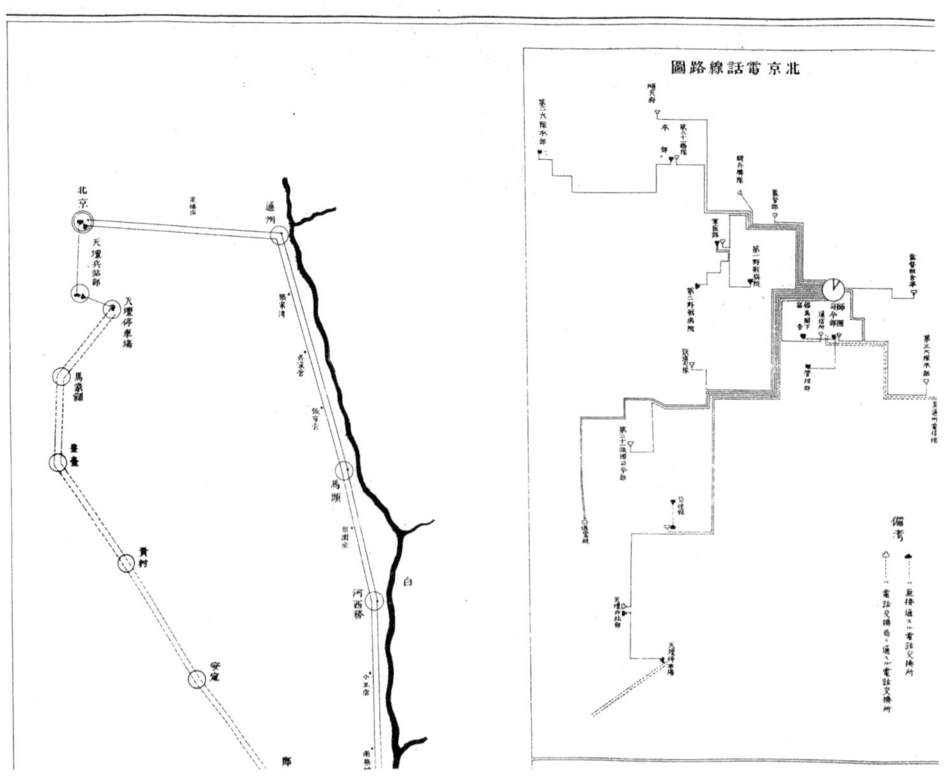

第五师团野战电信队线路图

根据上述德、俄两军的协定，北京、山海关间铁路的管理归联军指挥部，其运行由德军担任。

自2月1日开始，德军修改运行时间，每天北京、山海关间上下各一辆列车（天津塘沽间两辆列车）发车。但因当时汉沽的铁桥还未修理完毕，德军铁路队进行修理，列车在此桥全都停止。

此修订协议由联军参谋长通告给师团司令部的同时，（1月31日）送来关于私用交通的规定。

其规定的要旨如下：

一、铁路用于军事外的目的时，应付如下车费，且限于和军事使用一致之时。

二、私人和私物受损害，铁路管理部不负其责。

三、私人支付车费领取的乘车券，作为乘车的凭证。不过，私人持盖有陆军管理部的有运输目的和范围行李官印的证券，不需要其他的乘车券。

四、运输中行李的护送由货主自己担任，管理部不负责任。每个装载货物的货车，每辆可免费运送护送者两名、每个牲畜可免费运送一头。

五、车费

各驿间	乘　客			货车载货	
	一等	二等	三等	20吨	10吨
北京、安定	2.50	1.30	0.60	30	15
安定、杨村	2.50	1.30	0.60	30	15
杨村、北京	5.00	2.50	1.20	60	30
北京、天津	7.50	3.80	1.80	90	40
杨村、天津	2.50	1.30	0.60	30	15
天津、塘沽	2.50	1.30	0.60	30	15
塘沽、唐山	3.00	2.00	1.00	30	15
唐山、昌黎	2.20	2.00	1.00	30	15
昌黎、山海关	3.00	2.00	1.00	30	15

备考：

三等车费只能由货车运送乘客。

手提货物可以放在客车内，另外一个须付三等车费。

马、马驹、驴、牛付一等车费的二倍，猪、小牛、羊付一等车费，但货车载货的车费支付全额，限于上述比例不减价。

在此之前，1月19日，日军在安定、黄村车站有发售车票之地，由德军处理而废止。每次申诉都被拒绝。又根据德军的要求，2月9日至24日又在黄村发售二等四名、三等四十六名的车票，安定发售三等四十一名的车票。之后将车费和明细书交给联军司令部。

北京、山海关间铁路由德军转让给英军

2月5日，联军参谋长施瓦兹霍夫少将向师团长通报有关铁路转让给英军的条约案，并附言说："根据此案，由于日军具有在任何地方都和德军拥有同样的权利，联军司令部相信关于英军所希望的，迅速完成的协定，阁下会迅速同意。"

联军司令部和英军司令部之间达成如下协定：

一、如下规定只是将由联军和俄军占领，并由德、英、日、俄军修理的山海关、北京铁路作为军事性处理为目的，其他所有权不作变更。

二、联军司令部将山海关至北京的全线并附属的建筑物等从俄军铁路官衙转来的东西及德、日军铺设、筹备、建筑的东西全部转让给英军司令部。

联军司令部对在转让实行前所发生的铁路附属物的破损不负责任。德、日军铁路队各自筹备的各种材料由英军偿付费用，可以领取使用。现在运行的电信、电话和铁路材料中如有使用德、俄和日军的铁路队的野战用具的话，应尽快(最迟至4月1日)替换掉，归还给所有者。

三、英军司令部要根据前项和后文诸项，负责山海关、北京铁路的维持、运行及军事警戒。明确表示应在可能的范围内普遍答应联合诸军的军事上的要求。如果允许私人的交通时，全部以军事上的要求为先。

四、英军司令部承认现行的山海关至北京铁路的军用交通规定。

五、联军司令部对北京、保定、汉口间的法、土铁路公司应尽的义务如下：

相关的内容已经通报给英军。

(一)每天免费供给机车一辆、车辆二十辆的列车，但对为修理丰台、保定线借给塘沽、北京间的车辆、材料要求损失费。

(二)全部通过山海关、塘沽、丰台线进入丰台、保定线的货物，如果有法、土铁路公司的保证，同意交纳运费的百分之五十。此事的军事运行或军事监督，由英军司令部予以承认。

六、英军司令部修理汉沽附近的破损铁桥，应在转让后最迟十周内竣工。

七、德、日铁路队并铁路守备队和其野战用具、建设材料为运送至将来的位置或乘船的地方，需要运费。

八、英军管理部对德军铁路官衙的天津建筑物以一个月一百八十法郎租赁，至条约缔结后以同一条件承包。

九、英军司令部将铁路的运行让与民间时，在直隶省进行军事性守备期间也仍然应置于陆军的指挥和监督之下。

十、根据前项，不管是民间运行，还是陆军运行，都设置陆军铁路管理部，部长为英军军官，部员从德、日军官中选任。

十一、陆军管理部长担任铁路的运行和其他诸种管理，整理各所的事务，制定有关的诸规定，并任命工作人员，对外代表管理部。

十二、部员监督管理部的军事诸种事项，不管时间和场所，都可以自由视察运行事务和管理事务。部员如在部内就军事上的重要之事不能贯彻己意时，根据本人的要求，附以

部长以下各自的意见，作为记录，遵从联军司令部和英军司令部的共同判决。

如部长在不能从事事务时，可由老资格部员代理之。

十三、部长可以根据部内的多数表决，调整铁路管理部和各国军队间在财政上的关系。对修理、维持和运行所需或不需要的费用分配给各国之事，今后让与外交谈判。

十四、陆军铁路管理部为铁路的修理、警戒或运行，需要铁路队或其他军队的援助时，各国军队应尽其所能给予援助。

十五、为使各国军队和铁路管理部容易联络，各国军队在认为特别重要之所可以任命车站军官。需要关于各项铁路事务时，该军官可以和陆军铁路管理部直接联络。

十六、和约缔结后，如在军队从北京撤退的特殊情况下，各国军队的全部或其多数同时要求列车运输军队或材料时，规定各国军队的顺序，应与联军司令部和各国军队协商处理。

上述条约在 2 月 8 日和英军代表者的会议上修订。

2 月 10 日，施瓦兹霍夫联军参谋长向山口师团长送达山海关至北京铁路军事交通规定。

其要旨如下：

一、各国军队在军事上使用铁路时，应支付第八项的运费。各国军队同时使用同一铁路时，按照其人数比例，可以在铁路能力允许的限度内使用。

二、运输时即使人员、货物万一发生损害，管理部不负其责。

三、穿着制服的军人不需要车票，只是目的地、护卫者、马匹和货物的数量须告知车长。下士士兵下车时应交给车副由同等军官者所发的证券，军人以外者，因军事公用而上车者，需持有官衙之印的证券。

四、军用货物，护送者须携带军衙的证明书。

五、货物的搭载、卸载并运输中及在车站期间，应由发送军衙监视。装载货物的货车每辆可以免费运送护送者两名，每个牲畜免费运送护送者一名。

六、定时列车运送军队和货物时，至少于二十四小时前告知天津的铁路管理部或发车地车站。应尽可能限制特别火车的要求，特别客车必须由各国军队的高等司令官及军官请求。

七、陆军铁路部员的命令，任何人都必须遵守。各国军队在大车站还设置军官，以方便外国军人。

八、车费

<table>
<tr><td>军官、同等官员及一等乘客</td><td>每天</td><td>2 分</td></tr>
<tr><td>下士及二等乘客</td><td rowspan="4">货车装载 1 辆时不议，必须限于同时</td><td>1 分</td></tr>
<tr><td>马、驴、牛 1 头</td><td>5 分</td></tr>
<tr><td>骡子或小马 1 头</td><td>3 分</td></tr>
<tr><td>猪、小牛、羊、山羊 1 头</td><td>2 分</td></tr>
<tr><td>可以进入客车内的随身行李不收运费，应使用货车运送的东西在北京、天津或天津、唐山或唐山、山海关的每一个区都可随带一个</td><td></td><td>5 分</td></tr>
</table>

续表

30 吨货车载货 1 辆	每 1 公里	36 分
同 20 吨货车载货 1 辆	每 1 公里	24 分
同 15 吨货车载货 1 辆	每 1 公里	18 分
同 10 吨货车载货 1 辆	每 1 公里	12 分
盖有军衙的官印证明重量的货物	每 100 公里	0.5 分
没有证明的东西由有关人员推测其重量	每 10 公里	0.1 分
随同完整形状或分解的车辆		5 分
一等及二等客车		30 分
小货车或保护车		15 分
乘客用特别车除上述之外，煤炭车所属的机车 1 辆 1 天应支付 60 元，但是 1 辆列车 1 天每次至少支付 2 元，全额需要 75 元。		

九、机车和车辆的运费

车辆材料在他国管理区内，当由该地他国军队管理，根据下面的规定支付运费。

三轴以上连接的机车	每 24 小时	20 元①
二轴以上连接的机车	每 24 小时	15 元
轻机车	每 24 小时	15 元
各等客车	每 24 小时	1.5 元
小货车	每 24 小时	1 元
20 吨或以上的大货车	每 24 小时	1.5 元
20 吨以下的小货车	每 24 小时	1 元

十、搭载及卸载时间

搭载及卸载时间如从货车到达的通知超过二十四小时以上者，使用如下之规定：

30 吨的货车	每 24 小时	9 元
20 吨的货车	每 24 小时	6 元
15 吨的货车	每 24 小时	4、5 元
10 吨	每 24 小时	3 元
管理部可对超过 24 小时的未予支付的货物可以搭载，或卸载后可作他用。		

① 系墨西哥元。——译者注

十一、军用邮件的传送不收费。

我军修理区域转让给英军

2 月 11 日，师团长对施瓦兹霍夫联军参谋长关于将前述铁路转让给英军的协议，回答说："此案诸项欣表同意，正实施之。日军所应处理任命各负责任者之事，另外移交给外交之事，在和我公使协商之后交于外交谈判处理。但为期待交通的完整，汉沽铁桥的修理、秦皇岛至汤河车站的铁路连接山海关干线之事和为增加铁路效率而修理机车及其他材料，烦请更加考虑。"

2 月 18 日，永田参谋长和山越铁路中队长一起访问英军参谋长，继续和英军铁路队长协商，派出山越大尉为管理委员。20 日撤退我铁路队和守备兵，轮换完毕，以特别列车返回北京。通信器材暂时借给英军，决定以和前述一样的条约转让若干板梁。

铁路转让的结果，由于我铁路队早晚要撤离黄村附近，2 月 14 日铁路队本部首先返回北京，15 日刘各庄的分遣员在黄村会合，2 月 19 日山越铁路中队长就铁路转让，和德、英军铁路队长一起巡视铁路线，进行转让准备。20 日，黄村、安定和廊坊的铁路队和守备步兵队乘列车返回北京，而且铁路材料和器具考虑到将来归还之便，于 21 日用火车运送至塘沽。26 日至 3 月 1 日，撤去天坛、黄村间的电信。

山越工兵大尉而后担任陆军铁路管理部委员，到天津从事其事务（山越铁路中队长 3 月 7 日从北京出发，成为管理部部员专务的藤田中尉代理中队长）。3 月 3 日，与德、英铁路队长协商，关于铁路转让达成如下决议。

供日军铁路中队车站及运行设备的一切物件，并供日军线路建设的预备品，以实际费用转让给英军，为此，首先给予转让接受证书。还有电信、电话等其他的军用器具等，暂时供英军使用的东西，做成目录交付英军，并尽快归还之。

3 月 3 日，留在黄村、安定车站工作的下士以下二十三名士兵返回北京，撤离全部结束。

英军管理后运行状况

铁路的管理归英军（2 月下旬），沿铁路线路，在各车站配备各军守备兵。运行交由铁路公司，由英国人或清国人担任全部职务，并给予军队辅助。继而，英军为铁路公司支付德、俄两军作业区域的辅助作业和机车修理及新制所需的费用，并辅助其运行。由此，最初火车运行时间沿用德军所规定的。但四台新的机车到达后，自 4 月 1 日开始又限定每周周一、周三、周五，增加一次北京、天津间的往返列车（上午 11 点 55 分从北京出发，下午 6 点 8 分到天津；早晨 6 点 35 分从天津出发，下午 1 点 15 分到达北京）。天津、塘沽间每天亦增加一次往返列车（上午 11 点从天津出发，下午 1 点 5 分到达塘沽；上午 11 点 7 分从塘沽出发，下午 1 点 12 分到达天津）。此外，还规定了特别列车的出发、到达时间（以供请求时之用）。

从 4 月 20 日修改北京、汉沽间出发、到达的时间，每天北京、天津间上下各两次往返列车，天津、塘沽间三次往返列车，塘沽、山海关间一次往返列车。

汉沽桥梁架设在北塘河，被团匪破坏，是全线中最难以修理的。俄军占领北塘和芦台后着手修理此附近的铁路,12月初从塘沽至北塘河,从北塘河经汉沽至唐山的铁路修理(唐山以东没有破坏)结束,但只有汉沽桥梁还没有修理完毕。继而铁路管理刚归德军,德军铁路两个中队就着手修理之,暂时预定六周竣工,铁路管理归英军始完成。

从3月15日德军铁路两个中队也架设浮桥,但桥柱下沉厉害,在预定期限没有完成,最终至5月8日落成。

完成汉沽铁路桥及运行

汉沽铁路桥的开通为榆津铁路全线开通,自5月12日英军铁路管理部修改北京、山海关间出发、到达的时间。北京、塘沽间每天各三次往返列车,塘沽、山海关间各两次往返列车运行。

英军管理的运行及守备于第五师团凯旋后持续约一年,1902年9月29日终于转让给清政府(俄军于同月26日将山海关车站及其以东长城之间的线路归还给清国)。

四　铁路修理后我军之措施

关于铁路运行及赔偿之措施

10月26日,山口师团长听取福岛少将的意见,决定今后在和清政府谈判时,要求赔偿修理铁路所需要的费用。为此,福岛少将于29日会见公使男爵西德二郎,交给日本铁路队修理铁路作业的概况书(此书中有军粮城西面四里处由我修理部分)。关于铁路修理,商议今后谈判时提出。

12月中旬,我修理的铁路因近日应转让给英军,根据原状作为赔偿参考,山越大尉调查修理铁路使用的壮工及其人数并工资总额、枕木、其他材料的筹备数和其费用,及车站和线路的设备所需要的总费用(12月19日)。

12月21日,接到联军指挥官的通报(参见前文),知道铁路线路将来全部归英军司令部管理。师团长向元帅回答说,这只是本官个人的想法,我修理的铁路虽可交给英军,但必须依靠本国政府的指挥。1901年1月2日将其报告给参谋总长(电报),一并报告根据前项调查所作出的修理作业所需的费用预算六十万元。

当时铁路修理所需的费用调查如下:

材料费(修理铁路所需要的诸材料)

项目	数目	单价(元)	小计(元)
枕木	66000	2.50	165000
板梁	23430	2.00	46860
道钉	257400	0.10	25740
接杆	49500	0.10	4950
电线杆	1500	8.00	12000
电线	800	50.00	4000
绝缘子	3000	0.70	2100

续表

通信消耗品及其他器械费	6个所	500.00	3000
从内地带来的器具机械诸材料			80000
器具机械折旧费			50000
计			393650

搬运费(诸机械、材料在清国、本国搬运所需的费用)(元)

铁路队 到清以来所使用的马车2万辆,一辆按每天5元计算　100000

兵站地(搬运铁路材料所使用的车马、壮工、船的费用)　4671875

合计　104671875

中国壮工费(修筑铁路所使用的壮工)

延长天数15万人每人每天50钱　75000

筑造费(车站的设备)

车站建筑其他建筑物资费　20000

运行费

在黄村、安定车站运行所需费用为1天1000元、65天　65000

合计　658321875

1月24日,师团长接到参谋总长的训令:"山海关、北京间的铁路由联军司令部转让给清政府监督之下的公司,各国一致时我亦相应之。但要求赔偿铁路修理费,其金额止于实际购入修理材料及搬运等所需的费用。讨伐及其他有关所蒙受的军队人员等的损失作为别的问题,在要求一般军事费赔偿时计算其总额。关于本件事,尚需和小村公使协商,最终在上述范围内适当处置。"

以上费用的计算书和铁路修理的概况,于3月2日由师团长交给公使小村寿太郎,计入清国应付的赔偿金中。

在北京车站设立兵站司令部

铁路一开通,和兵站路线的关系为之一变。以前人员材料的运送从北京经通州沿白河至天津。现在,可以从北京乘铁路至杨村、天津。师团长命令秋山兵站监应在北京天坛附近设置兵站司令部,兵站监虽欲兼任通州兵站司令官,但师团长以通州解冰后乃紧要之地且兼任两地有困难,训令应将河西务的兵站司令部移至北京。最终废除河西务兵站司令部,移至北京。

12月19日,师团长为购入兵站司令部的房屋,派遣参谋军官到英、美军司令部进行交涉。两军都很快答应了我军的要求,其交涉的结果如下:

一、英军在选定贵军所希望的房屋几处的基础上予以通知。

二、美军对于借予房屋很快给予承诺,附条件如下:

1.此房屋悬挂日本国旗,可以驻扎五十名士兵;

2.发生关于房屋的租赁问题时,应满足清国人,以后关于房屋的租赁发生纠纷时,美军民政厅有裁判权。

如是,兵站司令部的位置选定在天坛、先农坛广场对面的两侧南端的房屋。而且天坛车站西侧的土地作为货物聚集地,由英军按照各国的兵力比例分配。日军在美、意两国之间,获得宽为十五间、纵深三十间的土地。

而后,兵站司令部在此地开设,由驻在该部的军官兼任驻车站军官。另外派出守备兵一个小队辅助兵站业务,还在天坛的货物聚集地,仿效各国建筑仓库和小休息地。2 月 9 日落成,由监督部转交给北京兵站司令部。

兵站司令部用电话和北京的各部队联络,增加了交通上的便利。

解决铁路材料及其运费

以前借给英军的铁路连接器具及在黄村、安定让与的器械材料,在和英军交涉的基础上最终决定以货款还给我军。1901 年 5 月 23 日,英军铁路事务局以香港上海银行的支票将八千一百五十七元四十二钱交付日军。其中一千四百四十元八十钱是连接器具及电信材料费,其他是在车站运行用的材料及其他预备品的补助。连接器具最初是成品,有向日本政府返还的契约,但后来以货款交付。

5 月 21 日,日、德军军团参谋长中校盖德尔请求我军队在德军铁路管理间的运送费和电信费,由监督部予以支付。

另外,第五师团凯旋稍前因俄军请求,1900 年 7 月至 1901 年 1 月 1 日的铁路运费二万零二百六十三卢布,于 1902 年 6 月 20 日支付给驻屯军。

铁路队凯旋

铁路队而后由于没有业务,师团长决定在开通大沽航路后逐渐凯旋。3 月 8 日向参谋总长提出申请,兹决定凯旋之事。于是,该队 3 月 25 日以火车运输到塘沽,26 日乘船,4 月 2 日在宇品登陆,3 日开始火车运送,5 日回到东京,8 日复员结束。在此之前(1 月 13 日),将驻扎在铁路队的军夫一百名用火车送至山海关回国。

4 月 5 日,大山参谋总长就铁路队的凯旋发表祝辞,近卫师团长男爵长谷川好道亦发表祝辞。

五　芦汉其他铁路之修理和铺设

修理芦汉铁路

北京、保定线(芦汉铁路)亦成为拳匪破坏之所,不仅线路,就是车站、煤炭储存场等也几乎一物不剩。不过,其破坏程度较之芦台、黄村、安定附近为轻。即钢轨从枕木上脱落,留在附近,枕木亦大部留在路面附近。这为其修理带来了几分方便。特别是保定府至北方漕河及保定府以南定州之间的线路没有受到破坏,机车及其他车辆在此间避难,更加给修理提供了便利。

该铁路在法军到达保定府附近后,自 10 月 16 日,由法、土耳其铁路公司着手修理,法军则护卫工事并辅助。11 月 12 日,铁道兵从塘沽出发,一个小队向保定府,一个小队向芦沟桥进发，辅助铁路工事。继而，12 月 15 日以后为修理诸桥梁，专门使用工兵，主要从保定府向北京进行修理，1901 年 1 月 28 日完成。一百零四天修理一百二十公里，每天平均工程为一千一百五十米。其修理方法亦是赶造。枕木按规定一根钢轨需十二三根，省略衔接的系杆钩，因此减缓了运行速度，还限制了车辆的承载能力。

此线路中的北京、芦沟桥段为新设，破坏的是外城的城墙，即自北京正阳门外沿内城的城墙西行的西便门西南，修建直线通往芦沟桥的铁路桥。此工程始于 1901 年 1 月 25 日，至 3 月 16 日竣工，其全长十七公里，是一天三百四十米的工程。

保定府以南至定州的铁路完整，定州、新乐县段于 1901 年 6 月完成；新乐县、正定府段于同年 8 月完成。如此，根据 6 月初的情形，至正定府已完成路基，钢轨正在铺设中。

芦汉铁路之运行

自 1901 年 2 月 3 日开始运行，隔日从北京出发（上午 7 点 40 分）至保定府（17 点 29 分到），从保定府隔日返回。2 月 13 日，以法军运输长布亚卢的名义，发布北京、保定府间军事运输的有关规定，散发给各国军队。其规定的要旨和德军的规定（在前文）相同，在此略去。

3 月 17 日，法军定时在北京、定州间运行，北京终点车站移至正阳门外。而且和天津线的联络点在丰台，每天从长辛店向丰台发车，在长辛店过夜，和翌日至保定府的列车衔接。

铺设北京、通州间铁路

英军利用此事变的时期，破坏北京城墙，铺设最为便利的铁路，使其作为将来山海关、北京铁路的一部分，自 4 月下旬开工，从马家堡经天坛东南的城墙至东便门，进而沿内城墙至正阳门，设置终点站。一方面架设从东便门沿运河南岸至通州的铁路，5 月下旬，修筑从北京至定福庄南面花园附近的路基。

在通州的我守备队于 5 月初接到来自英军善意通报，希望占领在通州车站预定地和货物码头之间货物堆积地等地基，进而占领连接英军的码头约一千平方米的土地，以供他日使用。

此通州、北京间的铁路自 1902 年 3 月 10 日开始运行，另外前门车站自 1901 年 10 月 1 日开始接待一等乘客和货物。

除此之外，英军还计划铺设从北京正阳门经西直门至万寿山的轻便铁路。1901 年 3 月 31 日，请求允许通过我军占领区域内，我军回答没有异议。此轻便铁路的铺设最终没有实行，但英军注重商工业，并以军事上为先驱，努力推进事业，不屈不挠地进取，最终扩张本国的利益成为时人皆赞叹之处。

开平及北戴河附近之轻便铁路

德军也将铁路队于 1901 年 4 月从开平车站迂回至开平的西面，在马家沟附近铺设铁路，从开平车站架设至武备学堂的电线。另外，铺设从北戴河车站至洋河口的轻便铁路，作为夏季避暑地，选择洋河口附近海岸与之联系（5 月下旬，以四五台机车开始在此间运行）。另外，铁路一个中队派遣至胶州湾，从事山东铁路的铺设。

六　电信及电话之设备

野战电信队不顾材料的不足,使用各种应用材料,勉强追赶前进至北京的野战军,迅速延长电信线。其后因种种故障,电信通信没有获得好效果,如第二十六章所述。

北京、大沽间架设半永久性电线

9月22日,清国事变临时事务委员会决定将北京、大沽间的电信改为半永久性,陆军省工兵课委员进行材料的调查和筹办,决定首先寄送北京、大沽间所需要的大约二分之一的电线杆。其电线、电线杆和支架从大阪,其他从东京寄送给第五师团野战兵器厂。

师团的一半凯旋之际,电信队长工兵中尉曾田孝一郎返回国内,而后该队由工兵中尉冈部弘指挥。

冈部工兵中尉于10月初制定有关电报使用和通信所工作的规定,设立和建筑部事务规定,管理各通信所的人员和器具,修改建筑人员和运输员的编制。马头以南的各组10月4日从北京出发,其向北的人在准备变换北京冬营地所需电信的架设,于10月20日为补修线路、准备半永久性架设(线路测定穿孔),向马头进发。

为架设半永久电信而进行的人员材料的划分,根据此时修订的建筑部的有关规定,其规定概要如下所示:

一、北京、大沽间电线分成两段,确定南蔡村以南为第一部长担任区域,以北为第二部长担任区域,各自位于天津和北京。另外,在天津和马头将各区分成两段,各由下士两名(其中一名为助手)担任,位于天津、马头、北京。

二、在各通信所配备八名以上(北京、西沽各四名,东沽不需要)的线路检查兵,其他置于各部长或主管下士的所在地。

三、部长每三个月、主管下士或助手每一个月巡视其担任的线路一次以上,检查线路的情况、人马的健康、车辆、建筑器械材料保管是否完好,另外应从各所每天派出二名以上的检查兵。

四、部长根据下士的旬报,报告线路的不良或不通的原因、修缮所需的时间、材料等及各电信所器械材料的破损、消费量,器械材料的需要应向本部请求交换或补充自己所在地的东西。另外,线路障碍之际,认为必要的东西可随时向其本部报告。

根据以上规定,10月3日配备在各地的军官以下人员着手半永久性线路的测量和穿孔,等待材料的到达。继而,11月1日第一部首先役使清国壮工立柱子,等待绝缘子和铜线的到来。同时,撤去军用线后,在西沽附近和天津市内架设电话线。第二部自11月4日开始立柱子架线,撤去军用线后,援助北京、黄村间的改筑和铁路队架设丰台、安定间铁路用电线,并建设北京城内的电话线。北京、大沽间的架设于11月26日结束,黄村、北京间的架设于11月16日竣工。

架设使用的器械除原有的外,还将本国追加的平分给各组,材料悉数使用来自本国的追加,其不足以原有品中能够使用的补足(原有品的残余集中保管在天津、通州、北京)。冈部电信队长预先在天津和大沽接收来自本国追加的材料,确定各所用船分配的方法顺序。为接收材料,派遣工兵中尉市川绿马至天津,来自本国的东西不仅有几次迁延,而且还与要求的东西有异。白河逐渐减水结冰，舟行困难，由此预定的计划没有悉数实行。在天津接收材料，交给两三名下士，用船四次分配给西沽、通州间的各所。随着建筑工事的进展，用清国车辆进行小的分配。

电信队的下士以下接受国用线建筑教育的人过半，感到其建设困难，不过逐渐掌握了其要领，比较迅速且良好地建设。但由于各区域每每都相互竞争迅速完成，比柱子的间隔规定多少有点长。另外，铁路用电线建设其作业虽大，但在短时间内得以完成。

配备通信及建设人员

改建成半永久性后，配备通信、建筑人员，进行电报管理和线路安全。而且由于在电信队本部严格实施电报检查法，和改筑前相比较，在电报的速递和无谬误上呈现出五比一。不过，电线杆之间有几处距离过大和使用铜线的地方不堪寒气，一个月约有五次断线，最为严重的是 1901 年 1 月 6、7 日两天杨村以南的断线达到二十处。

铺设西大沽水底电线

半永久性电信改筑后，野战电信队的工作是，填写电线杆编号、架设北京的电话线和铺设西沽、天津、杨村的水底线，以及黄村、北京间的撤线及各所支线的建设。其工事中最为困难的是西大沽水底线的铺设。最初海底电线分铺在山海关，打碎坚冰铺设，因为是实验，漏电严重不堪使用，因此马上撤线。翌日又铺设从本国追加的材料，是日由于潮流和暖气，河水逐渐解冰，清国人拒绝在冰上行走。特别是中流因解冰流速达到一点五米。此时熟悉漕船的工兵步步自己打碎冰，浮舟将海底电线放入船中压船铺设，勉强得以完成。另外，第一部分的 4 月 4 日以后的改筑工事，因风无法压制白河之水而泛滥，使线路处处浸在水中，进行防水作业感到困难。第二部分的黄村、天坛间的撤出工事，三天困在寒气中；在山海关线的电话线架设中，由于使用应用材料多和人员少而感到困难。

七　我军关于电信采取之措施

至 10 月初旬前，师团司令部关于电信的措施如第二十六章所述。

关于机密保护之训令

10 月 6 日，大山参谋总长训令山口师团长，戒饬以兵站官衙尽力保护军用通信的机密实有必要。师团长于 10 月 24 日接到此训令，又增加必要的训令，向兵站监、大沽运输通信支部长和负责大沽通信的田中大尉传达。

对电信、电话材料等之请求

12 月 26 日，师团长电话请示大山参谋总长，为使通信更为灵敏，恳求追加“固体电路”或附有“达路平”的“埃塔夫”电池的电话器十三个、ES 干电池十个、石蜡线一千码、GP 线一千码、有十乃至二十个插口的单式复线交换器一个、电话用绝缘子五百个，还有自行车及附属具三十五辆，其中二十八辆为橡胶，七个为充气的。11 月 5 日，按照电话请求送到并送自行车十六辆。

在此之前,师团长认为冬季和山海关的通信需要有我国专用的电信,10 月 14 日将有关计划书提交给大山参谋总长。然而到 11 月 2 日,寺内参谋本部次长来电报说此间电线架设困难,继而 17 日寺内参谋本部次长的架设理由书到达。据此,架设山海关电信的计划中断。

通往山海关之电信架设计划

师团长就有关与山海关的通信等,11 月 16 日向秋山兵站监下达了如下要旨的训令:

一、关于冬季期间邮件的速递法和其他邮政局长认真协商,并报告其结果。

二、为使山海关、塘沽间的铁路用电线为我军使用,应研究是否有必要在山海关安置我通信技工,还应研究此期间使用定期传令兵方法的得失。

三、白河闭塞后,天津、北京间兵站线路上虽没有往返者,但考虑到不时之需,有必要在各兵站地设置清国马车约十辆。

四、由于从本国送来的十三个电话机中有三个在大沽附近使用,四个在天津附近使用,这七个交付其他野战电信队保管并着手安装,剩余的应迅速送至北京。但关于此安装,应直接向电信队长下达命令。

五、从本国送来的自行车中因有橡胶心和充气两种,到达后应报告这两种的数量,并下达命令分发。

根据此训令,结冰期间应向山海关派遣熟悉“莫尔斯”符号的通信技术员两名,归兵站司令官指挥,各地兵站地准备十辆以上的车辆。

11 月下旬,山海关、塘沽间我电报依靠俄军需要三四天,由于这已无法期望获得正确的通信,师团长从北京送来两名俄语翻译官到天津。这是兵站监的意见,散发到俄军电信局所在地(11 月 27 日)。

12 月上旬,根据炮兵中佐柴五郎视察山海关的报告,山海关、芦台间除俄军使用的电线外还有未使用的电线。于是,师团长 12 日训令秋山兵站监和俄军交涉借用或者让与该电线一二条。另外,由电信队的军官实际视察塘沽、芦台间没有电线之地及至其以东的山海关。在此之前,秋山兵站监和柴中佐一起赴山海关方向视察,知道了有此电线。最初和俄军指挥官利涅维奇中将交涉,该官回答不知道详细情况,须和俄军电信队长协商。再次和俄军交涉,但以眼下正在使用中为借口予以拒绝。不过,以前送至山海关的两名电信技工在和俄军通信所交涉的基础上执行通信事务。如只地址使用俄语,可以通信。

1901 年 1 月 10 日,根据以前侦查塘沽、山海关电线架设的电信队军官的报告,塘沽、唐山间的电线架设需要约十五天,其费用需三千元。但是如果从此时派遣有准备的电信队,至 2 月中旬可以竣工。不过由于解冻时期将至,师团长最终取消了这一向山海关的电线架设。

2 月 6 日,德军通报说山海关铁路线上的电线因公私通信而极为繁杂,除紧急公用外很难处理,希望由此至塘沽使用我军电信。采取依据邮政或者特使(由塘沽兵站司令部管理)的方法,从山海关发出的东西,除急用外,规定至塘沽使用邮政或特使,此区别应记入电报用纸进行一般传达。

关于濮尔生公司会议

1900 年 11 月 10 日，瓦德西元帅致信师团长："濮尔生电信公司为维持天津、北京间的诸电信线提出协商的意见，予认为有价值，因此希望各国军队各出一名代表于 16 日到联军司令部协商。"据此，师团长以步兵中佐原田辉太郎为代表出席，但在协议中没有英、美、法、俄军加入公司的情况，只是做了如下(要旨)决议。

一、濮尔生公司由于受到德军的保护，线路的保护交由德军。

二、当将眼下之线架设成坚固之线时，向各国军队通知，役使清国壮工应附带特别的徽章，希望不要误认为土匪等。

三、而后检查各国军队的线路，发现他国线的故障时，应通知其附近的当事国军队。

制定暗号

12 月末，在北清的各部队之间由于没有电信电话的暗号，往往可能有泄漏机密之嫌。师团司令部制定了临时用于北清各地之间的通信暗号表，配备给各部团队。但是，此暗号使用时间长久时，有通信员知道之虞，故 4 月 10 日修改之。本国和北清之间的电信符号也以同一理由，自 6 月 1 日修改。

德军使用我电线杆

1 月 19 日，由于发现德军的电线架设在天坛、正阳门间的我电线杆上，师团长向德军通报之。20 日，德军回答说："根据调查，得到允许使用英军的电线杆，军官误用日本的一二电线杆，请求允许将德军的电信线悬挂在日军的电线杆上。"因此，我军以在我军需要撤线的情况下德军应毫不犹豫地撤线为条件允许之。1 月 28 日，在廊坊的德军电信队长中尉德盖尔突然给师团长来电，其要旨是报告今日根据山越大尉的仁惠，许可廊坊附近三十八公里利用六根日本电线杆。这是因为在山越大尉那里不允许使用廊坊、丰台间的电线杆。

我军关于电线未来之意见

根据电信队长的报告，眼下架设的大沽、北京间的电线因是铜线，腐蚀速度快。本年 7、8 月后多数需要换新线。另外，电线杆因是生木，逐渐产生龟裂，无法永久使用，加之近来电线上积雪，由此屡屡发生中断。据此，师团长 1 月上旬的旬报，将此情况报告给参谋总长，表示如打算进行永久架设，还有必要制定改变架设的方案。1 月下旬的旬报，再次向参谋总长报告有关改变电线架设的意见。

电线之破坏修理

3 月 1 日，根据冈部电信队长的报告，北仓附近的电信线自上月 24 日以来屡屡断线，至上月 27 日其断线犹如用被利刃切断一样。另外，发现在绝缘子之间悬挂有丝般的细线。查之乃清国人所为。为此，师团长命令秋山兵站监严厉取缔，并根据情况，像以前沿路告示那样，对该地附近的人民采取严厉处置的手段(因我电线是铜线，怀疑清国人窃取之)。

2月2日,兵站监向师团长报告:“北仓、杨村间白河右岸(特别是北仓管内)由于解冰后增水,成为一面湖水,电线杆的根部出现些许倾斜。现在如果不重建,终将发生大的损害。”此时电信队亦认为有此必要,进行此地的重建工事。

5月9日,大山参谋总长命令师团长,铁路大队将进行欧文电报通信的特别教育,增加下士以下十一名为野战电信队的人员,5月11日从宇品出发。以前从铁路大队派遣的野战电信队增加人员之中,此时没有必要者和递信省技工回国。

处理公众电报

2月中旬,开始集体电报。当时野战电信不仅没有办理私人电报的余力,由于关于收电报费等可能会在军队惹起不少混乱,暂时由军队处理之。到4月由于野战电信的通信稍微清闲,决定自5月16日实施处理一般公众电报。据此,集体电报自然办理,关于办理公众电报,和北京邮政局交涉,费用的收取和传递由邮政局或办事处担任,通常限于办理加急内容及核对电报。规定野战电信办理发信、收信,但军用电报集中或认为军事上需要时,要规定附加停止的条件(对此,山口师团长4月27日得到参谋本部次长的同意)。

电信处理费

自1900年8月至第五师团凯旋,在各地通信所处理的电报(日文、西文及电报数、信数的区分)如另表①。

半永久性电信线改建后,其电讯时间迅速,且不通的次数减少。

在北京、天津、塘沽和山海关架设电话线,以供各部队之间通讯。尤其在北京,在六条胡同电信队宿舍设置电话交换局,大大方便了冬季期间继续通讯。

和海底电信之连接

自1900年9月6日,田中步兵大尉在东沽大北电信公司的海底电线的末端,担任其通信所与我野战电信通信所之间的联络。

大北电信公司1月23日延长电线至北京,通信费用是日本、天津间一句一元二钱,日本、北京间一元十二钱,自2月1日限于军人的私人电报为半价。

向东沽大北公司支付费用由运输通信支部负责,冬季期间该支部转移到山海关,在天津正金银行预备资金,由田中大尉以支票支付。

八　各国军队电信之概况

俄军电信概况

俄军和本国电信通信的主要线路是通过西伯利亚至海参崴之线。此事变一开始,俄国政府就大力增加莫斯科、喀山、鄂木斯克、伊尔库茨克,及海参崴线各地通信力量,尤其是其起点莫斯科的电信局的人员、材料,以确保和作战地的通信。这是为了避免此线受到风灾而屡屡

① 略。——译者注

断线。另外在伊尔库茨克、斯托里茨斯克及海参崴间架设辅助线，以确保此间的通信。

不过，在满洲由于电信线和铁路皆被破坏，在直隶省的军队和本国的通信与其他欧洲各国军队一样，不得已只得依赖经大沽、芝罘、上海通向西方，并经上海、长崎及海参崴。但各地归于静谧，电信线的修理刚一完成，再次依赖从山海关或旅顺口经海参崴的西伯利亚线。该线通信迅速，时时能在各国之前从欧洲得到重要的通信。

在直隶省作战的俄军，附加乌苏里铁路队的两个半中队，其中的电信队（大尉一名、中少尉四名、下士兵二百名）担任其架设并通信。由于材料极少，主要修复是用在各国之前占领的铁路用电线及国用电线，用于联络大沽、杨村间。其以北多用缴获的中径一千米[①]的被覆线或八号、十六号等电线，架设极为杂乱。沿白河至通州，由此联络北京（其开通在9月上旬），设置北京、大沽间的通信所电报器，使用"西门子"式的"莫尔斯"打字机及"莱克兰斯"电池。俄国政府向作战地所用的野战电信局派遣约二百五十人的通信员等，其中多数用于满洲，用于直隶省的很少。另外由于电线架设的不完整，屡屡发生不通。电报数次依靠我军通信所，线路检查的方法是骑兵一名携带所需的器械材料，不断巡视线路，甚为便捷。

12月，杨村、北京间的铁路刚一开通，此间沿白河的电线撤去，杨村、大沽间的电线让与德军。到1901年2月，山海关、塘沽间电线亦和铁路一起让与德军。俄军利用我军山海关、塘沽间的电信时，电文谬误甚多，证明通信员的技能拙劣。此间的通信在中央有一个中转，线路良好时，也需要半天或者一天以上的时间。

法军电信概况

法军福里少将指挥的第一旅团有一个约三十五人的电信队（此外，还有巴尤少将指挥的第二旅团有一个由工兵第一联队编成的野战电信小队五十人）。在向北京前进作战时，由于没有到达，经常使用我军的电信。继而，占领北京后，在北京、大沽间架设和我军平行的电信线。但其住所，离我电信队一里（也远离马头附近）。天津、大沽间利用原有的清国电线杆或者用竹竿附在我军的电话用位的磁制曲柄绝缘碍子作为立柱。北京、天津间除同样的竹竿外，隔五六十米竖立附有磁制的曲柄绝缘子的小圆直径二寸多、长一丈许的木柱，架设十六号或十一号铁线。此电线杆长短不一，没有考虑线路和道路的关系，有柱子倾斜。除俄军之外，建筑法最为粗糙。不过到11月左右，改换电线杆加以改造，面目一新，使用步兵进行线路检查。

在1901年3月左右前，架设从大沽沿铁路至北京的电线，还架设从北京至保定府线。这些电线杆为小圆直径三寸以上、长二丈以上的杉木，附有磁制两重绝缘碍子。廊坊以南每两根由橡胶卷着的电线马上固定电线杆，电线主要使用八号线，还使用十一号铁线。

大沽陆上和海上军舰之间使用回光通信器（和我国的相同），另外从保定府附近至山地间亦使用该通信器。获鹿县附近作战之际，电信队将电信线从定州延长至正定府，又从新乐县经获鹿县延长至下安庄，而后架设电话线至井陉县。

法军的通信人员大都熟练，在天津通信所（此地有电信队本部）有一百二十二名士兵修理电信器具。通信器有"利莱"的"西门子"形的"莫尔斯"打字机，各机附有避雷器，在通

① 原文如此。——译者注

信所另备有电话机。

英军电信概况

英军最初为马德拉斯工兵队的电信一队(军官一名、特务曹长一名、“奔伽如”及“旁遮普”通信人员二十名、建筑下士四名、印度兵十六名)负责铁路通信,至10月30日有本国的氢气球队通信人员若干。

电线杆是铁制的,一匹驮马可以驮四根(一根重二十磅,长二十英尺),后十一号以上的铁杆到达,电线是十四号铁线,器械为音响式的(根据场所使用缴获品),电池使用“米纳托”式的,但空闲时的通信使用干燥电槽。

英军向北京前进时,由于材料缺乏,和美军联合架设一线(详细情况参见后文美军之项)。后材料到达,从东沽大北公司的通信所,利用缴获的水底电线渡白河沿铁路至杨村。在铁路桥附近再次架设渡白河经通州至北京的电线。但马头以北由于铁杆不够,由竹竿代之。据说此铁杆也因北清的风雨时常遭到破坏。

12月,杨村、北京间铁路及电线完成后,撤销杨村、通州间的电线,将铁路用电线两条之中的一条用于普通使用。

通信器都有避雷器和木栓(牌古的翻译),插入此木栓,线路就能脱离器械,可以省去中转。在中转所也使用转换器,采取尽可能省去中转的方法。

北京的通信所是最大的,使用两个音响器及两个打字机,处理其接受、传递。通信人员的技术非常熟练,以一分钟八十至一百个字的速度通讯(制度是通信人员一年在军队教育,第二年在地方的电信局任用)。

除此之外,在北京使用电话通信的是单式单线交换机和碳素电话机,氢气球队使用携带电话(传呼机大致和我国相同,接受话机伸缩自如方便)。

美军电信概况

美军的电信队最初和步兵第九联队一起出发,由中尉一名及士兵十名组成,拥有野战电信五十英里的器械材料。另外,和奇科夫少将同时到达塘沽的是两名军官和九名士兵,拥有一百英里的电线(其中因装载等有若干破损),其电信队长为少校杰西·贝·斯库利本。

天津、塘沽间由最初到达的电信队于8月2日前架设,而后当各国军队北进时,美军的电信队因缺乏搬运材料,和英军共同架设至北京一线。当时英军虽有竹电线杆和印度苦力及船舶、清国车辆等搬运器材,但电信器材不丰富,这是两军希望的共同作业之所在。8月3日电信线路延长到天津城市的北端,4日延长至西沽露营地,5日晚到达北仓舟桥,开始和天津通信。6日延长至杨村车站附近的美军司令部,7日休整,8日在杨村铁路桥越过白河时,虽受到偏西当地居民的妨碍,但此夜最终到达南蔡村。不过由于后方有断线,无法通信。9日到达距离河西务二英里处,至翌日早晨断线修理完毕,得以和天津通信。10日到达马头南面的尖平庄。是日非常炎热,有两名电信兵病倒,两名苦力死亡。11日美军暂时停在马头村,电信队在军队出发后二十分钟到达该地,而后电线随着军队的位置,在北京陷落后三十小时即15日到达北京,此延迟是因为材料船到达通州较晚。不过,其到达北京后三十小时内有五百二十四封电文送到天津,首先向世界发表北京的消息。但此野战电线屡屡断绝，10 月 4 日改造为永久电线，始断绝此患。前进至北京之际，从天津派出骑马九匹，从马头派出四马拉车辆一辆供电信队使用。

美军的线路在大沽、杨村间沿铁路，由此经河西务、通州至北京几乎是半永久性的，即长二丈、小圆直径约三寸的杉木木料打着斜材，上面附有硝子、绝缘碍子，架十六号铁线。

通信器为音响闭电式的，最初大沽、塘沽及天津为一线，天津、杨村、河西务、马头、通州及北京为另一线。天津备有转换器，以避免中断。像英军那样，电池为"古拉比阿"式的，分别使用的是天津八个、北京七个、接收用一个。通信员为民兵，乃接受一年军事教育者。但技术熟练，一分钟可以接收约七十至八十个字，马上使用打字机(泰部拉塔)将之移至投递纸，送给收信人。此外，余下的通信人员还进行单旗信号和回光通信。

美军的电信线 3 月上旬卖给濮尔生公司，电信队后来凯旋回到菲律宾岛。

德军电信概况

德军东亚电信队担任普通电信的架设、通信，铁路队中的电信部担任铁路用电信。

东亚电信队是九个月动员后新编成的，归托罗上尉指挥，由中少尉四名、电信官吏两名、下士以下一百三十名(另外军医、会计官各一名)组成。绝缘线除规定数外，携带一百五十公里。电信队在航海中教育通信人员，到达大沽时，当需要替换原有的二十四名人员时，可以使用四十六名通信人员。不过，此数当时仍感到不足，从其他兵种加入十五名、铁路队加入十二名，另外使用海军远征团工兵中的若干通信人员。

大沽、北京间最初有保护濮尔生公司专门使用的电线。此线路从大沽至杨村沿铁路由此经河西务、马头及通州至北京，电线杆使用小圆直径二寸至三点五寸、长五六尺至一丈二三尺余，个别处使用二丈的。沿道路一侧曲折建设。电线使用十六号和十二号的铁线，铁路用电线使用八号铁线，每隔七十米竖立小圆直径三寸、长二丈的电线杆。

10 月中旬，保定府远征之际，始由电信队半部的两个小队架设从天津向保定府的三十公里。继而，架设由舰队送至东亚的绝缘线。在最后区域，以第四小队架设携带的一百公里绝缘线。这三区的建设几乎同时开始，十四天完成。继而，将绝缘线替换成普通线，此电线已经延长二百公里。由于电信队固有的材料不足，从上海和日本购入，而且追加的材料由第三小队负责，和建筑小队的联络使用回光通信器。

建筑方法是建筑军官处于前头测定线路，继而下士一名以七十至一百米的间隔确定栽植柱子的位置，而后骑马的工兵率领有二三百根电线杆的清国苦力团，运送电线杆到其地点。此间其他苦力团进行挖坑，继而栽柱子的苦力团继续如此，一天架设约十二公里。

到 12 日，用同一方法架设北京、保定府间。不过，其材料依靠征发而不充分，加之柱子之间距离大，遇到强风时，屡屡和法国的电线混合。改建因冬季严寒，一直持续到翌年 3 月。

此间北京、天津间虽还依靠濮尔生公司的线，其通信费高(一句四十钱)且无法及时通信，约一个月内架设一个固定的线，继之将其延长至塘沽。

2 月下旬至 3 月上旬，电信线延长至保定府西面的完县和唐县。另外向安子岭进军时，将电线延长至王快镇。其前头以绝缘线、回光通信器和前进军队通信，4 月 10 日和军队前进一起将电线延长至长城岭。不过由于是山地，架设困难，无法随军队行动，且因降雨而断绝，以回光通信和后方通信，保定府向长城岭由两小队架设的线长达二百二十公里。

此两小队回到保定府,马上就准备材料,第四小队向夏天军队的避暑地满城架设,第一小队从北京向西北方向延长电信线。不过此间获鹿县方向发生战斗,两小队接到收集可以使用的诸材料准备出发的命令。据此,第一小队数天准备回光通信器、第四小队数天准备绝缘线材料。在定州和法国的电线连接,而后随着军队每天前进二十五公里余,能够架设绝缘线的地方由回光通信辅缀,全线延长一百八十公里,绝缘线到尽头。其前头和前进军队的通信依靠第一小队的回光通信。

另外,从保定府架设到夏天宿营地满城的电线,联络塘沽、山海关间,在开平、北戴河的夏天宿营地架设支线。海军远征团的电信队所架设的从昌平州向北张家口方向的延长线,供骑兵第二中队和北京通信。

4 月中旬,第三中队架设北京、天津、塘沽线,整理材料后还进行至昌平州经南口的岩石间的作业。5 月 1 日延长线至岔道,经怀来又延长至鸡鸣堡。此鸡鸣堡距张家口六十公里,为电线终点站。

德军还在大驻屯地架设电话线,即塘沽、大沽间有二十五公里,天津有四十公里,保定府有三十公里,北京有六十公里(5 月末前海军电信队从事此工作,作为电信使用的是从日本寄来五十人用单式复线交换器和固体电池)。

电信器使用直接电信器(古莱库泰),并使用电信及电话,减少了通信人员。因距离远还使用无极继电器,电池使用"莫尔森"及军用"莱库兰森"。最初急用"莱库兰森",后使用"库拉比娜"。

通信员的熟练程度和我军无大差距,特别是现役后经过两年的预备兵,勉强可以使用电信。

九　邮政之概况

邮政不能成为军事组织

占领北京后,递信省管辖的天津邮政局在北京、通州、河西务、杨村及西大沽开设办事处之事已在第二十六章六叙述。而后,邮政通到北京。但是由于其搬运护卫全由军队担任,且邮政官员人少(9 月份合计各地有书记十八名),由下士兵辅助其业务,勉强实行其业务。加之其拖延严重,其统属各异,由军衙予以充分干涉,得以改良。师团长欲将其改组为野战邮政组织,将此意见上报给参谋总长,但由于作战时期已结束,已无必要,最终没有设立野战邮政。

在此之前,11 月 1 日在山海关开设邮政办事处,办理一般邮政。自 12 月 1 日开始办理储蓄金业务。

邮件速递之交涉

11 月 16 日,关于冬季期间邮件速递的方法,师团长训令秋山兵站监和天津邮政局长协商。协商结果为,送抵时间天津、山海关间(芦台、北塘间使用马车搬运)两天半,天津、北京间(至杨村使用铁路)两天半。门司、山海关间约需四天航程,故从东京至天津最快的邮件为九天,北京需十三天到达。另外,还有邮政本局设在天津,巡回到在北清的军队所在地办理向国内马关、门司及宇品的递送局速递。并商定在列车内,派出邮件护卫兵一名和递送人员一名。在陆路的清国车马上，每辆配备护卫兵两名。而后，北京、杨村间的铁路开通后（12 月 18 日），天津、北京间一天就可到达，汉沽铁路桥完成后（5 月 12 日），天津、山海关间亦可一天到达。

12 月 28 日，西大沽办事处移至塘沽。1901 年 1 月 10 日，关闭河西务办事处，由杨村之人员来处理。关于北清的邮政速递，参谋本部训令师团长，和递信省协商，军队还应给予辅助。1901 年 1 月 17 日，递信省通信局长照会参谋本部次长："在北清本国邮政局相互之间往返的邮政事务上的电报，由北京、天津、大沽、山海关间军用电信线处理。另外属于外国所管辖的军用电信线，本国军队使用时，按上述办法处理。"据此，寺内次长将此事通报给师团长。自 2 月 14 日起由军用电信处理邮政事务用的电报。3 月 13 日，递信总务长官向参谋本部次长通报，其要旨说："今后如果将京津及榆津铁路的管理交还给清国的话，作为归还的条件之一，承诺在北清设置的帝国邮政局之间发送的邮政行囊依靠该铁路免费递送。如果不得已时，支付尽可能低的邮费。以这样宗旨由该省大臣照会外务大臣。"

3 月 25 日，寺内参谋本部次长照会师团长，关于在北京设置邮政局房屋的选定，递信省应给予便利。

设置北京邮政局

原在北京朝阳门附近的天津邮政局办事处于 1 月 14 日迁至二条胡同马市路北，自 22 日开始办理业务。在此之前，10 月下旬北清的邮政局人员，左腕缠有 T 字型的红色徽章，以和普通商人相区别。自 1 月 1 日开始在各地办事处办理小包邮件（发布关于小包邮件发送方法的规定），2 月 6 日又在日本公使馆北侧开设办事处，开始受理普通书信和小包邮件业务。

2 月 20 日，在北京设置的邮政局，由于二条胡同的房屋狭小，自 4 月 10 日迁至骑兵第五联队的东邻开办业务。自 5 月 1 日改变以前通州邮政局办事处属于天津邮政局的隶属关系，成为北京邮政局事务所。

改正铁路运行之结果是邮件速达

5 月上旬以前，本国邮件乘上午 9 点从塘沽出发的火车送抵北京。而后，其登陆早时乘塘沽下午 2 点 58 分的火车送往天津。由于翌日改为由上午 6 点 59 分从天津出发、中午 12 点 34 分到达北京的火车邮递（5 月 7 日开始），和以前相比快五个小时。另外，向通州和河西务的邮件，由于是从北京及杨村出发即日送付的陆路邮政，比以前早一天到达，但通州、河西务间由于邮件较少，由递骑递送。自 5 月 12 日增加塘沽、北京的列车，结果得以更为快速到达。5 月 17 日以前国内邮件到达北京时，用电话预先通知。而后在北京东四牌楼大街邮政局前和公使馆街办事处前的国旗及 T 字旗下部悬挂红色旗，还布告该邮件交付时间，采取一般通知的手段。师团司令部将其通报给各部团队，并选拔适当人员将书信袋携带给接收人。注意邮件领受法，即可享受速递的便利。

关于邮政管理

1 月 14 日，师团长发表有关在北清处理的邮政汇兑及邮政储蓄金和交付小包邮件的规定。北京自1月16日开始实施。兵站区内,由兵站监指定实施的日期。

6月19日上午,定福庄土匪向北京、通州间我邮政车射击,监视兵将其击退,没收手枪十二支、弹药若干。除此之外,邮政护送没再出现危险。

使用邮政

总之,邮政最初极不完备,但逐渐整备交通机关,增加事务人员,特别是在北京新开设独立一局,军队和邮政局的关系良好,逐渐整顿其业务。自5月左右以后,从东京发出的最快邮件约一周时间到达北京,且很准确。其各地邮政局开闭式时间及1900年7月至1901年7月的管理邮件数如别表。

兑换储金存入金柜部之金柜

11月上旬,在北京和通州,金柜部接收汇兑存款之时,对于墨西哥银,一般都接受汇兑,每次由递信大臣照会陆军大臣。陆军省庶务课长冈部政藏向永田参谋长请求此事实之调查方法(11月20日到达北京),12月16日,永田参谋长对此给予回答。其要领为洋银比时价便宜,金柜部拒绝以此等价支付,但由于到来的日本人日渐增多,看到洋银通用,而后也接受洋银。

在此之前,9日,天津兵站监部金柜部回答从邮政局接受种类,除墨西哥银和日本银元外,还接受香港元及各种清国银。其师团司令部金柜部由于还未达到像天津那样可以选择种类,所以拒绝接受。由于到1901年8月16日北清的金融机关也整顿完毕,递信省废止和军队的转账汇款,根据时价接收墨西哥银。

第五师团甫一返还,北京邮政局6月移至公使馆邮政局办事处,该办事处废止。另外到7月,在天津租界开设一办事处。

1901年7月,由于形势归于平稳,军事邮件的数量增加,改为每月每人五或六封。

明治33年7月至明治34年7月邮政件数表

1900年7月至1901年7月 邮件数表

种类	区分＼局所名		天津	塘沽	杨村	河西务	通州	北京	山海关	租界	北京	通州	公使馆街	城北	计
接收邮件(普通)	书信	缴纳	206129	108078	105010	4434	43088	173622	34285	6343	222784	6879	2100	9541	922293
		未缴纳	938	371	52		108	579	35		652	113		2	2850
	明信片	通常	195496	129000	82598	6076	46183	191489	51448	11432	224296	6123	1022	13467	958630
		往返	405	22				19		10	31			41	528
	印刷品		5548	3087	1124	134	766	1271	2691		3384	939	106	369	19417
	业务用书类		94	11			20	182			1204			251	1762
	商品样品		141	28	52		7	58	8		316				610
	免费	信书	7761	4839	1159	289	1558	2935	995	349	4662	267	94	167	25075
		其他	48	12							5	28			93
	军事邮件	公用	10445	4609	3012	281	1086	2532	2149	289	4156	327	92	710	29688
		私用	63753	28335	11703	2538	10578	91863	14280	934	114545	2947	223	3518	345217
	野战邮件		19098	4957	1440	642	11778	9871	2877	867	21614	3107	1	575	76827
	计		509856	283349	206150	14394	115172	474421	108768	20224	597649	20729	3639	28639	2382990

续表

发送邮件（普通）	书信	缴纳	1900年 202777	58547	41888	4568	32878	218753	6166		235272	6729	1834	8321	
			1901年												
		未缴纳	1901年 135	10	2		1	3			755	6			
			1901年												
	明信片	通常	1900年 109023	43073	23811	3107	17071	171594	6455		182146	4515	1008	5211	
			1901年												
		往返	1900年 129	91	4			19			62			72	
			1901年												
	印刷品		1900年 43517	14669	1624	1196	5804	57448	3097		87952	2028	2305	4320	
			1901年												
	业务用书类		1900年 12	13	1	1	1	197			95				
			1901年												
	商品样品		1900年 32	34	8	6		36			24	4		124	
			1901年												
	免费	书信	1900年 1457	950	442	119	568	675	60		1156	274	52	101	
			1901年												
		其他	1900年 499	96	6		23	115			147	41			
			1901年												
	野战及军事邮件		1900年 1974	1054	105	497	628	2899	259		4613	733	7	2080	
			1901年 10664	2887	431				1160	588					
	计		359555	118537	67890	9494	56973	451739	16037		512222	14330	5206	20229	2419927
			247570	124031	138059				267519	10536					
接收邮件（挂号信）	书信		15590	5924	1439	310	2564	7906	1826	229	12895	242	395	341	49661
	其他		262	128	13		30	333	103	24	607	8	3	62	1573
	军事邮件		1206	569	251	23	188	478	162	16	992	118	2	135	4140
	计		17058	6621	1703	333	2782	8717	2091	269	14494	368	400	538	55374

续表

发送邮件(挂号信)	书信		12790	3110	502	151	1530	5594	1378	120	8243	188	165	898	34669
	其他		106	20	4		7	76	1		316	26			556
	军事邮件										41	6		3	50
	计		12896	3130	506	151	1537	5670	1379	120	8600	220	165	901	35275
小邮包	接收		2186	405	118		157	445	165	58	766	99	42	87	4528
	发送		8713	1876	123		230	1350	878	213	1929	215	294	108	15919
汇兑接收	取款	件数	10451	5108	425	157	1421	4110	1085	237	5440	110	237	329	29102
		金额	1006942310	136891660	10697425	3897705	79859371	206742837	47249491	10416870	263519137	4411118	12418760	21619059	1804665743
	支付	件数	1222	354	68	33	165	508	205	1	726	23	9	12	3326
		金额	101670495	9828278	1796624	726649	27423096	95355223	4909168	3500	62126498	215570	359600	139935	304554636
储蓄	存款	件数	2099	1261	115	54	459	813	100	51	979	151	43	141	6266
		金额	46517876	20732715	1974100	1189100	13393030	20080905	2084400	766600	24667350	750800	1143480	2231250	135531606
	还款	件数	168	60	3		38	51	9		86	6		4	453
		金额	11771275	1444343	777084		1686388	1014079	534223		2197844	112681		233490	19771407

备考:1.发送邮件(普通)中,军事邮件和野战邮件没有分类;另外属于天津局的,1901 年 6 月以后分类,根据局所登记其总数。

英军之铁路邮政

4 月 24 日,根据英军参谋长给师团司令部的通报,铁路邮政的管理如下:

为延长邮件投递时限,在北京、天津、塘沽、唐山及山海关的各车站开设邮政局,自 4 月 20 日开始实施。发车时间一小时前开放,十分钟前停止办理普通邮件。

寄出的东西贴有邮票,一封尚需添加五钱,应交给局长。此邮政还办理向欧洲或其他海外诸国的业务。

和美军共同进行邮政物品运载

10 月上旬,美军请求交换长崎、大沽间邮件递送,我国答应之,并直接和天津邮政局长协商。关于日、美两国邮件的收受,达成如下协议:

一、利用日本军用船,从本国递送的美国邮件行囊交给大沽本国办事处,从该所交换接受证,交给在塘沽的美军邮政局。美国军用船由本国递送的本国邮件行囊在塘沽交给美军邮政局,从该局交换接受证,交给大沽办事处。

二、发送邮件比照到达邮件同样的手续进行交换,由最近从大沽出发的轮船向本国的递送。但在塘沽美军邮政局发送的情况下,由美国军用船直接送至长崎。在本国办事处发送的情况下,由本国军用船运送至门司,再从门司经火车递送至长崎。

三、军用船从大沽出发前,对用该船送抵邮件的局所尽早通报出发时间。

四、需交换的邮件应装入行囊封口。

在此之前,8 月 3 日美国邮政厅外信部长关于此事照会我递信省,另一方面本国驻美国公使和外务省交涉,最初递信省没考虑接受,最终决定只要不妨碍我业务就答应其要求。但是当时感到困难的是在清美军和本国之间发送到达的邮件颇多，其行囊达到一次二百封以上。由于长崎局没有保管场所，10月协商由在长崎的美国领事提供场所保管。

1月19日，根据到达北京师团司令部的天津邮政局长的通报，冬季期间美军野战邮政部长和我邮政局长达成的协定要旨如下：

一、日本政府在此次冬季期间，山海关、门司间利用通信船，门司、长崎间利用火车，递送美国邮件。

二、从山海关经日本通信船发送的装有美国邮件的行囊，交付该地的天津邮政办事处，换取收据书。

三、利用通信船从门司到达的美国邮件，在山海关办事处接收。但需要马上搭载火车时，在海滨交还之际应换收据书。

四、在北清的帝国邮政局及办事处，本国通信船每次出发到达时，应由美军特设的山海关、天津间递送员递送。

五、山海关办事处、海滨和车站间及天津邮政局、车站间的递送，可以使用美国的护送马车。

六、前项规定在从山海关锚地移至秦皇岛，仍依据同样的手续。

继而，至4月17日接到美国军队撤离北清后的邮件递送请求，递信省答应将其封口行囊的邮件在长崎、北京间递送。但在北京，在确认美国邮件官员存在的基础上给予此承诺。

如是，乃是友谊上和美国共同递送邮件，最终由我国专门递送。

德军邮政概况

德军在占领北京后两周间，天津的德国普通邮政局成立了独立的邮政局派到北京。自9月11日开始在德国公使馆的隔壁办理邮政事务，只办理一般书信。当时由于印花还未到达，用红色书写“北京”字样和自付。一周三次由苦力两人沿白河送至杨村，装载在正午出发的发往天津的火车上，从北京到杨村需要两天半。

自9月26日开始试制成两匹马拉的邮政马车，一周一次送往通州，由此乘船送往大沽。当时由于在北京只有海军远征团，邮件不多。此时，海军步兵借给邮政局传骑两名、两匹马拉车辆一辆和护卫兵两名。

9月26日，驮着邮件行囊的驮马狂奔，不知到达之地，而后悬赏搜索，终未发现。

联军司令部刚一到达，邮政监督官向军队请求增加人员、材料，但没有获得允许。当时邮件实际上已经很多，十二名人员不仅不能处理之，而且地址不明或相似地址的书函又大大延迟了业务。因此，联军参谋长允许邮件运送使用骑兵和辎重兵，且将野战和普通两邮局合并，由军队出管理人员下士兵卒辅助，还扩充邮局的房屋，当时邮件数量一天达到两万封。

在北京、天津、塘沽、芝罘、青岛、上海、福州、汉口和胶州设置德国普通邮局，其中北京、塘沽、胶州的邮局是在此次事变中设置的。

德国邮件要比其他欧洲诸国晚到达本国，这是因为他国的邮船只返航到芝罘，而德国船则在胶州暂时寄航。

十　自行车之使用概况

散发自行车及训练驾驶方法

由于山口师团长要求，十六辆自行车到达北清，山口师团长11月30日参酌野战电信队长的意见，配备给天津三辆，杨村、河西务、马头、通州各两辆，北京五辆。在北京，属于野战电信队的专门传令和电信传递使用。在各兵站部，由兵站部管理，主要用于检查电线和传令。

从国内送自行车一起来的，有从户山学校派遣的三名曹长，为传授骑法、维护、保存等必要的方法和小的修理。且有来自教育总监部参谋长中将大久保春野的照会，要求报告在北清的自行车的使用状况和意见。

12月中旬，自行车骑法的助教和自行车到达。在北京，首先从各步兵大队出下士或上等兵两名，从工兵中队出同样人员一名。冈部电信队长监督，进行骑法等的练习。在各地也大都以此为准进行练习。另外，助教中的一名配备在天津，两名配备在北京。来北京的一名在途中各兵站地进行练习，到北京后在北京集中若干士兵作为第三次练习生进行练习。户山学校派遣的下士三名3月19日结束其任务，从北京出发回国。自行车使用的结果，根据当时情况向教育监督部报告，其大要叙述如下：

使用自行车之结果

北清地方由于其路面全是灰尘，且车辙之迹深陷，自行车的使用和保养困难。但冬季几乎没有降雨，积雪不过两三寸，由于地面冻结，道路良好，得容易在冰上骑行之便。不过，夏季与此相反，雨量多，道路极为泥泞，几乎无法使用。

冬季严寒之际，由于车辆容易破碎，收藏室需要稍微温暖，使用前还需要空转。另外，烈风多时，前进非常困难，面向风时多不能行驶。2月11日，从马头迎风到通州需费时三个小时，不过回去只需五十五分钟。

由此，自行车在传令或其他急用时是必要的，犹如前述，由于碰到无法使用的场合也不少，和乘马并用，其效用才能完全发挥。

不过，由于其自行车使用的时间主要在冬季，用于电报投递和其他传令，不少能迅速完成任务。现叙述各地使用的情况，在北京，1月21日至3月7日使用次数为二百九十九次，一天平均使用四次多，无一次破损，情况良好。在马头，此间至通州使用四次，一次车手因风沙闭眼而使车陷入车辙摔倒，车体破损。在河西务，到达后马上有一辆破损，因修缮不易完成，只能使用一辆。在杨村，使用四次，除小破损外，情况尚可。在天津，主要用于传令，使用四十八次，情况良好。此外，各地共使用数次用于练习。

十一　水路运输之概况

开通白河津水航路

2月23日夜的暖风，使大沽附近的结冰逐渐融化，24日满潮，全部解冻。自2月25、

26日，天津附近白河全部解冻，看不到一块冰块。到3月2日，清国船永丙号（六百吨）悬挂德国国旗始安全进入白河口。我国军用船3月10日以后从宇品港来的通信船进入大沽，而后使用四艘往返于芝罘、大沽和山海关之间，按顺序停泊，回航按照与此相反的顺序停泊。另外，天津、大沽间的白河水路备有一艘运送患者的船，后由于山海关的停泊增加了航行天数，第五师团请求5月16日以后废止停泊。天津、通州间的白河亦解冻，3月12日开始此间的运送。首先将在天津的空船百艘送至通州，而后主要从事铅块的后方运输。

山海关是冬季唯一的海陆联络点，2月1日海岸约四百米结冰，4日浮冰又扩充至二十三四海里的海面，军用船登陆归航。不过，到8日第二军用船到达，9日登陆，其他往来络绎不绝。

修筑栈桥

在此之前，决定在塘沽架设栈桥，师团长1月10日得到大山参谋总长的认可，以约一万元的预算，建筑能停泊中等轮船以下的栈桥。为此，主要由工兵中队承担，中队长大尉土屋善龟负责其设计和架设。材料由兵站监调配，2月13日开工，3月8日完成。其宽度为四十米、纵深十五米。

在通州，自2月15日也开始建筑栈桥，使用下士两名、士兵十五名，23日完成。从事此工作的工兵小队长（少尉佐佐木嘉久二郎）以下返回北京。

根据3月16日得到的德军通报，德军以前从俄军接受的栈桥公司支付的使用费，该军使用的塘沽大栈桥而后供各国使用，但征收使用费。不过，由于我军已建栈桥，一次也没有使用过。

3月中旬，德军在我西沽兵站支部的对岸建筑仓库四栋，从塘沽迂回引入此地，完成铁路线。另外，从塘沽车站西面约二里之处建筑约一千二百米的支线，俄、法军也建筑支线。为此，我军也在塘沽栈桥架设支线。山越铁路中队长设计，但最终未能架设。这是因为我栈桥的位置靠近车站，必须需要支线，其建设稍有困难。3月下旬，由于山海关运输通信支部转移至大沽，而后在山海关由该地兵站司令官处理运输事务。

白河之船舶

天津、通州间自1900年夏季以来使用的我缴获和征用的船舶约五百只，先前由秋山兵站监上报给师团长，其大部分被解散。但由于山口师团长不知道解冻后的形势如何变化，只要求保管其船舶。而后由于铁路开通大大节省了水路运输，暂时将之减至一百五十只。为运输铅块增加至四百只，而后逐渐减少，第五师团凯旋时，将五十只交给驻屯军。

在此之前，秋山兵站监提出意见，希望解冻后的白河运输，像去年那样能够得到海军士官以下的辅助。山口师团长通报说，如有已经在此等研习的我军官以下士兵，而后可以寻求海军的帮助。

占领塘沽及秦皇岛土地

由于本事变给军事上、工商业经营带来了便利，各国军队皆热心经营之。而且，在北清虽无优良港湾，但由于当时应瞩目的是塘沽和秦皇岛，师团长向参谋总长提出建议，由兵站监担任经营之任,最终购买塘沽车站对岸的土地,归我所有。另外,塘沽车站附近的占领地也想尽可能购买之,但由于当时其所有者不明等原因未果。另外,由于秦皇岛是由英国人设计、建筑的港湾,将来成为一大良港之地,首先以军事占领为目的,暂时占领土地,建造一二建筑物。

第三十章　各地之军事行政

一　北京军事警务衙门之工作

北京行政沿革一般情况

各国军队刚一占领北京,8 月 15 日就马上划定各国占领区域,日军占领连接朝阳门、阜成门线(紫禁城除外)以北(参见第二十章)。山口师团长为恢复其区域内的秩序、保持安宁,立刻设立军事警务衙门,这实际上是北京军事行政的嚆矢。其后进行两三次修改,最终在 1901 年 7 月交给清政府。此间,其施政状态大体分为如下三个时期:

第一时期 从军事警务衙门创设至第五师团半部凯旋;

第二时期 从第五师团半部凯旋至支出清政府行政费;

第三时期 从行政费支出后扩张其事务至最终交给清政府。

第一时期属于北京占领后的处置,已经在第二十章记述,在此省略之。兹在此记述第二时期以后的情况。

北京军事行政创设之时,战乱后难免秩序混乱,生民皆四散,全市街道处于寂寥境地。如有动者,亦是败兵、团匪乘机逞凶。师团长将师团大部归属警务衙门长官指挥,勉励其迅速恢复秩序,各城门的守备兵皆归其统一指挥,以便于管理。继而,皇城守备兵亦归其指挥,已如第二十章所述。至师团半部凯旋之时,秩序已经恢复,市民前来聚会,开设店铺,安心经营商业,匪徒亦减少。由此,不仅如此多的兵力已无归属警务衙门长官指挥之必要,其兵力也减半,其结果复又如前,将数大队专门用于警察等。但是,为了避免减少和轮换兵力所带来的混乱,采取逐渐缩小兵力的方针,暂时限制允许使用兵力的范围 10 月中旬恰好是远征保定府之际,以瓦德西元帅依赖日军守备北京的任务为机会,一改先前之组织,明确区分警察和守备。

半部凯旋之际变更守备区域

在此之前,10 月 2 日师团半部凯旋之际,将北京的守备兵减至两个大队。于是,柴警务衙门长将占领区分为东西二区,将各城门卫兵各减少至一个分队左右。在下达此命令的同时,发布如下要旨的训令:

一、守备队的任务是维持我军队的军纪、风纪,制止外国士兵的非法行为,保护清国良民。

二、各城门自下午 7 点至翌日上午 5 点禁止清国人通行,外国士兵如果没有军官的率领不许通行，但朝阳门除外。

三、外国士兵购买物品需监视，允许正当的买卖。

四、如有外国人或外国士兵结成三五成群、徘徊守备地内者，可以跟踪，有非法行为时，其情轻者给予惩戒，重者扭送衙门。

五、适时进行巡察，应特别注意小路。

六、涉及为数众多的军人、官吏征发性的购买，应予以禁止。

在东、西两安民公所，又增加一名巡捕，终夜轮番巡查。当时巡捕有其一定的服装，其左腕缠有红布，以为识别。

安民公所之职员

东、西两安民公所日益扩张其业务，在各处开设巡捕的派出所，其职务亦更加繁忙。于是，10 月 23 日作为杂费，每月供给米七百石（清国斗量）。其分配及当时在两安民公所工作的清国人员如下表：

东城安民公所供给米	400 石	西城安民公所供给米	300 石
总办以下事务员	30 人		24 人
巡查（警部）	8 人		4 人
巡捕	30 人		17 人
杂役	13 人		10 人
计	81 人		55 人
官厅（派出所的数量）	22 所		15 所
巡查（警部）	22 人		15 人
巡捕	132 人		90 人
计	154 人		105 人
合计	235 人		160 人
		东西 安民公所合计	395 人

英军主持各国警察事务委员会议

关系到北京市警察事务的各国委员会议，于 10 月 23 日以英军代理指挥官少将巴罗为议长，在英国公使馆召开，日、英、美、德、法、意、奥军各出一名委员。此会议提议北京全市处于一个警察长官之下管辖，但终未表决通过。为了各国得以继续维持各自现行的警察制度，决定采取一致方法，形成如下要旨之决议：

一、对外国人，不论是士兵还是普通人，有不法行为时逮捕，送至最近的警察分署，并将之通报给所属国警察长官。

二、士兵及从军者没有通行证，不得出各自所属国占领区域。但城墙上及特别规定的各国共通的道路，如果为各国共有者不在此限（各国共通道路大概为通过各城门的大街和从城门通往都城的道路,以及公使馆大街)。

三、通行证发行附有各国统一的印鉴。

四、清国人民有在任何道路通行的自由。

五、在各国共同的道路,准许各国人自由贸易。

六、各国对各自占领区域内的清国人民,可以设置各自的处罚规则。

七、巡捕不管是士兵还是清国人,都应在左腕附有书写“巡捕”的白色徽章(使用清国文字)。

八、警察分署应在重要场所悬挂有清国文字的红白灯。

以上诸规定在日本警务衙门已多半实行。

改革警务衙门

至10月下旬,一如前述,警务衙门的业务大体已经就绪。与此同时,组织各国警察事务委员会议。另外,外交界方面,也自李鸿章、俄国公使等入城以后逐渐出现活力。由此,柴中佐的驻公使馆武官的本职工作急剧增加,且远征保定府之际,需要部署北京的防御,在北京的全部驻屯队宿营在我占领区内。以此时机,师团长免去柴中佐的警务衙门长官,复归本职;同时任命为各国警察事务委员。而且,将有关占领地守备和警察的全部指挥交予步兵第二十一旅团长冢本胜嘉。其警察事务由步兵大尉桥口勇马专门负责,有关与此的10月22日的训令及命令要旨如下:

给柴中佐的训令:

一、贵官热心、机敏地大大恢复我占领区域的秩序,不啻于我,也得到各国的交口承认。这是因为各国军队仿效贵官的警察法,向全市公布警察之制。予感谢此劳作,并高兴其成为各国的模范。

二、现在警察事业略微就绪,且贵官为各国警察事务委员,今后北京外交逐渐繁忙之际,公使馆武官的事务也随之繁忙。为此,贵官回归本职,且担任各国警察事务委员,与予通气,经常发生军事、外交之冲,遗憾的是不能给予辅助。

三、今后贵官所担任的警察事务由桥口大尉担任,贵官在该官有关业务的协商时,应给予充分的帮助,以谋推进业务。

第五师团命令:

一、塚本步兵第二十一旅团长指挥步兵第二十一联队(缺两个中队和一个小队)骑兵半个小队和工兵一个小队,担任我占领区内各门的守备和警戒,还担任公使馆、皇城及城外仓库的守备。

二、在北京我团下的诸部队,有责任保护各自宿营区内的清国人民的生命和财产。

三、塚本步兵第二十一旅团长以后应担任我占领区内的警察事务,并为主事者,桥口步兵大尉属贵官直辖。

为帮助桥口大尉的警察事务,剩余的直辖队中拨出骑兵半个小队及宪兵若干归其指挥。贵官应考虑桥口大尉的事务繁闲,需将约一个中队的步兵附属该官。

于是,塚本少将根据师团命令,发布有关各城门守备及巡查侦察等命令,制定各队工作规定,还向桥口大尉下达如下命令:

桥口步兵大尉依然在军事警务衙门，负责占领区内的警察事务。

作为辅助宪兵，从步兵第二十一联队抽出三个小队归桥口大尉指挥。

由此，警察事务主要由警务衙门及其所属部队担任。守备队专任占领区内的守备警戒，相互结合担任清国人民的保护。

宪兵及辅助宪兵之值勤规定

警务衙门制定其风纪卫兵及亲王府卫兵的守则，还为帮助宪兵工作，设置辅助宪兵（从属步兵队中选用），并开始清国巡捕的教育。其宪兵工作及辅助宪兵队任务规定如下：

宪兵工作：

一、在衙门内宪兵事务所设置值班，担任诸项工作的人员如下：宪兵曹长一名、宪兵下士上等兵二名、辅助宪兵四名。

二、制定宪兵的巡查比例（一组人员为正宪兵一名、辅助宪兵一名以上），从早晨5点到晚上10点，各自巡查所负担的区域。

三、除前项巡查外，东、西两安民公所分遣宪兵，一天巡查五次以上。

四、审判清国人的犯罪时，由警务衙门的清国警务顾问审问，参酌其意见下达判决。

辅助宪兵队的任务：

一、辅助宪兵队辅助正宪兵，担任占领地的军事警务工作，并负责保护清国人民。

二、从各小队各出二十名，和正宪兵一起直接接受宪兵队长的指挥。

三、向衙门派出风纪卫兵，向醇、庆、恭三亲王府派出卫兵，担任一般管理。

四、在紧急之时，卫兵守卫各驻守之地，一小队在前门、一小队在后门、其他小队在中门前集合，严密守备，警戒诸门的出入。

除此之外，还规定风纪卫兵和亲王府卫兵的守卫规则（守卫规则略去）。

清国巡捕之教育

清国巡捕的教育依靠清国步兵统领敬信，自10月25日开始教育三十九名学生为嚆矢。其课程分为专业、算术课和实际业务练习三部分，由宪兵曹长一名、宪兵二名和陆军翻译一名担任，宪兵长监督之，其授课天数为四十天。12月1日发给修业证书，继而于17日得到敬信之请，衙门录用之，分属东、西两安民公所。

警务衙门以前命令钱铺商，劝诱其开店，日本占领区域内的恒和、恒兴、恒利及恒源四大银号在其保护下开业。原来，这些银号是北京金融机关唯一的枢纽，由于变乱，不仅资本大为缺乏，持有该银号银券的人当时也全无使用之途。机敏的欧美人利用此一时机，廉价收买其银券，很多兑换者逼迫四银号，银号因其乃欧美人之故，没有勇气拒绝，最终恳请衙门保护。由是，衙门于11月5日召唤其行员，调查其资金，查知其银券兑换还准备不充分，厉行禁令。

先前，在1月下旬，警务衙门发出告示，募集巡捕志愿者，应募者极多，应试者达到七百名。经过体格检查和专业考试，录用有资格者四百名，并发给规定的工资。

如前所述，警务衙门的业务日益繁忙，需要进行扩张。但由于还没有实施所需的经费出处，不能充分经营，仅仅对创设以来的设备进行若干修正，不过是临机处置。各国行政委员会和清国政府交涉的结果,决定支出行政费(参见后文二)。我日军可以得到一个月6975两的比例,由此开始新事业,即编制的改革、增加工作人员、设置净街局和道路的修缮等皆胚胎于此。

扩充警务衙门

2月1日,警务衙门作为扩张业务的第一步,首先改革其编制、增加职员,定员及薪俸规定如下:

警务衙门军人职员表

区分	军官			下士			兵卒			马卒	小计
	大尉	中尉	少尉	曹长	军曹	伍长	上等兵	一等兵	二等兵		
	相当军官	同前	同前	同前	同前	同前	同前	同前	同前		
警务长官	1										1
宪兵		1		6	1	5	9				22
辅助宪兵		1	2		6	3	18	191			221
军医			1				1	1			3
军吏		1		1							2
传骑						1	1	5	1		8
军属										3	3
合计	1	3	3	7	7	9	29	197	1	3	260

警务衙门军属职员表

区分	奏任官待遇	判任官待遇	小计
	同等相当者	同等相当者	
事务官长	1		1
事务官	2	3	5
翻译官	1	3	4
合计	4	6	10

警务衙门清国干事及巡捕薪俸表

名称	人员	一名月薪的平均额(元)	名称	人员	一名月薪的平均额(元)
参务	3	60000	文案	5	30000
书记	10	20000	警巡	3	15000

续表

巡捕长	5	10000	巡捕	30	8000
差役	5	6000	仆从及马夫	15	6000
苦力	15	6000	合计人员 91 名		

军事警务衙门职制规定如下：

一、长官

统辖警务衙门及分厅的职员和兵员、巡捕，总理占领地的一切警务。

二、事务官长

接受长官命令，指挥监督衙门及分厅的事务官、翻译官及清国干事、巡捕，处理诸种事务。

三、宪兵长

接受长官的命令，指挥宪兵、辅助宪兵及巡捕，专门掌管警察事务。

四、辅助宪兵士官

接受长官的命令，辅助宪兵长的事务，且担任辅助宪兵队诸项的工作和教育。

五、事务官

接受上司的指挥监督，分掌诸项事务，兼任干事和巡捕监督之责。

六、翻译官

接受上司的指挥监督，从事翻译事务。

七、宪兵

接受长官及宪兵长的指挥监督，分掌诸项警察事务。

八、帮助宪兵

和辅助宪兵相同，为使清国人容易理解，特意称为“帮助宪兵”。

以下为清国人：

九、参务

接受事务官长的指挥监督，辅助事务官的事务，常常探查、报告占领地诸项情况。

十、文案

接受事务官、翻译官的指挥，分掌庶务。

十一、书记

接受事务官、翻译官、参务的指挥，从事庶务。

十二、警巡

接受事务官长、宪兵长的指挥监督，教育监督巡捕长、巡捕，专门处理有关巡捕的事务。

十三、巡捕长

接受上司的指挥监督，分别率领巡捕执行警务。

十四、巡捕

又将东、西两安民公所改称为东、西分厅，规定定员、薪俸及编制。

分厅的定员及薪俸如下表:

警务衙门东西分厅干事及薪俸表

名称	东城分厅	西城分厅	一名月薪的平均额(元)
	人员	人员	
总办	1	1	80000
副办	1	1	60000
帮办	4	3	30000
警巡	1	1	15000
书写人	10	7	13000
巡捕长	4	2	10000
巡捕	35	20	7000
差役	5	5	6000
合计	61	40	合计人员 101 名

分厅的职制如下:

一、总办

接受警务衙门长官的指挥,指挥监督分厅干事、巡捕和所辖巡捕处的巡捕,经警务衙门所派出的监督官的同意,总理经办分厅的一切事务。

二、副办

帮助总办处理事务,经监督宪兵、监督翻译官的同意,管理有关巡捕的事务,在总办有事时可以代理之。

三、帮办

接受总办及警务衙门派出人员的指挥监督,分掌诸项事务。

四、警巡

接受副办及监督宪兵、翻译官的指挥,指挥监督巡捕长、巡捕。

五、书写人

分属帮办,从事庶务。

六、巡捕长

接受上司及上级的指挥监督,指挥监督巡捕,从事警察事务。

七、巡捕

为监督管理分厅的事务,从警务衙门派遣如下诸员:

一、监督事务官

监督总办及干事,并监视市街管理组织,经常将事务的状况及意见呈报给警务衙门。

二、监督翻译官

协助宪兵曹长监督干事,处理审判事务,并协助监督宪兵、副办,监督分厅所辖的巡捕所。

三、监督宪兵

率领宪兵、辅助宪兵，协助翻译官监督干事，处理审判事务，并协助翻译官、副办，监督分厅所辖的巡捕所。

同日增设四个巡捕所（原称为“官厅”，即派出所），东城二十二个所和西城十九个所，合计四十一个所。制定新规则，巡捕长以下七名为一所的定员，管内为警巡。设置有关警报应援等诸规定，且规定巡捕服务规则及巡捕须知，继而确定巡捕长以下的巡捕的制服。

巡捕所职员表

名称	人员	一名月薪（元）
巡捕长	1	10000
巡捕	6	7000
计	7	

规定刑事审判法

同日还规定了刑事审判法，其大纲如下：

甲、审判所的构成如下：

一、轻罪审判所由宪兵、曹长、翻译官、参与官和书记四人组成，设置在警务衙门和东、西分厅。

二、重罪审判所由警务长官、事务官长、宪兵长、宪兵、曹长、翻译官、参与官及书记七人组成，设置在警务衙门。

乙、犯罪管辖如下：

一、轻罪审判所管辖死罪和有关外国人的轻微犯罪。

二、重罪审判所管辖死罪及其他所有的犯罪。

丙、判决法如下：

一、重罪审判所专门由宪兵曹长、翻译官、参与官及书记审问，然后下达判决。只是如果是死罪的话，应得到旅团长的批准后确定。

二、轻罪审判所的判决应得到宪兵长的批准，或总办及监督事务官的同意后确定。

三、轻罪审判所的判决有不当者，可以交付重罪审判所再审。

新设净街局

警务衙门为厉行道路清洁法，在东西两分厅管内各新设一个净街局。原本不重视卫生的清国人的一般习惯，很难一朝刷新。北京市街战后死尸散乱、脏物堆积，不能恬然不顾。于是，衙门设置净街局，担任各队宿营地内及市内卫生清洁法的施行。同时，发出告示，十日之内各自清除其房屋、庭院、街巷等。而后，各兵营及各市街，每天或者隔天分派拉土马车，扫除停放的污物。

调查户籍

在此之前(1900年2月以来),警务衙门命令两分厅调查户籍,到此时大致结束。规定市街管理组织的规则,各街选举一名街长,每十家选举一名牌长,处理各自区域内的卫生及其他一切事务,并报告其人员的出入,明白其调动转移。

修整道路

2月2日着手东城分厅管内的道路修缮,28日竣工。其区划间数如下:

朝阳门至东四牌楼	390间
东四牌楼至大理石桥	1291间
东直门至鼓楼	1700间
东安门至皇城东墙北破口	宽3间、长15间
右破口至西方的通道	约60间

兑换银券

以前恒和等四银号恳请警务衙门,停止兑换银券,并推举那桐等有力者作为其董事,勉强维持其体面。现在值此岁末(清朝采用阴历),金融逼迫,民间濒于破产困境者很多。因此,持有该银号银券者频频促其兑换。于是,董事恳请衙门,请在其保护下以一定的比例承认银行券的兑换。衙门认为如果干预银号的内政,颇不稳定。当时的状况如果在官衙的保护之下,银号亦能按照一定的比例实行银券兑换,可以同意其请。2月9日承认其所定的比例,出示晓谕解除兑换银券的禁令。

处死元凶

先前(9月20日),警务衙门拘留了被认为是帮助拳匪之乱者的军机大臣礼部尚书启秀。至1月,各国公使更是请求将在日本占领区内的其同类,即刑部左侍郎徐承煜及其弟徐承熊逮捕。于是,同月27日在其府邸将其擒拿,和启秀拘留在一起。但是,徐承熊经公使会议调查被定为无罪,2月25日引渡给李鸿章,其他两人接受刑罚,一直留置前日,启、徐二人将被清政府决定处以死刑。议和全权委员庆亲王和李鸿章因向日本公使请求引渡方法,该公使又移牒给第五师团长。2月26日,警务衙门将启、徐交付刑部右侍郎左翼总兵景礼。是日,两人乘预先准备的轿子,以宪兵及辅助宪兵十六名严加警备,和步兵一个中队的警戒兵一起护送到刑部衙门,完成移交手续。启、徐二人同日午后终于在菜市口刑场被斩首。当日英、美、德、法、意军各出一个警戒兵部队,各国军官以下军人观者如垣。

管理街道

警务衙门根据3月4日委员会的决议(在后文),在东、西两分厅管内建设马车车站的标牌如下:

东城分厅管内　三十所

西城分厅管内　二十所

关于占领区域的卫生，先前屡屡发布告示，专门鼓励厉行。其事业大都等待行政委员会的决议而多未着手。4 月 20 日，又选择繁华之地，新设公共便所，矫正清国人自古以来的陋习，一边发布告示，进行严厉管理。

新设警务练习所

在此之前，警务衙门有意大力培养巡捕，新设校舍，制造必要的器械，逐渐整备。于是，5 月 10 日开始对新招募的四百五十名巡捕学生进行教育。其教育的主旨方针、教官的任务及科目等如下：

警务练习所的主旨及教育方针：

一、练习所以补充本衙门要员为目的，对警务员进行必需的教育。

二、普通学生约两个月、高等学生约三个月，结束课程。

三、普通学生毕业后担任巡捕之职者，实施所必要的教育，高等学生为将来获得符合巡捕长以上之职的资格，进行所需的教育。

四、募集学生四百五十名，其中四百名为普通学生，五十名为高等学生。

五、教育分为术科和专科二部分。

术科专门以培养动作纪律为目的，进行简短的徒手兵式教练。

学科学习警察的主旨、警察的精神、清国法律的概要、警务管理手续、诸管理规则及违警罪等。

教官的任务：

一、术科由辅助宪兵军官统领，以辅助宪兵十五名负责教育之职。

二、学科由一名教头统领，由一名宪兵曹长及陆军翻译三名至五名教授。

三、以六名清国人充任助教和管理之职。

四、以上担当者全部为警务衙门现职人员之兼职。

备　考：

一、学生分为八个班，另将其分为甲乙二组，甲组中第一及第二班为高等科，第三班以下为普通科。

二、普通科学习日本法律的官吏服务须知、诸条规（如敬礼、违警罪等）及服务点检法等；高等科除此之外，教授日本法学通论大意及日本警察法大意，及进行有关警察的讲话。

与清政府交涉有关警务衙门之交还

警务衙门犹如以上所述，采取各种设施，实施北京占领区的行政。至 6 月 1 日，各国行政委员会解散，第五师团不日和新驻屯军轮换。此时，英国公使为整理瓦德西元帅回国后尚还残留的若干军事性问题，通告不日应召开外交官及各国军队指挥官会议（6 月 21 日）。另外因该问题中有有关在北京的行政警察事务交还清政府之事，师团长决定和新驻屯军参谋长青木中佐协商，并在 7 月 5 日以后召开该会议时，照会新驻屯军司令官，届时希望新驻屯军司令官莅临。协商之事如下：

日军自7月1日将北京行政让与清政府,但在各国军队尚保有占领区域期间,行政的统辖及军事警察的实权仍由日本掌握。

于是,师团长又和小村公使及青木中佐协商,决定迅速将上述意见通知清国议和全权委员,6月23日发表如下书信:

自我军担任以来,北京市占领区域的行政7月1日以后可归还清政府。但在各国军队全部撤出其占领区前,我军应同样掌握占领的实权,另警察业务的统辖在贵政府具备全然实行之能力前,依然应由日军担任。

本官接到7月5日应将在清日军诸项事务交接给新司令官山根少将后回国的命令,因此有关行政的将来之事及有关我占领的建筑物等事,应直接和山根少将协商。另外,直至今日对北京我占领区域清国人民稍尽保护之责,使清国人民呈现稍微安稳之貌,乃本官最为愉快之事。今后代替本官的山根少将,毋庸置疑将继续本官的意志,更加保护我占领区的清国人民和谋求官民的深交。要以对本官那样的友谊对待山根少将,由此所产生的清国人民的幸福将是无限的。

对此,25日有如下回信:

依据贵照会,阳历7月1日即阴历五月十五日将一切行政交换敝国,不胜感谢。只是各国军队全然撤出期间,贵国承认还保有占领权,另外警察事务在敝国具备完全实行之能力前,依然由贵军监督,足以看到贵友谊之敦厚。7月5日以后贵军的一切事务交接给新司令官山根少将,由此将来的交涉事宜亦和该少将和衷协商,推进两国官民关系之亲密。以副阁下之厚意,回复上照。

塚本步兵第二十一旅团长于22日发布有关北京占领区内的守备队、卫兵警察及宿营勤务轮换的命令。警务衙门有关警察行政的事务7月1日交还给清政府,其他业务6月30日交给新驻屯军。于是,分遣到衙门的宪兵、辅助宪兵和传骑兵等各自回归本队。

在此之前,警务衙门为供养在本事变中战殁及死亡者的灵魂,计划在雍和宫外门内建设万灵塔。6月28日,施行其开工奠基式的法会,三名日本布教使和一百零八名雍和宫僧侣参列读经,师团长以下各部团队长参加。同日又在衙门招待庆、醇、恭、肃、睿诸亲王,在警务练习所观览巡捕教育之一斑。

交还给清政府和处刑人员

7月1日上午9点,清朝提督衙门员外郎记铭主事色克通、额委署主事春常、瑞征等到警务衙门,桥口少佐(4月升迁)将有关警察行政的警务衙门的计划及设施诸项事务,并清国支出行政费出纳等事,悉数交接完毕。在此,有关日本占领区警察行政的诸事,全部让与清政府后告终。

警务衙门自1900年8月设立,至1901年6月结束,实际为十个半月。其间处刑的清国人数量如下。

自1900年8月20日至1901年6月30日警务衙门处刑的清国人员表:

刑目 / 处刑官署		主刑						附加刑		
		死刑	禁锢	笞刑	罚金	苦役	合计	放逐刑	枷刑	合计
警务衙门	男	204	33	429	2	4	672	34	36	70
	女	1	2	2	2		7			
东城分厅	男			828	41	21	890	31	17	48
	女			16	9		25	5		5
西城分厅	男			414	22	13	449	43	39	82
	女			10	14		24	2		2
总计		205	35	1699	90	38	2067	115	92	207
备考	一、1901年5月以后废除苦役，设置禁锢之刑 二、因放逐及枷刑是笞刑的附加刑，其人数包含在主刑人员中									

二　北京行政委员会

开设北京行政委员会

联军指挥官瓦德西关于北京军事行政有必要和各国军队协商讨论的意见，于1900年12月3日发布如下的联军命令，组织北京行政委员会。

北京市由各国军队守备的特殊状况下，不能恢复在由单一国军队守备时那样将部署施行于城市行政。因此，各国军队从前在其宿营区内可以充分实施的处置，现在返回该市的人数日益增多，且寒气日益严重，先前所实施的措施恐怕也不完整，加之很多在某宿营区所采取的有利部署，很容易产生对其他诸宿营区的不利，或出现招致损害的事件。于是，需要各国军队协商讨论在利害上产生日益重要的诸多问题。

此时首先应商议的事如下：

第一，公共的安宁和秩序；

第二，贫民救护及人民供给；

第三，卫生；

第四，财务及税务的经营管理。

与此相关，如果宣布已经实施必要或有利的措施，与清国的诸官厅合作，其实行将最为容易。于是，清国的诸官厅根据联军司令部的劝谕，首先发出一般告示（告示的要旨：一、外国军队司令部对人民给予保护，因此人民应各自像平时那样恢复营业；二、为贫民设置施饭场所；三、将内外城分为数区，另外从人民中录用巡查，辅助军事警察；四、商人和职工领取陆军警察的保护证，物品都必须张贴检定后的定价才可以发卖；五、市民之间及与外人的争执在裁判之际，要有有信用的人陪席等）。但是，当彼等制定详细的部署并实行时，没有能和各国军队指挥官取得直接联系。实际上，各国军队指挥官常常在各方面都持有完全不同的看法。因此，现在迫切需要建立一个机关。此机关一是平衡诸军指挥官的相互异同的利害及观察,一是代表各国军队对本市诸官衙发表其共同意见。予为此目的,首先将予所确定的军官为议长,召开行政会议,上策是各国军队各出一名精通法语或英语的军官列席此会议。

作为此会议的任务,首先从下列诸事开始:

第一,会议在北京的行政上有关各国军队的利害,议定共同采取的部署。此时,也希望招募当事国官厅的代表者。

第二,会议的结果由各自的军官报告给各国军队指挥官,指挥官可以得到应对此事的机会。

第三,得到指挥官的训令后,议定当时应采取的部署。根据需要,此时可以通过投票或根据多数表决决定。

第四,如此获得的决议,通告给各国军队指挥官及市官厅。于是,市官厅遵守在各宿营区由各国设置的陆军警察署的训示,或接受其监视,可以进行适当的部署。对某国的军队或陆军警察署,行政会议没有直接的效力。

第五,此会议对其事务的处理及议员分掌事务之事可以独断处理之,议长除拥有单纯的发言权之外,只担任会议的指导。

如是,北京行政委员会根据联军指挥官的命令组织之。其决议事项经各国军队指挥官,交付其警察署。各警察署根据各自指挥官的命令,基于委员会的决议,实施其占领区内的军事行政。警务衙门在行政委员会决议外,更加扩张其规模,只是在我占领区域实施甚少(法军由于不处在联军指挥官的指挥之下,没有参与此会)。

第一至第三次会议

北京行政委员会12月10日在联军司令部内召开第一次会议,联军司令部幕僚少将男爵盖尔为议长。日军派柴中佐委员出席,英、美、德、意军各自派出一名委员。会议结果由各自的委员组织特别委员会,与清国市厅联络,调查如下诸项。清国官员荫昌(副都统)等出席委员会,应对会议的咨询。

第一特别委员会(委员为英国和日本,报告者为英国):关于公共的安宁秩序、警察规则及司法;第二特别委员会(委员为德国和美国,报告者为德国):关于卫生、流行病的预防,道路的清洁法及道路的路灯、便所、下水道、妓院、医院及内外的患者;第三特别委员会(委员为日本和意大利,报告者为日本):关于人民供给、贫民救护、赈济场所、米的分配及其贩卖、定价表的布告及需要的煤;第四特别委员会(委员为美国和英国,报告者为美国):关于财政、税务及市行政费;第五特别委员会(委员为意大利和德国[议长],报告者为意大利):关于事务所杂务,该市的计划书、通行证及请愿、恳求。

另外,关于下面所记的问题,要求清国官员给予回答:

第一,在清国关于公共的安宁,还有怎样的希望;

第二,对于流行病,实施何种预防法,另外妓院问题如何;

第三,眼下人民的生活情况如何;

第四,清国城市行政经费支出的手段。

12月17日,在第二次会议上,清国城市代表荫昌陈述对前述诸问题的希望,清国的代表者本月18日以后在新总理衙门工作。除决定给与此委员会方便外，出示为下次向各国军队指挥官请示的议案后闭会。

12月20日，在第三次会议上，形成如下要旨之决议：

一、北京内城及外城间的内门一直开放，北京城外门全部于晚上7点至早晨5点关闭。

二、各国军队军官及官员、工作中的下士兵及清国人，白天可以自由通行内城、外城。其他人员禁止在10月23日巴罗少将的决议所确定的道路以外通行（是日在巴罗少将所决定的道路外，另加三条道路。即连接城墙延至都城外道路、从玉河桥至东面城墙的破口道路及从联军大本营[仪銮殿]通往美军守备的都城南门的道路）。对于清国人，晚上8点后在道路上行走必须携带提灯，且8点后需三人以上同伴通过户外，不得停立。如有违反，处以杖罪或禁锢之刑。

三、夜间在市内，通行者不管是哨兵或侦察兵，任何人都禁止。

四、为保持管区的安定不设障碍，减少哨兵。

五、在市内，禁止哨兵及侦察兵随意使用火器。

六、由市民将隐匿在市内的死尸正式埋葬在墓地。

七、配备在各管区内的陆军巡查及清国巡捕的人数和警察卫兵的人数，由各国军队指挥官决定。作为警察机关共同的徽章，今后一般在左腕缠上白布。此白布以汉文和当事各国的文字记有警察及番号。

八、由警察禁止公开的鸦片吸烟所和赌博场所。

九、实行以上规定所需要的告示，由委员会起草并布告之（法军占领区除外）。

犯罪处分法

12月24日在第四次会议上，荫昌和各国军队军官分别陈述有关传染病医院、妓院、点灯、水闸或冰及赈济场所的意见。荫昌退出后，通过以下第一特别委员会报告诸项：

一、道路清洁、点灯、警察的薪俸及审判所需的费用由北京市承担之。

二、有人住的房屋要在夜间点灯至10点，道路的拐弯处及大道要彻夜点灯。

三、为方便食品、薪炭输入，不可增加对清国人民商业、交通之限制。

四、今后市内外都不需要通行证，但在需要时，给予印刷各国语的保护券，并有保护之义务。

五、虽已经实施污物清理，但污物不能从某管区转移至其他管区。另外，明年春天对于此等污物的卫生处置是否充分，交由各国军队调查。

六、为在市内制冰，允许市官员打开万寿山的水闸。

除此之外，为使各国统一犯罪处分法，将其意见书提交给各国军队指挥官。

12月28日，在第五次委员会上议定犯罪处分法，其大要如下：

一、清国人对各国军队所属之人犯罪或各国军队所属人员对清国人犯罪，不管在哪一管区，通常由其兵卒所属的各国军队审判。

清国人对本国人犯罪，由犯罪管区的各国军队审判。

二、各国军队指挥官规定审判所人员的组成及执行的事务，但一般精通法律的清国人也可以参与。实行罪科豁免法令和死罪判决由各国军队指挥官负责。

三、可以执行的惩罚如下:死刑、杖罚、罚金及自由惩罚。

但此等惩罚要根据该地惯例,明显的要执行首枷。

四、审判所对犯有如下所记犯罪的清国人判处死罪。

(一)参加拳匪的行动,此时对内外人的生命或财产明确犯有重罪者。

(二)以行动攻击外国警察机关或联军所属者,或逮捕之际以行动抵抗者,尤其第二者无豁免之事情。

(三)杀人罪、杀人未遂罪、殴打致死罪。

(四)持凶器强盗罪。

(五)赝造假币和制造假币者。

(六)重掠夺罪。

(七)数人一起或夜间侵入民宅犯有的盗窃罪。

(八)强奸罪。

五、死罪应执行斩首或枪决。

六、禁锢之刑由在清国的监狱(当时在美国管区)或各管区内的监狱收禁。

七、清国巡捕无权逮捕属于外国军队之人。

除此之外,在第五次会议上探讨研究传染病医院,另外没有制定火灾之际的共同规定,只是决议希望设定救援及预防方法。

清政府行政费用支出

以前,第四次会议的结果是北京市街行政上的经费由市负担。委员会对于行政费的财源,寻求清朝官员荫昌有关租税法的意见。不过他说:"现在市民非常贫困,如果征收未知的租税(北京以前没有租税),商业及市民的返回可能再次中断。因此关于行政费的支出,更应该询问户部尚书。"而后,委员会和清国代表交涉,结果作为行政费,每月由户部尚书支出二万元。其中1月份由该大臣交付委员会。于是,在12月31日的第六次会议上议定其分配。以各国军队占领管区的面积为基准,分赋如下。但是禁止接受其授予的各国军队独断征收租税(以面积最小的法军管区为单位)。

国别	比率	分配额	约数(两)
法军	10	1551.20	1550.00
意军	11	1706.30	1700.00
美军	19	2947.24	1[2]950.00
英军	22	3412.60	3410.00
德军	29	4498.24	4500.00
日军	36	5584.24	5580.00
计		19700.00	19690.00

另外，三百两充作事务所费用，由约算所产生的剩余十两也加入该费用中。

当时，法军没有加入行政委员会。但是，考虑到其日后有与委员会联合作业之事，特别留下属于法军管区的费用，作为预备保存。

德国行政委员12月29日提出议案，对于行政费的财源，主张应断然实行租税法。其要旨说："清政府应支付的月额二万两，在清国目前状态下是极为过重的负担。清朝官员最终压制向市民征收税金。但是，这样就不能使清国人民理解租税法和对外国军队势力产生尊敬之念。彼等因租税而致使市民贫困离散的杞人之忧之念，利用恢复安定及清国人的特性可以防止之。如果缔结和平条约，需要支付赔偿金，各国军队占领直隶省附近作为其担保，从而至少需要在北京、天津及保定府实施军事行政。但是，预先对该财源准备亦很必要。因此，自今日一扫清国自古以来的推行专制性的强夺，通过公布以法律规整的租税法，构成其财源是为上策。"议长还附加如下两个问题，征求各国指挥官的意见：

一、各国军队指挥官对于市行政所需要的金额期望依靠捐款的方法按照以前方式供给（不管每月二万元或者更多）。但是，此捐款是从人民征收之事，须完全在各国军队的全部监督之下。

二、或者依靠平等不偏的税法，且在各国军队的监督之下，征收行政所需的费用。如果有剩余，将之交给市府更不是上策。

但是，日、英、美三国委员反对德国委员的原案，意大利委员及议长赞成。另外，各国关于捐款及租税法两事的意见如下：

英军、美军首先赞成采取捐款法，万一发生支付延迟的话，采取租税法。

意军、德军、议长不赞成租税法。

日本不赞成捐款法。即使在不得已的情况下，也没有必要另外实行租税法。但是，清政府有从南方征集来的官款，其金额应足以支付今后的行政费。

于是，委员会决定租税法只在城市的捐款不能供给行政费的情况下采用。柴中佐代表委员会决定，指令清国户部尚书至少将四万两的保证金立刻汇存到当地的香港上海银行，告知该大臣，如拒绝此指令将实施租税法。

柴中佐和户部侍郎那桐（当时由于户部尚书不在，行政委员会认为那桐为负有责任的户部尚书）协商，那桐约定作为1月以来的行政费，以现金六万两（俄清银行的预备金）支付。而且除此以外不再有课税或者募集保证金等。柴中佐又向那桐建议，先前暂时支出的二万两，由于不足以充任目前设想上的费用，如果欲长久向市民课税，应适当再增加数额。那桐答应在四个月内支付二万两，并有如下请愿：

一、前记金额为四个月的行政费，以外要求支付的现金并不在此期间课以租税，但联合行政5月1日以后继续时，估计还需要获得现款。

二、联合行政在5月1日以前结束的情况下，返还剩余款。

于是，委员会答应户部尚书的请求，四个月增加二万两，平均一个月行政费限制为二万五千两。决议免征租税及其他保证金，尽可能以前记金额支付。增加的二万两（一个月五千两）在其后的委员会，根据1月各国的要求额进行分配。2月以后和先前二万两的分配方法相同，即按照各国军队占领区域的面积比例进行分配。由是，日军2月以后1个月的所得为六千九百七十五两。

清政府所支出的行政费,1 月至 4 月期间前后总计为十万两,另外关于 1 月以前的行政费赔偿,再和委员会进行交涉。

中国巡捕工资等

此外,在第六次(12 月 11 日)、第七次(1 月 7 日)、第八次(1 月 14 日)委员会上,议决的二三要紧事情如下:

一、中国巡捕的工资大体确定如下:

普通巡捕　一个月六元

一等巡捕　一个月十元

监视　　　一个月十五元

提高巡捕的威严,且需要配给其防卫清人犯罪所需要的剑。

二、万国街道、公使馆街及从该处沿皇城至前门道路的路灯首先由市行政部安装。

三、颁布购买物品所参考的物价表(最高价)。

关于妓院之规定

四、从军队卫生的关系出发,为各国军队管区现有或允许的妓院需设立如下规定:

(一)所有妓女都应接受军医的检查,此时决不能废止招聘清国医生。每周应检查一二次。

(二)某国的军队如预先没有和他国军队协商,严禁进入他国军队管区内的妓院。

(三)得病的妓女不得到所属管区外,应时常在管区内隔离接受治疗。

(四)警察军官要对其管区内的妓院进行外部标记,需要能够分开昼夜。

自 1 月 11 日各国陆军代表在委员会讨论有关市卫生的事项,日军派出二等军医牧田太出席。

在此之前,警务衙门愈益制定安抚人民的政策,一面根据委员会的决议,发布诸告示。还允许 1 月中旬以后妓院开业。敦促管区内的一般人民夜间应在屋外点灯。

第九至第十二次会议

1 月 21 日第九次会议召开,决议要旨如下:

一、各国军队指挥官同意将清国囚徒监禁在美国占领区内的牢狱中,并报告此牢狱现在还能收容犯人。

2 月 4 日,在第十次会议上形成如下要旨之决议:

一、在美军管区内的各国大监狱安装能分别监禁的设备。

二、1 月 1 日以前还没有处理的行政费由北京市赔偿。

三、各国管区内是否允许俄国设立的施饭场所,皆交由各军指挥官决定,但是俄清银行制定有关的告示,必须得到各指挥官的同意。

四、委员会议长按照和 1 月相同的比例,将 2 月的行政费交给各国军队,特别支出的二万两的分配以后再说。

委员会希望在下月 24 日前报告 2 月份的行政费并 3 月份的动议。

2月12日第十一次会议及同月18日第十二次会议所决议之要点如下：

一、气候逐渐变暖，有可能酿成危害。为消灭病犬，各国军队在其管区内派出本国的巡捕一名、清国巡捕二名进行巡察，但禁止射击。

二、由于处于交通频繁之际，为不使道路通行堵塞，禁止在市街道路上摆设露天店铺，另外正阳门、永定门之间为不能发生交通堵塞的区域。

三、西华门、仪銮殿东门间的地方由日军让给德军，但日军保有西华门卫兵所（参见第二十八章）。

四、从由清国特别支出的二万两中，根据委员会的决议首先分配给1、2月的支付不足（日本1月份为七百七十两，2月份为一千三百九十五两）。3、4月份根据所管区的大小比例分配如下：

日本　　6975两

德国　　5625两

英国　　4260两

美国　　3690两

意大利　　2125两

事务室　　390两

预备　　1935两

应提出每月行政费一览表，在此表中应揭示可能的剩余或者不足金额（从今后的行政预备金中支付上月要求的金额）。

五、各国军队指挥官在地方为贫民设置施米所。

日军行政费用支出数额

根据上面的第四项，日军提出的支出表如下：

2月份行政费决算表

10460元50钱　　预算数量

细目：

7540元75钱　　2月份

2925元75钱　　1、2月份增加额

12660元　　支出数量

细目：

警务衙门及分厅清国干事并杂役人员工资：

区别	人员	人均月工资额(元)	月工资小计(元)
警务衙门清国干事	50	15.000	750.000
东城分厅清国干事	20	15.000	300.000
西城分厅清国干事	20	15.000	300.000
合　计	90		1350.000

警务衙门及分厅、巡捕处警巡、巡捕长、巡捕人员及工资：

区别	人员	人均月工资额(元)	月工资小计(元)
警巡	10	15.000	150.000
巡捕长	70	10.000	700.000
巡捕	380	6.000	2280.000
合计	460		3130.000

警务衙门、分厅、巡捕处杂费：

<table>
<tr><th>区别</th><th>杂费(元)</th><th>摘要</th></tr>
<tr><td>警务衙门</td><td>500.000</td><td rowspan="5">一个巡捕所一个月需要杂费金 10 元</td></tr>
<tr><td>东城分厅</td><td>300.000</td></tr>
<tr><td>西城分厅</td><td>300.000</td></tr>
<tr><td>巡捕所(50 处)</td><td>500.000</td></tr>
<tr><td>合计</td><td>1600.000</td></tr>
</table>

打扫道路、洒水、修缮费：

区别	数额(元)
打扫道路费	3530.000
道路洒水车十台制造费	200.000
该道路洒水马储费	300.000
该道路洒水苦力雇用费	180.000
道路修缮费	2370.000
合计	6580.000

收支相比不足额　2193 元 50 钱

第十三、十四次会议

从 2 月 25 日第十三次会议开始，因命令柴中佐回国，由步兵中佐原田辉太郎代之为委员出席。在此之前(2 月 21 日)，委员长德国盖尔少将送给柴中佐一信，对该中佐以前在委员会的辛劳，表示谢意。

另外，从法军指挥官接收一部分行政费。对于来信，如果委员会以前的决议在法军管区不能实施的话，委员会就不支付其分配的款项，并拒绝其要求(2 月 25 日)。

第十三次会议的决议要旨如下：

一、军队如以金钱不能买到薪材的供给，就破坏公共的建筑物以供其用。

二、市代表提出禁止屠杀病犬和露天店铺，禁止在道路上急速行车的告示案，得到委员会的承认。

3 月 4 日，第十四次行政委员会形成如下决议：

在马车或小车通行频繁时，为避免阻碍，各国军队在左面行车。另外，需要恪守清国法令，即躲避到左面，后方从右面通过。

为此目的，在规定时间内，最为重要的交通地点需要不断地有徒步或者骑马的巡查站岗。

卫生方面之规定

3 月 8 日第十五次及同月 13 日第十六次行政委员会还形成有关卫生之如下决议：

一、如果气候变暖，关于道路清洁法，在各国军队管区以下面要点作为基本要点：

（一）在各户前设置扫帚，每天由污物扫除处理人搬运到市外一定的场所。

（二）设置多数公共便所，还需要监视屋内有无便所及其扫除。

（三）各国军队为监督此等部署，希望任命卫生检查官。

二、为防止沙尘成为传染病最为危险的媒介物，需要在各管区使用洒水车。

三、给公使馆护卫队供应饮用好水，不能交由委员处理，而是交由公使或指挥官。

四、传染病医院的开设在必要的情况下交由各国军队指挥官决定，但希望通知其要旨。

五、气候温暖时，在北京的大半军队如果在市外进行夏季屯营，有必要设置有关流行病的一般规则。

六、为避免各国军队之间行走错误，兹再次出示委员会的决议，即不允许进入他国妓院。另外，当军官及卫生军官为视察进入他国妓院时，必须有该国警察的许可证。

第十七至二十一次会议

3 月 27 日，在第十七次委员会上形成如下要旨之的决议：

一、从皇宫的街道经皇城的前庭沿其西墙通往仪銮殿的道路称为“万国街”，为避免该道路的通行频繁，在西面约五百米处设置路口。

二、各国军队所属的马车亦经常向左转弯，如果从后方来时，从右面通过且在狭隘的场所停下等候（中央凸起道上）。

三、为恢复和平，清国皇帝的告示 3 月 20 日已经在市内各处张贴。不过，没有得到其委员会或各国军队指挥官的允许。此告示的主要意思是想要迅速告知人民，没有撤去，只是将来必须严禁。

四、在市内的大监狱内，有独自监禁用的房屋十六处，并可以利用。

五、调办洒水车等需要的费用，难以从定额配备金中支出，应提出申请。

六、搬运到市外的垃圾还应运到远处。

从 4 月 9 日第十八次委员会开始，由炮兵中佐青木宣纯作为委员代替原田中佐出席，这是因为原田中佐任天津都统衙门委员，青木中佐任职公使馆。在此会上主要的提议是，由于美军不日将撤退,该军的管区应由英、德两军分割。在与各国军队指挥官交涉后,在下次的会议(4 月 22 日)上决定通过。但先农坛暂时由美军占领,东便门由代替德军的英军负责守备。右安门及广宁门由德军守备。自第十九次会议开始,盖尔少将成为联军司令部参谋长,因此议长职位停止,由德国中校盖那代之。

因以前委员会的决议,清国户部尚书支出的行政费将近期满。与此相反,行政委员会 5 月以后需要继续,5 月份的行政费二万五千两仍由该大臣送交委员会(5 月 1 日第二十次会议)。

5 月 13 日,第二十一次行政委员会形成如下决议:

无论何种情况,如有携带战争用武器或者窝藏者处以死刑。

以前在清国由于警察制度不完备,人民为保护自己的生命财产,无奈之下各家私藏刀枪火器视为平常。但是在日本占领区内,布置军事警察的同时,作为镇压匪徒跋扈的手段,严禁私藏武器。以前还未发现触犯此禁者,在外国占领区域还未实施就看到这一决议。于是,警务衙门又发出告示,要求一般人民予以注意。但是,此禁令实施的范围由于仅仅限于城内,城外的诸村庄各家依然私藏兵器火药,以备土匪的来袭。

清朝官吏参观行政事务

5 月 22 日,第二十二次行政委员会。当清朝官衙他日自行管理行政时,为给予研究方便,通告军官荫昌,应报告他日清朝官吏担任行政警察等负责者之姓名,意在要求这些官吏接近各国军队的行政事务,而各国军队将其行政归还清政府时交由各自的指挥官。当时,清朝官吏应担任警察行政者的姓名如下:

内城　庆亲王、陈夔龙

外城　陈璧、许佑身、阎锡龄、谢希铨、唐椿森

解散委员会

6 月 1 日,各国行政委员会解散。为此瓦德西元帅下达的联军命令如下:

联军司令部由于近日回国,故北京市行政委员会的事务废止,行政交由各国军队指挥官。此时清国官衙应可充分从事与行政有关或必要之事。

予相信对此必能得到阁下的同意,已经命令废止现任委员会议长的驻联军司令部中校盖那其事务。

约一万一千两的预备基金本金由盖那中校交给清朝户部,另外关于和市代表交涉的结果,规定行政费的余额由各国军队直接交给清朝户部,或者经清国中将荫昌之手返回。

委员会事迹一览

行政委员会自创设以来累计开会二十三次,议长少将盖尔在第十八次会议(4 月 9 日)上辞职,由驻联军司令部的中校盖那代为议长。日军方面,最初柴中佐为委员,继而原田中佐代之,最后又由青木中佐代之。

委员会所决议的警察机关的组织、卫生设备等通报给各国军队指挥官,得到其同意大

都能得以实行，稍微改变了北京城内的旧观。但是日本警务衙门在委员会创立以前已经着手很多此类事业，因此委员会的决议几乎立即在其管区内实行。市街的状况及警察制度等和各国军队相比，很多能够看到。当时日本占领地区内商业繁盛、人民密集，实际上都足以证明之。

清政府所支出的行政费，各国军队消耗在警察机关的组织及卫生设备上，还有不足的情况，而且为改筑道路及洒水车等所需要的不足额，从委员会的预备基本金中支付。另外，对在委员会事务所的翻译、书记及印刷者等支付赏金。剩余的一万一千两预备金再次返还给清政府。

法军从开始就不在联军司令部的指挥之下，因此行政亦独立施行。由于完全和委员会没有关系，委员会的决议在法军管区内没有执行。只是在必要的时候，通报给该军指挥官。但清政府支付法军若干行政费。

三　天津之军事行政

创设都统衙门

天津的军事行政，实际上起源于7月16日，日、英、俄、法、美、德、意、奥军队指挥官在俄国海军中将阿列克谢耶夫大本营集会的会议。其设立的情况由于在第十一章二中详细叙述，兹在此略去，以下专门叙述施政的情况。

天津都统衙门设立之际，受到各国承认而担任军务参与官的人如下：

俄军	上校　沃嘎克
英军	中校　鲍尔
日军	中佐　青木宣纯

行政规则

当时规定的行政规则如下：

天津市行政规则

天津市已被联军占领，决定在“天津市临时行政议会”的组织之下实施临时行政。

本议会的管辖区包括至天津市街及至土墙周围的土地，但下列除外：

一、德、英、法及日本的各国租界。

二、武库、营舍、铁路、电信及联军已经占领的军事上的其他建设地区。

临时行政政府应从事如下问题：

一、恢复市内及其管辖区内的秩序及安定。

二、为预防传染病及其他病患，采取在此区域内的市街及附近之地的卫生措施。

三、给予联军宿营之便，且供给粮食及运送工具（兽类、车辆、船、苦力等）。

四、制作财产目录，管理属于清政府或者清国人所抛弃的财产及不动产，规定必要的方法。

临时行政政府以在直隶省行动的联军指挥官会议上选举的具有同等权利的三名议员组成的议会为代表。

此议会是和各国协商创设的,对于所委托的地方行政,拥有绝对的独立之权,尽可能满足联军指挥官或者各国领事的要求。

议会和各国军队指挥官,或者议会和领事之间意见有分歧时,交由各国军队最高指挥官会议或领事团会议裁定。

依此方法无法调整时,仰赖各国政府的判决。

议会有如下权利:

一、对于有关临时行政政府的问题,设置规定及出版之。

二、向当地人课以手续费、赋税,征收应归清政府所得的租税。

三、扣押并处理清政府的建筑物内和个人所抛弃的私有建筑物内所存在的全部物品和文书。

四、必要时,除属于军事行政之外,处理属于政府的全部财产和拍卖查抄当地人的动产及不动产。

五、作为必要之费用,议会有权安排其使用金额。

在该市的财政组建前的费用,从临时行政政府议员所属的各国借支,此资金以赋税、租税的征集额补偿之。

除高等警察的权限外,临时行政政府均有司法权,故临时行政政府得课以当地人罚金、没收其财产,可以处以放逐及死刑。但对于外国人,不问其军人还是其他人,只能实行普通警察权。如有违反规定的外国人,应拘留之,马上制作其审查调查书,二十四小时内应引渡给其有关军官衙署或领事厅。

临时行政政府在其管辖下设置如下机关,辅助之:

一、议会总务部

二、警察部

三、卫生部

四、出纳部

五、国有财产部(处理政府及人民所抛弃的财产)

六、军事部

七、司法部

八、公众救助局

除这些机关外,各议员其下面各有一个特别局。

这些机关的分课各部局都有规定,其详细工作由议会的特别细则规定,各部局由长官和若干属僚组成。

行政所需要的人员从军人或普通人中选出。

参与天津行政的外国官吏保持其职位,且接受不是官吏的在执行临时政府工作者同样的附加薪金。

根据职务,设置的三级薪金如下:

部局之长官　一年八百英镑

次长或副官　一年六百英镑
第二部员　　一年三百英镑
个人的薪俸由议会决定。

设置巡捕队

都统衙门于7月30日在天津总督衙门设立。8月1日我军派出步兵第十二联队第三大队的一个中队隶属该衙门，以及其他英、美、法、俄各军派出由各大尉指挥的部队，设置巡捕队(日、俄各出二百人，英、法、美各出一百人)。

军务参与官及各国巡捕队长于2日召开会议，各国巡捕队的担当区域规定如下：

日本巡捕队	天津城内东北部(从北舟桥经城内中央鼓楼至海关道衙门附近舟桥。东北方以运河为界的地域内)
英军巡捕队	天津城西南部
美军巡捕队	天津城东南部
法军巡捕队	天津城西北部
俄军巡捕队	南运河以北之地

另外，日本巡捕兵六十名及英军三十名由日本军官指挥，分遣到天津城西北方南运河的转弯点(梁家嘴的对岸)。

军务参与官还规定各国巡捕队任务如下：

一、各国巡捕队担任各自区域内的违法检查，纠正军人、军属及清国人的违法，有犯罪者时，迅速捕获送都统衙门司法官。

二、恢复市街的秩序归于平静，尽力保护良民，使到各地避难者迅速返回天津，可以使各国军队获得便利。

三、清国人储藏军事武器及火药者，可以让其迅速交给巡捕队(三日之内)。如果超出时限，应逮捕之。另外，应搜索城内是否藏匿武器。

四、为暂时避免危害，太阳下山后禁止清国人出入城门，且晚上9点后禁止清国人出屋。

五、为维持军纪风纪，以负责良民的保安及匪徒的搜索为其全部之职责。

六、各巡捕队为完全履行任务，昼夜不断派遣军官以下人员巡查城内外，再从日本巡捕队派出下士率领的二十人到都统衙门。

七、已经判决的囚徒应禁缚在日本巡捕队的狱中。

八、日本巡捕队位于天津知县衙门。

九、此前清政府及各国军队指挥官等所布告的各谕告，此时悉数除去，消除人民的疑惑。

于是，我巡捕队分遣其卫兵至天津城东门，又在天津城东北角设置哨所。另外，巡捕队本部派遣军官昼夜巡查四次，下士以下巡查十六次，恢复我担当区域内的秩序，保持安宁。还屡屡厉行扫除法,致力于公众卫生,并力图保护避难于地方的人民回来从事正当职业等事。

都统衙门向各国军队指挥官通报,除特别公用外,由于军人在天津城内外的中国街行走和设置巡捕队,驻扎在天津城内外的军队,除各队管理上所需要的卫生之外,不干涉警察。

管辖区域及管理保安

都统衙门又向各国军队指挥官通报,在天津土墙内已经设置租界外的土地及房屋,因在该衙门的管辖内,各国军队指挥官不能妄自悬挂本国的国旗或张贴告示等。如果需要其土地及房屋等时,应向衙门通报,衙门期望对军队尽可能给予便利。

都统衙门在为军队提供便利的同时,一方面对清国人要保护良民,使其安心正常职业。另外由巡捕队搜索、逮捕潜伏在附近的团匪,以及卫生之事,逐渐扩张其事业。由是,天津城内外秩序恢复,商业日益隆盛,人民安居乐业。

敌袭时之规定

在此之前,8 月 13 日天津城内的步兵第十二联队第三大队归属都统衙门,衙门会议的结果,在天津城受到敌人的袭击时,而各国武官到达衙门前该大队长杉浦幸治临时指挥各队。当时,由于有报告说天津城附近西面及南面的诸村庄有清军集合,以前为警备派遣至西北门的步兵第十二联队的一个中队又增加四门炮。杉浦少佐命令大队进行战斗准备,15 日早晨率领其中的一个中队,向西北门前进。俄、英、美诸军亦准备步炮兵,对北方及西南方进行警戒,敌人最终没有来袭。继而,19 日日、英、美侦察队(日军步兵一个中队、骑兵半个小队、英军步骑炮兵合计四百人,美军骑兵五百人)在天津西南方唐店子附近围剿团匪(详细情况参见第二十章)。当时,杨柳青、独流镇、抄米店附近有团匪出没,都统衙门经常派间谍专门进行侦察。

增加来自德、法、美军之议员

都统衙门军务参与官(以下皆称“议员”),根据该衙门创设之际各国军队指挥官的决议,从日、英、俄三国中选出。9 月以后联军司令部抵清,德军的兵力日益增加,联军指挥官瓦德西元帅 10 月 10 日对衙门通报说,现在在天津集合了强大的德国军队,德军一位军官应加入军务参与官之列,拥有同样的权利和义务。德军指挥官莱塞尔中将通报其幕僚少校凯哈因被选为该参与官。衙门对元帅的通报作了如下要旨的回答:

天津城陷落后,各国军队指挥官就管理其市街及周边召开会议,全体一致决定创设由两名委员组成的会议,其委员应代表各国的利益。另外作为参考,在下面列举行政规则的章节。

都统衙门是根据在直隶省行动的各国军队指挥官会议,选举的享有相同权利的三名议员所组成,是议会的代表,此议会由各国协商创设,对于所委托的地方行政,拥有绝对的独立权利。

法军指挥官华伦中将也曾请求从该军中选出的代表出席此议会,但本官等回答说不承认。相信如果答应此等请求，各国都会提出同样意思的请求。

由于以前衙门的行政由各国执行，各部长尽可能注意特从代表国的军官任命议会委员，如此情况，本官等相信阁下如能充分履行最初委任的义务，该议会能够成功。

并且决定将以上的事实通知给阁下，并非有曲解阁下希望之意，只是阁下到来之前所发生的事件报告通知给阁下，而是履行本官等的义务。本官等现在因协商工作，衙门深切希望能得到阁下的帮助。

衙门对德军新议员的加入，以创设时各国军队指挥官的决议作为基础，私下表示不同意。瓦德西元帅又和法、美两军指挥官交涉，最终得到其声援，10 月 20 日回答如下。

都统衙门对于加入德军官之事，予完全同意贵书所述的忧虑。但是，予为使贵方希望尽可能成为正当，特别是考虑到法军指挥官华伦中将的同一希望已经得到议会的同意，在和两国军队指挥官会商得以完全同意。此指挥官在予之直辖外，即华伦及沙飞指挥官。其会见的结果，除以前的委员外，德、法、美的各军官参加会议。

由于此通知书亦得到上述两位军官的同意，会议的忧虑因此得以消除。但是，现在俄、英、日、德、奥、意各军队处于予之直接命令下，这些军队的指挥之任归于予，直隶省的各军队指挥官共同一致是最为必要的。

予还想委托会议的事，在新议员加入以使衙门的组织变更流畅后，向予提出适当的提议，予可以和法、美军指挥官协商。

都统衙门对前述元帅“日、英、俄、意、奥诸军的地方行政之事，应服从元帅的命令。在得到法、美两军指挥官同意的基础上，确定衙门的组织及其规则，没有必要询问其他各国军队指挥官的意见”的回答，在地方行政上元帅果真拥有对各国的命令权上仍有疑问。同时，军务参与官的位置由于原来是各国军队指挥官公选出，新议员的增加及其方法须听取各国军队指挥官的意见甚为至当。附加关于本事件和元帅的往返信件，向各国军队指挥官通报。同时，询问应根据何种方法变更现在的衙门规则。另外，通报说增加新议员如果是各国指挥官的希望，衙门对此就不反对。

如此，日、英、俄军务参与官终于同意新议员的加入。同时，关于元帅的指挥权问题转移到各国军队指挥官和元帅之间的关系。

山口师团长对都统衙门议员的通报，认为新议员的加入如果元帅只得到法、美两军指挥官同意，不能决定。11 月 2 日访问英军指挥官盖斯里中将，听取他的意见。英军将领回答说虽不同意增加日、英、俄之外的委员，但现在的形势未必有反对增加委员的意见。且天津都统衙门的三国委员也终于同意新委员的加入，劝告本国军队指挥官加入新议员。11 月 3 日终于向衙门发出如下回电。

日军指挥官虽不反对此次增加委员，但关于此种事情，不能放弃其正当拥有的权利。

于是，最终从德、法、美军各加入一名新委员。14 日衙门将其通报给各国军队指挥官，其新增加的议员如下：

法军	德军	美军
中校阿拉伯西	少校法根海	少校福脱

如此,天津都统衙门加入新议员,但关于元帅的指挥权问题还没有解决。但是,现在若提出此问题,此次事件解决后不仅没有任何权利,相反联军之间有产生不合之虞,我军不能对此不问,英、俄两军也在其回答文中保留和我军同样的权利。

不过,元帅在制定新规则时,改变当初的态度,认识到各国军队指挥官关于行政的权利关系到作战,犹如后面所述。

修改行政规则

当时,天津附近在都统衙门设置后逐渐恢复和平,商业日益趋于繁荣,市民归来亦日益增加。但由于清朝官吏还没有保护的实力,无赖之徒又混在顺民之中,秘密潜入市内,顺民向衙门请求保护,衙门也必须由各国军队保护其安全。于是,衙门的业务日益繁忙多端,特别是新议员增加的同时,还接受联军指挥官的指挥。最终需要改正衙门行政规则,24 日衙门议员起草修改草案,通报给各国军队指挥官。

瓦德西元帅为商定天津都统衙门的职权、该衙门与各国军队指挥官的关系及修改天津行政规则之事,于 12 月 19 日发出如下要旨的通知。

天津都统衙门建立之初,军事上的状况变化,由各国军队大部组成联军司令部协调。今天,在直隶省中的诸国军队的兵力发生调动,随之新委员加入该衙门,衙门的职权和各国军队指挥官的关系上不够明了,因而现在迅速排除之,乃联军利益之所在。另外,该衙门提出希望改变其业务的几条规则的草案。此案大体得到衙门有关各国军官的同意。

直隶省内的各国军队并非悉数属于联军司令部,且予之高等司令部如果仅涉及和军事上作战相关的问题,在衙门行动的范围内固然多少有点关系。对前述情况,相信与衙门有关的各国军官协商处理为上策。阁下如果同意予之意见,希望派遣阁下的参谋长或者阁下所信任的高级军官于本月 22 日上午 10 点参加在仪銮殿的会议。

这些派遣的军官在会议上就这些问题暂时达成协议后,各自传达给其所属军官,接受其训示,而后为处理该事再加协商。

予将前述之事告知衙门,如有必要,请派遣一名委员到会议进行实况报告。

新行政规则

按照前述通报,22 日及 29 日在联军司令部内召开会议,我军派步兵少佐由比光卫及炮兵大尉曾我佑邦出席,此会议新制定的行政规则如下:

天津行政区一般行政规定

第一条　由于天津市街归联军占领,并且因战乱而失去行政官,设立以联军指挥官所指命的军人组成“天津行政区临时政府议会”,这是在高等管理之下行动的临时行政厅。

由于议会是根据各国军队指挥官的协商赞同成立的,其第一任务不可忘记的是全力使各军队所应执行的任务变得容易。因此应尽可能接受各国军队指挥官及各国领事全部的要求。

会议的决议依据多数而定。军队指挥官或外交官或者领事官提对议会执行其要求不满足的情况下，可以根据自己的考虑向联军中资格最老的指挥官提出。于是，资格最老指挥官在和有关军队指挥官或外交官或者领事官再三讨论的基础上，将其决议传达给议会，并应马上实施之。

如果有异议，且只是关系到清国人民、联军指挥官、外交官、领事官一人时，议会可以直接和彼等交涉或者求其解释。

议员的人数可以根据情况变更，并以各军指挥官的赞同为要，每次可以定其人数。

“天津行政区临时政府议会”的管辖区包括天津市街及本规定所附地图所确定的界限内，但除去下面两项：

第一，德、英、法、日国租界区域(关于此项，俄国亦提议享有此权力，1 月 19 日元帅答应，并将此削除德、英、法、日语的意思通报给我军)。

第二，武器库、宿营、铁路、电信及具有属于联军部队使用性质的或者其已经占领的所有附属物所在之地。

第二条　在如此确定的行政区域内，议会依靠其固有的行政机关，确保天津市街的安宁，认为有必要建设的新工事，完成已经着手的工事。依靠河川及运河维持交通，且加以改良。监督天津市街和市场供给，并保护输入及输出贸易。

第三条　临时政府为联军宿营和食品给予驮马、运输车、船舶、人夫等运输之方便。

议会应均衡从事如下问题：

第一，维持市街、城内及属于议会管辖区域的秩序、安宁。

第二，为预防市街及属于议会管辖地方的传染病及其他疾病，制定并发布卫生法。

第三，制作财产目录，制定管理属于清政府或清国人所抛弃的财产及不动产的方法。

第四条，议会拥有以上之外的如下权限。

第一，制定并出版有关临时政府问题的规定。

第二，向当地人课以手续费、赋税，征收应归清政府所得的租税。

第三，查封、处理清政府的建筑物内及个人抛弃的私有建筑物内的所有物品和文书。

第四，应有必要处理属于军事行政之外的属于政府的所有动产，并拍卖查封当地人的动产及不动产。

第五条　除高等警察的权限之外，临时政府均有司法权，故临时政府得向当地人课以罚金，查封其财产，不得已时可以放逐及处以死刑。

但对于外国人，除军人以外不论是谁，只能实行普通警察权。如有违反规定的外国人，拘捕之，马上制作其审查报告书，二十四小时内引渡给其有关的军官衙署或领事厅。

第六条　天津行政临时政府议会为能够确保其委托监督的政府作用，根据必要的行政机关给予补助，而且分掌各科的任务属于内部的规定及各自职员范围，其工资定额的决定，全然委于议会考虑及判定。

第七条　属于天津行政区临时政府议会各议员的军人工资外的职务特别津贴，每月额为墨银一千元。

第八条　以前由各国军队支付给议会的资金，在达到议会财政偿还程度时，应立刻偿还。

扩充管辖区域

行政规则修改的结果,重新扩张的行政管辖区域和清政府所规定的天津管辖区大体一致。

继而,该区域分为天津南、北和军粮城、塘沽四个管区。1901年3月1日开始在各管区实施行政警察,其各支厅长及副支厅长如下:

塘沽支厅长	该地副支厅长	军粮城支厅长	该地副支厅长	天津南区支厅长	天津北区支厅长
德国	日本	英国	英国	法国	日本
上尉渥勒塞芬	少尉小河义夫	少校德格特	中尉鲍尔	贾立尔	冈田哲藏

天津都统衙门为帮助天津北区及塘沽支厅的事务,从我军派出下士兵若干。

增加来自意军之议员

在此之前,德、法、美军各增加一名议员,意军亦要有一名议员参加,拥有同样权利。11月22日,意国海军中将坎迪亚照会都统衙门,于是衙门又将其通报给各国军队指挥官。1901年3月26日,瓦德西元帅和各国军队指挥官商量,获得其同意,最终增加如下议员一名:意军海军少校马里亚·卡萨诺瓦·菲卢沙里尼。

都统衙门日益扩张其业务,各国巡捕队各自担任其受领区域内的警察,逮捕匪徒,保护良民。还培养清国巡捕来辅助各国巡捕队的工作,专门担任清国人的警察。另外严格实行卫生法,破除清国自古以来的陋习,努力创设文明制度。由此,天津市街日益走向繁荣,逐渐开辟卫生、警察之道,使其面目大大更新。衙门行政上实施的事业很多,其最为重大的是拆除天津城墙、开凿白河及开通道路等。

拆除天津城墙

天津城墙(高约八米,地基厚约十米,上部厚约六米)包围周围一里十町的市街,由于内外往来只有四门,都统衙门认为从军事及卫生上都有必要拆除城墙。11月28日照会各国军队指挥官,得到其同意。冬季期间拆除,其遗迹处开通道路,交通、卫生上日益获得便利。

开凿白河

白河流经通州、天津、大沽,水运最为便利。特别是天津、大沽间,从前允许往返上海的轮船航行,给商业带来很大利益。近年由于洪水,土沙日益沉积,船舶航行困难,特别是河口堆积的沙滩,使得登陆困难。开浚白河之事已经在本事变之前由天津各国领事及工商业者之间谋划,但未及实施。于是,都统衙门认为今日乃实施的适当时期,其区域亦在行政管辖区域内,企图开浚之。但此工事费约五十万元,财政无支付能力。因此,衙门和领事馆团体、商业会议所、市町村长及税关委员等会见,商量筹集资金的方法。另外在可能的范围内,欲以衙门的资力进行一部分紧要工事。而且其结果是要贯穿我日军占领的大沽炮台内，请求日军允许拆除该炮台。于是在1月13日将其意图通知给瓦德西元帅，全部同意其意图。经在北京的首席公使西班牙公使道·葛络干和外交官交涉，最终由衙门议员一名、领事代表一名、税关代表一名组织委员，委任其工事。在此之前，由于白河航路改良已经有几部分交由英军司令部实施。交涉的结果，决定以前英军司令部所进行的作业及将来因此所发生的费用全部由衙门负担。另外，以前请求的拆除日军占领大沽炮台的部分，得到都统衙门的允许。

该开浚工事其后经与各国军队指挥官数次交涉后开始施工。1902年8月，天津德国租界南端附近的改道工事竣工，工程继续。

开通道路

天津市街的道路极为狭窄，人马往来感到不便，另外卫生上有不少有害之处。于是，衙门从我日本新扩张租界北端连接我军之道，收买白河右岸的土地房屋，在此处开通道路。另外，在街道的点灯、厕所的公营等卫生及警察方面日益获得便利。

以前都统衙门创设之际，步兵第十二联队第三大队派出的巡捕队，在第五师团一半凯旋后，10月8日与步兵第四十一联队第一大队轮换。该大队的一个中队成为巡捕队，继续执行上述任务。

在天津，军事行政方法和北京全然不同，即由各国委员组成的都统衙门统一实施。卫生、警察及另外的所有行政悉数改革为文明性的，因此天津的市街和战役之前相比，可以看到愈益繁盛。

都统衙门创设之际，我军所派出的议员青木宣纯中佐因转任清国公使馆驻武官，自3月30日由原田中佐代之。

轮换巡捕队

6月，第五师团接到凯旋命令，且各国军队也出现逐渐减少的状况。但都统衙门由于在军事上及政略上还有必要留置，我军派出的巡捕队和所需要的下士兵与新到驻屯军来轮换。议员原田中佐依旧担任其职。

交还清政府

都统衙门其后继续制定任务中有关行政的诸法规，进行所计划的业务，最终于1902年8月交给清政府。

四　其他地方之军事行政概要

保定府之军事行政

保定府的军事行政由占领该地的德、法两军监督以前的清朝官吏实施。但是，其占领当时的情况和北京或天津不同，因在和平期间结束，没有发生大的混乱，得以沿用以前清政府的制度。

1902年11月组织德、法军队军官组成的行政官，德军派出退职上校利赫鲁，法军派出上尉扎鲁曼因。清朝固有的官衙执行其业务,但全部处于军事委员下,未经认可不能进行任何处置。因此,清朝官吏成为军事委员的执行机关。此制度于1901年7月7日前后军队撤退的同时废除,恢复清政府固有的行政。

通州之军事行政

在通州,最初几乎没有军事行政,该市破坏甚为严重,市民皆离散。当时的情况犹如在第二十章七所述。而后,该地的守备队长和兵站司令官一起派人慰谕附近的村庄,首先征集所需要的人夫。但是,由于各国士兵的暴行而受到妨碍,屡屡无法得到需要的人夫。不过,通过极力保护城内的避难人民和留守民,以及使用各种手段努力招回逃遁的人民,9月中旬人民逐渐返回,有人还向我军申请在归途中希望得到外国士兵的保护。随着寒冷将至,加之归来者逐渐增多,还无法完全恢复旧态。但冬营时市店稍稍开放。到11月中旬,宪兵在与人民的关系上感到不足,以守备队的下士以下来辅助工作。第二粮食纵队10月下旬清除米仓北面通往东西道路上的巨石,以供北京搬运粮食之便。另外,每周一次驻通州的各国军队守备军官在兵站司令部集中,召开关于行政的会议,以便相互疏通意见。如是,警察及卫生等业务略微实施。但是,原来的小市街由于其事简单,兹不特别记述。

在此之前,10月17日,通州兵站司令官给师团参谋长的电报说:"关于就该地实行行政召开各国会议,添加适当的职员。"不过,当时处于减员时期,由于没有这样的预备人员而无法增加。另外,通州全市的行政由兵站司令官一人负责时,有可能与各国发生冲突,认为不干预各国占领区的行政是适当的,将此意思回答该地兵站司令官,且将其通报给兵站监部。

山海关之军事行政

山海关其占领当时的情况犹如保定府,和平期间交给各国军队。特别是由于山海关的市街即临榆县城禁止各国军队下士以下出入,城内维持原状,依靠清国固有的官厅实施行政。外国军队皆在城外宿营,犹如在北京、天津等那样,因几乎没有和人民直接交涉,没有特别记述之事。

另外,大沽、塘沽、新城、葛沽、白塘口、咸水沽、北仓、杨村、河西务及马头等是若干兵站守备兵守备之所,作为军事行政,没有特别记述之事。

五　本国人之管理

有必要管理本国人之原因

到1900年冬季,北清的骚扰逐渐稳定,但乘民间的秩序还未完全恢复,企图获得一攫千金的本国人,利用私立公司或者外国的轮船,或藉报社记者或慰问使者等,利用陆军运送船陆续渡清,兹有必要在此设置管理法。

如果列举当时发生的二三例子可以得知。12月9日,英军有讨伐高鹿营之举,日本人约五十名从天津来,企图乘机攫取奇利,由宪兵扣押之(讨伐之事参见第二十八章)。另外，12 月 24 日两名在天津的日本商人为收购木材，奔赴天津东南约十里的小站附近，和同行的若干名清国人一起被团匪杀害。这些成为师团司令部认为必须制定管理法的事实。

于是，12 月 29 日山口师团长就本国人的管理，向大山参谋总长发出如下电报：

近来内地人（日本人）来到我占领地者逐渐增加，不仅有和清国人合谋进行不正当行为或进入占领地以外之地进行掠夺等妨碍军事之事，还有玷污帝国体面之虞。因此确实需要根据戒严令，迅速制定严厉的管理法，预防其危害。由此，今后没有军衙的允许，严禁日本人到占领地以外去。有被认为不正当行动或妨碍军事者可以考虑命令其撤离或回国。另外，提出在内地取缔偷渡来清者，注意预防无赖者进入。

兵站监和领事关于管理本国人之意见

在此之前，天津秋山兵站监及郑领事关于本国人的管理，有如下反对意见。师团司令部决定全然排除其意见，设置严厉的管理法。

一、秋山兵站监的意见

（一）设置严密的管理法，实际上极为困难。

（二）将认定的无赖交付给领事，领事除了临时根据在留清国居民管理法使其撤出清国外别无他路。

（三）不允许无赖到清国的严厉管理法，会减少善良的人到清国，结果会限制善良的工商业者到清国，反而会减少利益。

二、郑天津领事的意见

（一）赞成关于无赖撤出的命令，并经常持有此意见。

（二）同意不允许无赖从内地到清国，但鉴于以前状况，现在的设置终究不能完全取缔。

（三）限制到清国严厉时，也会波及到善良的商人，会给贸易及其他各种营业带来无益的影响。因此，关于本项，终究不能加以严格限制。

公布管理本国人之章程

参谋总长同意师团长的意见，回电说："应该严厉管理，在内地也应给予充分注意。"于是，师团长和小村公使协商，制定在北清的本国人管理规则。1901 年 1 月 6 日命令分布在各地的步兵第二十一旅团长、兵站监、各地守备队长及大沽、山海关运输通信支部长、该办事处处长，根据该规则严厉管理各地的本国人，且让本国人知悉其要义。其规则如下：

一、此规则是为避免本国人在北清的日军势力地域内受到危害，另一方面认为本国人的不正当行为对军事有害，或者玷污本国体面累及军队者，应该给予处分，即是处置军人军属以外者的方法。

二、旅行许可证持有者为想到租界之外的旅行券，在清政府成立之前由我军衙予以许可。虽是此旅行券持有者，但禁止到我军队或者各国军队势力不能及的危险之地。

三、我军的势力区域规定如下：

（一）北京、通州、天津、大沽的城镇及秦皇岛

(二)北京、通州、马头、河西务、杨村及从天津至大沽的兵站线

(三)从北京经黄村、廊坊至天津的铁路线

(四)从塘沽至山海关的铁路线和秦皇岛的登陆点

四、到以上地点的周围或者线上左右一里以外的地方去,需要特别得到以下军衙的允许。但根据情况,应禁止到一定的区域。

师团司令部

旅团司令部

兵站监部

山海关守备队

大沽及秦皇岛运输通信支部

五、利用军队的威力进行不正当行为者应遣返内地。但和各国军队有关系者,应在照会当事国军队后进行同样的处置。

六、有损本国体面、累及军队者,命令其撤到一定的区域,情况严重者令其返回内地。

七、有进行和军队有关之不正当行为者,根据其情况,可以命令其离开或者回国。

八、以上处分中,撤去在第四项所公布的由军衙专门实行之项,命令回国者由师团司令部处置。

九、在北京、天津、山海关、其他各兵站地的各部团队有责任严厉管理其附属的转运商人及酒保雇佣人员与上文诸项有抵触者。

十、另外,在留北京、天津、山海关及其他各兵站地者的管理法及监视法,如下诸部团队可以适当制定,要防患于未然:

(一)北京　　　　步兵第二十一旅团司令部

(二)天津　　　　兵站监部

(三)山海关　　　该地守备队

(四)大沽及秦皇岛　该地运输通信支部

(五)其他兵站地,由现有的高级老资格者制定

但对于在他国占领区域内的人,其附近的各部团队在可能的范围内,进行管理及监视,判断有做恶事证据者,应依此法进行处置。

十一、上述各部团队,依据其地现有的宪兵或守备队的力量,侦查在留本国人的行为,还调查彼等的职业、原籍、姓名、年龄等。且为使其出入明了,尽可能每旬巡视占领区域内一次,进行其户籍调查。另外,在北京、天津、山海关(秦皇岛)车站,其出入之际可以进行调查。

十二、在大沽、秦皇岛等海陆结合点的运输通信支部,调查登陆的本国人的旅行通行证或者便乘券,没有登陆权利者悉数使其返回本国。

另外,没有返回本国者如有携带和其身份不相符的行李,可以临时检查行李。如果判定窝藏物品证据确凿的话,扣押并和被告人一起引渡给该国官吏。

十三、其他有关管理本国人的详细规定,可以由在第十项的各部团队长便宜定之。

小村公使关于领事职权之电报

前记规则一公布，郑领事就认为这侵害了自己的职权，给小村公使打电报申诉。但是，公使从开始就赞同师团司令部的处置。最终经过和师团司令部协商，给予如下要旨之回答，此规则没有立刻实行。

此次第五师团所制定的在北清本国人管理规则，是军事上很有必要的适当处置，不能认为侵害了贵官的职权。不仅如此，在其实施上我想也不会发生贵官和军队之间在职权上的冲突之虞。以此考虑与师团交涉，最终协商在天津我租界和各国租界内发生的与本国人有关的事件交付贵官处置，并向在其地的该国军务官发出训令。

师团长根据前述和公使的协议，命令秋山兵站监，"在北清本国人管理规则中，加入我天津租界和各国租界内发生的本国人违反规定者，交由天津领事处置，其有关的详细内容，还应该和领事协商"。

北京之管理

在北京，塚本步兵第二十一旅团长向警务衙门下达如下训令，还制定在北京本国人管理细则。

一、调查在我占领区域内的本国人，并在可能的范围内，调查外国占领地界内的日本人。

二、在公布规则之前，由宪兵向在北京的本国人出示此规则的要旨，警务衙门接受滞留北京的许可认证。

三、规则中的必要之项张贴在警务衙门前。

四、对于从外面来的，在天坛(北京)车站下车时，给予规章书及注意书，不要成为违反者。

对在北京的日本人管理规章

一、此细则是根据在北清的本国人管理规章，专门为管理住在北京的本国人而制定的。

二、本国人在北京市居住十天以上者，应向顺天府警务衙门登记原籍、姓名、年龄、所从事的职业、现在住所，并获得准许证。

此准许证在宪兵或者守备兵要求时，任何时候都应出示。如果未持有准许证或者不能应付需要时，可以命令离开。

三、本国人离开北京者，应向警务衙门或巡查的宪兵申请，交还准许证。

四、现在住在北京者，来年 1 月 15 日前应停止办理第二项手续。

五、附属各部团队的专用商人及酒保雇员，由该部队申请证明书，并持有之。在宪兵或者守备兵需要之时，应出示之。

六、警务衙门及守备队有责任实行管理规章及本细则。

警务衙门根据前项诸规定，对住在北京者给予准许证，还将住在北京的日本人的经历，印刷在准许证的背面。另外，对铁路或者兵站线旅行者发放旅行证。在天坛(北京)车站配备宪兵，监视其上下车。

在北京的本国人管理方法如是,但彼等还是以图利的精神,利用此混乱时机,以缺乏物资的军人或者富于好奇心的外国人为目的,开始进行种种营业,甚至有在外国军队的保护下进行赌博业者。于是,警务衙门发布有关营业的诸规定,限制其营业。另外,在外国管区的尽可能采取不干涉方针,其行为如有辱我国之体面,在交涉的基础上进行适当的处分。

在天津之管理

天津因为原来就是开埠城市,事变前已经有三井物产公司支店、横滨正金银行支店等两三家绅商。事变后各种营业者陆续进入天津,当时天津是北清的商业中心,各种营业者集中,而且各国军队多数亦集中在天津附近。因此,图利之辈经白河或铁路或陆路陆续到来,从日本租界始,在外国租界或者清国街进行各种营业,也有无一定的居所在各地游荡以谋获利者。还有在和外国人之间制造事端,惹起诸种麻烦等。至于其资格,实际上是鱼龙混杂,其纷杂之状况较之北京更乱。天津领事为管理这些,迅速从内地招募若干警察人员。

天津的情况如此,兵站监和领事之间也有职权上的关系,对本国人管理的实行极为困难,而且其影响不少波及到北京的管理。于是,1 月 23 日山口师团长打电报给秋山兵站监说:“在北京,列车发出到达之际已经厉行此规则。但从天津到来的人多数没有持旅行证明书,特别是夜间管理上困难,在贵地应严厉执行。”

对此,24 日兵站监回电,其主要是说:“天津租界的本国人管理全部交给天津领事,因此监部不制定详细的规定。应和领事协商,进行更为严厉的管理。”于是,师团长又再次回电说:“对于其他,严厉实行车站的管理,且不能全部交给领事,军队亦应严厉执行。”

秋山兵站监根据师团长的命令,在和领事协商的基础上,其管理法交由领事,并制作本国人名簿,明确其出入。领事在管理上采取如下方法:

一、获得旅行证,在出入之时必须向领事馆申请上述旅行证的附页。

二、应由巡查管理在车站上下车的本国人。

另外,秋山兵站监向各兵站地发出命令,检查有无旅行证,还派遣兵站监部天津派出所人员到天津车站,检查旅行证。且派遣宪兵到该所,和领事馆派遣的巡查相互结合,严厉管理上下车的旅行者。由此,稍稍便于在北京管理。

当时在各地兵站司令部,对于因私事通过兵站线的本国人,妄自给与军用护照或者对此给予给养等,往往会误解军用护照的性质。由于有误用其方法者,秋山兵站监向各地兵站司令官发出如下要旨的训令,避免混淆军用护照和领事所发的旅行证。

一、军用护照不能交给军人、军属以外之人。

二、军人、军属以外者,如果不是持有领事的旅行证,不许通过兵站线。

三、有旅行证但没有军用护照者,沿路不能给予给养。

在天津的本国人管理法,当初交由领事负责。但当时混乱之际,领事的职权势难普及,因此需要军衙的管理。于是,秋山兵站监于 1 月 28 日将在天津的本国工商业者一同召集到领事馆,严禁其不正当的行为,还发出如下训谕。

一、本国人管理交由当地领事负责,但也需要兵站官衙管理。即工商业者及其他侨民往返于北京及其他地时,凡携带旅行证者,军衙势必进行管理。因此,旅行者亦感到不便,希望在不久的将来不必携带旅行证。

二、户籍调查之事亦委任给领事，但要想调查正确，需要兵站官衙作为任务使用军队的力量调查。军队和侨民的关系最好不要用强行，希望细节之事不要烦劳军队。

三、近来外国士兵乱入我酒保及其他商店进行抢掠的报告频繁，又屡屡接到被外国士兵打伤的报告，如此情况下，军队担任保护之任固然是其本分，但如此现象由于其商贾的品位高尚，希望以后也在可能的限度内，服装齐整，端正态度，提高本国人的品位。

如此，在天津，领事和军队联合进行严厉的管理。另外由于有打破禁令偷偷往返于兵站线者，又从 2 月 23 日起，在兵站监部专门管理旅行者。

当时，来到北清地方的人大都是在秦皇岛或大沽附近登陆，冬季期间主要从秦皇岛，一部分到天津方面，一部分到山海关附近。但是，在山海关附近，由于人数少，进行不正当的行动，或者和外国士兵制造事端，累及军队的没有北京、天津那么厉害，且交通不便，大多是定居在一地。因此，和其他地方相比，其管理亦容易。3 月下旬白河解冻，大沽附近的船舶航行刚得以自由，不管正当职业者还是不正当职业者，陆续从大沽附近登陆，正当职业者多经塘沽兵站司令部或运输通信支部，由铁路入津。走私者在我防线外或者夜间登陆，远远避开兵站部，使用陆路马车或者由清国船舶偷偷进入天津。另外，还有利用天津以北的水路，在外国的军队保护下往来者，其管理日益困难。

于是，秋山兵站监又命令各兵站地，水陆一起使用侦察兵或步哨严厉进行管理。虽实行确认旅行证明书，但偷偷在外国军队保护下，无法充分加以制裁，反而可能会导致和外国人之间发生纷争。对于这些，只能处置现行犯有危害军队者。

管理实施之结果

3 月下旬，居住在天津的日本人达到千余名，在北京其人数也颇增加。另外在塘沽、杨村、马头、通州等各兵站地，也有二三本国人经营杂货。由于土地狭小，对这些人的管理得以容易实行。

自在北京本国人管理规则制定到 1901 年 5 月，违反此规则被命令返回本国的人为六人，另外被命令从北京或者天津离开的人达到十几名。而且，应撤回本国的人由宪兵护送至大沽运输通信支部，经陆军运输船将其送至门司登陆。

总之，本国人管理需要颇为复杂的手续，其效果仅略微显现。近期多数无赖进入了北清，但由于防止其不正当营业于未然或予以惩戒，不仅维护了本国人的颜面，实际上确保了日本帝国的体面。

明治三十三年清国事变战史

卷　六

第七篇（下）
自瓦德西元帅抵津至决定议和间之事迹

第三十一章　扬言远征西安府及山西省境内之德、法军行动

一　扬言远征原因

延缓处死元凶

10 月以前，北京外交团对于议和谈判只是内部协商，还没有公开和清国全权委员会见。各国政府也集中考虑各自应提议的议和条款，或因各国之间相互交涉或商议而耗费时光。不过，10 月 15 日，清国全权委员将公文送至在北京的各国公使，提出特别条约的草案。而后对该草案反复讨论，或依靠各自本国政府的训令等力图进行谈判。到 12 月 22 日，概括各国要求之诸项，形成一联名照会，向清国全权委员提出（参见第三十四章）。

此要求案中的一大问题是处死元凶一事。为此，各国代表和清国全权委员进行数次交涉。但清国政府力图除处死一两个首魁外，对其他人免于死刑。一个惯用手段就是将此事延缓，等待各国产生惰气，以缔结有利议和；一是西安朝廷和北京全权委员处在距离遥远的两地，交通不便，意见无法相互疏通；加之，俄清密约的纷争让各国外交官大伤脑筋。情况如此，2 月上旬议和谈判在进行中受到挫折，很难判断谈判究竟能于何时结束。

元帅为威吓清廷而扬言远征

另一方面，天气逐渐变暖，再行作战的时机到来。于是，元帅扬言远征西安府，各国军队进行出发准备，且至少有一部分军队前进至山西省境内，表面上威吓清廷，以期促进议和谈判的进展。

于是，我军首先进行应急准备，给予军队一般警醒。同时，师团长和小村公使商谈，听取本国政府的训令。不过，最终没有实施作战而作罢。

二 联军命令发布之情况

联军命令

瓦德西元帅于2月15日发布了如下有关行军准备的命令:

议和谈判现在还在进行之中,但从以前的经过来看,予感到确实有实行更大作战之必要。故现在正是有利气候之际,予将毫不犹豫地进行适当部署。希望本月末各军悉数完成行军准备,军队备有充分的搬运材料,携带能够在困难的山路上支撑约八天的弹药和粮食,这是我们最应考虑之事。

给养的大半恐怕需要仰仗作战地,但由于状况还未明了,必须保证在作战地能获得给养。因此,为搬运必要的追加运送物品而编成辎重纵队,并给予武装,以能克服地形上的巨大困难。

第五师团训令

接到此命令,我第五师团16日向驻屯军广布如下训令:

眼下议和谈判还在进行,但今后大势如何变化很难预测,各部团队无疑还应经常处于行军战斗的准备。如联军司令官瓦德西伯爵下达命令,此时需要更加注意各项准备的整顿。

对此之诸种准备

当时,我驻屯军散布在从北京经天津到山海关的各处,且由于要地守备不能撤退,万一有加入此作战之必要,可从下面的兵力抽出多数兵力。

步兵两个大队	由天津、北京两个联队集合编成
骑兵一个中队	由向各地分遣的集合编成
炮兵一个中队	由破损车辆等集合编成
工兵一个小队	
辎重大队本部及粮食两个纵队	
步炮弹药各一个纵队	
卫生队	
野战医院一个	
两个月的粮食	

命令以此为基准进行诸种准备,何时出发都没有妨碍。特别是根据师团监督部进行调查,认为清国车辆五百辆可随时征发,粮食搬运准备亦未必有困难。另一方面,集中熟悉通往西安道路的清国人,沿路进行调查,且求购清国地图,制作略图,还请求参谋本部送来该方面的地图。

各国军队之动静

当时，各国军队对前述元帅命令的反应大体如下：

一、美国。在19日的公使会议上，由于美国公使发表了有关联军命令不当的言论，结果各国公使决定等待本国政府的训令。

瓦德西元帅还致信美军指挥官沙飞，主旨是希望美军也能协助此次远征。该司令官回答说，眼下美军有守备任务，参加远征需听从政府的训令，一俟训令到达便给予回复。继而，该指挥官接到政府不要参加远征的训电（美、法从开始都不在元帅的指挥之下，故需特别发送书信）。

二、法国。元帅以和美军同样的方法照会法军指挥官要求协助远征，法军指挥官答应派出五千名士兵。但是，其后法国公使致书该指挥官，说谈判正向所要求的方向变化，没有必要远征。因此，远征中止。

三、此外，俄军全然未加入此远征，英军亦需听从政府的训令。

四、此命令一发出，清国全权委员就出现向西安府发五六封电报等大为狼狈的苦虑情况。

此外，此命令刚一发出，德国公使便急忙访问李鸿章，威胁说拖延谈判的进展，容易发生事变。继而两小时后，英国公使亦访问李鸿章，其他二三公使亦先后访问，进行同样的威吓。

扬言之奏效

在此扬言前后，清廷发出诏敕，判处工部右侍郎英年和军机大臣刑部尚书赵舒翘二人死刑。其处分虽然更为加重，但还不符合各国公使的要求，公使又反复交涉。英、赵二人在清廷最有势力，尤其是赵为军机大臣，谈判委员的上奏皆经其手，故此处刑最为困难。但是现在赵被处刑，其他处刑不再困难，继而，决定处死在北京被日军逮捕的军机大臣礼部尚书启秀、刑部左侍郎徐承煜（参见第三十章一）。通过威胁而奏效，清国充分满足处置元凶的要求，通畅了谈判进展，最终不必出兵西安府。

于是，24日德国公使通知元帅说，眼下形势没有动兵之必要。但是，元帅认为当实际有必要的时候，为使任何时候都可以轻易出兵西方，以前命令的行动准备依然不要懈怠。其后4月和法军一起在获鹿县附近进行作战，此时已经萌芽。

当时，元帅计划以一万五千兵力远征。日军一部也参加该计划。此外，对于此次远征给予很大帮助的是法军。像英军那样，虽暂时命令加入，但没有派出多数兵力乃当时一般的情况。

然而，当时元帅确实打算远征西安府，其结果只有德军的两三支侦察队进至山西省境内，除和清兵发生冲突外，大体以上述之经过而结束。

三 山西省境内之德军行动

一般情况及对太原府之作战计划

元帅发出联军命令的同时,命令在保定府附近的德军向山西省境内的各隘路口出动小支队进行侦察。于是,德军 2 月 10 日在广昌县,同月 21 日在安子岭,3 月 8 日在长城岭和清军发生冲突。

根据联军司令部参谋本部上尉列夫莱鲁的著书可知,当时联军司令部制定了作战计划。故如果处置元凶还在延迟的话,各国军队可能就会按照此计划向山西省境内进军。主要作战计划如下。

作战目标——太原府

在山西省的清兵,如果其目的是抵抗我扩张占领地,在前进途中会与之发生冲突,另外根据以前的情报,可以预想在山西省境内的山地可能会受到其抵抗。

联军为四个纵队,向太原府前进,但和法军共同前进的情况下,分为三个纵队。

第一纵队	德军第一旅团(留在北京的一个大队)和意军取道北京、易州、广昌县、代州、忻州。
第二纵队	德军第二旅团从保定府出发,经唐、阜平、五台等诸县到忻州,和第一纵队会合,而后二纵队由莱塞尔中将指挥。
第三纵队	法军白劳德旅团经现在的道路即保定府、正定府、获鹿县、平定州到达太原府。
第四纵队	德军第三旅团和英军步兵及骑兵一个旅团一起从天津出发,首先前进至河间府,在和法军一起时没有选择第三纵队的道路时,首先前进至顺德府,派遣有力支队到太原府南面之地,其他向远处的南面前进,可达河南省。

在德军各旅团中,分属各山炮一个中队(第一旅团为意军,第二、三旅团为德军)和德军骑兵联队各中队的野炮应在平地行动,属于第四纵队。1、2 月份是严冬,因山地冰雪不通,以 3 月为作战开始期,而且经过最为辽远之地的第四纵队必须从 3 月 1 日出发。

最初联军大本营设在正定府,德军的猎步兵中队及英军的骑兵中队担任护卫。北京守备队由德国的海军远征团及日、美、奥军队组成,分遣到密云县或南口狭隘等处放哨,直接负责北方及西北方的警戒。留守在天津的守备兵,派遣小部队至运河两岸的山东省境内。

此作战计划犹如前文所述,因其扬言奏效而没有实施。

广昌县小战斗

以前在保定府的德军冬季期间侦察山西省境内,终于发现有力清兵之所在。2 月 16

日步兵第四联队长上校豪夫马斯塔鲁率领该联队的三个中队、第三联队的一个中队、骑兵一个小队、山炮三门及工兵一个小队，为击退在倒马关附近的清军从保定府出发，19日到达倒马关北面（此时在唐县的第三联队第八中队已经根据命令来到此地）。此时在广昌县（长城外保定府西北约四十里）的清国军官派使者对德军说："现在已经缔结和平，余因受命驻屯此处，请贵军中止来此。"豪夫马斯塔鲁上校回答说："余不知缔结和平条约，因接到占领倒马关的命令，不能漠视清军在广昌县。"于是继续前进，20日上午到达长城。此时，盖斯里少将的训令到达，其大要说："根据联军训令，广昌县当在3月初开始作战，由于是面向第一旅团，没有占领之，只占领倒马关。"不过，在前面控制清军、充满挑战之意的德军没有中止前进，特别是对于豪夫马斯塔鲁上校给予清军将领的回答，现在更不能退却。且以派遣到前方的骑兵等已经和敌军接触为由，与其所接到训令之主旨相反，决定进攻敌人。

在此之前，侦察广昌县附近敌人的骑兵小队，还被命令侦察广昌、灵邱（广昌西面约十里）两县的道路，在广昌县西面约七公里处遭遇清军约两个中队，接着骑马步兵也报告广昌县南面有敌兵。此时，支队前进，其前锋到达骑马步兵的位置，占领广昌县南面的高地。豪夫马斯塔鲁上校将主力部队在前卫的右翼展开，其炮兵好不容易布置在前锋后方的高地上，从南面向广昌县敌人实施攻击。下午4点半完全占领广昌县，敌人向西面撤退，德军战死一名、重伤二名、轻伤六名，据说敌人兵力约为二千人，但参与其战斗的约三分之一，其死伤约三百人。

支队于21日变成两个纵队，从广昌县出发，返回保定府。

安子岭小战斗

在议和谈判进行当中，联军司令部刚一发出威胁性的命令，保定府的德军就侦察西面的山间道路，并接到修理的命令。于是，工兵一个中队、骑马步兵一个小队于2月18日从保定府出发，经定州、曲阳县、王快镇，于20日到达阜平县。21日指挥官哈根布鲁赫上尉欲侦察据称驻屯有三千名官兵的安子岭（保定府西北约三十五里）附近，以步兵二十七名、工兵五十名向距离阜平县四里的安子岭出发。留下已经到达距离安子岭二千五百米之地的诸队，上尉自己和骑兵二十名、测图员六名及其他军官一起，依靠清国人的向导先行前进。该地的清军将领让使者佯装将其一行诱导至谷地，上午11点30分待其接近，突然从周围山上进行掩护袭击。

德军的先行部队四面受敌，几乎陷入死地，此时留在后方的德军听到枪炮声，冒着困难向两侧山地急速前进。下午2点30分扫荡敌人，最终占领安子岭。敌人的兵力约四百人（另外有苦力六百人为投石加入），留下五十具死尸向远方退却，德军仅死亡一名、轻伤两名。

支队在安子岭宿营，翌日派遣侦察兵搜索龙泉关的敌人情况。清军当时在龙泉关附近出没，24日到达该地的侦察军官遭到清军的袭击。当时，支队由于缺乏弹药和连日的侦察疲劳，对进攻该地颇为犹豫。恰好，26日从保定府增援的骑马步兵两个小队（八十名）到达。于是，27日终于进攻龙泉关的清军，敌人在德军到达前已经先逃走，德军破坏其兵营，返回安子岭。

28日晚轻榴弹炮一个小队(两门)到达安子岭。在此之前,哈根布鲁赫上尉为该炮兵小队派遣其工兵到安子岭、阜平县及王快镇,修筑铁路。炮兵小队历经四天时间穿过困难的山地约四十六里,同日中校瓦鲁迈尼赫作为诸军指挥官到达安子岭。

长城岭小战斗

联军司令部训令瓦鲁迈尼赫中校扼守安子岭峡道应对敌人的攻击,而不进行攻击性的进攻。不过,由于数日来其侦察兵在长城附近受到敌人的攻击,该中校欲对其进行侦察。3月1日经过龙泉关向长城派遣军官所率领的三十名骑马步兵。此侦察兵越过龙泉关进入侧谷时,不意陷入敌人的包围射击之下,兵卒死亡二名,一名下士负伤。侦察兵经过艰难的战斗后,勉强得以退却,夜里12点后返回安子岭。

此报告到达联军司令部后,上校男爵费恩·莱达布鲁(步兵第三联队长)接到扫荡山西省边界各道路敌人的命令,又任命诸军指挥官率领在保定府的步兵第四联队第二大队及骑兵两个中队向安子岭急行,6日属于莱达布鲁上校指挥的如下诸队全部在安子岭集合。

步兵一个大队、骑马步兵一个中队、骑兵两个小队、轻榴弹炮一个小队(两门)、工兵第二小队。

支队7日侦察敌人的阵地,知晓敌人沿自长城岭(龙泉关西北约二里)峡道的北面三千米至南面二千米的长城,占领阵地,其炮兵沿峡道位于阵地的中央。8日凌晨4点30分各队在龙泉关集合,轻榴弹炮小队依靠工兵的掩护对敌人正面,骑兵及骑马步兵对敌人右翼、其他主力部队对敌人左翼展开进攻。

步兵大队将一个中队和善于山地跋涉的十二名(携带网绳和拐杖)人员作为前锋,三个中队作为主力部队,每人携带定数外弹药三十发和携带粮食,各中队都准备网绳和拐杖。

大队因拂晓浓雾而迷路一次,马上返回,向敌人左翼前进。跋涉险峻的山地,于上午10点40分在距离敌人六百米处,其中三个中队展开,还有一个中队从北面迂回,进攻敌人的侧面。敌人无法抵抗德军的进攻,终于撤退。德军三个中队追击到长城。属于前锋的十二名士兵从北面迂回,向敌人的炮兵前进,最终于下午1点夺取其炮两门,迂回至北面的中队也击退敌人和主力部队会合。下午2点支队全部占领长城,敌人远远撤退到西面。

轻榴弹炮小队除马匹外,使用人力拆卸,勉强到达龙泉关西面阵地。但因浓雾和山地,观测甚为困难,没有充分发挥效果。

敌人兵力约二千名,死伤约二百五十名,德军与此相反,仅有两名负伤。支队为守备在该地留守一个中队和骑兵一个小队,其他返回龙泉关。翌日,骑兵、骑马步兵及轻榴弹炮各队返回保定府。

而后,在长城岭方面和清军发生冲突。

四　获鹿县附近之德、法军作战(参见插图33)

获鹿县方面之作战报告突然到达我军

4月16日，驻华公使馆武官炮兵中佐青木宣纯突然向师团长通报如下情报：

一、根据英国《泰晤士》报通信员莫理逊所言，德军以五千兵力取道从保定府经获鹿县往太原街区前进，其目的在于占领山西省的狭隘之地。为此，德军一个联队明日应从北京出发。

二、昨天元帅给盖斯里中将如下内容的书函，古北口附近的清军多为董福祥的旧部，现在听说端郡王有后顾之忧，故以外交手段或兵力将之击退到长城以外如何?

三、李鸿章传闻第一项之事，昨天电报西安府，劝告清军撤到直隶省以外，由此在获鹿县前方，向法军通报清军已经撤退。

此次，德军企图只和法军商议，与其他各国军队毫不相关。17日福岛少将向在天津的步兵中佐原田辉太郎询问，根据从该官获得的报告，在保定府有法军的步兵四个大队、炮兵四个中队、德军的步兵大队、炮兵若干。为进攻获鹿县附近的清国军官黄(即统领黄少春)及刘光才的军队，法军派出步兵四个大队、炮兵三个中队，德军派出步兵两个大队在正定府和获鹿县之间集合，这些部队明天从北京和天津附近出发。同日又根据其他情报得知(从法军军官得到的)，法军由华伦中将亲自指挥步兵第一旅团(殖民地步兵第十六、十七联队，但除去在兵站线路的)、“刺阿部”步兵第三联队(一个大队有八百人)、骑兵两个中队(其中一个中队在保定府，其他在杨村)及炮兵三个中队(海军炮兵[铁山炮]两个中队、速射炮一个中队)，从各地马上到保定府集合。另外，在通州的一个部队今晚在北京车站附近宿营，明天乘火车出发。

同日(17日)，继而接到联军司令部的通报，始得知前述诸情报的确实。其通报的大要说:“参与此次作战的德军在定州附近集合，从本月18日开始前进。在获鹿县附近的法军在此间集合，清军如不及早撤退到山西省，下周初彼我将发生冲突。”

由此，当时不少人惊诧于莫理逊的侦察敏捷。

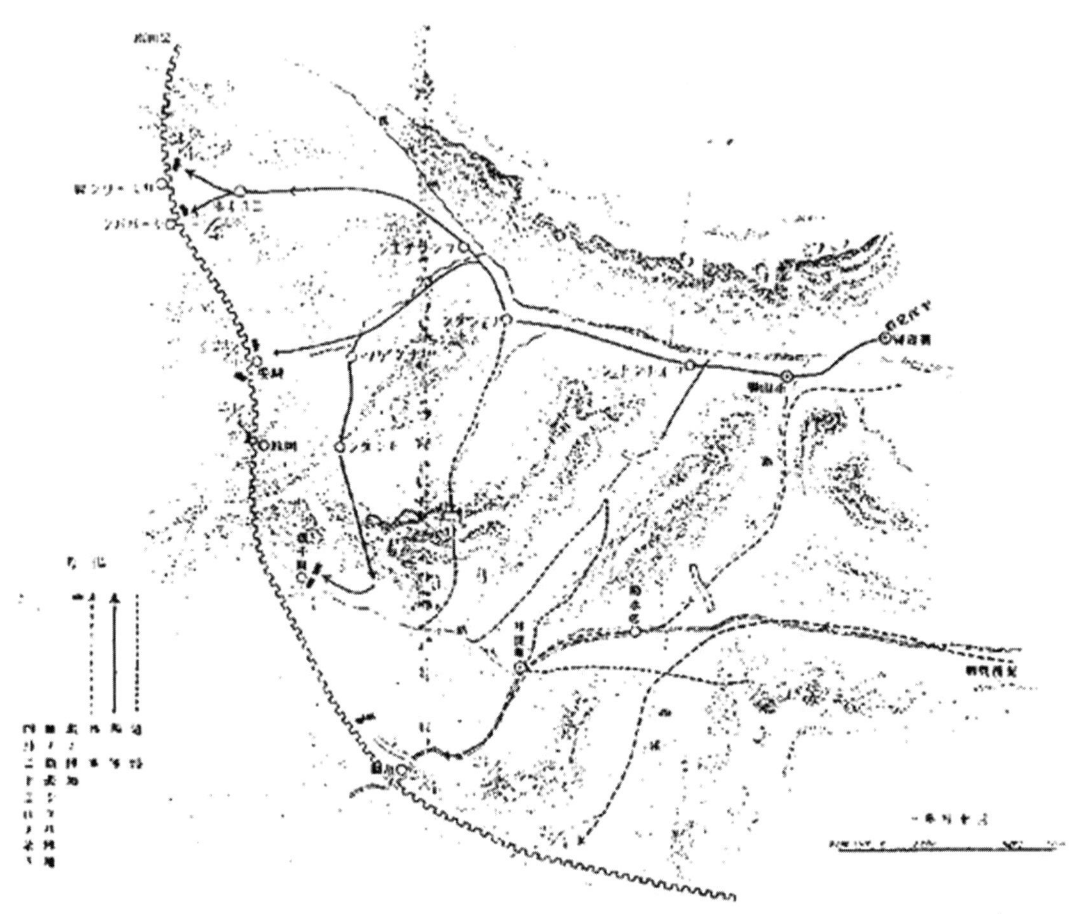

插图 33　获鹿县西面德军作战一览图

德军作战理由及与法军联合真相

按照德国的著书,当时德军下定这一决心的理由及和法军共同行动是基于如下情况:

占领保定府后,法军因为和至定州的铁路有直接关系,保定府南面的守备及警戒交由法军,而且法军的最前线到达获鹿县,其前方由清军将领刘光才率领的清军占据,而且法军与此相对越过冬季,此间在保定府的法军指挥官巴尧少将再三要求清军撤退。

议和商议进行的同时,出现从各国占领地区最远部分撤出军队的问题,特别是法军企图在 4 月初将正定及河间两府的地区让于清国主权者。

不过,巴尧少将认为在其对面的清军撤退至山西省境内以前法军不能撤退。但由于刘拒绝其要求,最终法军不得已促请李鸿章反省。加之,以前确实风传董福祥正从蒙古经张家口进入直隶省,刘的固执或可怀疑为和董共同行动。由于如此情况,元帅在岔道配备常设守备兵,侦察从此处远至直隶省的边界,且基于从柏林发来的德意志皇帝的训令(元帅报告其情况,4 月 12 日皇帝经参谋总长给予其训令,要求将获鹿县的清军驱逐至长城外),命令在定州集合,4 月 12 日确保莱塞尔少将坚守长城岭,4 月 16 日开始行动。

将此措施通报给法军指挥官华伦中将,根据当时的状况,法国的巴尧少将以前苦心经营的事业由德军进行。于是,形成法军指挥官滞留其军队的状况,由此产生德、法两军对刘共同前进作战。

最初的行动刚一开始,李鸿章马上就请求元帅停止其前进,且由于4月16日上谕山西巡抚要保证清军自由撤退。不过,元帅告知其意已决,且越过划定势力范围之线,并说以前军队长期滞留由刘自己负责,拒绝清国全权委员对此置喙。

保定府附近德、法两军兵力

当时,在保定府及正定府附近的德、法两军的兵力如下(4月1日图):

德军	东亚步兵第二旅团司令部(长官为少将费恩·库塔莱鲁)
	东亚步兵第三联队(缺一个中队),其中第一中队变为骑马步兵
	东亚步兵第四联队(缺一个中队),其中第一中队变为骑马步兵,还由剩余的中队编成混成骑马步兵两个中队
	两个联队的第九中队在保定府西面及西北面
	东亚骑兵第一中队
	东亚野战炮兵第二大队
	东亚工兵第二中队
法军(大部在正定府)	步兵第二旅团司令部(长官为少将白劳德)
	前线队列步兵第四十联队的一个大队
	海军步兵第十六联队第一大队
	刺阿部步兵第二大队
	刺阿部步兵第三大队
	非洲猎骑兵一个中队
	野炮第八中队
	工兵半个中队

德军作战准备及集合

联军司令部为对清国人保守秘密,作战命令在出发前两三天始下达给部下。当时,在保定府的德军驻屯队分屯在数处守备,留在该府的军队极少。不过,各守备兵都进行出发准备,特别是保定府的驻屯军由于具有数次讨伐的经验,能够应对此次急切的作战命令。但此次远征是德军首次大规模的作战,不仅需要准备完备的供养、卫生材料及弹药补给,还必须准备山地行动所需的众多马匹、车辆。由于东亚步兵第二旅团已经在该方向拥有兵站线,由唐县守备队准备清国车辆三十辆,送至定州放置,且预先约定法、土公司所拥有至定州的铁路供德军运输之用。

4月13日命令在定州集合,从翌日起东亚步兵第三联队第三中队从唐县,该联队第四中队从白沟店，该联队第五中队从定兴县，该联队第八中队从满城县，东亚步兵第四联队第四中队及炮兵第三中队的一个小队从完县，东亚步兵第四联队第二中队从霸州，前来集合。阜平县及唐县的递骑哨兵也来此集合。

除此之外，在北京的东亚步兵第一联队第二大队由火车运送派遣到定州。这些诸队会合时，有步兵五个大队（其中骑马步兵三个中队）、骑兵一个中队、炮兵三个中队（其中一门野炮、一门山炮、一门轻榴弹炮）、工兵一个中队。

因其中的东亚步兵第四联队第二大队的两个中队及骑兵一个小队留在长城岭守备，其能使用的兵力序列如下：

<table>
<tr><td colspan="2">东亚步兵第一纵队</td><td colspan="2">东亚步兵第三纵队</td><td colspan="2">东亚步兵第四纵队</td></tr>
<tr><td colspan="6">东亚骑兵第一中队（缺一个小队）</td></tr>
<tr><td colspan="6">东亚野战炮兵第二大队</td></tr>
<tr><td colspan="2">第三中队（缺一个小队）</td><td colspan="2">第四中队</td><td colspan="2">第八中队</td></tr>
<tr><td colspan="2">野炮</td><td colspan="2">轻榴弹炮</td><td colspan="2">山炮</td></tr>
<tr><td colspan="3">电信队两个小队</td><td colspan="3">工兵第二中队</td></tr>
<tr><td colspan="6">弹　药　纵　列</td></tr>
<tr><td colspan="3">步兵弹药二个纵列（四个小队）</td><td colspan="3">轻榴弹炮弹药纵列（一个小队）</td></tr>
<tr><td colspan="6">辎　　重</td></tr>
<tr><td colspan="3">粮食两个纵列</td><td colspan="3">中部野战医院四个</td></tr>
</table>

备考：

一、东亚步兵第三联队第一中队是骑马步兵，由其中的第三、第四联队编成两个骑马步兵中队。

二、因为辎重，以清国车辆及驮马编成运输部，以弹药纵队的马匹做成辅助牵引队。

三、总计军官一百一十七名，下士兵三千六百一十八名，马一千八百六十二匹，车二百七十四辆。

德、法军之共同行动

瓦德西元帅和法军指挥官华伦中将协商，进行共同作战。该中将回答说，只有在清军不服从李鸿章的撤退命令时才响应之。此间，在保定府的两军旅团长（德国为凯塔莱卢少将，法军为巴尧少将）考虑一旦进行共同作战而协商前进道路的分配。法军旅团长将在获鹿县时该军将校测绘的地图分给德军，还通报了使用正定府的法国旧教徒侦察敌人阵地的结果，并命令法国的兵站守备军，将其宿营地的一半供德军使用。

晚上，华伦中将的命令到达法军。据此，愈益决定共同作战。法军增加的兵力数日内从各地到达，其总数达到军官二百四十名，下士以下六千八百名。

15日，德军各地的守备兵在保定府集中。16日，炮兵、骑兵及粮食纵队派遣到望都县。德、法两旅团长进一步商定前进线路，法军以“刺阿部”步兵两个大队、海军步兵一个大队及有四门炮的炮兵三个中队从获鹿县前进，海军步兵三个大队、“阿福利卡”猎骑兵一个小队及山炮两个中队从平山县前进。德军从符家庄前进，尔后的处置决定到平山县再行商议。

德军之前进准备

17日，德军指挥官中将莱塞尔从天津到达，不过并没有进行一般的指挥，只是担任作战指导。旅团司令部及从北京到来的东亚步兵第一联队第二大队通过火车运送，是日晚到达定州。18日，各队从定州出发经新乐、灵寿两县向平山县前进。凯塔莱卢少将和骑兵中队及骑马步兵一个中队一起向平山县前进。德军骑兵刚到达平山县，法军步兵四个中队已经在该地掩护桥梁。法军电线延长至此地，于是德军电信队尔后连接法军电线，在前方架设电线。

4月19日，骑兵报告在西里铺的敌人撤退。于是，德军旅团长决定以其所有的骑马兵追击敌人。根据以前在保定府的经验，步兵约半数为骑马最为得力。此时东亚步兵第三联队的第三中队容易征集马匹，其中八十名为骑马兵。于是，骑马步兵四个中队会合工兵的一个骑马小队，由瓦鲁迈尼赫中校指挥，到达南栗方向，侦察长城。

在法军的前方，清军从获鹿县附近的前进阵地撤退的报告到达。

20日，接到仪銮殿被烧、联军参谋长施瓦兹霍夫少将烧死的报告，跟随作战的戈尔少将急忙返回北京。

德军之前进部署

21日，凯塔莱卢少将将其旅团分为如下四纵队：

瓦鲁迈尼赫中校的纵队（东亚步兵第三联队第一中队[骑马步兵]、混成骑马步兵两个中队、骑兵第一中队、山炮一个小队[前进时属于此纵队]、骑马工兵八名）在南栗。

费恩·缪兰费卢斯少校纵队（东亚步兵第一联队第二大队、工兵一个小队）在西里铺。

莱达布鲁上校纵队（东亚炮兵第三联队[缺第一中队]、炮兵第二大队[缺山炮第八中队]）在符家庄。

豪夫马斯特尔上校纵队（东亚步兵第四纵队[缺第二大队本部及第五、第七中队]、山炮第八中队[缺一个小队]、工兵一个小队）在岗头。

以此划分，敌兵如果停止，可以转到左面面对敌人的侧背。

而且，雇佣清国向导，派出军官侦察兵，侦察西面特别是南面的地形。此时得到敌人撤退到长城外的确切报告，德军很失望。不过，莱塞尔中将指示旅团长，此时将法军的前进方向扩至获鹿县、固关的北面，从正面前进至长城扫荡清军，方向如下：

一、在符家庄的莱达布鲁上校纵队沿滹沱河，向六岭关进发。

二、在岗头的豪夫马斯特尔上校纵队经南栗向关安前进。

此纵队的前方已经有缪兰费卢斯和瓦鲁迈尼赫纵队，远派到南面。在符家庄的少校费恩·缪兰费卢斯纵队23日到固城。瓦鲁迈尼赫中校纵队22日从南栗到娘子关。

在此之前，工兵一个小队和东亚步兵第二连队第一中队的一个小队一起被从符家庄派遣到井陉县方向，担任道路修理，途中没有遇到抵抗，通过清军撤离的数个阵地，21日到达至井陉县道路的中间。

凯塔莱卢少将将上述计划通报给法军,法军将从获鹿、井陉两县道路及西韩河河谷前进之事通报给德军。此时(22日),查知法军主力于23日可以到达井陉县,派遣缪鲁曼少将率领的东亚步兵第三联队第一大队的骑兵部队(两个中队)及工兵一个小队(属于莱达布鲁)到井陉县和法军联络,并兼任德军左侧的警戒。该部队是会合前述从符家庄到井陉县的步兵一个小队、工兵一个小队。

根据21日的搜索结果,固关坚固,关安薄弱,由清军占领的固城亦留有清军。22日各队前进,瓦鲁迈尼赫中校在娘子关(敌兵占领)前方,缪兰费卢斯在南栗西南三千米处,豪夫马斯特尔在南栗附近,莱达布鲁到达西里铺。23日中午,除野炮兵通过困难的莱达布鲁纵队之外,其他三个纵队到达长城诸门。是日法军通报,清军将领刘根据皇帝的命令,撤退前方的五营士兵,以十五个营驻守边界。法军旅团长还接到山西巡抚的议和提议,但拒绝之。

23日,莱塞尔中将和豪夫马斯特尔纵队一起,凯塔莱卢少将和莱达布鲁纵队一起前进。是日在娘子关、固城、关安三处发生战斗,除固城外,德军都取得胜利。在这前方战斗的同时,西里铺东面五千米的粮食纵队受到一百名团匪的袭击,但将其击退。在平山县的法军架桥纵队及其他往返于后方的传骑兵受到居民的袭击。

各纵队因在山地,不便于直接联络,都迂回到后方通信。

在此之前,在西里铺采取设置供给机关征发屠牛、野战浴所、车辆纵队变为驮马纵队等处置。23日夜接到缪兰费卢斯的战斗报告,第二天早晨弹药粮食纵队(和紧急制造的担架七个一起)向此方向派遣,电信队到达西里铺,在平山县还配备回路通信所。

法军战斗停止

22日夜尽管电报不通,但法军的紧急信使到来,通报因接到法军华伦中将应避免战斗的命令,而后法军担负的任务交由德军实施。

以下逐次记述23、24日两天的战斗情况:

娘子关小战斗

瓦鲁迈尼赫中校纵队之组成如下:

东亚步兵第三联队第一中队军官三名、下士以下六十名(骑马)

混成骑马步兵两个中队(由步兵第四联队混合而成)一百名

骑兵第一中队的三个小队	军官五名、下士以下六十三名
山炮第八中队的二门	三十五名(十四马)
工兵一个部队(骑马)	军官一名、兵卒八名
总计	二百七十五人、炮二门

4月22日,骑马步兵通过艰难的十二里山路,到达距离娘子关七公里处,晚上山炮亦到达此地。此时,前方的骑兵看到敌兵七百至一千名在娘子关附近占领阵地,支队长马上侦察敌人阵地,知道敌人在一千二百米正面的阵地有工事,其右翼险阻,左翼稍缓,容易接近,推测敌人的退路沿桃河在左翼后面,决定包围敌人的左翼进攻。

23日早晨5点30分,按照骑兵、工兵、骑马步兵第一中队、山炮、混成骑马步兵两个中队及大行李箱（车辆改为驮马）的顺序出发，成为一列在隘路前进。不顾敌人从高地能够俯瞰以枪炮阻止的危险，天黑前群聚于此，只是观望。而且昨夜刚刚将阵地延长至河的左岸三百米处。不过，其左翼依然薄弱。

支队马上展开，山炮7点15分以七百米的标尺射击敌人左翼。敌人狼狈地在阵地开始全线射击，特别是从右翼以六厘米野炮射击德军山炮。德军山炮在一千七百米处迅速还击，使其沉默。此间在炮两翼的步兵用一百三十三支枪开始射击，敌人右翼暂时撤退，进入娘子关市街，其他一部分集中在左翼，形成散兵线。此时敌人隐秘的三门七厘米炮用无烟火药射击德军的山炮，命中虽然精密，但炮弹没有爆炸，没有造成损害。此时，敌人的六厘米炮再次进行射击，德国山炮再次使其沉默。继而德国炮兵将火力集中在敌人的步兵线，步兵集中射击，终于击退敌人。混成骑马步兵到达敌人的阵地，夺取其炮，用其射击向娘子关撤退的敌人。不过，由于忘记切断榴霰弹的导火线，没有发挥效力。其后支队长派出炮兵，和步兵一起利用掠获的炮射击撤退的清兵；留下下士以下十名监视炮（其后敌人三百名又来夺大炮，不得已放弃。不过，由于山炮的射击，得以遏制住敌人），率领骑兵前队追击敌人，到达娘子关的前方八公里处。此追踪不是支队长的意图，支队长还欲到达敌人右翼，扫荡阵地。但由于地形不能自由观察，无法确认其行动方向，骑兵及骑马步兵第一中队在娘子关集中，在该地发现敌人的兵器多数是88年式的毛瑟枪，其弹药补充了消耗。8点30分，根据支队长的命令，追击敌人，前进约五公里，击退试图抵抗的敌人，该队于下午4点回到娘子关。

是日，由于山炮几乎将炮弹射尽，支队长以掠获的大炮射击敌人，只要有其射击距离就继续射击（山炮为四千五百米，三厘米炮为三千六百米）。由此，为翌日留下山炮用榴弹十二发。

在此之前，为支援该支队而派遣的缪鲁曼少校听到炮声来援，11点瓦鲁迈尼赫中校到达，接到命令追击向固关方向撤退的敌人。

固关小战斗

固关不过距离娘子关南面二三里，当时在法军制作的地图中看还很远，认为娘子关乃独立的阵地。不过，从实际经历来看，固关是清军的真正阵地。娘子关乃是掩护其左翼。因此，在娘子关阵地的敌兵向南面撤退的要比向西面退却的多。

缪鲁曼率领的大队，从娘子关出发向南面二千米的山地前进时，突然受到敌人的榴弹射击，且在前方发现敌人的散兵线。该敌人是在固关的新锐清兵，当时认为全是娘子关的撤退兵。于是，大队在高地线展开，在距离六百至九百米处射击敌人。敌人的正面远远越过德军的正面，且前方的地形跋涉困难，持续进行射击战，弹药逐渐出现缺乏。此时恰好第三中队从娘子关到达（骑马步兵），和工兵一起延伸增加到右翼。继而，向敌人左翼转移前进，全线亦前进。敌人从距离八百米之处开始撤退，3点半德军占领敌人阵地，夺取速射炮两门。敌人只有很少抵抗，但其侧背受到威胁，在坚固阵地的全部守备兵仓皇向固关方向撤退。在如此长的阵地上有七厘米山炮三门、旧式炮三十门，皆归德军所有。德军继而追击敌人到固关，途中散布着清军的军衣、服装，在营帐、宿营之处还留着很多军需品。

瓦鲁迈尼赫中校听到南面的枪炮声，由于接到其报告，派遣中尉了解真相，知道翌日和法军一起进攻的地点已经陷落,24 日其支队到达固关。

根据间谍的报告,娘子关的敌人为五营湖北兵,清军将领黄所率领,其死尸约有百名。固关的敌人为河南、两江及山西的士兵十营,其死者不详。这些军队于 3 月 19 日至 26 日从正定府来,马上进行工事。最初在淤水店设置大本营,后移至固关。其武器以欧洲军队为准,其枪械为 88 年毛瑟,或八毫米"曼利赫鲁"。据说德国操典译成清国语言的书还残留在其阵营内。

德军总兵力为军官三十七名,下士八十五名,士兵六百二十人,其中五百人参与战斗。另外,缪鲁曼少校到达前仅有一百三十三支枪和两门大炮,有一名死亡,负伤的有一名军官、下士三名、士兵十一名,消耗弹药约二万发,炮弹五十发,榴霰弹一百发。

4 月 24 日上午 10 点 30 分,法军巴尧少将率领其士兵到达固关。瓦鲁迈尼赫中校因接到其命令,奔赴之。不过,由于巴尧少将从其长官那里接到不攻击清军的命令,只好谢绝其厚意,并祝其成功。因法军到达此地,瓦鲁迈尼赫中校让其骑马步兵到娘子关(留下若干士兵,破坏掠获的大炮),25 日带着掠获炮及其他战利品返回符家庄。

法军其他纵队,是日经固关南面西韩河河谷到达长城之门,但没有遇到敌人。

在此之前,法军听到前方的炮声,派遣军官到清军,敦促其撤离。不过,该军使受到清兵的射击,未能完成任务。看到德军支队和优势的敌人战斗,丝毫没有给予援助,只是墨守来自北京的命令按兵不动。

固城小战斗

东亚步兵第一联队第二大队为从北京赶来增援,利用火车运到保定府(只有第六中队此后到达)。23 日从南栗附近出发(附骑马步兵一个小队、工兵一个小队),从上午 8 点半左右听到东面及南面有枪炮声,但由于没有炮弹到来,毫不介意地清除障碍物,继续前进。10 点,清兵突然从山上投抛石头,始知遭遇敌人。第八中队登上北面的山上,依此掩护继续前进,11 点至固城(不过有五六户人家)。第七中队亦继而到达该地,从正面射击敌人左翼。不过,敌人在险阻的山上构筑掩护堡垒,无法充分观察,尚不能前进,不能杀伤敌人。继而,军官侦察兵侦察对敌人左翼的前进道路,知道地形险恶,无法行动,不得已决定以射击击退敌人。选择良好阵地进行射击,德军一行动,敌人就从掩堡中射击,德军一还击就马上潜伏,由此转入僵持射击。此间大行李箱受到从后方来的敌人射击,人马损伤,进退维谷。担任掩护的军官死亡,搬运其军官的二名兵卒亦受伤。负伤者在战线后方加上绷带,到日落方运送到固城。

下午 2 点,大队长少佐缪兰费卢斯将情况报告给凯塔莱卢少将,请求派遣山炮。此请求亦向在附近的豪夫马斯特尔纵队(有山炮两个小队)提出。

大行李箱的侧面开设有救护所,下午 3 点受到敌人的激烈射击,大队亦从东面及西北面受到包围射击。于是,第五中队担任背后防御,竭力构筑掩堡,此时敌人在北面三百米高的山上构筑掩堡。

下午德军几乎没有从阵地射击,一直构筑掩堡到日落。于是,各中队从大行李箱中取出给养品,且命令第五中队夜间在右翼后方构筑九个掩堡。翌日早晨,第五中队向敌人右翼派遣军官侦察兵,还接到侦察进攻手段的命令,在德军阵地的后方峡谷间发现饮用水。

晚上 7 点 30 分，正面敌人的射击停止，但大行李箱及绷带所还受到后方的射击，绷带所最终移至固城，才得以安全。

傍晚第六中队到达，不过没有和大队会合，接到明天早晨在适宜之地进攻敌人右翼的命令，大队彻夜以准备战斗的队形过夜。

缪兰费卢斯少校请求的山炮于晚上 8 点到达豪夫马斯特尔纵队，该纵队指挥官于该夜马上携带山炮二门和步兵小队出发，至迟于明天早晨 8 点到达危急之地。炮兵夜间艰难地行进在山间，早晨 7 点到达。

不过，24 日拂晓各侦察兵接近敌人阵地时，敌人已经撤离，骑马步兵马上追击敌人，前进十公里，但未能发现敌人踪迹。

敌人是拥有 88 年式的毛瑟枪及“曼利赫鲁”枪的山西清军。从其掩堡正面宽度推算有二百余人，只看到两具敌人的死尸。

德军死亡军官一名、下士兵两名，重伤军官一名、下士七名，还有轻伤二十一名(其中包括缪兰费卢斯少校)。

关安小战斗

4 月 22 日，豪夫马斯特尔上校纵队(东亚步兵第四联队第一大队及第六、第八中队、山炮第八中队[缺第三小队]、工兵一个小队)在南栗宿营，23 日经关安前进到长城，10 点半到达如关安西面城墙的峡谷，但没有发现敌人。竖立德国国旗，发出三声“夫拉”。此时，从七八百米的前方高地飞来枪弹，持续听到八发炮响。于是，进行搜索，发现敌人在高地上用石头构筑三角锥体(高度相当于人的身高，由士兵建造，供其下方有德军到来时，进行掷下)。于是，支队进攻敌人，将其击退。11 点半，全线进入敌人阵地，只有第三中队没有等待命令，追击敌人。射击点燃地雷导火线的敌人，消除危害，驱逐敌人到长城。山炮也继续追击、射击敌人，继而派侦察兵跟踪，知道敌人在离山西省境内西面十公里以内停止。

敌人兵力约为二百人，其中五十余名拥有新式枪(74、84 年式)，其他为团匪，不过拥有旧式枪。其死亡有十几名，德军兵卒一名被石头投中受伤(德军消耗手枪弹药一千五百发、炮弹三十四发)。

支队是日宿营在关安，翌日在此地休整，支队长豪夫马斯特尔上校对越过山西省边界踌躇不前，接到缪兰费卢斯少校的危急报告，送派炮兵一个小队，且将此报告送给到达此地的莱塞尔中将，询问是否可以越过山西省的边界，该中将对此给予充分自由。于是，最终决定于 24 日越过边境。在山地跋涉三个小时，看到敌人再次构筑三角锥体，但敌人鉴于前次失败，马上撤退。支队越过边界，看到清军在前方二千米处停止，在搜索中敌人亦撤退。支队在此地宿营，豪夫马斯特尔纵队接到占领敌人阵地的报告，继而接到莱塞尔中将应撤退至直隶省内的命令，25 日返回西里铺。

六岭关小战斗

莱达布鲁上校纵队(东亚步兵第三联队、炮兵第二大队[缺第八中队])22 日派遣缪鲁曼少校的支队到南方井陉方向后，到达西里铺。23 日炮兵花费很长时间通过，绕到先头到达西右濠,炮兵留在途中,以骑马士兵编成一队,和支队一起前进。此道路侦察不完整的原因是,当时为不引起敌人注意,派遣骑兵到二十公里的前方,但实际上和法军制作的地图不同,前进了六十一公里才得以到达长城。

23日接到敌兵五六百人在六岭关后方的情报,莱达布鲁上校从西右濠前进,询问当地的人民,予以确认,且知道六岭关南面西八坂有拥有大炮的清国官兵一千人。决定24日进攻敌人,上午8点支队集合。在此之前,首先以步兵一个小队支援骑马步兵侦察敌人,10点凯塔莱卢少将到达后出发,又让骑马炮兵侦察西八坂方向,支队在获得前方情况前停在隘路口。继而从军官侦察兵获得敌人阵地的报告,且知道侧面的地形可能有敌人意外出现。第二大队进攻敌人,该大队一个中队从正面、两个中队从左翼进攻敌人。到八百米处,敌人简单射击后撤退。大队追击至六岭关西面十公里处。敌人兵力约五百人,据称死伤三四十人。德军没有死伤(不过消耗子弹一千四百发)。支队没有越过边界,在此地宿营,25日撤退,26日返回西里铺。

在以上长城的五个场所遭遇的敌人兵力,据说约为一万五千人。

此作战期间的给养卫生业务根据大要在如下区域实行:

一、在从保定府到定州的铁路经过的区域、定州设置患者集合所。

二、依靠补充牵引队的辅助用军队车辆送至灵寿县仓库。

三、清国车辆运输区域到达西里铺,此车辆往返至后方定州。

在西里铺设置野战医院及仓库,并有患者休憩所,使用驮马向前方长城方向以线状补充给养品。

负伤者从西里铺设立的患者休憩所来到富井街野战医院。南方纵队从缪鲁曼少校设置的井陉县休憩所立刻到野战医院。该医院在允许运输的限度内,使用车辆将其送至定州(需要两天以上)。从定州患者集合所由铁路运送至保定府。

如是,通过西里铺的患者,战斗负伤者二十六名(其中十名重伤),外部和内部的患者三十名,其他死者九名(其中两名被清国人殴打致死,两名因火药爆炸而死,一名为日射病)。

由于护送患者到后方,在限制军队的撤退时间内,满城附近的状况不稳,德军有必要急速返回保定府,故率先派遣骑马步兵的第三联队第三及第八中队。

根据当时到达联军司令部的情报,德、法军只在保定府留驻警察兵。因奔赴远征,22日约五百名团匪来袭,进行市内街巷战。

第三十二章　各国军队之减员

一　各国军队关于减员之交涉

直接关系军事之议和条款

在去年12月北京各国公使向清国议和全权委员提出的议和条款之中,直接和军事相关的条款如下:

第五款　根据各国协定的条件，持续禁止输入制造兵器和弹药的专用材料。

第七款　各国各自为其公使馆组织常设护卫，且有设在得以防御公使馆所在地位置的权利。

第八款　削平大沽炮台和阻碍北京至海滨之间交通的诸炮台。

第九款　为维持首都、海岸之间的自由通行，军队有占领在各国间协议所决定的一定地点的权利。

对于上述的第七至第九条款，元帅瓦德西做成意见书，作为外交官的参考，于 1 月 21 日送给德国公使。还将其出示给各国军队指挥官，以此表达元帅对有关前述各款的意见。

对于这些条款，根据小村公使的协议，3 月 7 日山口师团长亦拟就意见书，送给该公使。

各国军队指挥官会议

如此，各国公使各自征集其军队指挥官的意见后，预定由各国军队派出委员决定。限于种种事情未果，最终交由各国军队指挥官会议决定。4 月 6 日在联军司令部召开会议，以元帅为议长，进行商议，以下记述其决议的要旨：

关于第八款：

记入削平妨碍北京和海滨之间自由通行的防御工事，其条件如下：

(一)连接杨村南门的兵营。

但留守在该处的守备队为自己宿营所用者，不在此限。

(二)天津附近西沽的陆军武库

(三)天津附近黄色炮台

(四)天津附近黑色炮台(水师营)

(五)天津附近东机器局

(六)军粮城附近的两个兵营

(七)新河附近的四个兵营

(八)大沽附近的诸炮台

尤其在白河右岸，沿岸的诸炮台和与之连接的诸兵营、大沽南炮台和兵营；在左岸，西北炮台及该北面炮台。

(九)北塘附近的诸炮台

尤其是南炮台(第一炮台)、中央炮台及北炮台(第三炮台)，及其他与此第二及第三炮台北面连接的土墙，和炮台所在地与铁路线之间的兵营。

(十)铁路堤二千米以内芦台附近的诸兵营

(十一)铁路堤二千米以内汤河及山海关的诸兵营

除此之外，山海关附近的诸炮台由于危及铁路及锚地，也必须拆除。留在山海关的各国守备兵宿营地，应适当暂时原样保留。

天津附近的西机器局因有军事价值，不需要另外废弃。另外，俄国特权内的高粘土墙(武备学堂)亦交给该国官衙。

关于第九款：

各国军队指挥官认为有必要永远充分守备天津、山海关及秦皇岛，规定天津守备队为联合诸兵二千人,山海关及秦皇岛的守备队为一千五百人。天津的守备队由德、法、英、意及日本五国担任,山海关及秦皇岛的守备队由俄国和前述五国担任。

奥国只将小部分卫戍兵留在山海关及天津。

为充分警戒首都和海滨之间的联系,在北京、塘沽、山海关间的铁路线上各处设置永久卫戍一事,只有美军指挥官认为只需守备北京、天津、山海关就可以,最终行成如下决议。

黄村、廊坊、杨村、军粮城、塘沽、芦台、唐山、滦州及昌黎各以三百人守备,其中五十人为骑兵,另外配两三门机关炮。

关于这些卫戍地由各国军队分担一事,经过适当的协商,决定如下:

意军	黄村
德军	廊坊及杨村
法军	军粮城及塘沽
英军	芦台及唐山
日军	滦州及昌黎

另外,俄军沃嘎克少将的意见是前述各地的守备兵可能没有必要。所有各地的军队宿营当由各国军队自己负责,任何卫戍地都应担任至两个相邻卫戍地铁路线半程的警戒。另外,诸车站在铁路军事上运行期间,应由英国警察卫兵守备。重要的地点如塘沽车站等,为兵站业务,各国军队都有留置小分遣队的权利。

眼下的占领时期和长久时期之间有一个变迁时期,为此需要特别部署。各国军队指挥官认为此一时期天津守备队需要六千人,除长久性守备队以外的四千人由日、法、英、意及德五国派出。此所谓变迁时期,天津都统衙门仍然存在,白河河边的兵站地河西务、码头、通州也需要设置守备。

在此变迁时期的兵力撤退及缓和长久性守备部署时期,今后交由各国政府考虑。任何时期守备的部署是否减少,须视今后的实际情况而定。总之,这要看清政府是否拥有充分的威力,并能否真正发扬自己担任保护外国人生命及财产的使命。

变迁时期并长久性时期设置共同的高等司令部,从军事上来看是非常必要的,因需要每年改选此高等司令部,相信有关的各国军队可以悉数参加高等司令部。

如上关于和议条约第八及第九条款的实行规定,全部结束协商。另外,和实行部署有密切关系的是直隶省撤兵的方法,有如下要旨的协议。

在天津附近固然不是一时集合大部队之所,特别是在暑气之时,由于必然会带来卫生上的大危害,故军队从北京或保定府撤出的同时,应返回本国。必须准备好所需要的运送船才能撤兵。另外,一般都知道7、8月间天津塘沽方向很难实行大的行军。占领时期如果不延长到秋季,应尽快于6月15日前结束从北京及保定府的撤兵。

军事行政交给清国官厅,应于该地撤兵后开始。但在此交还前,清兵已经来到此地,直接接受卫兵工作及警察工作是必要的。依此方法,在大的城市就能够充分防止不稳或乱民的发生。

最后,协商公使馆守备的兵力,总数不超过二千人,其留在北京的兵力如下:

美军	德军	法军	英军	日军	意军	奥军	俄军
150 人	300 人	300 人	250 人	300 人	200 人	200 人	300 人

各国代表之提议

上面的决议以各国军队指挥官为代表，由元帅移交给各国公使。但是，4 月 24 日老资格公使不厌其烦地就其不明或未决之点展开讨论，照会元帅，其要旨如下：

关于军事上的秩序问题，各国公使将其政府的认可视为未决之问题，各自悉数采取各国军队指挥官的提议。关于在海和海岸间占领的地点应配备的兵力，并破坏各炮台等，表示赞成各国军队指挥官的意见。

不过，各国公使还就军事上及政事上提出如下意见：

（一）现在关于占领的下一时期暂时驻留在天津四千卫戍兵，各国军队指挥官按照各国卫戍兵的比例，得到各国政府的认可。

（二）天津都统衙门在情况允许的情况下，其权利马上让予清国官衙，此处置和军事上的占领紧密相连。

（三）关于驻屯兵唯一总指挥官的问题，各国公使多数同意各国军队指挥官的方案。但是北京公使馆的守卫在将来新命令到达前，不属于在唯一总指挥官命令之下的军队。

（四）关于撤兵问题，各国公使全体一致向其政府提出如下提议：

1. 驻清军队部分减员已非难事，不过所谓撤兵，清政府应充分承诺议和条约第二及第十条款的条件，且关于赔偿金，即其金额及其支付方法，如果不能答应各国指定的要件，就无法开始实施。

2. 关于当地的行政移交给清朝官衙的条件，各国军队指挥官首先在撤兵一个月前将北京行政及警察事务置于各国军衙的高等监督之下，再研究是否可以将其委任给清朝官厅。

3. 对于上述之事，必须要记住，以前北京市内没有军政及常设卫戍兵，这是因为八旗兵被认为是卫戍兵。

第二次各国军队指挥官会议

4 月 29 日，在联军司令部再次召开各国军队指挥官会议，讨论各国公使的提议，其决议要旨如下：

一、应留在天津及其所属地的六千名士兵（在外交官的通知中为四千人，这只是天津守备队指挥的人数），各国按照如下比例派出。

英、法、日及德兵各一千四百人，意兵四百人。

另外，留在山海关及秦皇岛的一千五百人由日、英、法、俄及德兵各出三百人，另外意大利削平该地炮台之前，留一个中队在该地。

二、各国公使的意见应尽快将天津都统衙门交给清国官厅，但军队占领期间，军事行政便利不用说，还由法国派出六百名士兵守备天津至塘沽的铁路线。像塘沽那样，因有必要各国共同留下若干守备兵，故到过渡时期其行政依然在天津都统衙门的管辖之下。天津的各国守备兵削减二千人，继续将其留在各租界内。

三、北京守备队是否归属一位高等司令官之下的意见,由于和在直隶省的一般军队是否设置高等司令官的问题紧密相连,故根据各国政府的意见来确认。

四、关于现在是否已经可以有部分撤兵的问题诸说纷纭。即日、英及德指挥官的意见是如果清国不同意支付赔偿金额,就不能进行撤兵。法军指挥官宣布向政府申请撤退八九千人,并说:"十四天内开始,六周内完成。"意、奥军指挥官说还没有得到训令,各国军队指挥官将下列一致意见通告给各国公使。

直隶省撤兵问题,如果考虑到军队健康上最为不利的暑气迫近和大沽锚地完全不利的情况的话,是最应该认真考虑的困难问题。而且,此问题苟有延滞,不仅军费显著增加,可能还会失去数百士兵。且冬季前还会产生不利军队的结果。

五、北京的行政犹如公使通知那样,在撤兵开始四周之前交给清朝官吏,在各国军队的监视下执行行政事务。即各国军队只监视清朝官吏的行动,行政官员等全部由清朝负责。

另外,各国军队指挥官没有讨论清国如何支付赔款一事。相信如能确定其金额,撤兵问题将意外地迅速解决。而且,因赔款支出的实行还需要数月,故首先着手赔款问题。如果清国宣布支付所需要的金额,就算是已经达到开始撤兵的时期,而后结束撤兵还需要数月。总之,占领兵的减少应缓慢进行。而且,北京二千人、天津管区六千人、山海关一千五百人及铁路守备约三千人,总计一万二千五百人,并在大沽锚地的各国舰队和上海的各国军队守备队,及其他吴淞锚地的舰队,应足以使清国答应支付赔款等要求。

上述决议由元帅送给各国公使。

继而,因各国政府同意解除元帅的联军指挥官职务,6 月 3 日解散联军司令部,元帅踏上归国之途。

英国公使之提议

6 月 21 日接到英国公使的照会,其意见是联军司令部从北京出发之际,应议决遗留带有军事性质的若干问题。为议决此问题,近日召开由各国代表即外交官及各国军队指挥官参加的会议,其要点如下:

一、破坏大沽及其他交通线上的炮台为现时之事业。

二、确定诸哨所司令官的管辖区域。

关于此项,和清政府签订合同,在各哨内设一个市场,储备经常供给军队的新鲜食品。

三、将山海关的炮台分配给各国军队。

因 6 月 3 日元帅的命令,且以少将克里为议长在山海关召开的委员会议的决议,在总体上得以决定。

四、根据 5 月 19 日元帅发给联军指挥官回信,削减根据各国军队占领区域。

五、根据此回信,元帅要求提议关于李鸿章欲招纳多数清兵的地点,但这些清兵在各国撤兵之际应迅速到达北京及保定府。

北京及保定府的准确撤兵日期还没有明确。但此两市的军队已逐渐撤退,且研究整理要将北京民政及各区的警察事务交还给清政府。但在此之前,警察事务由联军指挥官任命的警察官执行。

关于上面所记的特别事项,恐怕对各国采取一致处置比较有利。

六、以前以各国名义占领的万寿山、紫禁城及其他皇室有关的建筑物，临时交还给清廷的委员。

日本新旧驻屯军指挥官之商议

此时，第五师团即将凯旋之际，由于此会议在师团长出发前能否召开很难预测，和新司令官陆军少将山根武亮协商决定，如7月5日以前召开此会议，师团长出席，如以后召开则新司令官出席，且决定日军的意见如下：

一、大沽北炮台及水师营炮台，寻机由日军拆除。

二、诸哨所司令官的管辖区域为两所的中央。

在北京、天津等及北清设置指挥各国军队的司令部。

三、在山海关，如果允许日军占领第四炮台及海岸的一部分，将明确让出第一炮台及意军驻守的房屋。

四、随着清政府秩序的恢复，就可以没有障碍地逐渐缩小直隶省的占领区域。

五、日军应自7月1日将北京行政交给清政府，并在各国军队还保有占领区域期间，行政的统辖及军事警察的实权由日军掌握。

六、如果不能确认清政府有完全保有能力而归还的话，反而会产生混乱。

会议结束

但是，前述英国公使的提议其后移至各国军队指挥官会议。第五师团长凯旋后，于7月16日在天津召开了各国军队指挥官会议。正如我之希望，山海关的第四炮台归日军专有。如果组织委员，决定将在8月5日的天津委员会议上满足各国公使的希望。

二　各国军队之减员

延迟减员情况

由于元帅公布的远征西安府的扬言意外地帮助推进了议和谈判，处置元凶告一段落，实行减员之说俄然出现。法军3月上旬马上呈现出着手减员的情况。但是，1月以来时评日涨，在满洲关于俄清密约的纷争逐渐高涨，因外交官的视线一时专注于此，大大阻碍了议和谈判的进展。而且，陆军运输而来大沽的法国运输船离开该地时也因此没有搭载一兵，减员一说完全绝迹，外交界出现风云甚急的征兆。3月下旬至4月上旬，因俄国撤回此问题，各国公使再次转移到议和谈判的赔款问题上。

4月7日，美军发出公文，通告留下步兵1个中队及卫生、通信所需要的若干人员，其他的于该月下旬悉数撤走。不过，其他各国军队在满足调整赔款问题前，不仅无撤兵的意向，在保定及正定两府附近的德、法军反而在同月18日向获鹿县附近运动其军队等(参见第三十一章)，出现与推进议和谈判及各国军队行动相反的动向，让旁观者很难判断。当时各国公使对减员问题分成两派：日、英、美、法的公使主张减员；德、意公使反对。议论不决，其结果如本章一所述。4月29日向各国军队指挥官会议提出撤兵问题。但各国军队指挥官亦没有决定，此问题终没有解决。只不过劝告各国公使从气候和费用的关系上必须迅速撤兵。

各国军队减员

在此之前,4 月 24 日据说法国公使公然布告同僚,法军只留一个混成旅团,其余马上撤兵。英军指挥官也接到准备减员的训令。而后到 5 月中旬,对赔偿问题各国各自主张本国的利益,议和谈判呈不易解决状态。到 5 月下旬,由于德国公使的让步,形势俄然一变,元帅解任,德、法、英军减员。北清的各国军队突然呈现出和前日不同的景象。议和谈判突然变化,全是因为各国都希望在北清雨季以前减员。

已如所述,德国政府和加入联军的各国协商,决定解除元帅的联军指挥官职务。6 月 2 日元帅向师团长送至如下要旨的感谢状,并 3 日从北京出发,经日本踏上归国之途。

拜启。此次德意志皇帝陛下和日本皇帝陛下协商,可视为敝官作为直隶省联军高等指挥官已告结束。

兹敝官在辞去联军高等指挥官回国之际,谨为此前常常得到阁下的帮助,表示诚挚感谢。并对附属于阁下的卓越师团的军官、士兵行动和友谊,表示谢意。实际上诸位的行动及友谊能始终一贯表明之,日本军队的卓越和勇敢可以和欧洲各国军队比肩,能够巩固对日本全军的威力和行动的威信。

如果以作为军人的敝官来看,实际上因为此时贵国卓越的军队未能和联合各国军队合作对敌人进行一大作战甚为遗憾。如果彼等日军能得到如此机会,相信必能更为发扬名誉。

继而,继山口师团长凯旋之后,英、法、德军指挥官按照如下所示出发。

一、英军指挥官盖斯里中将在天津将事务交接给后任指挥官克里少将,7 月 21 日踏上归国之途。

二、法军指挥官华伦中将 8 月 8 日从天津出发,踏上归国之途,其后任为絮西隆少将。

三、德军指挥官莱塞尔中将 8 月 9 日从天津出发,踏上归国之途,其后任为罗尔沙伊特少将。

减员后部署

另外,意军等也在此前后着手减员,在清的各国军队大都于 7 月上旬到 8 月下旬结束减员,变成如下配备:

日军(时间为 9 月):

北京	守备队司令部(暂时在天津)
	步兵第一大队(缺 2 个中队和半个小队)
	骑兵半个小队
	工兵 1 个小队
	第二野战医院分院
	宪兵 5 名

续表

通州	步兵第一大队的半个小队
河西务	步兵第二大队的半个小队
杨村	步兵第二大队的半个小队
天津	驻屯军司令部
	步兵第一大队的 2 个小队
	步兵第二大队(缺 1 个小队)
	骑兵 1 个中队
	炮兵 1 个中队(暂时在新城)
	工兵中队(缺 1 个小队和 1 个分队)
	野战兵器厂
	第二野战医院(缺 1 部)
	宪兵队(缺 20 人)
	军乐队
咸水沽	步兵第四大队第三中队的半个小队
	骑兵中队(缺 2 个小队)
葛沽	步兵第四大队第三中队(缺 1 个小队)
新城	炮兵大队(缺 1 个中队)
	步兵第四大队第三中队的 1 个小队
西大沽	步兵第四大队第四中队的 1 个小队
	第一野战医院(缺 1 部)
塘沽及大沽北炮台	步兵第四大队本部
	该大队第四大队(缺 1 个小队)
	工兵 1 个分队
	宪兵 10 名
唐山	步兵第四大队的半个小队
滦州	步兵第四大队的 2 个中队(缺半个小队)
昌黎	步兵第五大队的 2 个中队
山海关	步兵第五大队(缺 2 个中队)
	骑兵半个小队
	第一野战医院分院
	宪兵 5 名

英军(时为9月)：

<table>
<tr><td rowspan="3">公使馆守备队</td><td colspan="2">沃尔修第二联队的2个中队</td></tr>
<tr><td colspan="2">马克西姆机关炮队</td></tr>
<tr><td colspan="2">第十五野战医院B号</td></tr>
<tr><td>北京车站及通州延长线</td><td colspan="2">锡克步兵第十四联队1个半中队</td></tr>
<tr><td>丰台</td><td>2个小队</td><td rowspan="3">锡克步兵第十四联队1半个中队</td></tr>
<tr><td>黄村</td><td>1个小队</td></tr>
<tr><td>安定</td><td>1个小队</td></tr>
<tr><td>廊坊</td><td>1个小队</td><td rowspan="4">锡克步兵第十四联队1个中队</td></tr>
<tr><td>落垡</td><td>1个小队</td></tr>
<tr><td>杨村</td><td>1个小队</td></tr>
<tr><td>北仓</td><td>1个小队</td></tr>
<tr><td>天津车站</td><td colspan="2">锡克步兵第十四联队1个半中队</td></tr>
<tr><td rowspan="13">天津、英国租界</td><td colspan="2">司令部</td></tr>
<tr><td colspan="2">铁路司令部</td></tr>
<tr><td colspan="2">马克西姆炮兵队第三、第五小队</td></tr>
<tr><td colspan="2">沃尔修第二联队2个中队</td></tr>
<tr><td colspan="2">香港联队</td></tr>
<tr><td colspan="2">宝姆拜工兵队印刷部</td></tr>
<tr><td colspan="2">信号队</td></tr>
<tr><td colspan="2">电信小队(旁遮普工兵队)</td></tr>
<tr><td colspan="2">兵器厂供养运输部</td></tr>
<tr><td colspan="2">野战兽医部</td></tr>
<tr><td colspan="2">第十六英国野战医院A部</td></tr>
<tr><td colspan="2">第五十七当地居民野战医院</td></tr>
<tr><td colspan="2">野战邮政部</td></tr>
<tr><td>军粮城</td><td>1个小队</td><td rowspan="2">锡克步兵第十四联队1个中队</td></tr>
<tr><td>新河</td><td>3个小队</td></tr>
<tr><td>塘沽</td><td>1个半中队</td><td rowspan="2">锡克步兵第十四联队本部及2个中队</td></tr>
<tr><td>北塘</td><td>半个中队</td></tr>
<tr><td>汉沽</td><td>半个中队</td><td rowspan="2">马德拉斯步兵第三十一联队三个中队、第51当地居民野战医院B部</td></tr>
<tr><td>芦台</td><td>2个半中队</td></tr>
</table>

续表

<table>
<tr><td>唐坊</td><td>1 个小队</td><td rowspan="2">马德拉斯步兵第三十一联队 1 个中队</td></tr>
<tr><td>胥各庄</td><td>3 个小队</td></tr>
<tr><td rowspan="3">唐山</td><td colspan="2">马德拉斯步兵第三十一联队本部及 4 个中队</td></tr>
<tr><td colspan="2">旁遮普步兵第四联队</td></tr>
<tr><td colspan="2">第五十一当地居民野战医院 A 部</td></tr>
<tr><td>开平</td><td>1 个小队</td><td rowspan="4">戈尔卡・拉夫路联队 1 个中队</td></tr>
<tr><td>滦里</td><td>1 个小队</td></tr>
<tr><td>古冶</td><td>1 个小队</td></tr>
<tr><td>雷庄</td><td>1 个小队</td></tr>
<tr><td>滦州</td><td>2 个小队</td><td rowspan="3">戈尔卡・拉夫路联队 1 个中队</td></tr>
<tr><td>石门</td><td>1 个小队</td></tr>
<tr><td>鞍山</td><td>1 个小队</td></tr>
<tr><td rowspan="5">山海关</td><td colspan="2">戈尔卡・拉夫路联队 1 个中队</td></tr>
<tr><td colspan="2">该队本部及 4 个中队</td></tr>
<tr><td colspan="2">马克西姆炮兵队第四小队</td></tr>
<tr><td colspan="2">第十五英国野战医院 A 部</td></tr>
<tr><td colspan="2">当地居民野战医院 C 部</td></tr>
</table>

法军(11 月上旬)：

<table>
<tr><td rowspan="2">北京</td><td>殖民地步兵第十七联队的 2 个中队</td></tr>
<tr><td>炮兵一队(另外有攻城炮机关炮数门)</td></tr>
<tr><td rowspan="4">杨村</td><td>殖民地步兵第十七联队的 2 个大队</td></tr>
<tr><td>刺阿古步兵 2 个大队</td></tr>
<tr><td>非洲猎骑兵 1 个中队</td></tr>
<tr><td>炮兵 2 个中队</td></tr>
<tr><td rowspan="5">天津</td><td>司令部</td></tr>
<tr><td>殖民地步兵第十六联队的 2 个大队和 2 个中队</td></tr>
<tr><td>殖民地步兵第十七联队的 2 个中队</td></tr>
<tr><td>炮兵 1 个中队</td></tr>
<tr><td>工兵 2 个中队</td></tr>
<tr><td>军粮城</td><td>殖民地步兵第十六联队的 2 个中队</td></tr>
<tr><td>塘沽</td><td>殖民地步兵第十八联队的 2 个中队</td></tr>
</table>

续表

山海关	殖民地步兵第十八联队的 2 个中队

德军(时为 10 月 10 日):

北京	守备步兵第二联队第三大队及机关炮三队	400 人
	野战炮兵及徒步炮兵部队	
天津	守备旅团司令部	1720 人
	守备步兵第二联队(缺第三大队)及机关炮队一队	
	骑马猎兵部队	
	炮兵队本部及加农炮 1 个中队	
	工兵中队	
	辎重兵中队及马厂	
	卫生队半部	
	野战医院 2 个	
山海关	守备步兵第一联队第三大队(缺第七中队)	260 人
	机关炮队 2 队	
秦皇岛	守备步兵第一联队第七中队	120 人
廊坊	守备步兵第三联队第二大队	380 人
	机关炮队一队	
杨村	守备步兵第三联队第一大队(缺第二中队)	260 人
	机关炮队一队	
塘沽	守备步兵第三联队第二中队	140 人
	兵站司令部	
大沽	卫兵	
	要塞监狱	
开平	骑马猎兵中队	140 人
北戴河	守备步兵第三联队本部及第三大队	500 人
	机关炮队 2 队	
	野战榴弹炮 1 个中队	
上海	守备步兵第一联队(缺第三大队)	950 人
	机关炮队 2 队	
	炮兵第三中队(山炮)	
合计		4870 人

意军(时为 9 月 5 日)：

北京	水兵 2 个中队
	骑兵 10 名
天津	“帕利沙库利艾瓦”步兵 2 个中队
	步兵 1 个中队
	水兵 1 个中队
山海关	水兵 1 个中队
黄村	步兵 1 个中队
	骑兵一部
计	1200 名

俄、美、奥军的配置和以前相同,即如下：

俄军：

北京	步兵 1 个中队	327 人
	骑兵半个中队	
	炮兵半个中队	
天津	步兵 1 个中队	260 人
	骑兵半个中队	
大沽及塘沽	步兵 1 个中队	450 人
	海军兵	
北塘、芦台及唐山	步兵 1 个中队	190 人
	工兵若干	
山海关	步兵 4 个中队	1160 人
	骑兵 2 个中队	
	炮兵 1 个中队	
计	2390 人、炮 10 门、机关炮 4 门	

美军：

北京	步兵 1 个中队	150 人
附有卫生部员等若干,还在大沽及天津有若干名		

奥军：

北京	海军队	200 人
	炮兵队(4 门)	
天津	海兵半个中队	50 人
大沽	海军士兵	4 人
塘沽	海军士兵	20 人
山海关	海军士兵	30 人

第三十三章　第五师团之轮换及凯旋

一　第五师团实施轮换时状况

小村公使及山口师团长有关轮换之意见

已如前述，议和谈判不仅因满洲的俄清密约暂时出现停顿的态势，而且清国议和全权委员也极力减轻其负担，受此影响，各国减员很难轻易着手。因此，帝国政府计划眼下派遣新的人员轮换驻屯直隶省的军队，现在也正是最为适当的实行时节。而且，新军队因需要和现在的驻屯军拥有同样的权衡，至少需由步兵六个大队、骑兵一个中队、炮兵一个大队、电信队及其他必要的诸部队组成。根据其宗旨，小村公使 4 月 1 日电请加藤外务大臣，师团长亦于同日电报向大山参谋总长提出意见，且中川参谋也带着相关使命回国。

其后至 4 月 18 日，德、法军开始向获鹿县附近远征。公使等人的意见是眼下要极力避免清军和各国军队发生冲突，师团长察知事关重大，在进行彻底轮换前，让对纵队及医院等已经没有必要的部分凯旋是有利的。同日，师团长将上述之意向参谋总长提出。另外，自 4 月 20 日起，将为供以前冬营期间不虞之用，且集聚在北京的弹药运送至通州，以便能顺利地向纵队等下达凯旋的命令。25 日及 30 日两天，收到电报为“各国军队指挥官希望在雨季前撤退大部分兵力。但由于议和谈判的进行和各国的利害有重大关系，造成不易决定的境地。不管各国公使并指挥官会议如何，以本月 1 日申请的兵力进行轮换为上策”，促使其尽快进行轮换。

呈报首先应是纵队等凯旋之意见

熟悉观察北清的情况，现在不仅需要军队的行动，即便粮食的搬运等也需要借助纵队的力量，临时征集清国马车反而有利。因野战电信队中还有服兵役者，因此在全部凯旋之前，首先考虑纵队凯旋是最为有利的。尽管已经上报，但 5 月 10 日再次申请首先让此等凯旋。同时，由于暑气达到九十度以上，请求装修宿舍内部所需的约二万元费用。

日本政府决定按照小村公使意见对军队轮换

如是，在反复两三次后，5 月 14 日加藤外务大臣致电小村公使，“决定按照贵电的意见派遣新的兵力。”参谋本部次长还给师团长来电，“我驻屯军的轮换兵决定派遣步兵六个大队（一个大队士兵六百名），骑兵、工兵各一个中队，炮兵两个中队，医院两个，兵器厂、宪兵队及军乐队，其先发部队预定至迟于 7 月上旬到达其地；同意支付兵营的内部装修费二万元”。于是，轮换问题始告一段落。

纵队等凯旋

前几天提出的意见，结果纵队等首先凯旋的命令逐渐到达，而后出发的部队如下：

一、临时卫生队及第一野战医院，并野战电信队中应入国民军兵役的下士兵由铁路运送，5 月 23 日从北京出发，向塘沽前进。

二、临时步兵弹药纵队同月 23 日从通州出发，徒步行军到西大沽。

三、辎重兵第五大队本部 30 日从北京乘火车出发，另外第三粮食纵队同月 25 日从北京出发，徒步行军到西大沽。

四、大沽炮台守备炮兵队 6 月 8 日乘船出发。

五、临时炮兵弹药纵队 6 月 4 日，第二粮食纵队同月 8 日一起从北京出发，徒步行军到西大沽。

这些部队经海上运输，返回广岛，陆续复员。

师团进行轮换之诸种准备

由于 5 月 20 日的来电，知道参谋本部的意见是计划将供给驻屯军军官马一百匹、下士兵的骑马三百匹、炮兵挽马三百三十匹、辎重挽马二百五十匹、辎重车辆二百八十辆、乘鞍、挽具、卫生材料及其他能应用的全部接过来。而且，当地的车辆是旧式的，由于各纵队使用的大半破损，为准备轮换进行如下处置：

一、命令在天津的野战兵器厂长，从库内物品及弹药粮食纵队中新的车辆中选二百八十辆，将其配备（在实际的命令中添加附表）到北京、天津等地。

二、应轮换的诸队大行李箱为车辆暂时编制，准备将其全部交给新驻屯军。

三、应交给新驻屯军的若干骑马，由兵站监部的兽医在西大沽选出，这是因为徒步行军奔赴该地，骑马者的马匹则不能交给别人（后在天津选取）。

四、其他不用的弹药、被服、毛巾及卫生材料等悉数办理归还手续。

随着形势之变迁，轮换军队减少

但是，从 5 月下旬到 6 月 2 日，议和谈判的进展突变，赔款问题也大体通过。关于元帅离开北京及德军减员，由于德国政府的公开通知等影响到我军队的减员问题，帝国政府又询问小村公使的意见。于是，该公使 6 月 2 日回电说：“从时下的局势预测未来，可以判定再减少兵力的时机到来。需要以步兵四个大队及随附该队的诸部队，长期占领北京其他指定地。另外，由于德军由少将指挥，日军同样应将新派遣队置于少将指挥为上策。”此时在本国,已经任命第九旅团长大岛久直为新驻屯军司令官,6 月 15 日预定从宇品出发。6 月 1 日参谋总长向山口第五师团长及大岛第九师团长发出关于轮换的命令。

继而,山口第五师团长也于 6 月 4 日从天津(当时正在巡察各地)向参谋总长提出和小村公使大略相同的意见。7 日接到法军留下混成旅团,英军亦只留步兵七个大队等其他撤兵的确切报告。

因师团长上报意见及北清一般情况的改变,6 月 13 日参谋本部采取如下处置:

一、驻屯军司令官大岛中将因北清外交的变化而中止出发。

二、由驻屯军守备队司令官山根少将暂时指挥驻屯军。

三、由驻屯军参谋长秋山大佐(当时是兵站监)代理守备队司令官。

四、驻屯军参谋长由驻公使馆的青木中佐兼任。

五、步兵第三、第六大队延期出发。

于是,关于轮换的一般事务交给山根少将负责。其后关于驻屯军的兵力,和小村公使及山根少将协商,结果山口师团长 6 月 26 日电请参谋总长,说:“北清的形势逐渐恢复,但还很难立刻断定,故眼下派遣中的步兵四个大队及特科兵等暂时留在北清,相信看准时机再减员为上策。”于是,驻屯军的兵力由步兵四个大队及附属于此的特科兵补充,山根少将以下的临时任务遂成为固定职务。

二　轮换及凯旋

轮换命令

6 月 12 日,中川参谋到北京复命,此时该官携带的“给山口第五师团长关于轮换的命令”是 6 月 1 日奉旨由参谋总长发出的,其要旨如下:

一、为轮换贵官所统率的清国驻屯军,根据别册编制要领书[①],编成如下诸部队,由陆军中将大岛久直指挥,派遣到该地。

1. 驻屯军司令部
2. 守备队司令部
3. 步兵第一至第六大队
4. 骑兵中队
5. 野战炮兵中队
6. 工兵中队
7. 第一、第二野战医院
8. 野战兵器厂
9. 宪兵队
10. 军乐队

二、贵官在大岛中将到达该地后,将交办以往及将来计划处理的全部事项,部下各部队还和新编成的部队轮换,陆续凯旋回国。

① 略。——译者注

三、新旧各部队的船舶运送如别表所示，清国驻屯军和轮换的船舶运送表[①]。

另外，关于轮换之际交还物件的授受，依据别册清国驻屯军编组及轮换规定[②]。

如前所述，由于形势变化，驻屯军的兵力及指挥官发生了很大变动，但轮换的方法皆按照此命令的要领实施。

关于轮换协议及师团命令

6 月 15 日上午，第五师团幕僚会见新驻屯军参谋长青木中佐、参谋立花少佐及兵站监秋山大佐，就有关轮换诸项进行商议。下午 6 点山口师团长下达有关轮换的命令，其要旨如下：

一、命令我驻屯队在和新从本国到中国的驻屯军轮换后凯旋归国。

二、关于各部团队的轮换并行军及运送，应根据另页第一号表[③]实施。另外对于乘船，应和在塘沽的运输通信支队协商。

三、徒步行军到达乘船地的诸队在各地所需要的宿舍、给养，及其他各部团队等待船舶期间的宿舍、供养，由兵站监准备。

四、利用火车运送从北京直接到达乘船地的各部团队的列车，由师团司令部准备，应通知其每次乘车的时间，但关于乘车的详细情况应和北京兵站司令部协商。

在其他各地的诸部队，应直接与当地英国铁路有关人员协商的基础上乘车。

五、对于船舶运送，应根据别册凯旋部队运送规定，及另页第二号船舶运送预定表[④]。

六、我驻屯军转给新驻屯军各部团队的物品数目、人数及马匹的交付，应根据另页第三号及第四号表[⑤]。

七、补充物品中可以自行携带的毛巾被服等东西，应在和监督部或者兵站监部协商的基础上办理以后再寄的手续。

八、各部团队到达其卫戍地后，在师团司令部到达前应接受第五师团长的指挥。

在下达上述命令的同时，要求各部团队注意有关轮换及凯旋的各种情况（注意事项在此略去）。

6 月 20 日，新驻屯军代理司令官山根少将及工兵一个中队入京，是日在和小村公使及新驻屯军代理司令官协商的基础上，办理 7 月 1 日以后我北京占领区的行政事务，交给清朝全权委员的手续（其详细情况请参见第三十章一）。

各部团队凯旋

各部队的轮换及凯旋按照命令实施，几乎都能按计划进行，特别是由于当时北清的铁路确实可以使用，与前期半部凯旋时相比，从最初基于运送计划建立有条不紊的计划，大都可以从各部队的驻屯地用火车运送到塘沽，马上利用新设的大栈桥等乘船。因此，各部

---

① 略之。——译者注

② 略之。——译者注

③ 略之。——译者注

④ 略之。——译者注

⑤ 略去两表。——译者注

队没有集聚在乘船地,宿舍、供养等的准备甚为简单,这特别是因为轮换兵在塘沽附近登陆和凯旋部队乘船的同时,避免在同一地集合。不过由于气候等原因,轮换兵登陆迟缓,不免在塘沽附近出现若干聚集,该地兵站司令部颇为繁忙。

屯在滨田的步兵第二十一联队从大沽直接被运送到该卫戍地,步兵第二十一旅团司令部还在步兵第四十二联队半部凯旋之际,将编入步兵第二十一联队的军官九名、下士以下一百三十三名,从门司直接运送到山口卫戍地。

师团司令部为监视和管理乘船,从乘船之初就派遣誉田参谋到塘沽。师团司令部凯旋后还留中川参谋在该地,兼任报告的搜集等。

各部队返回的海上运送顺序及运送指挥官如下:

部队号	船名	大沽出发时间	在宇品等登陆时间	运送指挥官
属于步兵第四十二联队的人员、后送患者	弘济丸	6月23日	6月26日	步兵中尉 广濑衷
骑兵第五联队本部及一个中队(缺一部分)、第二粮食纵队的余部	朝颜丸	6月24日	6月29日	骑兵大佐 森冈正元
同上一部及工兵第二中队、卫生预备厂(缺一部)	佐仓丸	6月30日	7月4日	工兵大尉 土屋善龟
步兵第二十一联队本部、第一大队(缺一个中队)	和歌浦丸	7月2日	7月6日滨田登陆	步兵大佐 竹中安太郎
同上联队第二大队(缺一个中队)	近江丸	7月4日	7月7日滨田登陆	步兵少佐 西山敏
同上联队第四、第八、第十二中队	大连丸	7月5日	7月8日滨田登陆	步兵大尉 山口正路
同上联队第三大队(缺一个中队)	小仓丸	7月6日	7月9日滨田登陆	步兵少佐 佐本寿人
第五师团司令部及步兵第二十一旅团司令部、步兵第四十一联队第一大队(缺三个中队)及临时军乐队	弘济丸	7月8日	7月12日	步兵少佐 小原文平
同上联队第三中队及第一大队的大小行李、野战炮兵第一中队、辅助运输兵第一队	朝颜丸	7月8日	7月12日	炮兵大尉 星加喜三
骑兵第三中队、辅助运输兵第四队、步兵第四十一联队第四中队	佐仓丸	7月16日	7月20日	步兵大尉 若曾根礼二

续表

同上联队第七中队、第二野战医院、野战炮兵第五联队第一大队（缺一个中队）野炮兵器厂、辅助运输兵第二队	和歌浦丸	7月17日	7月21日	炮兵少佐 池田纲平
步兵第四十一联队本部及第二大队（缺第七中队）、北京及通州兵站司令部	近江丸	7月18日	7月22日	步兵大佐 小原芳太郎
野战炮兵第三中队、塘沽兵站司令部、骑兵第三中队第二小队、卫生预备人员、兵站监天津办事处	大连丸	7月19日	7月24日	步兵少佐 芦原甫
师团司令部的余部、兵站监部的一部、野战电信队、卫生预备厂的一部、大沽运输通信支部和附属宪兵	小仓丸	7月20日	7月24日	辎重兵大尉 野村丰
第五师团监督部、兵站监部、师团司令部宪兵、步兵第四十一联队第九中队后送患者	弘济丸	7月21日	7月25日	步兵少佐 木村宣明
步兵第四十一联队第三大队（缺一个中队）	朝颜丸	7月22日	7月26日	步兵少佐 井上思服
辅助运输兵第三队	佐仓丸	7月29日	8月2日	宪兵大尉 海津丰
计	人员	8083	马匹	963

师团司令部出发及向各国军队通报

最初，师团长应于7月21日乘大沽起锚的弘济丸凯旋，由于寺内参谋本部次长催促其轮换完后迅速凯旋，决定7月6日从北京出发，7日乘大沽出发的弘济丸凯旋。于是，6月30日关于新旧驻屯军的轮换，向在清的各国军队指挥官通报，其内容如下：

拜启，命令下官指挥的在清驻屯军在和新从本国来的驻屯军轮换后凯旋归朝。

下官7月5日将我驻屯军的事务交给新驻屯军司令官陆军少将山根武亮，预定7日乘大沽出发的运送船凯旋。另外，下官指挥的各部团队前日以来逐渐和新驻屯军各部队轮换，预定最后的轮换于7月中旬结束。

下官对在下官及下官部下尽职期间，贵官及贵官的部下经常能合作亲睦，完成联合目的的友谊，深表感谢。

自今以后，因山根陆军少将代替下官指挥新驻屯军，故希望给予下官及下官部下友谊的贵官及贵官部下，也对山根少将及其部下同样浓厚友谊，且为完成彼等的任务，能够给予多多帮助。

另外，新驻屯军司令部将于7月5日在北京城内四条胡同的旧驻屯军司令部之地开设。

又通报小村公使，“7月5日驻屯军的事务交给陆军少将山根武亮后凯旋”。请求其将此通告给各国公使。

7月3日，向新驻屯军交接事务；5日，参谋部副官部等事务室让与新驻屯军。兹全部轮换完毕。

6日,按照预定从北京天坛车站出发,踏上凯旋之途。这天夜里,宿在天津领事馆。7日乘船,8日上午8点从大沽出发。其从北京及天津出发时,各国军队悉数派出仪仗队,各国军队指挥官以下军官、外交官等欢送者布满车站。另外,在大沽以我军舰为首,英、意、法的军舰各放礼炮,为凯旋饯行。

抵达宇品及侍从武官来广岛

12日,船抵达宇品,返回广岛师团司令部。

天皇陛下特别派遣侍从武官宫本炮兵中佐,传达其关怀,其要旨如下:

师团在去年北清变乱之际迅速动员出征,其后冒着寒暑,忍着困乏,作为各国军队之主要骨干,能举共同行动之果实,最终达到其目的。继而,完成善后任务。此间之情况因经常上奏报告,得以逐一听闻。另外,先前派遣冈泽侍从武官长亲自慰问军情。现在面对大部分军队撤回之气运完成轮换。当凯旋之际,本职遵照谕旨来广岛亲自视察,对去年来的劳苦深表殄念。

下赐敕语

13日,天皇陛下在宫中召见儿玉陆军大臣,向出征军人赐予如下敕语。陆军大臣派遣少将中冈默到广岛,将其传达给第五师团(此时,各部团队整列于广岛西练兵场,举行敕语拜受式)。

去岁正当清国变乱之际,汝等戮力励精应机而动,尽力其责。遵照先前戒饬之旨,重军纪,肃风纪,和欧美各国之军合作,克取勘靖之绩,发扬帝国陆海军之光辉,朕深表嘉赏。希望汝等军官以下将来愈益克效忠勤。

继而,第五十师团其余的各部团队于6月22日至7月21日按照预定,逐次轮换后在大沽乘船凯旋。

各部队的海上运送及复员的情况如别表。

我帝国军队去年6月从我国港湾出发,大沽登陆后经常与各国军队为伍,参与天津攻守及北仓以北各所的战斗,达到救援北京之目的。不畏酷暑严寒,忍着困苦,而且和各国军队角逐,尽可能保持我威权势力。今日凯旋,赐予优渥敕语。且再会亲戚朋友的将士无上快乐,盖很难行诸于言语笔端。而且,我帝国国民特别是军人都庆祝此次凯旋,颂祝因此事变而发扬我帝国之光辉,而且各自奋励,期望愈益增进我国威之心油然而生。

第三十四章　议和协定

一　北京陷落后至议和协定之经过概要

北京概况及庆亲王入京

各国军队8月中旬从北京城扫荡清军及团匪，将各国公使从重重包围中救出，但由于皇帝及西太后蒙尘远方，其阁臣或扈从圣驾，或躲到偏远之地避祸。清政府在北京的主权全部被各国军队蹂躏，加之兵燹四起，还未结束，整个8月都在混战悲怆的时间中渡过。

9月3日，庆亲王返回北京后，请求各国公使为会见进行准备。为召开公使会议，俄国公使在开会之前就提出清政府不能在北京，应转移至天津。德国代理公使还宣称应等待新任公使的到来。其他参加会议者忧虑联合谈判可能破裂，最终会议一致决定由各国公使分别会见庆亲王。且在会见之际，作为个人意见，注意将处罚元凶之事作为开始谈判的必要条件向庆亲王提出各自的意见。

北京外交之黑暗

到9月中旬，由于俄国公使违反前日的宣言，看到开始谈判的前景，还透露出滞留北京之意，同月下旬再次报告撤退到天津。继而，俄军留下一个大队，其余从北京撤退到天津。时局日益困难，北京外交界更加处于迷雾之中。

此间，庆亲王和各国公使之间关于议和谈判数次往来，特别是关于处分元凶进行商议，但都不得要领，徒费时日。当时多数各国公使的意见是如果时局和平结束，上策是首先承认庆亲王和李鸿章(李鸿章之事在下文)的信任状，与其全权商议预备条件，以后再商议设立拥有实权的政府的确定条件。

北京各国公使会议

10月8日下午，根据英国公使的倡议，第一次各国公使会议在北京召开，以此为开始，后又先后召开十二次。期间，10月11日，两广总督李鸿章进入北京，各国公使多数也都接到本国政府应和庆亲王及李鸿章谈判预备条件的任务。折中多数人的意见，最终在12月24日和清朝全权委员召开联合会议，向清朝全权委员递交如下的联名照会。

各国代表向清朝全权委员提出之联合照会①

清国皇帝接受

上述的联名照会由清朝全权委员传奏给清朝皇帝。12月30日清朝全权委员宣布清

① 该照会略，详见王铁崖编《中外旧约章汇编》第1册，三联书店1957年版，第979～982页。——译者注

朝皇帝全部采纳上述照会。

自北京陷落后,花费约四个半月的时间,议和谈判的将来仅看到头绪。谈判如此迁延的原因主要是李鸿章入京和英、德公使的延迟到任;各国政府的意向还没有确定,或者各国相互协商或探究他国的意向所在,或者探讨本国的利害等,在清国的代表无法自行处置本国驻地之事。俄国在满洲的行事也大大阻碍了其进展。于是,从12月至翌年4月期间是各国之间就俄清密约进行交涉的时期。此期间,各国对清朝的议和谈判几乎陷入中止状态。

二 议和协定

关于俄清密约,各国中出现不赞成的态度。俄国不得已将其迁延他日,其纷争到4月上旬始大体告一段落,并再次回到真正的议和谈判的会见上来。另外,1月以来议和谈判的一大问题是清政府最难于决断的处置元凶问题,也于2月25日元帅发出远征西安府的扬言以后完全解决。自4月中旬各国公使转移讨论第二个大问题即支付赔款。

各国要求之赔偿金额及其让步决定

起初,各国要求的赔款总额约达六亿三千万两,且各国主张各自的利益得失,或者提议暂时接受赔款,或者拒绝担保,或者反对增加关税等,很难推知何时结束。但是,到5月下旬决议于7月1日前各国的要求额限制在四亿五千万两,并将之通报给清朝全权委员。结果,该全权委员同意四厘年息的四亿五千万两的赔款,将其通报给各国公使。

如上,因关于赔款得到正式承诺。于是,德国政府通告实行召还4元帅及减员,其他各国军队也相继实行减员。

决定赔偿法概要

6月上旬各国公使关于偿还方法,决定将财源调查委员的研究结果报告给各国政府,请求其认可。其偿还方法大体如下:

一、偿还方法分为第一、第二、第三款。

二、第一款为七千五百万两,其偿还始于1906年。

三、第二款为一亿五千万两,其偿还始于1916年。

四、第三款为二亿二千五百万两,其偿还始于1932年,到1945年全部偿还完毕。

财源之谈论及其大体确定

继而,6月中旬开始转而讨论用于赔款的财源,最终决议以如下收入科目充任,且决定等待各自政府的承认。

一、常关关税的收入。

二、海关收入的剩余。

三、盐税收入。

四、对进口商品的现行税率增加五分。

五、清政府正式支付赔款时,进口税增加至一成,充当其滞纳额的支付(俄国政府的提议)。

签字及协定

关于第五项，英国政府反对，7 月下旬以俄国政府的让步而解决。而后其他问题毫无障碍地迅速进行，遂着手制定议定书。8 月 15 日各国公使全会一致承认。16 日将其交给清朝全权委员，如果接受，请出席签字会议。但是，该议定书因送至西安等需要时日，到 9 月 7 日清政府才和十一国的全权委员签字。

明治 33 年（1900 年）12 月 24 日各国公使向清朝全权委员提出的议和条款协定如下。[①]

① 议和条款即《辛丑条约》，略，详见王铁崖编《中外旧约章汇编》第 1 册，三联书店 1957 年版，第 1002～1008 页。——译者注

后　记

《义和团运动文献资料汇编》(简称《汇编》)采自不同语种之文献资料,其编、译、审工作经历了艰辛的过程。撇开内容不提,仅从出版类型言,它具有本文献丛刊他书所未有的特点:一、除中文外,尚有四种外文(包括西文和日文)之译文;二、所选译之西方传教士文献,相当部分仍具古典色彩,而日文几乎全系"文语";三、本《汇编》体例,先是采取中文繁体竖排、译文简体横排,中经反复,最后又统一为简体横排。本《汇编》之能出版,实与国家清史编纂委员会各级领导和国家清史纂修工程领导小组等大力支持分不开。在此,我要特别向国家清史编纂委员会马大正副主任、国家清史纂修工程领导小组办公室顾春副主任,以及编委会项目中心徐兆仁主任,文献组陈桦组长,清史纂修工程出版中心赵海明、孟超主任等致以衷心的感谢!

还要特别指出的是,文献组派出著名清史专家黄爱平和王汝丰两位教授具体指导我们的编译工作,数年来极力督促,在各个重要环节上同我们艰苦与共,克服道道难关;出版中心派出王立新和乐嘉辉两位同志审核,为提高本书质量亦付出心血。他们之功,实不可没。

最后,还要感谢山东大学出版社马新总编辑、于良春社长、刘旭东副社长等的大力支持,他们高度重视,为本书出版创造了有利条件;陈海军、马银川、武迎新等责编加班加点认真编校,其敬业精神令我难忘。特志此以为后记。

路　遥

二〇一〇年九月

图书在版编目(CIP)数据

义和团运动文献资料汇编. 日译文卷. 日本参谋本部文件/路遥主编.
—济南:山东大学出版社,2012.2
ISBN 978-7-5607-4206-9

Ⅰ. ①义…
Ⅱ. ①路…
Ⅲ. ①义和团运动—史料
Ⅳ. ①K256.706

中国版本图书馆 CIP 数据核字(2010)第 187780 号

责任编辑 陈海军
美术编辑 张 荔

出版发行 山东大学出版社
地　　址 山东省济南市山大南路 27 号(250100)
印　　刷 山东新华印刷厂
规　　格 787×1092 毫米
印　　张 237.5
字　　数 5475 千字
版　　次 2012 年 2 月第 1 版　2012 年 2 月第 1 次印刷
定价(全八册) 1380.00 元